"十二五"普通高等教育规划教材·经管系列

主 编 董利民

城市经济学

（第2版）

Urban Economics

清华大学出版社
北京

内 容 简 介

城市经济学是经济学科领域中一门新兴的边缘科学。本书包括14章内容，较全面地阐述了城市经济学的基本理论、实践中的新问题及其对策，每章包含学习目标、正文、拓展阅读、本章小结、思考与讨论等五部分内容。本书语言通畅、条理清晰、结构严谨、例证丰富、体例活泼，既方便教师教学，增加课堂教学气氛，提高教学效果；也方便学生自学。

本书可作为大学本科层次相关专业课基础教材或城市经济学知识读本，也可作为研究生的专业基础课教材、参考读物和城市实际工作者的培训、辅导或自学教材。

本书封面贴有清华大学出版社防伪标签，无标签者不得销售。
版权所有，侵权必究。举报：010-62782989，beiqinquan@tup.tsinghua.edu.cn。

图书在版编目（CIP）数据

城市经济学/董利民主编．—2版．—北京：清华大学出版社，2016 (2023.8重印)
"十二五"普通高等教育规划教材·经管系列
ISBN 978-7-302-43170-1

I. ①城… II. ①董… III. ①城市经济学-高等学校-教材 IV. ①F290

中国版本图书馆CIP数据核字（2016）第034872号

责任编辑：王 威 邓 婷
封面设计：康飞龙
版式设计：魏 远
责任校对：王 云
责任印制：刘海龙

出版发行：清华大学出版社
网　　址：http://www.tup.com.cn, http://www.wqbook.com
地　　址：北京清华大学学研大厦A座　　邮　编：100084
社 总 机：010-83470000　　邮　购：010-62786544
投稿与读者服务：010-62776969, c-service@tup.tsinghua.edu.cn
质量反馈：010-62772015, zhiliang@tup.tsinghua.edu.cn
印 装 者：涿州市般润文化传播有限公司
经　　销：全国新华书店
开　　本：185mm×230mm　　印　张：32　　字　数：696千字
版　　次：2011年1月第1版　2016年6月第2版　　印　次：2023年8月第6次印刷
定　　价：69.80元

产品编号：060883-02

第2版前言

本书第 1 版于 2011 年出版，在使用中，我们发现书中有许多需要进一步改进的地方以及需要补充的内容，于是，我们对教材进行了修订。本次修订集中在以下三个方面：一是调整了某些章节的逻辑结构，使理论体系更趋完善；二是重写了某些章节的部分内容，增加了一些新知识，压缩并简化了一些复杂的模型或表述；三是增加了"学习目标"和"拓展阅读"条目，并更新了资料链接的部分内容。

尽管如此，书中可能仍然存在错漏之处，敬请广大读者批评指正。

董利民

2016 年 4 月 10 日

前　言

城市经济学传入我国，只不过 30 年的时间。然而，伴随着我国城市化进程的加快，城市问题从未像今天这样引起人们的普遍关注，相关的城市经济专著越来越多，过去许多属于其他学科领域中的问题也都在城市框架下加以讨论。城市经济研究的勃兴，要求城市经济学学科体系的建设必须与时俱进，编写这本教材的想法就是在这一基础上产生的。

本教材的编写有如下特色：第一，根据我国社会主义市场经济发展的需要，运用现代市场经济运行的客观规律和基本原理，以及西方经济学与计量经济学中的理论和方法，在定性研究问题的基础上，加强量化分析与论证；在描述一般经济现象的基础上，加强国内外纵向与横向的比较研究；探求城市经济持续、稳定发展的普遍规律，进一步提高城市经济学科的科学性。第二，运用邓小平关于建设有中国特色社会主义基本理论，研究我国城市经济的各个方面，从宏观到微观进行多层次的剖析；对与城市经济密切相关的社会与环境问题，也从经济角度进行综合分析，将我国各类城市进入 21 世纪以来经济发展中的经验和教训作为案例，大量引入实证分析，达到信息量大、论证充实、图文并茂、深入浅出、实用性高之目的。第三，及时研究我国深化城市经济体制改革中的有关理论、方针政策与热点问题，大量引用最新的数据和图表，从而显著地提高本教材的时效性。

在此基础上，本教材的编写还力求实现如下创新：第一，尝试一种内容体系的创新。本教材把城市经济中的各项重要要素进行了详细的分章论述，例如，城市安全经济、城市商流经济、城市现代化与国际化等章节均是本教材联系当今城市的发展现状与趋势做出的较为独特的论述。第二，紧紧围绕城市经济学的理论特色组织理论内容。本教材大量引用并深入分析了城市经济、区域经济、发展经济等应用经济的相关理论成果，同时，把理论与现实生活中的经济现象紧密联系在一起，让读者更能清晰地理解、掌握并在实际工作中应用这些理论。第三，根据本教材的特色体系，增加了一般城市经济学书籍没有的或薄弱的内容。本教材为了丰富读者的眼界，更加深入地理解城市经济学的内涵，特别在每一节后面都附有拓展阅读材料。

这本教材的完成，是很多人共同努力的结果，参加编写者基本上都是城市经济学的专业教师和研究生，他们长期从事城市经济教学和研究，积累了丰富的相关知识；他们出色的工作和创新精神为本教材增色不少，也保证了本教材编写的质量。其中，董利民教授担任主编，梅德平教授、曹青林博士、杨海副教授和龚琦博士担任副主编，各章的写作分工如下：董利民、赵曼撰写第一章，梅德平、龙茜撰写第二章，曹青林、岳莉撰写第三章，李俊超撰写第四章，杨海、刘兰兰撰写第五章，龚琦、石靖撰写第六章，田中撰写第七章，徐倩撰写第八章，雷汗青撰写第九章，李璇撰写第十章，曹艺琼撰写第十一章，梅德平、马艳撰写第十二章，孙西坡撰写第十三章，董利民、黄凡撰写第十四章。全书由董利民总纂定稿。

本教材具有显著的时代性、一定的研究性和较强的应用性，可作为经济学、国民经济、区域经济、人文地理、城市规划、资源环境与城乡规划管理、土地资源管理、房地产经营管理、城市管理、公共事业管理、行政管理等专业（方向）的本科生和研究生的教材或参考书，也可用作城市经济学知识培训和城市实际工作者自学的辅导教材。

由于我国社会主义市场经济的城市经济学尚在成长的过程中，从研究对象到理论体系还需要不断探索、充实和提高。因此，本教材虽力求正确无误，但不成熟和值得商榷之处肯定存在，恳请读者批评指正。

还有，在组织编写本教材的过程中得到华中师范大学教务处刘建清先生和清华大学出版社的全力支持，特致谢忱！

华中师范大学经济管理学院　董利民
于武昌桂子山

目 录

第一章 城市与城市经济 ... 1
第一节 城市的一般概念 ... 1
一、城市的起源 ... 1
二、城市的定义 ... 2
三、城市的特征 ... 3
四、城市的功能与类型 ... 5
拓展阅读 城市起源——太原 ... 7
第二节 城市经济与城市经济学 ... 8
一、城市经济的内涵 ... 8
二、城市经济的特点 ... 10
三、什么是城市经济学 ... 13
四、城市经济学的研究范围、性质和内容 ... 13
拓展阅读 人类迫切渴望破解城市化难题 世博会展示未来六大趋势 ... 15
第三节 城市的发展与城市化 ... 19
一、城市化的概念 ... 19
二、城市化水平的测度 ... 21
三、中国城市化历程及特点 ... 22
四、中国城市化道路 ... 25
拓展阅读 城市化水平的测度之单一指标法 ... 26

第二章 城市经济基础理论 ... 30
第一节 集聚经济理论 ... 30
一、集聚经济的含义 ... 30
二、地方化经济 ... 32
三、城市化经济 ... 36
拓展阅读 静态集聚经济与动态集聚经济 ... 38
第二节 经济区位论 ... 39
一、农业区位论 ... 40
二、韦伯的工业区位论 ... 43
三、中心地带理论 ... 44

拓展阅读　企业区位选址：运输成本之外的因素 ·················· 47
　第三节　城市化理论 ·· 49
　　　一、城市化的动力机制 ·· 49
　　　二、城市化的一般规律 ·· 52
　　　三、城市化的三种模式 ·· 55
　　　拓展阅读　我国城市化现状与前景 ······································ 58

第三章　城市经济增长与发展 ·· **61**
　第一节　城市经济增长的含义与测度 ·· 61
　　　一、城市经济增长的内涵与新发展 ····································· 61
　　　二、城市经济增长的测度 ··· 66
　　　拓展阅读　2010，以低碳经济为核心的产业革命来临 ············ 70
　第二节　城市经济增长的机制 ··· 72
　　　一、城市经济增长的理论 ··· 72
　　　二、城市经济增长的方式 ··· 74
　　　三、城市经济增长的基础条件和限制因素 ···························· 75
　　　四、城市经济增长的其他因素 ·· 76
　　　拓展阅读　城市经济增长相关模型 ····································· 77
　第三节　城市经济发展 ·· 90
　　　一、经济发展与城市经济发展的内涵 ··································· 90
　　　二、城市产业结构及其演变 ··· 92
　　　三、城市结构效益的测度 ··· 95
　　　拓展阅读　贵阳——欠发达地区发展循环经济的成功样本 ······ 96
　第四节　城市经济增长与发展政策 ·· 100
　　　一、城市经济增长与发展的目标模式 ·································· 100
　　　二、城市经济增长和发展政策 ·· 102
　　　拓展阅读　德国：鲁尔区转型有道 ····································· 105

第四章　城市规模经济 ·· **109**
　第一节　城市规模经济与适度规模 ·· 109
　　　一、城市规模的形成 ·· 109
　　　二、城市规模经济 ··· 130
　　　三、城市适度规模 ··· 132
　　　拓展阅读　规模经济与规模不经济内在因素分析及其案例 ······ 148
　第二节　城市规模分布 ·· 150

一、城市密度与城市规模 150
　　二、城市规模分布理论 151
　　三、中国城市规模的分布 156
　　拓展阅读　外部规模经济：陆家嘴金融贸易区建立与发展的一个核心理由 160

第五章　城市土地经济 **163**
第一节　城市土地 163
　　一、城市土地的含义和特征 163
　　二、城市土地租金的含义和特征 164
　　三、城市土地市场的含义和特征 166
　　拓展阅读　昆山集约用地的实践与理论研究 167

第二节　城市土地利用 170
　　一、城市土地利用的概念及其效率 170
　　二、城市土地投标租金模型 172
　　三、城市土地利用的一般均衡 174
　　拓展阅读　城市土地利用的经济学原理补充 175

第三节　城市土地的空间结构 178
　　一、空间结构理论内涵及发展背景 178
　　二、城市内部空间结构理论 179
　　三、城市内部空间结构的调节 185
　　拓展阅读　高效开发利用土地资源　助推经济开发区科学和谐跨越发展 186

第四节　中国城市土地利用制度与政策 189
　　一、改革开放前后土地征用制度的演变 189
　　二、现存土地征用制度中的问题 189
　　三、完善我国土地征用制度的对策 190
　　拓展阅读　广州市闲置土地处理办法 191

第六章　城市住宅经济 **198**
第一节　城市住宅经济概述 198
　　一、住宅经济及其相关概念 198
　　二、住宅的基本属性 200
　　三、住宅经济的基本特点 201
　　拓展阅读　住宅区位选择与城市经济发展的分析 202

第二节　城市住宅经济理论 206
　　一、城市住宅建设及供给理论 206

二、城市住宅消费及需求理论 208
　　三、住宅的流通 212
　　四、城市住宅市场的动态供求平衡 213
　　拓展阅读　海南重现房地产泡沫 217
第三节　我国城市住宅制度的改革历程和政策导向 221
　　一、我国城市住宅制度的改革历程 221
　　二、我国传统的城市住房制度及住房问题成因 223
　　三、我国未来城市住宅制度改革的政策导向与措施 226
　　拓展阅读　国务院关于坚决遏制部分城市房价过快上涨的通知 228

第七章　城市基础设施经济 **232**
第一节　城市基础设施概述 232
　　一、城市基础设施的含义及分类 232
　　二、城市基础设施的特性 234
　　拓展阅读　合肥着手编制未来5年建设规划 235
第二节　城市基础设施发展模式 236
　　一、城市基础设施的供求 236
　　二、城市基础设施发展模式的类型 238
　　三、城市基础设施发展模式的分析 239
第三节　我国城市基础设施的建设和问题 241
　　一、城市化与基础设施建设 241
　　二、城市基础设施建设水平 241
　　三、我国城市基础设施现代化建设所面临的挑战 243
　　拓展阅读　"5·7"特大暴雨历史罕见，城市基础设施经受考验 245
第四节　城市基础设施产业化趋势和营运体制改革 248
　　一、城市基础设施的产业化趋势 248
　　二、城市基础设施建设体制改革 250
　　三、城市基础设施投、融资模式 251
　　四、政府在基础设施建设中的作用 253
　　拓展阅读　采用TOT模式　城市基础设施开门引资 253

第八章　城市产业经济 **256**
第一节　城市产业分类 256
　　一、按生产部门划分 256
　　二、按产品使用划分 256

三、按经济功能划分 ... 257
四、按生产要素划分 ... 257
五、按三次产业划分 ... 259
拓展阅读　加快城市产业转型 ... 260

第二节　城市产业结构 ... 262
一、城市经济结构 ... 262
二、城市产业结构特征与经济发展阶段的关系 ... 262
三、城市产业结构演变的动因与城市主导产业的选择和确定 ... 263
资料链接　偏离—份额模型 ... 265
四、城市产业结构的优化 ... 266
拓展阅读　义乌创意产业之路该怎么走 ... 267

第三节　城市产业集群 ... 269
一、产业集群的内涵与特征 ... 269
资料链接　当代西方产业集群理论的研究脉络 ... 272
二、产业集群的生成机理 ... 274
三、区域创新体系与产业集群 ... 276
四、基于全球价值链的地方产业集群的升级 ... 278
拓展阅读　中国汽车零部件四大趋向——产业集群见雏形 ... 279

第九章　城市劳动经济 ... 282

第一节　城市劳动人口的特征和构成 ... 282
一、城市人口的特征 ... 282
二、城市人口的自然构成 ... 283
三、城市人口的社会构成 ... 285
拓展阅读　世界人口的发展特征 ... 287

第二节　城市劳动人口流动 ... 288
一、劳动力迁移的动机 ... 288
二、劳动力迁移的U形往返现象 ... 290
三、劳动力迁移对城镇发展的重要意义 ... 291
拓展阅读　美国的人口迁移 ... 291

第三节　城市劳动力市场 ... 293
一、城市的劳动力供给 ... 293
二、城市的劳动力需求 ... 294
三、城市劳动力市场的二元化 ... 295
拓展阅读　经济转型中的上海劳动力市场 ... 297

第四节　城市劳动人口的就业与我国的就业保障体系 299
　　一、就业与失业的界定及失业的类型和成因 299
　　二、城市劳动力市场的存量和流量模型 301
　　三、市场经济下的城市就业机制 302
　　四、我国城镇的就业保障体系改革 303
　　拓展阅读　国外大学生就业保障体系 305

第十章　城市环境经济 308
第一节　城市环境 308
　　一、城市与环境 308
　　二、城市生态环境危机 310
　　三、城市环境问题的成因分析 311
　　拓展阅读　八大公害事件 312
　　　　　　　强沙尘天气明显影响我国部分地区城市空气质量 313
　　　　　　　关于实施《环境空气质量标准》（GB 3095—2012）的通知 314
第二节　城市环境的经济分析 316
　　一、城市环境与城市经济的关系 316
　　二、环境质量价值的经济评估 320
　　三、城市环境外部性分析及治理对策 323
　　拓展阅读　减污手段的比较分析 326
第三节　城市可持续发展模式 329
　　一、"先污染、再治理"发展模式 329
　　二、"边发展、边治理"模式 330
　　三、可持续发展模式下的生态城市建设 331
　　拓展阅读　厦门生态城市建设 338

第十一章　城市商流经济 342
第一节　城市商流经济概述 342
　　一、城市商流经济的含义和内容 342
　　二、城市商流与城市市场 343
　　三、城市市场功能的发展和完善 344
　　拓展阅读　流通领域的科技支撑 346
第二节　城市物流经济 347
　　一、物流与城市物流 347
　　二、城市物流对城市经济的影响 349

三、城市物流系统和物流网络 350
　　四、城市物流政策 355
　　拓展阅读　国外城市配送概况 358
第三节　城市资金流经济 359
　　一、城市资金流的内涵与网络系统 359
　　二、城市资金流的经济效果分析 362
　　拓展阅读　城市资金流动对经济发展的作用分析 362
　　三、城市资金流经济政策 364
第四节　城市劳务流经济 364
　　一、城市劳务流的内涵 364
　　二、城市劳动力市场及其均衡 365
　　三、城市流动劳动力的经济影响 366
　　拓展阅读　中国为城市化革命做准备 367
第五节　城市信息流经济 368
　　一、城市信息流的含义与通信系统 368
　　二、城市信息结构 369
　　三、城市信息制度规范政策 371

第十二章　城市安全经济 **374**
第一节　城市安全与城市安全经济系统的概述 374
　　一、城市安全的定义 374
　　二、城市安全经济系统 375
　　三、城市安全经济系统可持续发展的模式 376
　　四、城市安全经济系统可持续发展的机制 377
　　拓展阅读　食品安全事关经济发展大局 378
第二节　安全经济及其经济学分析 380
　　一、安全经济 380
　　二、安全经济学的研究方法 380
　　三、安全的成本与收益分析 382
　　拓展阅读　上海世博会与公共安全问题 386
第二节　城市突发事件管理概述及经济分析 389
　　一、突发事件的界定与分类 389
　　二、突发事件的管理及其结构 390
　　三、城市安全应急处置能力的评价及其经济分析 392
　　四、城市突发事件的经济影响 394

拓展阅读　《国家突发公共事件总体应急预案》四色预警 395
　第四节　城市犯罪的经济学分析 397
　　一、城市犯罪的类型与影响 397
　　二、城市警察生产函数 398
　　拓展阅读　武汉百步亭——全国社区的一面旗帜 400

第十三章　城市财政与金融　405
　第一节　城市政府与城市公共品 405
　　一、城市政府的类型与层级 405
　　二、城市政府职能 406
　　三、城市公共品——理论和应用 407
　　拓展阅读　各地方案陆续亮相　中国地方政府机构改革提速 411
　第二节　城市财政 413
　　一、城市财政概述 413
　　二、城市财政职能及其范围的界定 414
　　三、城市财政的收入 415
　　四、城市财政的支出 421
　　拓展阅读　城市公共开支决策理论 424
　　　　　　　地方债务绑架土地财政 427
　　　　　　　解析土地财政 437
　　　　　　　深化农村土地管理制度改革　依法保障农民土地财产权益 442
　第三节　城市金融 444
　　一、城市金融市场的组成和运作 444
　　二、城市多元化融资的建立 446
　　三、城市金融和谐发展的对策 449
　　拓展阅读　盐城基础设施项目建设融资案例分析 454

第十四章　城市现代化与国际化　461
　第一节　城市现代化的内涵与特征 461
　　一、城市现代化的内涵 461
　　二、世界现代化的进程 462
　　三、城市现代化的特征 463
　　四、城市现代化的主要标志 464
　　拓展阅读　世界现代化：没有最佳模式　只有理性选择 465
　第二节　城市现代化的指标体系 467

一、指标体系 467
　　二、城市现代化指标体系的确定 468
　　拓展阅读　北京城区现代化进程评价 470
第三节　城市国际化的内涵与特征 471
　　一、城市国际化战略的内涵 471
　　二、城市国际化战略的特征 472
　　三、国际性城市的衡量指标 473
　　四、国际性城市的表现类型 474
　　五、国际性城市的功能 475
　　拓展阅读　义乌：小商品之城迈向国际化 475
第四节　21世纪现代城市的发展趋势 479
　　一、数字城市 479
　　二、生态城市 479
　　三、健康城市 482
　　拓展阅读　深入推进城市生态文明建设 483
　　　　　　　北京历史建筑拆建之殇 486

参考文献 **491**

第一章　城市与城市经济

　学习目标

什么是城市？它有什么特征？在社会生活中发挥怎样的作用？从不同的标准划分出哪些类型？这些都是城市经济学首先要明确的基本问题。通过本章的学习，首先要掌握关于城市及城市经济的一些基本概念，了解城市经济学的研究对象、性质及内容；其次要了解城市化的发展进程，掌握城市化的相关概念，从而分析并确定中国城市化道路今后的发展方向。

第一节　城市的一般概念

城市作为一个与乡村相对的概念，早已为人们所熟悉。一提到城市，人们自然就会联想到高耸的建筑、稠密的人口、集中的工商业活动、活跃的政治与文化生活等典型特征。作为一种客观存在，城市已有五千多年的历史，它给人类带来了无尽的繁荣和梦想，也带来了许多问题和困惑。多年来，各国政府日益重视对城市的研究，然而由于它的历史悠久、内涵丰富，人们又很难对它做出确切的定义。在不同的历史时期，由于城市形成和发展的原因不同，其具体内涵也就不同。

一、城市的起源

城市的产生和发展是一个历史的过程。关于城市的起源，国内外学者有不同的解释，从而形成了不同的城市起源学说。到目前为止，大体有以下几种说法。

（1）防御说，认为古代城市的兴起是出于防御上的需要。在居民集中居住的地方或氏族首领、统治者居住地修筑城垣城廓，形成要塞，以抵御和防止其他部落、氏族和国家的侵犯，保护居民的财富不受掠夺。

（2）社会分工说，认为随着社会大分工逐渐形成了城市和乡村的分离。第一次社会大分工是在原始社会后期农业与畜牧业的分工，它不仅产生了以农业为主的固定居民，而且带来了剩余产品，创造了交换的前提；第二次社会大分工是随着金属工具的制造和使用，引起手工业和农业分离，产生了直接以交换为目的的商品生产；使固定居民点脱离了农业土地的束缚；第三次社会大分工是随着商品生产的发展和市场的扩大，促使专门从事商业

活动的商人出现，从而引起工商业劳动和农业劳动的分离，并产生了城市和乡村的分离。

（3）私有制说，认为城市是私有制的产物，是随着农奴制国家的建立而产生的。

（4）阶级说，认为从本质上看，城市是阶级社会的产物，是统治阶级奴隶主、封建主用以压迫被统治阶级的一种工具。

（5）集市说，认为由于商品经济的发展，形成了集市贸易，促使居民和商品交换活动集中，从而出现了城市。

（6）地利说，用自然地理条件解释城市的产生和发展，认为有些城市的兴起是由于地处商路交叉点、河川渡口或港湾，交通运输方便，自然资源丰富等优越条件的原因。

（7）宗教说，认为第一批城市的发展与大规模的宗教发展相一致。城市发展以前，许多人在家或者在当地村庄以小群体的方式做礼拜。在第一批城市发展之时，地方自然神被要求以大规模地做礼拜的天国神所取代。为了利用规模经济，早期社会通过大量家庭和村庄的庙宇来代替小规模的朝拜。庙宇雇用了宗教首领、教士和宗教工作人员，这样就引起了人口的高度集聚，从而带动了城市的发展。这是宗教城市的理论，这种理论得到了一些考古学家的支持。

上述种种说法，都从不同角度、不同层次对城市的起源作出了回答，都有一定的道理。但是最根本的原因，笔者认为应该从经济上去寻找。正如马克思和恩格斯指出："某一民族的内部分工，首先引起工商业劳动和农业劳动的分离，从而也引起城乡分离和城乡利益的对立。"因此，城市是生产力发展到一定历史阶段的产物，城市的发展也离不开生产力的发展。当然，生产力的发展也离不开与生产关系的相互作用，经济基础离不开与上层建筑的相互作用。归根结底，城市的产生取决于自然、地理、经济、社会、政治、文化等诸方面的因素。

考古资料证明，世界最早的城市是位于约旦河注入死海北岸的古里乔，距今已有9 000年左右。考古学家发现，那里堆积有从中石器时代到青铜器时代晚期厚达17层的文化层，遗址范围达4万平方米。《圣经》上称为"棕榈之城"，曾繁荣一时。从第17层发现围绕居住址有厚1.5米、高9米的围墙，并有瞭望塔，居住有约两千人。

城市作为一种复杂的经济社会综合体，不可能是在某一天突然出现，而是有一个逐渐演进的过程，必须经过一段漫长的历史发展时期。

二、城市的定义

国内外的学者，从经济、社会、地理、历史、生态、政治、军事等不同的角度，对城市下过各种各样的定义，其数不下三十余种。

美国一位社会学家曾说，什么是城市？它是有相当大的面积和相当高的人口密度的一个地域共同体，其中住有各种非农业的专门人员。法国的一位地理学家对城市的看法则别出心裁，他说城市既是一个景观、一片经济空间、一种人口密度，也是一个生活中心或劳动中心；更具体地说，也可能是一种气氛、一种特征或者一个灵魂。英国经济学家K. J. 巴顿认为城市是一个坐落在有限空间地区内的各种经济市场——住房、劳动力、土地、运输等——相互交织在一起的网状系统。《韦氏大字典（第三版）》中所指的城市是一个团体的人构成一个在政治上有组织的共同体……一个比较有永久性和高度组织性的中心，包括有各种技能的一个人口集团，在粮食的生产方面缺少自足，而通常主要依赖制造工业和商业来满足其居民的需要。

马克思从城市与乡村的对比中，也精辟阐述了城市的"集中性"。他说："城市本身表明了人口、生产工具、资本、享乐和需求的集中；而在乡村里所看到的却是完全相反的情况——孤立和分散。"

列宁从城市在国家经济、政治和人民精神生活中的地位和推动社会经济发展的作用上提出了自己的观点。他说："城市是经济、政治和人民精神生活的中心，是前进的驱动力。"

在中国，"城市"一词源于"城"和"市"的基本内涵。"城"的出现早于"市"，它是作为一种大规模的永久性防御设施而存在的，是指因生产发展和防御需要而产生的以土、木、石墙或地沟相围而成的大规模居民点。而"市"则是指商品交换的场所，它是人类社会发展过程中，随着生产力的提高，有了可供交换的剩余产品之后的产物。"城"和"市"的结合形成了真正的早期城市（在中国，城市最早出现于夏商时期）。可见，城市一开始就是以非农经济活动（"市"）为主的人口聚集地。随着社会经济的不断发展，城市逐步具有了更为丰富的内涵。如今，它除了具有"城"和"市"的基本含义外，还加入了政治、社会和文化等方面的内涵，从而被视为"以非农活动为主，人口、经济、政治、文化高度集聚的社会物质系统"。

我国对于城市本质和特征的最权威的提法，已写入了《中共中央关于经济体制改革的决定》中，即"城市是我国经济、政治、科学技术、文化教育的中心，是现代工业和工人阶级集中的地方，在社会主义现代化建设中起主导作用"。城市的这个定义，是从我国城市的实际情况出发，对城市的地位、特征和作用三个方面做了比较完整的表述。首先，肯定了城市的地位——是我国经济、政治、科学技术、文化教育的中心；其次，揭示了城市的本质特征——是现代工业和工人阶级集中的地方；最后，阐明了城市的作用——在我国社会主义现代化建设中起主导作用。

三、城市的特征

城市不是众多的人和物在地域空间上的简单叠加，而是一个以人为主体、以自然环境为依托、以经济活动为基础、社会联系极为紧密的有机整体。它有着自身的成长机制和运行规律，更有区别于乡村的鲜明特征，主要表现在以下三个方面。

（1）密集性——物质与精神的密集，即人、物质、空间与活动的高度密集。城市的密集性具体体现为以下几个方面。

① 人的密集。世界著名的特大城市之一墨西哥城，2014年人口高达2 200多万，几乎占全国总人口的1/5；而非洲国家科特迪瓦的工业人口竟有85%集中在首都阿比让。在我国这样一个人口众多而耕地相对不足的大国，城镇建设用地就显得十分宝贵，这在客观上造成了我国城市人口密集性比其他国家更为突出。2010年初，美国福布斯杂志公布了全球人口最稠密城市排行榜，深圳以17 150人/平方公里的人口密度排名第五，并成为名副其实的全国"最拥挤"城市。在全球最稠密城市排行前20名，同样上榜的中国城市有台北、上海、北京、天津。其中，北京为11 500人/平方公里，上海为13 400人/平方公里。而目前世界主要大城市，如东京只有13 000人/平方公里，其余城市，如纽约、伦敦、巴黎的人口密度最大也只有8 500人/平方公里。城市人口密度过大必然给城市的可持续发展带来挑战。

② 物质和资本的密集。城市里建筑物鳞次栉比，道路桥梁密如蛛网，各种物流昼夜奔腾不息。城市是国家物质财富主要的创造者和聚集地。以长三角、珠三角和京津三大城市密集区为例，2008年上半年，三大城市密集区实现地区生产总值53 275.94亿元，同比增长12.6%，占全国经济总量的36.4%。三大经济圈城镇固定资产投资为17 792.8亿元，占全国投资总量的30.7%。

③ 文化的密集。城市里几乎集中了所有的大专院校和多数科研院所，以及国家主要的行政管理、文化设施（如图书馆、博物馆、展览馆）、体育设施（如体育场、体育馆）和大中型医疗机构等。这就使城市承担了创造和传播人类精神文明的神圣使命，城市文化亦成为社会文化的主体。

（2）高效性——高效率与高效益。城市的另一个显著特征是其高效性，它表现在以下两个方面。

① 高效率。城市和乡村相比，由于具有完善的市政设施、便捷的通信手段、发达的交通工具和高智力的管理阶层，因此有着很高的运转效率。

② 高效益。城市是中国经济，特别是第二和第三产业发展的主要载体，例如占国土面积6.5%的地级市（市辖区）贡献了全国GDP总额的3/5、第二产业增加值的2/3和第三产业增加值的70%以上。

（3）多元性——多功能与多类型。城市的第三个重要特征是其多元性，它包含着以下两层意思。

① 多功能。城市功能，指的是城市在国家或地区的政治、经济、文化生活中所承担的任务和作用，是城市生命力之所系。一个城市功能的多寡强弱，直接决定了它在社会经济生活中的盛衰存亡。

② 多类型。在承认城市多功能的同时，也应该看到，由于各个城市处于不同的自然状况和社会进程当中，必然受着地理位置、气候条件、矿藏资源、山水环境、经济实力、

人文历史和行政区划等诸多因素的影响，因此内部功能发展就不可能千篇一律，必然有某种或某几种功能更强、成长更快，从而居于主导地位，其余功能就处于辅助地位。这样，那些主导功能就决定了城市的特色，使千百座城市呈现出若干种类型。

四、城市的功能与类型

（一）城市的功能

城市的功能也称为城市职能，主要指城市在一个国家或地区的政治、经济、文化生活中应有的作用和能力。根据划分的标准不同，城市功能可划分为基本功能与特殊功能，或主要功能与辅助功能。

城市的基本功能指任何城市都具有的功能，它包括城市的载体功能、经济功能和社会功能。载体功能是指城市为人类在城市中的各种活动提供了最基本的物质条件，包括自然物质（如土地、水源、自然环境等）以及人口物质（如道路、桥梁、住宅、各种基础设施等），离开了城市的载体功能，人类在城市中的各种活动都是无法进行的，城市也无法发展。人类在城市中的活动同样不能超出城市这一载体的限制，否则城市就将陷入混乱。城市的经济功能是城市基本功能中最重要的功能，主要包括生产、交通、分配、消费、信息、金融、科技、商业以及运输等功能。城市的社会功能是指城市在保障市民正常的社会生活方面所具有的各种功能，如教育、卫生、文化娱乐、体育运动、社区管理、社会保障等。

城市的特殊功能是指城市所特有的功能，它与城市所处的地理位置，拥有的自然资源、历史人文背景有着重要的关系。例如，交通枢纽城市，是由城市所处的特殊地理位置所决定的；石油城市、煤炭城市等资源城市，是由城市及其附近所拥有的自然资源决定的；旅游城市、历史名城等，是由城市拥有的自然景观和历史遗存决定的。

城市的主要功能是指城市多种功能中对城市发展起决定性作用，能够反映城市特色并以此区别于其他城市的功能。城市的主要功能常常用该城市某一产业名称来表示，如长春是以汽车制造为主的运输机械工业城市，被称为"汽车城"。城市的主要功能反映了城市的产业性质，标明了城市在一定时期内的发展方向，是城市核心竞争力的体现。城市的辅助功能则是指城市多种功能中除了主要功能以外的其他功能。辅助功能可以保证主要功能的充分发挥，保证城市的正常运行。

需要指出的是，城市的主要功能虽然客观存在，但也与人的主观定位有关。如果定位不当则会产生相当大的损失。另外，有些辅助功能虽名为"辅助"，但同样也非常重要，如教育在提升科技实力、为城市发展提供各类人才方面起着极为关键的作用。因此，必须重视主要功能与辅助功能的协调发展。

（二）城市的类型

在城市发展过程中，由于历史和文化积淀不同，所处的自然环境不同，所处的发展阶段不同，发展的路径选择不同，因此每座城市都形成了各自的特色。在对城市进行分类时，一般基于制定政策的考虑或统计需要，通常有以下几种分类方法。

1. 按城市的性质或功能分类

（1）综合性城市：集多种功能于一身，既是政治中心，又是工业生产、交通运输、科学技术、文化教育、金融、信息等中心，一般是国家或地区的重要城市。

（2）工业城市：以工业生产为主，工业部门产值和就业人口在整个城市的国内生产总值和总就业人口中占有较大比重。工业城市也可以根据其主导产业的不同再细分为钢铁城市、机械制造城市等，还可以根据工业构成内容的不同，分为综合型工业城市和单一型工业城市，如哈尔滨是以钢铁、化工、轻纺等多种工业构成的综合型工业城市。

（3）矿业城市：以开采及利用城市周围地区矿产资源为主，并围绕采矿业加工生产一系列相关产品，如大同、大庆等。

（4）交通港口城市：处于交通枢纽，依靠其优越的交通地理位置发展起来。根据交通运输条件的不同，交通港口城市又可分为铁路枢纽城市，如俄罗斯首都莫斯科、美国芝加哥、我国江西鹰潭和湖北襄樊等；海港城市，如日本大阪、我国辽宁大连等；内河港埠城市，如我国重庆和安徽芜湖等。

（5）风景旅游城市：具有优美奇特的自然风光或者闻名于世的名胜古迹，旅游业是城市的主导产业，带动着其他相关产业的发展。如瑞士的日内瓦，我国广西桂林、云南丽江、甘肃敦煌等。

2. 按照城市人口规模分类

（1）特大城市：非农业人口为100万以上。

（2）大城市：非农业人口为50万～100万。

（3）中等城市：非农业人口为20万～50万。

（4）小城市：非农业人口为10万～20万。

（5）镇：非农业人口为2 000～10万。

3. 按照行政地位分类（中国）

（1）直辖市：直辖市是与省同级的行政单位，受中央政府直接领导和管辖，我国目前有北京、上海、天津、重庆四个直辖市。

（2）副省级市：副省级市相当于准直辖市，在不改变现有行政隶属关系的前提下，具有省级计划决策权和经济管理权。目前，我国有十五个副省级市，分别为哈尔滨、长春、沈阳、大连、成都、西安、武汉、济南、青岛、南京、杭州、宁波、厦门、深圳和广州。

（3）地级市：地级市受省、自治区政府的直接领导和管辖，一般均为设区的市，如江苏省的苏州、无锡、常州等城市。

（4）县级市：县级市是不设区的市，具有与市平行的行政地位，如无锡下辖的锡山市、常州下辖的武进市等。

此外，根据城市的地理位置，还可以分为沿海城市、内地城市和边境城市；根据城市辐射范围的广度和辐射力强度，可以分为国际性城市、全国性城市和地区性城市；根据城市所处的气候环境，可以分为寒带城市、温带城市、热带城市等。

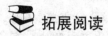拓展阅读

城市起源——太原

太原城兴起很早，位于今太原市西南的汾河以西、晋祠以东地区。公元前497年，赵鞅命董安于修建晋阳城，后来尹铎又继续修筑，称为晋阳城。

晋阳城建在汾河以西、晋水之北，郦道元说："城在晋水之阳，故曰晋阳矣。"城址在今天太原晋源一带。这里西有悬瓮山，西北有蒙山，山环水绕，易守难攻。赵鞅之所以选择太原盆地修建晋阳城，从春秋时晋国的形势看，晋阳城远离当时晋国国都新田（今侯马西北牛村），偏居晋中，在这里选址建城，首先是出于军事方面的考虑。其次，赵鞅以晋阳为基地，向北拓展疆土，扩大赵氏的势力范围。赵襄子时赵国逐渐强大，于是兴兵西北部，赵国的势力达到雁门、平城一带，解除了"戎狄"的威胁，"于是赵北有代，南并知氏，强于韩、魏"。三家分晋后，晋阳是赵国国都，是赵国早期政治、军事中心。苏秦曾对赵王说，"当今之时，山东之建国莫如赵强"。实践证明，赵鞅选择太原盆地建城，以及把晋阳作为基地向北开拓，对山西中部、北部的开发起到了一定的积极作用。

由于这座城市选址得当，地形有利，水源丰富，是开发太原盆地的适中地点，一直维持到北宋初年，历时达1 470余年之久。尤其是在隋唐时代，晋阳城发展到鼎盛时期，成为北方地区最重要的政治、军事重镇，以及著名的经济都会。正如《隋书·地理志》所说："太原山川重复，实一都之会，本虽后齐别都，人物殷阜。"由于李世民父子从太原起兵，建立了唐王朝，太原的地位更加重要；武则天时代曾在晋阳设北都，后称北京。太原一名是战国以来太原郡名称的延续，唐置太原府，并置晋阳县和太原县。

唐代时晋阳城的建设发展很快。贞观十一年（637年），并州长史李绩主持修建汾河以东的东城。武则天时，崔神庆"跨水连堞"，修建中城，将西、东二城"合而一之"，形成了历史上著名的晋阳三城。晋阳城规模空前，周围40多里，跨河而建，是城市发展史上的奇观。

宋太宗太平兴国4年（979年），以兵攻与水淹相结合，历时5个多月，才攻下晋阳城。宋太宗以晋阳"本维藩镇，曾以山川险固，城垒高深，致奸臣贼子违天拒命，因其悖逆，连误军民"，下令彻底破坏晋阳城，改为平晋县，将并州治所迁至榆次，"遣使分部徙民居于新并州，尽焚其庐舍，民老幼趋城门不及，焚死者甚众"。为了彻底杜绝晋阳城的复兴，第二年又引汾、晋水灌冲城垒。晋阳城遭火烧、水淹，成为一片废墟，唐代的晋阳三城终于成为历史的陈迹。后来，为了军事上的需要，北宋不得不重建晋阳城，但城

址已向北移动 45 里，位于汾河东岸，为今天的太原城奠定了基址。

太平兴国 7 年（982 年），潘美在晋阳城北 45 里处的阳曲县唐明镇修筑了一座土城，并将并州治所从榆次移于此，成为宋以后太原城发展的基础。潘美所筑的城，规模很小，周围仅有 10 里。到宋嘉祐 4 年（1059 年），才重新设立太原府，为河东路治所。

唐明镇位于太原盆地的北端，夹处两山之间，汾河纵贯其中，军事地位十分重要。《宋史·地理志》说："其地东际常山，西控党项，南尽晋绛，北控云朔，当太行之险地，有盐铁之饶⋯⋯太宗平太原，虑其恃险，徙州治焉，然犹为重镇，屯精兵以控边部云。"这里地理形势险要，处交通之咽喉，在宋、辽、西夏三国鼎立的格局中，处在三国边界的联结点上，"其地控扼二虏"，对维护长安和都城汴梁的安全具有重要的战略意义。潘美在阳曲唐明镇筑城，一开始便给这座城市带上了军事色彩，唐明镇处在太原盆地的北端，东山西河，着眼于防备辽兵的南下。

由于新的太原城军事地位重要，又无法被其他城址所取代，宋、元、明、清时太原城就一直延续发展，终于成为山西省政治、经济和文化的中心，也成为北方地区著名的工商业城市。尽管北宋的太原城址不如原来的晋阳城址优越，平原狭小，地面水源也不甚丰富，而且容易受到汾河洪水的威胁，但毕竟还有延续发展成为大城市的有利地理条件。这就是地下水源丰富，交通方便，可以充分利用山区提供的矿产资源。然而，两相比较，晋阳城平原舒展，汾晋交汇，西倚悬瓮山，有"山环水绕，原隰宽平"之称，而北宋选择的太原城址位于太原盆地的北端，处于"多山多水，东、西、北三面皆山，中间汾流为阆邑"，显得平原狭小，缺少开阔的地理形势，为后来太原城市的发展带来了一些不利因素，最明显的就是山洪的袭击和城市用地的不足。今天的太原市区早已扩展到汾河以西地区，而且分割为两大块，呈南北向长条状发展。

中国城市的城址转移十分频繁，受到多种地理条件的制约，以上仅举数例，以窥豹之一斑。

（资料来源：http://www.anhui365.net/club/thread-1180241-1-1.html.）

第二节　城市经济与城市经济学

一、城市经济的内涵

城市经济是一个综合有机体，是一个相当广的概念，几乎包括了除农村、农业（为城市服务的城郊农业除外）以外的一切经济活动，是一个动态过程。具体地说，理解城市经济应掌握以下几点。

1. 城市经济是社会经济结构的一翼

自城乡分离以来，社会经济结构逐渐分解为城市经济和农村经济，形成了社会经济结构的两翼。现存的"二元经济"格局，实质上就是城乡经济分离的延伸。城市经济和农村经济按其地域分布和经济活动内容来看，两者都有自己的主要产业部门，以及特定的经济结构、生产方式、分配方式和消费方式。一般来说，现代城市是以工业及工业相关的产业为主，农村则以农业（包括林、牧、副、渔）为主。在地域景观上，工业集中在为数不多的城市，农业则散布于广阔的农村。尽管两者密切相关，但其界线是分明的，分析城市经济的特点、性质、规律，既是相对于农村经济而言，又涉及城乡关系的发展，即城乡"分离—对立—差异—融合"的过程。

2．城市经济是一个大范畴

一般城市都以工业为主体，但城市经济比工业经济要广泛得多。有的城市甚至不以工业作为经济的主体，而是以其他经济活动（如商业、外贸、交通运输、旅游、金融）为主体。理解城市经济，不能局限于工业，单纯地以为只有建立和增加工厂，才能使城市经济得到发展，还必须看到城市经济的各个方面；不能只看到生产，必须同时看到分配、交换和消费。

3．城市经济是构成城市社会的基础

城市是居民劳动、教育、文化、日常生活的社会环境，它不仅是一种经济现象，同时也是社会、政治、文化、教育等的种种现象，各种现象相对独立的存在，有自己独特的运动规律。但由于城市经济是全部城市生活的基础，在此前提下，相互制约、共同发展。因此，理解城市经济，不能单纯地就经济论城市经济，必须注意到城市经济运动历史的、政治的、社会的、文化的和地理的背景，以及它们对城市经济的外在影响。

4．城市经济是一个综合有机体

城市经济就其经济内容来看，主要包括城市内部的工业、商业、建筑业、服务业、旅游业、金融业、交通运输、市政事业等部门的生产经营活动及其相互关系，还有城际间的原料、商品购销活动、分工协作和城乡经济联系等。但是城市经济并不是各经济部门的机械集中和经济活动的简单相加，而是各系统相互联系、相互制约、相互依存，并在经济运动过程中发生的错综复杂的关系，共同组成一个犬牙交错、相辅相成、充满生机的社会生产和再生产过程。

5．城市经济是一个运动过程

任何物质都是运动的，城市经济也无例外。城市经济是在城市这个空间范围内，在一定历史条件下的生产和交换活动，表现为空间存在形式和时间存在形式的统一。随着城市在空间上的扩展和在时间上的延伸，城市经济亦步亦趋，而且城市经济作为城市生活的基础，对城市的发展起着巨大的内在推动作用。随着城乡"分离—对立—差异—融合"的运动，城市经济与农村经济无差别地融为一体，经济中心由农村转移到城市，成为经济中心，以至城市经济领导农村，农村必然跟着城市走，走向乡村城市化。城市和城市经济始终是相互促进、相辅相成，在同一跑道上并驾齐驱的，经常处于剧烈的发展变化之中。

综上所述，城市经济是以地理毗连、生产力集中、经济活动聚集、社会财富涌流为其内涵的，经常处于动态发展中的综合有机体，是城市社会、政治、文化、教育、科学研究和精神生活借以产生和发展的基础。

二、城市经济的特点

城市经济的形成有一个历史过程。随着生产力的发展，城市逐渐成为经济中心，形成了它固有的特点，主要表现在城市经济的商品性、城市经济的聚集性、城市经济的开放性和城市经济的辐射性。

1. 城市经济的商品性

城市是商品生产和商品交换最集中的地域。城市集中商品生产和商品交换，形成了城市经济。商品经济培育城市、产生城市，构成城市经济的主要成分；而城市的成长又必然推动商品经济的大发展。

自给自足的自然经济的一个空间特点是分散，虽然小商品经济曾使它向集中前进了一步，但其本质仍未改变。小商品经济生产规模小，市场不发达，城市居民需求有限，城市间缺乏经济联系，妨碍了分工的进一步发展，形成不了城市经济。随着商品经济的进一步发展，生产和经营愈来愈趋向集中。这种集中性使生产和商业产生了相互作用，交换发展，市场范围扩大；生产门类增多、规模扩大、分工更细、协作加强，形成了城市之间新的分工和城市的生产优势。城市流通范围对周围地区产生巨大的吸引力，城市间新分工使城市间发生密切的联系和协作，从而带动了城市的迅速发展，经济重心逐渐由农村向城市转移，城市逐渐成为经济中心，形成了城市经济。因此，从这种意义上说，城市经济就是商品经济。

商品经济活动舞台是市场，市场是商品经济的产物。那些集市、庙会发展到今天的城市市场，先后经历了奴隶社会、封建社会、资本主义社会与社会主义社会。但是在资本主义以前的各个社会形态，社会分工有限，自然经济占统治地位，城市作用不显著，只有在资本主义社会，商品生产和商品交换发展到最高形式，一切都成了商品，连劳动力也成为商品，商品经济占统治地位，资本主义经济与市场密切联系在一起，城市市场才成为整个资本主义经济存在和发展的前提，从而构成了以城市市场为舞台，以商品经济为内核的城市经济。

党的十一届三中全会以后，确认了我国经济是有计划的商品经济。党的十四大以后，建立了社会主义市场经济体制，把经济工作的重点转移到大力发展商品经济的轨道上来，实行对外开放、对内搞活的经济政策，把原有的按行政区划分、行政层次统一收购和供应商品流通体制，改变为开放式、多渠道、少环节的流通体制，建立和完善社会主义市场体系，使城市经济更好地、合乎规律地发展。

现代城市，一方面，它是现代生产力的一种重要组织形式，发挥着直接生产力的功能；另一方面，它又是商品经济关系的一种最集中的表现，借助于商品经济体制，对整个国民经济发挥着调节、组织和推动作用。也就是说，现代城市具有的两个最基本的特点，乃是正确认识城市，特别是中心城市在发展商品经济中的地位和作用的一个关键。

2. 城市经济的聚集性

首先，城市聚集着社会最先进的生产力。从城市产生之日起，先进生产力的发源地逐渐由农村向城市转移，生产力要素愈来愈集中于城市，使城市成为生产力最活跃的地域。城市也就在社会生产的积聚、集中、协作和社会分工等各种规律的作用下不断地增长和发展。因此，城市经济是一种建立在比较高生产力基础上的以工业为主的密集型经济，与农村的分散经济相比具有无可比拟的优越性，具体表现在以下两方面：一是由于工业生产技术的不断革新直接带来了劳动生产率的不断提高；二是由于密集和协作带来了劳动时间和空间上的节约。现在，城市经济存在迎接以原子能、电子计算机、合成材料、高空技术为标志的新的世界产业革命，无疑将进一步改善着人类和自然的关系，使人类对自然的驾驭能力获得更大的进展。这种能力的革命性变化，会从根本上改变城市的整个工业基础，改变城市的性质和功能，同时也改变城市和乡村的关系。

由于现代科学技术发展所需要的种种条件大多聚集在城市，对自然规律的发现和认识、科学上的发现和创造、技术上的发明和推广以及科学与生产的结合，绝大部分必须而且只能在城市经济中实现。可见，城市是科学技术的中心、科学实验的基地，是社会生产力提高与发展的发源地。

城市规模是以城市人口和城市土地面积为标志来衡量和确定的，这只是一种表象，实质上，城市劳动是生产力的主体因素，土地面积是生产力的用武之地。在城市，人们就借助于土地，凝聚生产力的物的要素和人的要素，形成和发展社会生产力。因此，城市化规模表明了生产力的规模。在一个国家中，生产力的发展层次与城市规模序列是吻合的，即城市越大，生产力就越集中，生产力水平就越高。

其次，城市经济的聚集性产生聚集经济效益。聚集经济效益是指产业在某一地区集中而产生的效益，或者说是在社会经济因素作用下，特定地域内所积累的生产诸要素和各个环节，彼此分而不散、聚而不乱，由于有机联系而产生的综合效益，具体表现在以下五个方面：(1) 城市规模越大，越有利于按照专业协作的方式组织生产。(2) 城市达到一定的规模，有条件集中进行基础设施建设，为城市经济发展和对外开放创造了良好的投资环境。(3) 人口集中，使各种劳动力、技术、管理人才汇集，从数量和质量上保证经济建设的需要，也有利于人才的合理流动。(4) 促进商业、金融业、科技业、服务业的相应发展和集中化，使企业和市场之间、科技和生产之间的距离大大缩短，形成综合的、多功能的市场体系。(5) 大城市能够提供多方面的教育、娱乐、社交场所，丰富劳动者的精神文化生活，为发展劳动力创造条件。

3．城市经济的开放性

城市经济的开放性，是指城市与乡村、城市与其外部广大区域所具有的广泛联系。开放性是城市经济的又一本质特征，也是一个城市经济运动的客观规律。城市经济的开放性，一方面决定于城市这种特有的生产体系和城市形态；另一方面则决定于城市的交通、通信等物质基础条件。集中与开放、聚集与扩散构成城市经济的对立统一的运动过程。城市经济的对外联系是错综复杂、相互交叉的，其内容包括经济活动的各个方面和再生产过程的各个环节，形式多种多样，例如，资金往来、生产协作、技术交流、信息交流、人才流动、商品流通、劳务供给、互设机构、联合开发、信贷关系等。城市的对外经济联系不受行政区域的限制，联系范围服从于经济活动内在的需要，可以跨市、跨省或扩展到国际市场。

4．城市经济的辐射性

城市经济的商品性、聚集性和开放性决定了城市经济的辐射性。所谓城市经济的辐射性，是指城市的经济活动对周围地区和一定领域内所起的枢纽作用，及对周围地区经济发展的推动作用。

（1）辐射性是城市经济发展的内在要求。城市作为经济中心，拥有资金、装备、技术、人才、信息等经济优势，有可能也有必要向周围地区和广大腹地扩散能量，一方面通过扩散经济技术获取他人之长补己之短，另一方面通过输出各种经济要素支持这些地区的经济发展和提高经济效益。城市经济的辐射形式一般有两种：一种形式表现为城市与城市之间的交叉辐射，因为不同城市具有不同的优势和劣势，需要互补，同时具有一定的经济技术基础，便于输出和吸收经济活动，以提高自身的经济效益，常见的横向经济联合、经济技术协作、产业转移、技术转让等都属这种形式；另一种形式表现为城乡之间的交流，由于城市经济、技术逐步向高层次发展，必然要相应地进行产业调整，使部分低层次的技术与经济活动逐步向乡村扩散，而乡村有广阔的劳动场所、丰富的劳动力资源，迫切要求科学种田，深化农副产品加工需要城市的支持，从而为城市向乡村扩散产品、技术、智力人才等经济要素和产业转移提供了有利条件。

（2）辐射性是发挥城市经济优势的体现。城市有自然条件优越和交通便利的优势，出于本身的生产和消费，以及生产上分工协作的需要，便利用其优势不断地促进相关地区的原材料、燃料、初级产品和粮食生产，使之成为它们的销售市场、原料来源、加工"车间"和农副产品基地。城市，特别是中心城市成为全国和不同地区的经济发展中心，可以以较少的物化劳动和生活劳动的消耗，创造较好的社会经济效益；能够通过更多、更好的产品，以及科学技术、经营管理等"软件"辐射和吸引周围地区，带动周围地区的经济发展，形成合理的经济网络。一个城市组成一片经济网络，带动一片地区的发展，全国若干城市就可以组成全国的经济网络，推动全国经济发展。

三、什么是城市经济学

城市经济学是研究城市在产生、成长、城乡融合的整个发展过程中的经济关系及其规律的经济学科。城市经济学以城市的产生、成长，最后达到城乡融合的整个历史过程及其规律，以及体现在将城市内外经济活动中的各种生产关系作为研究对象。我国目前把城市经济学作为二级学科经济学下面的三级学科。

城市经济学用经济分析方法，分析、描述和预测城市现象与城市问题，其研究重点为探讨城市重要经济活动的状况、彼此间的互动关系，以及城市与其他地区和国家的经济关系等。

20世纪以来，特别是第二次世界大战后，在世界各国，大量农村人口涌入城市，城市规模迅速扩大，城市经济结构也发生了重大变化。这些变化带来了城市的一系列社会经济问题，如住宅、交通、环境、公共设施不足等，一些经济学家和社会学家为了探索产生这些问题的根源，寻求解决的方法，开始把城市作为一个整体进行系统的分析研究，于是产生了城市经济学。

城市经济学分为理论城市经济学与应用城市经济学。前者从理论上研究城市的经济活动，了解问题的现象与本质，不涉及解决问题的方法及政策方面的研究，其主要内容有城市化理论、城市发展理论、土地利用及地租理论、城市空间结构理论、城市规模等。这些研究有助于了解城市经济现象和问题，是城市规划前必需的基本研究。后者注重研究改善和解决城市问题，增进居民福利的对策及具体办法，研究内容为城市问题与城市发展政策，如住宅拥挤且质量低劣、交通堵塞、失业、种族歧视、贫民窟等。上述两者皆与城市规划关系密切，是城市规划工作的基本内容之一。

四、城市经济学的研究范围、性质和内容

（一）城市经济学的研究范围

城市经济学是一门新兴的学科，研究的范围尚不规范，大多宽窄不一。国内外已出版的专著，基本上可以分成三种观点：宏观城市经济学把城市经济看作一个整体，侧重于研究城市经济对国民经济和地区经济的影响及其相互关系，其理论依据是凯恩斯的"总量经济分析"；微观城市经济学主要研究城市内部的经济现象，运用逻辑推理和"成本效益分析"方法，探讨诸如交通、土地、住宅、劳动力等一系列问题。近年来，将宏观与微观综合起来的专著更为流行，如美国加州大学洛杉矶分校赫希教授的《城市化的经济学》一书，就是其中的代表作，它将城市经济划分为微观、宏观和城市公共部门，分层次、多方面地进行综合研究。

（二）城市经济学的性质

城市经济学既是一门以经济学基本理论为基础的应用科学，又是一门多学科、多层次综合的边缘科学。它的研究对象是城市经济。它与城市规划学、城市地理学、城市社会学、城市生态学等姊妹学科，都是城市科学的有机组成部分。它们各有分工，又有所交叉，其研究领域互相渗透，其研究成果也可互为借鉴。

对城市经济学的性质可综述为：运用经济学的基本理论，融会多学科的研究方法，揭示城市经济的产生、发展的历史过程和运行规律；分析其中的生产关系、经济结构和要素组织；对主要的城市问题作出科学解释，并为城市管理部门提供技术经济论证和社会经济决策的依据。

（三）城市经济学的主要内容

1. 宏观城市经济部分

（1）城市化普遍规律。城市化是生产力和生产关系发展到一定阶段所必然产生的社会现象。通过研究城市成长的机制、城市化发展的过程、影响城市化的经济规律等，从总体上把握城市化运动的普遍规律。

（2）我国城市化道路。我国工业化和城市化起步晚、曲折多，但近年发展很快。通过研究我国城市化的动力、速度、规模、布局和模式，为制定我国城市化战略提供科学依据。

（3）经济区、城镇体系与中心城市。这三者的关系是全国经济网络中的"点、线、面"关系，研究其中的经济内涵、探寻其发展规律，将有利于更好地发挥中心城市的作用和适应社会主义市场经济机制的需要。

2. 微观城市经济部分

（1）城市经济发展战略。城市经济是国民经济的主体，制定正确的发展战略，使城市进入良性循环轨道，是城市经济学的重大任务。

（2）城市经济结构。合理的经济结构对于有效地利用各类资源，促进城市经济的协调发展起着重要的保障作用。

（3）城市人口经济。人是城市的主体，城市经济发展与城市人口休戚相关。因此，要研究经济增长与人口构成变化的规律、人口增长的途径、流动人口问题与劳动就业问题。

（4）城市土地经济。土地是城市的载体，通过研究地租、地价理论，土地经济特征和我国土地开发问题，可为城市规划部门与房地产经营部门提供决策依据。

（5）城市住宅经济。住宅是人们不可缺少的生活必需品。因此，要研究住宅的经济属性、住宅商品化和我国住房制度改革的基本途径。

（6）城市基础设施。基础设施是城市的骨骼和血脉，对于城市正常运行起决定性作用，基础设施的构成与特性、基础设施与社会经济发展的相关性、基础设施的投资与管理，都是城市经济学研究的课题。

（7）城市环境经济。环境问题是人类面临的基本问题之一，必须研究城市在发展经济的同时，如何保护和治理环境，使城市在取得较高经济效益的情况下，也取得良好的环境效益。

（8）城市财政与金融。国家财政的绝大多数取之于城市，又用之于城市，因此，需要研究城市财政如何广开财源，在增加国家财政收入的同时，使城市财政充裕起来，能自力更生建设好城市；金融业是第三产业的重要组成部分，对城市经济的发展有举足轻重的影响，因此，需要研究如何促进城市金融市场的发育，并充分发挥其作用。

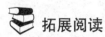 拓展阅读

人类迫切渴望破解城市化难题 世博会展示未来六大趋势

2010年，在人类赖以生存的地球上，有一半以上的人口生活在城市。到2030年，这一比例将达到60%。与此同时，"城市病"的幽灵也与城市现代文明如影随形。"城市里（的建筑）如果都是水泥筑成，夏天会形成热岛效应；城市的绿地都被侵占了，都盖了房子，人生活在这样的空间里舒服吗？"当谈到上海世博会主题——"城市，让生活更美好"时，世博申办亲历者、国际展览局名誉主席吴建民这样说："我对上海世博会最大的期待就是把各国城市化过程中的好经验向大家展示，同时也把他们面临的问题向大家说明。"

是的，进入21世纪的第二个10年，上海世博会被世界寄予厚望。人类迫切渴望破解城市化难题，而在上海世博会，城市以及城市里人们生活的未来越来越清晰地呈现在人们面前。

花园城市

把大自然搬上自家屋顶。

中国、新加坡、新西兰、瑞士、沙特、俄罗斯、美国、智利……这些来自各个大洲的国家馆都有一个共同的特点——屋顶花园。

21世纪后在城市里出生的孩子，很有可能不知道真正的自然是什么样子的。他们生活在冰冷的摩天大厦里，他们在经过精心修剪的草坪上玩乐，他们不知道米和面曾经的状态，他们没有捉过一只昆虫，他们甚至连小鸟都要从课本上认识。人类一直梦想着城市与自然能够完美地融合，而上海世博会用实例告诉我们：自然其实离我们很近。

在最佳城市实践区，芝加哥将它的绿色屋顶带到了上海。绿色屋顶在芝加哥已经安装了600多个，面积超过700万平方英尺（1英尺为30.48厘米）。芝加哥市长查德·戴利在展示介绍中表示，芝加哥为了美化马路，将五车道的马路变成四车道，中间一道铺设成长达800英里（1千米为0.621英里）的绿色景观点，并将位于市中心的梅格斯机场改建

为公园。

国家馆里，瑞士馆的主题便是"城市与乡村的互动"。这里最精彩的部分是缆车，它将人们从喧嚣嘈杂的都市里带离，攀升到瑞士馆的顶层，那里有田园牧歌式的等待，有山林、草原以及来自瑞士自然界的声音。瑞士馆的总代表乌里·希克在接受记者采访时表示，瑞士一直以来都在寻找城乡和谐、人与自然融洽相处的可持续发展道路。现在，中国面临的许多状况，瑞士当年也曾遇到过。瑞士愿意将绿色建筑技术带到上海，供各国的城市借鉴。

而在主题馆之一的城市未来馆里，花园之城是未来城市生活的五种状态之一，城市的绿化和与自然的完美融合让街道成为孩子们的运动场。如果上海世博会上的这些展示真的被学习、借鉴，那么城市的未来必然充满鸟语花香。

"零碳"生活

全球将兴起"绿色革命"。

所谓"零碳"，就是二氧化碳的零排放。在追求舒适生活、享受高科技的时候，有可能实现二氧化碳排放量为零。你可能认为这是开玩笑。不用电了吗？不产生垃圾了吗？当然不是，在最佳城市实践区内，英国"零碳馆"的六间样板房向我们展示了这种难以想象的生活。

首先，在这些房间的屋顶，装有22个五颜六色、可自由转动的"风帽"，它们不仅可以根据风向自由转动，还能利用屋内外气压差带动空气流动，将新鲜空气输入每个房间，同时带走屋内废气，也就是说，不开窗，你就可以呼吸到新鲜的空气。

南面的房间装有保温系统，在白天充分吸收热量，晚上就转化为室内热能用以保暖，而且电热联产系统还会将热能转化为电能，能源完全实现自给自足。在用水上，房屋的雨水收集系统会将屋檐流下的雨水导入储水器中，用于冲洗马桶、灌溉植物，极大地降低了对自来水的需求。

馆内的路面没有采用石油沥青，而是使用旧轮胎回收制成的。家具全部用废料改装制成，地毯则是手绘的，由于太过精美，没有人会质疑它们曾经是"垃圾"。这些房间里的餐具是可食用材料制成的，不过味道可不敢保证。但是，它们可以与厨房的生物垃圾一起，被收集到生物能炉内，用于发电与发热，烧饭用的沼气就是食物残渣在地下发酵产生的。

是不是想不出来还有哪里能排放二氧化碳呢？那些可能遗落的些许残留会被房屋坡顶上的绿色植被吸引并转化为氧气。

"申博时，'低碳'概念在中国还鲜为人知，但可以预见，在上海世博会举办后，'低碳'甚至'零碳'作为一种生活方式，会成为潮流。全世界正在发生一场深刻的'绿色革命'，看到并把握新一轮'革命'的契机，是世博会对当今世界发展的现实意义。"上海市委副秘书长王战这样告诉记者。

智能体验

极度便捷的数字化生活。

一天在外，离开家前，你用自己的手机锁好门窗并打开报警装置和监控探头。自你离开的那一刻起，吸尘器就会按设置逐屋清扫，然后自动充电，而洗衣机此时已在检查你衣服上的电子标签，确保以正确的清洗程序洗涤。联网的冰箱向附近商店订购必需品。

你用手机打开车锁，指示汽车送你去公司，中途停一下，去取订好的咖啡。汽车利用先进的 GPS 数据和实时交通流量信息，查找到最佳路线，然后融入了繁忙的清晨车流。当天下午，你还没有到家，订购的所有物品就已放在门旁的电子控制冷藏柜中。当接到货到信息时，你只需用手机向冷藏柜发送一个密码，就能接纳食品入柜。

你觉得这样的生活不可思议吗？这是国际电信联盟秘书长哈玛德·图埃所描述的 2025 年的智能生活。他所畅想的生活其实并不远。在上海世博会的多个场馆中，它已经成为现实。

就快下班了，不用着急往家赶，在办公室打开电脑敲击键盘，一组指令会自动传到家中：电饭煲开始煮饭、空调自动开启……这是信息通信馆展示的智能电网带给我们的全新生活方式。信息通信馆给出的实现时间是 2020 年。那时候，用户不但可以遥控家用电器，还能在家中利用太阳能自发电，让这些"绿电"输入电网，获取报酬。另外，智能电网能"自我检测"，即自动绕过故障节点寻找新路径，这种自我补偿会使电压相当稳定，即使短暂停电，用户也可能会没有感觉。

在城市未来馆里，轻触冰箱旁的触摸屏上的牛奶，立刻就会跳出冰箱中所存牛奶的出产地，还可以从屏幕上看到出产地的农场内的工作画面。如果你点击购买日期与地点，屏幕上立即显示答案，并跳出某社区超市的图像，随后是一张超市当日到货清单。点击"健康小贴士"，马上显示字幕："该包装牛奶含××卡路里热量，建议一天喝两杯。"

快乐交通
能自由选择的出行方式。

交通堵塞、停车难、空气污染，城市生活离人类交通方式的核心诉求——自由出行越来越远。人类的未来，还会是拥有着最先进的交通工具却寸步难行吗？

在城市未来馆，我们看到了未来快乐出行的可能。在一段描述未来出行的影片中，分别身处集团总部、另一城市家中和某海岛实验室中的甲、乙、丙三人正在开视频会议，他们决定从不同的地点、乘坐不同的交通工具到达同一个机场赶同一个航班出差。甲从公司出发，坐城际高铁，换磁浮列车前往机场；乙从家中出发，开车驶上"机场高速"，在智能导航的协助下一路直达；丙从海岛出发，乘坐一艘快艇，同时用手机预订了一辆出租车。利用科技支持下的立体换乘系统、手机车票支付、电容公交车、智能交通监控系统，三人顺利达成目标。

而在上汽——通用汽车馆，2030 年未来城市个人交通解决方案也终于在 3 月 24 日公布在世人面前。新型概念车 EN-V 比现在的汽车轻 3 倍，长度也短 3 倍，目前一个停车位可以停放 5 辆 EN-V。它的马达动力由锂电池提供，可通过普通家庭电源充电，完全实现零排放，而且可以实现原地转弯。在自动驾驶模式下，EN-V 能够通过对实时交通信息的分析，自动选择路况最佳的行驶路线，从而大大缓解交通堵塞；通过车载传感器和摄像系统，它还可以感知周围环境，在遇到障碍物或者行驶条件发生变化时能够做出迅速的调整，减少交通事故的发生。更妙的是，你可以在途中放开双手，上网和朋友进行实时沟通，形成一个在路途中的社交无线网络。

其实，出行更多的时候是要做"选择"，不论是出行工具、路线，还是心情，在丹麦馆里，就有这样一个名为"选择"的主题展区。在这里，丹麦人将展示自行车是如何渗透进他们的生活的，而且，你也可以跨上自行车，在丹麦式自行车道上亲身体验一把。古老的出行方式在最现代的都市里复活了，丹麦的自行车道上，不仅有停车场、打气点，还有统计自行车流量的"自行车晴雨表"。丹麦人想要表达的是，选择自行车，不仅为了环保和健康，更是一种享受生活的心态，一种寻求平静淡泊的人生真谛。

机器人保姆

从煎、炒、烹、炸到看家护院。

不管是《变形金刚》还是《阿凡达》，人类的未来总是离不开机器人。不管是科幻小说、电影，还是未来学家们的科学预测，机器人将在人类的未来发挥极大的作用，是始终出现的话题。但是，至今，机器人在人类日常生活中的运用还是凤毛麟角。

一直以来，世博会都以展示最新科技产品著称。1878年，巴黎世博会上，冰箱第一次亮相；1939年纽约世博会的主角则是电视机。从2005年的爱知世博会起，机器人成为最亮眼的明星。2010年在上海，生活机器人，无疑是使人类未来生活更美好的保证。

"本帮红烧肉、响油鳝丝、鱼香肉丝、宫保鸡丁……"，不管会不会做饭，听到这里你应该嘴馋了吧。如果等你回到家，机器人"大厨"将这些大餐亲自送到你面前，你会觉得如何？这个长得方方正正的机器人内部装着锅碗瓢盆和糖盐油醋，只要按照程序来"点单"，从切菜到上菜，一盘盘按美厨大师菜谱所烧制的菜品就会自动生产出来。

在沪上生态展馆有一个老年公寓，那里有着穿粉红围裙、有一双大眼睛的"女管家"和一个孔武有力、有着六条自由机械臂的"男管家"。这两台机器人"管家"可以接受用户通过手机、电话等方式完成的指令，泡咖啡、开门、取物，样样都行，而且，它们还能监测包括门窗入侵、火灾、烟雾、煤气泄漏等信息。更妙的是，它们的背后被设计成一张座椅，并装有控制手柄，可供老人们当轮椅使用。

是的，只有想不到的，没有办不到的。未来的机器人，将会以你意想不到的方式帮助我们的城市变得更美好。

无障碍沟通

与全世界的人"面对面"。

全球化初期，麦克卢汉曾用"地球村"描绘了一个新的现象——信息在全球迅速、瞬间流动，并增加人们相互之间的联系。上海世博会，就是一个微缩的地球村。在这里，多元文化不断碰撞与交融，不同的国家、民族、城市、文化互相对话、学习与借鉴。我们无差别，但我们又不同，这是上海世博会指给未来城市的发展方向。

"未来信息技术的发展，将使人与人之间的沟通不存在任何障碍。信息技术赋予每一个社会成员相同的资源，信息的力量将抹平性别、国别、语言等带来的差别。无差别的理念就缘由于此。"现代设计集团华东院建筑创作所所长杨明这样告诉记者。

在思科馆，网真技术实现了全球"面对面"交流的可能。通过结合创新的视频、音频和交互式组件，在人与人之间、各个场所之间、工作生活各个方面之间，你可以与处于全球各个地方的人实现面对面的交流互动，它不会出现"卡壳"现象，与现实几乎同步。不论是举办网聚会还是召开视频会议，都会觉得远在千里之外的人就在自己身边，只是无法触碰而已。

沟通无界，却并不意味着城市的发展将会走向同质。在上海，每个场馆、每个展区都有它们自己的特点。就像大山在介绍加拿大馆时说的那样："在加拿大，我们认为多元文化主义是我们重要的指导原则，我们要把加拿大建设成真正的地球村，2010年上海世博会是真正地球村的展现。对于加拿大来说，多元化还要尊重所有人的权利，这个都是在我们加拿大馆中要涉及的——宜居城市、包容、可持续、创新。"

远在日本的著名建筑师、上海世博会日本国家馆设计者彦坂裕则把城市未来的发展之路表达得更为清晰："多元文化是城市的活力所在。复杂多样、相互冲突的价值、文化、感知、生活方式，使城市产生并保持着多样性的魅力。"

（资料来源：http://www.chinadaily.com.cn/dfpd/tianjin/2010-04-22/content_200541.html. ）

第三节 城市的发展与城市化

城市化是一种经济社会现象，是近代和现代经济发展的伴生物。同时，城市化也是世界现象，是不可阻挡的历史发展潮流。纵观世界历史，一个国家工业化、现代化的过程也是逐步实现城市化的过程，没有城市化也就不可能有现代化。在现代条件下，城市化对于推动我国城乡经济社会发展具有极其重要的作用，是未来经济持续高速增长的强大动力，是实现城市发展战略目标的重大关联因素。城市化与人们的生产、生活息息相关。因此，加强对城市化理论与实践的研究，认识城市化的发展规律和特点，制定正确的城市化发展方针和政策，对于促进城市化发展至关重要。

一、城市化的概念

城市化一词来自英语 Urbanization，也译作"都市化"。我国学术界有人建议译为"城镇化"，而比较多的认为译成"城市化"更为科学。

对于什么是城市化，学术界认识不统一，大家根据自己专业的特点对城市化的定义作出了不同解释。

经济学界比较多的学者认为：所谓城市化，简单地说，就是农村人口转移为城镇人口的过程，或者指变农业人口为非农业人口的过程。

城市地理学家认为：地球表面某一地域内，城市性状态逐渐扩大和发展的过程，就是城市化，它注重地域空间组织的变化。

社会学界一些学者认为：伴随着产业革命，出现了人口脱离农村向城市集中的现象，这就是所谓的城市化运动。

日本京都大学经济学教授山田浩之认为："城市化的内容，大的方面可分为以下两个：一个是在经济的基础过程中的城市化现象；另一个是在社会文化过程（或上层建筑）中的城市化现象，对后者，用一句话来说，就是生活方式的深化和扩大。"所谓"在经济的基础过程中的城市化"，从大的方面又可分为两个方面来考察：第一，人口密度在提高，第二产业和第三产业比例的增长，或者是人们的经济活动，例如产业和职业多样化、生活活动和业余活动多样化、社会的阶层结构复杂化、人们的社会地域的移动在增加。第二，是以城市的性质的外延和扩大为特征，即在从来不是城市地域的郊外，也就是在农村使城市的经济活动（或者是城市机能）——从大的方面可分为产业活动和居住活动——扩散，城市日益向外膨胀。

国内有的学者认为：城市化是指城市的发展壮大，国内人口由分散的农村向城市集中的社会进步过程。它包含以下几方面的内容：(1) 城市人口增加，农村人口相对减少，城市人口在国家总人口中的比例不断提高；(2) 城市数量增加、规模扩大，城市状态（主要是一个国家的城市体系结构、城市地区分布）变化；(3) 城市经济关系和生产方式的普及和扩大，农村逐步实现城市生产方式和生活方式。城市化一般以城市人口占总人口的比例作为主要指标来加以衡量。

有的学者认为：城市化是三个社会过程，即城市人口因自然增长和迁移而引起的变化过程、新城市的产生过程、城市地理界限的调整过程相结合，所引起的城市人口比重的增加和城市生活方式的不断扩大。

有的学者认为：城市化主要应从城市自身发展演变的过程去认识，一般是指由经济工业化、人口城市化、社会生活方式城市化所引起的人口不断集聚，城市不断扩大，城乡差别不断缩小的一种发展过程。

有的学者认为：城市化的基本含义，是指变传统落后的乡村社会为现代化先进的城市社会的自然历史过程。

上述种种对城市化概念的理解和概括，均有一定的理论依据，也反映了城市化进程中的现实，只是侧重点有所不同，但都共同地认为：城市化是个历史的过程。城市化作为人类经济社会发展的历史过程，可以分为性质迥然不同的"城市乡村化"和"乡村城市化"两个阶段。在现代条件下，城市化的本质是乡村城市化，其中包括同时发生的两个过程：一是农业人口向非农业人口转移，向城镇集中；二是农村生产、生活方式和生活质量逐步城市化。也就是说，城市化不仅是农业人口转移为非农业人口，并向城镇集中的过程，而且是城镇在空间数量上的增多、规模的扩大，职能和设施完善以及城市的经济关系和生活方式广泛渗透到农村的过程。在农村大规模集中地建立农民自己的经济文化中心，把越来越多的农民从土地上转移出来，使其物质生活和经济生活得到极大提高，实现城乡协调发展，最终实现消除城乡差别和工农差别。

二、城市化水平的测度

城市化过程从最抽象的意义上说，是指城市在国民经济与社会发展中逐渐占据主导地位的过程。因此，城市化水平的测度就是要对城市的这种主导作用进行识别并能在不同的国家（地区）之间或同一国家（地区）的不同时期之间进行比较。

目前，学术界已就城市化的测度提出了多种方法，主要有两类，即主要指标法和复合指标法。

1. 主要指标法

该类方法就是选择对城市化表征意义最强又便于统计的个别指标，来测度区域城市化水平或程度。这类指标主要有两个，即人口比重指标和土地利用指标。反映城市化程度和水平的人口指标有城市人口占总人口的比重、大城市人口占总人口的比重、城镇的平均人口数和平均增长率、城镇密度和人口密度、人口的就业结构等。其中，城市人口占总人口的百分比是反映城市化的最主要指标，通常称为城市化水平（我们通常所讲的城市化水平指的就是这一概念），该指标既反映了人口在城镇的集聚程度，又在相当大的程度上反映了劳动力的转移程度，因而在世界上得到了广泛采用。由于对城市人口的不同理解，实际上又有多种城市人口统计口径。

土地利用指标是从土地性质和地域范围上来说明城市化水平的指标。测度指标主要有城市用地占可用地的比重和一定时间内非城市用地（如农田、草原、山地、森林、海滩等）转变为城市用地（如工厂、住宅、文教等）的比率。土地利用指标因为统计上的困难，未被广泛应用，随着今后航空遥感技术的普及，这个测度指标将会显示出一些新的应用前景。

从产业发展演变来看，城市化是第二、第三产业在城市集中和扩大的过程。在这一过程中，GDP 的产业结构和劳动力的就业结构都将发生相应的变化，如第一产业的比重不断减少，第二、第三产业的比重不断增加。因此，产业结构指标也是衡量城市化发展的重要指标之一。

主要指标法简单明了，通用性强，容易进行城市化的比较研究，是目前测度城市化程度的主要方法。

2. 复合指标法

复合指标法选用与城市化有关的多种指标进行分析，来进行城市化发展的综合测度。国外学者提出了多个复合指标，如城市成长力系数、城市度、城市魅力度、民力度等。复合指标法对城市内涵做了较为全面的概括，可以弥补单一指标在反映区域城市化发展方面存在的不足，但由于很难给出一套让大家普遍接受的指标体系，因而通用性较差。复合指标法的计算原先比较繁杂，不过随着计算机的普及和商业化统计分析软件的推出，其计算变得比较简单。

（1）城市成长力系数。1971年，日本东洋经济新报社在《地域经济总览》中提出"城市成长力系数"这一复合指标，它由10项分指标复合而成，包括总人口、地方财政年度支出额、制造业从业人数、商业人员人数、工业产品生产额、批发业销售额、零售业销售额、住宅建筑面积、储蓄额和电话普及率。

具体计算方法是：选择两个时间标准，分别计算某城市上述10个指标在期间的增减值；然后再按各项分指标的全国平均值100将各项分指标增减值换算成标准值；最后把这10项标准值进行算术平均，所得数值即为该城市成长力系数。

（2）城市度。1960年，日本城市地理学家稻水幸男、服部圭二郎、加贺谷一郎在研究东京郊区地域结构时曾提出"城市度"这一复合指标，用来考察东京郊区化的进展情况。他们所提出的城市度由5类16个指标复合而成：第一类是表示地域规模的指标，包括面积和人口总数；第二类是表示位置的指标，即离东京市中心的时间距离；第三类是表示经济活动的指标，包括年度财政收入、工业产品率、商店销售额、耕地面积、电话普及率；第四类是表示静态人口结构的指标，包括第一、第二、第三产业人口，管理人口率，雇佣人口率；第五类是表示动态人口结构的指标，包括人口增长率、通勤率、就业率等。

三、中国城市化历程及特点

我国城市化发展的历程，同我国的政治经济发展有着极为密切的关系。建国六十多年来，我国城市化经过了上升、波折、停滞、正常发展和快速发展等几个主要时期。同世界城市化相比，我国城市化水平低，发展滞后，严重制约着我国经济和社会的发展。1952—1978年间，我国城市化水平平均提高0.12个百分点。到1978年，我国实行改革开放政策，逐步走上持续、快速和健康发展的轨道，随着我国社会经济发展步伐的加快，城市化水平也迅速提高。

（1）城市化上升时期（1949—1957年）。新中国成立后，国家用三年时间，恢复被遭到严重破坏的国民经济，同时对旧城进行改造。到1953年，国家实施发展国民经济的第一个五年计划，开始了大规模的经济建设和工业化进程，我国城市建设得到迅速发展。到1957年，我国城市化水平从1949年的10.6%提高到15.4%，年均增长0.6个百分点，是我国社会经济和城市化水平保持协调发展的较好时期。

（2）城市化波折时期（1958—1965年）。城市化水平出现了大起大落。当时，在"左"的错误思想指导下，全国范围内形成了不顾客观经济规律的、急于求成的"大跃进"狂潮，农村人口大量进城。仅 1959 年一年间，城镇人口就增加了 1 650 万人，城市化水平提高了 2.2 个百分点。到 1960 年，全国城镇人口已达 13 073 万人，年均增长超过千万人，城市化水平达到 19.8%。1961 年，国家开始对国民经济发展实行三年调整，包括大力压缩城镇人口，动员部分职工和家属回乡务农，全国精简职工达 2 000 万人左右，压缩城镇人口约 3 000 万人，城市化水平从 1960 年的 19.8% 下降到 1963 年的 16.8%。

（3）城市化停滞时期（1966—1978 年）。在此 13 年中，城市化水平只提高了 0.1 个百分点。1966 年城市化水平为 17.8%，到 1978 年提高到 17.9%，基本处在停滞不前状态。当时我国正处在"文化大革命"动乱时期，社会秩序混乱，工农业生产遭到严重破坏，国民经济已处在崩溃的边缘，大批城市知青上山下乡，城镇人口机械增长已成负值。

（4）城市化正常发展时期（1979—1999 年）。从 1979 年起，我国城市化水平逐渐摆脱了长期停滞不前的局面，开始步入正常发展时期。1980 年，全国城镇人口为 19 140 万人，占总人口的比重为 19.4%，到 1995 年，城镇人口增加到 26 600 万人，占总人口的比重为 29%。在 15 年中，城市化水平年均增长 0.7 个百分点。

（5）城市化快速发展时期（2000 年至今）。这一时期城市化进程明显加快，城市化率提高显著。以 2000—2008 年年初为例，城市化率从 26.08% 升至 44.94%，7 年间增加了近 19 个百分点，平均每年增加 2.7 个百分点。我国城市结构和功能也面临着进行大规模、大范围的急剧变化和转换，在一般经济发展中罕见的城市超常规扩张，成为我国沿海地区的普遍现象。虽然这些城市的人文历史、地理环境、城市规模与职能各不相同，但在经济高速增长这一共同的动力机制下，城市发展呈现出一些普遍症状：城市形态演化剧烈，空间聚集与扩散并存，水平扩展与垂直扩展并存；城市建设失控，生态压力巨大，城市环境品质下降；许多城市在大规模旧城改造中，历史风貌和传统机理遭到破坏；城市识别感不强，城市形象"千城一面"。于是，如何在高速城市化进程中实现可持续发展，成为了城市形态研究领域亟待解决的问题。

中国城市化与西方发达国家所走过的路不完全相同，有着自己经济的、自然的、民族的和社会的特点。

（1）城市化水平比较低，城市数量不足，规模偏小。城市化水平，一般是用城市人口占总人口的比重来衡量。但也有学者认为，城市化过程是一种多维现象，没有单个的度量能够如实地反映城市化的各个方面。除了城市人口占总人口的比重外，还要增加三个指标来衡量城市化：一是城市的数目；二是绝对的城市人口数量；三是不同规模等级中的城市人口分布及其增长率。还有学者提出要增加土地利用指标，从土地性质和地域结构来反映城市化水平及其质量。中国城市化是在总人口高速增长的条件下推进的，有相当于农村劳动力 30% 左右的剩余劳动力及其赡养的人口不能转移到城镇中去，必然造成城市化的速度缓慢。目前，中国城市化的总体水平还是比较低的，城市数量严重不足，规模偏小，是个城市短缺的国家，许多经济社会矛盾都由此引发。截至 2008 年初，全国共设有城市 655

个，城镇人口 59 379 万人，城区建成区面积达到 35 470 平方公里。在设市城市中，地级及以上城市为 287 个，县级城市为 268 个。市辖区人口在 100 万以上的特大城市有 118 个，占城市总量的 18%；人口数量在 50 万～100 万的大城市有 119 座，占城市总量的 18.17%；20 万～50 万人口之间的中等城市 151 个；20 万人口以下的小城市有 267 个。与 2007 年相比，中国城镇人口增加了 1 673 万人，城镇化率提高了 1.04 个百分点，设市城区的建成区面积增加了 1 810 平方公里，但在一定时期内，扩大城市的数量（包括大、中、小城市的数量）仍是中国城市化的主要任务之一。

（2）城市化进程是渐进式的发展态势。新中国成立六十多年来，经历了几次经济上的冒进和政治因素的冲击，使城市化出现过几次大起大落，在一定程度上也造成城市化进程的缓慢和波折。但从总体上看，城市化是渐进式的推进。城市人口大多数情况下是逐年有所增长，其中 2/3 都是城市人口自然增长，由农村转移到城市的人口（机械增长）约占 1/3。城市化的渐进式发展，是符合现阶段中国国情和经济发展水平的。

（3）城市化的地区分布不平衡。中国由于受地理条件、经济发展水平和历史文化等多种因素的影响，造成生产力布局和城市分布不均衡，城市化在各个地区的分布极不平衡。沿江、沿海、沿路城市相对集中，特别是东部沿海地区开发的历史悠久，交通便利，经济比较发达，人口稠密，城市密集。西部内陆地区地形和气候比较复杂，经济发展相对缓慢，人口密度小，城市稀疏。在建设"大三线"的指导思想下，国家一度曾计划向中西部倾斜，而实际结果并不成功。从第一个五年计划（20 世纪 70 年代末）开始，为了发挥对外开放和地区优势，建设重点又有从中西部向东部转移的趋势，相应的城市发展也是东南沿海、长江三角洲、珠江三角洲等地区较快，一般是东部快于中西部，南方快于北方。2008 年初，东部城市化水平为 55.35%，中部为 41.53%，西部为 37.88%；东西部相差 17.47 个百分点。同年，广东省城镇人口已占全省总人口的 63.14%。从城市数量上看，2008 年初我国地级以上的城市东部有 101 个、中部有 124 个，而西部只有 62 个，中东部与西部之间有明显的差距。若从城市密集度来看，东、中、西部之间的差别就更大了。第十个五年计划开始，国家将重视西部大开发和东西部之间的协调发展，地区不平衡状态将会逐渐有所改善。

（4）城市化以乡村经济发展和繁荣为基础。西方发达国家的城市化，大都是以农民破产，工业化迅速发展来实现的，而中国的城市化正在走自己的路。1978 年，中共十一届三中全会以后，中国农村实行家庭联产承包责任制和大力发展乡镇企业，农村经济迅速发展，农村剩余劳动力从传统农业中转移出来，从事非农产业，从而冲击着城市，促进了城市发展。这种建立在农村经济发展和繁荣基础上的城市化，是中国城市化的一大特点，也是城乡协调发展的结果。历史经验告诉我们，城乡关系协调与否，是城市化的关键。20 世纪 50 年代后半期我国城乡发展极不协调，工业快速发展，城市人口猛增，农业停滞，结果使城市发展失去稳固基础。20 世纪 80 年代以来，城乡关系比较协调，当然不是没有问题，但总体上城乡关系、工农关系是较好的，因而城市发展相对较快。

四、中国城市化道路

城市化道路，是关于城市化的发展方向、战略、机制、速度、实现途径及有关方针政策的总称。中国城市化道路的发展是漫长而曲折的过程，其面临的问题主要有以下三方面。

首先是人口对中国城市化的压力。进入 21 世纪后，中国面临着人口的三大高峰，即人口总量、老龄化人口、就业人口的相互重叠的压力。曾经，温家宝总理在访美前接受《华盛顿邮报》总编唐尼采访时就说，"中国多么大的经济总量，除以 13 亿，都会变得很小；多么小的问题，乘以 13 亿，都会变得很大。"基于此，党的十七大指出，要高度关注民生问题，最大限度地增加和谐因素，最大限度地减少不和谐因素。必须坚持以人为本，改善城市的发展环境，增加就业机会，完善社会保障体系，解决老龄化社会引发的一系列社会、经济问题，提高人的素质和创造能力，做到发展为了人民、发展依靠人民、发展成果由人民共享。

其次是城市生态环境恶化及资源消耗对中国城市化的压力。中国城市化水平的高速发展给城市环境带来了巨大的压力，从而产生了一系列的生态问题。全国城市生活污水处理率平均仅为 32%左右；全国城市生活垃圾无害化处理率平均约为 58%；空气质量差、饮用水水质不达标及机动车污染等问题直接影响城市居民的生活质量；耕地流失严重，土地压力将增加；主要河流和湖泊受到严重污染，水土流失面积超过国土面积的 1/3。经济增长的环境资源压力已经达到了极限。党的十七大报告把"经济增长的环境资源代价过大"这个问题，列为当前全国经济发展大好形势下存在的"第一问题"。以劳动力、资金的大量投入为特征，以资源的占用、环境的破坏为代价，换来 GDP 增长的发展方式必须得到调整，必须推动"高耗能、高污染、资源性"产业结构的优化调整，实行经济发展方式"脱胎换骨"的改造。党的十七大报告把建设"生态文明"作为更高水平小康社会目标的新要求，这个新要求深刻反映了时代发展的需要，也反映了人民群众的殷切期待。

最后是区域之间和城乡之间的发展不平衡对中国城市化的压力。城市化的基本内容之一应当是促进实现社会公平。由于历史原因，中国的区域经济和城乡差别一直存在，在城市化进程迅猛发展的今天，这种差异也越来越大。以 2007 年为例，东部地区实现生产总值 152 346.38 亿元，占全国的 55.28%；中部地区实现生产总值 63 597.83 亿元，占全国的 23.07%；西部地区实现生产总值 30 367.22 亿元，占全国的 13.17%，如何尽快缩短区域和城乡发展的差距是我们面临的艰巨任务。

为应对上述问题，中国的城市化逐渐出现了集群化趋势。中共十七大报告重点强调了"以增强综合承载能力为重点，以特大城市为依托，形成辐射作用大的城市群，培育新的经济增长极"，转向借力于城市化自身的内生动力。当前，集群化主要有两种表现形式：一是城市群，即由若干个城市构成城市集群，如长三角城市群；二是城市圈，即以某一大城市为核心，由若干个城镇构成的城镇集群，如上海城市圈等。中国人多地少的国情，决定了城市化空间格局无法有更大的外延，集群化已成为中国城市化的一个基本趋势。

当代中国城市发展面临的挑战和机遇都是空前的。中国城市化道路的选择应该是相对集中和适度分散相结合，走大城市圈、城市群和小城镇协调发展的道路，加快实现"城市现代化，农村城市化，城乡一体化"，增强城市聚集力，带动城乡一体化协调发展，适当发展特大城市，加快发展大城市，积极发展小城市，重点培育中心城镇，在大力发展中小城市的同时适度发展大城市，通过有计划地改造旧城区和规划新城区来实现大城市的可持续发展。城市化是社会生产力发展的必然结果，也是不可逆转的历史趋势，要科学确定中国的城市化方针和道路，使中国城市化的进程以更好、更快的速度发展。

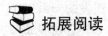 拓展阅读

城市化水平的测度之单一指标法

城市化水平的测度，即通过某一具有本质意义的且便于统计分析的指标来描述城市化水平，目前通常采用以下三种指标。

1. 城市人口比重指标

城市人口比重指标是以某一地区内的城市人口占总人口的比重作为其城市化水平。该指标从地域角度出发来区分定居的人群，反映了人口在城市与乡村之间的空间分布，相对简单明了，为各学科所普遍接受，是世界上公认的衡量城市化水平的权威指标。其计算公式为

$$Y = \frac{P_U}{P_U + P_R} = \frac{P_U}{P} \tag{1-1}$$

式中，Y 为城市化水平；P 为区域总人口；P_U 为城市人口；P_R 为乡村人口。

但是，城市人口比重指标也存在很大缺陷，主要表现为以下几个方面。

（1）由于各国设市标准中的人口数量差距悬殊，低则 200 多人，多则 60 000 人，相差 300 倍，缺乏可比性，这使得一些地理位置相邻、人口规模相近、经济水平相当的国家，出现了城市化水平的不合理的反差。例如，在 20 世纪 80 年代初的北欧、瑞典、丹麦、冰岛（设市标准均为 200 人）的城市化水平分别为 83%、84%、88%；而同时期挪威、芬兰（设市标准为 20 000 人）的城市化水平却只有 44%、62%，只有前者的 1/2～1/3，这显然是因为各自的设市标准相差 100 倍而导致的不真实反映。

（2）由于行政区划的调整变更以及某些人为的社会政治因素影响，也会导致城市人口的突变，造成城市化水平忽高忽低，缺乏逻辑上的一贯性和连续性。例如，1957 年，我国城市化水平为 15.4%，1960 年跃为 19.7%，而 1963 年又突降至 16.8%。这种反常的变化主要是因为当时"大跃进"期间国民经济大起大落、城市人口大进大出所造成的特殊现

象。近年来，随着许多地方纷纷撤县建市、撤县建区、撤乡建镇，一夜之间使大城市人口大增、规模大长，结果其城市化水平也跟着"水涨船高"，到了并不真实的新境地。重庆市升格为直辖市之后，它一跃成为中国土地面积最大、人口最多的首位城市，可实际上它的经济实力和城市影响力与上海、北京相比还是相形见绌。

（3）对于城市人口的认定本身，就是一件极其困难的事情，不同的政府管理部门对同一地区的城市人口会有不同的数据，造成城市化水平各执一词、莫衷一是。例如，2000年，对于广东省的城市化水平，就有55%、36%、31%三个数字，分别由人口普查部门、城市规划部门和公安部门得出。原因在于，城市人口究竟是仅仅指具有本地户籍、定居于城市地域的常住人口，还是也包括不具有本地户籍，但在城市地域稳定就业和长期居住的外来人口？对此前提不能统一，结论当然大相径庭。

2. 非农业人口比重指标

非农业人口比重指标是以某一地区内的非农业人口占总人口的比重作为其城市化水平。这个指标着重于考察人口在经济活动上的结构关系，比较准确地把握了城市化的经济意义和内在动因，反映了生产方式变革的广度与深度。其计算公式为

$$Y = \frac{P_I}{P_I + P_A} = \frac{P_I}{P} \qquad (1\text{-}2)$$

式中，P_I为非农业人口；P_A为农业人口；其他符号含义同公式1-1。

需要说明的是，在我国，统计部门所称的"农业人口"是指依靠农业生产维持生活的全部人口，包括实际从事农业生产的人口及其抚养的人口，对于由乡村管理下的非直接从事农业生产的一些人，如民办教师、乡村医生等人员，也计入农业人口；与之对应的"非农业人口"则是指不依靠从事农业生产的职业来维持生活的人口，主要指城镇的非农业户口性质的人口及其抚养的人口。

由于我国乡镇企业的迅速发展，在很多地方（如长江三角洲、珠江三角洲）的农村，越来越多的农民进入到非农产业经济活动中去，不再直接从事农业生产或者主要不依靠农业生产维持生活，因此他们应该被视为非农业人口。但是因为这些人仍然定居于农村而非城市，是典型的"离土不离乡""进厂不进城"的生产与生活方式，若把他们作为非农业人口来计算城市化水平，显然又会造成对实际城市化水平的高估。

3. 城市用地比重指标

城市用地比重指标是以某一区域内的城市建成区用地占区域总面积的比重作为其城市化水平。它体现的是城乡之间在地理景观上的分野，对于城市化水平较高的城镇密集区，具有直观性和说服力。例如在20世纪80年代初，美国东北部五大湖地区城市用地占总面积的20%，就说明这是一个高度成熟的城市化地区。但由于这种地方忽略了人口密度的稠与稀所造成的城市用地的紧与松，以及在统计上存在较大的难度，故应用不广。

（资料来源：谢文蕙，邓卫. 城市经济学[M]. 第2版. 北京：清华大学出版社，2008.）

 **本章小结**

1. 城市是我国经济、政治、科学技术、文化教育的中心，是现代工业和工人阶级集中的地方，在社会主义现代化建设中起主导作用。这个城市的定义，是从我国城市的实际情况出发，从城市的地位、特征和作用三个方面做了比较完整的表述。首先，肯定了城市的地位——是我国经济、政治、科学技术、文化教育的中心；其次，揭示了城市的本质特征——是现代工业和工人阶级集中的地方；最后，阐明了城市的作用——在我国社会主义现代化建设中起主导作用。

2. 城市不是众多的人和物在地域空间上的简单叠加，而是一个以人为主体、以自然环境为依托、以经济活动为基础、社会联系极为紧密的有机整体。它有着自身的成长机制和运行规律，更有区别于乡村的鲜明特征，主要表现为：密集性——物质与精神的密集；高效性——高效率与高效益；多元性——多功能与多类型。

3. 城市经济是以地理毗连、生产力集中、经济活动聚集、社会财富涌流为其内涵的，经常处于动态发展中的综合有机体，是城市社会、政治、文化、教育、科学研究和精神生活借以产生和发展的基础。

4. 城市化作为人类经济社会发展的历史过程，可以分为性质迥然不同的"城市乡村化"和"乡村城市化"两个阶段。在现代条件下，城市化的本质是乡村城市化。其中包括同时发生的两个过程：一是农业人口向非农业人口转移，向城镇集中；二是农村生产、生活方式和生活质量逐步城市化。也就是说，城市化不仅是农业人口转变为非农业人口，并向城镇集中的过程，而且是城镇在空间数量上的增多、规模的扩大，职能和设施完善以及城市的经济关系和生活方式广泛渗透到农村的过程。在农村大规模集中地建立农民自己的经济文化中心，把越来越多的农民从土地上转移出来，使其物质生活和经济生活得到极大提高，实现城乡协调发展，最终实现消除城乡差别和工农差别。

5. 我国城市化经过了上升、波折、停滞、正常发展和快速发展等几个主要时期：城市化上升时期（1949—1957）、城市化波折时期（1958—1965）、城市化停滞时期（1966—1978）、城市化正常发展时期（1979—1999）、城市化快速发展时期（2000年至今）。中国城市化与西方发达国家所走过的路不完全相同，有着自己经济的、自然的、民族的和社会的特点：城市化水平比较低，城市数量不足，规模偏小，且城市化进程是一个渐进式的发展态势，城市化的地区分布不平衡，中东西部有着明显的差异，并且城市化是以乡村经济发展和繁荣为基础的。

6. 中国城市化道路的发展是漫长而曲折的过程，其面临的问题主要有以下三方面：首先是人口对中国城市化的压力；其次是城市生态环境恶化及资源消耗对中国城市化的压力；最后是区域之间和城乡之间的发展不平衡对中国城市化的压力。为应对上述问题，中国的城市化逐渐出现了集群化趋势。当前，集群化主要有两种表现形式：一是城市群，即由若干个城市构成城市集群，如长三角城市群；二是城市圈，即以某一大城市为核心，由若干个城镇构成的城镇集群，如上海城市圈等。中国人多地少的国情，决定了城市化空间格局无法有更大的外延，集群化已成为中国城市化的一个基本趋势。

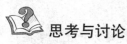

思考与讨论

1. 城市的功能在现实中是如何体现的？
2. 如何理解城市化的一般规律性及其变异现象？
3. 城市经济的本质特征是什么？它与国民经济的区别体现在哪里？
4. 分析目前中国城市化进程中的"城中村"现象。
5. 中国城市化道路的发展过程中所面临的阻碍有哪些？如何在这些阻碍中求得发展？

第二章 城市经济基础理论

 学习目标

通过本章的学习,首先要理解城市为什么会产生和为什么会在一定地方产生。掌握集聚经济理论的含义,学会应用经济区位理论解释城市为什么会在一定地方发展。深刻理解城市化理论的基本内容,明确城市化发展的动力和规律,了解城市化的三种模式。

第一节 集聚经济理论

城市经济的本质特征就在于它的空间集聚性,因此,集聚经济(Agglomeration Economics)是城市经济学中的一个核心概念,城市集聚经济是城市形成和发展的基本力量。

一、集聚经济的含义

集聚经济是城市经济学的一个核心概念,一般是指经济活动集中在某些特定有限的范围,并带来厂商成本降低的经济现象。它是城市存在和发展的重要原因和动力。在某一地理区域范围(城市)内,在生产方式、技术水平、市场价格都不变的情况下,当单个企业的生产成本随着进入该区域的企业数目增多或居住人口的增多而下降,企业获得了额外的收益时,或者当整个地区(城市)的国民产出随着进入该区域的企业数目增多或居住人口的增多而上升,城市按人口平均或按总产出平均的各项投入都下降时,就发生了集聚经济。

集聚经济是基于空间向心力的多种因素导致的一种外在性。当集聚适度时,出现正的外在性,即发生了集聚经济;当集聚不适度时,出现负的外在性,即发生了集聚不经济。

城市空间集聚会产生规模足够大的群体的外部经济,它能给专业化生产以及各种经济协作活动提供便利,从而降低企业的生产成本,提高劳动生产率和综合经济效益,如图2-1和图2-2所示。

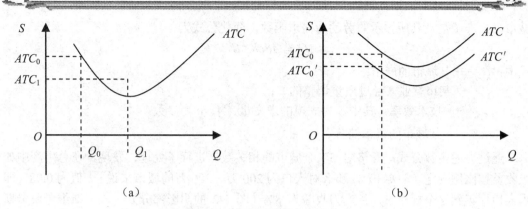

图 2-1 集聚经济和生产成本

图 2-1 中：ATC 为平均总成本曲线；Q 为生产率；S 为成本。

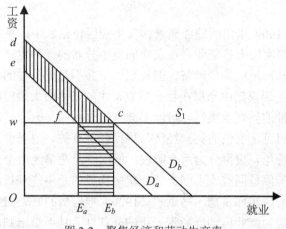

图 2-2 聚集经济和劳动生产率

图 2-2 中曲线 D_a、D_b 代表图 2-1 中（a）、（b）两个不同城市对劳动总需求的估计。其中，D_a 与较大的一个城市有关，该曲线在 D_b 的下方，反映出在既定的就业水平的情况下城市区域较大，劳动力边际商品价值也较高。如果两个城市都面对同样的劳动力供应函数 S_1，E_a、E_b 给出各自的就业平衡点；劳动力的雇用要一直达到边际商品价值（D_a、D_b 给出）与工资率相等的点上。为此，两城市中任何一个所生产的商品和劳务总价值都在它们各自劳动力需求曲线以下，直到给出均衡就业点的区域。因而，阴影区 E_aE_bcf 和 $cdef$ 是与较大城市聚集规模有关的要素生产率的增加。在此必须说明，两个城市工资率相等的假定仅是指这种生产率上的差别反映了空间要素价格差异被消除的长期均衡。事实上，劳动力供应曲线可能是正向倾斜的，这意味着为了吸引更多的工作人员，支付更多的工资，同时，为补偿城市生活的"不舒适"，还要增加工资补贴。戴维·赛格提出了一个能估计

城市总生产函数及其所预示的劳动力需求函数，简化公式为

$$Q_i = AScK_i^\alpha L^\beta$$

式中：Q_i——某城市的产出；

L^β——某市就业（经过质量调整的）；

ASc——技术效率，其中 S 为规模的虚变量，A、c 为参数；

K_i^α——某城市的资本储备。

通过上述函数公式，赛格对 58 个城市的相关数据进行了处理，发现，在总生产中如果收益按比例固定（$\alpha+\beta=1$），那么对人口为 200 万～300 万的城市来说，c 值为 0.08，即当人口聚集到这个规模时，生产力收益为 8%（图 2-2 的阴影部分）。刘·斯维考茨卡斯所做的另一项研究表明，城市集聚规模每扩大一倍，平均生产力可望有 6%的收益；另外，生产率的差别可能在相当程度上由城市间资本密集程度的差别所决定。较高的生产率差别利益意味着一种较大的竞争优势，其可以成为强有力的区位刺激力，并促进经济活动的空间分布朝城市区域转移。

德国学者韦伯在 1909 年出版的经典著作《工业区位论》中，系统地阐述了集聚经济理论。韦伯认为，集聚实质上是工业企业在空间集中分布的一种生产力布局形式，集聚使企业获得成本节约，从而形成集聚经济。但集聚经济并不是无条件的，只有把存在着种种内外联系的工业按一定规模集中布局在特定地点，才能获得最大限度的成本节约；而那种无任何联系的、过渡性的偶然性集结，可能不会有集聚利益，一些恶性集聚还可能给地区经济发展造成恶果。可见，韦伯的集聚经济与规模经济有关，他强调工业企业在空间上的规模化。根据韦伯的理论，集聚分为两个阶段：低次阶段是单纯由企业经营规模扩大而带来的生产集聚；高次阶段是同类或不同类企业集中构成的总生产规模的扩大，主要是扩充大规模经营的利益。而阿尔弗雷德·马歇尔（1920）把集聚的好处归纳为两种主要表现形式：第一类集聚经济能为产业内部厂商带来正的外部性，且不溢出到产业外；第二类集聚经济则对当地产业总体产生正的外部性，且只为当地产业享有，促进当地经济规模扩大。这种区分的发展形成了两个重要的概念：地方化经济和城市化经济。

二、地方化经济

地方化经济是行业的集聚经济。如果行业内的企业生产成本随着行业总产量的提高而降低，就出现了地方化经济。行业集聚经济决定于行业内多个企业的空间分布状态：行业内的企业，若密集地聚合于某个地区之内，企业间可以就近得到相互交往的便利，就会产生地方化经济；若是零散地分布于广大地区，企业间联系很松散或没有联系，就不会产生地方化经济。可见，同行业的企业在空间上互相靠近，形成企业群就可以降低其成本。这种地方化经济的出现主要有工厂内规模经济、中间投入品的规模经济、范围经济和关联经

济、买和卖的规模经济与集聚外部性、熟练劳动力市场的共享效率及信息和知识集聚的外部经济等机制。

（一）工厂内规模经济

工厂内规模经济是由于工厂内部生产规模扩大引起的产品成本下降和收益的增加现象。工厂内规模经济基于以下两个原因。

（1）专业化。劳动的专业化可以提高劳动生产率：一是工人技能的效率随着重复次数的增加会迅速提高；二是由于单一工序工作，大大减少了从一道工序转向另一道工序所需的时间。

（2）生产要素的不可分割性。如果投入具有最小效率规模，那么这个投入对于生产过程来说是不可分割的；如果将不可分割的投入分为两半，两部分总产出将小于整体投入的生产。

（二）中间投入品的规模经济

工业企业生产过程中所需投入的中间产品，如果其需求量不值得自己来生产，即自产不存在规模效益，则往往是从具有规模经济的供应商那里采购来的。企业所需要的中间产品在设计和制造方面需要常常和供应商进行面对面的协调，或者中间产品本身体积较大、易损坏，需要迅速运送等原因，都会使企业考虑到其选址要靠近中间产品供应商。于是在一个具有规模经济的供货商周围就会聚集许多企业，形成企业群落，构成地方化经济。

弗农（Vernon）曾经以曼哈顿的服装制造业为例，说明源于中间投入品生产中的规模经济而在空间上集聚的企业群。为什么服装厂会集聚在纽扣厂附近？这是由于：（1）它们必须监督纽扣的生产；（2）面对面接触会节省交易费用；（3）分享同一个纽扣提供商的规模效益（Arthur, O'Sullivan, 2000：27）。这种围绕中间产品供应商而集聚的现象，是地方化经济的生产性特征。现代社会的公司总部一般集聚在中心商务区（CBD），就是基于分享中间产品供应商信息的规模经济：广告一般外包给广告公司，请专门的律师事务所代理法律诉讼，到最大的经济咨询公司交流经济信息等。而高科技企业所在地要靠近具有规模经济效益的电子元件生产商，特别是非标准的电子零件企业；出版行业要靠近能够提供专门信息组织（研究机构、大学、图书馆等）和图示组织（图表设计公司）的机构。尽管现在通信工具使人们的交流十分方便，但事实上，面对面的交流在直接影响交易决策上仍发挥着重要作用。

（三）范围经济和关联经济

范围经济与关联经济是既相联系又明显区别的两个不同的概念。范围经济是指企业生产两种或两种以上的产品而引起的单位成本的降低，或由此而产生的节约；关联经济是指企业"纵向一体化"引起的单位成本降低，或由此而产生的节约。

生产中出现的内部范围经济表现为在同一个生产过程中，除了生产出主产品外，不必增加专门投入而生产出副产品。如炼油厂在生产汽油的过程中，可以同时生产出柴油、沥青等附加产品。这种现象使一些企业采取了多样化（Diversification）经营策略，即在同一生产过程中联合生产经营相关的几种产品，以便获得范围经济效益。于是，非农产业最初的单一性产品的生产，逐渐地演变为某一大类产品生产，这使得行业的内涵丰富了。丰富的大类产品所形成的内涵丰富的行业进一步扩大了生产空间，增进了行业内部的生产要素集聚。

随着生产规模和联合生产的扩大，有些企业又发现，在生产达到一定规模后，如果兼并某些上道工序或下道工序产品的生产，可以使规模经济效益在原来的基础上扩大。因此，把上下关联的多个生产过程集中在一个生产过程中，也可以获得额外收益。这种做法叫做纵向兼并（Vertical Merger）或纵向一体化（Vertical Integration），它可以在总产出增加的情况下，使产品平均成本下降。这种现象被称为"关联经济"（丹尼尔·F. 史普博，1999）。关联经济使企业的规模沿着纵向扩大，进一步扩展了生产空间。对于这种过程，美国经济学家艾伦·斯科特（A.Scott）认为，在生产过程的空间纵向分解或纵向一体化中，交易成本起着决定性作用，每单位产出的交易费用越大，厂商或企业越有可能通过空间集聚而减少交易费用。同时，可以把这种交易成本赋予"空间"的意义，引入城市化的理论研究中。可见，关联经济的形成，主要不是技术的原因，而是表现为交易成本的社会性、制度性原因，这一点可以用于解释对城市化经济需求的社会经济学因素。

（四）买和卖的规模经济与集聚外部性

加工型产业出现之后，买卖活动的一个本质变化是为了满足生产需要而进行的大量中间产品交易以及群体生产的劳动者对消费品的集体购买。这就扩大了商业活动的范围和内容，产生了商业的规模经济和集聚外部性。

商业的规模经济除了与加工企业一样，来自专业化分工和先进管理手段的采用外，还有自身的特点：(1) 大批量采购和销售的经济性。商业企业采购活动要花费大量的交易费用或经营费用，而大批量采购能够显著降低单位商品分摊的交易费用，享受较大的批量折扣，降低单位商品的购进成本。商业企业在销售商品时，需要借助促销手段来销售商品，而通过大批量的商品销售规模，会降低单位商品的促销费用。(2) 大批量运输与储存的经济性。在运输工具额定运载能力一定的限制前提下，商业企业运输批量越大，就越能降低单位商品的运输成本，特别是还能取得整车运输和利用先进运输工具装卸设备的经济性。大批量运输能够尽可能减少库存，减少资金占压，这也是商业企业降低经营成本的重要途径之一。大规模商品销售也需要大批量储存作为物质保证，而大批量储存能更加合理地利用储存空间，获得大批量商品储存的经济性。

商贸企业集聚的外部性，一是指卖方坐落在企业群落中会得到众多的"购买人气"和营销的空间外部性；二是指买方在商店群落中采购会得到"货比三家"、"竞争压价"及

"一揽子购买"的外部性。例如,一个孤立的音像制品店搬迁到一家食品店旁边,两家的销售额都增长了。这种一家商店对顾客的吸引给另一家商店带来了利益,就是空间的营销外部性(Shopping Externality):(1)在群落商店购买非完全替代品可以充分地讨价还价,以降低选购成本;(2)在具有规模经济的商店里购买互补商品可以享受一揽子购买的福利,一次性地实现全部购买。这些机制会导致相关联产品的商贸企业形成的零售群落,使消费者充分享受购物外在性和商贸企业规模经济的好处,这是市场型城市产生和发展的内在机制。

(五)熟练劳动力市场的共享效率

熟练劳动力市场的共享效率来自两个方面:一是企业群落共用一个劳动力市场,可以降低用工和就业的信息成本和交易成本;二是可以使厂家共享高水平劳动效率并节约劳动力支出和使劳动者实现充分就业。

假如企业生产用工有旺季和淡季之分,存在两条需求曲线(D_{good},D_{bad})。企业独处时,在旺季和淡季都雇用同等数量的工人,但分别支付不同的工资,如图2-3(a)所示;而企业在群落中时,在旺季和淡季支付相同的工资,但是雇用的工人数在旺季较多,在淡季较少,如图2-3(b)所示(Arthur,O'Sullivan,2000)。

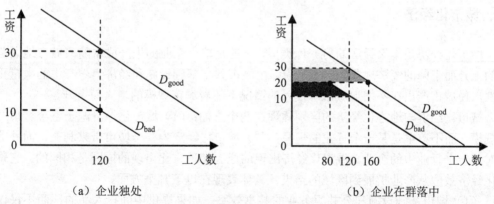

(a) 企业独处　　　　　　　　　　　　　(b) 企业在群落中

图2-3　共享劳动力市场的收益与成本

由于群落中的单个企业的淡季和旺季不是同时出现的,因而会形成全行业对工人需求数量的稳定性,群落中的劳务市场的工资是稳定的,这种稳定水平一般比独处企业淡季时高、旺季时低。可见,群落中的企业在旺季可以少支付工资,从而就会得到图2-3(b)中浅阴影梯形部分的共享收益,其中,矩形部分表示雇用第120名工人时所节约的成本,三角形部分表明在雇用160名工人时,雇用第121名工人时获得的额外收益。而在淡季时,群落中的企业就会减少工人,但在岗的工人工资仍然保持原来的水平,这样就会比独处的企业多支付深阴影梯形部分的成本,其中矩形部分是实际多支付的工资,三角形部分是由于少雇用工人所损失的收益。浅阴影梯形部分和深阴影部分相比较，收益大于成本，即企业通过旺季以同样工资雇用更多的工人，创造的收益在弥补淡季的支出后仍然有大量的剩余，这就是群落给企业带来的好处。而从工人的角度说，在企业群落处工作，可以得到高于在独处企业工作时的工资，即使在淡季，由于集聚的信息是广泛的和充分的，所以可以在极短的时间内实现在不同企业间的转移。

（六）信息和知识集聚的外部经济

信息集聚导致的创新收益是在不增加投入的情况下发生的，是一种"知识的溢出"，即由信息集聚生成的知识状态的生产力创造收益。而厂商集聚能够加快知识和信息在本产业中的传递。在不同厂商内工作的员工如果能够经常进行正式或非正式的交流，无疑会提高产业中每个厂商的产品创新和管理创新水平。产业的规模越大，这种交流的机会就越多，所产生的外部性也就越大。这一点在高新技术产业集群中表现得尤为明显。例如，在美国的硅谷地区就形成了一种崇尚合作交流的创新氛围，许多中小企业的科学家和高级工程师经常在一起交流信息，从而使得这个地区的企业成为近二十年全球最有活力的电子和计算机研发中心。不仅如此，由于产业内厂商间实现了知识共享，对其他的外部厂商产生了很强的吸引力，因此会有更多的企业进入这个集群，进而影响到城市结构的变化。

三、城市化经济

城市化经济是集聚经济的另一种类型，指的是单个企业的生产成本随着城市地区总产出的上升而下降的经济现象。这就是说，由城市共享基础设施和经济集聚产生的大量正外部性，使城市产出在不增加城市总投入的情况下随着城市规模的增大而上升。

城市化经济与地方化经济的区别体现在两个方面：(1) 城市化经济源于整个城市经济的规模，而不单单是某一个行业的规模；(2) 城市化经济为整个城市带来利益，而并非只针对某一个行业中的企业。城市化经济出现的原因和地方化出现的原因是相同的，它是地方化经济效应从产业扩展到区域的结果，具体表现在以下几个方面。

(1) 城市基础设施和公共服务业的共享效率。如果提供中间投入品的厂商不仅仅是为一个产业服务的厂商（地方化经济），而是为几个产业的厂商服务，那么我们就应该把这种类型的集聚经济规划在城市化经济的范畴内。例如，类似机场、港口和铁路等交通设施的投入是不可分割的，而且一般情况下都具有外部性，可以为城市的每个产业提供运输服务；而一些投入品供应商在提供商务服务（银行、保险、房地产、旅店、建筑物维护、印刷、运输）和公共服务（公路、货物大宗运输、学校、消防）的过程中，都存在明显的规模经济，成本的大部分都是固定投入，使用量越大，平均使用成本就越低。因此，随着城市规模的扩大，基础设施和公共服务的种类也更丰富，对城市内厂商的外部性也越大，经济效率就越高。

（2）产业集群的外部性。地方化经济中的范围经济与关联经济，在城市化经济中已经由企业或行业的产品和生产过程集聚（多样化或纵向一体化）发展到企业集群式的集聚，甚至形成了企业网络。在更广阔的空间中，范围经济使拥有多个行业的企业集团出现了，关联经济使企业纵向一体化不只限于工业企业，而是出现了科工贸一体化等更综合性的一体化形式。企业集聚范围的扩大和深度扩展，使城市中生产经营的成本更低，增强了企业生产经营的灵活性，使企业建立起人与人之间的信任关系和保障这种信任关系的社会制度安排，从而积累社会资本、节省交易费用，使地方特色产业发展起来并保持声誉成为可能，使专业知识和技能，特别是经验得以传播和扩散，激发新思想、新方法的产生和应用。这些导致了产业和产业地区的簇起状态，在扩展城市规模的同时，提升了城市质量，增强了城市特色。

（3）交易集聚的外部性。城市规模的扩大、人口的增加和人口密度的提高，使得讲求规模效益的商贸企业从柜台式零售发展到"超市""自助消费""休闲屋"，从单店经营发展到连锁经营。

（4）城市劳动力集聚的外部性。大城市人口众多、密度高，一般具有比较多的劳动力储备，可以提供劳动力市场的共享服务，这对于城市内产业经营非常有利。从厂商的角度来看，可以非常容易地雇用和解雇员工，企业用工数量富有弹性，劳动市场的工资可以保持相对稳定；从劳动者角度来看，可以有效降低对工作岗位的搜寻成本和流动成本，方便在产业间实现就业转移。城市劳动力市场保证了城市劳动力的总供给和总需求的稳定，这对于产业的长期稳定发展（因为各个产业每年的景气程度可能是不同的）十分重要。

（5）集聚式人力资本形成的外部性与城市的智能性。知识、技术、人力集合起来能够产生更大的能量。人才一般多是一技独长，聚众之长就会形成人才聚集优势，形成"合理结构"，而城市能够产生人气集聚的"集聚效应"，从而产生创新。首先，城市中聚集了各种类型的企业，需要各方面的人才，可以充分利用城市中人力资本集聚的外部性。城市地区中聚集了大量人口，他们来自不同的地区，有各种各样的背景、兴趣、爱好和专长，这些不同背景、不同专长、不同爱好和不同行业的从业者之间进行交流，有可能通过思想火花形成创新。其次，在一个环境快速变化的动态竞争环境里，信息共享、资源互补、集聚竞争优势，这种安排相对于刚性化与缺乏弹性的垂直一体化安排更有效率，对环境变化具有更强的适应能力。再次，就对于组织及其成员的作用而言，人力资本集聚可以提高组织的运作效率，保证组织持续不断地产生创新成果，可以不断提高个人的技术知识水平和创新能力，为个人发展提供良好的机遇和广阔的空间。最后，城市让人们沟通更为便捷，一群独立自主又彼此依赖、相互关联的成员集合在一起，利用各自的人力资本要素，进行信息与知识的流动，有利于知识的积累与创新能力的加强。许多非正式渠道的沟通往往能为创新提供重大作用的关键信息，克服了正式渠道的时滞性缺陷。

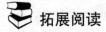拓展阅读

静态集聚经济与动态集聚经济

通过本节的学习,我们对城市集聚经济有了初步的认识。但是,必须要把静态集聚经济和动态集聚经济区分开来,这对于理解城市的发展变化是至关重要的,所以这里借助新古典的生产模型重点讨论该问题。

设定一个城市中的制造业生产函数:$Q=A(z,t)F(K,L)$。其中,z 为衡量集聚经济的因子;t 表示技术水平;$F(K,L)$ 是制造业未考虑集聚经济的生产函数且假设该产业本身存在规模经济。接下来,我们把城市集聚经济区分为两类:静态和动态。静态的集聚经济一般是指城市中的(一个或几个)产业的产出达到某个水平时所产生的集聚经济。例如,大的城市具备更好的交通设施,根据生产函数,当这个状况达到某个水平时,z(集聚经济因子)会促使 $A(z,t)$ 出现一次性增加,从而降低了整个制造业的平均成本。图 2-4 反映了这种现象。城市交通规模的扩大使得制造业的平均成本线 AC 和边际成本线 MC 分别下移至 AC' 和 MC',实现了产业规模的扩张,从而在更低价格 P^* 下提供更多的产品 Q^*。当然,如果对静态集聚经济做进一步的细分,那么刚才例子中的制造业静态集聚经济是由于城市规模扩张所带来的,所以可以称为静态的城市化经济。实际上,图 2-4 也可以表示另外一种情况,即静态的地方化经济。例如,制造业内部如某种中间投入品的生产商实现了生产中的规模经济,而这个规模经济达到某个水平时,同样可以使得制造业的平均成本线 AC 和边际成本线 MC 一次性下移至 AC' 和 MC'。

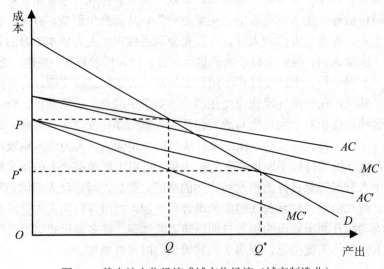

图 2-4 静态地方化经济或城市化经济(城市制造业)

与静态集聚经济不同，动态集聚经济是指某种集聚因素（z）对产业的产出增长有着持续的促进作用。和上面分析类似，我们也可以把动态集聚经济分为动态地方化经济和动态城市化经济。有关动态城市化经济的一个例子是：随着城市规模的扩大，会有更多的创新人才进入到城市中（z 的变化），从而使得 t（技术）水平不断上升，这样整个制造业的生产成本就会出现连续的下降（见图 2-5）：动态城市化经济帮助制造业的平均成本线 AC 和边际成本线 MC 先下移至 AC' 和 MC'，然后又下降到 AC'' 和 MC''（见图 2-5），产出水平也从 Q 变化到 Q' 直至 Q''，而且这个过程会随着城市规模的扩大而持续下去。图 2-5 也可以被用来表达动态地方化经济。可以设想，随着制造业自身规模的扩大，产业内部的知识交流更为充分，所以其创新能力不断加强。简言之，制造业规模越大，技术进步（t）速度也越快，由此推动了产业的平均成本线 AC 和边际成本线 MC 不断下降。

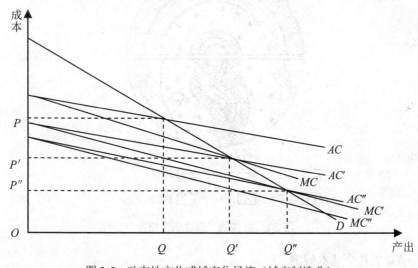

图 2-5　动态地方化或城市化经济（城市制造业）

所不同的是，动态集聚经济表示某种经济状况的改善（或变化）是持续的，推动制造业的平均成本线和边际成本线连续下降，并随着该状况的变化持续下去。如城市规模扩大，更多创新人才进入城市（z 变化），从而使得 t（技术）水平不断上升，知识外溢增大，创新能力增加，成本下降，从而产生动态集聚经济。

（资料来源：周伟林，严冀，等. 城市经济学[M]. 上海：复旦大学出版社，2004. ）

第二节　经济区位论

经济区位论是学习城市经济学的基础理论之一。城市经济学的特色在于从空间角度出发研究资源的最佳配置，而空间资源的配置就是区位要素如何依据经济原则进行配置的过程。经济区位论为城市经济和城市化经济问题的研究提供了大量的基础性概念和观点,因而全面解释城市现象,其基础在于对城市区位的存在和发展进行研究。

一、农业区位论

农业区位论是由冯·杜能[①]于1875年创立的,其特点是立足于单一经济主体,着眼于到城市的距离最短和成本、运费最省。杜能古典农业区位论源自于他的"孤立国"模型,如图2-6所示。

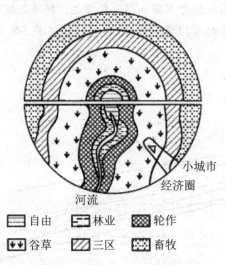

图2-6 杜能的"孤立国"模型

他首先确立了几个基本假定。

(1)肥沃的平原中央只有一个城市,它与周围农业地带组成一个孤立地区。

(2)不存在可用于航运的河流与运河,马车是唯一的交通工具(当时火车尚在试验阶段,汽车尚未出现)。

(3)农村与中心城市具有唯一的市场关系,中心城市是农产品的唯一贩卖中心,也是工业产品的唯一供应者。

(4)获得最大的区位地租是农民生产的动力,为此他们会根据市场供求关系调整其生产品类。

(5)市场的农产品价格、农业劳动者工资、资本的利息皆假定不变。

(6)运输费用同运输重量和距离成正比,由农业生产者负担。

[①] 19世纪初德国经济学家,经济活动空间模式的创始人。他的名著《孤立国》于1826年完成,成为第一部区位理论的古典名著。以后西方的工、商业区位,特别是空间相互作用和城市地域结构理论,无不以杜氏的学说为出发点。

显然，这是一个均匀连续的多向同心面的假定空间。根据这些基本假定，杜能逐步形成了他的农业区位向心圈的理论模式。他首先选用了一组供计算的经济指标。这些指标的相互关系是：(1) 市场上农产品的销售价格决定于经营的产品种类和经营方式及城市对农产品的需求；(2) 农产品销售成本等于生产成本和运输费用之和。以 R 代表单位产品利润，P 代表产品的销售价格，C 为生产成本，T 为运输费用，则农业利润的表达式为

$$R = P - (C + T) \tag{2-1}$$

杜能认为，这时的 R 可以定义为区位地租。这样杜能把农业生产的纯收入与区位地租等同起来。进一步地，如果用 R 代表单位面积的区位地租，Q 代表单位面积的产量，P 代表单位产品的销售价格，C 代表单位产品的生产成本，t 代表单位产品的运费率，k 代表生产地到城市市场的距离，则区位地租的表达式为

$$R = PQ - CQ - ktQ = (P - C - kt)Q \tag{2-2}$$

可见，离城市中心越远，运费率越高，区位地租就越小；区位地租与到城市中心的距离和运费率都是反方向变动的。这一原理可以用图 2-7 的模型进一步解释。

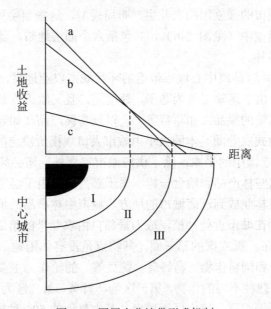

图 2-7 圈层农业地带形成机制

若以纵坐标表示土地收益（区位地租），横坐标表示到城市的距离，当生产成本一定时，土地收益曲线为从左上向右下倾斜的直线，其斜率的绝对值为运费率。另外，由于各种农产品的运费率不同，其土地收益曲线的斜率也就不同，这样随着到城市距离的增加，在不同的距离上会出现不同获益水平的农产品品种，进而形成环绕中心城市的圈层地带，每个圈层由一个获益最高的农作物品种占据。在图 2-7 中，a、b、c 为三种农产品的收益曲

线。在圈层Ⅰ中，种植 a 种农作物收益最高；在圈层Ⅱ中，种植 b 作物收益最高；在圈层Ⅲ中，则以种植 c 收益最高。这样就会在城市外围形成分别种植三种不同农作物的圈层地带。

可见，距离的影响不仅会导致不同作物品种间的圈层替代，还会导致同一作物品种不同耕作方式的圈层替代。其原因在于对同一种农作物品种而言，采用不同的耕作制度所支付的成本不同。在前述收益公式中，当我们仅讨论一种农作物时，运费率可视为不变，因此可令

$$P_k = P - kt \tag{2-3}$$

这里 P_k 是与城市距离为 k 的地方的农作物生产价格，由于离城市越远运费越高，在当地的农产品生产价格就显得越低。此时的收益为

$$R = (P_k - C_j)Q \tag{2-4}$$

式中的 C_j 是采用耕作制度 j 时的生产成本，产量较高的耕作制度成本也高。由于不同耕作制度所支付的成本不同，随着与中心城市距离的增加，当地的农产品生产价格就会相应下降；直到某一点上，采用原来的耕作制度的成本会变得较高，就会被较低成本的耕作制度所取代，从而形成耕作制度完全不同的圈层。杜能正是将运费和生产成本等因素综合在一起构建出围绕中心城市的孤立国的农业生产布局模型，这些圈层称为杜能环或杜能圈。

在杜能的孤立国模型中（见图 2-6），共包括六个圈层地带，涵盖了当时所流行的一般耕作制度和农作物品种。

（1）自由农业带。这是离中心城市最近的环状城市农业地带，主要生产易腐难运的产品，如蔬菜、鲜奶。由于运输工具为马车，速度慢，且又缺乏冷藏技术，因此需要新鲜时消费的蔬菜、不便运输的果品（如草莓等），以及易腐产品（如鲜奶等）等就在距城市最近处生产，形成自由式农业圈。本圈大小由城市人口规模所决定的消费量大小而决定。

（2）林业带。孤立国中的平原，除了供应城市粮食外，还必须供给城市用的薪材、建筑用材、木炭等。这些林产品和粮食一样，属于必需品。由于经营林业的成本较低，而运输成本极高，如果将林业放到远离城市的地方，城市中林产品的价格就会十分高昂。因此从经济角度考虑必须在城市近处种植，成为紧邻自由农业带的第二个产业圈层。

（3）轮栽作物制带。孤立国的第三圈，其特点是没有休闲地，在所有耕地上种植农作物，以谷物（麦类）和饲料作物（马铃薯、豌豆等）的轮作为主要特色。杜能把每一块地划分为六个区，轮流栽种不同的作物，第一区为马铃薯，第二区为大麦，第三区为苜蓿，第四区为黑麦，第五区为豌豆，第六区为黑麦，其中耕地的 50%种植谷物。

（4）轮作休闲制带。与轮栽作物制不同的是，为了保持地力同时还要降低肥料投放等生产成本，就必须拿出一部分土地进行休闲。轮作休闲制是将一块土地划分为七个区，其中三个区分别种植黑麦、大麦和燕麦，三个区种植牧草，另有一个区休闲，因此也称为七区农作制。在这种农作制里，谷物播种面积只占总面积的 43%。可见，由于距城市较远，这一地带的农作物价格已经不能维持轮栽作物制，不得不让位给轮作休闲制。

（5）三区农作制带。随着与城市距离的加大，不断增加的运输费使谷物的本地价格

进一步下降，轮作休闲制也逐渐变得难以为继。此圈是距城市最远的谷作农业圈，也是最粗放的谷作农业圈。三区农作制是将一块土地分为三区，第一区种黑麦，第二区种大麦，第三区休闲，三区轮作，即为三区式轮作制度。本农业圈内全部耕地中仅有24%为谷物种植面积。三区农作制区域产肥不足，必须依靠牧场来补充，因而和它相邻的圈层往往开辟为永久性牧场。

（6）畜牧业圈。此圈是杜能圈的最外圈，在这里种植谷物向城市出售已经完全无利可图，生产谷麦作物仅用于自给。故土地主要用于生产牧草用于养畜，以畜牧产品，如黄油、奶酪等供应城市市场。据杜能计算，本圈层位于距城市51km～80km处。此圈之外，地租为零，则为无人利用的荒地。

二、韦伯的工业区位论

阿尔弗雷德·韦伯是最早对有关城市工业区位的讨论进行系统整理的经济学家，他的理论也成了现代城市工业区位理论中的基石。该理论的特点是立足于单一的企业或工厂，着眼于成本最小、运费最省。这个模型的基本假设是：厂商是二维空间中的一个点，厂商是典型的"经济人"，追求利润最大化。在这样的假定下，厂商的选址问题变成了厂商如何选择一个"厂址"来最大化它的利润。

图2-8描述了一个韦伯区位三角形。其中，K是厂商区位，M_1、M_2分别代表了投入品1和投入品2的生产区位，M_3是用来出售厂商的产出品3的市场区位；d_1、d_2、d_3分别表示厂商与投入品1、投入品2产地和产出品3市场间的直线距离；此外，在以下的讨论中，进一步规定m_1、m_2、m_3表示投入品1、投入品2和产出品3的重量；P_1、P_2、P_3表示投入品1、投入品2和产出品3的价格；t_1、t_2和t_3是单位投入品1、投入品2和产品3每公里的运输费用。

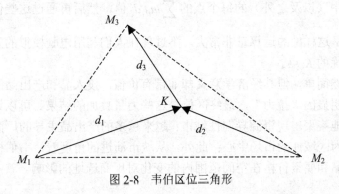

图2-8 韦伯区位三角形

厂商的行为可以被描述为：从M_1、M_2获取投入品1和投入品2，然后在K点制造出产品3（图中的箭头代表的是物品的流转方向），最后到市场M_3出售该产品。韦伯把厂商的生产函数定义为固定系数的形式。因此，我们得到

$$m_3 = f(k_1 m_1, k_2 m_2) \tag{2-5}$$

为了简化分析,定义 $k_1=k_2=1$,而且在这个情况下采用最简单的生产函数形式,这样式(2-5)最终变成

$$m_3 = m_1 + m_2 \tag{2-6}$$

在这个模型中,投入品 1 和投入品 2 的生产区位 M_1、M_2 和市场区位 M_3 是固定的。不仅如此,投入品 1 和投入品 2 的价格 P_1、P_2 和产出品 3 的价格 P_3 也都是不变的,这实际上意味着厂商是完全竞争性市场 M_3 中的价格接受者(Price Taker)。此外,运输费用 t_1、t_2、t_3 也都被视为给定。最后需要补充一点,韦伯三角形隐含着一个重要的假定,即产出品 3 生产中所需要的其他投入,如劳动和资本是随处存在的并且其价格不会发生波动,而且,另一个重要的投入品——土地是均质的。换句话说,在这里,二维空间是无差异的。

由于厂商是理性地追求利润最大化的主体,因此在现有的产出品和投入品价格外生给定的情况下,产出品和投入品的运输费用将成为影响利润的唯一因素;进一步讲,因为产品和投入品的每公里运费是固定的,所以说现在厂商到市场和投入资源的距离(或者说,厂商的区位)是导致厂商利润变化的关键。建立在上述逻辑的基础上,韦伯提出了著名的"韦伯最优区位"理论:给定产品和投入品价格,能够使得厂商首先最大化利润的区位具有这样的属性——它能够确保厂商为其产品和投入品所支付的运输费用是最小的。我们把上述思想用式(2-7)来表示

$$TC = \min \sum_{i=1}^{3} m_i t_i d_i \tag{2-7}$$

TC 是厂商通过选择区位 K 所实现的最小的运输费用。下标 i(分别取 1,2,3)可以用来表示特定物品(投入品或产出品)的重量、运输费率和距离。虽然从理论上说,可以直接计算三角形中(以及之外)的每个点的 $\sum_{i=1}^{3} m_i t_i d_i$ 值,然后再通过这些值之间的比较得出最小成本,但是这样做的运算量非常大。不过现在人们利用电脑模拟的方法能够非常方便地得出这个最优的 K 点。

韦伯模型虽然简单,但其经济学意义却非常有价值。投入品和产出品的运输成本都会对厂商选址产生明显的"拉力",最终区位是这些力量叠加的结果。可以设想,大量投入品主导厂商在产地集聚出现资源导向性城市;越来越多的产出品主导的厂商在市场周围集聚,使该城市成为区域性的市场中心;此外,从城市演进的角度看,韦伯模型很好地描述了投入品、产出品和要素价格在空间范围内的变化对厂商选址的影响。

三、中心地带理论

在本部分中将介绍克里斯泰勒和廖什在二维空间建立中心地带理论的过程。

（一）克里斯泰勒式的中心地带理论

德国经济学家克里斯泰勒（1933）在《南德中心地》一书中，通过对德国南部城市群的观察，系统地阐明了中心地带的数量、规模和分布模式，建立了克里斯泰勒式的中心地带理论（见图 2-9）。从某种意义上说，它缺乏严格的理论推导，因此现代经济城市学家往往把它看作来自实际统计研究的一个经验性的科学推断。

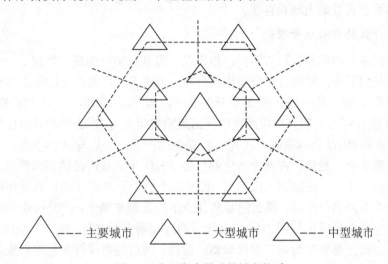

图 2-9　克里斯泰勒式的城市体系

克里斯泰勒的城市体系包括 N 种不同的产品、N 类不同的市场区域和 N 种不同的城市中心，且都按一定等级从低到高排列。级别高的产出品在对应的级别高的市场区域被出售。另外，在农村人口平均分布条件下，相邻的两个级别产品的市场区域的相对比例假设为常数，而且这个城市体系内的市场区域级别与产品的级别的提高次序是相同的。克里斯泰勒还假设不同级别的城市中心与它们供给的产品存在这样的对应关系：某个级别的城市中心负责供应不高于这个级别的所有产品。例如，假设在图 2-9 中的城市体系由"主要城市"、"大型城市"和"中型城市"这三类城市组成，那么根据克里斯泰勒的假说，"主要城市"生产出来的产品将为自身、"大型城市"和"中型城市"提供供给，而"大型城市"生产的成品除了满足自身的需求外还将出口给"中型城市"。可见，城市中心的级别和城市产品的市场范围是直接相关的。在以上这些假设的基础上，克里斯泰勒认为城市间的空间结构必须满足的一个重要条件，是每个城市市场区位要在周围尽可能少的产品生产点获取其所需要的产品。我们看到，把这个条件运用到三层级城市（当然包括三个级别的市场和产品）的情况就出现如图 2-9 所示的城市体系构型。在这个经典的城市体系中，六边形的城市市场区域重叠交叉，而且某个规模城市中心的数量和它生产出来的产品的数量是反相关的。这一点非常清楚，因为我们可以清楚地看到"主要城市"供应了这个体系中所有城市的三种产品,但是这样大规模的城市非常少(在克里斯泰勒模型中只有一个)。

顺便指出,在论证该模型中特定的市场结构时,克里斯泰勒将部分的论证建立在日常的观察资料之上。不过,这些有关最少产品的供给的经验观察与现在已被证明的最大城市覆盖范围的理论完全一致。因此,在认识到克里斯泰勒最早推导城市空间体系时所存在的局限性的同时,还应看到其重要的贡献,因为这个模型第一次说明了一个拥有不同的市场空间的城市体系会自发地出现和存在。

(二)廖什式的中心地带理论

廖什与克里斯泰勒的经验研究不同,他遵循了微观经济学的研究思路。

假设土地是同质的;消费者在空间均匀分布;消费者对厂商产品的需求存在一定的价格弹性。参照图 2-10,某个厂商在 A 点开展生产,其产品在该区位的出售价格是 P_a,相应的需求量为 Q_a。同时,假设单位距离的产品运输费用是 t,那么当产品的出售地点远离 A 点时,出售价格 $P+tD$ 会越来越大(其中 D 是新的产品出售点与 A 的距离),而对该产品的需求将逐渐变小。最终,在某个特定的价格 $P+tD$ 下,该产品的需求降低为 0。我们可以很方便地把上述分析拓展到三维空间。设想这个位于生产点 A 的厂商现在可以沿着它的周围任何一个方向销售产品,那么随着和 A 点的距离越来越大,产品价格和运费的总和在每个方向上也都会呈现出与图 2-10 完全相同的逐渐增大的过程。换一个角度说,产品的需求量在每个方向上都表现为向下弯曲倾斜的曲线,而这些曲线合并起来形成的价格网格在产品出售区位的投影就是厂商拥有的市场区域。因为单方向的产品出售区域的距离是 D,所以厂商现在的市场区域是一个面积为 πD^2 的圆形。若相邻两厂商存在竞争且间距小于 $2D$ 时,每个厂商的有效市场区域将从原来的圆形缩小到一个圆饼状,其市场边界是原来两个圆形市场相交时的交点连线。

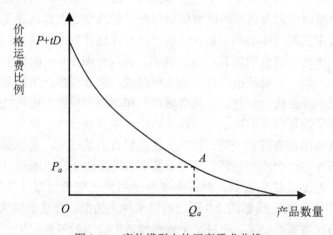

图 2-10 廖什模型中的厂商需求曲线

廖什证明了如果空间价格竞争可以保证所有土地都由同质厂商使用，那么整个空间经济将呈现出一个类似"蜂窝状"的六边形集合。正如图2-11所描述的，我们看到，A1～A5是5个有代表性的厂商，它们分别占据着5个六边形市场的中心区位，其中相邻的3个厂商A1、A2、A4按照三角形区位模式生产，确保生产区位到市场边界的距离是最小的。

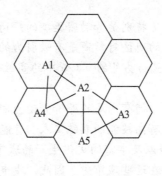

图2-11　同质厂商市场区域的空间分布

因此，这样的空间经济结构使得所有厂商的平均产品递送价格（价格运费加总）达到最小，同时也意味着经济中竞争性厂商的数量最大化了。在廖什模型中，上述的六边形式的空间结构对单一产业来说是最优的。不过，实际中许多产业的需求曲线，尤其是产品的需求弹性有显著的差异，所以不同产业的六边形市场区位也应该有一定的区别。一般而言，生产高附加值产品的产业（最终产品、高技术产业）所具备的需求曲线往往弹性较大，因而这些产品运费的微量增加就会带来需求的大幅度降低，进一步使其市场区域比其他生产地附加值产品的产业要小。廖什认为，在多厂商、多产品的经济中，实现空间的最优利用效率等同于让每个生产点集中的厂商的数量最大。该理论背后的逻辑是，厂商在最小范围内进行最大限度的集中有利于产生集聚经济。在上面的理论基础上，廖什论证了一定范围内的空间内往往倾向于形成这样的构型，即一个基本的中心城市、周边的居民区和工业集聚地带。他的理论与克里斯泰勒模型一样，成为了以后几乎全部有关城市体系的研究基石。不仅如此，廖什理论的意义还在于它第一次向我们展示了城市化本身是能够独立于地方性的特殊情况而普遍存在的。

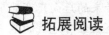 拓展阅读

企业区位选址：运输成本之外的因素

在厂商生产所必须考虑的"投入"，如劳动力、能源或中间投入品等当中，往往总有一部分在实际情况下面临较高的流动约束或不具备流动性，这些投入被认为是"地方性"的要素。当这些"地方性"要素在厂商成本中占据较大比重时，就会对厂商选址产生明显

的"拉力"（这里采用的是和前面分析厂商最小化运输成本相同的逻辑，只不过构成厂商总成本的主要部分已经不是运输成本而是"地方性"的投入品）。换句话说，厂商的区位"指向性"这个概念得到了进一步拓展——通过在某些投入品相对丰裕的地区的集聚过程，厂商可以有效降低总成本。

（一）劳动力成本

对劳动力成本的分析是厂商（特别是劳动密集型的厂商）选址时必须进行的步骤。一般而言，拥有充足的廉价劳动力的地区对厂商是有吸引力的。当然，这里的前提是各地区的工资率存在差异，而这一点是显而易见的。工资率的高低与当地气候、工会力量的强弱、劳动力供给是否充裕等条件有关。

然而，对于大部分厂商而言，拥有充足的廉价劳动力固然属于理想的情况，不过，大部分厂商更关心厂址周围是否具有高技能的熟练工人。有能力的劳动力经常会在具备温和气候、良好的医疗设施、低犯罪率以及丰富的文化生活的城市内集聚，所以厂商会"跟随"这些劳动力的移动而把厂址也设在这些城市中。因此，城市经济学家通常会用城市的生活质量证书来衡量某个城市对劳动力（高素质）的吸引程度。

（二）能源、土地和资本

众所周知，工业部门在经营过程中一般需要消耗大量的能源。在电力成为主要能源前，大多工厂选址都是"能源"指向性的。例如，水力是工业的主要动力，在欧洲与北美很多厂商集聚在沿海和内湖周围。现在仍有不少能源密集型产业的厂商选址依然表现出明显的资源指向性。

另外，那些规模比较小的企业在选址时一般会更关心地区内融资活动的便捷程度。因为大企业可以通过全国范围的资本市场获得资金，而相比之下，地方金融体系对企业的支持力度对于中小企业的生存与发展至关重要。最后，工业企业在进行区位选择时还会考虑到当地的土地租金和其他固定资产（如厂房等）的价格，因为至少在企业创立之初，它在这方面的启动成本比较高昂。

（三）中间投入品

我们知道，如果厂商所需要的中间投入品在生产上具备规模经济的特点，那么它们的生产成本就会得到有效的降低。根据中间投入品的特性，可以进一步把由本产业部门内中间品生产中的规模经济所带来的后向厂商的利润提高称为地方化经济，而把由于城市规模的扩大（城市内产业多样化）引发的其他中间产品生产中的规模经济所带来的后向厂商的利润提高称为城市化经济。因此，随着商业服务、信息等中间品在现代企业经营地位的不断提高，我们也不难理解很多厂商倾向于在城市集聚的行为。可以说，对这些中间品的追逐能够有效降低厂商的经营成本。

（四）税收与其他地方公共服务

城市政府的行为也会对企业的选址产生明显的影响。政府对企业实施税收并且提供地方公共物品和其他服务，而这些因素会直接影响到企业在当地的经营效益。很明显，在其他条件等同的前提下,税收的高低会对厂商的选址决策产生决定性的影响。每个城市政府几乎都有促进当地商业发展的财政激励计划,这些措施一般包括税收减免、低息贷款、劳动力培训计划、公共工程投资(如建造高速公路、桥梁等)。对企业的调查也进一步表明城市政府的财税计划已成为厂商在进行区位选择时所必须考虑的因素。

最后借助奥沙利文的研究,来对企业的空间选址做一个小结(见表2-1)。有必要强调,虽然厂商的选址行为经常是多个投入品指向性的合力达到均衡的结果,但是不同的投入品来源地对厂商的"拉力"的大小却都可以由两个指标来衡量:① 这个投入品对厂商的重要性;② 该投入在不同区位间的价格波动。

如果某个投入的①和②项的系数都比较大,那么厂商的最终区位对这个投入品的指向性就会比较明显。

表2-1 厂商区位选址——不同的导向性

指 向 性	特 性	例 子
一、运输导向	运输成本占厂商总成本比重较大	
① 资源指向的情况	原料体积比制成品大,在运输中容易损耗和压碎	球拍生产、罐头制造
② 市场指向的情况	制成品的重量和体积都大于原料,而且原料运输方便	拖拉机制造
二、其他投入品导向	运输成本占厂商总成本的比重较小	
① 劳动力指向的情况	劳动密集型行业	纺织厂
地区的适宜程度指向	高技能工人对气候、休闲等的要求向更适合居住的地区迁移	企业的研发部门
② 能源指向的情况	能源密集型行业	石油加工
③ 中间投入品指向的情况		
本产业的投入品	地方化经济	服装设计
来自其他产业的投入	城市化经济	软件业

(资料来源:周伟林,严冀,等. 城市经济学[M]. 上海:复旦大学出版社,2004.)

第三节 城市化理论

城市化是人类历史长河中的一个必然过程。它同工业化一起推动经济发展重心从乡村转移到城市,促进城市在数量上急剧扩张,在质量上不断提高,从而改变了经济发展的空间方向和基本方式。

一、城市化的动力机制

所谓"机制",就是事物内在的联系和运行规律,是不以人的意志为转移的客观存在。城市化的发生和发展同样遵循着共同的规律,即受着三大力量的作用:农业的先导传动、工业化的中坚推动和第三产业的后续拉动。

(一) 农业发展是城市化的初始动力

城市化进程的本身，就是变落后的乡村社会和自然经济为先进的城市社会和商品经济的历史过程。如果考察世界和中国的城市化轨迹，就会发现一个有趣的共同点：它总是在那些农业分工完善、农村经济发达的地区首先兴盛起来，并建立在农业生产力的发展达到了一定程度的基础上。

农业的发展是城市化的初始动力，它表现在以下几个方面。

（1）为城市提供商品粮。可以说，一个国家的农业提供商品粮的数量多少，是决定该国城市人口数量多少的关键因素之一（除非通过贸易或战争等手段从别国获取）。商品粮越多，则工业化进行的速度也就越快；反之，势必大大滞缓城市化的进程。农业劳动生产率的高低，表明了农业给予城市化的初始动力之强弱。

（2）为城市工业提供资金原始积累。城市化是以大规模的机器大工业生产为主要标志的，而在工业化这台高速运转的"大机器"后面，正是由农业提供了建立它所需的第一笔资金原始积累。马克思在《资本论》里所描述的发生在英国工业化早期的"圈地运动""羊吃人"现象，就是资本主义工业掠夺农业资本的生动写照。

（3）为城市工业生产提供原料。许多制造业是建立在农业原料的稳定供给基础之上的，否则工业发展只能是"无米之炊""无源之水"。很多工业化国家都是从发展轻工业、纺织业开始工业化的起步，而轻工业、纺织业所需的棉、麻、丝、羊皮、牛皮、烟草、林木、香料等，无不取之于农业。

（4）为城市工业提供市场。广大的农村不仅担负着原料提供者的重任，也是城市大工业产品的消费者。离开了农村这个大市场，城市工业的发展空间将变得极为局促和狭小，并有在激烈的市场竞争中窒息的危险。

（5）为城市发展提供劳动力。早期工业化所建立的大多为劳动密集型产业，它们需要成千上万、源源不断的劳动大军补充到机器大生产这张"巨口"之中；而这些人力资源只能来自农村——由于农业劳动生产率的提高所解放出来的剩余劳动力。

(二) 工业化是城市化的根本动力

工业革命冲破了自给自足、分散无序的农村自然经济的桎梏，使得资本和人口在机器大生产中高度集中，由此导致城市规模的不断扩张和城市数量的急剧增加。对城市化与工业化的关系，有专家作了这样一个比喻："工业化是城市化的发动机，城市化是工业化的推进器。"这是很有道理的。城市化是与产业革命相伴而生的。1801年，英国城镇人口比例已经相当于我国1990年的水平，达到26%，城镇数量为106座；1851年，英国城镇人口比例已达45%，接近目前世界城市化平均水平，城镇增至265座。进入19世纪，法、德、美、葡等国相继完成了工业革命，整个西方城市化过程相继铺开。工业化是城市化的决定性动因，这是世界城市发展的客观历史和现实。

工业化对城市化的推动作用具体表现在以下几个方面。

（1）工业化发展促进了工业的集中和企业规模的扩大，从而导致城市规模的扩大和新工业城市的形成，这是"集聚经济效益"作用的必然规律。

（2）工业化带来的产业结构升级的变化不断地吸收着从土地中释放出来的农村剩余劳动力，从而促进了城市人口的增加。

（3）工业化由于技术含量和剩余价值较高，使以大工业为基础的城市经济成为国家经济生活的主体，使生产力发展的动力和重心从农村转移到了城市，强化了城市的中心地位。

（4）工业化使城市经济关系和生活方式逐渐渗透到农村，不断瓦解着自给自足的自然经济和小商品经济，使之日益社会化和商品化，其结果必然是农村居民在各个方面同市场、同城市发生越来越紧密的联系，从而改变着他们的生活习惯、文化传统以及物质和文化生活的需要。

（三）第三产业是城市化的后续动力

随着工业化国家产业结构的调整，第三产业开始崛起，并逐渐取代工业而一跃成为城市产业的主角，城市化进程的"接力棒"从此传到了第三产业的手上，并由它继续推动下去。这种后续动力作用，主要表现为以下两个方面。

（1）生产配套性服务需求的增加。商品经济高度发达的社会化大生产，要求城市提供更多、更好的配套服务性设施，如企业生产要求由金融、保险、科技、通信业的服务；产品流通要求有仓储、运输、批发、零售业的服务；市场营销要求有广告、咨询、新闻、出版业的服务等，而上述这些配套服务的主要提供者是第三产业。工业的专门化程度越高，越要求加强横向协作与交流。

（2）生活消费性服务需求的增加。随着经济收入的提高和闲暇时间的增多，人们开始追求更多丰富多彩的物质消费与精神享受，如要求有更多、更好、更个性化的居住、购物、教育、文化娱乐、体育健身、医疗卫生、旅游休闲、法律诉讼、社会福利等设施和条件。

要满足以上各种需求，主要依赖于第三产业，由此促进了城市第三产业的蓬勃发展。而第三产业的多数行业普遍具有劳动密集型的特点，并带来就业机会与人口的增加。根据世界银行发表的《世界发展报告》统计，1960—1980年，发达国家在制造业中就业的人数占总就业人口的比重一直徘徊在38%左右，制造业产值占国内生产总值的比重则从40%降为37%。但在同期，城市化水平不仅没有降低，反而从68%上升了10个百分点，达到78%。究其原因，就是主要受第三产业的拉动所致，这段时期在第三产业中就业的人数所占比重从44%提高到56%，第三产业产值所占比重也从54%提高到60%。由此可见第三产业对于拉动城市化的贡献，比之工业化亦毫不逊色。

但若把工业化与第三产业对于城市化的作用进行比较，就会发现二者又有显著的不同：如果说工业化带来的是城市规模的膨胀和城市数目的增多，即主要是城市化在"量"上的扩张，那么第三产业更多促进的是城市软硬件设施的完善和人民生活水平的提高，即主要是城市化在"质"上的进步——这就是二者的区别之所在。

综上所述,在城市化诸多动力机制当中,可以分解出两大基本力量,即以农业发展为代表的农村"推力"和由工业化与第三产业发展为代表的城市"拉力"。这两股力量一"推"一"拉",使得城市化的历史进程持续地发生和发展着。

二、城市化的一般规律

城市化是人类社会的一种普遍现象,在历史的长河中,它依据其自身的内在规律发展。从一般性上来说,这些规律可以从时间、空间、量的变化和质的变化几个方面去考察。

(一)时间维度的城市化

时间维度的城市化,表现为以S形曲线表达的城乡人口随着工业化进程发展的有序变化和阶段性特征。

城市化是一种自然历史过程,它可以划分为初期、中前期、中后期和末期阶段,其中,中前期是城市化的加速时期,我国大部分城市处于这个时期。

城市化阶段性的一般规律是:(1)第一阶段为城市化初级阶段,一般城市人口低于总人口的20%左右,城市人口增长缓慢。(2)第二阶段城市化进程逐渐加快,当城市化水平为33%~35%时,开始加速递增,S形曲线呈指数曲线攀升,一般到50%时出现拐点,城市化开始加速递减,城市化的边际成本将逐渐增大,但城市化率还是上升的,一直持续到城市人口超过70%后才进一步趋缓。城市化拐点把中期阶段细分为中前期和中后期,反映了城市化加速度的不同。(3)第三阶段,城市化进程缓慢上升或停滞或略有下降趋势,这表现为一条光滑的扁S形曲线,如图2-12所示。

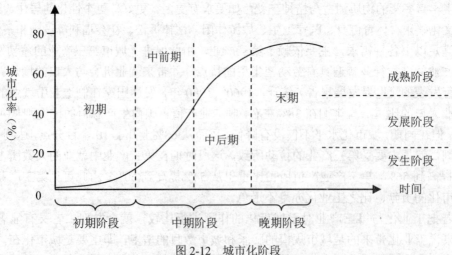

图2-12 城市化阶段

当然，这并不是在任何国家都非常显著，但大部分国家的数据基本上都支持了这一结论。

（二）空间维度的城市化

空间维度的城市化，表现为由集聚与扩散机制决定的集中型城市化与扩散型城市化交织的区域经济运行规律。

集聚与扩散是城市经济区域形成和发展的内在机制。中心城市的能量聚集和扩散，是一个连续不断发展的过程。城市化的过程首先是集聚的过程，集聚到一定程度，就要向外扩散，扩散扩张了对新的经济活动的吸聚力，新的集聚又为新的扩散创造条件。在这种"集聚—扩散—再集聚—再扩散"的链齿式发展过程中，城市化由城市范围发展到城市化地区。

从地理空间的表现形式来看，集聚过程导致集中型城市化，使城市人口密度增加，一般是城市化前期的主要地理特征；扩散过程引起扩散型城市化，使城市化范围扩展形成城市化地区，一般是城市化后期的主要地理特征，如图2-13所示。

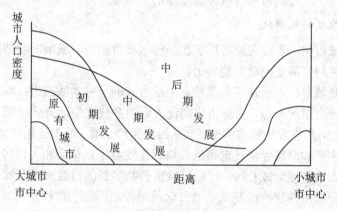

图2-13　集中型城市化与扩散型城市化形成城市化区域

在城市化初期发展阶段，人口向城市集中，城市人口密度升高，城区不断扩大。在城市化的中前期发展阶段，市中心人口密度达到最高程度，城区继续扩大。这时以集中城市化为主，开始出现扩散型城市化。到了城市化的中后期阶段，市中心人口密度下降，而城市人口总量仍在增加，其中原市区内人口增长速度不如新发展的城区快，城区扩展比较迅速，是比较明显的扩散型城市化阶段。处于扩散型城市化阶段的较大城市的边缘很可能与另一个城市的边缘接壤，构成城市化地区。

不仅如此，经过这种集中与扩散的过程，城市与区域形成了一个紧密的经济系统。城市是相应区域的中心，区域又是相应城市中心的腹地，如果城市与区域之间没有严格的封闭边境和人为关卡，城市与区域的相互作用必然形成空间经济效果：(1)相互作用导致城市与区域间的分工；(2)通过接近形成了地域社会经济系统而产生系统组合的整体效应；(3)城镇群组合效应促进城市（镇）增长序列化；(4)以中心城市为核心的城市群形成了较大范围的城市化经济区。

城市经济区的范围由于聚集力和扩散力的不同而不同。每个城市在地理空间上都存在着自己的外部效应场，即城市经济影响区。从统计学的观点看，中心城市对周围地区的作用力呈现距离递减规律，即距离城市越近，外部效应越强；反之亦然。按不同的场强可以划分某一个城市经济区的边界。不言而喻，城市经济区的大小主要受制于中心城市规模和实力的强弱。城市规模大、实力强，其聚集力与辐射力就强，城市经济区也就越大；反之亦然。就城市与区域的关系来说，20世纪以来，特别是对城市和地区形态的认识经历了田园城市（城乡结合的城市）、集合城市（设有卫星城的大城市）、城市组群（又译为城市绵延地区）的发展过程。

总之，任何一个国家和地区的城市化过程，在聚集与扩散机制的作用下都要经历一个城市经济系统由小到大、由简单到复杂、由若干孤立的城市发展到城市群或大城市到城镇绵延区的历史过程，这是城市与区域经济变动的一个规律。

（三）质态维度的城市化

质态维度的城市化，表现在城市性状和结构（城市职能、城市产业结构和规模结构的相互联系和相互区别）演变的动态趋势上。

从城市产生到城市化，反映了人类社会生活方式的一种本质改进：城市是同乡村形成鲜明对照的人类社会组织形态，而城市化则使人们由乡村的生活方式不断地转向城市生活方式，使人类的生活形态发生根本的变革。从经济角度来看，城市化的质态充分地表现在：伴随着社会化大生产和商品经济转向市场经济；伴随着工业革命和人口转向非农业；伴随着人口集聚和高人口密度形成社区；伴随着城市公共经济的日益突出及城市日益成为区域的经济中心。这种城市性状的改变就是城市化的过程，而这个过程是与城市的职能结构、产业结构和规模结构的变化紧密地结合在一起的，其动态趋势特征有：（1）城市职能往往是由单一到多项，由简单到复杂，并倾向于由地理、资源等地方性优势所决定；（2）结构转换是城市发展的本质原因，而导致城市经济结构转换的，主要是产业结构和规模结构的变化。产业结构的调整与比较利益的转移有因果关系，故城市动态比较利益推动着城市产业结构到职能结构的转换。规模结构的调整与城市的功能具有正相关性：城市规模越大，城市功能越多，其辐射能量越大。大城市具有较多的功能和较大的辐射能量，从而成为较大范围的经济、贸易、通信、科技等综合性功能中心。

这里值得指出的是：大城市作为城市化的主导力量是城市化质态的一个规律，英国1801—1851年，以伦敦为首的10大城市人口占总人口的比重，从16%增长到23%；1950年，英国总人口的15%居住在最大城市——伦敦。1870—1940年，随着工业化的迅速发展，美国大西洋沿岸和其他交通沿线的大城市迅猛发展；1950—1980年，美国以大城市为中心的大都市区由169个增加到318个，增加了88.2%，其人口由8485万增加到16943万，增长了99.68%，在全国总人口中的比重由56.1%上升到74.8%，其中18个巨大都市区分别占全部大都市区人口和全国总人口的 45.6%和 34.7%；20 世纪 70 年代初，美国第二产业就业人数的 3/4 聚集在大都市区内，日本土地资源结构与中国相似，比较易于利用的土地面积只有国土面积的 20%（中国为 15%）。但日本人口密度超过中国，从明治维新以来，日本人口即向大城市集中。1950—1980 年间，日本大城市人口高速发展，约增加了 3 000 万，其中 70%集中在三大城市圈（东京圈、名古屋圈、大阪圈），30%集中在地方城市；只占全部国土面积 10.4%的三大城市圈在 1970 年集中了总人口的 43.5%。英国、美国、日本三个国家的工业化均集中在城市地区进行，且大城市发展发挥了主导作用，并演化出以大城市为中心的大都市区、城市带或城市圈。

总之，城市职能、产业和规模结构是城市化规律的质的规定性，它要求城市系统中各个因素之间保持相互的适应性。在城市化过程中，城市系统诸因素的质的相互适应状况处于不断的矛盾变化中，可能出现不适应的情况，因此必须按照城市化的质态协同规律，采取相应措施，不断提高其适应水平，以实现质态协同的优化。

（四）量态维度的城市化

量态维度的城市化，表现为城市人口规模与城市经济发展的正相关性和人口迁移与流动的规律。

城市化是伴随着工业化发生的农村剩余劳动力向非农产业集中，从而人口向城市集中的过程。这种过程在数量的变化上，突出地表现在如下两个方面。

（1）城市化水平与经济发展水平的正相关性。首先，城市化水平随着经济发展水平的提高而提高。其次，城市化水平较高的国家或地区，在一定的条件下，也会促进经济发展水平的提高。也就是说，城市化水平的提高与人均 GNP 增长之间的关系，不是一种单向的决定关系，而是一种相辅相成、互相促进的双向因果关系。

（2）城市人口增长与城市规模和城市数目变化的关系。城市人口增长有三种机制：① 自然增长，这是由原有人口的生育导致的城市人口增长；② 机械增长，这是指农村人口迁入城市导致的城市人口增长；③ 外延增长，这是指原来属于乡村范围的人口聚集点变为独立的城市，及城市扩张使邻近的农村地区变为城市。这三种机制中，原有城市人口自然增长可以使城市人口绝对数量增加，但只有在城市人口自然增长率高于农村时，才能提高城市化率。因而城市化主要是由后两种机制推动的：机械增长使城市人口密度提高，外延增长使城区范围扩大。两种机制相对作用的大小对城市规模和城市数目的变化有重大影响，从而与城市化质态规律相联系。一般情况下，在城市化发展的中前期，城市人口规模的变动具有大城市超先增长的客观必然性，在大城市规模不断扩大的同时，中小城市升级，不断变为大城市，大城市数目增加。

三、城市化的三种模式

城市化模式是社会、经济结构转变过程中的城市化发展状况及动力机制特征的总和。

城市化模式主要受经济体制、工业化模式和经济发展水平的影响，因此，从经济发展水平和经济体制两个方面来分析，世界各国的城市化模式呈现出三种基本的类型：同步型城市化类型、过度型城市化类型和滞后型城市化类型，如表 2-2 所示。

表 2-2　世界各国的城市化类型

	工业化国家	发展中国家
市场经济体制	① 同步型城市化	② 过度型城市化
计划经济体制	③ 滞后型城市化	

一般而言，在实现市场经济体制的发达国家，城市化与经济发展水平基本上是协调同步发展的，属于同步型城市化类型；实行市场经济的发展中国家，由于在资本主义世界经济体系中处于边缘和外围的地区，自主的工业化迟迟未能启动，往往出现城市化超前于工业化，甚至"无工业化的城市化"（Urbanization without Industrialization）现象，大多属于过度型城市化；而实行计划经济体制的国家，由于协调社会经济活动的市场交易机制基本上被政府这一庞大的科层组织所取代，在这种体制下，城市已经失去提高交易效率和促进分工发展的优势，城市退化为工业生产的基地，城市化水平和城市发展水平往往滞后于经济发展水平，出现滞后型城市化类型。

（一）同步型城市化

同步型城市化（Synchro Urbanization）表现为城市化进程与经济发展同步协调、互相促进，城市的规模和数量适度，城市化的速度与质量同步上升。这种类型的城市化主要体现在西欧和北美发达国家，这些国家的城市化水平与经济发展比较协调，城市化是在农业生产率不断提高的基础上，由于工业、服务业等产业的集聚发展等拉力因素作用下，带来人口的集聚，从而使城市规模扩大、城市数量增加。而且，城市内部结构合理，城市功能完善，形成了分工协调、结构合理的城市体系，城乡一体化发展，城乡之间没有出现二元社会结构。据测算，发达国家在整个工业化中期，工业化与城市化的相关系数极高，1841—1931 年间英国为 0.985，1866—1946 年间法国为 0.970，1870—1940 年间瑞典为 0.967，整个发达国家为 0.997。工业化率与城市化率曲线几乎是两条平行上升的曲线。城市化与经济发展呈显著的正相关关系。

应该指出的是，由于农村人口只有迁居到城市后，才能在城市就业，因此在城市化进程中，农村劳动力的地域迁移先于职业转换是一种较普遍的现象。大部分发达国家的城市化进程中，农村劳动力转移方式，如英国的圈地运动方式、美国自由迁移方式和德国容克买办方式等，都具有地域迁移先于职业转换的特征，但基本上属于同步城市化模式。

（二）过度型城市化

过度型城市化（Over Urbanization）又称超前城市化，是指城市化速度明显超过工业化速度，城市化水平与经济发展水平严重脱节的城市化模式。其主要表现为城市化的速度大大超过工业化的速度，超过了国家经济所能承受的能力和经济发展水平，大量的农村人口在推力因素作用下盲目向城市特别是大城市迁移，城市却不能为居民提供就业机会和必要的生活条件，从而导致城市人口过快膨胀、城市失业问题严重、交通拥挤、环境与卫生状况恶化、城乡差别扩大，形成二元社会结构。城市这种城市化不是建立在工农业充分发展的基础上，城市人口过度增长，城市却不能为其提供必要的就业机会和生活条件，从而导致一系列严重的"城市病"，并最终危害经济和社会的健康发展。拉美国家是过度城市化的典型代表，因而也被称为"拉美陷阱"。如墨西哥的工业化与经济发展水平远远不如发达国家，但1993年其城市化水平已达74%，明显高于同期奥地利的55%、瑞士的60%、芬兰的62%和意大利的67%。

在出现过度城市化模式的发展中国家，其社会经济发展往往是在外界力量制约下的一个不自主的发展过程。

首先，在发达国家的现代医疗卫生设施的引入等因素作用下，这些发展中国家被强制性地拖入人口转变的过程，在经济发展水平很低的情况下，出现人口爆炸。由于这些国家出现较高的城乡人口增长率，存在着极大的人口压力，农村土地分配又极不平等，人们被强大的农村推力（乡村的贫困），而不是城市的拉力（工业和城市经济发展对农村劳动力的需求）推向城市地区，结果是人口流向城市，却没有伴随着城市产业结构的转变，城市化水平超过了工业化水平。

其次，发展中国家在取得政治独立后，经济发展仍强烈依附于"核心国家"。工业技术的变革在发达国家内部经历了一个由低到高的渐进过程，而在外围的发展中国家则是在世界经济的影响下，一个近乎"突变"的过程。这样，发展中国家的工业化很大程度上超越了技术发展的最初和中间阶段，而直接采用发达国家的技术，表现在城市中则是主导部门的发展难以与本国经济发展相结合，更无力带动本国经济的全面振兴。城市现代部门"赶超型"的资本密集化的技术路线成为造成发展中国家城乡人口差别扩大、驱动农村人口流入城市的重要原因之一。

再次，发达国家经历了一个比较漫长的过程，来适应工业化和城市化等一系列的社会经济变迁，而发展中国家往往是在较短的时间内适应这些变迁。在快速的城市化过程中，许多迁移者缺乏工业技术和技能，难以适应现代化工业发展的要求，这些人移入城市后，一部分进入城内贫民窟区，一部分居住在城市外缘的棚户区。这些居民在生活方式上具有两重性：一方面，他们有限地发展了城市性格；另一方面，他们继续和维持了相当部分的农村规范和社群关系。这种城市化模式主要是乡村人口迫于生计压力，希望到城市寻找工作计划和较佳的生存条件，故往往又被称为"生计型城市化"（Subsistence Urbanization）。

（三）滞后型城市化

滞后型城市化（Under Urbanization），是指城市化水平落后于工业化和经济发展水平的城市化模式。其表现为政府采取种种措施来限制城市化的发展,使城市人口的实际增长速度低于城市工业生产发展所需要的人口增长速度,大量的剩余农村劳动力没有出路。滞后型城市化的出现,主要是因为政府为了避免城乡对立和"城市病"的发生,采取种种措施来限制城市化的发展,结果不仅使城市的集聚效益和规模效益得不到很好的发挥,而且还引发了诸如工业分散化、农业副业化、离农人口"两栖化"和城镇发展无序化等"农村病"现象,带来整个经济的低效率。它和过度型城市化一样,也是病态的城市化模式。这种城市化主要是计划经济国家政策作用的结果。改革开放前的中国就是这种城市化模式的突出代表:1980年世界城市化水平为42.2%,发达国家为70.2%,发展中国家为29.2%,而中国城市化水平仅为19.4%。1996年我国城市化率与工业化率(指工业增加值占GDP的比重)之比仅为0.69,远低于该比值1.4~2.5的合理范围。

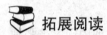拓展阅读

我国城市化现状与前景

　　我国城市化从总体上看,同其他国家一样,是随着工业化的进程而发展的。当然,由于很多原因,有时候城市化与工业化和国民经济的发展不太相关。但是,当调整了由制度引起的一些特殊现象后,城市化仍然会是工业化和经济发展的函数,会随着市场经济的发展而发展。

　　目前我国的城市化率已经达到44%,全国有超大城市13个、特大城市27个、大城市53个、中等城市218个、小城市350个,全国有将近20%的人口居住在大城市。

　　我国城市化随着我国经济的发展经历了一个曲折的历程。大致可以划分为以下五个阶段。

　　(1)第一阶段(1949—1957),是向城市化的过渡阶段。城市化率提高至15.4%,年均递增0.6个百分点。

　　(2)第二阶段(1958—1960),是城市化的"大跃进"阶段。城市化率提高至19.7%,年均递增1.17个百分点。

　　(3)第三阶段(1961—1977),是反城市化与城市发展停滞阶段。城市化率下降至17.6%,年均消失1.25个城市。

　　(4)第四阶段(1978—1996),是城市化稳步推进阶段。城市化率提高至30.48%,使我国城市化步入中期发展阶段。这一阶段,超大城市和大城市新增28个,中小城市新增436个,表现出明显的城镇化特色。

　　(5)第五阶段(1997—至今),是城市化加速推进阶段。这一阶段,城市数量在总体上有所下降(由666个降为661个),但城镇人口绝对数年均增加1854.25万人,城市

化水平年均递增1.23个百分点。

而我国城市化呈现如下特点。

（1）从城市规模来看，中等城市向大城市演进的趋势加强，大城市发展势头趋好，中小城市比重和绝对量均呈下降趋势。

（2）从城市数量的区域布局来看，200万人口以上特大和超大城市约有52.5%分布在东部；100万人口以上的大城市在东、中、西分布比率分别为49.5%、40.8%、9.7%；中小城市分布比率分别为43.68%、36.67%、19.65%。显然，我国城市的区域发展极不平衡，中西部地区，特别是西部地区尚有很大的城市发展空间。

（3）从城市群或都市圈的发展来看，我国已经形成长江三角洲、珠江三角洲和环渤海三个真正意义上最大的都市圈：①长江三角洲城市区域包括苏、沪、杭沿江地区，面积为9.961万平方公里，城市60余个，建制镇1 500余个，人口7 600万（城市人口2 600万），是我国目前最大的城市区域，是世界第六大城市区域。②珠江三角洲城市区域位于广东省中南部的珠江灌溉系统汇合处，大部分处于北回归线以南，面积为4.159 6平方公里。该地区人口、土地面积和国内生产总值分别占广东省总量的33.11%、23.4%和72.2%。③环渤海城市区域是以三足鼎立的双中心城市，即北京—天津、大连—沈阳、济南—青岛为核心代表的城市区域，包括近30座地级市以上的城市。

（4）从我国城市化与工业化的关系来看，由于我国一直推行以分散化为特征的城市发展政策等原因，城市化水平（城镇人口比重）一直滞后于工业化水平（非农就业比重），城市化的推动力主要来自乡村的推力，而非城市的拉力。

中国城市化的最终目标是促进国民经济的可持续发展，实现城乡的共同繁荣。我国城市化水平与世界水平仍有差距，目前中国城市化水平为44%，发达国家为70%~80%，发展中国家也在50%左右。根据城市发展规律，城市化水平在30%左右是城市快速发展时期，因此，今后一段时间里，中国城市化必然要快速发展。

我国农村人口基数大，土地资源，尤其是耕地资源短缺，人均经济实力和人均资源总量远不及发达国家。从我国国情出发，我国城市化不宜追求西方发达国家的高指标、高比例。许多专家认为，2050年中国城市化率界定在60%左右比较合适。原因有以下几个：第一，未来40年，中国将有4亿农业人口转入城市（界时总人口为16亿，目前城镇人口为5.77亿）。以规模为100万人口城市容量计算，需400座这样规模的城市，任务十分艰巨。第二，城市化水平从30%提高到60%，英国用了100年，德国用了80年，法、日、美也用了60年。考虑到中国经济发展的后发优势，我国城市化水平达到60%，用50年时间，其实也够快了。第三，城市建设资金。据综合测算，每新增一个城镇人口需投入基础设施建设和安排就业岗位的资金约3万元，4亿人就需12万亿元，不是一个小数目。第四，土地问题。按人均城市建设用地100平方米计，需占用土地400亿平方米，加上配套的交通、水电工程、厂矿等建设用地，总计需要2 000万公顷，而根据土地人口承载力研究成果，要保证16亿人口的吃饭，必须保证现有耕地18亿亩总量不减少。土地开发整理和复垦任务也很艰巨。

（资料来源：冯运廷. 城市经济学[M]. 大连：东北财经大学出版社，2008. ）

 本章小结

1. 集聚经济理论是城市经济学的又一基础理论，一般指因企业、居民的空间集中而带来的超额经济利益或成本节约，是基于空心向心力由多种因素导致的一种外部性。

2. 地方化经济是因为某一产业的空间集聚而产生的，可以降低产业内所有企业的生产成本，提高经济效益，是行业的集聚经济。其形成机制主要有工厂内的规模经济、中间投入品的规模经济、范围经济和关联经济、买和卖的规模经济和集聚外部性、熟练劳动力市场的共享效率及信息和知识集聚的外部经济等机制。

3. 城市化经济是地方化经济效应的扩展，是从某一产业的规模经济扩展到了城市空间内所有产业的规模经济，表现为城市公共产品的共享效益。

4. 农业区位论着眼于到城市的距离最短和运费最省，对研究各产业以城市中心为参照系的选址和农村转向非农化利用的区位地租（城市化地租）有重要的现实意义。

5. 工业区位论着眼于以区位因素分析生产成本的大小，运费最省。区位因素有很多，不同的区位因素对不同的行业影响不同。

6. 克里斯泰勒式的中心地带理论说明了一个拥有不同的市场空间的城市体系会自发地出现和存在。

7. 廖什的中心地带理论证明了六边形式的空间结构对单一产业来说是最优的。

8. 城市化的动力来源于农业剩余、非农产业的结构变迁、集聚经济和外溢效应，城市化的一般规律表现为时间维度的S曲线成长、空间维度的集聚与扩散、质态维度的城市功能提高和量态维度的城市人口增长。

9. 世界各国城市化模式呈现出三种基本的类型：同步型城市化类型、过度型城市化类型和滞后型城市化类型。

 思考与讨论

1. 现实中工业布局与韦伯工业区位理论有差距吗？为什么？
2. 举例说明城市化与产业结构变革有何内在联系。
3. 你认同教材对城市化模式的分析吗？你有什么独到见解？
4. 举例说明企业选址要考虑哪些因素。

第三章 城市经济增长与发展

 学习目标

城市经济增长与发展是城市经济学和城市发展政策制定者最为关心的重要议题之一。本章在阐述了城市经济增长一般概念的基础上,介绍了一般城市经济的增长模型,并通过模型的分析阐述了城市经济增长的机制;介绍并阐述了城市发展的含义与科学发展观的关系,城市产业结构几种分类的意义,城市产业结构转换和产业集群对城市发展的作用,城市经济增长与发展的目标和政策。

第一节 城市经济增长的含义与测度

一、城市经济增长的内涵与新发展

(一)城市经济增长的内涵

城市经济增长(Urban Economic Growth)是指城市经济的动态演化过程,是城市经济作为一个整体的规模扩张与水平和质量的提高。一个国家(国民经济范畴)的经济增长从数量上看,往往指社会总产品及其生产能力的增加。社会产品的增加通常用国内生产总值(或国民收入)与人均国内生产总值(或人均国民生产总值)的增加来表现,而表现生产能力的增加,往往由一个国家投入生产中的人力资源、自然资源和资本积累的数量与质量以及技术水平的高低来表现,因为生产能力增长的内涵是指这些生产要素的增长。对一个城市来说,经济增长的社会产品增长内涵习惯上仍然是指城市生产的产品或城市 GDP 数量的增多,这与国民经济范畴的经济增长是类同的;而对于经济增长的生产能力增长的内涵,由于决定城市生产能力的诸要素比国民经济复杂得多,它不仅包括一个城市的人力资源、自然资源和资本积累的数量与质量,以及技术水平的高低,还包括空间状态的土地经济和自然资源利用上的规模经济、集聚经济、地方化经济、城市化经济等内容,因而经济增长既包括这些决定生产能力的直接生产要素的规模扩大和质量的改进,也包括反映生产能力的生产要素间接影响的程度与水平。

无论是从上述历史文献来看,还是从当代城市化进程的实践来看,城市经济增长都是一个相对独立的研究范畴,它与整个国民经济的经济增长在范畴内涵上有明显的区别。

首先,城市经济增长的特殊属性之一可以归因于规模报酬递增,而研究国民经济范围

内经济增长的新古典模型往往限制递增规模经济，对于由规模经济原因引起的经济增长研究甚少。第二章已经指出，城市经济能够增长，城市能够长大的一个本质原因是集聚经济，它是由地方化经济（行业规模经济）和城市化经济（城市规模经济）两个方面的外部经济现象所决定的。因而，探讨城市规模报酬递增的发展机制和过程，是研究城市经济增长理论的一个研究特色，这是研究国民经济增长理论所忽略的。

其次，国民经济增长理论往往是抽掉空间因素后的动态分析，而对城市经济增长的讨论必须考虑空间因素，即考虑作为"城"的城市土地资源的利用和基础设施的建设（主要是公共产品），与作为"市"的城市一般产品（主要是竞争性的私人产品）的生产规模和人口规模要相适应。具体来说，研究城市经济增长考虑空间因素，一要考虑城市土地资源的有效利用，这是个空间经济分析问题；二要考虑城市在国民经济体系中，作为经济增长极的空间、区位因素及其增长的扩散及对整个城市体系的影响中的多种空间经济问题。

再次，城市层面上的经济增长分析与国民经济增长分析比较，更重视制度和政府政策的作用。后者在经济增长分析中，往往把制度性、政治性因素作为既定前提，同时在市场经济条件下，往往忽略对于作为供给政策的经济增长方面的政府干预、公共政策的研究，因而经济增长理论分析更多的是一种技术经济分析，这在城市层面是很不够的。在城市经济增长的分析中，制度、政治、政府、政策是无法回避的重要决定因素，其中最重要的是国家的城市政策和城市政府的公共政策的影响。

最后，城市经济增长的动态规律与国民经济范畴的经济增长规律不同，后者遵循经济周期的一般规律，而城市经济增长虽然受国民经济一般运行周期的影响，但是其增长状态不完全决定于此，城市往往有自己的增长动态和规律，这是由城市的基础部门以及起支撑作用的地理位置、资源条件、历史传统、居民精神等因素决定的。这样，即使在国民经济高涨时期，也会有衰退城市；即使在国民经济衰退时期，也会有居于"发展极"地位的繁荣城市。

综上所述，城市经济增长是一个复杂的概念，它有着丰富的内涵。究竟采用什么样的指标来反映城市经济增长，要根据所研究问题的目的而定。

（二）城市经济增长理论的发展

从历史渊源上说，经济增长的思想源泉可以追溯到亚当·斯密在1776年出版的《国富论》。他认为，只要有合适的市场规模和一定量的资本积累，通过劳动分工提高劳动生产率和利润率，增加资本积累，经济增长就可以自行持续下去。随着运输和通信技术的改进，又可以开辟新的生产和扩大对外贸易，加强经济增长的势头，直到自然资源的匮乏而告停止。进入20世纪，人们在以马歇尔为代表的剑桥学派的经济理论基础上，形成了新古典经济学的经济增长模型，比较著名的有哈罗德—多马模型、索洛模型、新剑桥模型以及凯恩斯的经济乘数理论等。与此同时，还先后出现了熊彼特的"技术创新"学说、缪尔达尔的"累积因果效应"理论、罗默的"内生增长"理论、杨小凯的"分工专业化均衡"理论等,它们都是不同于新古典经济学对经济增长现象的全新解释。这些理论对解释城市的经济增长现象都有重大的影响作用。

1. 新古典经济增长理论

现代经济增长理论源自1928年拉姆齐(Ramsey)的经典论文。在拉姆齐之后,20世纪50年代末,哈罗德(Harrod)和多马(Domar)将凯恩斯分析方法与经济增长的因素结合起来,建立了一个经济增长模型。在哈罗德—多马经济增长模型中,$G=M/V$,其中,G为经济增长率,M为社会储蓄率,V为资本产出系数。哈罗德—多马模型假定生产函数中的生产要素等投入品之间很少有替代性,资本—劳动的配合比率固定不变,资本产出比也是一个不变的常数,这样,经济增长率主要取决于储蓄率,也就是资本积累率。而且,他们还认为资本主义体系具有内在的不稳定性,要实现经济稳定增长的道路十分狭窄,经济会出现收缩和扩张,产生经济波动。当时正是经济大危机之后,这一看法很快被同时代的经济学家所接受,并触发了大量的相关研究。但是,在今天关于经济增长的思想中,哈罗德—多马模型的影响却很微弱。

在哈罗德、多马之后,经济增长理论更重要的贡献来自索洛(Solow)和斯旺(Swan)建立的新古典经济增长模型。索洛—斯旺模型一个关键的内容是其新古典主义的生产函数。在新古典主义的生产函数中,资本和劳动之间存在替代关系,因而资本—劳动比率可以改变。这样,就克服了哈罗德—多马模型中均衡增长的条件像"刃锋一样狭窄"的缺陷。

但是,在新古典增长理论中,有两个核心的假定:一是生产的规模收益不变;二是技术外生。这两个假定带来了与实际不符的推论:首先,新古典增长模型假定资本和劳动是收益递减的,人均投资收益率和人均产出增长率是人均资本存量的递减函数。在这个分析框架下,相对较穷的国家具有较低的人均资本存量,但却有较高的资本边际生产率和资本收益率。因此,人均GDP初始水平越低的,经济增长率应该越高。如果不存在外生的技术变化,随着时间的推移,各国工资率和资本产出比将会出现收敛(Convergence)的趋势:较贫穷的国家具有比相对较富的国家高的增长速度,并最终可以赶上富国,经济会收敛于一个人均水平不变的稳定状态。

其次,新古典增长理论收益递减的假定还带来一个令人不快的推论:即除非有正的人口增长率或外生给定的技术变化,否则,经济增长将越来越慢,直到最终停止增长。20世纪50年代,索洛为解决这个问题,引入了外生技术变迁因素。在索洛经济增长模型中,仍然保留资本和劳动收益递减的假设,但是他加入了第三种要素——技术和知识。索洛认为技术是一个持续扩展的知识存量,正是技术和知识持续地推动了生产力和经济增长。这样,经济学家可以继续用收益递减来建立经济模型,唯一的代价就是将技术进步从经济模型中排除出来,把技术进步看作是经济之外的力量决定的。因此,索洛模型通常又被称为"外生经济增长模型"。

显然,新古典增长模型存在几个明显的缺陷:首先,新古典增长模型将技术进步看成是经济增长的决定因素，但索洛和其他新古典经济学家发展出来的外生增长模型却无法解释是什么导致技术不断进步和改进，他们把技术进步看成是科学自身发展演变的结果，是独立于经济发展之外的因素，是"碰巧发生"的。这实际上意味着在新古典经济增长模型中，经济增长的根本原因仍然没有得到很好的解释。其次，按照新古典增长理论，各国国家有相同的机会得到同样的技术，因而各国间没有技术水平的区别，而发达国家由于积累了大量资本，在收益递减规律的作用下，发展中国家的资本具有较高的边际生产力和资本收益率，发展中国家将比发达国家增长更快，各国增长率存在趋同倾向。然而，现实中各国的经济增长率不仅存在广泛的差异，人均收入增长与人均初始产出水平之间只具有微弱的相关性，而且穷国与富国之间也不存在增长率的趋同倾向。从发达国家经济增长的历史来看，人均资本正的增长率可以持续一个多世纪甚至更长，增长率并没有趋向下降和停止。新古典增长理论的推论与实际情况不符。

2. 收益递增的再发现

众所周知，各国生活水平上的巨大差异主要决定于长期经济增长。经济增长率上的微小差异，在经过长期的累积之后，会在生活水平上造成比短期商业波动所带来的更大的后果。因此，长期经济增长与短期商业波动一样，是宏观经济学中真正至关重要的部分。然而，新古典经济增长模型在引入外生的技术进步因素后，几乎能够解释一切，唯独不能解释长期增长。这是因为经济学理论在马歇尔、瓦尔拉斯和杰文斯等边际均衡分析大师的带领下，到阿罗—德布鲁体系为止，一直沿着静态均衡方向发展。这种理论为了建立均衡模型，不得不对其前提条件做出严格的假定。其中，收益递减和边际成本递增对于经济实现均衡是关键的假设。特别是在19世纪中叶以后，随着边际和均衡分析方法的兴起，经济学理论越来越数学化，然而，当时的数学工具还无法将收益递增思想数学模型化，而假定收益递减却有现成的数学工具来分析，并使经济能够进入一个稳定的均衡。相反，如果假定收益递增，方程就无法建立起来。这样，当新古典主义经济学兴起以后，收益递增、技术和制度的变迁被排除在新古典经济增长模型之外。传统主流经济学完全受边际收益递减规律的支配。

然而，长期经济增长必然离不开收益递增。20世纪80年代以来经济增长理论的新发展，关键就是重新发现了收益递增，使经济增长理论重新回到收益递增的古典传统上来。众所周知，收益递增的思想至少可以追溯到斯密和马克思等古典经济学家。斯密和马克思等古典经济学家将分工与收益递增看作是经济增长的源泉，对收益递增进行过深入分析。斯密认为，市场竞争在分配资源时能将社会福利最大化和劳动分工具有提高生产效率和带来收益递增的作用，是经济学不可或缺的两个方面。也就是说，斯密在《国富论》中实际上提出了经济均衡和经济进化两种不同的理论发展思路。这两种理论分别处理了市场的配置功能和创造功能。然而，新古典主义经济学无法将两种理论纳入统一的分析框架，均衡理论的静态性质导致了收益递增与新古典分析框架不相容。为此，施蒂格勒感叹，斯密定理造成了一个两难境地:"如果确是市场容量限制了劳动分工,那么,典型的产业结构就必定是垄断的;如典型的产业是竞争,那么这一定理就是错误的,或无重要意义的。这两种情况都难以否认。"

马歇尔作为一个跨时代的人物,一方面开创了新古典经济研究并集其大成;另一方面他也清楚地认识到经济系统的动态性质,试图通过引入外部经济的概念,在其框架之中揭示收益递增现象。因此,在马歇尔的《经济学原理》中,第8～12章是没有数学模型的对专业化、分工和收益递增的洞见,而其他部分则是用边际分析方法来研究资源配置的数学模型。由于数学化的经济学思想逻辑严密,便于知识的积累和传授,大大提高思想交流的准确性和效率,马歇尔以边际分析为基础的需求分析因为有一个漂亮的数学分析框架而成为标准教科书的主流,而分工、专业化和收益递增的思想由于不能数学化,便一直不能通过主流学派教科书流传下来,在西方经济学思潮的主流中逐渐消失了。

不过,在经济学向静态发展的洪流中,也仍然有一些经济学家试图另辟蹊径,来发展古典经济学,熊彼特和杨格就是其中的典型代表。熊彼特的创新理论认为,伴随着广泛的收益递增的经济不可能沿着一个独特的均衡路径发展,经济发展过程是一个创造性毁灭(Creative Destruction)的过程。而美国经济学家杨格针对经济学理论日益忽视分工、收益递增的倾向,于1928年发表了《递增收益与经济进步》的经典论文,也指出了一个与新古典主义不同的、发展古典经济学思想的方向。杨格对斯密定理"劳动分工依赖于市场的规模"作了进一步发挥,认为市场规模主要依赖购买力,即实际收入,而收入又依赖于劳动生产率,劳动生产率依赖于劳动分工的深化。因此,杨格得出了"不但市场的规模决定分工程度,而且市场的规模由分工程度所制约"的结论。其次,杨格还认为递增收益并不是由工厂或产业部门的规模产生,而是由专业化和分工产生的。他还认为劳动分工的最大特点是所谓迂回生产方式(Roundabout Production)使生产链条延长。他认为卷入市场的产品种类的增加、市场一体化程度的提高、新企业的出现、生产率的提高、市场的扩大、收入的增加、人均资本的增加,都是劳动分工加深的若干个侧面。杨格向新古典经济学提出了挑战,特别是他关于收益递增、经济进步和劳动分工关系的经典思想本应突破收益递减的均衡状态的禁锢,开创一门能使经济学家探讨收益递增的经济学,并为导致产量增加的长期经济增长留下余地。但是,杨格经典论文发表之后,经济学界在这个问题上长期保持沉默。主流经济学完全拜倒在正统的新古典经济学的脚下,对杨格的思想视而不见。

直到20世纪80年代初,西方经济学领域才实行了一场"收益递增/不完全竞争"的范式转换,开始了席卷传统主流经济学的理论革命:第一次是新产业组织理论,创立不完全竞争模型;第二次是新贸易理论,将规模收益递增引入国际贸易分析中,建立了收益递增下的国际贸易模型,为国际贸易理论建立了一个新的分析框架;第三次是新增长理论,罗默、卢卡斯、杨小凯等人重新发掘了古典经济学家,尤其是杨格关于递增收益的经典思想,以收益递增解释长期的经济增长;第四次也是最后一次浪潮(克鲁格曼称之为最后的前沿)

是新经济地理理论,用收益递增和不完全竞争来解释经济的空间结构。

3. 经济增长理论的新发展

20世纪80年代以来,经济学家们在解释"经济增长之谜"时,认识到长期而持续经济增长的关键是收益递增,而收益递增的假设改写了经济增长的理论,形成新经济增长理论。

新经济增长理论的核心内容主要有以下两点。

(1) 它将技术进步看作是经济活动的产物。以前的理论把技术看作是给定的,是非市场力量的产物,而20世纪80年代以来,以罗默、卢卡斯等人为代表的一批经济学家,在对新古典增长理论重新思考的基础上,把技术进步整合进经济增长模型之中,技术不再被看作是外生的、人类无法控制的东西,相反,它是人类出于自利而进行投资的产物。这样,经济增长理论经历了由外生增长到内生增长演进的道路。新增长理论将经济增长源泉完全内生化,强调经济增长不是外部力量,而是经济体系的内部力量作用的产物,它常被人称为"内生增长理论"。

(2) 新增长理论坚持在知识和技术外溢、人力资本积累和分工演进等因素作用下,要素收益出现递增而不是递减或不变的趋势。这一修正和发展带来了一幅全新的增长图景:人均产出可以不受限制地持续增长,并且增长率可能随时间变化而单调递增。随着资本存量的增加,投资率和资本收益率可以递增而不是递减。因此,不同国家的人均产出水平并不必然趋同。

新增长理论不像新古典增长理论那样有一个为多数经济学家共同接受的基本模型。新增长理论其实只是由一些持相同或类似观点的经济学家提出的各种增长模型构成的一个松散集合体,但这些理论都把长期增长背后的收益递增作为研究的核心内容。不过,在解释收益递增的来源方面,却有不同的看法,从而形成不同的思路:一是以知识和人力资本外部性为基础的模型。这类模型又分为知识和技术外溢模型和人力资本模型。知识和技术外溢模型认为收益递增来自于内生的技术进步和知识外溢;而人力资本模型则认为收益递增和长期经济增长来自人力资本投资,强调人力资本是现代经济增长的根源。二是以分工为基础的模型,认为收益递增和长期经济增长来源于劳动分工的演进。由此可见,新增长主要是从以上几个方面来分析收益递增与长期经济增长的。

二、城市经济增长的测度

(一) 测度指标

城市经济增长的测度,是指采用什么样的指标来反映城市经济增长的问题。在城市经济学中,这种测度既是城市经济增长理论的一个组成部分,又是一个相对独立的研究工具。这种工具的发展并不全都与理论研究同步。考察城市经济增长,最主要的测度指标有就业量指标和国民收入指标。

（二）国民收入指标

国民收入指标是对一般经济增长最基本的测度指标，但城市经济增长考察的不是一国的国民收入，而是某一特定城市的国民收入。与国民收入总额（Total Income）相比，人均国民收入（Per Capita Income）是一个更有意义的指标。在对城市经济增长的考察中，一般情况下采用国民收入指标，若要对城市经济增长作更全面深入的考察，则需要利用人均国民收入这一重要指标。

1. 运用国民收入总额的测度

国民收入总额（Y）代表城市经济的总量，实际测算中往往用城市的国内生产总值。根据研究问题的需要，分析城市经济增长状态可以分别采用定基速度、环比速度和平均速度。三者又可以分为发展速度和增长速度。

（1）定基速度。定基速度是依据某一基础年代（一般用数字 0 表示基期），研究此后较长一段时期内（可以到 t 时期）城市经济的发展和增长状态。定基发展速度是某一长时期内的城市经济增长的总量水平与某一固定基期水平（0 期水平）之比（指数或倍数），其表达式为

$$G = \frac{Y_1}{Y_0} \times 100\% = \frac{UGDP_1}{UGDP_0} \times 100\%$$

定基增长速度是某一时期的城市经济产出水平相对于某一固定基期水平的增加量与固定基期水平的比值（经济增长率），其表达式为

$$G = \frac{Y_1 - Y_0}{Y_0} \times 100\% = \frac{\Delta Y_1}{Y_0} \times 100\%$$

（2）环比速度。环比速度是对于一个时期内的城市及国内的发展和增长状况，以上一年的水平为基期，研究各个年度逐年的发展和增长情况。环比发展速度是城市经济各个时期（t）的产出总水平与其上一时期（$t-1$）水平之比（指数或倍数），其表达式为

$$g = \frac{Y_t}{Y_{t-1}} \times 100\% = \frac{UGDP_t}{UGDP_{t-1}} \times 100\%$$

环比增长速度是各个时期的城市经济产出水平相对上一时期水平的增加量与上期水平的比值（经济增长率），其表达式为

$$g = \frac{Y_t - Y_{t-1}}{Y_{t-1}} \times 100\% = \frac{\Delta Y_t}{Y_{t-1}} \times 100\%$$

定基速度和环比速度之间存在的换算关系为

$$G = g_1 \times g_2 \times g_3 \times \cdots \times g_n$$

（3）平均速度。平均速度是某一长时期内城市经济发展和增长每一年度的平均状态。平均发展速度（$\bar{G}$）是对某一长时期内的城市经济增长的定基发展速度的平均值，反映每

年平均发展的递增水平，表达式为

$$\overline{G} = \sqrt[n]{G} = \sqrt[n]{g_1 \times g_2 \times g_3 \times \cdots \times g_n}$$

平均增长速度是平均发展速度的增量部分，其关系是

$$\overline{g} = \overline{G} - 1$$

2. 运用人均国民收入的测度

以人均指标计算的城市经济增长速度更能反映人民生活水平或市民福利的提高幅度，其表达式为

$$g_p = \frac{Y_t / P_t}{Y_0 / P_0} \times 100\%$$

可见，人均国民收入的增长率依存于两个因素：国民收入的增长率（g）和人口的增长率（p），国民收入增长率会提高人均收入增长率，而人口增长率会降低人均收入增长率，即

$$g_p = g - p$$

（三）就业量指标

就业量（Employment）对城市经济来说是一个重要的测度指标，它甚至比国民收入指标更常用，也更有用。在采用就业量作为测度指标时，是用一个城市经济系统中的就业量来代表该城市的经济规模，用就业量的变动来表示城市经济的运动。在现实运用中，就业量指标实际上是一个系列指标，总就业量是各部门就业量的总和。总就业量一般被分解为两个部分：向城市域外提供产品和劳务的部门，即"输出部门"的就业量；向城市内部提供产品和劳务的部门，即"本地部门"的就业量。

就业量之所以被作为测度城市经济增长的指标源于两点：一是就业量与人口之间存在着稳定的对应关系，而人口规模是测度城市化水平最适宜的工具，在城市增长与城市经济增长大部分相同的情况下，就业量自然被用来作为一种测度工具；二是就业量在外部条件不变的前提下，与城市的经济规模存在着稳定的对应关系。考察如下的生产函数

$$Y = f(L, K, T)$$

式中，Y 为总收入（总产量）；L 为就业量（劳动力）；K 为资本；T 为技术。在外部条件，特别是技术水平不变的前提下，T 成为常数，资本有机构成不变则 K 成为 L 的函数，设 $K = g(L)$，于是 $Y = f(L, g(L))$，可见，总收入（经济规模）即成为就业量的函数。

实际上，就业量指标提出的一个重要背景是城市经济模型中的经济基础模型（Economic Base Model），这一模型把城市经济分为向城市内部提供产品和劳务的基础部门和只向城市内部提供产品和劳务的非基础部门（见本章第二节）。城市经济增长取决于两者之比。由于这一模型在城市经济增长中的重要地位，就业量指标也就相应地成了最主要的测度指标。

就业量指标是与总收入具有间接关系而成立的,因此,它的有效性取决于这种对应关系是否稳定,甚至是否成立。根据等产量曲线,劳动力 L 投入量的增加(就业量的上升),如果对总产出有效果,必须在生产的经济区内,否则,就业量上升并不能促进总收入的提高,而是表现为劳动力资源的浪费,如图3-1所示。

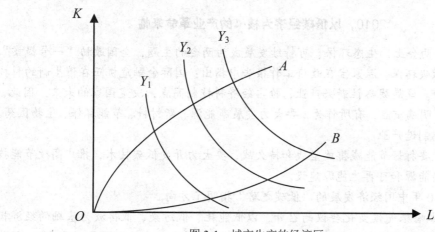

图3-1 城市生产的经济区

图3-1中,Y_1、Y_2、Y_3 为等产量线,OA、OB 为各等产量线上的拐点与原点之间连线的轨迹,称为脊线。如果生产不在途中两条脊线所围成的经济区内进行,劳动和资本的投入是不可替代的,若就业量的增加并不使总收入提高,就业量指标与总收入的对应关系就不成立。这时,就业量就无法成为测度城市经济增长的有效指标。虽然这种情况在成熟的市场经济下一般不会出现,但是在我国的转轨经济中,由于劳动力市场不完全等原因,这种情况有可能存在,故运用就业量指标时要注意到其运用的有效区间。

(四)城市经济增长测度指标的有效性

严格地说,国民收入和人均国民收入两种测度指标的有效性都是不能令人满意的。两种指标在本质上是一种指标,即以货币度量的物质财富(国民收入),而经济增长应当考察的不只是物质财富的增加,还包括福利的增长。虽然罗伊·哈罗德早就指出过:由于计算 GNP 增长的统计方法的发展,使得经济学家们强调物质财富的成倍增长的趋势进一步增强,可是目前我们可以使用的最佳工具仍是国民收入、人均国民收入指标。

就业量指标的有效性的问题更多。由于该指标是因为它与总收入的间接对应关系而成立的,因此,其有效性取决于这种对应关系是否稳定,甚至能否成立。对应关系的稳定性取决于技术水平等外部条件是否稳定不变,而在一个城市经济的质态变化过程中,这种外部条件不变的假设是难以成立的。

总之,作为测度指标,国民收入(人均国民收入)和就业量,其有效性都是相对的,特别是就业量指标，其有效性更是有条件的。只是由于目前尚无更好的测度工具可供替代，所以在城市经济增长的研究中仍将这些指标作为主要的测度工具。

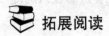 拓展阅读

2010，以低碳经济为核心的产业革命来临

在2010年两会上，生态环保、可持续发展成为两会的主题，全国政协"一号提案"的内容就是谈低碳环保。温家宝在政府工作报告中指出：国际金融危机正在催生新的科技革命和产业革命。发展战略性新兴产业，抢占经济科技制高点，决定国家的未来，因此，必须抓住机遇，明确重点，有所作为，要大力发展新能源、新材料、节能环保、生物医药、信息网络和高端制造产业。

同时指出：要打好节能减排攻坚战和持久战；要大力开发低碳技术，推广高效节能技术，积极发展新能源和可再生能源建设。

这都为2010年中国经济发展的"低碳之路"指明了方向。

2009年哥本哈根气候变化会议的召开，以低能耗、低污染、低排放为基础的经济模式——"低碳经济"呈现在世界人民面前，发展"低碳经济"已成为世界各国的共识，倡导低碳消费也已成为世界人民新的生活方式。

世界各发达经济体都把发展低碳经济，发展新能源、新的汽车动力、清洁能源、生物产业等作为走出国际金融危机新的增长点。奥巴马上任之后就在美国国内积极推动气候立法，令众议院通过了《清洁能源安全法案》（ACES）。欧盟提出在2013年前投资1 050亿欧元，用于环保项目和相关就业，支持欧盟区的绿色产业，保持其在绿色技术领域的世界领先地位。英国在2009年7月公布的低碳转型规划中，明确提出企业要最大限度地抓住低碳经济这一发展机遇，在经济转型中确保总体经济资源和利益的公平分配。日本则制定了"最优生产、最优消费、最少废弃"的经济发展战略。

由此不难看出，低碳经济将逐步成为全球意识形态和国际主流价值观，低碳经济以其独特的优势和巨大的市场已经成为世界经济发展的热点。一场以低碳经济为核心的产业革命已经出现，低碳经济不但是未来世界经济发展结构的大方向，更已成为全球经济新的支柱之一，也是我国占据世界经济竞争制高点的关键。

随着我国经济实力的迅速提高，对世界经济的影响明显增强，越来越多的目光投向了中国，国际社会要求中国承担"大国责任"的呼声日盛。我国在低碳经济时代的大国责任，主要体现在减排与发展低碳产业方面。

2009年9月，胡锦涛主席在联合国气候变化峰会上承诺，"中国将进一步把应对气候变化纳入经济社会发展规划，并继续采取强有力的措施。一是加强节能、提高能效工作，争取到2020年单位国内生产总值二氧化碳排放比2005年有显著下降；二是大力发展可再

生能源和核能，争取到 2020 年非化石能源占一次能源消费比重达到 15% 左右；三是大力增加森林碳汇，争取到 2020 年森林面积比 2005 年增加 4 000 万公顷，森林蓄积量比 2005 年增加 13 亿立方米；四是大力发展绿色经济，积极发展低碳经济和循环经济，研发和推广气候友好技术。"

这个承诺充分反映出作为一个发展中大国的国际责任，作为能源消耗和生产大国，这一承诺无疑为我国未来的发展敲定了经济的发展方向——低碳经济，但同时也给中国企业的发展带来了新的挑战。

但是需要看到的是，在我国，由于低碳技术涉及电力、交通、建筑、冶金、化工、石化等部门以及在可再生能源及新能源和煤的清洁高效利用、油气资源和煤层气的勘探开发、二氧化碳捕获与埋存等领域，几乎涵盖了 GDP 的支柱产业。而我国正处于工业化、城市化、现代化快速发展阶段，重化工业发展迅速，大规模基础设施建设不可能停止，能源需求的快速增长也一时难以改变。

因此，能源结构的调整、产业结构的调整以及技术的革新就成为未来一段时间我国经济发展的重点问题。国家也势必将出台一系列扶植政策，以继续加快淘汰落后产能、遏制高耗能、高排放行业过快增长，推动重点领域节能减排，同时逐步在税收、财政等方面加大对低碳经济的支持力度。

在即将出台的战略性新兴产业振兴规划中，资源能耗低也是关键的选择条件，目前已经将新能源、节能环保、电动汽车、新材料、新医药、生物育种和信息产业作为未来的战略性产业，给予重点扶持。企业需要做好一切准备迎接这一变化，将低碳经济纳入战略规划。

做好低碳经济规划在未来将关乎企业的生死存亡，企业如果期望在此次转型契机中获得先机，现在就必须开始重新审视自己的定位和发展战略。

发展低碳经济是企业义不容辞的责任，也将给企业带来巨大的商机和广阔的发展前景。根据汇丰（HSBC）的一项研究显示，2008 年，全球气候变化行业中的上市企业（包括可再生能源发电、核能、能源管理、水处理和垃圾处理企业）的营业总额达到了 5 340 亿美元，超过了 5 300 亿美元的航天与国防业的营业总额。

尽管全球出现了经济衰退，但低碳行业 2008 年的收入仍大幅增长了 75%。这一增长速度更超过了《斯特恩报告》（Stern Report）中的预测。这份里程碑式的报告预测，到 2050 年时，低碳商品和服务行业的年收入将达 5 000 亿美元。

在《2009 年胡润低碳财富榜》上，低碳榜上榜人数达 20 人，低碳经济的财富效应已经显现。

企业在发展低碳经济、应对气候变化中扮演着极其重要的角色，发挥着不同于政府和民众的作用。低碳技术涉及电力、交通、建筑、冶金、化工、石化等多个行业，包括可再生能源及新能源和煤的清洁高效利用、油气资源和煤层气的勘探开发、二氧化碳捕获与埋存等领域开发的有效控制温室气体排放的新技术。企业应关注国家气候方面的政策，并在"低碳经济"方面进行战略性投资，要大量应用减少排放的技术，同时跟踪国际制度、国内政策的发展,并对可能制定的制度超前部署。

气候变化和经济危机为中国的跨越式发展提供了难得的契机,我国将通过转变增长方式、调整产业结构、落实节能减排目标,在发展和低碳中找到最佳的平衡点。2010年,在中国低碳经济之路上,企业须未雨绸缪,积极准备,以迎接未来更大的挑战。

(资料来源:杨金贵.以低碳经济为核心的产业革命来临[J].北京财经周刊,2010(3).)

第二节 城市经济增长的机制

一、城市经济增长的理论

城市经济增长机制,是指引起城市经济增长的城市经济各组成部分之间的相互关系和影响的共同作用方式。这些机制可以通过一些城市经济增长的理论模型进行分析,进而通过观察这些机制的作用来分析城市经济运行的内在结构及关系,全面地描述城市经济增长。

城市经济的增长和国民经济一样,表现为实物、价格、人口的增长三个方面,其过程就是经济要素在地区之间、部门之间,乃至经济单位之间流动与累积的过程,其变化也都反映为投资与收入的相对变化。经济增长实质上是投资和收入的函数——投资直接推动了增长的开始,而收入则间接影响着增长的要求,二者相辅相成,决定了城市经济增长的方向与速度。

在市场经济条件下,任何经济活动都可以归结为需求与供给关系的运动。对城市经济增长的原理,也可以从需求和供给这两方面进行分析。

(一)需求指向理论

需求指向理论(The Demand-Orientated Model),是指城市经济增长的动力来自于外部市场对城市产品的需求。这种需求促使城市基础产业部门(也称输出产业部门)的建立和发展,从而带动非基础产业部门(也称地方产业部门)也得到相应的发展。投资需求和消费需求都属于有效需求,它们的扩大会带来经济的增长。需求指向理论根据来自城市域外的市场需求,分析城市经济发生增长现象和过程的内在机制,主要包括城市基础部门模型和凯恩斯城市经济增长模型。

城市基础部门模型(Export Base Model),是最早最广泛被用于分析城市经济增长的经济学工具。它把一个城市或者地区的经济划分为两类大部门:基础部门和非基础部门。城市内的基础部门往往承担该区域或所属国家某种产品的大部分生产,所以这些部门的产出品是外部市场导向的,从这个意义上说,可以把基础部门理解为以出口为基础的产业集合(Export-base Industries);另一方面,还有很多产业的产品主要是为当地居民提供服务,如零售业、餐饮业等,这些服务部门构成了非基础部门。在城市经济增长过程中,基础产业起着决定性的作用。因为就一个城市的产业市场来说,域外市场相对广阔无限,而域内市场则比较狭小有限，为适应外部需求的不断变化，城市基础产业必须不断增长，进而带动城市非基础产业的增长，从而促进整个城市经济的增长。

乘数概念最早由英国经济学家卡恩（R. E. Kahn）在1931年提出，经凯恩斯（J. M. Keynes）在《货币、利息与就业通论》中进一步发挥而成为乘数原理。凯恩斯乘数也可以运用于城市经济增长的分析。

需求指向理论有它的局限性，主要表现在以下两个方面。

1. 这一理论是建立在以下几个前提条件上的

（1）城市的经济资源供给是无限的，因此当城外市场扩大时，城市经济有持续增长的可能。

（2）投资都是输出活动直接或间接地引起的，因而成为城市经济增长的火车头。但实际上不仅城市中的资源是一个有限的量，而且城市中引致投资的源泉，也决不仅限于市场增长这一个方面。一般来说，城市非基础产业比基础产业对城市投资的发展具有更大的决定作用。

2. 即使上述前提条件成立，也还有一个外部市场问题

需求指向多变与城市基础产业的相对稳定必然形成尖锐矛盾，从而造成基础产业与需求指向的脱节，使城市经济增长难以按照原有的道路发展下去。需求指向理论的不合理性，根本在于两种产业划分的不合理性，因为它对产业的划分是立足于市场的性质而不是立足于产业自身。而且最主要的是，它完全忽视了城市中生产要素的特点，特别是城市基础设施的状况及其在城市经济增长中的作用。

当然，在实际生活中，还会有使乘数效应缩小的"漏出因素"，因此这种方法只具有理论上抽象的意义。

（二）供给基础理论

供给基础理论（The Supply-Based Model）认为，城市经济增长取决于城市内部的供给情况。如果供给基础好，就可以将资金、劳动力和技术等生产要素吸引到城市来，从而促进经济的增长。供给基础决定的城市经济增长模型，是根据城市资源和要素的生产能力，分析城市经济发生增长现象和过程的内在机制，主要包括新古典城市经济增长模型和累积因果效应经济增长模型。

新古典经济增长模型是从供给角度，即生产要素对经济增长的贡献角度来分析经济增长机制的经典模型。它最初由经济学家索罗（Solow，1957）在柯布—道格拉斯生产函数的基础上建立。

缪尔达尔（G. Myrdal）提出的"循环累积因果原则"是这一理论的代表。在城市经济中，供给的基础包含三方面的内容：一是城市产业的物质与技术基础；二是专业化协作程度；三是投资环境，尤其是城市的基础设施水平。缪尔达尔认为，城市经济增长，实质上是扩散效应与回波效应共同作用的结果。

总之，城市经济的增长过程就是经济要素的流动和积累的过程，城市经济的增长是由供给和需求两方面的相互作用决定的。需求市场刺激了城市经济的最初增长，而供给基础则决定了城市经济增长的速度和持续时间。这个过程的发展总是基于两个变量，即投资和收入的变动。然而，经济增长实质上是投资和收入的函数，或称为经济增长的"投资策动效应"与"收入回流效应"。其中，投资对城市经济增长的影响是直接的，而收入对城市经济增长的影响是间接的。对于一个统一的市场域（城市域内市场和域外市场）来说，收入展示增长的要求，投资预示增长的可能，因而二者成为城市经济运行中破坏平衡和建立平衡的直接动因，在城市经济增长中具有重要的地位和作用。为了客观地反映城市经济增长过程，必须将需求指向与供给基础结合起来进行研究。

二、城市经济增长的方式

（一）城市经济增长方式的含义和途径

城市经济增长也就是产出的增加，可通过两种方式来实现：一是各种要素投入的增加，包括劳动力、资金等要素的增加；二是要素生产率的提高。在现实中，投入要素的增加与要素生产率的提高往往结合在一起。由要素投入增加对经济增长起主导作用的情况即为"粗放型的经济增长方式"，即高投入、高消耗、低产出、低质量地实现经济增长，注重外延扩张、数量拓展，靠资金和资源的不断投入和积累来支撑经济增长的速度；而主要由要素生产率的提高对经济增长起主导作用的情况则为"集约型的经济增长方式"，即高效率、高产出、高质量、低消耗地实现经济增长，注重内涵发展、质量提高、追求效益，依靠科技进步和结构优化升级，以实现规模经营和合理布局生产力等达到经济的增长。

对于城市而言，作为生产要素之一的土地，其数量是十分有限的，且在短时期内固定不变，因此人们往往忽略不计土地要素的投入对经济增长的影响。劳动力资源如果不考虑外部市场，那么它在短时期内也是一个恒量。只有资本要素，即与资本运动有关的投资、储蓄、消费等行为，会直接决定城市经济的发展、变化。在此，我们可以用发展经济学中著名的"哈罗德—多马模型"来阐述这个道理。

英国的哈罗德与美国的多马分别于20世纪40年代提出了关于经济增长的一种理论模型，其表达式为

$$g=S/K$$

式中，g 为国民收入增长率；S 为国民储蓄率；K 为资本产出率，即每增加一个单位的产出所需追加的投资量，又称资本效率系数。这里 g 并不是指现实的增长率，它只代表当 S 和 K 为给定时，要实现稳定的均衡增长所要求的增长率，例如当 S=15%，K=3 时，则 g=15%/3=5%。

哈罗德—多马模型告诉我们：国民收入的增长，与储蓄成正比，与资本产出率成反比。

可见，若想获得经济的持续增长，要么提高积累水平，增加储蓄；要么降低资本产出率，即降低资本有机构成。

（二）我国实现城市经济增长方式转变的目标特征

在经济增长的源泉方面，从主要依靠资本要素投入的增长逐步转变为依靠无形资源的积累，提高全要素生产力，使城市的总体技术水平、人力资本积累和管理水平达到较高的水准。

在经济增长的机制方面，市场充分开放并和国际接轨；政府企业各司其职，企业在资源配置上的主导地位得以确立；产业结构变动逐渐由政府推动转化为产业的自主成长，产业体系发展由投入为主的外延扩张转向以技术创新为主的内涵拓展；资源的开发、配置、利用，价值实现的过程达到系统的一体化。

在经济增长的路径方面，经济高度聚集，实现规模经济效益；使产业形态从资本密集型转向技术密集型，从而完成由资本推动向创新推动的经济增长方式转变。

我国城市经济的增长正面临转折阶段，粗放型的经济增长方式会阻碍和迟滞城市经济的持续协调发展。充分利用现有的良好基础，抓住时机，实现经济增长方式的及时转变，使经济增长方式适应经济社会可持续发展的要求，是今后我国城市发展的重要任务。

三、城市经济增长的基础条件和限制因素

（一）城市经济增长的基础条件

城市经济增长的基础条件主要包括以下几个方面。

（1）先进的技术条件和现代工业形式。城市如果拥有先进的技术条件和现代工业形式，则城市竞争力强，城市经济效益高，能够把大量生产要素吸引到城市中来。

（2）完善的金融、贸易系统。城市如果具备完善的金融、贸易系统，则可以使城市成为区域中最大的资金和产品市场，成为区域经济资源的集中地。

（3）高效的服务系统。城市如果具备高效的服务系统，特别是现代化的城市基础设施，则能充分发挥城市功能和城市高效率。

（4）合理的城市经济结构。合理的城市经济结构不仅是城市生产力布局的表现形式，而且是城市经济功能和城市经济效益的制约因素。

（二）城市经济增长的限制因素

任何城市经济的增长都有一些限制因素，这些因素主要包括以下几个方面。

（1）城市自然地理位置和资源条件的限制。某些城市的自然地理位置和资源条件或限制了城市用地规模的扩大，或限制了城市某些产业的产生和发展，从而给城市经济增长造成障碍。

（2）区域经济发展的限制。城市作为一个开放的经济实体，它同周围地区有着广泛

的经济联系。城市及其周围地区不仅形成了生产体系的整体，而且形成了相对独立的商品、信息流通网络，因此，城市经济增长要以区域为依托，区域经济的繁荣必然促进城市经济的繁荣，而区域经济的衰退或落后也必然会限制城市经济增长。

(3) 聚集经济负效益的限制。城市经济在增长中伴随着聚集经济效益的提高也会出现聚集经济负效益，这种负效益增加到一定程度就会影响城市经济增长。

(4) 城市经济与国民经济相关的程度。城市经济与国民经济相关的程度影响着城市经济增长的速度及其稳定性。一方面，城市产业结构的专业化程度与国民经济结构的差异，不仅影响到国内市场划分中该城市所占的份额，同时也影响了城市经济的敏感度。一般来说，专业化水平高的城市经济独立性强，市场竞争力强，但可塑性能差，对市场的适应性弱。另一方面，城市产业更新周期与国民经济产业更新周期的不一致性，会减少国内投资大循环对城市经济增长的影响，同时也会波及城市输出产品收入弹性的变化。

(5) 国家城市发展政策的限制。国家在一定时期内对不同区域中的不同城市采取不同的发展政策，必然对各种城市产生不同影响，对一部分城市经济的增长起着限制作用。从根本上说，城市经济的增长仍然是基于城市内部动力型机制和功能性机制的作用，特别是城市自身的产业、资源与技术条件。

四、城市经济增长的其他因素

(1) 城市经济与国家经济的关系。城市经济是国家经济的一个组成部分，二者的关系是部分与整体的关系。城市开放系统的要素流入包括从国内其他城市或地区的进口及从国外的进口。后者要进入国家收支平衡计算，因而成为国家平衡约束的一部分。这就是说，一个城市的进口将影响到所有城市的收入增长和国内市场对某城市产品的潜在需求。这就是部分影响了整体，而整体又把影响传递到其他部分。因而我们应该记住，孤立地考虑一个城市的经济而抛开它与国内其他城市的联系是危险的；同样，孤立地考虑国内城市间的联系而丢掉国际联系也是危险的。目前学者们已在致力于建立跨地区经济模型，即打破国家界限，考虑经济活动的直接联系，而不是通过城市、地区、国家纵向等级系统的联系。

(2) 城市经济结构与国家经济结构的关系。二者的结构越相似，相互依赖程度就越高，而当发生经济波动时，也就越容易引起共振，造成经济的更大破坏。同样，在经济增长时期，二者也会互相促进，形成高速度。

(3) 城市经济的专业化程度。若专业化程度很高，只限少数几种产品的输出，当这些产品在市场趋于饱和时，经济增长就会停滞。要维持经济继续增长，就要有新产品，而新产品的出现无疑将降低专业化程度。

(4) 城市经济的灵活适应性。这是指对技术革新和需求变化作出反应的能力与速度。无疑，灵活性越强，对经济持续增长越有利，而灵活性来自灵敏的信息系统、快速而准确的决策及资源调动和组织能力。

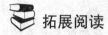
拓展阅读

城市经济增长相关模型

一、需求指向的城市经济增长模型

需求指向模型（the Demand-orientated Model）是以研究来自城市域外的市场需求作为城市经济增长动力的模型，它根据来自城市域外的市场需求，分析城市经济发生增长现象和过程的内在机制，主要包括城市基础部门模型和凯恩斯城市经济增长模型。

（一）城市基础部门模型

城市基础部门模型把一个城市或者地区的经济划分为两类大部门：基础部门和非基础部门。城市内的基础部门往往承担该区域或所属国家某种产品的大部分生产，所以这些部门的产出品是外部市场导向的。同时，还有很多产业的产品主要是为当地居民提供服务，如零售业、餐饮业等，这些服务部门构成了非基础部门。这一模型的核心思想是，城市外部（本国市场或国际市场）向本市的基础部门提出需求，本市基础部门又向本市非基础部门提出需求，城市经济的增长取决于基础部门和非基础部门的比例，这一比例越高，则城市经济增长率越高。上述机制可以用对城市劳动的需求来表现。对城市劳动的需求来自两类活动：一是以来自城市之外（全国本市之外的市场和国际市场）的需求为对象的城市基础部门（Basic Sector），生产输出商品（Export）；二是为满足城市自身多种需求，即为满足由输出产业的生产活动派生出来的各层次生产性需求和由此决定的城市居民的日常生活资料和服务的需求的地方（Local）产业，可称之为非基础部门（Non-basic Sector）。

如果设 L 为城市就业人员总数，B 为城市输出产品产业就业人员总数，N 为城市非输出产品产业就业人员总数，$L=B+N$，而 $N/B=\alpha$ 为非输出产业就业人员与输出产业就业人员的比例，这种二分法的分析工具可以写成公式

$$L=(1+\alpha)B \tag{3-1}$$

式（3-1）反映了城市就业人口规模是由城市输出产业的就业规模和非输出产业就业与输出产业就业的人数比例来决定。根据这一规律，也可以探讨城市化的增长机制，即

$$P=(1+\alpha)(1+\gamma)\times B \tag{3-2}$$

式（3-2）中，P 为城市人口总量；$\gamma=e/L$ 为城市非就业人口与就业人口的比例。式（3-2）表明，城市化增长从产业的增长角度看，决定于三个因素：（1）输出产业的就业规模 B；（2）非基础产业就业与输出产业就业的人数比例 α；（3）城市全部就业人员的广义抚养系数 γ。这里，B 是根本的决定性因素，α、γ 是引起联动关系的比例，隐含了内在的乘数关系，使模型由静态走向动态（饶会林，1999）。

$$P_t=(1+\alpha_t)(1+\gamma_t)B_t \tag{3-3}$$

如果根据统计资料，能够算出某一城市历史上各个年代的 α、γ 值，就能够据其对该城市的城市化发展前景进行预测，当然，必须注意未来进程中由于产业结构变化而导致的 α、γ 值的变化。

把城市就业结构与城市输出产业的关系再做细分，例如设城市输出产业的配套产业的就业人数为 N_1，城市共同服务业的就业人数为 N_2，城市非人口为 e，而 $N_1/B=\alpha$ 为配套产业的就业与输出产业就业人数的比例，$N_2/(B+N_1+N_2+e)=\beta$，为服务业的就业人数占城市人口的比例，并令乘数 $\lambda=(1+\alpha)/(1-\beta-\beta\gamma)$，则上述模型可以进一步扩大为

$$\begin{aligned} P_t &= B_t + N_{1t} + N_{2t} + e \\ &= B_t + \alpha_t B_t + \beta_t(B_t + N_{1t} + N_{2t} + e) + \gamma(B_t + N_{1t} + N_{2t}) \\ &= \{[(1+\alpha_t)(1+\gamma_t)]/(1-\beta_t-\beta_t\gamma_t)\}B_t \\ &= \lambda(1+\gamma_t)B_t \end{aligned} \quad (3\text{-}4)$$

在式（3-4）中，根据城市输出产业的就业人数 B，城市非输出就业系数 α 决定了为城市输出产业配套的产业就业人数 $N_t=\alpha B$；而城市增长的就业乘数 λ 决定了城市的全部就业人数：$B+N_1+N_2=\lambda B$；城市消费（非就业）人口数则由城市输出产业就业人数的就业乘数 λ 和广义抚养系数 γ 共同决定：$e=\gamma\lambda B$；而城市服务业的就业系数 β 在广义抚养系数 γ 的基础上决定了为全城提供共同服务的产业就业人数：$N_2=\lambda(1+\gamma)\beta B$；最后，城市总人口 $P=\lambda(1+\gamma)B$，是依存于城市输出产业就业容量的城市生产人口与消费人口的总和。

如果考虑流动人口，设流动人口为 P'，其占总人口的比例为 μ，$P'=\mu P$。在有流动人口的情况下，假定流动人口流向城市服务业，于是城市服务业劳动者人数会增加：$\Delta N_2=[\beta\mu/(1-\beta-\beta\lambda)]B$，从而引起城市消费人口的相应增加：$\Delta e=[(\beta\gamma\beta)/(1-\beta-\beta\gamma)]B$，于是，流动人口在该城市的常住人口为

$$\Delta P = \Delta N_2 + \Delta e = [(1+\gamma)\beta\mu/(1-\beta-\beta\gamma)]B \quad (3\text{-}5)$$

上述方法在实际应用中，可能会遇到同一产业区分输出和非输出就业人数以及统计数字的困难，为此，也可用区位商表明城市某一行业的产出中用于输出部分的比例。计算公式为

$$LQ = \frac{\text{全国该行业就业量/全国总就业量}}{\text{城市中某一行业就业量/城市总就业量}}$$

根据区位商，如果某城市某一行业就业量的就业比重超过全国，意味着该城市的这种产业是输出产业；其超过的倍数，就是该城市从事该产业输出产出的就业人数比重。此时，城市依存于输出产业的增长乘数可以表达为

$$\lambda' = \frac{T_i}{B_i} = \frac{LQ}{LQ-1} \quad (3\text{-}6)$$

式（3-6）中，B_i 为城市基础部门中输出产出的就业人数，它等于城市该部门在全国的就业集中度（区位商）与城市该部门就业比重超过全国平均比重的比值。

上述原理的增长机制基础源于地方收入的乘数效应。城市基础部门的职工收入花在对

地方产品（非基础部门产品）的购买上，增加了地方产品的销售。假如这些职工将收入的60%用于这种购买，即对地方消费的边际倾向（m）为0.6，这使地方部门会增加销售收入进而转化为个人收入，其中又有60%用于对地方产品的购买，又会增加第二轮的地方收入等。最终在地方消费边际倾向的作用下，使城市总收入增加若干倍。假设城市基础部门输出销售的初始值为ΔX，城市总收入最终可以达到

$$总收入 = \Delta X(1/1-m) \tag{3-7}$$

这种依存于输出产业的城市增长（乘数就业乘数、收入乘数）受到需求指向批评论者的指责，后者认为现代城市政府通过政策降低生产成本刺激城域内产业间的联系来获得增长，或者刺激技术进步导致劳动生产率提高来增加收入，都不必依赖于输出产业。但是对于发展之初和发展中的城市来说，二分法的分析是有重要意义的。"供给主义"者忽略了"比较优势"。实际上，根据二分法，可以建立城市经济增长的系统分析模型，如鲍莫尔（W. S. Baumol）的非均衡增长模型，奥特斯（W. E. Oates）的城市增长与恶化关系模型，凯特（N. Kaldor）的中心—边缘模型等都建立在这种二部门的分析基础之上。当然，当城市发展到一定阶段，形成区域内的产业链时，城市基础部门的作用可能会减弱，然而"外溢效应"仍然会使城市产生乘数，这时城所基于的就不是单纯的物质产品的输出，而只能是产品的输出。因此，在内生城市化的经济运行中，需求是重要的决定因素。

美国学者吉诃布斯（J. Jacobs, 1969）说："假如它是城市，那个城市就有输出产业。"但是同时她又说："只有输出产品是不够的——从城市的最早输出产业和面向输出产业的供给产业（地方产业）出发，使城市经济多样化，并使其通过派生的过程，城市才得以成长。"她从19世纪20—30年代底特律的最早输出产品面粉开始，通过制粉机零件—制粉机—船舶发动机零件—船舶发动机—船舶，形成了船舶输出产业；其后的专业化推动了底特律作为船舶用发动机的输出基地；再其后的产业关联是机器部件加工—冶炼业—铜。后来矿石枯竭，但在已形成一定规模的涂料、蒸汽发动机、水泵、药品、家具产品的基础上，又形成了许多输出产品，从而在弥补了铜冶炼业衰退的同时，还有剩余的资金积累。最终，汽车成为底特律最大的输出产业。吉诃布斯把这一过程称为是城市化经济的"反复体系"（Reciprocating System）。这一体系中导致城市化经济不断增长的内在基础性机制，是城市的输出乘数，包括收入乘数和就业乘数。内生城市化的发展都经历了这样的增长过程，因此，要借助于市场机制使城市不断长大，就要经历这种城市经济增长机制和其相适应的经济增长体系的形成过程。为了使乘数分析更具一般化，需要进一步了解凯恩斯乘数增长模型。

（二）凯恩斯乘数增长模型

乘数概念最早由英国经济学家卡恩（R. E. Kahn）在1931年提出，经凯恩斯（J. M. Keynes）在《货币、利息与就业通论》中进一步发挥而成为乘数原理。把凯恩斯乘数运用于城市经济增长的分析，首先要根据城市经济的特点对各种经济增长变量做一些有针对性的规定：如用Y_u表示城市的总收入，C_u表示城市的消费量，I_u表示该城市的总投资水平，G_u表示

城市政府的支出，X_u 表示城市向其他地区输出的商品，M_u 表示城市从其他地区输入的商品，则城市总需求方程及其总需求各构成部分的决定式形式如下。

$$总需求方程：Y_u=C_u+I_u+G_u+X_u+M_u \quad (3-8)$$

$$消费方程：C_u=a+bY_u(1-t) \quad (3-9)$$

$$输入方程：M_u=c+dY_u(1-t) \quad (3-10)$$

$$投资方程：I_u=I_0+eY_u(1-t) \quad (3-11)$$

$$税收方程：I_u=tY_u \quad (3-12)$$

$$政府支出方程：G_u=G_0-fY_u(1-t) \quad (3-13)$$

上述方程中的参数都是根据城市经济的特点而定义的，其中：(1) 消费方程中的 a 是城市基本消费水平，外生决定；b 是城市居民边际消费倾向，这与全国范围的增长模型是一样的。(2) 输入方程中的 c 是城市必须从外地输入的商品量，d 是城市边际输入倾向。这里的城市输入除了供应本地作消费品外，主要是用于中间产品消耗满足本地输出产品的生产需要。经济增长中的城市与外部的关系就以其输出水平的提高为着眼点。故假定输出水平 X_u 外生给定，这是城市经济不同于全国经济的地方之一。(3) 投资方程中的 e 是城市总投资相对于当地经济总收入规模的边际倾向，即城市总收入的边际投资倾向。城市投资行为模型与全国增长模型完全不同，它不是把投资完全地作为外生变量，除了考虑受全国经济影响而外生决定的投资部分外，城市相当一部分投资是由本地的收入情况决定的。这是由于城市内的投资者和银行往往要根据本地经济水平来发放贷款（McCann, 2001），同时由于企业和居民在城市内的集聚会提高当地劳动力市场的效率，从而借助集聚的外部性来增加当地的收入水平，这是城市经济不同于全国经济的突出地方。(4) 政府支出方程中的 G_0 是城市政府根据实际需要计划支出的水平，f 是城市政府依存于本市收入规模而需要变动或调整的边际倾向。国家范围的模型往往把政府支出 G 看作是与总收入无关的外生变量，但在城市中，政府在做出有关财政支出的决定时却必须考虑到当地居民的收入水平。政府财政支出计划具有逆向于当地收入水平的特点，为了弥补市民的需求缺口，当市民收入水平比较高时，政府支出（公共投资与补贴）就少（从 G_0 中减掉较大的一部分调整量使 G_u 变得更少），而收入水平比较低时，政府支出就高一些（从 G_0 中减掉较小的一部分调整量使 G_u 不太低），于是在一定程度上与当地居民的收入呈反方向变动关系，故 f 的符号为负。这是城市范围的增长模型与国家范围的增长模型之间的第三类差别。

如果假定城市政府有固定支出 G_u，按照固定税率 t 在本地征税，这样居民的税后可支配收入就是 $Y_u(1-t)$。把式 (3-9)～式 (3-13) 都代入到式 (3-8) 中，我们可以得到

$$Y_u = a+bY_u(1-t)+I_0+eY_u(1-t)+G_0-fY_u(1-t)+X_u-[c+dY_u(1-t)] \quad (3-14)$$

整理后得到

$$Y_u = \frac{a-c+I_0+G_0+X_u}{1-[(b-d)+(e-f)](1-t)} \quad (3-15)$$

这就是凯恩斯思想的城市经济增长模型，式中的 $1/\{1-[(b-d)+(e-f)](1-t)\}$ 部分是城市经

济增长的乘数。它表明，当地方投资、政府支出或输出增加一个单位的时候，城市地区的总需求就会按照这个乘数的数量来增长。在城市地方税率 t 不发生变化的情况下，这个乘数的取值就完全依赖于 $(b-d)$ 和 $(e-f)$ 的大小。$(b-d)$ 的内涵是城市居民消费本地商品的边际倾向与消费外地商品的边际倾向的差异，这种差异越明显，乘数值就会越大，因为相对较高的本地商品边际消费倾向意味着更多的城市居民收入将进入本地区厂商生产的本地消费品的经济循环，这样乘数效应就会更加明显；而 $(e-f)$ 的内涵是本地投资的边际倾向，反映了和本地收入水平相联系的本地投资规模。e 描述了市民的私人投资行为，f 描述了城市政府进行公共投资和补贴根据市民收入的调整行为，如果假定 $e>f$，表明由于收入的增长，市民私人投资超过了城市政府依据收入的调整量，这时本地的收入增长速度和私人与公共部门的投资差距，已经由 Black 证明呈现正相关关系（Black，1981）。就是说，私人能够替代城市政府投资的调整量差距越大，城市地区总收入的增长速度就越快。这种包含了城市居民厂商之间的商品流动 $(b-d)$ 传导机制和地方投资 $(e-f)$ 传导机制的乘数，就是"城市经济增长的复合乘数"。根据这一乘数，可以进行城市经济增长的需求因素分析。

凯恩斯思想的城市经济增长模型与城市基础部门模型有着密切的关系。对于式（3-15），可以进一步分解为两项内容，即

$$Y_u = \frac{a-c+I_0+G_0+X_u}{1-[(b-d)+(e-f)](1-t)}$$
$$= \frac{X_u}{1-[(b-d)+(e-f)](1-t)} + \frac{a-c+I_0+G_0}{1-[(b-d)+(e-f)](1-t)} \quad (3-16)$$

构成城市经济增长的两部分内容（等式的右端）：第一项是出口乘数，它的内涵是收入意义上的而不是就业意义上的城市基础乘数；第二项是城市总需求中其他部分对城市总收入的影响乘数。对于第一项内容，如果城市输出产业有一个增加的输出量 ΔX_u，就会影响到城市总收入有一个增加量 ΔY_u，即

$$\Delta Y_u = \frac{\Delta X_u}{1-[(b-d)+(e-f)](1-t)} \quad (3-17)$$

将式（3-17）与前面的城市基础部门模型式（3-1）$L=(1+\alpha)\times B$ 相比，就会发现，二者的本质内涵是一样的。不过城市基础部门模型中的 α 是城市基础部门（输出部门）的就业人数引起整个城市就业人数变化的一个乘数，而在凯恩斯模型中，是城市产品输出引起城市总产出（总收入）相应变化的乘数关系。因此，也可以用凯恩斯模型来分析城市基础部门（输出部门）和非基础部门（非输出部门或本地部门）的相互关系，即城市基础部门模型中的就业乘数也可以看成是城市输出产品对当地中间消费品和投入要素使用的一个衡量，因为城市基础和非基础部门就业变动的联系是由这两个部门的生产交易所带来的，它的强度由两个方面来决定：对该城市的本地化产出的边际消费倾向 $(b-d)$ 和当地投资带来的引致支出，即城市内的边际公共投资与私人投资的边际倾向 $(e-f)$。这些分析使我

们能够明确认识到城市经济的增长机制在城市经济总量上是如何运作的,那么,对于具体不断进入城市的经济个量,例如新进入城市的一个企业,对城市经济增长有什么影响呢?

一个厂商迁入某一城市,由于它的市场范围比该城市规模大,所以迁入厂商将会增大城市的商品输出;但是,新迁入的厂商和当地部门的产业联系在初期往往比较弱,即厂商对当地产出的消费低于当地的平均水平(Sinclair 和 Sutcliffe,1978,1983)。因此,对于一个新进入城市的企业对城市经济增长乘数的影响,有两方面的内容:一是新迁入厂商对当地产品和服务的初始消费量,设 ΔX_f 来表示;二是新迁入厂商的初始消费行为引起的对本地经济的多层次的连锁影响所形成的总影响量,可以用 $\Delta X_f(b_s-d_s)(1-t_s)$ 来表示,其中 b_s 是新迁入厂商的边际消费倾向,d_s 是新迁入厂商的边际输入倾向,t_s 是新迁入厂商要承担的税收。这样,新迁入厂商在本市的每一轮的产出循环的总影响可以表示为

$$\Delta Y_f = \Delta X_f + \frac{\Delta X_u(b_s-d_s)(1-t_s)}{1-[(b-d)+(e-f)](1-t)}$$
$$= \Delta X_f + \left\{\frac{1+(b_s-d_s)(1-t_s)-[(b-d)+(e-f)](1-t)}{1-[(b-d)+(e-f)](1-t)}\right\} \tag{3-18}$$

式(3-18)通过把一些特殊的收入乘数变动从一般的增长乘数中提取出来,实现了对城市经济增长乘数更为精确的描述,我们可以运用它对城市经济增长进行更细致的分析,这种分析可以帮助我们更加清楚地认识城市产业结构变化,特别是厂商迁徙或新厂商出现对城市经济增长的影响。当然,式(3-18)没有告诉我们乘数效应要通过多少时间才会发挥作用,这需要从时间与空间两个纬度进一步展开收入变动的乘数分析。目前一些经济学家的研究已经实现用离散时间的方法重新刻画每一轮的城市收入—支出的变动,从本质上说,是将经济基础模型与乘数加速模型结合起来,在这种研究中,式(3-18)中的系数决定了对现实城市经济的模拟效果。

式(3-18)中的系数,$(b_s-d_s)(1-t_s)$ 是新迁入厂商的地方化供给条件,而 $[(b-d)+(e-f)](1-t)$ 是该地区厂商商务行为的平均水平,也是新迁入厂商要逐渐达到的目标。新迁入的厂商进入本地后,可能会遇到与以前完全不同的供给条件,不过随着时间的推移,该厂商可能通过不断搜寻新的要素供给者来努力实现地方化供给条件。但是,也存在着这样的可能,即新厂商无法得到足够多的地方要素供应者的支持,这样厂商的边际支出系数会和当地其他厂商非常不同。从长期来看,这类迁徙厂商的逐渐增多可能会改变本部门乃至于整个城市的输出系数模式,而且如果这个新转移厂商的规模相对于当地经济来说非常大的话,可以预计城市的输出乘数会变化得非常快。有趣的是,不同厂商的迁入会在不同的方面改变城市的经济增长乘数,因为不同类型的厂商会表现出多种对中间投入品和生产要素的需求模式。若要深入讨论这些问题,必须通过城市投入产出模型,分析城市内的每个部门的支出联系,以便能够比较精确地研究由于城市产业结构变化所带来的整个城市增长乘数的变化。

二、供给基础的城市经济增长模型

供给基础模型(The Supply-Base Model)认为:城市经济增长取决于城市内部的供给

情况。城市区位资源和生产能力条件好,就能获得城市经济增长的动力。供给基础决定的城市经济增长模型,是根据城市资源和要素的生产能力,分析城市经济发生增长现象和过程的内在机制,主要包括新古典城市经济增长模型和累积因果效应经济增长模型。

（一）新古典城市经济增长模型

新古典经济增长模型是从供给角度,即生产要素对经济增长的贡献角度来分析经济增长机制的经典模型。它最初由经济学家索罗（Solow,1957）在柯布-道格拉斯生产函数的基础上建立。1978年,盖里、秋山和藤原（Chali, Akiyama and Fujiwara, 1978）根据城市经济的特点,建立了一个简单的柯布-道格拉斯式的城市经济的生产函数,其表达式为

$$Y_{ut} = Ae^{rt}K_{ut}^{\alpha}L_{ut}^{1-\alpha} \tag{3-19}$$

式中,Y 表示城市产出,u 和 t 分别代表某个城市和某个时期,A 是技术水平,e 是自然对数,r 是一个反映技术进步速度的数值,K 和 L 是投入的资本和劳动,α 和 $1-\alpha$ 分别代表了产出对资本及劳动力的弹性。对上式全微分,可以得到

$$\frac{\Delta Y_{ut}}{Y_{ut}} = \frac{\Delta A_t}{A_t} + \alpha\frac{\Delta K_{ut}}{K_{ut}} + (1-\alpha)\frac{\Delta L_{ut}}{L_{ut}} \tag{3-20}$$

式（3-20）中的 α（资本产出弹性）和 $1-\alpha$（劳动产出弹性）,二者之和等于1,表示假定城市生产的规模收益不变。运用这一公式,可以对城市经济增长做如下的政策分析。

1. 测算各生产要素对城市经济增长的贡献

各种要素对城市经济增长的贡献分为绝对贡献和相对贡献两种。绝对贡献由 $\Delta A/A$、$\Delta K/K$、$\Delta L/L$ 的数值给出,相对贡献由 $\frac{\Delta A/A}{\Delta Y/Y}$、$\frac{\Delta K/K}{\Delta Y/Y}$ 和 $\frac{\Delta L/L}{\Delta Y/Y}$ 的数值给出。

2. 测算技术进步的成效

在新古典经济增长模型中,$\Delta K/K$、$\Delta L/L$、$\Delta Y/Y$ 的数值可以通过统计数字的搜集计算得出,但 $\Delta A/A$ 无法由统计数字得出,因而采取剩余法计算。即由

$$\frac{\Delta A_t}{A_t} = \frac{\Delta Y_{ut}}{Y_{ut}} - \alpha\frac{\Delta K_{ut}}{K_{ut}} - (1-\alpha)\frac{\Delta L_{ut}}{L_{ut}} \tag{3-21}$$

计算得出。

3. 制定城市生产要素组合的调控政策

根据新古典城市经济增长模型,可以分析资本与劳动两种要素的内在依存性,从而分析采取何种更有效的要素投入政策。如果暂不考虑技术进步,假定城市经济增长只由资本和劳动使然,城市经济增长的新古典模型可以变为

$$\frac{\Delta Y_{ut}}{Y_{ut}} = \alpha\frac{\Delta K_{ut}}{K_{ut}} + (1-\alpha)\frac{\Delta L_{ut}}{L_{ut}} \tag{3-22}$$

两端分别减去 $\Delta L/L$,可得

$$\frac{\Delta Y_{ut}}{Y_{ut}} - \frac{\Delta L_{ut}}{L_{ut}} = \alpha\left(\frac{\Delta K_{ut}}{K_{ut}} - \frac{\Delta L_{ut}}{L_{ut}}\right) \tag{3-23}$$

式（3-23）左端是城市劳动者创造的人均收入的增长率，右端是城市劳动者人均技术装备的增长率，二者之间的关系由 α 系数权衡；而劳动者人均创造的收入是否有增长，决定于城市的资本增长率与城市劳动增长率之间的关系。资本增长率大于劳动增长率时，城市人均收入会增长；二者相等时，城市人均收入就没有增长；资本增长率小于劳动增长率时，城市人均收入就会有负增长。可见，人均收入增长依存于劳动者每人平均的技术装备，这是现代城市生产的突出特点。因此，适当使资本略高于劳动的要素配合方案是促进城市现代经济增长的基本经济政策。

不同城市投入要素的不同比率，是影响城市经济不同增长水平的一个原因。为了分析城市间要素流动对城市经济增长的影响，盖里等人假定每个城市的产出弹性和技术进步的速度是完全相同的，但是城市间的资本和劳动力的边际产出存在着差异，并且这些边际产出是由城市的资本和劳动力的比率所决定的。这样，盖里等人采用美国城市的数据，估计了上述模型。他们从城市要素市场的完全竞争性假定出发，说明了在均衡状态，城市工资水平将会等于劳动的边际产出，而资本的租金，即利率水平将等于资本的边际产出的模型，即

$$W_{ut} = P_t \left(\frac{\partial Y}{\partial L} \right)_{ut} \tag{3-24}$$

$$R_{ut} = P_t \left(\frac{\partial Y}{\partial K} \right)_{ut} \tag{3-25}$$

式（3-24）和式（3-25）分别是城市劳动要素和资本要素的报酬表达式，其中，P 是产出品的价格。可见，如果假定产品价格 P 在每个城市都是相同的数值，那么，资本和劳动的比率将会决定城市间要素报酬的差异。这样，城市间各不相同的资本和劳动力的比率，就会影响到劳动者和资本投资者在不同城市进行工作或者投资的选择，从而导致要素在城市间的流动。这意味着每个城市劳动力的增长应该包括本地劳动力的自然增长量和由于要素价格差异而从外部地区吸引过来的劳动力数量。对于城市资本的积累也存在着类似的情况。

城市间的要素流动，是以劳动力和资本对于要素价格差异的调整不是"瞬间"假定为前提的，即要素市场的调整机制具有一定的时间滞后性。但是在长期中，生产要素的流动肯定能够消除城市间要素报酬的差异。那些劳动资本比例比较高的城市一般来说工资水平比较低而资本利息比较高，因此，这些地区会出现劳动力外流与资本流入并存的现象。同样，一些城市会有相反的情况，是因为它们的劳动资本比例比较低，所以相应的工资水平比较高而使用资本的费用比较低。如果假定资本对要素市场的价格变动是敏感的，那么低工资的城市将会因为具有较慢的劳动力流出速度和较快的资本流入速度而获得更多的生产投入要素，从而其经济增长速度也会高于那些高工资水平的城市，最终所有地区的工资水平会趋向一个稳定的均值。不过也有一些证据表明现实情况更为复杂，例如有些城市的工资率一直高于其他城市，而且增长速度更快。这种现象不能由假定要素是替代关系的新古典经济增长模型解释，而必须开辟新的途径。

(二)累积因果效应城市经济增长模型

在城市经济中,供给基础包括城市产业的物质与技术基础、专业化协作程度和投资环境。这三方面相互影响,会使城市在不增加要素投入的情况下获得经济增长,其中的原因除了技术进步外,最主要的是城市集聚经济的影响。城市集聚经济会使城市经济产生一种极其奇特的现象——规模报酬递增现象(Richardson,1985)。这种规模报酬递增的客观存在意味着城市间经济增长的差距可能会长期存在,甚至可能不断扩大。这是一种"累积因果效应"。这一思想的系统阐述最早是由发展经济学家缪尔达尔(Myrdal,1957)完成的。他认为,不发达国家经济中存在着一种地理上的"两元经济",即经济发达地区和不发达地区并存的现象。这种状况的根本原因是地区间人均收入水平和工资水平存在着差距,它使得经济系统中比较发达的地区获得更快的发展速度,而落后地区发展会更慢。因为,如果规模经济的假设条件能够在城市范围内成立,那么资本和劳动力就不一定存在着替代关系,它们可以同时流入城市,而不像前面所描述的这两类要素呈现反方向的流动趋势。正是这种规模报酬递增现象,将会使发达地区的快速增长长期地持续存在。为了明确这一理论中所阐述的城市经济增长机制,我们以城市间的劳动力要素的转移为例,用与新古典均衡理论比较的方法说明城市经济增长的累积因果效应,如图3-2所示。

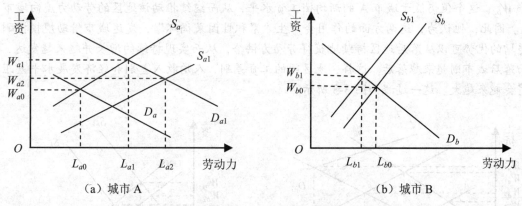

(a)城市A (b)城市B

图3-2 新古典理论的城市经济增长中的劳动力转移

假设有两个城市A和B,它们的初始经济状态完全相同。在图3-2中,城市A的初始劳动力供给和需求曲线是S_a和D_a,相应的均衡工资水平是W_{a0};而城市B的初始劳动力供给和需求曲线是S_b和D_b,这个地区的工资水平和城市A是相等的,为W_{b0}。现在,假如城市A由于某种外生的原因,经济得到快速增长,对劳动力需求增大,使劳动力需求曲线向右上方向移动,达到D_{a1},均衡劳动力数量由L_{a0}增加到L_{a1}。而在短期内由于地区劳动力供给的变化比较小,从而造成了城市A的工资水平高于城市B的工资水平,达到了W_{a1},所以,城市B的工人有动力向城市A迁移。随着这种迁移,城市B的劳动力供给下降,劳动力供给曲线向左移动,从S_b降低到S_{b1},均衡劳动力数量由L_{b0}降低到L_{b1},均衡

工资水平由 W_{b0} 上升到 W_{b1}；而城市 A 的劳动力供给，由于吸收了来自城市 B 的迁移劳动力，劳动力供给曲线向右移动，由 S_a 增加到 S_{a1}，均衡劳动力数量由 L_{a1} 继续增加到 L_{a2}，均衡工资水平则下降到 W_{a2}。这样一直到城市 A 的工资水平与城市 B 的工资水平相等，即当 $W_{a2} = W_{b1}$ 时，城市间的劳动力转移才会停止。这就是新古典理论解释经济增长中城市间劳动力移动的基本原理。

但是，在现实经济中，至少在发展中国家，城市的经济增长并不完全像新古典模型所描述的那样进行。缪尔达尔强调，在快速经济增长过程中，发展速度比较快的城市和地区（城市 A）的确会因为具有比较高的工资水平而对落后地区（城市 B）的劳动力产生吸引力，但是城市 A 由于具有比较多的资本和技术积累，所以在生产领域很可能具备规模报酬递增的特点，这样它就会倾向于从城市 B 吸收高技术水平的劳动力，从而获得更快的发展速度。因此，可以认为城市 A 的工资水平不会稳定在 W_{a2}，高技术劳动力的大量流入所带来的快速经济增长，会使城市 A 对劳动力的需求进一步增大（即需求曲线从 D_{a1} 右移至 D_{a2}），从而再次提高工资水平，达到 W_{a3}，并进而继续对地区 B 的劳动力产生吸引力；另一方面，人力资本的持续外流将会使得 B 地区的经济增长速度降低，从而进一步减少对劳动力和其他要素的需求，这样新的需求曲线 D_{b1} 和供给曲线 S_{b1} 的交点决定了新的工资水平 W_{b2}，这个值仍低于城市 A 的新均衡工资水平，从而继续推动该地区的劳动力流向城市 A。因此，他认为，这两方面的作用会产生"累积性因果循环"，发达城市借助规模报酬递增的优势可以从落后地区持续地获得劳动力供给，从而实现持续的增长并越来越发达，而落后城市则越来越落后。这样，地区间的工资差别、人均收入差别和经济发展水平差距将会越来越大。这一过程如图 3-3 所示。

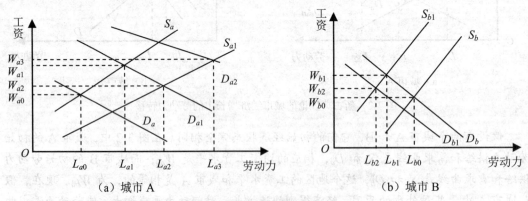

图 3-3　累计因果模型的城市经济增长中的劳动力转移

缪尔达尔的累积因果模型发表以后，得到了很多学者的应用。普里德（Pred, 1966）利用累积因果模型分析了美国制造业在 1860—1900 年间的发展过程。他认为，拥有开发某种新产品技术的企业家，一般都会把企业设立在那些能够为该产业提供各类服务的城市中，而新的企业又会为本行业的发展创造出更多的需求，并为其他相关企业带来产业城市化经济的好处。另外，从供给的角度分析，产业内具有创新能力的企业不断增加，也会反过来进一步推动这个行业的技术进步能力，而这两方面的合力将会推动制造业在大城市带不断集聚。很明显，这个过程具有很强的积累因果的特性，其内在机制或其重要原因就是制造业本身存在着广泛的规模报酬递增现象，特别是在产业成长时期，这种状态更加明显。布拉德福德和凯莱基安（Bradford and Kelejian, 1973）也对城市经济增长的循环因果模型进行了深入的实证研究，发现累积因果模型的确可以用来解释很多城市中心的衰退过程。他们发现，一旦城市政府出台一些不利于中等收入家庭的公共税收政策或低收入家庭在城市中心过度集聚的话，中等收入家庭就会从城市中心迁向郊区。而这样的结果，会使市中心的税收进一步下降，低收入家庭占城市中心比例继续增大，就更不利于改善中产家庭在城市中心的生活条件和生活环境，从而进一步推动中产家庭加速迁离市中心。这项研究对众多城市管理者的启示是：在制定城市经济政策时，需要研究该计划（特别是一些管制措施）是否在长期具有累积因果的特性，是否会对城市经济的持续增长带来不利影响。从这些成果的分析中，可以深刻体会到，累积因果模型和一般新古典城市经济增长模型比较的最大区别，是它强调城市经济中普遍存在着的规模报酬递增现象，这一理论的提出，对新古典理论的线性增长模式与思想提出了巨大的挑战，如何运用这一理论深入研究和解释现代经济增长中的区域差距和城市经济增长的集聚机制，是经济理论界的重要任务。

三、城市经济增长的投入产出模型

将从需求和供给分别分析城市经济增长的两种角度结合起来，可以采用投入产出（Input-Output）模型。投入产出模型运用于城市经济，可以方便地研究城市经济增长中的部门作用和要素作用。

假设城市中有三个生产部门：制造业部门、生产服务部门和生活服务部门。其中，制造业是城市基础部门，例如电脑、机器装备、纺织品、钢材等，其大部分产品输出，少量供应本地的消费和投资需要；生产服务部门是为城市生产提供上游产品的部门，例如煤、机械产品、化工材料、零配件等，它主要用于满足中间需求，但也有少量用于投资需求和输出需求；生活服务部门是一个非常多样化的部门，包括商业服务、医疗服务和其他各项私人服务，如餐馆、杂货店、干洗店等，它是为地方生活服务进行生产的部门，它只由城市居民购买，不用于中间需求和投资需求。城市各生产部门的生产活动除了消耗本市的中间产品外，还要消耗域外的输入产品，同时需要投入大量的初始要素，包括资本、劳动和土地要素。这些要素都是由当地居民来提供的，具体到某一个具体部门，其要素投入的内在结构存在着差异，有的劳动多些，有的资本多些，这里为了简化，没有进行细分，而是放到一行里。生活服务部门与前两个部门比起来，所需要的初始投入中的劳动要素比重更大一些。这些投入品经过生产后会有一个增值的过程，假设劳动力、资本和土地完全被该市居民控制，于是城市生产要素的收入将会完全地计入当地的经济中。

由表3-1表达的城市投入产出表，行表示产出品和要素的供应去向，列表示城市生产部门对于中间投入的需求结构和各种经济主体对城市最终产品需求的部门结构，反映了城市各生产部门经济活动的来龙去脉。例如城市的制造业部门，从纵列来看，在年度生产中，需要18亿元本部门的产品投入，18亿元的地方生产服务、27亿元的劳动资本等初始投入和27亿元的输入品投入，从而生产出90亿元的产品价值。这里包括了两类需求：对中间产品的投入需求和对初始要素的投入需求。城市每一部门都有这样的生产过程。从横行来看，制造业部门生产出的90亿元产品，分别分配给本部门18亿元、生产服务部门6亿元和生活服务部门10亿元作为中间产品使用，分配给居民消费4亿元、投资11亿元用于最终产品使用，还有41亿元的产品输出本市，这是城市经济增长的关键性力量。

表3-1 城市投入产出表

单位：亿元

流量 投入		产出品						总产出
		中间需求			最终需求			
		制造业	生产服务	生活服务	消费	投资	输出	
中间投入	制造业	18	6	10	4	11	41	90
	生产服务	18	10	3	0	10	9	50
	生活服务	0	0	0	60	0	0	60
初始要素投入		27	29	44	0	0	0	100
输入品		27	5	3	12	3	0	50
总投入品		90	50	60	76	24	50	

本市居民共需要购买76亿元的消费品和24亿元的投资品，正好用完他们提供的初始投入的要素报酬100亿元。城市在本年度的输出产品共有50亿元，与各部门的总输入价值相等。表3-1的最后一列为"总产出"，它代表了每个部门的总产出价值，对于一个生产周期（年度）来说，各部门的总投入价值等于其总产出价值，整个城市是200亿元，制造业是90亿元。可见，表3-1中存在着中间产品与中间消耗、总投入与总产出、居民要素报酬与消费和投资的支付以及城市输出输入等方面的静态平衡。若要从动态角度分析城市投入产出比例，还必须掌握城市各生产部门的投入产出系数，包括直接投入系数和完全投入系数。

直接投入系数被定义为每个部门所使用的某个投入品数量与该投入品总价值的比例，设 a_{ij} 为直接投入系数，x_{ij} 为中间产品流量，X_j 为城市生产部门的总产出，其表达式为

$$a_{ij} = \frac{x_{ij}}{x_j} \qquad 0 \leq a_{ij} \leq 1 \qquad (3\text{-}26)$$

表3-1中的生产服务业生产50亿元产出，需要6单位的制造业产品投入，相应的投入系数就是 6/50=0.12，类似的还可以计算出生产服务业对本部门投入品的消耗系数为10/50=0.2，对劳动、资本和土地的消耗系数为29/50=0.58以及输入系数为5/50=0.1。居民

行为分别由消费和投资行为构成对各种最终产品的使用过程,例如居民每消费和投资1元产品,需要制造业产品0.15元、生产服务业产品0.1元、生活服务业产品0.6元和输入产品0.15元。这些投入系数的总和恒等于1。根据表3-1计算的投入系数列于表3-2中。

表3-2 投入系数表

	制造业	生产服务	生活服务	居民（I）			输出
				消费	投资	小计	
制造业	0.2	0.12	0.166 7	0.052 6	0.458 3	0.15	0.8
生产服务	0.2	0.2	0.05	0	0.416 7	0.1	0.2
生活服务	0	0	0	0.789 5	0	0.6	0
初始要素投入	0.3	0.58	0.733 3				0
输入产品	0.3	0.1	0.05	0.157 9	0.125	0.15	
总投入品	1	1	1	1	1	1	1

根据表3-1和表3-2的信息,我们可以得到每个部门的产出方程。设 M 表示制造业的总产出水平,SP 表示生产服务部门的总产出水平,SL 表示生活服务部门的总产出水平,Em 和 Es 分别表示城市制造业和生产服务部门的输出产品数量,I 表示城市居民的总收入。于是,城市各个部门的总产出可表示为

$$M=0.2M+0.12SP+0.166\,7SL+0.15I+Em \quad (3\text{-}27)$$

$$SP=0.2M+0.2SP+0.05SL+0.1I+Es \quad (3\text{-}28)$$

$$SL=0.6I \quad (3\text{-}29)$$

$$I=0.3M+0.58SP+0.733\,3SL \quad (3\text{-}30)$$

在城市经济中,城市输出 Em 和 Es 一般作为外生变量,不是由计算而是由城市决策确定,所以不能用原来的系数分析,而是根据城市发展的现状和外来情况进行决策。进行这一假定是由于在城市中,输出产品能够在多大程度上支持城市经济增长,是人们十分关注的问题,因而要把上述式子表达为依存于城市输出产品的总产出变化的表达式,通过矩阵代数的方法可以达到这一目的。把上述式（3-27）～式（3-30）用矩阵表示为

$$\begin{bmatrix} 0.8 & -0.12 & -0.166\,7 & -0.15 \\ -0.2 & 0.8 & -0.05 & -0.1 \\ 0 & 0 & 1 & -0.6 \\ -0.3 & -0.58 & -0.733\,3 & 1 \end{bmatrix} \begin{bmatrix} M \\ SP \\ SL \\ I \end{bmatrix} = \begin{bmatrix} Em \\ Es \\ 0 \\ 0 \end{bmatrix} \quad (3\text{-}31)$$

解上述矩阵,得到

$$M=1.951\,2Em+1.111\,3Es \quad (3\text{-}32)$$

$$SP=0.790\,7Em+1.953\,3Es \quad (3\text{-}33)$$

$$SL=1.118\,5Em+1.570\,9Es=0.6I \quad (3\text{-}34)$$

$$I=1.864\,2Em+2.618\,3Es \quad (3\text{-}35)$$

可以看到，城市内厂商对外贸易量的变化对该城市内不同产业的影响存在着明显差异。例如，在式（3-32）中，当城市制造业产出的输出产品增加1元时，会使制造业总产出增加 1.951 2 元；而同样是制造业产出增加 1 元，却只能让生产服务业的总产出增加 0.790 7 元，让生活服务业增加 1.118 5 元。这使人们注意到，制造业的输出使总产出增加较多的是生活服务业，而不是生产服务业。制造业的输出增加一个单位，还会使地区总收入增加 1.864 2 个单位，进而会牵动城市生活服务部门总产出增加 1.864 2×0.6=1.118 5 元。与此类似，城市生产服务业的输出产品增加 1 元，也会对所有的部门产生不同的乘数效应。另外，投入产出模型还向我们展示了城市内每个部门经济扩张所相应需要输出变动的数量。例如，要增加 1 元的生产服务业输出产品的增加值，城市内的制造业必须能够有 0.790 7 元的增加产出，同时生产服务业本部门的总产出也要增加 1.953 3 元。从这个意义上说，投入产出模型可以用来衡量一个城市经济的规模是否足以支持大量的输出扩张。

这些分析中所得出的不能被人们直接看到的产业间关系的信息，实际上是由人们不注意的产业间大量的间接关系所决定的。例如人们可能关注制造业输出一单位产品对本市生产服务业的影响，很少关注对城市生活服务业的影响。可是上例中，制造业输出一单位产品，影响较大的却是生活服务业，就是由于产业间存在着大量的间接消耗关系。这种关系不能由直接投入系数反映，需要由完全投入系数反映。它的内涵是直接投入和间接投入的总和，其表达式为

$$b_{ij} = a_{ij} + \sum_{i=1}^{n} b_{ij}a_{ij} \qquad (i,j=1,2,\cdots,n) \qquad (3-36)$$

根据式（3-36），可以得到投入产出分析的基本公式：$X=(I-A)-1Y$，其中$(I-A)-1$被称为列昂节夫逆矩阵，通过它可以分析城市产业间的各种复杂联系。城市投入系数表可以告诉城市地方政府官员，输出产业需要本地多少中间投入品，如果地方供给相对不足，那么应该如何解决这个问题；还可以帮助地方官员认识生产技术进步使投入系数发生改变后对城市经济增长的影响；在公共项目的决策上，可以使城市项目管理者很方便地评估某个外生的投资项目对城市总需求的影响。如要新建一个大型游乐场，那么投入产出模型可以告诉决策者这个项目将会为这个城市的每个部门带来多少新增就业人口与产出。

（资料来源：王雅丽. 城市经济学[M]. 北京：首都经济贸易大学出版社，2008. ）

第三节　城市经济发展

一、经济发展与城市经济发展的内涵

（一）经济发展的含义

经济发展的含义比较广泛。经济发展总是伴随着经济的增长，没有增长的发展是不可

能的；但是，经济增长并不一定代表经济的发展。经济发展，除了收入的提高外，还应含有经济结构的根本变化，其中两个最重要的结构性变化是：在国民生产总值中随农业比重的下降而工业比重上升，以及城市人口占总人口比重的上升。此外，进入发展阶段的城市和国家，通常要经历人口加速增长然后减速的过程。在这个期间内，人口的年龄结构、消费结构会发生明显的变化，人们逐渐将收入花费在非必需品上。20世纪中后期，围绕着经济增长过程中出现的一系列社会、环境、技术和文化等问题，人们逐渐认识到，没有发展的增长是不可取的。

（二）城市经济发展的内涵

城市经济发展（Urban Economic Development）与城市经济增长（Urban Economic Growth）概念的最大区别，是其不仅包括更多的产出，还包括导致城市经济质量提高的城市产业结构、经济结构甚至社会制度（体制）结构的转换。这种结构转换的实质是：越来越多的人口进入城市，不但参与利益的生产，同时参与利益的分配，共享城市经济增长的成果。因此，城市经济发展是包括数量和质量以及效率与公平同时改进的经济增长过程。作为数量增长的表现主要是城市 GDP 的增加，作为质量增长的表现主要是城市生活质量的改善，包括医药卫生条件改善和高寿、更好的住房和文化教育水平等。这一过程同时也是经济和政治体制变迁的过程，包含着科学发展观的思想。

所谓科学发展观，指的是坚持以人为本，全面、协调、可持续的发展观。以人为本，就是要把人民的利益作为一切工作的出发点和落脚点，不断满足人们的多方面需求和促进人的全面发展；全面，就是要在不断完善社会主义市场经济体制，保持经济持续、快速、协调健康发展的同时，加快政治文明、精神文明的建设，形成物质文明、政治文明、精神文明相互促进、共同发展的格局；协调，就是要统筹城乡协调发展、区域协调发展、经济社会协调发展、国内发展和对外开放；可持续，就是要统筹人与自然和谐发展，处理好经济建设、人口增长与资源利用、生态环境保护的关系，推动整个社会走上生产发展、生活富裕、生态良好的文明发展道路。

科学发展观下的城市化进程，是在城市化的进程中实现以人为本，实现全面、协调、可持续的城市发展。这里的以人为本，是要把人们对城市化的需求作为城市化政策的出发点和落脚点，通过适度的城市化供给来不断满足人们对城市化的需求和实现城市居民的全面发展；这里的全面，是要使城市化的进程在社会主义市场经济体制中不断完善，保持城市经济持续、快速、协调、健康的发展，同时，在政治文明和精神文明的建设过程，形成城市中物质文明、政治文明、精神文明相互促进、共同发展的格局；这里的协调，是要在城市化进程中统筹城乡发展、区域协调发展、经济社会协调发展和国内发展与对外开放的协调；这里的可持续，表现在城市化进程要实现人与自然和谐发展的过程，城市经济建设、人口增长与资源利用、生态环境保护相互协调，并能够保持长期的动态均衡。

二、城市产业结构及其演变

城市产业结构是指一定质量、一定数量和一定序列的产业部门组合，反映了城市经济的增长高度。因为城市生产力的发展，是随着城市的社会分工越来越细，新的行业和生产部门不断涌现，各部门行业之间形成互相依存、互为条件和相互制约的经济联系而进行的。城市产业结构包括多种产业分类，除了基础产业与非基础产业的构成外，还有三次产业构成、要素投入构成和主次产业构成。

（一）三次产业构成与城市经济质量的提高

三次产业分类法是依据产业的演进顺序对产业进行的分类。这种分类从20世纪三四十年代开始，目前已成为国际上广泛流行的划分方式。联合国国际劳工组织于1971年颁布的《全部经济活动的国际标准分类索引》（*Indexes to the International Standard Industrial Classification of All Economic Activities*，SIC），简称《标准产业分类》，把全部经济活动分成如下十个大类。

（1）农业、狩猎业、林业和渔业。
（2）矿业和采石业。
（3）制造业。
（4）电力、煤气和供水业。
（5）建筑业。
（6）批发与零售业、餐馆与旅店业。
（7）运输业、仓储业和邮电业。
（8）金融业、不动产业、保险业及商业性服务业。
（9）社会团体、社会及个人的服务。
（10）不能分类的其他活动。

其中，1～2类属于第一产业，3～5类属于第二产业，6～10类属于第三产业。
中国国家统计局1985年对三种产业在中国的划分作了专门的规定，具体如下。

（1）第一产业为农业（包括林业、牧业、渔业等）。
（2）第二产业为工业（包括采掘业、制造业、自来水、电力、蒸汽、热水、煤气业）和建筑业。
（3）第三产业为除上述各业以外的其他产业，包括四个层次：① 流通部门，包括交通运输业、邮电通信业、商业饮食业、物资供销和仓储业；② 为生产和生活服务的部门，包括金融保险业、地质普查业、房地产业、公用事业、居民服务业、旅游业、咨询信息服务业和各类技术服务业等；③ 为提高科学文化水平和居民素质服务的部门，包括教育、文化、广播电视事业，科学研究事业，卫生、体育和社会福利事业等；④ 为社会公共需要服务的部门,包括国家机关、党政机关、社会团体,以及军队和警察部门等。

依据三次产业划分法考察城市经济增长高度,一般来说,后序产业的比重越高,表明城市经济质量越高。这也是我国一些城市政府十分关注提升第三产业比重的原因。但是三次产业发展要有一个合理的序列关系,如果一个城市地区的第一产业很弱,就会无力支撑二、三产业的发展;如果第二产业很弱,也没有能力发展高层次的第三产业。如某县级市的第三产业产值占总产值的68%,但仍然是一个落后地区,关键就是没有强有力的第二产业。因此,城市三次产业结构递进应当循序渐进,形成有序的发展链条。某些城市在一定时期内实行跳跃式发展,必须有稳固的前序产业作为发展的支撑,这个前序产业不管是来自本地区还是相邻城市的产出,都必须是稳固的,这是产业结构发展的突出特点。因为,产业结构是一个纵横交错、多层次的复杂结构,它随时间变化有其固有的层次序列从而形成"序列效益"。产业断链,就会损失序列效益。盲目地跳到高层次产业,没有稳固的前序产业作支撑,高层次产业就不会太久,从而造成城市资源的浪费。

在一个较大的城市地区,如果区域内的某城市的高层次产业比重较高,或者城市的三次产业结构不断向上发展,都可以说是城市经济质量在提高。

(二)要素投入构成与城市技术进步

要素投入分类法是依据各生产要素在不同产业部门中的密集程度和不同比例而进行的分类,包括劳动密集型产业、资金密集型产业、技术密集型产业三大类。凡单位劳动力占用资金较少、资本有机构成和技术装备水平较低、需要投入劳动力较多、单位成本中活劳动消耗所占比重较大的产业,称为劳动密集型产业,如服装、皮革、饮食业等;凡投资比较集中、资本有机构成高而所需劳动力较少的产业,称为资金密集型产业,如石油、化工、钢铁、机械制造业等;凡生产过程机械化、自动化程度和技术层级较高且对知识人才素质要求较严的产业,称为技术密集型产业(或知识密集型产业),如电子、航天、生物工程行业等。在实际构成中,有的行业不一定是单纯某一种要素密集度高,而有可能是两种都高。

经济发展的根本特征是产业结构由简单到复杂、由低级到高级的不断转化。经济发展的进程呈现着共同的演变规律:由以劳动密集型产业为主,转化为以资金密集型产业为主,再发展到以技术密集型产业为主。这一规律的基础是不同社会资源累积的顺序与速度、规模的差异,以及由技术进步带来的各种社会资源的有序替代。

与自然资源形成的天赋过程不同,劳动力、资金、科学技术这些社会资源是随着社会发展而逐步累积起来的。图3-4直观地显示出各种资源的累积过程与产业结构的相应变化。其中,曲线 OL、OC、OT 分别表明劳动力、资金、技术要素的累积规模,OM、MN、NF 分别表示经济发展的不同阶段。曲线的不同形状反映出不同要素积累过程的差异:劳动力增长在达到一定程度后呈缓慢下降趋势;资金的增长呈直线型上升;技术要素的累积为二次曲线形式,反映出技术进步的加速规律。曲线的位置变化反映出各种资源相对重要性的变化。在经济发展的早期（OM）阶段，劳动力是最重要的社会生产资源，其规模随人口增长而不断扩大。资金、技术要素虽有一定积累，但速度很慢，规模有限，与各种资源的累积规模差异相适应，这一时期的产业主要是农牧业、采掘业、手工业、轻纺工业等劳动密集型产业。在 MN 阶段，资本积累规模急剧扩张。曲线 OC 超过 OL，表明资本替代劳动成为最重要的社会资源，冶金、机械、化学、电力、交通运输等资本密集型产业逐步成为社会生产的主要行业。与此同时，技术要素的积累规模也在迅速扩张，并且呈现出不断加速的趋势。当曲线 OT 超过 OC 以后，技术就成为最重要的生产要素。电子、电器、航天、合成材料等技术密集型产业也逐步取代传统的资本密集型产业，成为社会生产的主要产业。

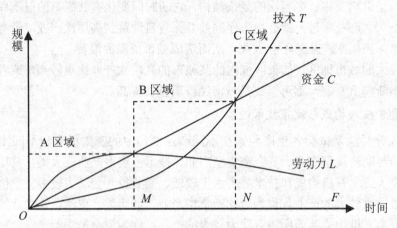

图 3-4 生产要素累积过程与相应的产业结构变化

城市的要素投入结构中后序要素投入的比例和贡献越高，表明城市经济质量越高。这种要素投入替代比例的不断变化，反映了城市经济的"硬发展"，因为从劳动密集到资金密集再到技术密集，要求城市劳动力素质有极大的提高和城市资金的利用效率不断提高，从而保证城市经济素质的整体转换。为此，城市政府要增加教育和培训费用，加大城市人力资本投资和保护技术进步。

（三）主次产业构成与城市产业集群

主次产业的分类是为了确定城市发展重点而选择城市主导产业并形成城市产业集群的一种发展视角。

选择城市主导产业，一般有以下三个基准。

（1）收入弹性基准。需求的收入弹性是对某种商品需求量的增长率与人均国民收入增长率的比值，它用来衡量当人均收入增长 1% 时，使某商品的需求增长数。一般来说，主导产业应具有较高的收入弹性,因为收入弹性高的产业有着广阔的市场,而广阔的市场正是产业进一步发展的先决条件。把收入弹性高的产业作为主导产业,就是要生产和出口那些由于人均收入增长而会引起需求较大增幅的商品,这样会使城市获得极大的市场潜力。

(2) 生产率上升基准。在经济发展过程中,各产业的生产率(全要素生产率)上升率是不会相同的,造成差异的原因,最主要的是技术进步的影响。哪个产业在技术上首次出现突破性进展,哪个产业就会迅速地增长与发展,生产率上升就保持一个较高的水平。这应当是主导产业具有的品质。所谓生产率上升基准,就是要把因将来的生产率(以技术进步率代表)提高而有可能成为具有优势的产业作为主导产业。如果说收入弹性基准侧重反映需求结构变化对产业结构影响的话,那么生产率上升基准则侧重反映供给结构对产业结构的影响。

(3) 产业关联基准。产业关联是指产业之间的投入产出联系,一个产业与其他产业的这些联系越密切,越能带动整个城市经济发展。检验这种联系的效果包括前向关联度和后向关联度。前向关联度指一个产业的产品被其他产业用作中间产品的数量占该产业中间需求总量的比重,如种植业产品作为食品工业的中间产品占食品工业全部中间产品的比重;后向关联度指一个部门使用其他部门提供的中间产品价值占该产业投入品总值的比重,如日用化工部门使用基本化工、炼油、原油开采等投入品分别占中间总投入的比重。这两个关联效果指标越高,表明产业的影响力越大。因此,把产业关联度高的产业作为主导产业,可以带动关联产业的迅速发展,并形成产业链条。城市经济中的机械电子工业、建筑业等均有产业关联度高的特征。

根据上述三个基准,选择城市主导产业,对此外的城市产业,可以再分成次级产业和再次级产业,这些可以作为城市政府实施产业政策的依据。

循着产业关联的脉络发展,有可能形成产业集群。关于产业集群的定义,目前有多种类型。综合国内外众多学者的观点,产业集群(Industrial Cluster)是在某特定领域中,一群在地理上邻近、有交互关联性的企业和相关法人机构所组成的区域内的一种创新协作网络。

城市政府通过推进主导产业政策和产业集群政策,会促使城市产业链的形成,这对于扩张城市经济规模、促进经济增长和城市经济质量的提高,将发挥巨大的作用。

三、城市结构效益的测度

城市结构效益,指由于城市经济结构的转换和递进,而使城市经济和社会效益提高。测度城市结构效益,可以运用如下两种方法。

(1) 城市产业部门相对社会劳动生产率。它是反映某产业结构效益的测度指标,其公式为

$$\frac{\text{城市某产业相对}}{\text{社会劳动生产率}} = \frac{\text{城市某产业增加值占城市国民收入的比重}}{\text{该产业劳动力占城市全部社会劳动力的比重}} \times 100\% \quad (3\text{-}37)$$

如果城市各产业的相对社会劳动生产率都是上升的趋势,则反映城市产业结构趋向合理化。因为城市的各产业之间及产业内部如果能够按其自然比例发展,就能使资源得到合理有效的利用,有利于促进劳动消耗的节约和经济效益的提高,否则,城市各产业的相对社会劳动生产率趋于下降,说明城市产业结构有不合理的地方,应采取措施加以调整。

(2) 城市产业结构改变指数。它是衡量城市产业结构高度化从而反映城市结构效益的指标,其公式为

$$结构改变指数 = \sum \left[\frac{P_{i2}}{\sum_{i=1}^{n} P_{i2}} - \frac{P_{i1}}{\sum_{i=1}^{n} P_{i1}} \right] \quad (3\text{-}38)$$

式中,P_i 为城市 i 产业部门的产值;1、2 为两个比较时期;n 为产业部门总数。式(3-38)的计算,是把城市内所有在考察期产值比重大于基期的产业部门的增长比重加总,其数值越大,说明结构改变的程度越大,产业结构走向了高度化。这种结构改变和高度化的本质是技术进步的作用。这一过程是:新技术在各产业部门得到广泛运用,社会资金有机构成不断提高,社会产出能力不断增强,出现了满足新的社会需要的新兴产业部门,新兴产业崛起壮大,夕阳产业衰落,传统产业得到改造等。这种结构不断改变的过程就是产业结构高级化的过程,结构改变指数反映了这种高级化的程度。

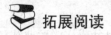 拓展阅读

贵阳——欠发达地区发展循环经济的成功样本

近年来,随着工业文明的发展和城市化进程的加快,日趋严重的人口资源环境问题迫使人们不得不重点关注并深刻反思人与自然的关系。作为一对天生的矛盾体,到今天这种矛盾已经变得越来越突出甚至激化。因此,寻求一条协调二者关系的途径也成为多年来世界各国积极努力探索的目标。经过多年的探索与付出,循环经济作为一种新型的、先进的经济形态终于出现在人类的面前。循环经济集经济、技术和社会于一身,走的是一条有别于传统经济发展的模式。经实践证明,循环经济已成为一条有效实现全面、协调、可持续发展的必由之路。

那么,何谓"循环经济"呢?这是我们首先需要澄清的一个概念。循环经济的说法最早是由美国经济学家 K.波尔丁提出,主要指在人、自然资源和科学技术的大系统内,在资源投入、企业生产、产品消费及其废弃的全过程中,把传统的依赖资源消耗的线形增长经济,转变为依靠生态型资源循环来发展的经济。循环经济的本质是运用生态学规律的指导,通过综合规划,设计社会经济活动,使不同企业之间形成共享资源和互换副产品的产业共生组合模式,利用上游生产过程产生的废弃物作为下游生产过程的原材料,实现废物

综合利用，使区域的物质和能源在经济循环中得到永续利用，从而实现产品清洁生产和资源可持续利用的环境和谐型经济模式。它与传统经济的不同之处在于：传统经济是一种"资源—产品—废物"物资单向流动的单向线形发展模式，它以高消耗、低利用、高污染为主要特点。而循环经济则是一种"资源—产品—再生资源"的循环流程，其特征是低消耗、高利用、低污染。它通过系统内部相互关联、彼此叠加的物质流转换和能量流循环，在"减量化、再利用、再循环"的重要原则指导下，能使物质和能量在整个经济活动中得到合理和持久的利用，最大限度地实现产业之间资源的最优化配置。

我国从20世纪90年代起引入了关于循环经济的思想，此后对于循环经济的理论研究和实践不断深入。在各地不断深入实践及创新的过程中也初步形成了符合我国自身特色的循环经济发展模式，而贵阳市的试点示范是西部地区发展循环经济的一种尝试，是一种典型的跨越式战略转型模式。按照发展循环经济的规律要求，贵阳市以生态工业、生态农业、生态旅游和现代服务业为重点，坚持"政府引导，企业为主；科学规划，点上突破；制度规范，全民参与"的发展思路，使其成为城市经济高速增长的"发动机"和吸引强势企业的巨大平台。贵阳市在发展循环经济期间，通过借鉴国内外的成功经验及自身的努力探索，制定施行了一系列行之有效的举措。

一、科学规划，确立循环经济生态城市建设"1238"战略

贵阳的经济发展充分考虑将发展循环经济与发挥贵阳市的资源优势相结合，运用市场经济手段充分挖掘贵阳的资源优势，并根据产业资源优势确定了贵阳市循环经济建设的主要内容。2003年7月，贵阳市委托清华大学编制了《贵阳市循环经济生态城市建设总体规划》和一系列重大建设项目规划，即"实现一个目标，转变两种模式，构建三个核心系统，推进八大循环体系建设"的目标体系，简单来讲，就是所谓的"1238"战略。

实现一个目标：经过20年努力，将贵阳建设成为经济运行高效良好、基础设施配备齐全、城市布局科学合理、人居环境优美舒适、生态循环健康协调、支撑体系健全有力、居民生态意识和文化素质良好的生态型省会中心城市。

转变两种模式：一种是转变生产环节模式；另一种是转变消费环节模式。应当抓住发展循环经济，建设生态经济城市的机遇，逐步将以往传统粗放式资源依赖型城市发展模式过渡到可持续资源效益型发展模式。在经济总量达到一定规模后，在随后的十年左右或更长时间里逐渐实现经济发展与资源消耗的"脱钩"，与此同时，营造一个绿色消费的环境，制定合理的绿色消费政策和规章制度，培育环境友好的商品与循环经济服务业体系，激发和引导消费环节的变革。

构建三个核心系统：第一个是循环经济产业系统，涉及三大产业；第二个是城市基础设施系统，重点为水、能源和固体废弃物循环利用系统；第三个是生态保障系统，包括绿色建筑、人居环境和生态保护体系。

建设八大循环体系：第一是磷产业循环体系；第二是铝产业循环体系；第三是中草药

产业循环体系;第四是煤产业循环体系;第五是生态农业循环体系;第六是建筑与城市基础设施产业循环体系;第七是旅游和循环经济服务产业体系;第八是循环型消费体系。这八大循环体系所涵盖的行业体系所占 GDP 总量比重到 2005 年将达到 75%,2010 年将达到 78%, 2020 年将达到 83%。

二、以项目建设为载体,培育循环经济产业体系

培育循环经济产业体系,项目建设是关键。贵阳市围绕发展循环经济"总体规划"中的八大产业体系,分层次、有重点、有步骤地开展项目建设,共推出建设项目 255 个,投资总额达 479 亿元。按照"边规划、边实施、边准备"的要求,滚动推进项目建设,主要开展了以下四方面工作。

一是大力推行清洁生产,积极打造生态工业园区,构建生态工业体系。清洁生产是企业内部防治工业污染和实现可持续发展的最佳模式,也是发展循环经济的基础和保障。为此,贵阳市积极培育清洁型生产企业,引导企业加强原料替代、工艺改进和产品设计,提高资源、能源利用率,实现废物排放"减量化",从而实现节能、降耗、增效。生态工业园区是在区域层面上实施循环经济的典型模式。

二是大力培植和发展废弃物再生利用、废旧物品调剂和资源回收产业,推进废弃物的资源化和再利用。贵阳市每年生产黄磷 12 万吨,由此产生的磷渣达 120 万吨、黄磷尾气达 3.6 亿立方米。大量的废弃物不仅没有经济效益,而且造成了严重的环境污染。引入循环经济理念和模式后,利用磷渣生产微晶玻璃、硅钙肥和水泥等产品,利用净化后的黄磷尾气生产甲酸、甲醇等化工原料,既消化了废弃物,又通过产业链、生态链的构建,增加了经济效益。

三是发展生态农业产业体系,推动传统农业向生态农业转变。生态农业循环体系是循环经济产业体系的重要组成部分。贵阳市遵循"整体、协调、循环、再生"的原则,积极构建生态农业循环体系,逐步实现农业产业结构合理化、生产技术生态化、生产过程清洁化、生产产品无害化。

四是大力发展以生态旅游、绿色商贸、绿色物流为重点的生态服务业。加快传统服务业向生态服务业转型,以引进世界 500 强榜首企业沃尔玛为代表,培育和发展了一批具有市场竞争能力、经营规模合理、技术装备水平较高、生态效益明显的连锁企业和生态物流企业,促进旅游业、社区服务业、现代金融保险业、信息服务业成为生态服务业中的主导产业。

三、把循环经济理念落实到生态人居环境的建设中

一是把发展循环经济落实到"蓝天"工程中。贵阳市坐落于半封闭的山间盆地中,大气扩散能力差、环境容量低。过去的能源结构以含硫量高达 1.5%~4%的高硫煤为主,大气污染物排放量大,酸雨出现频率占全年降水的 21%,贵阳一度成为全国 3 个酸雨最严重的城市之一。为改善大气环境质量,贵阳市启动了 5 个大气污染治理项目,并从改变能源结构入手全面实施清洁能源工程;将水泥厂、化工厂、电池厂等十多家污染大户搬出市区,严令全市四百多家企业限期改造,全部实现烟尘达标排放;取缔了两万多个街头燃煤炉灶,

推广使用煤气、液化气等清洁燃料。通过这些措施，贵阳市的大气污染浓度大幅度下降，空气质量得到明显改善，从全国酸雨最严重的城市变成全国六百多个城市中环境综合质量评比排名第28位的城市。

二是把发展循环经济落实到"碧水"工程中。南明河是贵阳的母亲河，20世纪末，每天有45万吨污水和工业废水直接排入南明河中，母亲河成了污水沟、臭水沟。从2001年起，贵阳举全市之力实施南明河三年变清工程，先后投入资金22亿元，对南明河进行了环境综合整治，对沿河两岸207家排污单位和企业进行了排查治理，斩断了污水源头。治理后，南明河的水质由五类变为四类，各项指标基本达到国家规定的水环境值。南明河从整治前的臭水沟变成了市民休闲、垂钓的好去处，成为贵阳的一道亮丽风景线。

三是把发展循环经济落实到"绿色"工程中。贵阳人民喜爱造林的历史由来已久。从20世纪50年代开始，历经几代贵阳人的艰苦奋斗，建成了一条长70公里、宽1~7公里、总面积13.6万亩的第一环城林带。从2002年起，按照"三年打基础、五年见成效"的目标，开始建设长304公里、宽5~13公里、总面积达132万亩的第二环城林带。如今，贵阳市初步形成了以环城林带为依托，以风景林地为基础，以干道绿化为骨架，公园、广场、河流、社区、庭院各种绿地相互交融，点、线、面协调发展的城市森林系统。2004年，首届中国森林城市论坛在贵阳举行，贵阳市被授予全国首个"国家森林城市"称号。

四、努力构建发展循环经济的保障体系

首先，建立健全政策法规体系，为发展循环经济提供法治保证。作为对传统经济发展模式的突破和创新，循环经济建设周期长、难度大、涉及面广。因此，必须通过立法来规范政府、企业、公众的行为，通过严格执法来推动和实施，做到有章可循、有法可依。

其次，形成多元化的投入机制，为发展循环经济提供资金保障。发展循环经济作为一种经济增长方式的变革，没有大量的投入是不可能强力推进的。为此，贵阳市在不断加大财政投入的同时，充分运用市场手段积极运作资金，初步形成多元化、多渠道的投入机制。

最后，加强与高等院校和科研机构的战略合作，为发展循环经济提供技术和智力支持。循环经济作为一种新型的、先进的经济模式，对科技和人才有着更高的需求，从技术层面上讲，需要构建以替代技术、再利用技术、废弃物无害化处理技术、资源化技术和系统化技术为重点的循环经济技术支撑体系，开发降低能耗和物耗的新工艺，推广节能、节水、节材新技术等。从人才的层面上讲，当前循环经济方面的人才普遍匮乏，必须加强与高等院校、科研机构的合作，借外脑、外力推进循环经济的发展。发展循环经济伊始，贵阳市就与高等院校、科研机构建立了良好的科研合作关系。

上述便是对贵阳发展循环经济方面的一些主要做法和经验的介绍。当然，发展循环经济对某一个地区而言是一项长期、复杂、系统的工程，会牵扯到方方面面的问题，因此好的方法也不仅仅是用几点条条框框就能完全概括的，这还有待我们在具体研究中去发现。

（资料来源：连玉明. 中国城市30年[M]. 北京：中国时代经济出版社，2009. ）

第四节 城市经济增长与发展政策

城市经济增长作为一个价值判断问题,其增长方向、增长速度以及增长结构应当如何确定?这需要通过城市经济增长与发展的目标和政策来回答。

一、城市经济增长与发展的目标模式

城市经济学家们在制定城市经济增长和发展政策时一般追求两个目标:资源配置的帕累托最优与社会福利的公平化。

(一)资源配置的帕累托最优

主流城市经济学家普遍认为,帕累托最优是用来衡量城市范围内的资源是否实现了优化配置的重要标准,大多数城市经济发展政策都是要努力让现有的城市资源配置趋向于帕累托最优的水平。假设在一个只有一个城市的社会里,城市政府要对有限的城市资源做两种性质不同的分配:用于当前扩建城市的投资和用于研究城市环境保护以实现城市的可持续发展。前者是当期的生产行为;后者是长期的投资行为。现在假设城市政府每年研制的环境保护措施能够使未来每一年都能持续获得 Δx 的城市产出流,而这样做的机会成本是,如果用环保费用去扩建城市,可以获得 ΔX 的当期产出,因此,城市报酬率是 $\Delta x/\Delta X$,图 3-5 中的 XX 线表明了这个跨期替代的过程。

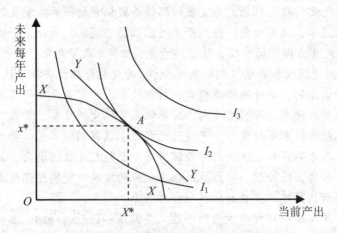

图 3-5 城市生产的帕累托最优分析

定义城市效用函数为

$$U=U(X,x) \tag{3-39}$$

式中，X 是当期产出，x 是未来的产出。在图 3-5 中，XX 线表明城市的资源潜力。I_1、I_2、I_3 曲线从城市的生产主体看，是一组效用曲线或福利函数，根据生产者行为理论，城市必然选择 A 点来确定其生产行为，以使资源利用达到最大效率；而从消费主体看，则是一组无差异曲线簇，根据消费者行为理论，城市将会选择 A 点来确定其消费行为，因为这个决策可以使得城市的投资报酬率（生产的边际替代率）$\Delta x/\Delta X$ 和最高的那个无差异曲线相切（图 3-5 中的 YY 线），从而实现有效率的城市投资活动。

如果把这个单个城市经济拓展到整个城市体系的市场经济的情况，那么，城市现在不再是自给自足的独立经济单位，城市把自己的生产品拿到市场上去出售以获得收入，并进一步用所获收入去购买其他产品。这时，城市最优行为将遵循 $\Delta z/\Delta Z=MRS$ 的原则，z 是放弃当期收入 Z 后所获得的持续性未来收入，MRS 是城市效用函数的边际替代率。对于市场中众多的生产者而言，他们都要面临同样的选择，即如何将资源或时间合理配置在投资将来或者生产当期就能被消费掉的产品。在此基础上，他们还要决定需要使用多少当期收入来消费，进而可以把多余的钱借给那些愿意牺牲当期消费并投资未来的人。因此，就需要在借贷市场上融通资金。在这个市场上，拥有良好投资机会的生产者愿意为得到投资所需的资金而支付利息。利息率越高，他们对借贷资金的需求 DD 就越小；相反，借贷资金的供给 SS 是利息率的增函数，两者相交于 B 点，从而决定了均衡利息率水平和货币借贷量 m^*。这样，城市可以把部分收入用于投资并获得持续回报 $\Delta z/\Delta Z$，或者把它借出去以获得利息 r^*，这意味着：$\Delta z/\Delta Z=r^*=MRS$。换句话说，城市投资的未来回报必须等于其在借贷市场所能得到的利息。在这个均衡条件下，经济中每个人具有相同的收入边际替代率，它们在数值上等于市场利息率。可见，完全竞争市场经济使得每个人投资未来的收益和当期收入的边际替代率完全相同，就实现了资源配置的帕累托最优。可是，这种完全市场经济配置资源的结果往往会因为垄断、公共产品、外部性和信息不对称的影响而出现低效率。所以将帕累托最优效率设立为城市经济增长的目标模式，就是要努力改善这些市场失灵导致的低效率情况。

（二）社会福利的公平化

城市经济学家在强调经济增长的同时，也提出了衡量社会福利水平的各种方法，因为良好的经济增长必须实现社会公平才具有社会意义，如果增长的收益只为部分人所得，不能为全体城市居民造福，就没有达到城市经济增长的目的。

假设城市社会由 n 个人组成，U 是每个人的效用，社会福利函数可以被定义为

$$S=S(U_1,U_2,U_3,\cdots,U_n)$$

社会福利函数的具体表达式有多种，根据福利经济学的分析，帕累托最优只是社会福利最大化的必要条件，社会福利最大化的充分条件依托于不同社会福利的价值标准。例如庇古标准、卡尔多-希克斯的补偿检验法则标准、西托夫斯基的补偿检验标准、李特尔标准等。一种考虑权重的社会福利函数反映了对各个社会层次的人们的社会福利的不同要求，即

$$S=b_1U_1+b_2U_2+b_3U_3+\cdots+b_nU_n$$

但是，城市经济学家认为，合理的社会福利函数必须依赖于那些福利最低的人的处境得到改善，例如罗尔斯（Rawls，1971）认为

$$T(U_1,U_2,\cdots,U_k)=\min(U_1,U_2,\cdots,U_k)$$

罗尔斯设想社会中的每个成员都会对某个状态产生一致的意见。这个状态指的是社会中的每个人不需要特殊的知识就一同达成的共识，而社会中的理性人不会预先赞同一个将会使得其利益受损从而提升他人利益的社会福利函数，相反，他们会根据最坏情况排列的最大化来进行选择，当然这种行为主要适合于那些风险规避型的人。这里需要注意的是，在罗尔斯主义的模型框架下，社会契约并没有要求每个人的最终福利完全相同，而是强调要在最大原理的基础上实现每个人权利和机会的等同化。米尔（Mier，1993）把罗尔斯的思想引入了对城市经济发展的研究中，同时，作为城市发展的规划者，他努力把城市发展政策的核心思想定位为"帮助那些福利最低下的人"，并取得了成功。

综上所述，城市经济增长的目标既要在当前消费和未来投资的权衡中体现资源配置的效率，又要在满足最大多数人的需要上体现社会福利，这一目标的实现不能依赖自由市场机制，需要城市政府制定经济增长政策。

二、城市经济增长和发展政策

城市经济增长和发展政策是使城市经济围绕其目标而实现城市经济增长的管理手段，它对城市经济的增长效果有重要影响。推动城市经济增长的政策方法很多，这里从产业政策、要素投入和收益政策及公共环境政策三个方面介绍城市经济增长和发展的推动政策。

（一）城市输出部门和地方化部门的产业政策

城市输出部门是城市经济增长的重要源泉，因此，城市发展政策的决策者应该努力寻找到那些具有发展潜力的城市输出产品的生产部门，并为这些部门的发展制定产业政策。

（1）确定城市基础部门。城市基础部门的经济特征一般表现在：① 输出产品的产值占本市总产出的比重很大；② 较多地采用本地投入品，增长乘数和产业关联度高；③ 较高的边际输入倾向转化为输出产品；④ 在全国具有较高的收入弹性。城市增长政策制定者要搜集足够的资料研究哪些产业具有这样的特征。

（2）制定扶持城市基础部门的产业政策。城市基础部门是城市发展的支柱，它要带动城市经济高速增长和全面发展。城市政府要在国家总体产业政策的指导下，研究采用哪些政策措施能够有效扶持和使用于城市基础部门，确定本市产业政策重点，同时通过地方财政税收政策、信贷政策、资源政策及收益政策等扶持城市基础部门的发展。

（3）发展城市地方化部门的政策。地方化部门是城市经济增长的重要依托性力量，它的作用主要在于：① 为城市基础部门提供中间产品；② 为城市的各种生产活动提供配

套产品和生产性服务；③ 为城市居民提供各种生活性、发展性和享受性的服务。使本地的一般需求尽可能实现地方化，是现代经济发展的特点之一，城市政府要努力扶持产品本地化，可以在税收、信贷、资源和收益等政策上采取有针对性的政策措施，发展本地产业。

（4）培育产业集群。城市产业集群往往由城市基础部门吸引它的上游和下游的产品，以及集聚经济原因形成的本行业规模扩大而导致，它是现代区域性发展的主要原因。城市政府应当根据本地条件，积极培育产业集群，主要做法是：① 积极促进本地主导产业的中间产品本地化，实现其与上游产品的产业链锁，主导产业不是支柱产业，发展主导产业和其中间投入品，是产业集聚的基本途径；② 以优惠措施吸引城市域外与本城市基础部门类同的产业进入本市，以扩大本地基础产业规模，形成产业集群；③ 支持本地各种技术进步和新产品开发，以核心性产品的开发牵出系列产品群，实现创新性产业集群。

（二）城市经济增长的要素投入和收益政策

城市经济增长依存于要素投入和投入的积极性。这种积极性与要素报酬政策密切相关。

（1）城市劳动力投入及其报酬政策。在劳动生产率一定的情况下，劳动力持续稳定地增长是城市经济增长的重要动力，而城市劳动力供给的基本来源之一是外部劳动力的流入。现在很多研究表明，更大的劳动力转移将会促使城市对劳动力的需求进一步提升，故城市政府应制定促使劳动力合理流动和充分利用的政策。例如，防止劳动力歧视政策、同工同酬保证政策、最低工资政策等，使城市经常性地保持着吸收就业的经济增长活力。同时，政府要提供劳动力的公共培训，提高劳动者的人力资本，使劳动者素质不断提高，促进城市经济增长。

（2）城市资本投入及其报酬政策。持续的资本投入是支撑城市经济长期增长的重要条件。我国城市政府一般应考虑如下一些资本利用和开发政策：① 积极促进私人投资的政策。我国城市私人资本总体投资不足，很多城市私人资本往往没有实现充分利用。为此，城市政府应采取引导私人资本流向的政策。例如，实行税收减免、投资补助及对中小企业的扶助计划都会对地方经济增长与发展产生显著影响。② 稳定中央政府和地方政府的公共投资政策。公共投资是政府责无旁贷的社会责任，在实际工作中，政府应兼顾城市大型机场、高速公路和运输管通等高投资项目与对现有投资存量维护、保证城市居民基本生活需要项目之间的关系。城市政府应寻找社会公益性强烈和回报率高的项目。③ 完善城市资金市场，广泛利用社会闲散资金从事城市建设。最主要的是疏通城市融资渠道，保证社会资金的市场流通，使投资人安全地获得市场收益，并能吸引更多资金，提高资金使用效率。

（3）城市经济增长的技术进步政策。技术进步是促进城市经济增长的根本性机制，城市政府应积极实施促进城市技术进步的经济政策：① 知识创新政策。很多发达国家在快速城市化过程中，城市政府往往制定大量政策鼓励技术进步，他们对高校和研究机构的基础性和应用性研究提供各类资金支持。② 中小企业技术进步政策。城市中小企业技开发能力薄弱,但在城市经济增长中具有重要作用。为此城市政府应尽可能鼓励和帮助他们采用先进技术,提供政策扶持,如优惠技术贷款、提供公共实验室、一般技术的公共供给等。③ 技术开发和生产关联政策。技术开发往往和本地区重要产业有紧密联系,一些美国的实证研究表明,高校研发中心的发展和美国6个部门的地方化增长呈现显著的正相关关系。因此,城市地方政府订立重要的技术开发和生产关联政策对支持本地经济增长有很大作用。

（4）城市发展创新和企业家精神政策。城市内部有活力的新兴产业发展需要富有创新精神的企业家及其风险投资行为,因此,城市政府应采用一些降低和分散投资风险的政策措施来鼓励企业创业。

（三）城市经济增长的公共环境政策

它是指城市的自然环境、文化和公共品（或者统称为"社会适宜度"）供给的状态,它是决定一个城市经济增长的重要因素。随着技术进步,生产摆脱了以往的资源、地理、气候、运输等约束条件,很多工业企业选址都逐步摆脱了传统意义上的资源、中间投入品或市场导向的特点,转而关注企业发展的社会环境。因此,拥有一个比较理想的"社会适宜程度"的城市可以让该地区企业更容易雇用到有能力的劳动力。但是,到目前为止,很少有实证研究确切地估计了不同社会适宜程度对当地经济增长的影响。我国目前完善城市经济增长的公共服务环境是城市发展的重要方面,对此城市政府可采取如下一些政策。

（1）城市投资环境的建设,主要指投资的硬环境和软环境。硬环境是城市资源、自然环境及其基础设施和服务的功能状态。每一个城市都有其区位特点,城市政府应充分发挥本地硬环境的潜力,结合本地环境状况进行基础设施建设和提供优质的基础设施服务。软环境主要指城市市场发育水平和政府公共服务水平。城市市场发育水平将直接影响商务活动的效率,特别是要素市场的水平,直接影响投资者的决策。城市政府应通过完善市场建设,保证要素市场的功能。城市政府公共服务的水平也是影响投资者决策的重要因素,为此,提高政府自身建设将对城市经济增长有重要的促进作用。

（2）商业孵化环境的建设,指适宜于创新发展的社会环境。目前世界各地很多城市政府都在营造一种催生有能力企业家的商业孵化气氛。商业孵化氛围有多种形式。多数情况下,是一些高校通过直接兴办技术和商业开发区来促使新技术或商务活动的发展,其目的是想借助学校研究人员的力量更快地把技术和科学发现转化为市场化产品。现在,有关技术和商业开发区的案例研究非常之多,但一个成功的商业孵化基地背后究竟是哪些因素起决定作用,还是需要深入探讨的问题。城市政府应在这方面不断地总结经验。

（3）城市经济增长的公共服务政策。城市经济增长需要大量公共服务,如供水、供电、通信等公共企业服务和办理各种手续的政府服务。这些服务过去在我国一直是由政府直接提供,随着市场机制的完善,这些功能可以逐步地过渡到民间公共企业和各种中介咨询机构,政府则主要以法律为依据对这些活动实行监督管理。为此,要实施一些旨在提高效率的、促进城市经济增长的民间的公共供给政策。

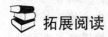拓展阅读

德国：鲁尔区转型有道

位于德国北威州中部的鲁尔区曾经是、现在仍是世界上最大的工业区，面积4 970平方公里，人口550万。它同时也是全欧洲人口密度最大的地区之一。它因莱茵河的支流鲁尔区蜿蜒穿过而得名。

20世纪50年代至60年代初，由于石油和核能运用所带来的能源消费结构的变化，使得煤炭的需求量下降；马克升值、欧共体内钢铁生产的配额限制等原因，使德国钢铁生产不得不向欧洲以外的子公司转移，钢铁业也开始走向衰落。伴随着主导产业的衰退而出现的就业岗位锐减等经济和社会问题，使鲁尔区陷入了结构性危机之中。面对危机，德国政府审时度势，自20世纪60年代末着手开展鲁尔区经济结构的转型工作。德国政府不仅前瞻性地制定了多个调整产业结构的指导方案，而且在计划实施的过程中提供了大量的优惠政策和财政补贴，并设立了地区发展委员会等专门机构，充分发挥政府机构、工会、各行业协会的不同作用，群策群力，积极推动鲁尔区的产业结构调整工作。

三十多年的产业结构调整，使这里发生了翻天覆地的变化：原有的两百多座煤矿减至今天的15座，煤矿工人从62万减少到5.3万；钢铁厂从26个减少到4个，从业人员也从35万下降至7.5万，而服务业和其他新兴产业却蓬勃发展，取代煤钢成为当地的支柱产业。其中服务业就吸引了该地区64%的从业人员，总人数高达95万。

林立的烟囱，废弃的井架和高炉，经过多年的整治，也已陆续变成了农田、绿地、商业区、住宅区、展览馆等，并以其优惠的政策和完善的基础设施吸引了国内外的大量投资。

为了详细了解鲁尔区经济结构转型的思路及其成功的做法，记者近日采访了德国北威州经济部的有关人士。归纳起来，鲁尔区的经济结构转型在不同的阶段大体上采取了以下三个步骤。

一、清理改造传统产业 初步完善基础设施

1968年，北威州政府出台了第一个产业结构调整方案"鲁尔发展纲要"。该计划重点采取了对矿区进行清理整顿、将采煤业集中到盈利多和机械化水平高的大矿井、调整企业的产品结构、提高产品技术含量等措施来拯救老企业，类似于我国的"关、停、并、转"。

尽管由于成本过高，德国煤炭、钢铁业日渐缺乏竞争力和生存能力，但德国政府并没有因此而将它们放弃，而是采取了一系列的优惠政策。这一方面是出于自身能源安全等方面的战略考虑；另一方面也是为了维护社会稳定，减少失业压力。

以煤炭行业为例，德国政府制定的优惠政策主要有：（1）价格补贴。这是煤炭政策的核心部分。1996—1998年，联邦政府给予主营煤炭业的鲁尔集团的补贴分别为104亿、

97亿和85亿马克。（2）税收优惠。对煤炭公司所得税予以退还、豁免或扣除，还允许煤炭企业加速折旧，促进生产合理化。（3）投资补贴。对煤矿生产合理化、提高劳动生产率和安排转岗人员等提供多种补助。（4）政府收购。为保障煤炭供应，政府收购一定数量的煤炭作为储备。此外，政府还提供贷款，建立"国家煤炭储备"，支持煤炭工业的生产和销售。（5）矿工补贴。主要是退休金补贴。（6）限制进口。（7）环保资助。为治理矿区环境提供资助，一般由州政府负担1/3，联邦政府负担2/3。（8）研究与发展补助。

在政府的大力扶持下，煤炭行业一方面千方百计地进行生产，并通过国内生产，研发居于世界领先水平的煤炭生产技术和设备，保持技术和设备输出的优势，另一方面积极开拓国际市场。

此外，各级政府还通过投入大量资金来改善当地的交通基础设施、兴建和扩建高校和科研机构、集中整治土地等措施，为鲁尔区下一步的发展奠定必要的基础。通过"造地复田""复垦绿地"以及综合利用等方式，鲁尔区许多报废的矿井得到了重新修整，大都成为传统教育或培训实习的基地。环保如今已成为鲁尔区的六大支柱产业之一。

二、吸引资金和技术 大力扶持新兴产业

1979年，联邦政府与各级地方政府及工业协会、工会等有关方面联合制订的"鲁尔行动计划"在继续加大前一阶段改善基础设施和矿冶工业现代化努力的同时，有意识地通过提供经济和技术方面的资助，逐步在当地发展新兴产业，以掌握结构调整的主导权。为优化投资结构，北威州规定，凡是生物技术等新兴产业的企业在当地落户，将给予大型企业投资者28%、小型企业投资者18%的经济补贴。因此，虽然与欧洲其他国家相比，德国在这方面起步较晚，但2000年，德国已拥有330家左右的生物技术企业，其中1/3落户在北威州。

联邦政府也特别重视创新企业的发展，尤其是对于生物技术、信息和环保技术以及科技型企业予以政策上的支持。1972年至1980年先后为3.5万个新投资项目提供了890亿马克的经济补贴，创造了66万个工作岗位。

优惠的政策，加上强有力的扶持措施，使得信息、电信生物技术等"新经济"工业在鲁尔区的发展速度远远领先于德国其他地区。统计数据显示，目前北威州从事数据处理、软件及信息服务的企业就超过11万家，电信公司380多家，其中的绝大多数位于鲁尔区内。

德国中小企业众多，被称为德国经济的脊梁。鲁尔区在产业结构调整的过程中，也十分重视扶持那些有创新能力的中小企业，不断加大对中小企业科研和开发的支持力度。政府制定了鼓励向中小科技企业进行风险投资的计划以及联合研究和创新网络计划，促进和加强中小企业与科研机构的合作。中小企业凭借自身较强的应变能力，在发展壮大的同时，也为安置鲁尔区转型过程中出现的大量失业人员做出了贡献。

三、因地制宜 实现产业结构的多样化

为充分调动有关各方的积极性和创造性，德国政府1989年制定了《矿冶地区未来动

议》。近年来又着手实施《欧盟与北威州联合计划》，其特点是充分发挥鲁尔区内不同地区的区域优势，在不同地区形成各具特色的优势行业，实现产业结构的多样化。例如，多特蒙德依托众多的高校和科研机构，大力发展软件业；杜伊斯堡发挥其港口优势，成为贸易中心；埃森市则凭借其广阔的森林和湖泊，成为当地的休闲和服务中心。埃森市的"鲁尔文化基金会"收藏了鲁尔区工业发展史图片资料48万张，每年可吸引近500万的游客前来参观。此外，当地民众还充分发挥想象力和创造性，将废弃的矿井和炼钢厂改造成博物馆，将废弃的煤渣山改造成室内滑雪场，甚至还利用废弃的煤气罐、矿井等开发出了一条别具特色的旅游路线。

北威州经济部人士最后表示，在政府和社会方方面面政策、资金和技术等的扶持下，经过三十多年的努力，鲁尔区目前已从"炼钢中心"逐步变成了一个炼钢等传统产业与信息技术、生物技术等"新经济"产业相结合、多种行业协调发展的新经济区，产业结构调整取得了明显的成效，但这一进程还远未结束。进一步调整和优化产业结构仍然是该地区今后所面临的主要挑战。

（资料来源：戎昌海. 德国：鲁尔区转型有道[J]. 瞭望, 2002 (36).)

 **本章小结**

1. 城市经济增长是指城市经济的动态演化过程，包括社会产品和生产能力增长两种内涵，可分别以城市国民收入和就业量两个指标衡量。

2. 城市经济增长理论的发展，其思想源泉可以追溯到亚当·斯密的《国富论》。经过哈罗德—多马经济增长模型、索洛—斯旺模型的发展后，有了收益递增的再发现，接着是经济增长理论的新发展。

3. 城市经济增长模型包括需求指向模型、供给基础模型和投入产出模型。需求指向模型研究来自城市域外的市场需求对城市经济增长的动力和机制作用，主要包括城市基础部门模型和凯恩斯城市经济增长模型；供给基础模型研究城市资源和要素生产能力引发城市增长现象的内在机制，主要包括新古典和积累因果效应的增长模型；投入产出模型将需求和供给两种角度结合起来，研究城市增长中的部门作用和要素作用。

4. 城市经济增长也就是产出的增加，可通过两种方式来实现：一是各种要素投入的增加，包括劳动力、资金等要素的增加；二是要素生产率的提高。

5. 城市经济增长的基础条件主要包括：先进的技术条件和现代工业形式、完善的金融贸易系统、高效的服务系统、合理的城市经济结构。

6. 城市经济增长的限制因素：城市自然地理位置和资源条件的限制、区域经济发展的限制、聚集经济负效益的限制、城市经济与国民经济相关的程度、国家城市发展政策的限制。城市经济增长的其他因素：城市经济与国家经济的关系、城市经济结构与国家经济结构的关系、城市经济的专业化程度、城市经济的灵活适应性。

7. 城市经济发展是指以城市结构转换为标志的城市经济质量提高和城市社会经济体制结构转换的进程。其实质是，越来越多的人口进入城市，不但参与利益的生产，同时参与利益的分配，共享城市经济增长的成果。

8. 科学的发展观是坚持以人为本，全面、协调、可持续的发展观。

9. 城市产业结构是指一定质量、一定数量和一定序列的产品部门的组合，反映城市经济的增长和发展的高度。城市产业结构包括多种产业分类，包括基础产业与非基础产业的分类、三次产业分类、要素投入分类和主次产业分类。

10. 城市经济增长和发展政策一般追求两个目标：资源配置的帕累托最优与社会福利的公平化。

11. 城市经济增长和发展的政策对城市经济增长效果有重要影响，主要包括城市输出部门和地方化部门的产业政策，城市经济增长的要素投入和收益政策以及城市经济增长的公共环境政策。

 思考与讨论

1. 从促进城市经济增长和发展的目的出发，城市政府应当如何建设公共环境？它包括哪些内容？我国目前应侧重于制定哪些方面的政策？

2. 以具体事例比较城市输出部门和地方化部门产业政策的不同，分析促进二者经济增长的不同目标。

3. 你能否用所学的古典城市增长理论量化各种因素对你居住的城市发展的贡献？

4. 对于制定促进城市经济增长的产业政策，你有什么建议？请分析某一个具体城市，说明产业政策对该城市经济增长的作用。

第四章 城市规模经济

 学习目标

　　城市化进程所形成的大小城市,构成了城市体系和城市区域。那么,从单个城市来看,城市会形成和应当形成多大规模,才能够获得规模经济?从一个区域来说,会形成和应当具有多少大城市、中城市和小城市所构成的城市体系,才能够获得整个区域的规模经济?哪些因素影响和决定了城市规模?城市规模的分布有没有规律性?政府应当制定怎样的城市规模政策?这些都是关系到城市化效益的重要问题,也是本章讨论与学习的重点内容,它对于后发国家的城市化进程有重要的指导意义。

第一节 城市规模经济与适度规模

一、城市规模的形成

　　城市规模表现在人口和用地两个方面,两者之比可用城市人口密度或人均占地面积来反映。不同区位条件的规模经济作用,使得城市形成了大、中、小的不同规模。
　　一般来说,城市用地规模与人口规模呈正相关关系,但是,不同地区的城市,同样的人口规模,用地规模差异很大。由于城市社会经济问题主要是在人口规模上表现出来,所以这里用城市人口规模来表现城市规模。

　　(一)国内外城市规模理论研究

　　城市规模是一个综合概念,包括人口规模、用地规模、经济规模、基础设施规模等,但人口规模和用地规模是基础,是城市规模研究的主要对象。
　　多大的城市规模是合理的,这是一个长期令学术界和实际工作者都感到困惑的问题。许多学者曾经从经济学、地理学、人口学到城市规划等多学科、多角度进行了大量的研究,但都未能取得普遍认可的结论。
　　1. 关于城市最佳规模(合理规模)
　　古代哲学家就认为,极小聚落的不足、庞大聚落的压抑和混乱,及其发展与衰落的剧痛,这些都说明了一个道理,即一个城市就像一个生物体,有一个适当的规模,在那个规模上它就会平稳发展。①

---

① 凯文,林奇. 城市形态[M]. 林庆怡,等,译. 北京:华夏出版社,2001.

现代经济学认为，城市是人口和生产从分散走向集中的产物，城市具有集聚效益。作为各类生产要素高度集聚的场所，发生在这个空间系统中的经济活动应该具有更高的效率。城市规模的扩大，带来递增的经济收益，城市因此可以拥有更好的基础设施条件，可以提供更完善的生产服务，进而形成更大规模的市场，并且在技术、知识、信息、人力资本这些方面都会产生更明显的溢出效应，带动周边地区的经济发展。

但是，城市的发展受到资源和环境等外在条件的限制，而且城市自身发展也不是越大越好。城市规模的扩大，除了边际收益递减外，还带来居住拥挤、交通堵塞、环境污染、犯罪率上升等问题，同时，城市规模扩大，政府必然要进行巨额基础设施投资，用于公共交通、公共设施、污染治理、治安管理以及城市管理，这些城市的外部成本也随着城市规模的扩大而增加。因此，城市规模不能"没有极限地增长"。20 世纪 60 年代，经济学家提出"最佳城市规模"（Optimal City Size），认为城市的规模一旦超过一定的限度，物质要素的增长反而将带来集聚效应的下降。从理论上说，当城市集聚收益与外部成本之差最大时，城市就处在最佳规模或者合理规模上（见图 4-1）。这就是经济学对于城市最佳规模或合理规模的解释。但是由于影响城市发展的变量因素太多，收益和成本之差的最大点，也就是最佳规模（合理规模）值，却是经济学的简单模型所无法确定的。

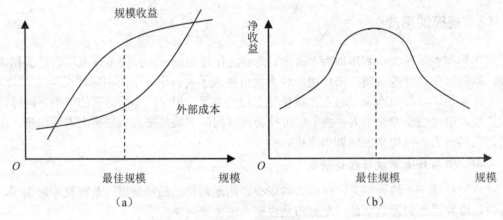

图 4-1 最佳规模

也有一些学者表示了不同看法。理查德森（Richardson）在 1972 年提出，关于最佳城市规模的传统理论与现实存在矛盾，因为它没有充分考虑其他能够解释城市集聚经济的因素。根据不同城市的功能和结构，它们的规模有效范围很可能变化极大；Henderson 和 Camagni 提出，城市拥有不同的功能和专业特点，新古典方法在经济计量分析中用同一个城市生产函数来估计所有城市的最佳规模必定受限；一些学者认为，最佳城市规模没有考虑城市所处的空间背景；一些学者通过运用"城市生命周期"理论来充实最佳城市规模理论的静态框架；网络城市理论则认为，在现实世界中，城市规模并不总是与功能特征相联系的。在大的城市中心,规模并非要素生产力与集聚经济的唯一决定因素,高等级的城市功能以及城市体系网络的整合同样可以对城市的规模产生重要的影响,即使在小城市,这些因素也都可能帮助其获得规模经济。

对于经济学家用那些能被转换为常见指标的可量化因素,并应用均衡概念和一个理想市场中的知情选择概念分析得出最佳规模或者合理规模的方式,一些学者认为,这种方式很少注意城市中那些不能被转为量化经济指标的社会价值和个人价值(如感受),是将一个城市与另一个城市简单地当成存在竞争关系的公司对待。如果要把这种最佳规模算作某种普遍性理论的一部分,它们必定会导致某一最佳的普遍方法,但是至今没有人能提出这样一种方法。

一些学者进一步提出,如果能找出最佳规模的准则,它的出现形式很可能是一个系列的规模,这些规模适合于不同的功能,以及适合于居住者对诸如个性、可通达性和控制管理等方面的不同偏好。也有学者提出,即便对于单个城市而言,也没有一个规模是最优的,这里存在一系列的阈值,当城市规模超过那些阈值时,某些主要的利益和成本就会与规模大小发生冲突,在规模扩大到下一个阈值以前,成本保持稳定。了解了这些阈值,相关的政策应设法使城市规模保持在这些阈值下,或者说,如果无法抑制城市的扩展,就迅速越过这些阈值。

2. 关于城市有效规模

除了最佳规模(合理规模)的概念外,Capello 和 Camagni 在 2000 年提出了"有效规模"(Efficient City Size)的概念,认为除了规模之外,城市的产业特征及其与外界的联系程度同样是关系到城市良性成长的重要因素。他们以 58 座意大利城市为对象,分析得出了在不同的规模级别、产业特征、对外联系程度下,城市规模变化所带来的正负效应改变,总结出了一些有说服力的规律。

在此研究中,城市被视为由三类环境构成:物质环境(自然的和人造的)、经济环境和社会环境,每一类环境都会引发优势和劣势,即效益与成本。经济与社会环境的交互作用引发特定的正向和负向外部效应。对于城市集聚经济与不经济的度量采用计量经济模型,对效益、成本方程进行拟合,得出不同的城市规模等级、不同的功能类型、不同的网络整合程度三个特定环境下的城市效益与负载的规模弹性。结论表明,最佳城市规模理论依然有效,城市效益随规模增加经历由增到减的过程,城市负载曲线则表现为由减到升;较高层次的产业特征可以带来更多的城市效益,负载的变化随着高等级职能比重的上升经历着逐渐趋缓的上升过程,因为高等级职能更加重视环境问题。

这项研究表明,对城市规模做单方面的有效性评价是不够的,城市的专业化水平和城市体系的网络整合程度同样不可忽视。规模经济在一定的城市尺度下转变为规模不经济,这就需要在结构上转换来提高城市功能的级别;城市的对外能量交换能力成为影响城市人口容量的重要因素，一个城市甚至有可能依靠网络资源超越本身物质资源的限制。

3. 我国学者的研究成果

城市规模问题一直是改革开放后我国城镇化道路研究和争论过程中的核心问题之一。自郭凡生撰文提出城市规模问题以来，20世纪80年代中期，南京大学开展了城市合理规模的研究。他们认为，城市发展的合理规模应符合城市人口增长的自然规律与经济规律，能够使城市各方面活动做到低消耗、高效率，为生产发展和居民活动提供方便与良好的条件和环境，并取得良好的经济效果、社会效果和生态环境效果。

之后，经济学家和地理学家做过一些城市规模与经济效益的统计分析。周一星的研究结论表明，城市经济效益与城市的规模等级呈正相关关系；杨益生在2001年对中国城市的各种规模级的人均GDP统计也证明了这一点；饶会林曾论证过大城市规模效益优于小城镇，房维中、范存仁和王小鲁的大城市规模效益研究也得出了同样观点。

王小鲁等建立了一个度量城市经济的规模收益和外部成本的模型方法，用全国所有660个城市在1989—1996年期间的数据，推导出规模收益函数和城市规模有关的外部成本函数，得出了以下结论。

以市区非农业人口计，大约拥有100万~400万人口的城市的净规模收益都足够大，约占GDP的17%~19%，大约在200万人口这点上净规模收益达到最大点；低于10万人和超过1 200万人的城市，其净规模收益为负数。虽然这是一个在统计意义上成立的模拟结果，不过，可能是目前唯一对我国城市合理规模研究得出明确数量结论的研究。

城市规模效益的各种分析和论证源于学术界对我国解放后长期以来控制城市规模，尤其是严格控制大城市规模政策的反思。在这些论证之后，对于哪类城市规模效益最优，以及城市的合理规模究竟是多大这样的理论问题仍然没有共同的结论。以上研究只是突出了城市的工业效益或经济效益，对城市综合效益，特别是社会、心理等方面的研究则面临方法论的困难。但是，从以上的理论和实证研究可以看出，不存在一个对所有城市都适用的合理规模指标，可持续发展的城市的规模，也可以说城市的相对合理规模必定是适应城市自身的自然、经济、社会条件，在一定时期的技术水平和生态环境承载力基础上最大限度满足并促进城市的发展和功能提升的规模。

（二）中国城市人口规模

1. 我国城市规模方针及其演变

新中国成立后的相当一段时期，我们对于城镇化、城市发展、大城市发展的认识和实践都经历了艰苦的探索。改革开放以来，城镇化和城市发展的重要性逐渐得到广泛认同。但是，对于城市规模问题仍存在不同看法，分歧十分明显。1978年，中央第三次城市工作会议提出的城市发展方针是：控制大城市规模，多搞小城镇。到1980年，国务院在批转全国城市规划工作会议纪要的文件中指出，我国的城市发展方针是：控制大城市规模，合理发展中等城市，积极发展小城市。1989年，"严格控制大城市规模，合理发展中等城市和小城市"的方针被写入《中华人民共和国城市规划法》。进入20世纪80年代以后的十多年间，理论界曾有过数次关于不同规模等级城市在我国城市化进程中是否是重点的争论。

尽管我国实施了控制大城市的方针，但大城市尤其是特大城市的发展在改革开放后并没有因此受到抑制。事实上，大城市的发展对全国的改革开放和发展起到了十分关键的带动作用。我国的实践也印证了被世界广泛认同的观点，即城市规模与制定政策关系不大。我国学者周一星教授也曾提出"中国城市的经济效益与城市规模之间只是一种弱相关关系，城市经济效益主要不决定于城市规模大小"的观点。几十年来，我们已经初步得出了"城市规模不能作为城市发展方针制定的依据"这样的结论。

在对规模政策进行激烈争论的同时，一些学者跳出了城市规模单一取向的框框，认为不存在统一的能够被普遍接受的最佳城市规模，城镇体系永远是由大中小各级城镇组成的；各级城市都有发展的客观要求，因此应当提倡"多元发展"的城市化方针，这种观点逐渐为越来越多的学者所认同。

随着改革开放的深化和经济社会的进一步发展，2001年通过的《国民经济和社会发展第十个五年计划纲要》（以下简称《纲要》）把推进城镇化提升为国家战略，并正式提出新的城市发展方针。《纲要》指出，"推进城镇化要遵循客观规律，与经济发展水平和市场发育程度相适应，循序渐进，走符合我国国情、大中小城市和小城镇协调发展的多样化城镇化道路，逐步形成合理的城镇体系。有重点地发展小城镇，积极发展中小城市，完善区域性中心城市功能，发挥大城市的辐射带动作用，引导城镇密集区有序发展。"2002年，党的十六大报告在此基础上作了进一步的明确和完善，指出"要逐步提高城镇化水平，坚持大、中、小城市和小城镇协调发展，走中国特色的城镇化道路"。这个来之不易的结论是经过半个世纪的实践得出的，是在对城市规模政策的深刻总结的基础上提出的"协调发展论"。

2. 对城市规模政策的再认识

城市规模是一个相对的概念，区域的城镇体系总是由大、中、小城市和小城镇组成的，它们之间既有着不可替换的作用，又是不可分割的整体，要从国情和各地区情况出发，根据不同的发展阶段，确立各级城市发展的战略重点。例如，在城镇化中期发展阶段，应着力培育一批具有较强辐射功能的区域性中心城市，在城镇化发展的后期，要促进中心城市周边的区域整体发展，形成大、中、小城市与小城镇普遍发展，集聚与扩散机制相结合的城乡协调发展局面。

大、中、小城市和小城镇各有分工，各有不同的重要功能。不发展大中城市，就达不到规模经济的要求，形不成具有强大的集聚和辐射功能的中心城市，形不成在国际城市体系中具有竞争力的网络节点；而不发展小城市和小城镇，就不能有效带动广大农村地区的工业化和城镇化，不能使"农业、农村、农民"问题得到有效解决，最终制约我国现代化的实现。此外，从转移农村剩余劳动力方面看，任何一个规模级的城市发展，都不足以解决我国巨大的剩余劳动力转移任务,因此必须坚持大、中、小城市共同发展,实现剩余劳动力的合理分流。

实施城镇化战略,要从我国的基本国情和城镇化发展的特有矛盾出发,因地制宜,走符合中国国情的城镇化发展道路;要减少对城市规模的制度干预,提高各类城市协调发展水平,改变单一的以"规模政策"导向和消极控制大城市发展的城市发展方针,促进大、中、小城市和小城镇的协调、合理发展。

从实际发展看,我国城市人口规模呈现各级城市均快速增长的势头。因基数大的原因,中小城市人口增长绝对数量大,增速较低;特大城市和大城市则增速较快。以2002年全国660个设市城市而言,特大城市、大城市、中等城市、小城市的个数比例为7.3%:9.8%:33.6%:49.2%,若以大、中、小城市划分则个数比例为17.1%:33.6%:49.2%,大城市个数将近占城市总数的1/5;以市区非农业人口而言,特大城市、大城市、中等城市、小城市的比例为41.5%:16.8%:26.4%:15.3%,若以大、中、小城市划分则人口比例为58.3%:26.4%:15.3%,大城市人口占城市总数的比例超过一半。

以城市个体而言,城市规模的大小应根据可持续发展的需要与可能,随经济社会发展而合理扩展。绝大多数城市不需要限制规模,实践证明,人为限制也是徒劳,城市的发展从来没有为任何规划确定的规模所左右。过去二十多年我们一直强调控制大城市规模,实际上大城市人口的增长速度仍然比小城市和小城镇快得多。与第四次人口普查结果相比,北京、上海、广州、武汉等特大城市第五次普查的人口规模普遍增长了约25%,深圳的增幅为全国大城市之最,是"四普"结果的3.36倍。这些城市的人口自然增长极低,甚至开始出现负增长,但由于城市经济社会快速发展,就业岗位充足,人口机械增长快。在我国城镇化和工业化仍处于中期或中期向后期转化的阶段,人口和产业继续向城市尤其是大中城市集聚的现象是客观事实。因此,大中城市的发展是城镇化的必然要求;小城市和小城镇在带动广大农村地区的发展上、解决"三农"问题上有着特殊重要的作用,也需要发展,并要强调规模效益,抓住重点。

作为对长时期存在并影响甚深的控制大城市发展政策的矫正,应该充分重视城市发展的规模效应和重视大城市发展的积极意义。总结世界各国城镇化的普遍经验,过去我们对于发达国家和拉美发展中国家以发展大中城市为主的城市化道路否定过多,对于这些国家城镇化过程中出现的"大城市病"问题看得过重,而对其城镇化带来的经济社会发展重视不够。认真分析一下"大城市病",很大一部分是由于发展不足所造成的,如环境、交通和住房问题。随着我国城市现代化水平的提高,许多问题正在缓解;有些问题是社会问题在城市中的反映,如贫富悬殊和犯罪问题,只能通过改革与发展来治理和解决。"城市病"与城市规模并无必然联系;相反,分散的城镇化以及城镇化的滞后,可能会造成农村中非农产业分散布局、小城镇建设无序、环境污染现状扩散等问题,后果可能比"大城市病"更严重。现在一些发达国家通过加强城市基础设施建设、调整城市空间结构等,城市功能向周边区域广泛扩散,大大减缓了"大城市病"。一些发展中国家,如墨西哥、巴西等尽管产生了大城市问题,但这些大城市也极大地推动了国家的二元经济结构向一元经济结构的转变,推动了经济增长,其积极作用要大于负面影响。

与国际上其他大城市的集中度比较表明,中国人口超过 100 万的城市集中度比世界平均低 5 个百分点,比中等收入国家低 11 个百分点,比高收入国家低 21 个百分点。中国大城市的规模明显低于世界水平,尤其低于发达国家水平。东京、伦敦和首尔的 GDP 分别占到本国比重的 18.6%、17%和 26%,北京和上海的 GDP 仅分别占我国 GDP 总量的 2.5%和 4.6%。就我国最大的城市上海而言,其 GDP 只是东京的 1/20。与世界级大都市相比,中国大城市的人口特别是经济规模都还偏小,影响了在世界城市体系中地位的提升以及对经济社会发展和对外开放的带动作用。

我国城市人口 1949—1998 年的发展情况如表 4-1 和表 4-2 所示。

表 4-1 中国主要年份城市发展情况统计(按人口规模分类)(1949—1998)

单位:个

年 份	全国合计	特大城市	大 城 市	中 城 市	小 城 市
1949	132	5	7	18	102
1952	153	7	8	21	117
1957	176	10	14	37	115
1958	184	10	18	48	108
1961	208	13	18	48	129
1962	194	12	18	40	124
1963	177	12	18	43	104
1964	167	13	18	42	94
1965	168	13	18	42	95
1970	177	11	21	48	97
1975	185	13	25	52	95
1978	193	13	27	60	93
1980	223	15	30	72	106
1985	324	21	31	93	179
1986	353	23	30	95	205
1987	381	25	30	103	223
1988	434	28	30	110	266
1989	450	30	28	116	276
1990	467	31	28	117	291
1991	479	31	30	121	197

续表

年 份	全国合计	特大城市	大城市	中城市	小城市
1992	517	32	31	141	313
1993	570	32	36	159	343
1994	622	32	42	173	375
1995	640	32	43	192	373
1996	666	34	44	195	393
1997	668	34	47	205	382
1998	668	37	48	205	378

注：摘编自《新中国城市50年》。
（数据来源：http://tjsj.baidu.com/pages/jxyd/7/77/588fd983637bfb9c9ec1aab1e4ac0f51_0.html.）

表4-2 中国主要年份城市人口发展状况统计
（不同人口规模城市人口占城市全部人口比重）（1949—1998）

单位：%

年 份	城市总计	特大城市	大城市	中等城市	小城市
1949	100	36.0	18.8	19.8	25.5
1952	100	41.1	14.2	18.4	26.3
1957	100	42.8	18.5	20.4	18.3
1958	100	38.9	21.6	23.1	16.4
1961	100	42.5	18.3	22.4	16.8
1962	100	42.8	19.1	19.9	18.2
1963	100	43.5	19.5	21.0	16.0
1964	100	45.1	19.0	20.7	15.3
1965	100	44.9	19.3	20.2	15.6
1970	100	38.6	22.7	22.9	15.7
1975	100	38.8	24.1	22.0	15.1
1978	100	37.5	25.0	23.4	14.1
1980	100	38.6	24.6	23.8	13.0
1985	100	39.3	19.4	24.3	17.0
1986	100	40.4	17.8	23.7	18.2
1987	100	40.7	16.6	24.1	18.6
1988	100	40.8	14.8	23.7	20.7
1989	100	41.5	13.1	24.4	20.9
1990	100	41.6	12.6	24.4	21.5
1991	100	41.0	13.1	24.4	21.5
1992	100	39.6	12.7	26.1	21.6

续表

年 份	城市总计	特大城市	大城市	中等城市	小城市
1993	100	37.7	13.9	26.7	21.7
1994	100	35.6	14.5	27.7	22.2
1995	100	34.9	14.8	28.8	21.4
1996	100	35.2	14.4	28.6	21.7
1997	100	35.0	15.1	29.4	20.5
1998	100	36.6	14.4	28.8	20.2

注：摘编自《新中国城市50年》。

（数据来源：http://tjsj.baidu.com/pages/jxyd/7/77/d10eddd8b7dbf31527d8cad0bb438626_0.htm.）

（三）城市土地规模利用

2003年，我国的城市化率（城市占人口的比重）为40.5%，远低于世界平均水平，我国城市化的道路还十分漫长。城市的发展必然要占用大量土地，那么多大的城市规模才能最有效地利用土地，获得最大的城市规模效益呢？结合我国的实际，重点考察城市规模与土地利用效益之间的关系。

1. 我国的城市土地规模效益

城市化的经济动力是集聚经济。由于集聚经济的存在，在一定的限度内城市规模越大，经济效益就越高。表4-3反映了我国不同规模城市的经济效益。在超大城市、特大城市、大城市、中等城市这四个层次之间，下一层次的地均GDP仅相当于上一层次的1/2左右，而小城市的人均GDP则只有中等城市的1/4左右。可见在土地利用上，城市规模效益显著。

表4-3 我国不同规模城市的经济效益

项 目	内 容	单 位	城市人口规模（万人）				
			200以上	100～200	50～100	20～50	20以下
地均GDP	A	万元/km²	1 211	545	208	116	30
	B	%	4 037	1 817	727	384	100
人均GDP	A	元/人	5 896	4 329	4 386	3 035	1 769
	B	%	333	245	248	172	100
人均用地	A	m²	61		81	86	103
	B	%	59		79	84	100

说明：（1）A栏为当年实际数，B栏为以20万人以下的小城市的数据与100进行比较得出的比较数。

（2）地均GDP和人均GDP为1991年数值，根据《中国城市统计年鉴（1992）》有关数据计算得出；人均用地为1990年数据，来源于：林志群. 80年代中国城市建设用地的发展. 中国城市规划研究院学术情报中心，1992.

（3）以上统计均不含市辖县。

因为地均GDP=人均GDP/人均用地，因此，可以认为土地利用上的城市规模效益来源于两个方面：一是随着城市规模的扩大，人均创造的GDP不断提高的结果。如表4-3所示，

1991年超大城市、特大城市、大城市和中等城市的人均GDP分别为小城市的3.33倍、2.45倍、2.48倍和1.72倍。二是随着城市规模的扩大，人均占用的土地面积不断节约的结果。如表4-3所示，1990年特大城市、大城市和中等城市的人均用地面积，分别相当于小城市的59%、79%和84%，城市规模越大，人均用地也就越少。

显然，以上分析仅仅反映了城市集聚经济所带来的经济效益，而没有考虑城市集聚不经济所造成的外部成本。一般来说，直接享受集聚经济效益的是企业，而直接负担集聚不经济成本的是消费者。因此，与经济效益相比，外部成本的估计要困难得多。王小鲁等人在这方面做了有益的尝试，不仅计量分析了城市规模总效益，还推算了包括政府负担部分和居民负担部分在内的外部总成本，从而得到了城市规模净效益随城市规模的扩大而变化的情况。如表4-4所示，城市规模在100万～400万人之间时，都可以获得较大的规模净效益，约占城市GDP的17%以上；城市规模为200万人时，规模净效益最大，大约相当于城市GDP的19%左右；城市规模小于200万人，则规模净效益随着城市规模的扩大而递增；超过200万人之后，规模净效益则随着城市规模的扩大而递减。

表4-4 我国城市的规模效益和外部成本

单位：%

城市规模（万人）	规模总效益	外部总成本	政府负担外部成本	居民负担外部成本	规模净效益
10	11.25	11.79	4.87	6.92	-0.45
20	18.28	12.94	4.30	8.64	5.35
30	22.92	14.14	4.18	9.96	8.77
50	29.13	16.32	4.24	12.08	12.81
100	37.95	20.77	4.72	16.05	17.17
200	46.83	27.66	5.75	21.91	19.17
300	51.91	33.31	6.70	26.61	18.60
400	55.41	38.29	7.58	30.71	17.12
600	60.18	47.07	9.18	37.89	13.11
800	63.41	54.87	10.65	44.22	8.54
1 000	65.82	62.04	12.04	50.00	3.78
1 200	67.73	68.76	13.36	55.40	-1.03
1 500	69.98	78.23	15.26	62.97	-8.24

说明：（1）无论效益还是成本，都是相对值，即其占GDP的百分比。
（2）有关规模效益和外部成本的内涵和推算方法，请参考：王小鲁，等. 优化城市规模，推动经济增长[J]. 经济研究，1999（9）.

由此可见，我国存在着城市规模效益，但并不是城市越大，规模效益就越高。为了获得最大的城市规模效益，必须努力实现城市的适度规模。

2. 适度城市规模的确定

集聚经济的存在使城市规模产生越来越大的倾向，而随着城市规模的扩大，又会产生集聚不经济。在市场经济条件下，现实的城市规模就是由以上的集聚经济和集聚不经济的平衡关系所决定的。

如图 4-2 所示，如果我们用城市居民人均效用水平的变化来反映集聚经济和集聚不经济的综合作用的结果，那么在其他条件完全相同的情况下，城市居民的人均效用水平 U 就会随着城市规模 P 的扩大而呈现如下的变化：开始时随着城市规模的增大而增加，到达一定城市规模 P_0，就是适度城市规模，或称最佳城市规模。

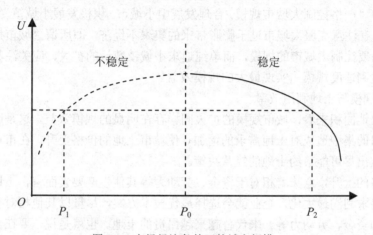

图 4-2　市场经济条件下的城市规模

当城市规模扩大到已经超过适度城市规模时，增加城市的数量，使现有城市人口分流到其他城市，无疑可以提高现有城市人口的效用水平。但在市场经济的条件下，存在着城市规模过大化的趋向。假设所有城市的规模与效用之间的关系都如图 4-2 所示，那么当城市规模大于 P_0 时，人口流入城市，因为城市规模扩大，效用水平会降低；而人口流出城市，因为城市规模缩小，效用水平会上升。因此，人口流入城市，会因为效用水平的下降而发生向其他城市的流出，使得城市规模回到原来的均衡水平。由此可知，大于适度城市规模的城市规模是稳定的市场均衡，市场经济不存在对这种状况进行自我修正的机制，所以在城市建设中，采取控制大城市的做法，具有经济合理性。

减少过大城市的方法是建设新城市。但是，建设巨大的新城市必须同时集中许多的企业。实际上这非常困难，因为成百上千的企业要在短时间内达成同时移动协议所需要的交易费用，将会大得无法想象。在不可能集中很多企业的情况下，新城市就只能从少数企业开始，新建城市的规模将比现有城市的规模小得多。当城市规模小于 P_0 时，城市规模是一种不稳定的市场均衡。如图 4-2 所示，因为某一原因，一个企业移向其他城市时，流入人口的城市因为人口的增加，居民的效用水平上升，会引起更多的人口流入。与此相反，人口流出城市，因为人口的流出使得效用水平下降，就会使得更多的人进一步流出。于是小规模城市因为其人均效用水平较低，所以也就越容易成为人口流出城市。特别是当城市规模小于 P_1 时，因为城市居民效用水平明显低于规模在 P_0 和 P_2 之间的大城市，所以人口还可能流向已经超过适度规模的大城市，从而使得大城市越来越拥挤。因此，在控制大城市发展的同时，迅速使小城市的规模扩大，达到适度城市规模，也必须同样引起关注。

1997 年，即使不把 1.8 万个平均人口不足万人的镇包括在内，我国城市的平均规模也才 30 万人。这与表 4-4 所示的规模净效益较大的城市规模 100 万～400 万人相比，不能不认为我国绝大部分中小城市的规模都远远小于适度城市规模。因此，我们必须正确理解我国城市发展中"严格控制大城市规模，合理发展中小城市，积极发展小城镇"的基本方针，不能绝对化。在注意克服大城市过于膨胀带来的集聚不经济，即所谓"城市病"问题的同时，不能因为要控制大城市的规模，而单纯追求小城镇数量的扩大，应关注其人口数量的增长，尽快达到适度规模，实现最大的规模效益。

3．城市规模与土地利用效率

从人均用地面积来看，城市规模的扩大同样存在明显的规模效益。这是因为城市规模的扩大和人口的集中造成对土地需求的增加，使城市土地的价格上升。在市场机制的作用下，企业会做出尽可能节约土地的经营决策。

土地价格的上升，意味着相对于资金、劳动力等其他生产要素而言，土地变得越来越昂贵。为了追求利润最大化，企业就会选择最优技术方案，尽量以其他相对更为便宜的生产要素（例如资金、劳动力等）来代替越来越昂贵的土地。也就是说，要在一定量的土地上投入更多的资金、劳动力等其他生产要素，实行土地的集约化经营。例如，房地产开发商可能会选择在建筑法律允许的范围内尽可能地增加楼层，提高容积率的办法。对于不能进行上述生产要素代替的企业，土地价格的上升必然引起成本的增加。如果企业不能通过增加收益来抵偿增加的成本，那么就会走向破产或者被迫移向城市之外，而将由经济效益更好的企业来使用这些土地。因此，城市规模越大，土地经营集约度越高，人均土地的利用也就越节约。

20 世纪 80 年代以后，我国小城市的发展十分迅速，尤其是沿海发达地区更是崛起了一批以小城市为主体的"城市群"。这对于我国城市化进程的加速有积极的促进意义。但同时也应该看到，小城市由于集约化程度较低，一般用地规模都偏大，人均城市建设用地在 90～110 平方米，如以人均 100 平方米计，比大城市要高出约 30 平方米，比特大城市要高出约 45 平方米，这意味着一个生活在小城市的人要比生活在大城市和特大城市的人多用 30%～40% 的土地，对于人多地少矛盾十分尖锐的中国，这实在是土地资源的另一种隐性浪费。

因此，从有效利用土地的角度看，中国的城市化应该是集约型而非扩散型城市化。发展乡镇企业应以"乡镇工业园区"为模式，而不是"村村点火、处处冒烟"。发展小城镇应积极扶持其成长,尽快达到适度规模,而不是遍地开花、谁也长不大。只有这样,才能有效节约土地,把过高的小城市人均建设用地指标降下来,降到与国情相符、土地承载力可接受的程度。

(四)中国城市土地规模利用

城市化的实质之一就是对土地等自然资源和社会资源的利用方式从粗放型向集约型转化,集约化程度从低级向高级发展的过程。不可再生、不可移动的土地是城市发展最基本的资源和资产,土地资源的高效合理利用是城市可持续发展的主要目标之一。

1. 我国城市用地规模的现状特点

城市建设用地总量是对城市用地规模的直接反映,但由于用地总量与城市人口和经济总量直接挂钩,所以不同城市是难以直接相比的。因此,城市人均建设用地更便于对不同城市的用地规模进行横向比较。改革开放以来,随着城镇数量和规模迅速增加,我国城市用地规模逐步增大。根据《中国城市建设统计年鉴》统计,2001年全国662个设市城市的人口为35 747.31万人,其中非农业人口21 545.5万人,城市建成区面积达到24 026.63平方公里,如表4-5所示。

表4-5 2001年我国不同地区以及不同规模级城市年底城市建设用地情况

城市分类 (按市区 非农业人口)	城市人口 (万人)	市区 非农业人口 (万人)	城市建设 用地 (平方公里)	人均城市 建设用地 A(m^2/人)	人均城市 建设用地 B(m^2/人)	人均城市 建设用地 C(m^2/人)
全国	35 747.31	21 545.49	24 192.73	67.68	112.3	78.6
东部	16 358.74	10 830.22	12 646.6	77.3	116.8	81.8
中部	11 431.37	7 279.71	7 750.39	67.8	106.5	74.6
西部	7 957.2	3 435.56	3 795.74	47.7	110.5	77.4
大于200万	7 067	5 241.21	5 242.69	74.2	100.0	70.0
100万~200万	4 717.69	3 491.08	3 303.02	70.01	94.6	66.2
50万~100万	5 757.36	3 902.68	3 913.89	68	100.3	70.2
20万~50万	9 592.99	4 686.42	5 566.63	58	118.8	83.2
小于20万	8 612.27	4 224.1	6 166.5	71.6	146.0	102.2

注:根据《中国城市建设统计年鉴》(中国建筑工业出版社2002年版)整理。地级及地级以上城市的城市人口统计范围为城市行政区,含市辖建制镇,不含市辖市、市辖县;市辖建制镇统计范围为镇政府所在地的居民委员会;县级市的统计范围为城市规划区,即按城市现状,市政府所在地和规划范围内的建制镇,不包括规划区以外的建制镇。人均城市建设用地A以城市人口计,B以市区非农业人口计,C以实际居住人口计。

由于《中国城市建设统计年鉴》对"城市人口"采用的是以户籍为基础的统计指标,与实际居住状况有较大偏差,因此以此指标计算的人均建设用地只能作为参考;以市区非农业人口、农业人口、居住一年以上的暂住人口之和的城市实际居住人口计算人均城市用地，可以反映实际用地状况，但无法找到这样的全部数据。表 4-5 中最后一项是以城市实际居住人口的平均构成比例来计算的（1999 年中国城市规划设计研究院大量调查得出，全国城市建设用地范围内非农业人口平均比例为 65%～75%），虽也不完全准确，但对于定性分析这类问题具有重要的参考和比较价值。

从表 4-5 可以看出，我国城市现状实际人均用地水平基本在 100 平方米以下。东、中、西部地区城市的人均用地水平差距不大，东部地区最高，符合城市集聚效益规律，人均用地水平与城市人口规模成反比关系，城市规模级越大，用地水平越集约。以市区非农业人口计，特大城市人均用地为 97.9 平方米，大城市为 100.3 平方米，中等城市为 118.8 平方米，小城市为 146.0 平方米。小城市是中等城市人均水平的 1.23 倍，是大城市的 1.46 倍，是特大城市的 1.49 倍。

通过历年来中国城市建设用地统计分析可以看出，改革开放以来，总体而言，我国城市的土地利用趋于合理化。在城市规划和土地利用总体规划等各级、各项空间规划的引导和调控下，节约土地、保护耕地的基本国策得到贯彻，城市发展基本上是健康有序的。在国民经济持续快速增长的拉动下，城市建设用地规模较改革开放前有了大幅度增加。

2. 我国城市用地规模的发展演变

我国建国后曾长期实行变消费城市为生产城市的方针，城市发展走的是一条"重生产、轻生活""重工业、轻商贸"的道路，城市用地中对居民生活、城市基础设施、公用设施和环境设施的重视不够，居住、环境、道路广场用地的标准偏低，中心城区工业、居住、仓储用地比例较高。

改革开放以来，以提升城市功能为目标的产业结构调整，以改善城市基础设施为重点的城市建设，以增加绿化为主要手段的生态环境建设加快，使得这些方面的用地扩展较快。城市用地结构的这种变化，体现了城市功能和土地利用结构的调整优化。

按照可比较的建设部统计年报数据计算，以城市人口计，人均建设用地由 1987 年的 38.9 平方米增加到 2001 年的 67.7 平方米；以市区非农业人口计，人均建设用地由 1987 年的 75.9 平方米增加到 2001 年的 112.3 平方米。城市用地的扩展，在一定程度上缓解了长期以来城市用地严重短缺的状况，但由于历史的原因，我国城市普遍存在的用地规模紧张、用地结构不合理的状况依然存在，一些城市尤其是大中城市至今仍存在用地紧张甚至不足、中心城区过密、基础设施用地和环境生态用地缺乏等问题。以城市人口计，我国城市人均道路面积仅为 7 平方米，人均公共绿地仅为 6.52 平方米。在人口稠密、流动人口比例越来越大的城市，尤其是大城市中，公共服务设施（包括文化、体育、卫生等）和基础设施（道路、环卫设施和服务等）用地，以及环境生态用地普遍不足。

我国城市的生态用地和公共绿地的建设与国外有很大的差距。多年来，我国城市绿化虽有长足发展，人均公共绿地水平也有较大提高，但是，城市绿化的总体水平仍然不高，与城市人居生态标准差距很大。此外，在人均居住用地、交通用地等方面的差距也较大。

20世纪90年代以来，由于部分地方政府的城市建设指导思想出现偏差，建设用地规模失控成为一个严重的问题。一些地方政府急于求成，未做规划、未经审批或超越权限大量征用、出让土地，片面追求所谓的"以地生财"，把卖地作为增加财政收入、吸引投资的主要手段；部分地方不顾城镇发展和建设的客观规律，超越经济发展实力和资源条件，占用大量土地设立各类开发区，盲目建设行政中心、中央商务区、大学城、步行街、大广场、宽马路；一些城市存在突破城市总体规划规定的城市建设用地范围、突破批准城市总体规划确定的总用地规模的现象，成为名副其实的"吃子孙饭、花后代钱"，这些做法都严重违背了可持续发展的原则。

为合理利用有限的土地资源和保护耕地，切实保证城市、乡村和农业的可持续发展，从2003年7月起，国务院发布了清理城市土地市场、整顿各类开发区的通知，并组织了国家五部委的联合督察。基于此，部分地方浪费土地、大肆占用耕地的"饮鸩止渴"的做法将得到遏制。

3. 我国现行城市用地标准及其局限

为了规范城市用地标准，保证在城市规划编制和实施中合理、经济地使用土地，国家于1991年3月1日开始施行《城市用地分类与城市规划用地标准》（以下简称《标准》）。

《标准》根据我国地理跨度大、南北日照间距不同、城市规模差异大、发展水平不平衡等因素，将规划人均用地指标分为四级，即60.1～75平方米/人、75.1～90平方米/人、90.1～105平方米/人和105.1～120平方米/人。在确定规划人均用地指标等级时，必须根据现在人均建设用地水平，并同时符合规定的允许采用指标级别（不能跨级增加，现状人均用地在第三级的不能增加为第四级，超过第四级的只能缩小）和允许调整幅度的双因子限制要求，从而限制了城市在用地上攀比和贪大的倾向。

《标准》还规定，新建城市的规划人均建设用地指标宜在三级内确定，当用地偏紧时在两级内确定；边远地区和少数民族地区中地多人少的城市可根据实际情况确定，但不得大于150平方米。《标准》还对居住、工业、道路广场和绿地四大类主要用地的比例和人均指标进行了原则性规定。

对城市的用地标准做出规定，这是我国根据土地国情制定的要求，也是世界上唯一的对城市用地进行控制的国家标准。各地由于城市发展的背景不同，规划起始年的建设用地指标是很不一样的。《标准》规定，规划建设用地指标在现状用地指标的基础上按双因子要求调整确定，有严格的控制制约，又有一定的灵活性。现状标准低的，规划增加指标可以多一些；现状标准适宜的，规划维持原有水平，或略有增加；现状水平较高的，规划则加以适当的压缩。这种调整体现了实事求是、因地制宜、科学合理使用土地的原则。

《标准》从人多地少的国情出发，考虑了在适应经济社会发展和环境生态建设条件下，维持现代化城市功能的最起码标准。《标准》实施以来，有效地指导了各类城市的发展和建设，保证了城市各类用地的合理布局，有效地控制了城市的分散建设和无序发展，在实现合理用地和节约用地方面取得了明显的成效。

应该看到,《标准》是在总结经济发展水平较低、发展缓慢的建国后四十多年城市建设实践经验的基础上,并在20世纪80年代城市用地状况调查的基础上提出的。近年来,由于城镇化发展形势有了较大变化,城市对交通、居住、公共设施和环境条件要求逐步提高,城市暂住人口急剧增长,《标准》事实上已经成为一个较低的标准。例如,《标准》规定人均居住用地指标为18～25平方米,主要是根据当时预测的2010年我国城市人均住宅使用面积为10平方米和每平方公里居住用地建7 000～10 000平方米住宅的定额为依据确定的。但从实践发展看,20世纪90年代后期我国制定的建设事业发展规划已经将城市人均住宅使用面积增加到18平方米。

按照中国城市规划设计研究院对适应21世纪的、适宜人类居住的城市发展水平的各项用地指标匡算,我国发展到世界中等发达国家时,人均居住用地应提高至30～35平方米,人均工业用地宜为20～25平方米,人均城市道路宜为15～20平方米,公共设施为8～15平方米,公共绿地为7～12平方米,人均市政公用设施用地为5～8平方米,仓储为5～10平方米。在对外交通用地、生产防护绿地、特殊用地不参与用地平衡的情况下,总用地为90～125平方米。应该说,这是一个能够体现良好生产、生活环境,基本满足城市可持续发展的用地规模指标。

我国现有城市人均居住用地、公共绿地在全世界属于低水平之列。人均住宅用地达到40平方米、人均公共绿地起码在12平方米以上是世界中等发达国家水平的平均标准;发达国家的城市道路交通用地一般达30平方米/人,个别甚至高达50平方米/人,我国目前对小汽车进入家庭的趋势仍考虑不够,对城市中小汽车停车场地和道路考虑不充分。如果在规划远期的用地框架中仍不考虑这个趋势,将会铸成历史错误。

应该说,人均90～125平方米是一个体现我国用地紧缺特色的未来低值指标,比发达国家平均水平仍低一半。发达国家大城市人均用地指标一般在200平方米左右。如美国在20世纪90年代中期,人口大于25万人的城市的人均建设用地为204平方米,小于25万人的城市为404平方米;苏联大城市人均用地为259平方米,中小城市为319平方米。以一些世界著名大城市而言,纽约为113平方米,伦敦为157平方米,巴黎为124平方米,新加坡为227平方米。从世界经验看,国外许多大城市都十分严格地控制城市密度,控制城市建筑的总体容积率。从满足城市经济社会发展的要求,满足城市居民日益增长的对居住、出行、环境、防灾、文化娱乐和公共服务的需求,保证城市可持续发展的需要出发,我们既要考虑人多地少的国情特点,不照搬欧美城市的用地标准,大力挖掘城市现有用地潜力,又要实事求是地适当进行城市的外延扩展。内涵挖潜与外延扩展应根据城市发展的实际而定。东部沿海地区城市与中西部地区城市、新城市与老城市、小城市与大中城市在用地规模上都有极大的不同。

（五）城市用地的合理形态与布局结构

城市的形成是由人类的简单部落向功能多样、形态及结构复杂的大型聚居地演化的过程。工业革命前的城市形态通常是自发向中心集中形式和放射路网。在我国古代，通过规划营建的城市多是由城墙确定为矩形和方格路网结构。工业革命之后，城市进入较快的发展时期，城市数量增加，人口持续集聚，城市功能不断复杂化，城市建设用地迅速扩展，城市形态和布局结构也随之不断发展演化。我国正处于城镇化加速发展阶段，城市的空间形态和布局结构的变动都非常迅速。

严格地说，城市形态和布局结构是两个紧密联系而又有区别的概念。前者着重于城市的空间轮廓和整体形式，是外在表现；后者着重于城市要素的空间布置和相互作用，是内在机制。广义的城市形态概念既包括前者，也包括后者，是由结构（要素的空间布置）、形状（城市外部的空间轮廓）和相互关系（要素之间的相互作用和组织）所组成的一个空间系统。

影响城市形态结构形成的因素是多方面的，而且是综合起作用的。一般来说，城市所处的区位和地理环境是影响城市形态结构的直接和主要的因素。此外，城市的性质、规模和能源、水源，对外交通、大型工业企业配置，以及公共建筑和居住区组织形式等社会经济和城市建设条件，城市各历史时期的发展特征、国家政策和行政体制、社会结构、生活方式、文化价值观念和规划设计理论等人为条件，则是影响城市形态结构的间接因素。这些直接和间接因素在一定的时期和一定的空间范围内，综合地作用于一个城市实体，导致各个城市空间形态、布局结构的千差万别。

1. 城市形态结构的类型

在城市形态的形成演化过程中，由于一些相同因素的作用，以及存在相似的发展阶段和环境，其演化规律大体一致，会出现类似的平面外形轮廓以及布局结构特点。因此，在绝对程度上不同的城市形态结构，相对地可以归纳概括为几种主要的空间形态类型。关于这种分类，国内外在理论上存在许多不同的方法，或按照城市建成区的主体平面形态或三维空间特征进行分类，或按照城市扩展进程模式分类，或按照城市活动中心和功能分区布局分类，以及按照城市道路网结构分类等。实际上，这些不同方法都是相互联系的。城市规划意义上的形态分析多是采用比较直观的、简单易行的"图解法"，即以城市行政区划边界以内，城市伸展轴组合关系、用地聚散状况和建成区总平面外轮廓形态为标准。这样，大体可以将城市形态结构分为集中型和群组型两大类型。

（1）集中型。集中型城市主要包括块状集中型、带型、放射型三种。

① 块状集中型。城市建成区主体轮廓长短轴之比小于 4:1，是城市长期集中紧凑全方位发展形成的状态，包括方形、圆形、扇形等若干子类型，是一种常见的形式，城市往往以同心圆式向外围扩展。这种形态属于一元化的格局，人口和建成区在一定时期内比较稳定，主要城市活动中心多处于平面几何中心附近，市内道路网为较规整的格网状。这种形

态结构便于集中设置市政基础设施和合理有效利用土地,也容易组织市内交通系统。但是,大中型城市由于紧凑集中发展形成的大密集团块状态,往往使得城市人口密度和建筑高度不断增大,交通拥堵,环境恶化,如果其发展继续呈现不断自城区向外连续分层扩展,就成为俗称"摊大饼"式的蔓延。目前我国许多大城市,如北京等已经面临这种形态结构的严重困扰。

② 带型。城市建成区主体平面形态的长短轴之比大于 4:1,并明显呈单向或双向发展。这种形态的形成,或是受自然条件所限,如沿河流两岸或沿湖、海延伸,沿山谷的狭长地形的发展;或是依赖区域主要交通干线,如不断沿铁路、公路干线在一个轴向作扩展。还有一种特殊情况是,城市按照"带型城市"理论规划建设形成这种形态。这种城市的规模往往不大,整体上使城市的各部分均能接近自然生态环境,空间形态的平面布局和交通流向组织也较单一。但是,除了一个全市主要活动中心以外,往往需要形成次一级的中心,形成多元化结构。此外,长轴方向上的交通联系较难组织。

③ 放射型。建成区总平面的主体团块有三个以上的明确发展方向,呈现出星状、指状、花瓣状等形态。这类城市多是位于对外交通便利的平原地区,在迅速发展阶段同时沿交通干线自发或按规划多向多轴向外扩展,形成放射型走廊。这类城市具有强烈的向心性和开放性,在一定规模时多只有一个主要中心,而形成大城市后往往发展出多个次级中心,形成多元结构。这种形态易于组织多向交通流向和城市的各种功能,并且由于各放射轴之间有条件保留楔形绿地,使城市与郊区的接触面相对较大,可能保持较好的生态环境。但是,当为了减少过境交通穿入市区中心,在发展轴上的新城区之间或之外建设外环干道时,就存在开发压力下将楔形绿地填实而变成"摊大饼"式蔓延扩展的危险。

(2) 群组型。群组型城市主要有星座型、组团型、散点型三种。

① 星座型。城市是由一个相当大规模的主体团块和三个以上次级团块组成的复合式形态,通常是大型城市为母体,在其周围一定距离内建设发展若干相对独立的新区或卫星城镇。这类城市人口和建成区用地规模很大,具有非常集中的中心商务区和若干副中心或分区中心,以及联系各中心的对外交通环形网和联系主体团块和次级团块的放射型干道,形成复杂而高度发展的综合式多元结构。有的特大城市在多个方向的对外交通干线上间隔地发展一系列相对独立且规模较大的新区或新城镇,形成放射型走廊或更大型的城市群体。

② 组团型。城市建成区是由两个以上相对独立的主体团块和若干个基本团块组成,形成原因多是由于较大河流或其他地形等自然环境条件的影响,城市用地被分隔成几个有一定规模的分区团块。团块之间有一定的空间距离,有各自的中心和道路系统,但由较便捷的联系通道使团块之间组成一个城市实体,属于多元复合结构。如果布局合理,团组距离适当,这类城市既可有较高效率,也可保持良好的自然生态环境。

③ 散点型。城市没有明确的主体团块,各个基本团块在较大区域内呈散点状分布。资源较分散的矿业城市往往形成这种形态,如淄博、淮南等市就是这种状况;也有的是由

若干相距较远的、独立发展的、规模相近的城镇组合而成为一个城市。散点型城市通常因交通联系不便，难以组织较为合理的城市功能和生活服务设施，每一个组团需分别规划布局。

2. 城市形态结构的演变

城市空间形态具有动态的多样性特征，一种类型的城市随着发展有可能向其他类型转化。

一般来说，城市形态演变的主要趋势是由简单向复杂发展，并有明显的周期性特点，即从最初的点状开始，逐步向外做带状扩展，城市形态成为放射型；当轴向发展的经济效益低于横向发展时，伸展轴进入相对稳定时期，城市开始做内向填充，城市形态成为更大的块状；随着城市实力的进一步增强，城市再次进入外向伸展阶段。由此，城市进入更复杂的形态结构。

当然，城市的动态发展过程中，形态的演变方式是多种多样的，并不都经过以上的渐次阶段。有的城市往往直接从简单的块状发展为复杂的群组形态。从我国城市看，形态演变一般有以下几种方式。

（1）由内向外呈同心圆式连续扩展。这是我国城市发展的典型方式。新扩展部分易于与原有建成区保持连贯性，基础设施建设较为容易，在规划管理较为完善的情况下，可以获得较高的集聚效益。但扩展到一定阶段，就会导致中心区规模过大，人口和就业高度集中，交通拥堵，环境恶化。如果规划管理不力，很容易演化为一种低密度蔓延的形式。

（2）轴向扩展。沿主要对外交通轴线放射状扩展，可以使新区与中心城区保持良好的通达性。轴向扩展往往在不同方向发展的次序、速度不同，呈现出非均衡的周期性推进。

（3）蛙跳式扩展。这是一种不连续的城市空间扩展方式，当城市规模扩大到一定程度，连续性扩展方式由于地理环境或其他因素无法连续进行，或考虑到良好生态环境、疏解城市中心区功能等目的，城市用地在与中心城区相距一定距离的地点以跳跃方式成组成团发展。

（4）低密度连续蔓延。这是一种无秩序、无规划的随机性空间扩张方式，无一定发展方向和功能分区，土地利用率低。我国20世纪50年代以及在90年代初部分城市盲目发展时期就经历了这种过程。新发展的土地包含有大量的空地和插花地，功能布局不明，用地浪费严重。

（六）房地产开发和土地规模利用

1. 公共设施的不可分性与土地规模利用

在房地产开发项目中，并不是所有的投资都是可以无限细分的。总会有其中的一部分是属于整个项目的公共部分。正是由于这个公共部分的存在，使得在房地产开发中土地规模的扩大可以获得规模效益。

公共投资部分所完成的一般都是开发项目中的公共设施。在居住小区，它们可能是商店、医院，也可能是学校。在科技小区，它可能是一个科研单位共同使用的科技情报中心。

如果一个房地产开发项目用地规模过小，没有土地建设必需的公共设施，或者不能使建成的公共设施获得最大限度的利用，那么土地规模的扩大，就可以增加开发的经济效益。以居住小区的开发为例，在附近没有可以共用的公共设施的情况下，如果一个新建的居住小区，没有土地来建设商业、医疗、娱乐等最基本的公共设施，那么小区的住房价格必然会降低，从而影响开发的经济效益。同样，如果虽然在小区内建设了商业、医疗、娱乐等最基本的公共设施，但是因为小区规模过小，提供服务的收益不能维持公共设施自身的正常运转，那么就会因为公共设施投资和维持费用的分摊成本过高而影响开发的经济效益。

因此，在房地产开发中，存在一个能够满足开发项目功能发挥所需的基本公共设施建设的要求，并使得基本公共设施得以充分利用的最低的合理用地规模。以居住小区开发为例，其合理用地规模主要受以下三个方面因素的制约。

（1）所设置的居住区商业、文化娱乐、医疗公共设施的经济性和合理的服务半径。所谓合理的服务半径，是指居住区内居民到达居住区公共服务设施的最大步行距离，一般为 800～1 000 米，在地形起伏的地区还应当适当减少。

（2）城市道路交通方面的条件。为了适应现代城市交通发展的需要，城市干道的合理间距一般应在 700～1 000 米之间，因而城市干道所包围的用地往往是决定居住区用地规模的一个重要条件。

（3）居民社区活动和管理方面的影响。居民在居住区里不仅仅是一个居住的问题，还要满足他们参加社区文化生活、得到社区服务、接受社区行政管理的要求，这要求居住区的用地规模应该与最基层的社区管理机构的管理能力相适应。

此外，开发土地规模的扩大，使新的或者更好的公共设施的建设成为可能，从而增加开发项目的价值，也可以提高开发的经济效益。例如，一个居住小区原本因为开发用地规模小，不可能建设学校这样的公共设施。现在用地规模扩大了，可以建立小学校，这就极大地方便了小区的居民。自然，小区的房产也会因为便利程度的提高而增值。又如，一个小区原本因为规模过小，使得建设的体育健身馆得不到充分利用，入不敷出，只好停止服务。现在规模扩大，增加了利用人数，使得体育健身馆可以运营并获得盈利，同时也提高了小区居民的便利程度，从而给开发的经济效益以正面影响。

2. 房地产开发过程中的外部性与土地规模利用

房地产开发是一个特殊的生产流通过程。由于房地产具有区位上的差异、与特定土地固定相连、一旦建成无法移动等特点，房地产开发必须与整个城市形态的规划、设计、城市改造及城市基本建设相结合的特征，决定了房地产开发过程中存在外部性。对于房地产开发项目来说，扩大土地利用规模可以使许多外部性问题"内部化"，从而提高房地产开发的经济效益。

（1）外部经济"内部化"带来的经济效益。例如，环境优美的绿地，在开发用地规模较小时，经常给开发区周围的房地产带来外部经济，使得这一部分房地产因为环境的改善而升值。当开发用地的规模扩大到了这一部分土地之后，原来不属于开发商的这部分升值，自然就提高了开发商的经济效益。还有，人口的聚集必然形成一定的市场需求，如对日常用品的需求。在开发规模较小时，这种需求只能作为一种外部经济，给周围的商业设施带来利益。当开发规模扩大到一定程度后，就可以结合商业设施一起进行房地产开发，把这种需求利用起来，从而提高开发的经济效益。

（2）外部不经济"内部化"带来的经济效益。房地产开发的外部不经济，具有项目区和周围环境互相影响的特点。例如，拥挤、环境污染、影响周围建筑物的采光和日照等外部不经济，势必使得开发项目周围地区的房地产贬值，使得整个地区的价值档次降低，这实际上也会反过来影响开发房地产的价值。许多外部不经济的产生是由于开发土地规模较小而造成的。例如，污水引起的环境污染，可能是因为开发土地规模太小，建设污水处理系统或者输送管道系统的分摊成本过高的缘故。土地开发规模扩大后，由于可以充分利用，降低了分摊成本，就可以建设污水处理系统，从而改善开发项目及其周围区域的环境品位，使开发项目的房地产增值，提高开发的经济效益。

而在一些因为外部性的存在使得单独开发的效益很低的旧城区，把本来独立的棚户、破落住宅和工厂圈定在同一个改造区内进行大规模的综合开发，更是一个通过外部性问题的"内部化"实现规模经济效益的行之有效的方法。

房地产的价值不仅取决于其建筑结构状况，也取决于邻近房地产的状况。在城市旧区中，如果周围的环境不利于房地产价值增值，那么房主单独地采取建造、改善或修理房屋也将得不到合理的市场报酬。利用表4-6的假设事例，可以更好地说明这种情况。如果房主单独改善和修理其房产，而其他房主任凭其房产损坏，则房主只能得到3%的资本收益率，比房主不对房产进行改善和修理时的资本收益率5%还要低。在这种情况下，房主自然都会做出任凭自己的房产损坏的选择，从而加剧整个城市旧区的衰退。

表4-6 房主在各种情况下的资本收益率

		房 主	
		改善和修理其房产	任凭房产损坏
附近其他房主	改善和修理其房产	10%	12%
	任凭房产损坏	3%	5%

为了打破这种恶性循环，必须采取集体行动，通过扩大开发规模使外部性问题"内部化"。政府的措施是确定特定的城市区位为"被改造旧区"，进行整个城市旧区的综合改造和开发。如表4-6所示，外部性问题"内部化"，实行整个城市旧区综合开发后，开发的资本收益率可以由3%提高到10%。有了较高的经济效益，就可以把具体的综合改造和开发交由一个大型开发企业来进行，政府自然也就不必为旧区改造进行巨大的财政投入了。

二、城市规模经济

(一) 城市规模经济以及规模经济效益的内涵

1. 城市规模经济的内涵

城市规模经济是指城市非农业生产单位和人口恰好适应城市土地承载力和基础设施的容量,使得生产成本和生活成本都达到最低水平,城市发展处于规模经济区间。

2. 规模经济效益的内涵

规模经济效益是指由于城市规模的变化,获得了递增的报酬,而这种规模报酬递增往往体现为城市规模与城市资本数量与效率的同方向变化。

(二) 城市规模经济的产生

城市的规模决定于城市的规模经济。那么,城市规模效益是怎样产生的呢?

假设前提:

(1) 假定把城市作为一个生产单位,它把投入(如土地、资本、劳动)转化为产出。投入要素具有流动性,一个城市可得到的投入量是变化的,其数量多少取决于其边际产出是否高于其他城市。图4-3给出了大小两种城市的总产出和资本与劳动投入的关系。

(2) 假设资本与劳动的投入比例在同一规模的城市里都一样,而在规模不同的城市不一样(用 L_g、S 分别表示规模较大的城市和规模较小的城市的资本与劳动投入比例系数)。

那么,两种不同规模城市的投入—产出状况可能有以下三种不同的情况,如图4-3所示。

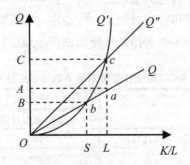

图 4-3 不同规模城市的投入—产出差异

理论分析:

其一,当大小城市的产出均在同一生产函数曲线 Q 上时,由于大城市资本多,人均资本占有量高于小城市,或是因为劳动力质量高,而使其资本—劳动系数高于小城市($L_g > S$)。这样在线性函数曲线 Q 上,大城市产出位于 a 点,而小城市产出位于 b 点,相对应的产出

量分别为 A、B。

其二，当生产函数由曲线 Q' 表示时，城市收益将随着资本—劳动投入系数的增加而增加，大小城市的收益和产出分别位于 c、b 点和 C、B 点，其收益展现出规模报酬递增的差异。

其三，当大小城市有着相同的资本—劳动投入系数（K/L），但是有着不同的投入—产出比例，即相同的投入会带来不同的产出时，二者的生产函数分别表现为 Q'' 与 Q，其收益和产出点分别是 c、a 点和 C、A 点。这里存在的明显的内在机制是规模经济。

可见，资本效率、规模报酬递增和规模经济是城市规模效益的基本机制。然而，资本效率和规模报酬递增都是建立在规模经济基础之上的。

在总投入不变的情况下，更高的资本—劳动比例的产出效果要高于较低的，这是因为城市的生产结构更适于技术进步下的资本最小规模，当城市的区位条件或技术水平适宜于更多的资本量时，这个城市将会迅速长大；而规模报酬递增紧密地依存于规模经济，在实现了最小规模之后，才会出现规模报酬递增。因此，城市规模经济是城市发展的基础。

（三）城市规模经济的具体表现

城市规模经济的具体表现可以从居民个人、企业和城市三个层面分析。

1. 从个人的角度考察，主要表现在居民货币收入和公共设施的便利两个方面

居民货币收入可以用工资水平来表示。R. S. 戈尔德法布和 A. M. 耶齐以美国有关数据为基础的研究表明，工资大体上是随着城市规模的扩大而以递减的增长率上升的。

邓肯曾经指出：在城市人口有 25 000 人以上时，出现了擦鞋、女子理发、洗帽子、修皮货商店，而在人口超过 50 000 时，才会出现婴儿服务。因此，较大规模的城市能够使相对更多的居民从广泛的便利中得益。

2. 从企业的角度考察，相应的城市规模经济的主要内容来自生产效率和市场容量两个方面

有大量证据证实，生产效率随城市规模的扩大而增加，对私人企业和公共事业都是如此。生产效率和市场容量是互为促进的。与规模经济相联系的生产效率和市场容量主要表现为地方化经济（Localization Economies），它是一种行业的规模经济，表现为居于城市中的某行业单个企业的成本随整个行业总产量的提高而下降。

3. 从整个城市的角度来看，城市规模的效益表现为城市化经济

城市化经济（Urbanization Economies）也称都市经济，是指整个城市范围内的规模经济，即在整个城市区域内，单个企业的生产成本随着城市总规模的上升而出现了下降的情况。

城市化经济出现的原因与地方化经济的原因基本相同，只是在内容上有扩大，表现在以下几个方面。

（1）从中间投入品的规模经济来看，城市公共投入的非排他性和非竞争性使企业能

够共享城市基础设施和公共服务的好处。

（2）从范围经济与关联经济来看，单一企业变成企业集团、企业集群和企业网络，这使范围经济和关联经济在更广阔的空间中实现。

（3）从商品交易的规模经济看，单店经营发展到超市和连锁经营，使消费者节省购物时间，扩大选择范围，从而享受到商店的规模经济。

（4）从共享熟练劳动力市场的效率来看，大城市劳动力市场的共享服务更完善。

（5）从信息外部经济来看，信息和知识的交流由行业内部扩展到行业之间，一方面加深了社会化，使人力资本的形成获得正外部性；另一方面交流作用于生产活动，提高了人们的生产力和工资水平。

三、城市适度规模

（一）城市适度规模的成本与收益

城市规模经济超过一定限度会转向它的反面，即出现规模不经济。这就是说，一定的城市规模能够带来效益，但是也要付出成本。

城市规模的经济成本现实地表现为门槛成本和外部性成本两种。

城市规模经济要求在提供某些公共服务事业之前，需要有一个最低限度的人口规模。这些与规模经济要求相适应的投资往往具有一次性巨额投资的特点，这既是城市基础设施建设的技术性要求，也是需求和供给不可分性决定的投资要求，这就是所谓的"门槛成本"。

城市门槛成本突出地反映了规模经济的特性。城市规模经济要求在提供某些公共服务事业之前，需要有一个最低限度的人口规模。以交通运输业为例，只有几十个人行走的地方，肯定不需开设公共汽车路线，甚至不宜铺设道路。英国政府在规划汽车公路建设时就曾经规定："凡是人口超过 25 万的城市，应直接同对全局具有重要意义的公路网连接起来，所有超过 8 万人的城市，则应该处于该公路网 10 英里以内。"

当然，一旦这些投资形成资本、发挥效益，就可以通过所获得的规模效益来偿还这些投资成本，然而这是一个较长的时期，城市能否在较短的时期内，筹集大量的资金用于可以使用几十年、上百年甚至几百年的城市设施的建设，这确实是城市发展的一种"门槛"。

城市外部性成本是指一些企业或家庭的生产和生活活动，对其他企业或家庭的生产或生活造成了负面影响，为克服这些负面影响所需承担的费用或福利损失。

例如，城市人口增加带来的小区噪声会使某些家庭失去宁静安逸的生活环境，这些家庭也许需要购买一些高质量的隔音材料，把门窗封闭好从而支付相应的费用；或者直接要求其邻居付费，请他们不要制造噪声。又如，当商业区扩展到住宅区时，引起地价上涨，附近居民不得不承担更高的房租（价）。

这种外部性成本说到底仍然是由于城市规模引起的，因而是规模成本的一部分。

那么，城市在多大规模上可以保持具有规模经济呢？这需要通过城市规模的成本效益分析来回答。人口和经济活动在城市中的集聚，一方面可以从中获取多方面的利益，但另一方面又得为此付出一定的代价（成本）。

当集聚利益大于集聚成本，集聚过程就会继续，城市规模不断扩张，直到两者相等为止；一旦集聚成本大于集聚利益，那么满足理性假设的各种行为主体就会从城市迁出，从而出现城市人口分散的过程，城市规模随之收缩，直至集聚利益和集聚成本相等为止。

当集聚利益等于集聚成本时，就会形成一个均衡点，这就是城市的适度规模。

在图 4-4 中，由成本曲线 C 与效益曲线 R 相交的 E 点所对应的城市规模 A，就是一个适度城市规模（Optium City）。

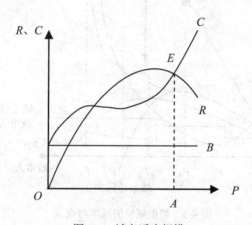

图 4-4 城市适度规模

在图 4-4 中，横轴为由人口表现的城市规模，纵轴为城市收益和成本，B 为城市基础设施投入，C 是城市总投入成本，R 是城市总产出收益。整个坐标系反映了一种理论上的综合，意在说明理论上存在的城市适度规模。图 4-4 中的 A 点，从直观上看，表明达到此点时城市规模的成本和效益相等，即一定的投入数量等于它的产出数量价值，而实际上的经济内涵是指：由一定的城市投入要素比例限定的城市人口规模所体现的成本，与城市的总产出价值或效益相等，这时意味着城市的规模收益不变。在 A 点之左，由于投入的价值小于它的产出价值，这时会出现规模收益持续上升的现象；而在 A 点之右，由于投入的价值大于它的产出价值，这时规模收益下降，如果城市产出不能通过技术进步等因素使城市产出函数上升，城市规模就会停止发展。

（二）城市多种适度规模的考察

1. 城市规模效益规律

假定城市所需的各种投入都按照相同比例进行，并且是以人口为核心而构成的投入束,它既代表城市的经济投入规模,也表明这种投入规模与城市规模经济的内在关系。

城市规模是否会产生规模经济,反映的就是城市人口和城市土地资本各要素的集合力量与产出之间的关系。

把与城市土地资本等要素的一定比例关系为条件的城市人口作为城市投入的集中表现,就可以通过以这一投入为解释变量的城市产出函数的变化,来分析城市各种规模的产出效益,如图4-5所示。

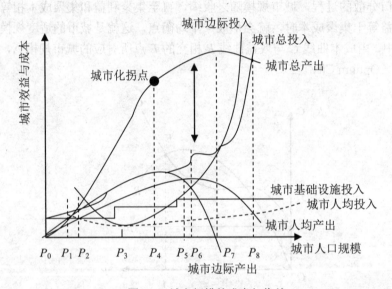

图4-5 城市规模的成本与收益

图4-5中,横轴表示城市人口规模,纵轴表示城市效益与成本,根据城市经济各种收益和成本之间的关系,可以考察各种城市规模的适宜情况。

这里我们把城市看作一个集聚的生产单位,总产出曲线形状呈S形,并存在拐点,在拐点以前,城市总产出随着城市人口的增加呈加速增长(指数增长);在拐点以后,城市总产出随着城市人口的增加呈减速增长(对数增长),并最终到达最高点,然后开始下降。

城市总投入曲线与总产出曲线正好相反,在拐点以前,随着城市规模扩大呈减速增长;在拐点以后,呈加速增长,并最终超过城市总产出。

城市人均投入曲线先随着城市规模扩大而下降,超过某一点后转为上升。把这些投入和产出情况对城市适度规模的影响作综合分析如下。

(1) P_0 点为城市发展起点。

(2) P_1 是城市功能基本形成点。这时城市总产出等于基础设施投入存量价值,城市功能开始运行,依托于城市的最初功能,形成城市经济活动的最初规模。

(3) P_2 是城市的最小门槛规模,这点是城市总产出和总投入、城市人均产出和人均投入的左交点,是成本等于效益的城市最小规模。此点之前,城市成本不能得到补充;此点之后,收益超过成本,城市功能开始产生正收益。

(4) P_3 是城市的最低生产规模。在这一点,城市边际成本曲线通过城市人均成本曲线的最低点,意味着城市收支正好相等,城市平均成本最小,是城市能够以规模效益吸引企业的最低城市规模。

(5) P_4 是城市边际效益最高点,即城市化发展的拐点规模。从这一点开始,城市进入适度规模发展期。

(6) P_5 是城市人均效益最高规模。这时城市企业的平均效益或城市居民的人均收入最大。

(7) P_6 是城市最大经济效益的规模,因为在此规模点上,城市边际产出等于边际投入,即城市总产出减掉城市总投入的收益最大。

(8) P_7 是城市最大总产出规模。此点城市总产出规模最高,边际产出为零,超过这一点,城市总产出绝对数量下降,边际产出为负数,因而应当是城市人口的控制规模。但是由于这时的城市总收益仍然为正数,城市规模仍然可以在控制中相应地少量扩大。

(9) P_8 是城市的最大人口规模。它是城市人均产出与人均投入的右交点,这时城市总产出等于总投入,城市总效益为零。

以上 $P_3 \sim P_8$ 的人口规模,都可以在某种程度上称为适度规模。

2. 城市规模效益的理论分析

城市规模效益是城市化的根本动因,是城市发展研究的中心课题,本节主要针对一些不同认识进行下面一些分析。

(1) 城市规模效益规律的全面性和普遍性。这种全面性和普遍性表现在两个方面:一是不仅城市经济具有规模效益,而且城市社会、城市环境和城市建设也具有规模效益;二是不仅西方发达国家城市具有规模效益,而且我国城市也具有规模效益,任何国家和地区的城市都具有规模效益。

有人不大承认城市规模效益规律全面性的存在,即不大承认城市社会、城市环境规模效益的存在,或者认为社会、环境规模效益与经济规模效益存在着根本对立的矛盾。例如,人们总是强调大城市的环境污染、交通事故等问题的危害,以为城市越大,问题越多。从绝对数看,大城市一般要比中小城市的问题大得多,其中最尖锐的问题要数交通事故。然而,如果我们把交通事故所造成的损失与同时获得的城市收益进行比较的话,结论就会完全相反。仅据 1983 年全国 266 个城市市区的统计资料显示,该年共发生交通事故 74 706 起,总伤亡人数为 62 405 人,该年城市工业净产值为 1 319.5 亿元,即平均每亿元净产值的获得要付出伤亡 47.29 人的代价。而超过 200 万人口的城市的净产值总计为 430.7 亿元,总伤亡人数为 19 338 人,每亿元净产值只付出 44.90 人的代价,在平均线以下;而在 100 万~200 万人口的城市,这个相对数字降到最低为 35.88 人,50 万~100 万人口的城市为

49.72 人，20 万～50 万人口的城市为 44.98 人，而小于 20 万人口的小城市为最高，即每亿元净产值要付出伤亡 70.87 人的代价，几乎相当于 100 万～200 万人口的特大城市的两倍。这里仍然证明了城市环境（社会环境）规模效益规律的存在。过了 12 年之后，我们再用 1995 年的统计数字来验算。1995 年全国 640 个城市市区共发生交通事故 212 594 起，总伤亡人数为 151 861 人，其中死亡 43 343 人。该年城市市区国内生产总值为 39 979.5 亿元，按死亡人数计算，每亿元 GDP 要付出因交通事故非正常死亡 1.08 人的代价，而按前述五类规模等级城市排列，自大而小，各级规模城市每亿元 GDP 付出的死亡人数分别为 0.51 人、0.98 人、0.87 人、1.26 人、1.42 人。最大规模城市（大于 200 万人）的平均死亡人数，只有最小规模城市（小于 20 万人）平均死亡人数的 34%。也就是说，城市规模愈大，其付出的人命成本愈小；而城市愈小，其付出的人命成本愈大。

也有人不大承认城市规模效益规律普遍性的存在，即认为中国国情特殊，中国城市化应采取以"中小城市为主"的发展模式；他们把各国城市化过程中出现的盲目性看过了头，并且把大城市化与盲目性等量齐观，通通斥之为"资本主义制度带来的恶果"，是"走弯路"；对发达国家在城市化中后期出现的某些调整城市规模的措施和出现扩散性城市化的进步现象，又斥之为是"给人类造成极大浪费"的"反复"。中国为了不"反复"，不"重蹈资本主义覆辙"，就要从现在起控制大城市发展，或将大城市转化为中小城市，并寄希望在这方面继续创造我国的"奇迹"。这既是一种否定共同规律的思想，也是一种超越历史发展阶段的追求。这种思想在苏联理论界和官方也曾产生过，要求政府控制大城市的发展，直到 20 世纪七八十年代由于事实的教育这种思想才逐渐转变。

有人强调控制大城市规模，其理由之一是"我国大城市和特大城市人口数是世界各国中最多的"。这种说法既不符合事实，也不科学。大城市和大城市人口的多少，不能仅仅用绝对数字相比，而应该用大城市人口在整个国家人口中所占的比重来衡量，否则没有可比性，如果这样相比中国大城市人口并不是太多，而是太少了。例如，"1985 年 1 月 1 日，苏联共有 50 万人口以上城市 51 个，其中 22 个城市的人口超过了 100 万，在超过 50 万人口的大城市和特大城市里，集中了全国人口的 1/4 强"。而我国全国人口几乎比苏联多 4 倍，然而 1984 年末，全国只有 50 万人口以上的城市 50 个，其中超过 100 万人口的只有 19 个，在超过 50 万人口的大城市和特大城市里，集中的人口只占全国人口的 8.2%。无论绝对数或相对数，我国都低于苏联。即使到了 1995 年，我国 50 万人以上的城市的人口总数也才达到 13 389.5 万人，只占全国人口 121 121 万人的 11%，仍大大低于苏联 1985 年的大城市化水平。

这使我们想到马克思的著名论断："我的观点是把经济社会形态的发展，理解为一个自然历史的过程。""一个社会即使已经发现它的运动的自然规律，它还是既不能跳过，也不能用一个法令来废除自然的发展阶段。"对于城市化和大城市化这个阶段的许多令人反感甚至令人诅咒的"弊病"和问题，我们仍然无法甩掉和逾越它，经济规律总是不以人的好恶和道德观念为转移,"无情地"开辟着自己前进的道路。

（2）城市规模效益规律的特殊性和阶段性。这种特殊性也可以从两方面加以考察：一是城市规模效益与其他经济实体规模效益相比较而言的特殊性；二是城市规模自身发展中的时空特点。

从第一方面而言,城市规模效益与企业规模效益已有很大不同：企业规模是产业性质基本相同形成的规模,比较单一和简单,城市规模是产业性质基本不同形成的规模,比较综合和复杂,但二者具有相互依存性。企业规模是基础性规模,存在着规模"门槛"（即批量生产）的约束,不达到一定"门槛"（批量）则属于规模不经济阶段。城市规模是后续性规模,它是已经建成的企业的集合,基本不存在城市规模"门槛",但是存在城市公共经济"门槛"（如供水、供热以及公安机构设置的基本住户数要求）。企业规模的变化很快,规模效益变化也很快,而且风险大,寿命相对短；而城市规模及其效益变化相对稳定,风险小,而且寿命相对长得多。以上特点决定了城市规模效益比企业规模效益更大、更重要。

从第二方面而言,城市规模效益既具有时间维的阶段性特点,又有空间维的条件特点。首先,城市规模效益的阶段性与城市化的阶段性是相适应的。在城市化初期,小城市多,规模效益比较低；在城市化中期,大城市增多,发展速度增快,规模效益也显著增长；在城市化的后期,大城市增长速度减缓,扩散性城市化成为城市化的主要特征,这时候的规模边际效益自然明显缩小。不了解这个规律性,就会在认识上和指导实践上发生偏差。例如,有人主张重点发展中小城市的理由之一曾经就是"西德的小城市发展快","几乎每年平均以10万人的速度疏散着大城市人口",要求我们也应该仿效西德的这个经验。实际上我国的城市化水平还很低,同西德和其他西方国家相比,并不是处在同一发展阶段上。不同的发展阶段有不同的发展速度和不同的发展方式,处在不同发展阶段的事物是没有可比性的。国与国之间相比是如此,一国之内不同地区之间相比也是如此。我国国土辽阔,东、中、西部城市化的阶段性也有区别,因而东、中、西部的城市规模的扩展速度和方式也会有不同的特点,加以区别对待是科学的,不区别则是不科学的。

地区的不同,还会引起规模效益其他方面的不同特点。因为地区不同,资源不同,会引起产业性质和产业结构的不同,从而也引起规模效益的差别。不能认为凡是50万人口的城市其规模效益都是一样的。同样的道理,同是20万人口的城市、100万人口的城市、200万人口的城市的规模效益都会有所不同。不仅如此,由于区位和产业不同,其规模效益的增长速度和增长极限（包括城市的寿命）也会千差万别。

城市规模效益的差别还有其他方面的原因和影响因素,不区分这些影响因素和原因,把城市效益的下降直接算到规模过大的账上,这也是常见的偏颇认识。

① 人口密度。人口密度过大会产生城市弊病,它是影响城市规模效益的一个原因,但这些弊病并不直接就是规模引起的。规模是一个总量,在不同土地面积上会有不同密度。

在其他条件不变的情况下,一定城市的人口(不论其规模是大是小)只要密度合适,即使是大城市也不一定产生弊病,相反,如果密度不合适,即使是小城市也会产生弊病。

② 城市管理。有许多"城市病"是由于管理不善引起的,而不是规模本身的原因,例如,城市交通问题,有的公交路口交通拥挤,一改为立交桥,交通形势马上改观;有的问题则是由于计划不周所造成;有的是由于相互缺乏协调所引起;有的则是属于管理经验差、水平低;有的是由于缺乏全局观点;有的是由于缺乏资金,无钱新建、改建,只好因循度日;有的是因没有立法,无权管,只好听之任之等。属于这方面原因而造成的城市问题占相当大的比重。

③ 技术条件。无论是生产技术条件还是公共经济的技术条件,都是决定城市规模效益的重要因素。技术先进,效益就高;技术落后,效益就低,这是不言而喻的事情。但这也不是城市规模本身的问题。我国不少小城镇其规模不可谓不小,但生产技术落后,环境污染比大城市要重得多,这样的实例,俯拾即是。

(3) 城市规模效益的实现条件。城市规模效益规律告诉我们的实质内容是:从经济发展优势而论,城市高于乡村,大城市又高于中小城市。要实现城市规模效益,就是要创造条件进一步推动城市的发展,推动城市化,特别是大城市化。要充分理解大城市、中心城市在区域经济和国民经济发展中的地位和作用,要根据城市生产发展的要求和城市化规律,不失时机地发展大城市,消除影响大城市效益发挥的一切不利因素,把大城市的发展列为经济发展的战略重点。

但是,大城市的发展要因时因地制宜,具体城市具体分析,既不能有全国性的或地区性的"一刀切"的控制指标,即不准发展超过多少万人口;也不能有全国性的或地区性的"一刀切"的发展指标,即规定应发展到多少万人口。这既是一个城市化的自然过程,又是一个正确的政策引导过程。但国内外都曾出现过"反磁力"的观点。这个观点显然是把大城市的"磁力",即吸引力当作消极的东西来看待。我们认为,如果大城市还具有吸引力的话,也就是说明投资者还愿意在那里投资,他们认为在那里还可以取得平均利润率以上的利润;劳动者还愿意从别的地方转到那里去工作,他们认为在那里工作比在别的地方工作的条件还优越些。这种"磁力"是好事,说明这座大城市还有生命力。这是城市发展过程中一种自然的有益的经济机制。只要这个经济机制还存在,大城市必然继续发展,反对是没有用的、不应该的,也是不能奏效的。相反,如果大城市的经济效应确已失去它的优势的时候,它的"磁力"会自然消失,同时自动产生向外扩散的机制,因此,要解决和预防大城市问题,限制大城市发展,关键在于具体分析研究大城市发展过程中真正具有磁力和排斥力之间的平衡关系。人们真正应该反对的是那里可能存在的一种"虚假的磁力",例如,只看到大城市投资的眼前效果好,看不到长远效果差;只看到企业内部经济效果好,看不到外部经济效果差;只看到眼前生活条件优越,看不到环境污染所造成的长期恶果,以及某些不正常的心理因素等。如果是这样,控制大城市规模的行政措施,就不如对大城市进行有说服力的经济分析、科学的预测预报、实事求是的宣传和对城市发展战略的实际指导等来得重要。

提倡发展大城市又总是有针对性和有条件的。有人认为，既然城市规模越大效益越高，那就放手发展大城市，无限膨胀大城市好了，中小城市就无足轻重了。这是严重误解，也是对这个规律认识不深的表现。前面已经指出，就微观经济而言，存在着大型企业效益高于中小企业效益、大型设备和工具效益高于中小设备和工具效益的一般规律，但是谁都能理解，这不等于企业、设备、工具可以无止境地大规模化，也不等于中小企业、中小工具和设备就不重要，就不需要发展，就可以退出历史舞台。大货轮虽好，但它的建造要受资金、技术条件的限制，它的使用要受水域与码头条件的限制，这些条件决定大中小轮船都是必需的和重要的。大型载重汽车虽好，但是小车运输也有它的长处和优势。在我国广大农村，马车还有它的用武之地，城市的建造和发展自然也是如此。在一定的国度和一定历史条件下，由于经济的发达程度不同、生产力水平不同、地理环境不同，必然决定大城市发展的规模极限不同，任意加码"拔高"和"堆砌"大城市显然是不行的；由于资源的分散、市场的广阔和交通条件的差异，中小城市星罗棋布有其客观必要性。有些中小城市，其产出效益水平尽管比大城市要低，但是包括流通成本在内的区位效益却不一定低于大城市，因此也必须因地制宜加以发展。由此可见，城市规模效益规律所反映的和所要求的，是在一定历史阶段和一定地理条件下，大城市规模的适度发展和大中小城市人口的合理的比例关系。根据国际经验，这种适度规模和合理比例结构并没有先验的模式，而有赖于市场调节机制发挥作用促其自然形成。

应该强调的是，从全世界看，大城市规模的继续扩大仍有客观需要。前已论述，城市规模的扩大是生产力发展的需要使然，而现代科学技术所创造的生产力正从两个方面需要城市规模的继续扩大：一是企业生产规模扩大化和产品大型化。生产规模扩大化包括批量生产规模的扩大化和生产设备的大型化，仍然是某些企业不断追求的目标，如乙烯、汽车、飞机等重、化工业生产。产品大型化也有新的表现和要求，如人造卫星、宇航飞行器、火箭等。有些传统产品，如飞机、轮船、机车本身就是大型的，它的分厂设立也必须依托大城市。二是生产分工扩大化和生产活动的分散化。许多高精尖产品其体型并不大，但是它是由许多原材料深加工和许多相关产品组装而成的。例如计算机由大规模集成电路和极细微的电子元件和零器件所组成，而这些元器件又是由硅、锗、锡、钢铁等原材料深加工而成。企业生产分工细化，即使有的小型生产可以分散到家庭去作业，也并不要求它们总体聚集度的分散和城市的分散，恰恰相反，分工越细，联系越紧密，既要求空间上的隔离，又要求空间上的接近，以便于技术管理和降低运费与公共服务费用，其结果必然是城市空间的扩大而不是它的缩小。马克思有一句话说得很深刻，"进行分工的前提是：工人的集中。"这也许就是为什么到目前为止，企业规模不经济的事实和经验教训那么多，而城市规模不经济在全世界还没有发现一例的根本原因。

另外一个事实,也可以说明大城市的生命力,就是那些往往被称为世界第一、区域第一、××洲第一的城市建筑物(如第一大厦、第一大桥、第一电视塔等),都不是产生在一般大中小城市,而是产生在一个国家或地区的最大城市里,而这种势头亦未见减弱。

所以,以下一些观点是需要进一步讨论的:① 控制大城市规模,积极发展小城市。② 中国情况特殊,不能走资本主义"人口向大城市集中"的老路。③ 城市大,弊病也大,要付出"高昂的人口疏散成本"和"逆规模效益成本"。④ 现在就应该实现恩格斯的教导:"按照统一的总计划安排自己的生产力",使大工业在全国"尽可能平衡的分布"。⑤ 主张农民"离土不离乡,进厂不进城",实现"就地城市化"。⑥ 每年从农村分离出来的剩余劳动力,不能进入大中城市,"只能靠发展小城镇加以转移和吸纳"。

所有这些论点有个共同的缺陷:只看到大城市问题的表面现象,没有做深层次的本质分析和必然性分析;只看到局部的利害,没有看到整体的利害;只习惯直线看问题,不习惯曲线看问题,而且奢望事物的直线发展,反感事物为什么总不符合自己的"理想"。

不可否认,这些人的主观愿望是非常好的,他们在努力探求中国迅速实现现代化的道路,希望及早实现人类的伟大理想。但是,事物的发展辩证法往往和人的美好愿望和认识直线相反,它总是要经历一个否定之否定的螺旋式的发展过程,才能由低级阶段发展到高级阶段。原始社会的进步,不能直接导致共产主义社会的出现,阶级社会,特别是像奴隶社会那样"缺乏人性"的、"残暴"的社会,以及像中世纪那样"黑暗"的封建社会,不管人们如何诅咒它,它仍然是人类社会必经的一个阶段。城市和乡村的分离与对立,以及城市化过程中必然导致城乡分离和对立现象的加剧也是这样,它是不以人的意志为转移的必然现象和必经阶段。列宁曾经指出:"城市和乡村的分离、城乡之间的对立性,以及城市对乡村的剥削……这是一切有商品生产和资本主义国家(其中包括俄国)共同的和不可避免的现象。只有多情善感的浪漫主义者才会为这种现象掉泪。相反地,科学的理论则指出了大工业资本给这一矛盾带来的进步的那一方面。"

曾有这样一则寓言故事:说一个人吃包子,吃了第一个没有饱,再吃第二个,没有饱,然后吃第三个、第四个,直至吃完第七个包子才饱。他恍然大悟:前面六个包子都白吃了,为什么不一开始就吃第七个包子呢?不知道用这则寓言比喻有些人的思想方法是否适合和礼貌,如果没有集中型城市化积累资金、赚更多的钱,扩散型城市化的资金从哪里来?没有大工业的集中发展,大工业的全国平衡发展怎么来?没有大城市的"苦",田园风光式的小城市的"甜"从一开始就能实现吗?

为了"走捷径"直接追求自己的"理想",我们已经做出了层出不穷的努力和尝试。"大跃进"时期,"跑步进入共产主义"的想法和做法已经尝试过了,"小土群""全民大炼钢铁"的"壮举"已为历史淘汰;"积极发展小城市"的方针,20世纪80年代初开始推行,80年代末已改为"合理发展中小城市"的提法。乡镇企业的兴起,曾经大受青睐,但是乡镇企业的规模不经济,已为越来越多的人所认识。现在只剩下一个"控制大城市规模"的提法还有待国人反思，有待历史的进一步验证。

不应忽视的是，上述思想在中国城市化的实践中已经引起负面影响，这就是大城市比重的降低和中小城市比重的升高。这才是真正的逆城市化！城市规模结构向效益低的城市群倾斜，其损失的规模效益值是一个可以计量的巨大数字，这是我国近年宏观经济效益下降的一个重要原因。这个情况应该逆转，必须逆转。

（4）城市规模效益的利用与提高。城市规模效益是巨大的，但其增长率又是边际递减的，因而在一个国家和一个城市都应该具体分析城市规模效益扩大的潜力和利用、提高的程度究竟有多大。特别是在我国现阶段建设资金和发展资金都相对紧缺的情况下，如何从各方面开源节流提高资金使用效率，应成为一切经济工作的中心任务。其中，充分利用城市规模效益的作用，为国家多积累资金，提高我国经济发展的速度和质量，应成为很重要的一个研究课题。

根据以下理由，从宏观角度考虑，我国城市规模还存在扩大的巨大潜力。

① 前面已指出，我国各等级规模城市之间的经济效益差距还很大，无论是人均效益、地均效益、资均效益都存在五个等级之间的明显落差。以土地效益为例，城市规模等级每提高一级，其效益即可提高一倍多。20万人口以下的城市规模如提到 20 万～50 万人，其土地效益指数即可由 100 提高到 280；100 万～200 万人口的城市规模如果提高到 200 万人口以上，其土地效益指数即可由 1 072.1 提高到 2 441.2。相反，如果规模下降一个等级，其整体效益也就会下降一半还多。因此，根据同国外进行比较分析可以得出我国城市规模等级的成长尚处于年轻阶段的结论。

② 前面也已指出，我国大城市和特大城市人口占全国总人口的比重到 1995 年才有 11%，大大低于 1985 年苏联的水平（25%）。不仅如此，与一些发达国家和东南亚一些国家和地区相比，相距更远。日本仅东京、名古屋、大阪三个都市圈的人口在 1965 年就已占全国人口的 45%。韩国首尔一个城市人口即约占全国人口的 1/3。我国台湾省划分为若干地区，其中台北市人口占北部地区总人口的 88.3%，台中市人口占中部地区总人口的 62.4%，高雄市人口占南部地区总人口的 73.7%。我国大陆地区还没有一个中心城市在它的辐射地区内占有如此高的比重，因此其发展距离它的自然极限尚远。

③ 我国城市化水平尚处于中前期阶段。根据 1995 年末统计资料，全国人口为 121 121 万人，非农业人口为 28 235 万人，农业人口为 92 886 万人，农业人口占全国人口的 76.7%，我国基本还是农业大国。按含一定比例的农业人口的城市人口计算，我国城市化率在 1997 年官方公布的数字为 29%，比起国外发达国家 70%～80%城市化率，正属于"中青年时期"，城市的大发展还在后头，还有很长一段城市化的道路要走。一般来说，城市化率要经历集中型城市化和扩散型城市化阶段，我们正走在集中型城市化的中间。今后的城市化，正需要城市规模效益的进一步发挥，以推动它的进展，如果从此降低城市规模，则无疑要影响我国城市化的速度。

④ 我国大城市的生产要素容量潜力还很大。现在我国大城市的人口密度较高，在这方面是没有潜力可挖的，有的城市还需要降低人口密度。但是随着资金密集型和技术密集型产业的发展，每个大城市的生产资料和资金的密度还可以大大提高。因而，人均产出、资均产出和单位土地面积上的产出还可以大大提高。根据20世纪80年代的资料，我国最大城市上海，平均每平方公里国内生产总值与日本大阪平均每平方公里国内生产总值的比例约为1:34，与东京平均每平方公里国内生产总值的比例约为1:60，这说明上海吸纳生产投入的容量还很大。也就是说，从地均产出的角度看这个问题，它仍然处于集中型城市化阶段，大有潜力可挖。

(5) 提高城市规模效益的方向和方法。应看到我国挖掘和提高城市规模效益的紧迫性。我国资金短缺，土地人均面积少，亟需集约使用资金和土地，而集约使用资金和土地效益最高的地方在城市和大城市。因而贯彻中央提出的转变经济增长方式，即由粗放型经营向集约型经营转变，不仅在企业，也不仅在工业和农业，更重要的层面是在城市。要盯住城市和大城市，要向城市和大城市要效益，为此，要创造城市和大城市进一步发展的条件。在现阶段，要集中发展我国大城市、特大城市和大城市区域，要增加生产要素的投入，改善城市基础设施和城市投资环境，加强城市管理和城市规划。控制大城市规模，特别是控制大城市的人口规模和土地规模，对大城市发展是极为不利的。大城市的投资增长与人口、土地增长应该相适应且有一定比例关系，在这个前提下解决人口过密和土地浪费的问题。生产要素出入大城市只是一个疏导问题（要根据生产发展和市场规律进行疏导），而不宜用行政命令和指令性计划的方法加以控制，甚至设关、设卡、设堤防加以限制和阻止。

但是这不等于说中小城市的发展无足轻重。前面已指出，在发展大城市的同时必须相应发展中小城市。大中小城市都有自己合理的、适时的规模效益。问题是在合理发展大中小城市时，必须实事求是地解决大中小城市发展中存在的问题。就大中城市而言，从生产要素供应方面来说，现在发展中存在的主要问题是人口户籍门槛和用地不足。农民进城难、落户难由来已久，大量流动人口在城市和乡村之间往返，既不利于城市经济的有序发展，也有碍社会治安。城市建设需要农村劳动力进城工作，但却没有这些劳动者的固定安身之地，户口、住房和生活供应都不能与城市居民统一。这既与人们的认识和政策有关，也与城市建设滞后、缺乏容纳这些人的物质条件有关，应该下大力气加以解决这一问题。这个问题解决不好，还会从根本上影响我国城市化进程，降低城市化的速度和城市现代化的质量水平。现代化的城市社会大生产与"打游击"式的劳动力供应方式是很难协调发展的。

大中城市的土地供应问题更加突出。大中城市的土地利用效率高，这是事实，但同时也存在用地不足，表现在以下各个方面：① 基础设施用地不足。以交通用地为例，据专家研究，为了便利交通，城市干道网的密度（即城市干道总长度与城市用地面积之比）的合理范围应为每平方公里1.8～2.8公里，而我国目前"一般只达到每平方公里1公里"。城市道路面积率（即城市道路面积与城市总面积的百分比）全国只有3.8%，"比合理面积率偏低较多"。道路面积少,是大中城市交通效益全面下降、交通事故增多、公交服务水平下降的主要原因。② 城市住房用地不足。我国大中城市人口密度偏大,人均居住面积偏低。我国政府已经制定了向小康目标前进的、提高城镇居民住房标准的政策,这不仅要靠住房投资的保证,也要靠住房用地的支持。住房紧张、住宅区拥挤、相应的服务设施及其用地缺乏是我国城市环境污染严重、影响和阻碍我国城市居民实现小康,也有碍城市观瞻和形象的重要因素。③ 城市绿地不足。我国绝大多数大中城市人均绿地尚在3～5平方米区间徘徊。

以上说的是一般情况,如就特殊情况而言,视城市性质、功能不同,发展历史不同,有些城市出现工业用地不足、仓储用地不足、商业用地不足、学校用地不足、医院用地不足或机关用地不足等情况。对这些确实用地不足的城市和单位不仅不能加以限制,而且应该逐步提高标准,加以满足,这是对推动整个城市经济和国民经济发展极为有利的必要的条件。我国大中城市用地不足是一个长期存在、没有得到很好解决的问题,其原因是多方面的,有我国人均土地面积较少这个客观原因,但主要是主观认识跟不上造成的。其一是"极左"思潮的影响,忙于缩小城乡差别,抑制了城市的发展和土地的供应;其二是对城市规模效益规律缺乏认识,对大中城市的土地效益大大高于中小城市和农村,既缺乏理性认识也缺乏感性认识,缺乏土地经济效益观念,因而不可能对大中城市土地供应给予特殊注意和关照;其三是长期存在的缺乏适当控制的"积极发展小城镇"、"积极发展乡镇企业"和"严格控制大城市规模"的政策与舆论导向,一定程度上抑制了大中城市用地;其四是对如何保护耕地的方向和方法缺乏科学的认识,人为限制城市土地的供应。

我们强调大中城市用地不足,不等于说这些城市用地没有浪费,或以为这种浪费无足轻重。特别是近年来"开发区热"所造成的土地浪费现象,传媒常有报道,我们也完全同意。但是就不同规模的城市而言,中小城市在土地使用上的浪费比大中城市是要多得多的。如土地闲置、晒太阳、长野草,建设密度低、发挥聚集效益不够、集约经营不够等,这是一方面;另一方面,中小城市也存在用地不足的问题,特别是扩建和新建的小城镇,由于存在农村集体所有制土地转变体制问题,存在经济发展水平低、负担不起地价和难于安置农业人口转移的困难问题等,影响了小城镇对乡镇企业的吸纳作用的有效发挥。但是总的来说,大中城市是土地供应不足的问题,小城市是土地浪费较多的问题。

就小城市而言,生产要素的供应状况有倒过来的情况,在那里,土地供应和劳动力就业较少存在问题,而较多存在的问题是信息、科学技术、人才和资金的短缺以及与此相应的城市规划水平较低。以上均只是概略言之,实际工作应该具体城市具体分析,做得更细,科学求是地解决每个城市(无论大城市、中等城市或小城市)妨碍规模效益发挥和提高的各种实际问题。

(6) 积极发挥城市土地规模效益的作用,保证国民经济高速增长。特别提出这个问题是由于三方面的原因:一是我国当前城市土地的规模级差效益最大、最显著,因此具有最有价值的挖掘潜力,最值得研究;二是我国土地资源相对缺乏,而且可利用土地每年还在减少,形势严峻,节约每一寸土地成为国家和每一个公民都十分关注的问题;三是如何节约使用土地,最大限度地发挥土地效益的作用,在方法上和政策上存在见解上的分歧。

一种意见认为,为了节约使用土地,特别是保护耕地,主要手段和方法应该是限制土地使用大户的用地规模。但根据本章分析只能得出这样相反的结论:主要手段和方法应该是有计划、有步骤、有措施地系统发挥城市土地规模效益,较快扩大城市和大城市的用地规模。

① 城市和大城市用地的增加是城市化的必然趋势,是代表生产力发展要求的正确方向。必须承认中国城市化水平落后,承认加速中国城市化是加速中国工业化并进而迎接后工业化社会的必要条件。加速城市化过程中,提高城市土地利用效率与增加城市土地使用面积是一个相互结合的统一过程。我国城市用地的必然增加和必须增加有三方面的具体原因:第一,工业、商业、交通运输业及各类第三产业的必然发展和新项目的不断增加;第二,历年积累起来的城市用地短缺必须补偿,"还欠账";第三,城市现代化的要求和居民生活质量的进一步提高,要求城市建筑物密度和人口密度的相应降低。三个因素综合作用的结果,使得我国城市用地增长速度不会太慢。

② 我国大陆城市用地面积的相对量很小,潜力很大。我国城市用地的统计数字有好几个:城市地区面积、市区面积和建成区面积。如就"地区"面积而言,以1995年为例,在全国640个城市中,"地区"面积为335.468 6万平方公里,几乎占国土面积的35%,确实不小;如就"市区"面积而言,1995年也有168.021 2万平方公里,占了全国国土面积的17.5%,也不小。但实际上,这两个数字都不能代表城市用地,这两个数字中还包含了大量的非城市产业的占地:山地、河湖和耕地。仍据1995年统计,城市"地区"面积中就含有耕地97 302万亩,占总面积的19.3%;在"市区"面积中还含有耕地16.9%(42 514万亩)。严格地说,这些土地仍属于农村用地范畴。真正能代表城市用地面积的,只能是用于非农产业的"建成区"面积。

那么这个面积在全国是多少呢?1995年的统计是20 465平方公里,仅占全国国土面积的0.213 2%,占市区面积的12.18%。由于城市"建成区"占地促使人均耕地减少,即使在以下假设条件下,迄今也不过人均0.025亩。这个假设条件是:假设全部城市建成区占地都是耕地。因此,从全局看问题,即从整个国民经济的高效发展的利益出发,我国大陆城市建成区面积并不是太多,而是太少了。

有人担心,城市用地的增加会对农业用地特别是耕地带来威胁。其实无妨。按1995年全国城市建成区面积20 465平方公里,即2 046 500公顷计算,仅占现已查明的耕地1.3亿多公顷的1.54%,即使建成区土地增加一倍也只占耕地总面积的3.08%。而这3.08%的农村耕地的失去,只要靠剩下的96.92%的耕地单产在原有水平上增加3.18%即可弥补。而城市的发展与工业的发展、科技的进步是紧密相随的,城市建成区土地如果翻一番,基本意味着工业支援农业、城市支援乡村的能力可以翻番，意味着农业机械化、电气化以及农业技术和管理科学化的巨大进步，由此而带来的农业单产的提高岂止是3.18%！由此可见，城市的发展所引起的用地的增加，不仅对国民经济发展极为有利，对农村和农业自身的发展也是极为有利的，不存在任何"威胁"或"负面效果"。

③ 需要严格控制使用土地规模的对象应是中小城市和农村居民点。有人说，我国的小城市实际是"农业市"。本来城市是工商业的聚集地、非农产业的基地，农业地区也要叫做"市区"是不伦不类的，混淆了两类地区及其承载的产业之不同性质和要求。农业适合分散（请注意不是"粗放"），需要基础设施较少，而工业需要集中，需要基础设施较多；二者的产出效益、劳动者素质和管理水平的要求也不一样。因此作为标准的城市市区，中小城市应参照大城市的基本划分法予以规范并控制其任意扩大。

1997年，辽宁省土地资源调查办公室对全省村庄建设用地使用情况进行了抽样调查，结果查明"村庄用地总面积为43 353.5亩，其中：建设用地面积为40 425.7亩，人均0.39亩，宅基地面积为20 566.5亩，人均0.20亩，占建设用地的50.9%"。辽宁省属较发达省份，农业人口密度较大，这个人均数不会是全国最高的，姑且用以代表全国的平均水平，那么农村人均占有建设用地面积（0.39亩）按1995年全国农业人口92 886万人计，全国农村村庄建设用地数约为36 225.54万亩，即24.15万平方公里，是全国1995年全部城市建成区用地20 465平方公里的11.8倍。可见，建设用地的大户并不在城市，而在农村。一般而论，农村是粗放型建设，城市属集约型建设，节约和控制土地使用规模的重点对象也应在农村。

④ 城市发展规划与用地规划应同步进行。在农村，农业产量规划与耕地规划一向是紧密联系在一起的、同步进行的，但在城市则缺乏类似的做法。单个城市一般有自己的国内生产总值规划，也有相应的资金投入增长规划和粗线条的人口规划与劳动力规划，唯独缺乏相应的土地增长规划。即使有，也是只与城市建设项目挂钩，临时征用农村土地，不与城市的总产值挂钩。这是认识上和制度上的一大误区。其实城市的产出同农村的产出一样，都是与第一生产要素土地密不可分的，只是需要的比例有所不同而已。农村没有土地不能长庄稼，城市没有土地不能出产值，这是天经地义的真理。就全国而论，我们也只有按产业分类的国民经济计划，没有按城乡分类的国民经济计划；在用地问题上，只有全国耕地保护计划和要求，没有城市用地的保障计划和要求，而且往往用前者来冲击后者，这又是一个认识上和体制上的误区。保护耕地重要，保障工业用地也重要，二者都是国计民生的大问题。二者不仅不矛盾，而且是互相推动的，因此二者必须得兼，也可以得兼，关键在于规划、调节。

在对土地利用的规模结构效益进行调查的时候，应该对用地规模进行更细的分类调查，从实际出发提出土地结构调整的可行性研究报告，并始终遵循以下指导思想和原则。

第一，全国城市用地必须以效益为中心进行配置。鉴于大中城市具有规模经济优势和集约经营优势，长期以来用地又相对紧张，而且用地比重有缩小趋势，为此，必须提出方向性的宏观调整任务，即在注意大中小城市协调发展的同时，要根据实际需要，有组织、有重点、有计划地向大型城市用地倾斜。

第二，全国城市用地必须因地制宜，区别对待。由于生产发展的不平衡性、地域发展的不平衡性以及区位的重要作用不同，城市及其用地不可能在空间领域平衡发展。特别是在城市化前期，城市及其用地的空间差异会有一定程度的扩大。也就是说，发达地区的城市用地比重会明显高于欠发达地区，所以我国东部、中部、西部的城市用地会呈梯度发展趋势，在东部内部、中西部内部还会有自己的梯度。因此，在注意扶持内地和不发达地区城市发展的同时，不要用行政的办法控制发达地区城市用地的增长。

第三，全国城市用地要分层次满足需要。按照城市与区域经济的相互作用及中心城市在区域经济发展中的牵引作用和制导作用的规律，应根据需要和可能，扶持和重点发展各层次区域的中心城市（或称首位城市）及相关城市群。就全国而言，城市区域基本可以划分为五个层次：全国区域、跨省区域、省区域、省内区域和县区域。因此，要以全国性中心城市、地区性中心城市、省会城市、省内区域中心城市和县城为龙头，全面发展相应层次的城市体系，要对第一、第二、第四类中心城市进行科学界定。对上述重点城市及城市体系的发展建设和土地供应，是其属区域的共同任务。

（三）城市均衡规模

适度城市规模是一个相对的概念，从不同的目标出发会得到不同的结论。如果我们仅仅从迁移者的角度分析城市规模，可以得到一个城市均衡规模的表达式。

1. 理论表达式

$$\frac{\overline{M}}{P} = M\left[\left(\frac{W}{P*}\right), \frac{M}{P}, A, S\right] \tag{4-1}$$

式中，$\overline{M}/P$ 是净迁入率；M 是净迁入量；$\overline{M}$ 是它的偏微分 $\partial M/\partial t$；P 为城市总人口；$W/P*$ 是城市的真实工资率；$P*$ 是消费者价格的消长指数，用以消除价格变化的影响；M/P 是移民存量，即一个城市中移民占人口的百分比；A 是描述城市环境舒适与否的向量；S 是城市规模变量。

假设 $\partial(\overline{M}/P)/\partial S > 0$，说明城市规模经济效益仍然存在，城市规模可以继续扩大。此式等于零，说明城市处于均衡状态，人口流动会停止；此式小于零，说明城市规模过大，规模不经济已经超过了规模效益，应向外移民。

2. 现实影响因素

上面只是从理论上以抽象的或泛指的城市为对象讨论了适度城市规模问题。由于考察的角度不同，对成本和效益的确认，从而对适度城市规模有不同的认识。如果引入一些现实因素，即城市赖以生存和发展的基础或条件，它们决定着成本与效益曲线的位置和形状，这样就能够使适度城市规模理论用于城市发展的实际决策。这些现实的因素主要有以下几方面。

（1）城市区位（资源的可获得性、通达性和开放性）。城市地理位置是对城市规模有决定作用的一个因素，地理位置有着丰富的内涵。首先，地理位置意味着城市规模扩张的资源可获得性，主要是土地资源和水资源。其次，地理位置还意味着城市的通达性和开放性，这主要是指交通条件，位于江河入海口、铁路公路交会处的城市规模都在持续增大。

（2）城市基础设施构成城市规模容量的支撑基础（其制约表现在总量和结构两个方面）。实际的城市规模超过规模容量时，会导致一系列的"城市病"，从而降低城市聚集经济效益，而要克服这些"城市病"，则必然要跨越门槛成本。基础设施对城市规模的制约作用，不仅表现在总量方面，还表现在结构方面。城市基础设施是由多个小系统组成的大系统，里面存在着性质不同的各类基础设施，不同性质和类型的基础设施之间，必须相互配套、协调发展，否则"短边规则"将起作用。如城市交通系统，如果交通车辆增加了，而道路没有相应拓宽延长，交通堵塞状况就会加剧。

（3）城市内部布局。主要指城市内部土地利用结构，即不同的功能用地在城市内部的配置情况，这个问题在第五章将专门论述，这里要指出的是，城市的内部布局对成本与效益曲线的形状有很大影响。

① 直接影响城市外在成本。良好的城市布局，会减少不同用地单元之间的负面影响。美国在 21 世纪 70 年代后兴起的"绩效分区"（Performance Zoning）区划法，在允许功能混杂的同时，要求不同功能的用地单元之间留有起隔离作用的缓冲地带，从而减少由不同功能的用地单元之间相互影响所带来的外在成本。

② 通勤成本。过于分散的内部布局，会延长通勤距离，增加通勤成本；而过于集中的内部布局，又会造成交通拥挤和道路堵塞，从而也使通勤成本上升。

3．规划城市合理规模的步骤

在实践中，规划城市的合理规模，必须从兼顾城市经济效益、社会效益和生态环境效益的目标出发，确定城市合理的经济结构、人口结构和用地结构。为此，需要注意的问题包括以下几方面。

（1）合理正确的城市定位。要调查分析城市发展条件和在全国或区域的地位和作用，正确评价其地理位置、建设条件、历史发展特点、现有基础和存在问题等。

（2）合理正确的发展目标。要根据国家或地区经济发展规划及其自身发展条件，确定其经济社会发展目标，特别是确定城市的性质和发展方向，建立具有自身特色的经济结构。

（3）正确测算城市容量（环境容量和土地容量）。在上述分析的基础上，运用科学方法测算和正确认定城市的环境容量和用地容量。

（4）选择最佳规模方案。最后通过综合平衡，对不同发展规模方案进行比较，均衡得失，确定合理的城市人口规模。

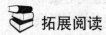拓展阅读

规模经济与规模不经济内在因素分析及其案例

一、规模经济与规模不经济内在因素分析

在西方微观经济学厂商成本理论分析中，长期平均成本曲线的形状是先下降，达到最低点后开始上升，呈现出 U 形特征，这种形状和短期平均成本曲线具有很大程度的相似。但是，这两者呈现出 U 形特征的原因并不相同。短期平均成本曲线呈 U 形的原因是短期生产函数的边际报酬递减规律的作用。但在长期内所有生产要素的投入量都是可变的情况下，边际报酬递减规律不对长期平均成本曲线的形状产生影响。西方经济学对长期平均成本曲线呈 U 形特征的解释一般涉及规模经济（Economies of Scale）和规模不经济（Diseconomies of Scale）两个概念，即长期平均成本曲线呈 U 形主要是由长期生产中的规模经济和规模不经济所决定。

在理论上，西方经济学一般把规模经济定义为由于生产规模扩大而导致长期平均成本下降的情形。产生规模经济的主要因素是劳动分工、专业化和技术因素。具体来讲，随着生产规模的扩大，企业可以使劳动分工更加合理化，并提高其专业化程度，同时可以使用更好的技术、工艺和生产设备，实现资源有效率的优化组合与配置，使其各种生产要素都能得到充分利用，这一切都将使劳动生产率得到提高，从而降低生产的长期平均成本，使厂商进入规模经济阶段。

但是，物极必反。当厂商的生产规模继续扩大时，会达到一点，在这一点上规模的经济因素和非经济因素相互抵消，经过这一点之后，就会进入规模不经济阶段。规模不经济是指企业由于生产规模过大而导致长期平均成本上升的情形。导致规模不经济的主要因素是：由于企业生产规模过大使得管理无效率或低效率，从而造成管理人员之间信息沟通缓慢、内部官僚集权主义、决策失误、铺张浪费、对竞争对手和市场反应迟钝等现象，所有这些都会造成长期平均成本的上升，从而使企业进入规模但不经济阶段。

二、规模不经济的一个案例

在我国改革的实践中，洛阳春都集团有限责任公司可以作为企业由于生产规模扩张过快、过大致使企业管理低效率甚至无效率而出现规模但非经济的一个案例。

洛阳春都集团有限责任公司的前身是 1958 年成立的河南洛阳市冷冻厂，当时国家投资200万元，职工不足百人。1968 年，洛阳地区食品公司与洛阳市冷冻厂合并，成立了洛阳食品购销站，1979 年 2 月更名为洛阳肉联厂。1985 年，国家放开生猪经营，肉联企业

被推向市场。结果，全国1 500多家国有肉联企业中很快有90%以上滑入亏损困境，洛阳肉联厂也不例外。在国家对肉联企业经营提出"大变小、生变熟、粗变细、废变宝"的四个转变后，洛阳肉联厂于1986年引进了火腿肠生产大国日本的一台火腿肠灌装机，投资上马火腿肠生产项目。1987年8月，中国第一根被命名为"春都"的火腿肠在河南洛阳诞生，并迅速在市场走红。市场的青睐使洛阳肉联厂成为河南和中国肉联行业走向辉煌的金色起跑线。"春都"火腿肠的生产能力在短短几年间猛增了100倍，生产线由7条、20条、40条直至109条，生产规模由不足万吨扩大到年产20万吨，却依然无法满足市场的需求。销售额从最初的2亿多元猛增到20多亿元，年创利润2亿多元。春都狂飙突进带动了整个火腿肠产业在国内迅速崛起，并迅速形成了强大的产业群体优势。

也许成功来得太容易，春都的经营者头脑开始膨胀发热，为了实现"资本扩张"和"低成本运营"，春都集团一口气兼并了十几家亏损企业，新增了医药、饮料、木材、制革、酒店、房地产等多个经营项目，洛阳当地的制革厂、饮料厂、药厂、木材厂等一大堆负债累累、与肉食加工不相干的亏损企业被一股脑归于春都名下。据测算，春都近年来通过各种途径融资高达20多亿元，仅在当地5家国有商业银行的贷款就在10亿元以上。1988年以来，春都集团先后兼并了洛阳食品公司等11家企业，全资收购郑州群康制药厂等6家公司，与此同时，先后对河南思达科技集团等24家企业进行参股或控股，使集团员工从1 000来人很快突破1万人。在金融机构的鼎力支持下，数亿元资金像胡椒面一样被春都撒向这些企业。几年的扩张，春都资产平均每年以近6倍的速度递增，由1987年的3 950万元迅速膨胀到29.69亿元。然而，扩张不但没有为春都带来多少收益，还使企业背上了沉重的包袱。由于战线过长，春都兼并和收购的17家企业中，半数以上亏损，近半数关门停产；对20多家企业参股和控股的巨大投资也有去无回。作为中国最大的火腿肠生产基地，春都一度成为中国火腿肠的代名词，其市场占有率最高达70%以上，资产达29亿元之巨。然而，仅仅经历了几年的短暂辉煌，这家明星企业便倏然跌入低谷。如今春都上百条生产线全线告停，企业亏损高达6.7亿元，并且欠下了13亿元的巨额债务。

反思春都集团从崛起到陷落的历程，其作为一个新兴且快速崛起的产业旗舰迅速由盛转衰的原因是多方面的，其由于生产规模扩张过快、过大而导致管理低效率或无效率使其进入规模但不经济阶段是其中一个主要的原因。春都集团是在没有做好成为大企业准备的情况下，仓促间变成这么一个庞然大物的。由于其实际上不具备大企业的管理资质和水平，所以它就难以支撑和运作自己的庞大身躯，由于基础差、战线长、顾此失彼，规模是上去了，但效益却下来了，质量也下来了，占有率也下来了，以至得不偿失，损失惨重，在市场上，春都不但未能有力地与竞争对手展开角逐，而且反应迟钝，处处被动、挨打，终于被竞争对手横扫出局。

（资料来源：王锋，杨春华. 规模经济与规模不经济内在因素分析及其案例[J]. 保山师专学报，2003（6）.）

第二节 城市规模分布

一、城市密度与城市规模

从经济本质上讲,城市人口规模可以看作是一个人或企业在这个城市中可得机会的反映,机会越多,吸引力越大,规模也就越大。这种状态是建立在与其他城市比较的城市机会上和城市间的距离上的。阿隆索教授用美国 211 个城市 1959 年的资料做了一个检验。他定义了一个收入潜能的概念 V_i,表示 i 城市的人或企业接近其他城市的机会。设 i 到 j 城市的距离为 D_{ij},则阿隆索教授的收入潜能公式为

$$V_i = \sum_{j=1}^{n} \frac{M_j P_j}{D_{ij}} \tag{4-2}$$

式中,P 为城市总人口;M 为城市平均收入。式(4-2)表明,收入潜能与城市人口和平均收入成正比,与距离成反比。又设 Y 为城市产出,对 211 个城市的资料回归分析得到方程

$$Y = e^{5.07} P^{0.0661} V^{0.0866} \quad R^2 = 0.26$$

虽然由于上式忽略了资源地理气候等区位优势和社会、经济、政治等因素,使得城市人口和收入潜能这两个独立变量只能解释城市产出的四分之一强,但是却清楚地表明了,城市产出可以是规模和收入潜能的函数。

如果大城市规模的不经济性很强,即规模超过了规模经济点,城市要素就会向外移动,大城市周围的小城市就有了发展的机会;而平均收入较高和距离大城市较近的小城市有较高的收入潜能,会先一步得到迅速发展。这一规律的结果就是使 19 世纪的特大单中心城市转变为 20 世纪的多中心大都市区,并形成了星座式的城市群。

人们发现,在一个经济区域里,每个城市有着各种不同的经济分工和规模,它们几乎都有十分规律的地理分布。一个国家的主要生产活动,一般都由几个比较大的城市承担着大部分,而这些城市一般都坐落在人口稠密的地方,同时大中小城市呈现出非常规律的降次排列,如图 4-6 所示。

第一级:区域中心城市

第二级:大型城市

第三级:中型城市

第四级:小型城市

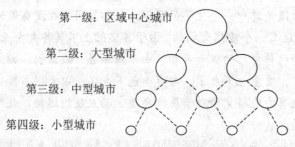

图 4-6 一定区域中的城市规模分布

可见，城市规模是与城市密度密切联系的，在一定的区域内，城市密度高的地区城市规模会小些，城市密度低的地区城市规模会大些。不同的分布状况会影响区域的经济效率，这提出了一个城市规模的分布理论问题。

二、城市规模分布理论

（一）"位序—规模"分布理论

城市非常规律的分布现象早就引起了人们的广泛关注。20 世纪初，人们就对城市的规模与它在国家所有城市中按人口规模排列所处位置之间的关系进行了研究。1913 年，F. 奥尔巴克通过对五个欧洲国家和美国的城市人口数据的实证检验，提出了"位序—规模"分布规律，其表达式为

$$P_i R_i = K \tag{4-3}$$

式中，P_i 是城市 i 的人口规模；R_i 是所有按人口规模排列的城市中的城市 i 的位序，即属于第几级，处于第一级的城市通常叫做首位城市；K 是一个常数。该式表明，任何一个城市的人口规模与它所处的位序的乘积恒等于某个常数。

1925 年，A. 洛特卡实证了该式的关系，得出了 $P_i R_i^{0.93} = 5\,000\,000$ 的估计式，他用美国 1920 年排在前 100 位的城市规模进行拟合，效果很好。

到 1936 年，H. 辛格给出了关于"位序—规模"分布的一般关系式

$$\lg P_i = \lg K - a \lg R_i \quad \text{或} \quad P_i R_i^a = K = P_1 \tag{4-4}$$

式中，P_1 是首位城市的人口规模，a 是位序变量的指数。

该式的相关系数 R 越大，说明该体系越符合"位序—规模"分布；如果相关系数 R 不够大，有可能是首位分布（见后面分析）或者有多个城市中心并存或别的特殊类型。$\lg K$ 值是回归线的截距项，它反映了首位城市的规模。a 值是回归线的斜率，当 $|a|=1$ 时，是标准的"位序—规模"分布；当 $|a|>1$ 时，说明城市规模分布比较集中，高位城市比较突出，而低位城市发育不够，首位度较高；当 $|a|<1$ 时，说明城市规模分布比较分散，位次较低的中小城市比较发育，高位次城市规模不很突出。在极端情况下，当 $|a|<\infty$ 时，表示该国只有一个城市；而 $|a|=0$ 时，则表明该国所有城市的规模都相等。对于 $|a|$ 取值有不同的原因，贝里认为，一个国家的经济发展水平、城市发展的历史、人口规模和土地面积等因素都会影响该国的城市规模分布形式。在城市发展的早期，只有一些高位次的大城市，这时的 $|a|$ 值非常大；随着国家经济、政治和社会生活的日益复杂化，低位次的城市不断成长，$|a|$ 值也不断下降，直到成熟的城市体系形成时，该国的城市规模结构将趋向于"位序—规模"分布，走向城市体系的稳定状态。

这种描述后来被人们总结为帕雷托分布（Pareto Distribution），其表达式为

$$y = Ax^{-a} \quad \text{或} \quad \log y = \log A - a \log x \tag{4-5}$$

式中，x 为特定人口规模；y 为人口规模超过 x 的城市数量；A 和 a 为常数，a 正如"位序—规模"分布描述的那样，是分布模式的有效测度，一般是大城市化指数，而 A 是表明城市规模与城市数量关系的参数，它在 $a=1$ 时，常常与大城市的规模是一致的，具体表明了"位序—规模"分布法则。

帕累托分布是从顶部开始至某一个门槛规模 $\overline{P}$ 为止的累积频率分布，它与对数正态分布一样，都描述了城市规模等级与相应的城市数量之间的关系。

这种"位序—规模"分布定律是通过经验观察得出来的，人们自然也会怀着极大的兴趣去探究隐藏在这个定律背后的支配力量。有意思的是，在过去的几十年中，经济学者几乎都是借助同样的一个理论框架来分析这种由城市规模引起的城市结构的特征，这就是非常有名的中心地带理论（the Central Place Theory）。更有趣的是，迄今为止，研究者已经通过许多不同的路径来推导这个重要的结论。

（二）城市规模等级分布理论

"位序—规模"分布是从统计分析中得出，侧重于描述城市规模与它所处的位序之间的关系来说明城市规模分布，城市规模等级分布则是建立在由克里斯泰勒（Christaller）提出，并经勒施和胡佛发展完成的中心地理论的基础之上、侧重于描述城市规模等级与处于某等级的城市数量之间关系的城市规模分布理论。两者之间可以互相转化。

1. 克里斯泰勒中心等级分布理论

克里斯泰勒（Christaller）在《南德中心地》一书中，以对德国南部城镇的调查为基础，系统阐明了中心地的数量、规模和分布模式，从而建立了中心地理论。该理论的要点主要包括以下几个方面。

（1）假设前提。地表均质，即均匀的资源、人口、收入的空间分布，需求和消费方式一致，同一规模的所有城市间交通便捷性相同，交通费用只与距离成正比，理性的生产者和消费者（分别追求利润或效用最大化）。

（2）市场区形状的决定。假设一个生产点（中心地）只供应一种商品，它的市场区在地理上初始是圆形的。如果它的利润可观，必将吸引外地生产者陆续进入，使原有生产者的最大销售范围逐渐缩小，直到其门槛范围为止。门槛范围指一个生产者维持其生产经营活动所必须赚取最低收入的销售区域空间，或者是具有最低人口数（消费者）的地理空间。这样，这个匀质平原上供应该货物的生产点将达到饱和，每个生产者的市场区都是彼此相切的圆形。但是，相切的圆之间存在空角，为了使空角内的消费者也得到相应服务，市场区先是出现重叠，在重叠的市场区中，假设消费者会按照到最近距离供应点购物而平均分割，这样，圆形的市场区就演化成六边形的市场区，如图 4-7 所示。

（3）城市规模等级体系。每种商品的门槛范围和最大销售范围不同，如果把门槛较低、最大销售范围较小的商品称为低级货物（Low-order Goods），而把门槛较高、最大销售范围较大的货物称为高级货物（High-order Goods），那么提供不同等级货物的中心地也就有了等级之分。高级货物由于门槛较高，只有少数地方才能提供；同理，较低等级的中心地数量就会较多。因此，克里斯泰勒认为，所有的中心地都能按其提供货物等级的高低有序地排列成一个等级体系。在这个等级体系中，一定等级的中心地只向同等级别和低层次级别的地方供应货物，较低等级的中心地不能向高等级的中心地供应货物。

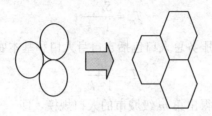

图 4-7 市场区形状的演变

（4）城市规模影响力 K 值。根据上述中心地等级体系中的商品流向假定，一定等级的中心地会对数个下一等级的中心地产生影响，这个影响量用 K 值描述。克里斯塔勒认为，由于建立中心地等级体系的原则不同，K 值也不相同。按市场原则组建的中心地等级体系的 K 值为 3，按交通原则组建的 K 值为 4，而按行政原则组建的 K 值为 7。

这样，中心地等级分布的关系可以由图 4-8 给出。

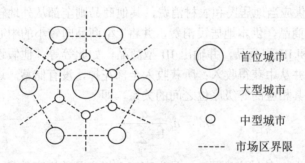

图 4-8 Christaller 中心地等级分布

2. 贝克曼中心地模型

贝克曼于 1958 年建立了中心地模型，试图把中心地、市场区的等级体系与城市规模分布联系起来。他认为，城市为周围的人口服务，由于等级不同，商品的门槛范围和最大销售范围把城市组织成不同的等级体系，并决定了每一等级城市的规模和数量。他首先假设，城市的规模与它所服务的人口数量成正比，即

$$P_m = kT_m \tag{4-6a}$$

式中，P_m 为第 m 级城市的人口规模；T_m 则是该城市所服务的总人口；k 是比例因子，是 0 与 1 之间的正小数。

接着他又假设，每一级城市都辖有固定数量（S）的下一级城市。这样，由该城市服务的总人口为

$$T_m = P_m + SP_{m-1} \tag{4-6b}$$

将式（4-6a）代入式（4-6b），经过整理可得

$$T_m = \frac{SP_{m-1}}{1-k} \tag{4-6c}$$

由于最低一级的城镇的服务总人口包括它自身人口和基本农村人口（r_1），因此

$$T_1 = \frac{r_1}{1-k} \tag{4-6d}$$

经过递推置换和整理可得出第 m 级城市的人口规模，即

$$P_m = \frac{KS^{m-1}r_1}{(1-k)^m} \tag{4-6e}$$

从上式可以看出，$P_m/P_{m-1}=S/(1-k)$，所以，城市规模将按它在等级体系中的级别以指数形式增加。因此，贝克曼的模型虽然是从中心地理论出发，但经过演绎推理得出的结论却和位序—规模定律具有一致性。

3．丁伯根输出等级模型

这一模型同样也是以中心地理论作为建模的基础的。在模型中，丁伯根假定最小的中心地制造Ⅰ型商品，供应当地居民和农村消费，其他商品则全部从外地输入；稍大的中心地制造Ⅰ型和Ⅱ型的商品，供本地居民消费，并将Ⅰ型商品向较小的中心地输出；更大的中心地则生产Ⅰ、Ⅱ和Ⅲ型商品，并输出Ⅲ型商品，如此等等。他假设每个中心地都输出其最高等级的商品并从中获得收入；所获收入全部花掉，没有储蓄。这样，他得出了不同等级的城市数量与其相应的等级序位之间的关系，即

$$n^m = n_h \frac{a_0}{1 - \sum_h a_h} \tag{4-7}$$

式中，n^m 是序位为 m 的城市数量；n_h 是生产第 h 级产品的厂商数量；a_h 是用于消费第 h 级产品的收入比率。

由式（4-7）可知，产品的级别越高，需要的厂商越少，城市的数量也越少。因为使用了收入变量，所以丁伯根的模型既适用于城市的中心地职能（向本地和周围地区供应商品的中心地经济任务），也适用于非中心地（制造业）职能。但是该模型的隐含假设，仍然只是较大城市中的厂商向较小的城市地区输出产品，而较小城市则不向较大城市输出，这显然不符合实际情况。

（三）首位分布理论

"位序—规模"分布的一个特例。

首位分布是指由少数几个大城市占据主导地位的城市规模分布，在这种城市规模体系

中,第一大的城市的作用十分突出。首位分布实际上是"位序—规模"分布的一个特例,在"位序—规模"分布模型中,如果 a 值足够大,表明城市规模分布的集中趋势明显,就是这里所讲的"首位分布"。反映首位分布水平的指标是"首位度",即首位城市与第二位城市之间人口规模的比率,表达式为

$$P_c = P_1/P_2 \tag{4-8}$$

式中,P_c 为首位度;P_1 为首位城市人口规模;P_2 为第二位城市人口规模。

首位度的内涵是表明最大的城市人口数是次一级的城市人口数的几倍。一般来说,首位度越接近 2,城市规模分布越接近"位序—规模"规律。只有在 P_c 足够大时,首位分布才会存在,但是 P_c 应在多大值以上,目前没有定论。这种首位分布的分析更能突出中心地或者城市的结构特点,有较高的应用分析价值。因此,首位分布一经提出,人们便想了解,是什么原因导致了首位城市的形成?常见的原因和解释如下。

1. 首位城市形成的因素

(1)经济因素。一些研究认为首位度的高水平直接与经济结构相关,可以用二元经济模型或"核心—边缘"理论来解释首位分布的形成。他们认为,在二元经济条件下或核心—边缘结构中,乡村(边缘地区)居民取得的人均收入较低,而他们花费在市场上的收入又只占他们收入的很小比例,导致乡村市场得不到发展,从而使市场发育表现出空间上的差异。这种差异越显著,倾向于首位分布的力量就越大。

(2)政治因素。一些研究认为国家的政治导向促进着人口和其他一些活动的集中。J. 弗里德曼曾经宣称:"在工业化早期,受到经营欲望强烈影响的区位选择倾向于直接接近相关的政治权力中心。"一般认为,对城市规模分布的集中程度起影响作用的政治变量主要有三个:国家集权的程度,高度集权会使首位度提高;城市政府的类型,"强市长制"往往会使首位度处于较高水平;政策力度,国家政策对某些决策或过程的控制、筛选的程度越高,私人企业紧靠国家行政中心布局的刺激就越强。

(3)文化因素。杰裴逊在发现首位分布的同时,第一个提出用文化因素来解释首位分布。杰裴逊认为首位分布与民族主义精神的强度相关。弗里德曼指出,那些拥有非标准的商业活动的国家将增加面对面交易的需要,这种力量是有利于首位分布的。

(4)国际关系。运用世界体系模型的观点从国际关系和世界体系的动态性,即国家的开放性角度解释首位分布的形成。这方面最早的研究着眼于殖民主义的行政和政治功能以及输出经济的影响。最近的世界体系模型则强调国际间的相互依赖在决定国家城市规模分布中的作用。例如,麦格里维把人均出口量与首位度的变化相联系;而蔡斯·邓恩则区分了国际经济依赖的三种类型,即援助依赖、贸易依赖和投资依赖,他指出每一种依赖都与首位分布的形成有关,但并未说明三种不同的国际经济依赖对首位分布形成的不同作用机制和过程。

2. 首位分布引发后果分析

尽管人们在首位分布形成的原因方面有很大的分歧,但这些观点并不是相互对立的。

目前有意义的争论是如何看待首位分布所引发的后果。

一些研究认为,首位度反映了社会经济方面的区域不平等。因为首位城市代表着一种超国家的力量,它使人口和资源过度集中,阻挠着对全国资源的有效利用,因而对国家的经济发展不利。

而相反的研究认为,首位分布具有积极效应:其一,首位城市的规模效益通常要比一般城市高,规模成本比一般城市低,而劳动生产率往往最高;其二,从短期看,首位城市需要集中较多的人口和资源,形成对周边地区的"掠夺",可能会造成周边地区的相对衰退,产生区域的不平等。从一个较长时期看,首位城市能够通过产品和技术的扩散以及收入回流等方式对周边地区实行"反哺",带动周边地区的发展,最终对整个国家经济有利。因此,首位分布作为一种自然经济历程,对经济发展具有牵头作用。

三、中国城市规模的分布

我国自改革开放以来,城市化发展迅速,一些原本的小村镇、小渔村,迅速地发展为大城市,使得城市规模分布更体现出经济自然发展的特征。我国许多学者根据城市人口的实际数据,对中国的城市规模分布做了专门的分析,表 4-7 是对中国部分年份城市规模与位序关系的研究结果。

根据"位序—规模"分布的一般性关系式为 $\lg P_i = \lg K - a \lg R_i$ 或 $P_i R_i^a = K = P_1$,如果相关系数越接近于 1,说明城市规模分布状况越接近于位序—规模分布定律。表 4-7 中各项研究的相关系数都非常接近 1,说明中国的城市规模分布非常接近标准的位序—规模分布。美国区域科学家贝里在检验了 38 个具有不同经济发展水平的国家和地区的城市规模分布以后,也把中国归入具有位序—规模分布的国家和地区一类。同属此类的国家还有美国、德国、瑞士、比利时等发达国家。显然,经济发展水平在这里不能成为城市规模分布的解释变量。不少学者认为,中国城市规模分布呈现位序—规模分布规律的主要原因在于中国幅员辽阔、人口众多、城市发展的历史悠久,因而城市体系较为完整。我们还可以通过计算首位度来验证上述研究结论。中国的首位度在 1952 年是 2.35,1988 年是 1.30,2000 年是 1.29,说明中国的首位分布并不明显。

表 4-7 中国城市规模分布

年 度	城市规模分布模型	样 本 数	相关系数	资料来源
1953	$P_i = 781.80 R_i^{-0.906}$	前 100 位	0.990	徐学强. 我国城镇体系的演变与预测[J]. 中山大学学报(哲社版),1982(3).;中国城市发展与教育[J]. 广州:中山大学出版社,1993.
1963	$P_i = 910.87 R_i^{-0.838}$	前 100 位	0.992	
1973	$P_i = 544.84 R_i^{-0.881}$	前 100 位	0.991	
1978	$P_i = 713.56 R_i^{-0.762}$	前 100 位	0.987	
1990	$P_i = 1\,085.25 R_i^{-0.995}$	前 100 位	0.995	

续表

年 度	城市规模分布模型	样 本 数	相关系数	资料来源
1982	$P_i=1\,316.21R_i^{-0.878}$	186（10万人以上）	0.998	顾朝林．中国城镇体系等级分布模型及其结构预测[J]．城市规划，1988（3）．
1983	$P_i=1\,363.25R_i^{-0.879}$	213（10万人以上）	0.990	
1984	$P_i=1\,400.03R_i^{-0.874}$	228（10万人以上）	0.990	
1985	$P_i=1\,975.27R_i^{-0.9255}$	248（10万人以上）	0.996	
	$P_i=2\,620.02R_i^{-0.9988}$	307（10万人以上）	0.987	
2000	$P_i=1\,225.48R_i^{-0.704}$	前100位	0.993	根据2001年中国城市统计年鉴数据预算

（一）中国城市规模分布

但是，中国有些省区还是不同程度地显示出首位分布的特征。如表4-8中，全国按最高首位城市度排列的14个省份中，有8个省份是西部地区的，中部地区有湖北、江西、黑龙江和湖南四省，东部地区有广东和江苏两省。首位度较高的省区，城市体系发育不健全，在不同规模等级上存在着断层现象。

（二）2000年中国城市高首位度省份（见表4-8）

表4-8 2000年中国城市高首位度省份

省 份	城市首位度	省 份	城市首位度
甘肃	11.193	青海	9.924
湖北	7.066	云南	6.858
新疆	5.441	陕西	5.346
四川	4.545	西藏	4.310
广东	4.008	贵州	3.801
江西	3.512	江苏	2.577
黑龙江	2.346	湖南	2.340

根据城市规模等级分布模型，位序越高，城市数量越少。也就是说，数量与位序的关系呈金字塔形，金字塔的基础是大量的小城市，塔的顶端是一个或少数几个大城市。如果我们把中国的全部城市划分为超大城市、特大城市、大城市、中等城市、小城市五个规模等级，2000年中国有超大城市13个、特大城市27个、大城市53个、中等城市218个、小城市352个。如果我们再把超大城市按人口数量再进行细分，城市规模的等级分布就能得到清晰的体现，如表4-9所示。

表4-9 中国城市规模等级分布比较

城市规模等级（万人）		>700万	400~700	200~400	100~200	50~100	22~50	<22
城市数目（个）	2000年	2	3	8	25	54	183	380
	1990年	1	2	6	22	28	125	282
	1977年	0	2	4	9	19	76	210
	1952年	0	1	1	5	8	20	118

（三）中国城市规模等级分布比较

表 4-9 表明，中国城市规模等级分布不断得到完善，高等级的城市大量涌现，城市发展取得了很大进步。应该指出的是，如果等级规模足够小，那么相应位序的城市数目不是增加，而是减少，城市规模的等级分布也就不再表现为金字塔形，而是表现为对数正态分布。

（四）中国城市规模等级分布（见表 4-10）。

表 4-10 中国城市规模等级分布（2000 年）

规模等级（万人）	1~2	2~4	4~8	8~16	16~32	32~64	64~128	128~256	256~512	512~1 024	总计
频数（个）	2	12	75	183	212	108	35	19	6	2	654
频率（%）	0.3	1.81	11.31	27.6	31.98	16.29	5.28	2.87	0.91	0.3	98.65

表 4-10 中，频数是指某一规模等级的城市个数，频率是指该等级城市个数在城市总数中所占的比重，根据表中的频率，可以绘制中国城市规模等级的对数正态分布图（见图 4-9），中国部分城市规模划分及区域分布统计，如表 4-11 所示。

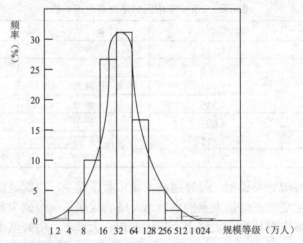

图 4-9 中国 2000 年城市规模等级的对数正态分布

表 4-11 中国 2003 年部分城市规模划分及区域分布统计[①]

单位：个

地 区	城市数合计	按城市市辖区人口分组					
		400 万以上	200~400 万	100~200 万	50~100 万	20~50 万	20 万以下
全国	660	11	22	141	274	172	40
北京	1	1					

---

① 统计数据未将港、澳、台包含在内。

续表

地区	城市数合计	按城市市辖区人口分组					
		400万以上	200~400万	100~200万	50~100万	20~50万	20万以下
天津	1	1					
河北	33		2	2	18	11	
山西	22		1	1	7	13	
内蒙古	20			3	2	8	7
辽宁	31	1	1	4	22	3	
吉林	28		1	3	7	15	2
黑龙江	31		1	2	16	8	4
上海	1	1					
江苏	40	1	4	15	17	3	
浙江	33		2	9	18	4	
安徽	22			6	13	3	
福建	23		1	5	7	10	
江西	21			3	11	5	2
山东	48		4	17	26	1	
河南	38		1	9	19	8	1
湖北	36	1	1	11	18	5	
湖南	29			7	13	8	1
广东	44	2	2	18	12	10	
广西	21			5	8	5	3
海南	8			1	4	2	1
重庆	5	1		3	1		
四川	32	1		11	15	5	
贵州	13			2	4	7	
云南	17		1	1	4	8	3
西藏	2						2
陕西	13	1			8	4	
甘肃	15			2	1	8	4
青海	3				1		2
宁夏	7				1	6	
新疆	22			1	1	12	8

注：摘编自《中国城市统计年鉴2004》。
（数据来源：http://tjsj.baidu.com/pages/jxyd/30/12/8f317e96847b16d221b8b0fde815bf5b_0.html.）

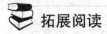 拓展阅读

外部规模经济：陆家嘴金融贸易区建立与发展的一个核心理由

外部规模经济理论揭示：当同一行业或相关行业集聚在同一地域时，会给该行业的单个企业带来生产成本降低、生产效率提高的好处，即外部规模经济。外部规模经济的来源可归结为如下三种。

（1）专业投入品供给者的涌现。对于特定的行业，必有一些专用的机器设备与基础设施，作为固定投入部分，其使用的程度越高，分摊到每个使用者身上的固定成本则越少。

（2）不仅专业行业有专用设备，而且专用设备与服务也需要有专业的人力资本供给。金融区为专业技术人的储备、流动与使用建立了良好的培训基地。同类企业的集中为知识的扩散、技术的流通与信息的交流提供了方便。

（3）同类与相关企业在地理上的高度集中性为消费者或客户比较与选择最优的技术、服务与产品的供给，节约了决策成本与交易成本。上海陆家嘴金融贸易区的创建与发展则是外部规模经济得以彰显的结果。

陆家嘴金融贸易区建立与发展的绩效

截至2003年年末，陆家嘴金融贸易区内中外企业法人单位与经营性产业活动单位数量、固定投资总额、国内生产总值（GDP）等占整个浦东新区的1/3；实收法人资本金、商品批零总额、房地产开发总量占整个浦东新区的1/2；智能化办公楼宇数量、一般贸易进出口金额、中介服务机构数量、星级酒店宾馆数量等占整个浦东新区的2/3；中外资金融保险证券机构数量、营运总额、要素市场交易额、大型国际会展、营业税超1 000万元的金融机构数量的比重接近或相当于整个浦东新区的100%，并涌现了陆家嘴金融贸易区功能开发十大崭新亮点：小陆家嘴中心区吸聚外资银行资产总额突破200亿美元，成为亚太新兴国际级"资本集聚极"（Capital-pole）之一。

（1）金融板块发展势头强劲，中外金融机构及各类金融资源集聚强度得到继续提升。截至2003年年底，在陆家嘴开业的分行级以上中外资金融保险机构已达146家（其中2003年新增8家）；开展人民币业务的外资银行32家（其中2003年内新增3家），2003年内还新批准12家外资银行开办个人外汇业务和3家外资银行全面开展外汇业务；花旗、汇丰、渣打、德富泰、交通、浦发等19家中外资银行在陆家嘴设立中国（总部级）营运中心（全市22家）；24家外资银行被其总行确定为中国境内业务的主报告行，62家外资金融机构资产总额达2 200亿元，占全国外资金融机构资产总额的57%，外资银行的营运效益也有较大优化，2003年度内营业税超过1 000万元的外资金融机构达到11家。小陆家嘴中心区创造"吸聚中外资金融保险机构数量、单位面积实收外资金融机构资本金额、外资银行营业领域与品种、外资银行营运资本总额和营业税超过1 000万元的外资银行数

量"等五项"全国第一",已成为扬名中外的亚太新兴"资本集聚极"(Capital-pole)和上海国际金融中心的核心地域载体之一。

(2)以证券为主体的资本市场功能进一步拓展,交易规模显著扩大。2003年上海证交所股票、国债等各类有价证券累计成交8.28亿元,同比增长71%,占全国市场份额的87%,在全球各大证券交易所中名列13,在亚洲五强中名列第3(超过新加坡和吉隆坡)。在信息化技术的强劲支撑下,上海证券交易所的电子化自动撮合能力(Matching Ability)超过德国法兰克福证券交易所等一大批老牌知名交易所。

(3)要素大市场发展迅速——服务长三角,辐射全国。上海期货交易所异军突起,2002年成交2 434.6万手,成交金额达16 401.4亿元,2003年成交金额在此基础上实现新飞跃,达到60 500万亿元,占全国期货市场份额的60%以上。其中外省市成交额高达80%以上,充分体现了上海浦东开发及陆家嘴CBD的辐射效应。2003年秋季起,上海期交所的期货铜交易开始赶上或超过纽约期交所,成为世界第二,并开始参与国际经济规则的制订。期货天然橡胶品种则位居全球第一,成为全球交易的指示器。

(4)经由陆家嘴区内各类中外贸易类企业的"一般贸易"进出口额超过165亿美元,成为我国加入WTO后的重要国际接口(Interface)和贸易平台。

(5)世界著名跨国公司和国际金融财团各类总部(包括区域总部、研发总部、培训总部、投资总部等)云集,机构层次高、科技含量高、人才级别高,形成我国利用外资格局中特有的"三高"现象。

(6)国际会展旅游与各类现代中介机构协同发展,着力培育现代服务产业制高点,陆家嘴区域内的法律与咨询业务量分别占全国十分之一强;在国际经济中心城市国际金融贸易中心CBD区中增创"后发优势"。以上海国际会议中心、上海新国际博览中心、世纪公园、世纪广场等为主要载体,陆家嘴已成为亚太新兴的国际会议中心和旅游目的地。楼宇经济成为浦东崭新增长点,涌现出一批"亿元级(税收)办公楼"和"5 000万元级(税收)CBD功能建筑集群"。10万中外白领及成功人士入住陆家嘴,区域内新增58万个就业机会,为新区社会稳定与两个文明建设做贡献。

(7)市场开发机制促使开发公司(陆家嘴集团)与金融贸易区同步发展,带动同期区域投资规模占同期全球十大国际CBD中心区域之首。

(资料来源:http://hi.baidu.com/kaobin/blog/item/dada07fa3a99619759ee90bf.html.)

本章小结

1. 城市规模表现有人口和用地两个方面,两者之比可用城市人口密度或人均占地面积来反映。一般城市用地规模与人口规模呈正相关关系,但是不同城市,同样的人口规模,用地规模差异很大,故大多用城市人口规模来表明城市规模。

2. 城市规模决定于城市规模经济。城市效益可以从居民个人、企业和城市三个层面分析：从个人角度考察的城市规模效益表现为居民货币收入和公共设施便利两个方面；从企业角度考察的城市规模效益主要来自生产效率和市场容量两方面；从整个城市角度来看的城市规模效益表现为城市化经济，即整个城市范围内的规模经济。

3. 城市规模经济是一个指标体系，不同规模效益点反映了不同城市人群的收益。城市门槛成本突出地反映了城市规模经济特性。适度城市规模是一系列城市规模效益点的集合。

4. 影响城市规模经济的因素有城市区位、城市基础设施构成和城市内部布局。控制城市趋向适度规模，在于合理的城市定位和发展目标，正确测算城市容量和选择最佳规模方案。

5. 城市规模与城市密度密切联系，城市密度高，城市规模会小些，反之则大些。不同的分布状况会影响区域的经济效率。研究这些现象的理论有"位序—规模"分布、城市规模等级分布和首位分布理论。

6. 中国城市规模分布呈现"位序—规模"分布规律，主要原因在于中国幅员辽阔、人口众多、城市发展历史悠久，城市体系较为完整，但是也有个别省份城市出现首位度高、规模等级断层现象。

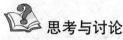
思考与讨论

1. 城市规模经济和城市规模是一回事吗？举例说明二者的区别和联系。
2. 结合一个案例谈一谈你所理解的集聚经济现象。
3. 如何理解城市经济规模的各种效益点？所谓最佳城市规模存在吗？如何根据实际因素对城市规模进行决策？
4. 分析你所居住的城市规模是否处于适度规模水平。
5. 举例解释克里斯塔勒中心地等级分布理论，这一理论对现实城市发展有什么意义？

第五章 城市土地经济

 学习目标

通过本章的学习,了解土地供应状况将直接影响城市的发展空间、发展潜力和发展方向;掌握城市土地市场的运行机制和城市土地制度;理解土地竞租与城市土地利用问题;初步形成对城市空间结构与功能分区以及城市空间结构规划的系统认识。

第一节 城市土地

一、城市土地的含义和特征

(一)城市土地的含义

广义上的城市土地是指城市行政区内陆地和水域及其地上、地下的空间总称。从行政区域上来划分,城市土地有以下三个层次。

(1)城市建成区土地,即城市已开发建成的土地。

(2)城市规划区土地,即城市土地利用总体规划和城市总体规划确定的定期发展范围内的土地,除建成区外,还包括近郊的农田和村镇占用的土地。

(3)城市行政辖区土地,是指城市行政区域内的全部土地。

从狭义上来看,城市土地是指城市市区,即建成区范围内的土地,也就是城市建设用地,其土地人口密度高,建筑稠密,设施比较齐全。我们通常所说的城市地一般是指城市建成区及其规划区的土地,也就是本章的研究对象。

由于各国对城市地区的划定标准有所不同,城市土地的外延随之表现出一定的差异,而且市区周围的郊区受城市化演进的影响而随时处于动态发展之中。但是,在一特定时间点上或在较短时期之内,城市区域却又是一个相对固定的静态范畴,城市土地的规模也就相对稳定地固定在一定数值上。因此,对城市土地规模的分析应该采用短期静态和长期动态的方法进行分析。

(二)城市土地的特征

城市土地除了具有一般土地的自然特征和经济特征以外,还具有它本身的某些特征,这些特征主要是相对农业土地而言的。

(1)城市土地的区位具有特殊的重要性。城市土地的优劣程度主要取决于土地的区

位特征，区位特征由土地所处位置的集聚经济效益、交通便利程度、基础设施和环境质量好坏等因素构成。城市土地的区位差异会形成不同的级差收益，直接影响企业的经济效益。对工业企业来讲，多个企业在同一区位集聚会产生地区化经济，降低产品的成本，产生集聚经济效益，提高单位城市土地上所创造的产值利润。工业企业的交通便利程度，对产品的生产成本和销售价格也会产生重要影响。因此，在城市区位对于土地效益具有决定性作用。

（2）城市土地对交通运输、城市基础设施的依赖性。城市土地的优劣在很大程度上取决于交通运输和城市基础设施的状况，交通运输越畅通，城市基础设施越完备，城市土地越能发挥级差效益。城市作为集聚人口、资金和经济的空间地域，是人们进行各种经济、文化和社会消费活动的场所，人与人之间的交往是不可缺少的，而这种交往离不开城市交通。畅通的交通运输条件可以减少人们的交际成本，缩短彼此之间的空间距离，从而对城市的生产、商品流通和居民的生活带来良好的效益。完备的城市基础设施将吸引更多的企业家前来投资，从而使有限的城市土地更加奇货可居。因此，具有良好的交通运输和城市基础设施的城市区位必然竞争激烈，必然趋向集约化利用土地，从而产生较高的级差收益。

（3）城市土地利用方向的多样性。城市经济的社会化程度比较高，具有发达的社会分工和专业化协作，包括工业、商业、建筑业、服务业、旅游业、金融业、交通运输业以及市政管理等各个经济部门。这些部门分别配置在不同的土地功能区域内，相互联系、相互作用，形成城市地域内部的利用结构。城市土地利用方向的多样性以及变更的困难性，要求人们在规划和实施土地利用时，必须进行周密的调查研究，分析其可行性，避免因土地利用不当造成失误和损失。

（4）城市土地本身的价值及其建筑物和构筑物的价值具有可分性，是可以分别计算的。而在农业用地中，土地上的房屋以及其他建筑物是包括在农场的价值里面的，一般把它们称为土地资本。土地资本是土地价值的构成部分。在农业用地施用的化肥和其他化学药品，总是和土地结合在一起的，是无法分开的。

（5）城市土地的有限性。对于每一个城市来说，土地的面积都是有限的，而且随着对土地需求的日益增加，土地的稀缺程度将日益严重。

二、城市土地租金的含义和特征

（一）城市土地租金的含义

我国城市土地地租是城市土地国家所有权在经济上的实现形式，也是城市土地收益分配的重要形式。城市的土地地租通常有绝对地租和级差地租两种基本形式。

绝对地租是国家土地所有权的实现形式，与农业地租来源不同，城市绝对地租来源于产业部门创造的剩余产品价值，但不同行业也有所不同。具体来说，工业用地地租来源于产业工人直接创造的剩余产品价值的一部分；商业用地地租是产业部门劳动者创造后转移过来的,商业部门本身并不直接创造地租;城市服务业和银行保险业地租的来源与商业用地基本相同;住宅用地地租来源于工资,是必要劳动部分创造的价值部分。

绝对地租一般是随着社会经济发展水平的提高而提高的。在这一点上,马克思说过:"地租完全不是由地租的获得者决定,而是由他没有参与的和他无关的社会劳动的发展决定的。"绝对地租的增长来源于两个方面:一是随着城市经济的发展,社会劳动生产率相应提高,产业部门所获得的超额利润和平均利润提高,相应的土地要素所得的超额利润或平均利润也提高,因而地租量也会提高;二是城市经济发展对有限土地需求的不断增加,使土地价格增长,导致绝对地租量增加。

城市级差地租主要是由地理位置和追加投资产生的,土地自然肥力一般不起作用。城市级差地租同样存在着级差地租Ⅰ和级差地租Ⅱ两种表现形式。对于城市级差地租Ⅰ,影响因素主要是位置,这种影响主要表现在两个方面:(1)流通过程中运输费用的差别,处于地段优越位置的企业由于比其他企业节省运输费用而取得超额利润;(2)资金流通速度的差别,位置好的地段客流量多,相应的单个资金的周转速度较快,相应会产生较高的利润率,因此取得超额利润。这种因位置差异而产生的超额利润,在一定的条件下就会转化为级差地租归土地所有者(国家)所有。

对于城市级差地租Ⅱ,是以等量资本连续投在同一块土地上产生不同的生产率而形成的,在实际中表现为两个方面:(1)在微观方面,主要通过高层建筑的容积率来体现,一般来说,房屋建筑单位的利润随着容积率的提高而提高,不仅获得一般利润,还获得相应提高的超额利润,这种超额利润在租约期间归土地投资者占有,租约期满,则转化为级差地租Ⅱ,归土地所有者占有;(2)在宏观方面,主要通过对原有的城市基础设施的二次开发,提高城市的客观环境,改变原地段的级差等级,从而产生新的级差。这种对全市的投资分摊在城市的每一块土地上,起初表现为土地资本的折价与利息,当整个基础设施投资完成,产生新的级差后,这些改良的土地一旦归土地所有者占有,"一旦投入的资本分期偿还,这种化为利息的地租就会变为纯粹的级差地租"。

(二)城市土地租金的特征

1. 城市土地的经济特性(相对于农村土地)

(1)稀缺性——城市土地随着经济发展相对越来越缺乏。

(2)报酬递减性——城市土地上的建设楼层超过一定限度时,投资利润将持续下降。

(3)储蓄性——城市土地能起到一种银行储蓄的作用,一般不会贬值。

(4)区位性——城市土地的"地段"极其重要,位置常常是决定其租金和价格的关键性因素。

(5)交通依赖性——城市土地的交通条件极为重要。

2. 城市租金的特点(相对于农业地租)

(1)城市地租的形成依赖于社会条件——城市基础设施越健全,交通运输越发达的城市地段，其土地资本含量就越高，土地价值和地租、地价也越高。

（2）城市地租来源于平均利润形成之前的扣除——由于资本的转移和利润的平均化，使那些有机构成低的部门的超额利润不可能转化为城市地租，而只能在剩余产品的价值中先扣掉地租部分，然后再参加利润率的平均化，最后形成平均利润。

（3）城市地租往往与建筑物租金难以分割——由于城市土地的主要用途是"给劳动者提供立足之地，给它的过程提供活动场所"，因而城市土地的开发利用，必然离不开地面建筑物的建设。地产和房产不可分割的特点，决定了地租与房租、地价与房价的密切联系。正是由于地租与房租难以分割，在土地产权和房屋产权不清晰的场合，往往造成城市地租被土地使用者所占用，也给城市土地投机提供了可能。

三、城市土地市场的含义和特征

（一）城市土地市场的含义

城市土地市场的经济实质是城市地产市场，在我国它是城市政府征用农地变为城市用地，并出让城市土地使用权和城市土地使用权再转让的交易场所和经济关系。

城市土地产权构成城市土地市场的客体，所交易的可以是土地所有权，也可以是土地使用权；参与城市土地产权交易的当事人构成土地市场的主体。

目前，我国城市土地市场呈三级市场结构模式。

（1）一级市场，即由国家以土地所有者的身份，通过批租将土地的使用权投放市场运行。它表现为政府与土地经营者、使用者之间的纵向交易行为，反映的是土地的使用权价格，具有垄断性质。

（2）二级市场，即由获得土地使用权的经营者，直接将土地或通过建设商品房从而间接地将土地投入市场流通。它表现为土地经营者之间的横向交易，是扩大供给条件下的市场行为，反映的是以开发经营价值为基础的企业价格，具有经营性质。

（3）三级市场，即由土地的使用者通过房产的交易而使土地间接进入市场流通，它表现为土地使用者之间的横向交易，是调剂需求条件下的市场行为，反映的是以效用为尺度的市场价格，具有消费性质。

以上三级市场相互联系，形成土地的批发、零售、调剂三种市场形态。其中，一级市场是二、三级市场的前提和基础，起导向作用；二、三级市场是一级市场的延伸和扩大，起促进市场发育和繁荣作用。国家建立土地市场的政策是：垄断和控制一级市场，规范和搞活二、三级市场。

（二）城市土地市场的特征

土地市场由于经营商品化土地使用权的特殊性，使其和一般商品市场相比，具有十分明显的个性特征。

（1）垄断竞争相耦合的特点——我国城市土地一级市场（出让市场）掌握在国家（城市政府）手中，国家授权给土地管理部门对城市土地使用权出让实行垄断性经营；在城市土地二级市场（转让市场）上，转让价格主要由市场竞争形成。

（2）很强的地域性——土地位置的固定性以及不同城市土地差异极大的区位特色和功能差异。

（3）交易方式的多样性和市场构成的多层次性——城市土地市场可采取灵活多变的经营方式，如协议、招标、拍卖、折价入股、租赁等方式。

（4）收益分配的复杂性——城市土地收益的多元性利益主体和多样性用途需要，要求在土地收益分配中必须兼顾各方面的关系。

（5）价格的多样性——城市土地有特殊的价格形成机制，市场价格也呈现出多样性，构成多层次、多形式的城市土地价格体系。

（6）地产交易和房产交易相交叉的特点——城市土地的使用往往与建筑物的构建相结合，城市开发与房屋建设必须以城市土地开发为前提。

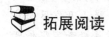
拓展阅读

昆山集约用地的实践与理论研究

一、背景

土地集约利用是一个老话题，也是一个老难题。它是指以布局合理、结构优化和可持续发展为前提，通过增加存量土地的投入，改善土地的经营和管理，使土地利用的效率和土地利用的综合效益不断得以提高。但很长一段时间以来，我们许多城市的土地利用现实状况是：一方面土地利用计划紧缺，人地矛盾突出；另一方面土地粗放利用和闲置浪费现象严重，土地利用结构极不合理，严重影响了城市的可持续发展与产业结构调整。

近年来，在土地利用的许多不可持续性问题逐渐凸显后，江苏昆山市率先开始积极探索和应用土地集约利用的措施和手段，提出了用地强度标准和把握"八个度"的工作原则。2005年5月11日，由江苏省社会科学院、昆山市政府联合课题组研究的《昆山市土地集约利用和可持续发展研究》在南京通过专家评审。该发展研究报告依据区域产业结构与土地利用结构的对应关系，在对昆山市工业企业利用状况进行大规模系统调查的基础上，对照经济、社会、环境资源等综合效益标准，全面分析评估现有各工业部门的土地综合利用效率以及土地集约利用的潜力，进而根据昆山市未来经济社会发展的趋势和目标，提出了调整和优化产业结构、合理空间布局、促进土地集约利用和可持续发展的思路和对策，尤其是其对区域土地开发利用三个阶段的分析，不仅为昆山市未来科学利用土地资源提供了理论支撑和指导，也对其他地方不同发展阶段的土地利用具有借鉴价值。

二、案例

昆山市近十年来通过大规模招商引资,实现了经济社会的快速发展,但土地资源短缺的矛盾也日益突出,成为制约发展的主要障碍。从 2001 年开始,昆山市积极调整土地利用的思路,提出了土地集约利用的新理念,先后出台了《关于加强土地规划和利用管理,推行集体建设用地流转的若干意见》、《关于加强土地管理,提高土地利用率的通知》和《关于加强用地定额管理,促进集约利用土地资源的意见》。期间,很重要的一项举措是实施了"5432"用地定额标准,即平均每亩土地投资额,国家级出口加工区不得低于 50 万美元;国家级经济技术开发区不得低于 40 万美元;省(部)级开发区不得低于 30 万美元;其他各类工业配套区不得低于 20 万美元;对每亩土地投资额在 20 万美元以下的,实行限量供地。

2004 年,国家宏观调控以开发区土地整治为重点,以此为契机,昆山市在原有的土地集约利用基础上,逐渐形成了"以投资强度为主导,配套用地讲限度、土地开发讲进度等为补充"的新的集约用地机制,其核心即"八个度"土地集约利用工作原则。

一是企业投资要有强度。2004 年,昆山市进一步提高投资强度定额标准,从原来的"5432"调整为"6543",即昆山出口加工区每亩不得低于 60 万美元;昆山开发区每亩不得低于 50 万美元;各镇配套区每亩不得低于 40 万美元;民营企业每亩总投资不得低于 250 万元人民币。凡不符合上述用地定额标准的项目一律核减用地规模。

二是配套用地要有限度。工业项目的容积率不低于 0.6,建筑系数不低于 30%。对容积率偏低、绿化率偏高的现有工业企业,鼓励业主经规划审批后在原厂房上加层,或利用厂区内的绿化用地、空地建造厂房。同时,严格控制企业在厂区范围内建造员工宿舍楼和中层管理干部住宅,不允许在工业开发区(园区)或工业项目用地范围内建造"花园式工厂"。

三是地上建筑要有高度。鼓励企业用地向空中发展,对企业建造多层厂房的,第二层减半收取基础设施配套费,第三层起免收基础设施配套费。对于一些不符合集约用地标准的老企业,通过增资或缩地的形式提高集约用地水平。

四是土地开发要有进度。实行建设用地全程管理,加强用地预审,对所有签约项目,都在合同中明确项目开工的时限和进度。对已经供应的建设用地项目,建立用地跟踪管理台账,随时了解每宗建设用地的建设进度和用地情况。

五是村庄整理要有深度。把农民动迁工作与村庄整理、小城镇建设、现代化示范村建设和集约用地有机结合,凡在城市化建设和工业项目建设过程中,涉及农民宅基地动迁的,不再安排独家宅基地,而是统一建设高标准的多层公寓小区,实行"拆一补一",避免"二次动迁"。

六是产业转移要有梯度。土地的集约利用与优化产业结构、促进产业发展结合起来,倡导"工业向园区集中、农民向城镇集中、农业向规模集中",形成"数镇一区""数镇一带"的发展新格局。

七是盘活存量要有力度。为加大对闲置土地的处置力度，昆山市先后出台了《昆山市闲置土地处置办法》和《昆山市闲置土地处置实施细则》，防止土地资源闲置浪费，对依法收回的土地重新进行市场化配置。

八是市场化运作要有透明度。从2001年初开始，昆山市经营性用地一律实行招标或拍卖方式供地，出让信息全部在国土资源局外网、《中国地产交易网》和《苏州日报》上发布，市纪检委、监察局负责监督，市公证处全程参与，实行"阳光操作"。

《昆山市土地集约利用和可持续发展研究》课题组认为，土地集约利用并不存在一个绝对的评估标准，研究土地集约利用的重点，应该是寻找实现集约利用的途径和方法；集约利用土地的科学内涵，不应寻找最高的土地利用强度，而应寻找最优集约度或最佳集约度，使土地利用的经济效益、环境效益和社会效益相统一。课题组认为，区域土地的开发利用是伴随着经济由不发达走向现代化的整个过程而展开的，其大致可以划分为以下三个阶段。

第一是前期阶段。这一时期由于区域经济处于不发达状态，以农业和自然经济为主，生产要素结构表现为劳动力和土地等自然性要素大量过剩，而资本、技术等获得性要素严重短缺，生产要素的组合只能在较低的水平上进行，因而土地价格较低。

第二是一次开发阶段。随着工业化的兴起，区域经济开始快速发展，生产要素在区域内加速集聚和整合，资本、技术等要素大量流入，出现了对土地的大量需求，地价快速上升，成片农业用地和原态性土地被开发为工业用地和城市用地，直至可供开发的土地基本完成。

第三是再次开发阶段。当土地一次开发完成后，区域空间结构格局和城市布局便基本定型，土地的需求和供给都将趋于减少，土地的利用主要转向对一次开发中利用效率相对较低的土地进行再次开发，表现为一部分工业用地转向为服务业用地。同时，已开发区域的土地利用成本越来越高，推动土地开发范围的扩大或转移，从而进入新一轮开发循环。

根据昆山的经济发展和土地利用现实状况，课题组认为，昆山市的区域土地开发利用已进入再次开发阶段，昆山未来的经济社会发展，应当将重点放在调整和优化产业结构、合理空间布局、促进土地集约利用和可持续发展等方面上，推动区域经济全面协调发展。

三、案例分析：集约用地决定未来5～10年中国城市发展

"土地不够用"，这是许多城市下一步发展最大的一个制约因素。针对土地对城市发展的"硬约束"，不少城市纷纷探索土地集约利用新思路、新举措。从这些城市（开发区）的经验来看，不难发现，许多地方似乎更多地着眼于对土地利用强度指标的评估与考核，而像昆山市那样，不就集约用地看集约用地，而是把土地作为区域发展的资本与成本来进行全方面衡量，在国内尚且不多。昆山市的思路启示我们：集约用地，要看指标，更要看方法。

应当看到，土地集约利用是未来5～10年中国城市发展中具有决定性意义的一个举措，是城市发展的一种较量。能否冲破土地这个极限，是决定未来城市竞争的一个核心因素。土地利用状态的实质是各种要素资源集聚与配置的空间表现，是经济活动在物质空间的投

影，反映了区域经济发展的空间结构、集聚特征和内在机理。我们所要寻找的，应该是一个地区的产业结构和经济发展水平与一定区域的土地利用水平的一个交叉点与平衡点。只有运用科学的方法、集约的手段，寻找到区域产业结构与土地利用结构的对应关系，才能为研究区域的产业发展和合理布局，推进土地的集约利用和可持续发展，提供一个较为理想的观察视角和分析框架。

2005年，由国务院审批总体规划的86个城市中，有53个城市正在进行新一轮城市规划的修编工作，修编的目的之一就是增加城市用地。但据国土资源部有关领导透露，全国有9个省（市）已经用完了各自土地利用总体规划中确定的2010年的用地指标。这意味着，在未来很长一段时间，城市土地利用与开发必须重点在存量上做好文章。在这种情况下，探索更多的节约方法和节约思路，比设定静态的考核与评估指标显得重要得多。节约人人有责，节约的方法多多益善。用更多科学而切合实际的办法促进土地开发利用合理有序，减少盲目性和片面性，对缓解土地资源供需矛盾，推进区域发展具有重要意义。只有具备了土地集约利用和可持续发展的能力与水平，一个城市才可能在竞争中具备回旋的余地，从而把握领先的机遇。

（资料来源：http://xuewen.cnki.net/CJFD-LDJC200535015.html。）

第二节 城市土地利用

一、城市土地利用的概念及其效率

（一）城市土地利用的概念

郝晋眠（1996）认为土地利用是指人类为了某种目的，对土地进行的干预活动，即在特定的生产方式下，人们为了一定的目的，按照土地的自然属性和社会属性，对土地进行的开发、利用、整治和保护活动。概括地说，土地利用是指人类通过一定的行动，以土地为劳动对象（或手段），利用土地的特性来满足自身需要的过程。土地利用包括两方面的含义：其一是人类以土地为劳动对象（或手段），利用土地的性能；其二是人类利用土地具有一定的目的性，土地利用反映了人与土地的关系。

宋春华、毕宝德等主编的《房地产大辞典》中解释"城市土地利用"就是城市土地在城市的不同经济部门之间、各个不同项目上的配置和使用，是人类通过一定的劳动，以城市土地为劳动对象，利用其特性来满足自身需求的过程。

在土地的利用过程中，人类以土地为对象的劳动具有很强烈的目的性。人类的劳动可以表现为生产性活动，也可以表现为非生产性活动，不管其劳动性质如何，最终目标就是要满足自身的需要。

（二）城市土地利用效率

效率（Efficiency）作为一个物理学概念，最初被用来标度机械作用中的能量损耗程度。机械系统输出能量与输入能量的比值越大，说明系统内部能量损耗越小，因此其效率越高。进入经济学领域之后，效率被用来反映资源配置和经济活动的效果，它可以表明资源或劳动价值的实现程度。

大多数人认为土地利用效益可以用投入与产出或成果与消耗的比较来衡量，然而对于中心语各有说法。效益更通俗的说法是工作的作用和结果，也就是说，任何工作都有个效益问题，一般地说，效益是一个体系或者叫做效益系统。城市土地的产出不仅仅是土地出让金、税收等政府财政收入以及开发商的利润，还包括了社会效益与环境效益的实现。社会效益以人为本，对城市土地利用以不断满足城市人口发展对物质与精神消费的需求为目的，这也是城市发展的真正内涵。而环境效益则要求城市土地的利用要建立在保护与改善自然环境、维护生态平衡的基础之上，要充分认识到自然资源，尤其是非生产资料的价值。笔者在借鉴前人研究结果的基础上认为效益等同于效率，因此城市土地利用效率可以这样定义：它是指城市用地数量分布使用的安排对整个城市范围内的经济、社会文化活动的投入与产出之比的影响和对城市环境的影响而产生的作用和结果。本节的城市土地利用效率具有以下内涵。

（1）体现经济效益、社会效益和环境效益三者的统一性。城市是区域经济发展的中心，其物流、人流、资金流、信息流交换频繁，第二、三产业高度集中，但城市生态环境承载力有限。因此，城市土地利用一定要在考虑土地利用经济效益的同时，注重城市土地的环境效益以及土地利用对居民生活、城市形象、社会发展的影响。

（2）体现土地可持续利用的思想。城市土地的高效利用不仅要求结构最优、使用效能最大，同时也要求在土地利用过程中要以不损害未来土地的开发潜能为前提（如城市历史文化风貌的保护）。从长远目标来看，可持续利用既要保证目前各业有地用、用好地，又要保证城市有足够的预留空间与发展空间。

（3）整体用地结构的优化与单一地块利用集约化的统一。按照系统论的观点，整体功能应大于部分功能之和，但其前提是各部分之间要有合理的组织结构，部分合理是整体优化的基础，局部功能最终要通过整体加以体现，整体优化又为部分功能的正常发挥提供了环境保障。因此，度量城市土地利用结构的合理性是宏观城市土地利用效率评价的重要内容之一。

总之，城市土地利用效率是一个综合性概念，包括城市发展的经济效益、社会效益和环境效益。城市土地利用的最佳效益不仅决定于土地的经济产出与利润，还取决于城市各项建设用地的合理安排及城市经济、社会与环境效益的相互协调。

二、城市土地投标租金模型

(一) 冯·杜能模型

在讨论投标租金模型前,首先简单介绍一下冯·杜能模型。

模型假设:

(1) 农业产品生产投入品——土地投入的和非土地投入的。
(2) 农业市场完全竞争。
(3) 非土地投入品固定。
(4) 所有农产品必须在唯一市场 M 中进行交换。
(5) 土地匀质。

农场主利润模型

$$\pi(d) = pm - iK - rS - mtd \tag{5-1}$$

式中,π 为利润;P 为农产品价格;m 为农产品产量;i 为每单位非土地投入的价格;K 为非土地投入的数量;r 为每单位土地投入品租金价格;S 为土地投入的数量;t 为单位产品每公里的运输费用;d 为农产品运输到市场上的距离。单位产出利润为

$$\frac{\pi(d)}{m} = p - i\frac{K}{m} - r\frac{S}{m} - td \tag{5-2}$$

令 $K_m = \frac{K}{m}$,$S_m = \frac{S}{m}$,$\pi_m = \frac{\pi(d)}{m}$

则

$$\pi_m = p - iK_m - rS_m - td \tag{5-3}$$

在完全竞争条件下,$\pi_m = 0$,于是可得

$$r = \frac{(p-td) - iK_m}{S_m} \tag{5-4}$$

对 d 求导:

$$\frac{\partial r}{\partial d} = -\frac{1}{S_m}\left[t + \frac{\partial t}{\partial d}d\right] \tag{5-5}$$

假设每公里每单位产品的运输费用为固定值,有 $\frac{\partial t}{\partial d} = 0$,可得地租对距离 d 的梯度为

$$\frac{\partial r}{\partial d} = -\frac{t}{S_m} \tag{5-6}$$

由式(5-6)可知,投标租金曲线斜率的绝对值与 S_m 成反比关系。

(二) 企业的投标租金模型

阿隆索于 1964 年提出了投标租金模型(The Bid-Rent Model),其后得到了一系列学者的推广,如米尔斯(Mills, 1969, 1970)、穆斯(Muth, 1969)和伊文思(Evans, 1973)。

投标租金模型是在冯·杜能的土地租金模型的基础上对其的进一步拓展。

该模型所有假设条件与杜能模型假设类似,不同的是投入品要素可以相互替代。

用 r 表示土地租金,d 表示某块土地距 M 的距离,r 与 d 成反比关系,离 M 点越近,土地租金越高,反之,地租 r 越低。此外,由于投入品可以相互替代,投标租金曲线由杜能的直线变为曲线。

城市土地在不同用途使用者中间分配时,遵循"最高租金"原则,即由愿意支付最高租金者使用。由于商业对位置敏感性最强,其投标租金曲线最为陡峭;居住由于对位置的敏感性相对较弱,对空间的要求更为敏感,其投标曲线较为平缓;制造业居于二者之间,形成一条包络线 $AEFC'$(见图 5-1),它也是实际上的城市土地市场地租曲线。按此原则进行土地分配,将实现城市整体土地经济效益的最大化。

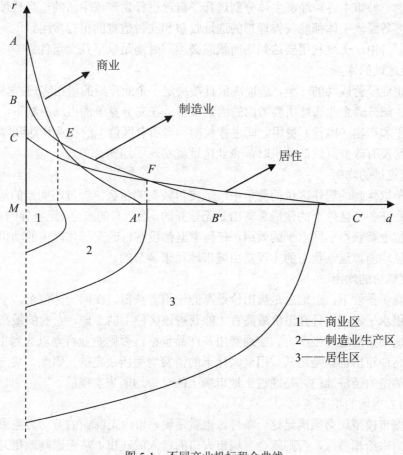

图 5-1 不同产业投标租金曲线

对某个具体的土地使用者来说,会面对一条实际的城市土地投标租金曲线。根据数学方法推导得知：当其投标租金曲线与城市土地市场地租曲线相切时，切点处的位置是适宜的，此时土地所有者得到最高租金，土地使用者得到最大利润。

$$\pi(d) = pm - iK - rS - mtd \tag{5-7}$$

$$\frac{\partial \pi}{\partial d} = -\frac{\partial r}{\partial d}S - mt = 0$$

$$\frac{\partial r}{\partial d} = -\frac{t}{S_m} \quad （斜率）$$

三、城市土地利用的一般均衡

城市土地利用的一般均衡，是指根据城市不同区位的地租水平和期望到市中心的便利性的综合考虑，城市中各种经济主体分别选择了自己进行生产或生活的适当地址或位置。这些选择使得各经济主体都能获得理想的选址收益和支付适宜的出行费用。

在城市经济中，土地利用要达到均衡状态必须同时满足以下几个条件。

1. 企业选址的均衡

选址是企业经营成功的一半，选址决策直接决定了企业今后的潜在客户群体和企业经营上的定位、细分。企业选址所要考虑的因素很多。在充分竞争的市场机制下，企业选址要在地租水平和运输（出行）费用之间进行权衡。当所有区位上的企业均达到零经济利润状态，企业都没有改变区位的动机时，企业选址就实现了均衡。

2. 家庭选址的均衡

居民在争取优越的居住区位的竞争中，须支付较高的租金，经过不间断的选址调整，最终各个家庭在各个区位上的住房总支出是无差异的。当所有的家庭（无差异的典型家庭）在市内各区位上都获得了同水平的效用，任何家庭都没有再改变居住区位的动机时，就实现了家庭选址均衡。这一状态的实现是由城市地租来调节的。

3. 区位竞价的均衡

在充分竞争条件下，土地总是被出价最高的使用者获得。在同一区位上，不同的企业或家庭的竞租水平不同，只有出价最高者才能获得该区位上的土地。企业的最高租金出价取决于其土地要素的边际生产力、交通费用和产品价格，否则企业将难以达到生产均衡，而家庭的最高地租出价则是由其效用最大化下的消费均衡所决定的。因此，某一区位上具体匹配哪种类型的经济部门，是通过土地市场上的竞价均衡来实现的。

4. 劳动力市场的均衡

开放的城市模型还必须满足这一条件。也就是说，市内工商业的劳动力需求必须与居住区的劳动力供给相适应，否则就会有城市人口的迁入或迁出，从而影响地租乃至土地利用的变动。

土地利用的均衡与城市内部结构形成，如图 5-2 所示。

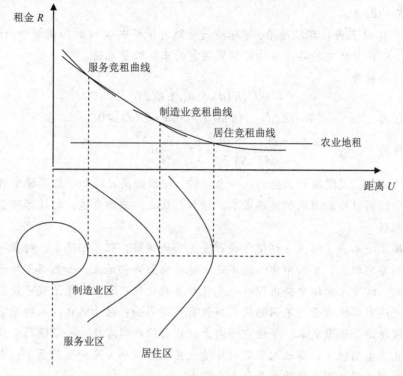

图 5-2 土地利用的均衡与城市内部结构形成

5. 土地利用边界的均衡

在两类土地利用的边界，两类土地的地租必须一致，否则边界将会移动。在城市土地利用边界上，城市地租等于农业地租。若前者大于后者，则城市用地必然侵占农用地而向外扩张；反之，则不能形成城市用地。

满足上述几个条件后，城市用地结构就达到了均衡状态，从而就决定了城市内部空间结构的形成。因此，从理论上讲，在市场机制下均衡的土地利用形成了同心圆形的分层结构模式。

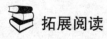 拓展阅读

城市土地利用的经济学原理补充

一、投标租金模型的修正

（一）环境因素影响下的投标租金模型

投标租金模型假设租金只与 d 有关，表明地价上升是对降低通勤成本的补偿，但现实

中还有其他影响因素。

假设市中心 M 点存在环境污染，即环境质量随着距市中心 M 的距离增加而逐步改善。定义 $E=f(d)$，且 E 是公共物品，与特定位置消费的土地数量无关。

家庭效用函数为
$$U = U(K(d), S(d,r), E(d))$$

约束条件为
$$Y - iK(d) - r(d)S(d,r) - td - E(d) \geq 0$$

均衡条件为
$$\frac{\partial r}{\partial d} = \frac{1}{S}\left[\frac{\partial E}{\partial d} - \left(t + \frac{\partial t}{\partial d}d\right)\right]$$

若上式为正值，说明投标租金曲线向上倾斜，即因距离 d 增加导致环境变好所带来的收益大于由于距离 d 增加带来的交通成本的增加；反之，若为负值，则投标租金曲线斜率为负，向下倾斜。

现假设城市中心点（M 点）环境污染严重（交通拥挤，犯罪率高），则在市中心点环境对距离的斜率比较大，此时市中心就不是土地价格最高的地点。如图 5-3 所示，城市中心污染严重时，城市土地租金将出现一个先升后降的过程，城市中间区域可能会出现最高的土地租金。城市环境污染对不同的收入群体有不同影响：对于低收入人群而言，由于收入有限，只能把诸如通勤成本、居住空间因素放在首位加以考虑，将环境因素放在非常次要的位置（生存型居住）；高收入家庭对环境反应最为敏感（享受型居住）；中等收入者介于前两者之间（满足型或小康型居住）。

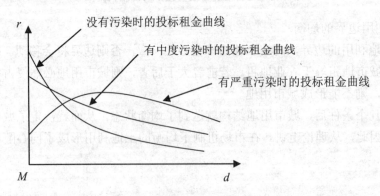

图 5-3 考虑污染下的投标租金曲线

因此，在市中心存在较大污染的情况下，我们画出可能存在的投标租金曲线，如图 5-4 所示。

原假设土地匀质，现假设存在废弃地，则该情况下的投标租金曲线，如图 5-5 所示。

（二）考虑农业收入的投标租金模型

实际上农业用地也存在地租，城市土地投标租金不可能低于农业地租，否则农业用地不会转变成城市用地。

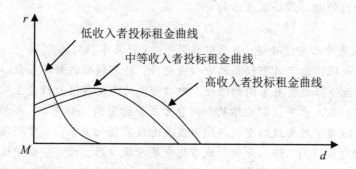

图 5-4　考虑污染和不同收入群体的投标租金曲线

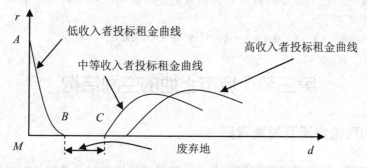

图 5-5　废弃地影响下的不同收入家庭的投标租金曲线

（三）考虑往返频率情况的投标租金模型

对于市中心 M 点附近的区域，往返频率高的人群愿出很高的价格，而往返频率低的人对于通勤成本的考虑则较少，不愿出高价。

二、密度梯度曲线

密度梯度曲线与投标租金模型一样，提供了一种表达城市土地空间分布状况的有用工具。它形象地说明了城市空间结构差异的变化特征。

这条曲线最早由科林·克拉克提出，后来许多学者用来从不同角度分析、证实城市内部的空间结构与变化。

我们用密度梯度曲线可以描述在所有方向上随着与中心距离的拉大而密度下降的趋势，从而判断主中心的辐射半径及确定次级中心的位置。

空间密度是指某一要素在一定空间范围内的数量（又称空间使用集约强度）。

科林·克拉克运用指数函数对大城市人口密度随半径距离变化进行了论证，发现居住密度下降的百分比实际上与该活动单位与中心的距离增加相一致。因而，密度曲线可由中心密度峰值和斜率因子两个参数限定。

其密度梯度变化曲线表明：离市中心的距离每增加一个单位，常住人口都有按某一个不变百分率下降的倾向。用公式表示为

$$D_x = D_0 e^{-bx}$$

式中，D_0 代表中心密度峰值；b 为斜率因子；x 代表半径距离。

研究表明，大城市除了具有较高的中心密度外，还有较低的斜率系数。随着从城市中心向外延伸，密度下降趋势有不同的组合。中心密度的变化在很大程度上取决于城市交通运输、邮电通信、收入水平、职业结构和消费方式等的影响，如汽车、新经济的影响等。

除此之外，城市密度曲线的变化与城市发展阶段有密切关系。集中型城市化阶段，城市中心各要素密度都较高。进入分散型城市化发展阶段以后，城市中心中低收入居住者的密度较高，高收入居住者却大量减少；白天活动的人口密度相对较高，晚上则较低。

从行为角度讲，影响密度曲线的行为因素更复杂，高收入家庭更加偏好于郊区（通勤条件比较好的情况下）。

（资料来源：周伟林，严冀，等. 城市经济学[M]. 上海：复旦大学出版社，2004.）

第三节 城市土地的空间结构

一、空间结构理论内涵及发展背景

空间结构理论与区位论具有紧密的关系，最早杜能提出的农业种植圈层结构、克里斯塔勒提出的城市居民点等级体系、廖什的市场网构造模型等都分别是一种空间结构形态，但是，他们的理论模型表现的是静止的状态、局部均衡的状态。虽然他们所论及的城市是集聚的产物，但那时集聚的内容较 20 世纪 50 年代以后的发展状况要简单得多。另外，有的模型对于形成的过程及变化没有进行严格的理论分析及推导。

空间结构理论是在区位论的基础上产生的，并且基本上沿用了区位论学者考察问题的方法，即区域基础状况的假设—几何图解及简单的公式数学推导—模型的归纳—模型的检验及与实际情况相对照，做有效性分析。但是，空间结构理论研究问题的目标及着眼点都不同于区位论，它不是要求得出各种单个社会经济事物和现象的最佳区位，而是各种客体在空间中的相互作用及相互关系，以及反映这种关系的客体和现象的空间集聚规模和集聚程度。为此，要把处于一定范围的各有关事物看成为具有一定功能的有机体，并且从时间变化上来加以考察，从这个角度，也可将空间结构理论视为动态的总体的区位理论。

空间结构理论发展有其一定的历史背景，为其归纳主要有以下两方面的背景。

（一）区域开发问题的广泛出现

20 世纪 50 年代，主要资本主义国家进入战后经济大发展阶段，新技术手段广泛应用，生产力水平迅速提高，以过去所没有的规模与速度，强烈地改变着以往的社会经济结构，

并出现了如过分集聚、环境质量下降等问题。因此,要求重新调整各类区域范围内的产业结构、工业结构、土地利用结构、城镇体系结构,开发与促进经济结构薄弱,即发展水平低的地区,促进区域的平衡发展,最充分合理地利用有限的资源与空间。人们的时间观念及克服距离的观念明显增强,而对某些领域中运费支出的经济观念相对减弱。当然,时间就意味着金钱,它所改变的不过是人们的价值观念的形态罢了。但是,即使这个变化也直接或间接地影响到人们对城市居民点的合理规模、城市区域的空间结构等一系列问题的认识、判断与取舍。例如,一个具有大量中小城镇的区域城镇体系,一个具有多个圈层、中间夹有空地(绿地)地带的大城市区域结构更能符合较多人的愿望,距离有吸引力的休假地、旅游区较近的居民点就会有较多的机会得到加强和扩展。

在第三世界国家,特别是在经济发展快、工业实力较强的国家中,例如我国,区域发展问题也日益显露出来。最明显的是由于经济水平提高,导致专业化与协作化的加强,在空间上的一个重要反映是区域与城市(区域的中心)之间经济关系的加强。而在经济技术水平落后的情况下,只能侧重在全国范围内的分工与协作。因此,区域内城镇的等级体系及相应的职能分工自然成了一个需要合理解决的现实问题。

(二)第三产业内容的扩大和集聚因素内容的增加

韦伯曾论述了集聚因素的概念及其对区位选择的影响。但他所指的除了规模经济之外,就是生产性企业之间的协作,包括相互利用原料及半成品,以减少运输而取得效果。中心地理论是立足在第三产业和城市职能分工基础上的,但集聚的效果那时没有今天这样显著。近二十年来,第三产业的内容有了很大的发展,行业大量增加,与生产、消费的关系更加密切。由于经济水平和福利水平的大幅度提高,第三产业深入到人们生活的各个领域。

由于第三产业的行业、领域极其宽广,不可能对它们在一定区域内的分布进行单个的研究。对其他产业部门区位决策的影响,也不可能做一个一个的衡量。它们发挥作用,从根本上是综合性的,是通过集聚及集聚优势这个环节产生的。在现代化生产中,任何一种生产或一个企业都离不开错综复杂、相互依存的服务网。单个生产企业与服务业的空间结合,或若干生产企业与一个或多个服务企业的空间组合,都会产生不同程度的集聚效果或集聚优势,并进而影响到社会经济客体。集聚问题内容的扩大产生了另外两个问题:其一,是集聚效果导致城市的膨胀,使经济水平高,特别是区域基础设施发达的地区愈来愈发达,与此相应,落后地区与先进地区的差距会越来越大,因此产生了谋求区域平衡发展的任务;其二,区域社会经济发展与区域环境负荷之间的不适应。针对这两个问题,要求调整不合理的空间结构,解决过密和过疏问题。

二、城市内部空间结构理论

城市土地利用的空间结构或结构理论,是城市人文活动布局的空间表现,它直接决定着城市运转的效率及生态环境质量,是城市总体规划、城市扩展的重要依据之一。20世纪20年代以后,西方国家的工业化加速了城市化,城市用地规模随着城市人口的增长迅速向外扩展,针对城市功能布局问题,欧洲学者展开了土地利用的实证分析和理论假设。通过对一些典型城市已经形成的土地利用现状进行分析概括,用图解的形式概念性地说明城市土地利用空间结构,形成了轴向增长理论、同心圆理论、扇形理论和多核心理论等关于城市土地利用的理论,其中后三者已被学术界誉为土地利用空间结构的三大经典理论,对理解城市土地利用的空间功能分异规律和城市社区的社会经济结构都做出了重要的贡献。

F. S. Charpin 和 E. J. Kaiser 将它们归于"城市土地利用的理论基础"。J. W. Bardo 和 J. J. Hartman 认为:"最合理的说法是没有哪种单一模式能很好地适用于所有城市,但以上三种理论能或多或少地在不同程度上适用于不同地区。"

(一)同心圆布局理论

美国社会学者伯吉斯(E.W.Burgess)1925年根据芝加哥的土地利用和社会—经济构成的空间分异模式,提出了针对北美的城市土地利用的同心圆模式。他认为城市地域受向心、专业化、分离、向心性离心四种力的影响,在这四种作用力的综合作用下,城市地域产生了地域分异。城市各地带不断地侵入和转移,形成五个同心圆带构成的空间结构(见图5-6),他是基于社会生态学里的入侵和继承(Invasion Succession)的概念来解释土地利用在空间上的排列形态。同心圆理论的基本模式为城市各功能用地以中心区为核心,自内向外做环状扩展,共形成五个同心圆用地结构。从城市中心向外缘依次顺序为:

第一圈层是中心商务区(CBD),是城市商业、社会活动、市民和公共交通的集中点,是城市的中枢部分,是城市经济、文化、政治等活动的中心。这里集中有中心商业街、办事处、银行、剧院等。

第二圈层为过渡地带,是围绕中心商业区与住宅区之间的过渡地带。这里绝大部分是由老式住宅和出租房屋组成,是轻工业、批发商业、货仓和出租房屋集中区。其特征是房屋破旧、居民贫穷,处于贫民窟或仅次于贫民窟的境况。

第三圈层是低收入居民居住区与工业区交错圈层,这里租金低,便于乘车往返于市中心,接近工作地,工厂的工人大多在此居住。

第四圈层是高收入阶层住宅区,由高级公寓和一流居住建筑、独户房屋和彼此隔离的花园洋房三部分住宅组成,居住密度低,生活环境好。

第五圈层为通勤人士居住区,是沿高速交通线路发展起来的,位于城区之外,包括近郊区或卫星城镇,约距中心商业区30~60分钟车程,在城市中心工作的中上层人们大多在此居住。由于居住在此区的人们需要驾车或乘车进城工作,故将这里称为通勤人员住宅区或使用月票者居住区。

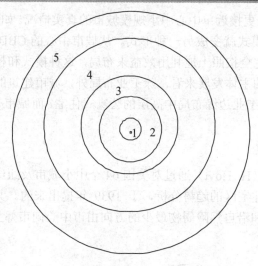

1——中心商业区
2——过渡地带
3——低收入者住宅
4——高收入者住宅
5——通勤带或中等收入住宅区

图 5-6　伯吉斯同心圆土地利用结构模式

　　伯吉斯对同心圆土地利用模式进行了动态分析，他认为当城市人口的增长导致城市区域扩展时，每一个内环地带必然延伸并向外移动，入侵相邻外环地带，产生土地使用的演替。如商业中心区的进一步发展，入侵过渡地带，吞没贫农的住房，迫使住在这里的低收入居民不得不向外环地带转移，致使高收入居民把其旧的住房转给低收入居民，搬入新的高档住宅中。正是基于这种思想，美国在 20 世纪 60 年代和 70 年代里，以此作为城市更新政策的基本原则，把过渡地带的一部分扩展为商务用地，而陈旧的低收入住房扩建为中产阶级住宅区，改善了各阶层的住房条件，而位于该区域的大部分工厂则跃过以前的限制制造业扩展的居住区，搬迁到被伯吉斯称为通勤人士的住宅区中，形成新的土地利用空间格局。但是，伯吉斯的同心圆模式也存在不足之处，它忽略了交通道路、自然障碍物（河、湖等）、土地利用的社会文化和区位偏好等方面的影响；同时，也未考虑作为城市主要活力的工业活动布局对城市土地的影响。事实上，工业对人口的吸引以及工业污染对城市布局的制约在很大程度上决定了城市土地利用结构。应该肯定的是，伯吉斯这个学说在许多方面是成功的，他从动态变化入手分析城市地域，是十分可取的，在宏观效果上，同心圆模式基本符合一元结构城市的特点。

　　1932 年，巴布科克（Babcock）考虑到交通轴线的辐射作用，将同心圆模式修改为星状圈层模式，使这一理论更接近单中心中小规模城市的真实情况。如果从地理的角度出发，城市土地利用的同心圆模式就变成另一种形式。从城市中心的 CBD 到建成区以外的非城市用地，城市土地利用完全按照土地利用效益来布局，这种模式和杜能的农业孤立国具有很大的相似性，从城市的主体发展来看，除工业布局外，城市建筑的高度几乎与距离成反比，中心是商业设施，在工业边缘布局中高层的公寓式住宅，而城市外围则是以独立的 2～3 层住房为主。

（二）扇形布局理论

扇形模式是霍伊特（H. Hoyt）通过对美国 64 个中小城市及纽约、芝加哥、底特律、华盛顿、费城等城市的住宅区的趋势分析，于 1939 年提出来的。其核心是各类城市用地趋向于沿主要交通线路和沿自然障碍物最少的方向由市中心向市郊呈扇形发展，如图 5-7 所示。

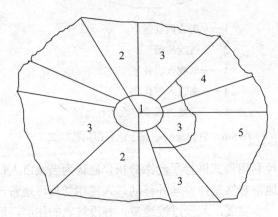

1——中央商业区（CBD）
2——批发轻工业区
3——低级住宅区
4——中级住宅区
5——高级住宅区

图 5-7 霍伊特扇形模式

霍伊特的扇形模式保留了同心圆模式的圈层地域结构，加上了放射状运输线路的影响，即线性易达性（Linear Accessibility）和定向惯性（Directional Inertia）的影响，使城市向外扩展的方向呈不规则式，市中心仍然是中央商务区（CBD）。住宅区向四周沿交通线呈放射状延伸，高级住宅区位于一个或多个方向的扇面上，处于城市周边位置，呈锲状自市中心向市郊延伸；中级住宅区趋向高级住宅区的内侧，处于高级住宅区和低级住宅区之间；而低级住宅区常常位于高级住宅区的另一侧，其间还夹有批发商业和轻工业区。霍伊特的扇形模式是从众多城市的比较研究中抽象出来的，在研究方法上比同心圆理论前进了一步。该模式特别强调交通线路对于住宅区租金分布及空间形态的作用，但这个学说仍没有脱离城市地域的圈层概念，仍受同心圆模式的影响。该学说的最大缺陷是，只凭房租这一单一指标来概括城市空间布局的演变，忽视了同城市其他因素的关系，影响了模型的典型性。

（三）多核心布局理论

多核心模式是美国地理学者哈里斯（C. D. Harris）和乌尔曼（E. L. Ullman）于1945年在《城市的本性》中提出的一种城市内部地域空间结构模式，表明城市土地利用是围绕着若干核心进行空间组织。他们认为城市中心的多元化和城市地域结构的分异是由四个过程作用形成的：一是各种行业以自身利益为前提的区位过程；二是产生集聚效益的过程；三是各行业利益对比而发生的分离；四是地价和房租对行业区位的作用。该理论强调城市土地利用过程中并非只形成一个商业中心，而会出现多个商业中心区，其中一个主要商业区为城市的中心，其余为次核心。这些中心不断地发挥其中心的作用，直到城市的中间地带完全被扩充为止。而在城市化过程中，随着城市规模扩大，新的极核中心又会产生。根据对美国部分大城市的研究，他们发现大城市一般都可以分为6大片、9个区，如图5-8所示。

（1）中心商业区（CBD）。位于城市内交通设施的焦点，是城市内各部分最易接近且地价最高的地点。因为实际城市并非对称发展，中央商业区不一定居城市几何中心，常偏向一方。

（2）批发商业和轻工业区。位于中心商业区附近，对外交通联系方便的地方。批发商业多沿铁路集中，轻工业则利用本区的各种设施。

（3）重工业区。位于城市的边缘地区，它需要广阔的空间和便利的铁路、水路交通，无能力也无必要拥入市区。

（4）住宅区。高级住宅区位于排水良好、远离有公害的地点；低级住宅区多在工厂、铁路区附近；而中级住宅区则处于二者之间。

（5）小核心，即文化中心、公园、外围商业区、小工业中心、大学等。

（6）郊区与卫星城镇。由于私人汽车的迅速发展和郊区通勤铁路的改善，促进了少数大城市的郊区化，包括近郊住宅区与工业区的发展和远郊卫星城镇的建立。

9个区如图5-8所示。

多核心模式比单纯的同心圆模式显得复杂和接近实际，它考虑到了城市地域发展的多元结构，但仍然基于地租地价理论。支付租金能力强的产业位于城市中心部位，其次是批发业和工业以及高密度的住宅区。多中心理论没有假设城区内土地是均质的，所以各土地利用功能区的布局无一定顺序，功能区面积大小也不一样，空间布局具有较大的弹性。许多大城市属于这种模式类型，尤其是那些由几个小市镇扩展合并而成长起来的城市。在多核心模式中，城市地价并非从中心到外围呈现单纯递减趋势，而是出现几个峰值区，在早期城市发展阶段，从中心到边缘，地价不断递减，而在多中心时代，除了CBD外，城市还有其他次中心，因此，多核心模式更适合现代城市的特征。

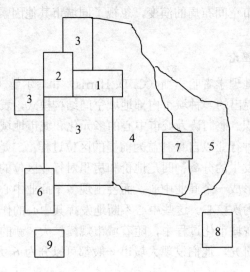

1——中心商业区
2——批发与轻工业区
3——低收入住宅区
4——中收入住宅区
5——高收入住宅区
6——重工业区
7——卫星商业区
8——城郊住宅区
9——近邻工业区

图 5-8 哈里斯—乌尔曼的多核心模式

上述城市内部空间结构的典型模式是通过对一些典型城市已经形成的土地利用现状进行分析概括，然后用图解的形式概念性地说明城市土地利用空间结构，而对形成的机制和原因解释的较少，每一种理论模式都从某一角度刻画了某类城市空间结构特征。如果把这些理论相互结合，互为补充，就可能较有意义地指导和说明现代城市的土地利用，如将扇形模式和多核心模式结合起来，则能很好地说明大城市，尤其是工商业大城市的土地利用规律。有的国家，如美国，依据这些理论指导旧城更新改造，重建过渡地带，调整了市中心区土地利用的功能结构。

三、城市内部空间结构的调节

1. 建立制度，推进三个平衡

我国城市空间结构方面有诸多的问题，这些都与长期存在的经济、建设两者有关：计委管计划，建委管建设。解决这个问题的根本途径，是建立和实行建设项目的三个平衡可行性研究和联合审批的新制度。

第一个平衡是价值形态的平衡，即要研究项目的资金来源、成本效益、投入产出关系及其可行性；第二个平衡就是实物形态的平衡，即要研究原材料、燃料和各项资源的供应，机器设备的生产能力和后续性；第三个平衡就是空间平衡，也就是对产业关联程度和已有的生产布局以及市场的远近进行多方面的选址论证，从经济效益、社会环境效益诸方面选择企业的最佳位置。

2. 加强空间垄断观念，面向未来统筹全局

空间结构关系问题是一个反映公共利益的经济社会问题，属于公共经济范畴。空间结构调节与土地利用有密切关系，由此必须由城市政府垄断，也就是要加强城市空间结构的计划性和实施计划的权威性。为了保证计划性和权威性，还必须以城市规划的科学性为前提。改革开放以来，在大、中、小城市中，私人建房、马路市场、私人景点不断冲击城市空间结构的完整性和完美性。有的市政府进行了强有力的干预，应该认识到，城市空间结构是一个整体性的结构系统，它不能依靠局部的认识和局部的解决方法，而必须有全面的认识和通盘的解决方法，因此需要集中统一的计划。

城市空间结构的垄断，是以经济效益、社会效益为中心的意志垄断。城市空间结构的垄断也不意味着在做法上一概排斥市场机制。恰恰相反，它应该依据市场信息，由市场调节相辅佐，进行计划调节，最主要的是城市土地的有偿使用，城市级差地租的存在，它会对企业的合理布局起着自发调节的作用。但如公共产业单位的选址，政府机关、学校、医院、派出所等自发调节不了的，就必须采取行政方法。

城市空间结构的有效垄断还必须依赖于长期调整和系统调节。因为城市空间结构问题的产生并非一朝一夕所造成的，因为它的弊端的改正也不是一朝一夕能解决的。对城市空间结构的长期调整和系统调节，应是城市空间结构调节的主要形式和方法。

3. 完善考察性指标体系

要对城市整体空间结构进行有效的、及时的调节，就必须对城市空间结构现有状况和问题与它的发展目标有充分的了解，要事先掌握这方面的信息。既然城市空间结构中的密度、布局和形态都有重大的经济效益，那么一个城市现在这方面的效益究竟如何，应该向哪个方面提高，提高的幅度和步骤是什么，就应该首先掌握和了解。解决这些问题的方法就是城市空间结构及其效益指标体系的确定，然后根据这些指标的内容进行现状的了解和目标的确定。

关于城市空间布局考察常用一些土地利用面积结构指标加以描述，如居住用地、工业用地、交通运输用地、公用仓库用地以及绿化用地等占总面积的百分比。但是由于城市性质和功能不同，主导产业不同，这个结构比例是不同的。商业城市与工业城市不同，科学城市与工商业城市又不同。即使是同样的工业城市，其用地结构也会有很大差别，需要具体问题具体分析。

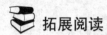拓展阅读

高效开发利用土地资源 助推经济开发区科学和谐跨越发展

经济开发区管理委员会
（2011 年 9 月）

首先，感谢国土资源部一直以来对经济开发区（以下简称经开区）给予的关心和支持。几年来，经开区以科学发展观为指导，深刻认识节约集约利用土地资源对开发区发展的重要意义，高度重视节约集约利用土地资源对推动开发区加快发展的重要作用，坚持科学合理配置和节约集约使用土地资源，解放思想、开拓创新，开发建设工作取得了阶段性成果，同时在探索新形势下适应开发区发展的节约集约用地模式和机制方面，取得了初步成效。

一、经开区节约集约利用土地情况

经开区是我市实现城市转型、经济转型，发展接续产业的重要平台，经开区目前已开发面积8平方公里，已开发区域实现了"七通一平"，基础设施配套完善；2010年实现工业产值118.3亿元，实现利税18.4亿元，主要经济指标年增长44%以上，入驻企业203家，安排就业人员2.47万人。2010年主要经济指标位于省级开发区前列，综合经济实力已达到中部地区国家级开发区中等以上水平。几年来，经开区在土地节约集约利用工作方面得到了国家、省、市国土部门的认可，各项土地集约利用程度评价指标位于省级开发区前列，其中综合容积率0.54，建筑密度33.8%，工业用地建筑系数57.36%，工业用地固定资产投入强度4 278.32万元/公顷，工业用地产出强度5 377.54万元/公顷，土地供应率达到75.66%，土地建成率达到94.3%。

二、主要做法

（1）强化总体规划控制作用，科学合理控制用地规模。按照市土地利用总体规划和经开区控制性详细规划要求，坚持以规划定方向，以项目定土地，以投资定面积，以土地定产出，科学合理确定产业布局和工业布局，严格控制区域内基础设施、社会各项事业建设和行政办公等非工业用地规模，严格执行禁止限制供地目录，对于"两高一资"、产能过剩和低水平重复建设项目不予安排用地，保证主导产业发展用地，努力将××经开区打造成国家级石油石化装备制造基地。

（2）提高项目用地准入门槛，着力提升土地资源利用效率。以国家新型工业化示范

基地投资强度指标作为经开区控制指标，产出强度取相应控制指标的 1.5 倍；通过产业配比开发的方式，吸引工业地产开发商按照统一规划投资建设标准化工业厂房、孵化器、产业社区中心和相关配套设施，投资亿元以下项目不再单独供地，全部进入标准化厂房；出台优惠政策鼓励企业建造标准厂房，为中小企业提供经营场所，为招商引资腾出了用地空间，提高了国土资源节约集约利用水平，实现了产业集中和资源共享，创造了良好的土地利用效益。

（3）加强建设用地批前批后管理，努力提高土地开发建设的速度和效率。超前谋划土地开发建设方案，做好土地收储及申报批次等相关工作，采取分期供地、缴纳保证金等方式，在确保高效及时供地的同时，最大限度避免出现闲置土地。建设项目供地后，坚持每季度到项目现场核查一次，填写《项目建设施工进度表》，详细记录项目施工建设情况。对未开工建设或未按设计要求完成工程进度的，督促项目单位抓紧施工；对逾期未完成施工进度，形成闲置或低效用地的，按照闲置、低效利用土地进行处置，对未达标准的项目不予竣工验收，督促其尽快整改达标，实现建成投产。

（4）坚持土地节约挖潜，杜绝土地低效浪费使用。几年来，经开区坚持以存量换增量，一直把节约用地放在首位，充分利用关停企业和闲置土地安排建设项目，针对每一宗闲置土地，"一地一策"，制定处置方案，积极盘活闲置、空闲土地，变闲为宝，提高土地二次利用效率。我们对闲置两年以上的破产、停产企业建设用地进行了收储，使八百多亩闲置土地重新得到利用。

三、存在的矛盾

经开区在节约集约利用土地资源工作的过程中，也遇到了一些制约科学节约集约利用土地资源的矛盾，需要我们共同研究探讨。

（1）土地利用总体规划的刚性规定与现实用地需求不确定性的矛盾。土地利用总体规划按照定位与定量相一致的要求，对各类用地布局作出了刚性的规定。由于土地利用总体规划和城市总体规划各有侧重，造成两者在规划期限和用地规模预测上不完全一致，形成了时间和空间上的错位。同时，建设用地规划指标有限，在编制土地利用总体规划时，宏观上遵循保障重点、分散实施的原则，在微观上注重集约利用、分步推进的原则，使之与现实用地需求中数量、区位的不确定性之间难以衔接。因此土地利用总体规划的刚性限制，使规划调整难、繁、慢，审批要求高，难以适应不断变化的城市发展要求。

（2）耕地占用量大与补充耕地后备资源不足的矛盾。耕地"占补平衡"是各级地方政府的法定义务。建设占用耕地数量的增加，必将同步带来耕地补充量的增加。随着土地开发整理工作的全面推开，可开发的资源日益减少，且以后开发整理难度越来越大，耕地补充成本越来越高，单位面积投入成本相应提高，因此，由于受到资源和资金的双重压力，实现耕地占补平衡的难度将会越来越大。

（3）企业谋求低成本扩张与国家要求集约用地之间的矛盾。随着招商引资工作的纵深推进，许多企业纷纷落户。然而一些规模企业往往站在自身的发展角度，要求预留一定的企业发展空间，特别是一些资金投入大、建设分期实施的项目和国家级、省级重点项目，往往会有几年的投入建设期，这就必然会导致一定时期内土地征而不用现象的出现，使一部分土地闲置，也造成土地和建设用地指标的紧张。因而，既要体现集约利用土地要求，又要兼顾企业自身长远发展，这也是造成用地发展空间不足的一对矛盾。

四、下步节约集约利用土地工作的想法

下一步，我们将按照国家、省、市关于节约集约利用土地的总体要求，把推进土地节约集约利用与加快经济发展、提高资源配置水平、提高土地使用效益紧密结合起来，构建土地节约集约利用规划体系，加强土地资源效能管理，强化建设用地考核，建立土地节约集约利用新机制，走出一条建设占地少、利用效率高的符合市情、区情的开发区土地利用新路子，实现土地资源的科学合理配置和节约集约利用。重点进行以下几方面探索：一是全面开展土地合同验收，加强土地节约集约利用管理。积极探索建立工业类项目土地合同验收工作制度，进一步加强用地审批后监管，实现土地全程管理。具体想法是工业类项目在房屋所有权初始登记前要先进行土地合同验收，不通过验收不办理房屋初始登记，同时依据工业类项目土地合同上的建设期限在土地证上加注有效期，通过土地合同验收后，项目单位可以申请换证。二是建立清理闲置土地工作机制，提高土地二次利用效率。我们的初步考虑是，对未按土地合同约定期限进行全部开发建设、使厂区内部分土地处于闲置状态的工业项目，根据具体情况采取收回、收取闲置费、收取违约金、签订补充协议等方式进行处理；对未按土地合同约定的容积率、建筑系数等指标等规划条件进行开发建设的工业项目，采取收取违约金、责令拆除等措施予以处理；对未经批准擅自改变用途，将工业用地改作商业等其他用途的项目，根据《土地管理法》，责令其交还土地并处以罚款。同时，摸索将合同验收工作从工业类项目扩展到全部项目用地，杜绝闲置土地的发生，促进土地节约集约利用。三是适时开展"腾笼换鸟"，提高土地节约集约利用水平。优化产业结构，推动产业升级，探索建立优扶劣汰的管理机制。针对建区初期形成的生产规模小、技术含量低、产值少和土地利用总体水平不高的企业，采取入户调查，走访税务、工商等方式，了解企业的注册资金、实际到位资金、经营状况、近三年的工业总产值（主营收入）、税收情况、解决就业人数等相关情况，区分不同情况，采取针对性措施对效益不佳及已经停产不用的企业进行清理，"腾笼换鸟"，腾出土地引进规模大、实力强、效益好、科技含量高的企业，为企业提供用地空间，提高土地利用率，实现土地利用经济效益和社会效益的双重提升，提高土地节约集约利用总体水平。四是建立区域建设用地档案，提高土地节约集约管理绩效。结合经开区战略发展规划和空间概念性规划，利用地理信息系统技术，将规划、审批、地籍、建设、投入产出等数据与地籍图斑和空间影像结合，以数据库形式建立区域内建设用地档案，不断提高土地管理绩效。

（资料来源：http://www.docin.com/p-705793967.html.）

第四节 中国城市土地利用制度与政策

我国城市土地利用制度包括城市土地征用制度，城市土地使用权划拨、出让和转让制度，城市国有土地租、税、费管理制度，城市土地再开发利用制度等。鉴于土地征用制度在土地利用中的重要性，这里仅从土地征用制度考察我国城市土地利用制度及其演变。

一、改革开放前后土地征用制度的演变

中国实行土地的社会主义公有制，即全民所有制和劳动群众集体所有制。城市土地属于国家所有，农村及城市郊区的土地除法律规定属于国家所有的以外，属于集体所有。国家为了公共利益的需要，可以依法对集体土地实行征用。所谓征用，是政府为了公共目的而强制取得非国有土地并给予补偿的一种行为，是政府的强制购买。

土地征用具有三个要件：政府特有的权力；只用于公共目的；行使这个权力时必须给予合理补偿。

国家建设征用土地制度在 20 世纪 50 年代已基本确立。我国 1975 年、1978 年、1982 年的宪法都规定了土地征用制度，确立了土地征用的宪法规范。

1980 年国家颁布的《中外合营企业建设用地暂行规定》，是新时期出台的第一部土地利用法律。1982 年 5 月 14 日和 1982 年 8 月 13 日颁布实施的《国家建设征用土地条例》和《村镇建房用地管理条例》，表明国家对各种建设用地关系开始进行法律调整。

自 1987 年 1 月 1 日起施行《土地管理法》，又连续出台了一系列关于土地利用的法律、法规，基本上构架了我国现行的土地征用制度。

二、现存土地征用制度中的问题

我国现存土地征用制度中的问题主要有以下几个方面。

（1）混淆征地概念——不是用于公益目的土地"农转非"不应通过征地途径。

（2）乱用征地手段——土地征用权是属于政府的特权，征地应严格限定在公共利益范畴，不允许滥用征地权。

（3）征地补偿不合理——补偿多少、如何补偿是个问题。在西方，对土地征用进行补偿的标准通常是依据土地的市场价格，这无论在理论上还是在实践中都是较为合理的。

（4）土地征用没有健全的法律法规作保障——我国现在土地征用的法律法规仅以《土地管理法》所规定的为主，其他散见于各部门法或各行政法规之中，且对征地的目的、程序、补偿以及征地纠纷的解决等问题缺乏具体的规范。

(5)征地安置不到位——"农转非和用地单位招工"安置模式的弊端在市场经济的今天已经充分暴露出来。

(6)征地后对单位用地情况缺乏强有力的监督——土地征而不用、多征少用现象在我国许多地方普遍存在,有些单位甚至通过转让多余土地并且改变土地经营方式来获取土地增值收益。

三、完善我国土地征用制度的对策

(1)明确征用概念,严格限定公益性用地范围。应严格限定在以下几类:军事用地;国家机关及公益性事业研究单位用地;能源、交通用地;公共设施用地;国家重点工程用地;公益及福利事业用地;水利、环境保护用地;其他公认或法院裁定的公共利益用地。

(2)建立市场流转机制,尽快制定非农业建设用地流转的法律、法规。由于我国目前城市化进程日益加快加深,土地的利用会日渐增多,尤其是城市扩充过程中出现的土地的征用问题十分复杂,依据国情以及我国目前所处的社会主义初级阶段的土地利用情况,必须要依照国际惯例,在完善相关土地法律法规的同时,制定专门独立的《土地征用法》,确立土地征用的具体实施措施及操作规程,以弥补《土地管理法》等相关法律具体操作性不强的不足。

(3)改革土地出让金制度,遏制政府征地冲动。土地出让金实际上就是若干年土地使用期的地租之和。政府获得的土地出让金很大程度上是预支未来的收益,表现在跨期地方政府角度,则是在任政府提前支取下任政府的收入,是对下任政府土地收益的透支。因此,可以对土地出让金恢复其地租的经济学本质,在任的地方政府可以出卖土地,但土地的收益则按年度在土地的使用年限内分期支付。对于本期政府来说,卖的地越多,给下任政府留下的预期收益就越多,这样从经济上就可以约束政府征地的冲动。另外,通过土地出让金分年度支付,降低了房地产开发商的成本,也有利于房地产业的健康发展。

(4)实行多样化安置,建立农村社会保障体系。随着农村经济社会的发展和改革的深入,农村群众对社会保障的需求越来越多样化。大力推进农村社会保障体系建设,不断拓展、建立新的社会保障项目是十分必要,但不能因此削弱、放弃原有传统保障项目,而要在充分发挥原有传统保障项目作用的基础上进一步拓展新保障项目,使农村社会保障体系更加完善。在原有制度安排中,家庭保障和土地保障是农村居民生存的基础,仍然具有不可或缺的作用。

(5)设置土地发展权,系统化征地相关制度。土地发展权是一项可以与土地所有权分割而单独处分的财产权。该权利直接关系到改变土地用途、提高土地利用集约度以及增加对土地的投入而产生的发展性利益的权利归属和利益分配。我国设置土地发展权有利于促进基本人权建设,是加强耕地保护、完善双层经营体制和防止国有资产流失的需要。

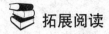 拓展阅读

广州市闲置土地处理办法

2009年12月15日市政府第13届101次常务会议讨论通过

2010年1月8日广州市人民政府令第23号公布

自2010年3月1日起施行

第一章 总则

第一条 为加强本市土地管理,依法处理和充分利用闲置土地,切实保护耕地,根据《中华人民共和国土地管理法》《中华人民共和国城市房地产管理法》等有关法律、法规的规定,结合本市实际,制定本办法。

第二条 本市行政区域内闲置土地的处理,适用本办法。

第三条 市土地行政主管部门负责本市闲置土地的处理工作,组织实施本办法。县级市土地行政主管部门负责本辖区内闲置土地的处理工作。

发展改革、规划、财政、建设、农业、国有资产、林业和园林等行政管理部门按照各自职责协助本办法的实施。

闲置土地所在地的镇人民政府、街道办事处应当协助土地行政主管部门做好闲置土地的调查处理工作,并协助农业、林业和园林行政管理部门对复耕、复绿的闲置土地及复耕、复绿状况进行检查监督。

第四条 市、县级市土地行政主管部门应当建立闲置土地检查制度,对土地利用状况进行定期检查。

单位和个人可以对闲置的土地进行举报或者反映情况。

第五条 本办法所称闲置土地包括已完善建设用地手续的闲置土地和未完善建设用地手续的闲置土地。

已完善建设用地手续的闲置土地是指具有下列情形之一的土地:

(一)超过国有土地有偿使用合同约定或者建设用地批准书规定的动工开发期限,未动工开发建设的;

(二)国有土地有偿使用合同未约定或者建设用地批准书未规定动工开发期限,自国有土地有偿使用合同生效或者土地行政主管部门建设用地批准书颁发之日起满1年未动工开发建设的;

(三)已动工开发建设,但开发建设的用地面积占应当动工开发建设总用地面积不足1/3或者已建设投资额(不含土地取得成本)占总建设投资额(不含土地取得成本)不足25%,且非因不可抗力、政府及其有关部门行为中止开发建设连续满1年的;

（四）法律、行政法规规定的其他情形。

未完善建设用地手续的闲置土地是指超过土地行政主管部门核发的通知用地单位办理建设用地手续各类文件的有效期或者规定期限，用地单位未取得建设用地批准书的土地。

第六条 因不可抗力、政府及其有关部门行为或者动工开发必需的前期工作（不含用地单位应承担的工作）造成本办法第五条第二、三款规定期限延迟的，经核实后，受影响时段不计入规定期限。

前款所称政府及其有关部门造成规定期限延迟的行为包括：

（一）规划行政管理部门因规划调整不予受理用地单位规划许可申请或者受理后延迟核发规划许可文件造成土地闲置的，但用地单位申请规划许可时土地闲置已满2年的除外；

（二）权属不清或者不符合国有土地有偿使用合同约定交付土地条件，致使用地单位无法按期动工开发建设的；

（三）政府及其有关部门因文物保护、市政建设等原因书面告知用地单位停止施工造成规定期限延迟的，但因用地单位违法行为导致的除外；

（四）因国家相关政策重大调整造成规定期限延迟的；

（五）政府及其有关部门的其他行为造成规定期限延迟的。

第七条 本办法所称动工开发是指房屋建设项目已实施基础施工，其他建设项目已实施通水、通电、通道路和场地平整工程。

前款所称实施基础施工是指经依法批准，实施建筑物向地基传递荷载的下部结构的施工。

第二章 闲置土地的处理

第一节 一般规定

第八条 闲置土地由市、县级市土地行政主管部门调查认定。

调查和处理闲置土地以宗地为单位。

第九条 市、县级市土地行政主管部门开展闲置土地调查工作，可以采取下列措施：

（一）询问当事人及其他证人；

（二）现场勘测、拍照、摄像；

（三）查阅、复制被调查单位或者个人的有关用地审批文件、土地权利文件和资料；

（四）要求被调查单位或者个人就有关土地权利的问题作出说明。

第十条 市、县级市土地行政主管部门开展闲置土地调查，应当向用地单位发出闲置土地调查通知书。

用地单位应当自闲置土地调查通知书送达之日起15日内，将土地开发利用情况、相关证据和土地后续利用意见，书面报送调查部门。

用地单位在申请延长动工开发期限或者办理变更建设用地批准书时已书面确认土地闲置事实的，土地行政主管部门核实后，可以直接拟订闲置土地处置方案。

第十一条 因不可抗力、政府及其有关部门行为或者动工开发必需的前期工作（不含用地单位应承担的工作）造成无法开发建设或者取得建设用地批准书的，用地单位可以在下列期限内以书面形式向土地行政主管部门提交相关证明材料：

（一）不可抗力、政府及其有关部门行为发生之日起15日内；

（二）本办法第五条规定的期限届满60日前；

（三）闲置土地调查通知书送达之日起15日内。

用地单位按照前款规定向土地行政主管部门提交证明材料的，土地行政主管部门应当自收到材料之日起7日内启动调查。

对符合本办法第六条规定，经查证属实的，土地行政主管部门应当做出顺延期限的决定或者拟订闲置土地处置方案；情况复杂的，可以会同相关部门联合上报同级人民政府审议后决定。

第十二条　市、县级市土地行政主管部门根据闲置土地调查中查明的事实和有关法律、法规、规章的规定，分别作出以下处理：

（一）符合本办法第五条规定的，应当拟订闲置土地处置方案；

（二）不符合本办法第五条规定，不属于闲置土地的，应当书面告知用地单位。

闲置土地上依法设立抵押权或者被采取保全措施的，市、县级市土地行政主管部门拟订闲置土地处置方案时，应当通知抵押权人或者采取保全措施的机关参与处置方案的拟订工作。

第十三条　闲置土地处置方案应当经原批准用地的人民政府批准。闲置土地处置方案经批准后，由市、县级市土地行政主管部门组织实施并向用地单位送达闲置土地处置决定书。

第十四条　经认定土地闲置满1年的，市、县级市土地行政主管部门应当按照下列标准计收土地闲置费：

（一）用地单位以出让方式取得土地使用权的，按出让土地价款的20%计收土地闲置费；

（二）用地单位以划拨方式取得土地使用权的，有划拨土地价款的，按划拨土地价款的20%计收土地闲置费；无划拨土地价款的，按划拨土地时土地使用权价格的20%计收土地闲置费。

按照本办法第十七条第（一）项规定用作临时绿地和广场的，临时使用期间免收土地闲置费；按照本办法第十七条第（二）项规定用作停车场的，临时使用期间按原计征标准的60%计收土地闲置费。

用地单位应当在缴纳土地闲置费通知书规定的期限内缴纳土地闲置费。用地单位逾期不缴纳土地闲置费的，自逾期之日起，按日加收应缴土地闲置费总额1‰的滞纳金。

第二节　已完善建设用地手续的闲置土地处置

第十五条　处置已完善建设用地手续的闲置土地包括下列方式：

（一）延长开发建设时间，但自闲置土地处置方案批准之日起最长不得超过1年；

（二）改变土地用途，办理有关手续后继续开发建设；

（三）安排临时使用，待原项目开发建设条件具备后，重新批准开发；

（四）收回闲置土地。

按照前款第（一）、（二）、（三）项规定处置闲置土地的，市、县级市土地行政主管部门应当与用地单位签订国有土地有偿使用补充合同；土地增值的，按照有关规定调整土地价款；同时，自闲置土地处置决定书送达之日起中止计算土地闲置期间，闲置土地处置决定书规定的期限届满后继续闲置的，土地闲置期间自规定期限届满次日起继续计算。

第十六条 按照本办法第十五条第（一）、（二）项规定，以延长开发建设时间或者改变用途继续开发建设的方式处置闲置土地的，应当符合下列条件：

（一）符合土地利用总体规划和城乡规划；

（二）符合产业用地政策；

（三）具备占总建设投资额30%以上的资金实力。

第十七条 已领取国有土地使用证的闲置土地，用地单位提出申请的，可以按照下列方式安排临时使用：

（一）由用地单位负责建设、养护临时绿地和广场等；

（二）临时用作停车场。

经批准临时用作停车场的，用地单位应当按照《广州市停车场管理办法》的规定办理相关手续。

闲置土地临时使用期限一般不得超过 2 年。临时使用期限届满，用地单位应当在 30 日内清理场地、完善开工相关手续并动工开发建设。

第十八条 已完善建设用地手续的闲置土地，闲置期间累计满2年的，政府可以无偿收回。

第三节 未完善建设用地手续的闲置土地处置

第十九条 处置未完善建设用地手续的闲置土地包括下列方式：

（一）限期完善建设用地手续，领取建设用地批准书后继续开发建设；

（二）注销建设用地批准文件。

第二十条 按照本办法第十九条第（一）项规定，以限期完善建设用地手续方式处置闲置土地的，用地单位应当分别按照以下规定办理相关手续：

（一）按照有关规定可以采取协议出让或者划拨方式取得土地的，用地单位应当自闲置土地处置决定书送达之日起6个月内，与土地行政主管部门签订国有土地有偿使用合同或者取得国有土地划拨决定书，缴纳相关税费，领取建设用地批准书；

（二）按照有关规定应当采取公开出让方式取得土地的，用地单位应当按照闲置土地处置决定书的要求在限期内完善出让必备条件，并提出公开出让申请。

闲置土地涉及征收农民集体土地的，用地单位在办理前款规定的相关手续之前，应当办结征地补偿安置手续。

第二十一条　未完善建设用地手续的闲置土地，用地单位未按照本办法第二十条的规定办理相关手续，且闲置期间累计满2年的，政府可以注销建设用地批准文件，前期投入费用不予补偿。

第四节　收回闲置土地和注销建设用地批准文件

第二十二条　市、县级市土地行政主管部门应当按照下列程序收回闲置土地或者注销建设用地批准文件：

（一）调查取证，认定事实；

（二）告知当事人拟作出收回闲置土地或者注销建设用地批准文件决定的事实、理由和依据；

（三）听取当事人的陈述和申辩，当事人要求听证的，应当举行听证；

（四）拟订闲置土地处置方案，报原批准用地的人民政府批准后作出收回闲置土地或者注销建设用地批准文件决定；

（五）将收回闲置土地或者注销建设用地批准文件决定书送达当事人，同时告知当事人有申请行政复议和提起行政诉讼的权利；

（六）注销建设用地批准文件、土地登记和土地证书，终止国有土地有偿使用合同，同时告知发展改革、规划、建设等行政管理部门；

（七）向社会公告。

第二十三条　闲置土地被收回或者注销建设用地批准文件后，原用地单位仍然应当承担其原有的经济责任。

第二十四条　被收回闲置土地或者注销建设用地批准文件的原用地单位实际占用土地的，应当自闲置土地处置决定书送达之日起30日内，按照闲置土地处置决定书的要求移交土地。

第二十五条　闲置土地因属于下列情形而被注销建设用地批准文件或者收回的，应当给予原用地单位补偿：

（一）因政府及其有关部门行为造成闲置土地的原用地单位无法按照闲置土地处置决定书要求限期完善建设用地手续或者开发建设的；

（二）土地闲置未满2年，但因政府及其有关部门行为导致土地不再具备动工开发建设条件的。

按照前款规定应当给予原用地单位补偿的，按财政评审确认的前期投入计算货币补偿额，实施补偿所需费用列入财政预算，安排专项资金开支。

对依法设立抵押权或者被采取保全措施的闲置土地，收回或者注销建设用地批准文件后应当给予原用地单位补偿的，应当告知抵押权人或者采取保全措施的机关。

第二十六条　收回闲置土地或者注销建设用地批准文件，涉及征收农民集体土地的，按照下列方式处置：

（一）未实施征地补偿的，土地归原农民集体土地所有者；

(二) 已实施征地补偿的, 应当纳入政府储备或者依法重新确定土地使用者; 其中, 未完善征地补偿手续的, 由政府征地拆迁机构或者依法重新确定的土地使用者按照现行征地补偿标准对被征地单位进行补偿安置。

第二十七条 收回闲置土地或者注销建设用地批准文件, 涉及城市国有土地上的房屋拆迁补偿安置的, 按下列方式处置:

(一) 未实施房屋拆迁补偿安置的, 土地由被拆迁人使用;

(二) 已实施房屋拆迁补偿安置的, 应当纳入政府储备或者依法重新确定土地使用者; 其中, 尚未完成补偿安置的, 政府可以指定拆迁机构或者依法重新确定的土地使用者对被拆迁人进行补偿安置, 收回闲置土地或者注销建设用地批准文件前拖欠的临迁费由被拆迁人依法向原拆迁人追偿。

第三章 法律责任

第二十八条 闲置土地能够复耕, 用地单位不履行复耕义务的, 由市、县级市土地行政主管部门责令限期改正, 逾期仍不改正的, 可以处以每平方米10元以上土地复垦费2倍以下的罚款。

第二十九条 用地单位违反本办法第二十四条规定, 拒不交出其实际占用土地的, 由市、县级市土地行政主管部门依法申请人民法院强制执行, 并处以所占土地每平方米10元以上30元以下的罚款。

第三十条 土地行政主管部门及其执法人员有下列行为之一的, 由其所在单位、上级行政机关或者监察机关对直接负责的主管人员和其他直接责任人员依法给予行政处分; 构成犯罪的, 依法追究刑事责任:

(一) 未对土地利用状况进行定期检查, 情节严重的;

(二) 在处理闲置土地时, 不依法送达相关文书, 情节严重的;

(三) 违反法定程序收回闲置土地或者注销建设用地批准文件的;

(四) 其他玩忽职守、滥用职权、徇私舞弊的行为。

第三十一条 妨碍土地管理工作人员依法执行公务, 情节严重的, 由公安机关依照《中华人民共和国治安管理处罚法》的有关规定处理; 构成犯罪的, 依法追究刑事责任。

第四章 附则

第三十二条 本办法自2010年3月1日起施行。2003年6月1日起施行的《广州市闲置土地处理办法》同时废止。

(资料来源: http://www.mlr.gov.cn/zwgk/flfg/tdglflfg/201002/t20100204_136266.htm。)

 **本章小结**

1. 我国城市土地归国家所有, 具有商品化、资本化性质, 其价值可由地租、地价表

现。我国城市土地出让的不是所有权,而是使用权。但在较长的时期中,土地使用权出让的收益近似于价格,故习惯上称土地使用权出让收益为"地价"。

2. 城市土地相对于农村土地,其经济特征主要有稀缺性、报酬递减性、储蓄性、区位性、交通依赖性。城市地租和农村地租比较其特殊性为:形成依赖于社会条件;来源于平均利润形成之前的扣除、往往与建筑物租金难以分割。边际土地是不会产生级差地租的土地。

3. 我国城市土地市场有垄断与竞争相耦合性、很强的地域性、交易方式的多样性和市场结构的多层次性、收益分配的复杂性、价格的多样性及地产交易和房产交易相交叉的特点。它是一个包括农地征购市场和土地使用权一级、二级市场在内的完整的市场体系。

4. 城市土地投标租金模型是描述城市经济主体依据到市中心的距离及其便利度、区位地租水平而进行选址决策的模型,包括企业选址、居民购房、机构选址等行为模型。

5. 城市土地利用的一般均衡,是指城市中各种经济主体根据城市不同区位的地租水平到市中心的便利性,分别选址的生产或生活的适度地址和位置,都能获得理想的效用和收益。

6. 城市土地空间形态是指城市各类用地在空间上的组合关系,即城市土地利用空间布局的特定组合。不同类型的用地者,如政府、家族和种族、企业、交通技术人员和决策精英等,其选址行为决定了城市内部空间布局形态。研究城市空间结构演化实践的过程,出现了同心圆布局形态和多核心布局形态等多种规划理念,依据城市内部的多种结构关系,存在经济优化、视觉优化、社会优化和环境优化等城市空间结构的规划方法。

7. 我国目前土地征用制度中的主要问题有:混淆征地概念、乱用征地手段、征地补偿不合理、法律法规不健全、征地安置不到位和缺乏对用地单位的监督措施等。因此,要通过明确征地的概念,严格限制公益性用地范围、建立土地产权市场和流转机制,参考市场价确定土地征用费,实行多样化安置和建设土地发展权等对策来完善我国土地征用制度。

思考与讨论

1. 什么是城市土地?它有哪些特性?我国城市土地的制度特色是什么?
2. 什么是城市土地投标租金模型?什么是城市土地利用的一般均衡?
3. 结合城市内部空间结构理论,举例分析我国城市内部空间结构的演变趋势和面临的问题。
4. 在了解我国现有城市土地利用政策的基础上,试分析我国未来城市土地利用政策的基本走向。
5. 试分析我国征地补偿制度的现状和存在的问题,提出解决办法。

第六章 城市住宅经济

 学习目标

通过本章的学习，了解城市住宅经济的基本概念和意义，掌握住宅的基本属性和基本特点，明确住宅区位选择与城市经济发展的联系；掌握和理解城市住宅建设及供给理论、城市住宅消费及需求理论等相关经济学原理中的基本概念，并能初步应用这些概念和分析方法讨论城市住宅市场中的主要问题及现象；能以城市经济学的视角来审视我国过去和当前城市住宅制度中所存在的问题，了解国家治理城市住宅问题所实施的住房制度改革历程和政策导向。

第一节 城市住宅经济概述

城市生活离不开住宅业，住宅业涉及面广，产业关联效应强，一方面，其迅速发展在一定程度上有利于改善人们的生活水平，提高生活质量，建立合理的消费结构，优化相关的产业结构，促进产业的升级；另一方面，由于住宅还具有公共物品的性质，政府往往对住宅市场造成很大的影响，使不同群体的社会福利发生变化；同时，住宅业还是一个城市的重要财政来源。所有的这一切决定了研究城市住宅经济具有极其重大的意义。

一、住宅经济及其相关概念

（一）住宅的定义与功能

1. 住宅及其相关概念

（1）住宅是以向人们提供居住条件为主要目的，并具有满足居住、身心庇护、家庭生活、社会交往和财富储备等基本功能的各类建筑物的统称。可各自独立地承担上述功能的某一建筑空间或其组合，称之为"住宅单元"（Housing Unit）。一栋住宅有一个或多个单元供一户或多户家庭使用。在每个家庭使用的住宅单元中，具有卧室、起居室、厨房、卫生间、储藏室，还要有室内的过道和室外的活动空间，如阳台、庭院等。

住宅按照不同的角度可以进行不同种类的划分。① 从建筑角度划分，可以分别按照建筑体形、建筑层数、建筑材料、建筑平面、建筑型式、建筑性质、建筑文化、结构特征、交通组织等方面予以进一步细分；② 从社会经济角度划分，可以按照根据产权性质分为

私有住宅、共有住宅、社团住宅。根据占有方式划分可以分为配给住宅、出租住宅、业主自用住宅。根据经济关系可以分为福利住宅和商品住宅。

(2) 建筑、房屋和住宅的区别与联系。建筑物和构筑物统称为建筑，建筑是构成城市的最主要物质要素之一。人类一般对建筑有以下三个要求：一是具有功能要求，也就是使用要求，或者说建筑能为人类活动提供空间屏蔽的条件，符合人们生活和生产的需要；二是具有物质要求，或者说建筑是由砖、瓦、水泥、钢材等材料组合而成的，具备了物质形态；三是建筑具有形象要求，由内部和外部的空间组合、有建筑形体、内部装饰、色彩等构成的一定形象。

房屋是用于满足人类生活、生产和活动需要的建筑。工业建筑中的房屋一般指的是厂房、仓库等。民用建筑中最多的就是居住用户，如住房、宿舍、旅馆等；民用建筑中的公共建筑包括了其他房屋，如商店、学校、医院、图书馆等。

住宅是房屋中量大面广的建筑物，也是人类直接居住的地方，住宅以套为单位供人们居住。住宅应满足人类生活的空间性、舒适性、私密性等要求。住宅在房屋中占有绝大多数的数量和交易量。建筑与房屋的物质形态和价值形态一般是住宅经济研究的主要对象。

2. 住宅的基本功能

住宅的基本功能，主要包括以下几个方面。

(1) 居住功能。居住功能是住宅最基本的功能。

(2) 庇护功能。住宅不仅给人们提供身体保障，还提供心理保护。

(3) 家庭生活功能。住宅是家庭赖以建立和维持的物质基础。

(4) 社会交往功能。家庭是社会的细胞和缩影，是社会关系的延伸。

(5) 财富储备功能。住宅是世界上最大的个人财富储备库，1990 年全球城市住宅存量的货币价值达到 50 万亿美元，是当年各国 GDP 总量的 2.25 倍。

(6) 文化艺术功能。住宅不仅仅是社会经济文化综合的艺术结晶，也是文化艺术的象征。它反映不同国家、地区和民族，不同历史阶段的建筑文化和人民的生活方式、居住习惯和居住文化的特点。在现代都市中，不同时代、不同风格的住房建筑构成独特的造型艺术，类似凝固的音乐，甚至成为可供人们欣赏的旅游胜地。例如北京的四合院、上海的石库门房子，就是具有代表性的历史性住房建筑。

3. 住宅的起源与发展

住宅主要起源于以下三个需要。

(1) 安全的需要。"有圣人作，构木为巢，以避群害"（《易经》）。住宅不仅能够为人们提供基本的居住需要，而且还具有庇护功能。

(2) 定居的需要。远古时代，人们的生活逐渐从游猎生活走向农耕和畜牧生活，而生活方式的转变，同时也引发了定居的需要。人们开始在自然环境比较优越的地方定居下来，慢慢地早期的住宅就出现了。

(3)管治的需要。随着阶级和国家的产生,住宅在一定程度上是权力和社会地位的象征,而这种等级化和制度化促使了住宅的进一步发展。

(二)住宅经济和房地产经济

住宅经济与房地产经济既有关联,也有区别。房地产经济的概念比住宅经济的概念要宽泛,它包括了以生产为目的的房屋商品研究。

房地产经济是房产经济与地产经济的合称。由于房产与地产在物质形态和价值形态上的一体性,两者往往联系在一起进行研究。房产经济主要研究房屋的生产、交换、分配、消费全过程及其运动规律。房产经济研究的主要任务是分析房屋的使用价值与价值的关系,研究房屋的价值界定与价值实现方法。地产经济又称土地经济,主要研究土地的开发、分配、利用等过程及其演变规律,包括研究土地的投入产出经营,研究土地供给、开发、利用的时机,土地资源供应与国民经济发展的关系问题。

通常住宅经济学主要研究住宅消费、住宅生产、住宅流通和分配等问题,它是从住宅生产和分配的模式出发,研究各环节所遇到的问题,特别是在住宅的社会性方面有许多独到的见解,从根本上来说,它是属于福利经济学范畴的部门经济学。由于住宅经济学的这一特点,使得以满足居民消费需求的住宅经济更多地注意了住房生产中的舒适性问题和住房分配中的公平性问题。

二、住宅的基本属性

改革开放以来,随着经济的不断发展,非农产业也迅猛发展。越来越多的农村人口转移到城市,人口数量的大量增加直接导致城市规模的不断扩大,城市人口密度、建筑物密度越来越高。城市建设得到迅猛发展的同时也滋生了许多的城市问题。城市住宅问题就是其中一个最为突出和尖锐的问题,也是我国政府和广大城市居民极为关注的一个重大经济社会问题。因此,发展城市住宅经济以满足城市化进程中居民适宜居住的需要已成为当务之急,而研究住宅经济必须从研究住宅的基本属性开始。

(一)住宅的自然属性

住宅作为一种建筑物,具有耐久性、固定性和附着性的特点。住宅的耐久性是指住宅具有较长的使用年限,在整个使用年限内,住宅为人们提供服务,直到它的寿命终止;固定性是指住宅具有空间位置的固定性和不可移动性,而这是由土地的固定性所决定的;附着性是指住宅与土地是密不可分的,土地是建立住宅的基础,没有土地,住宅也就无法存在。

(二)住宅的经济属性

住宅作为一种特殊的商品,有三种经济特征:第一,住宅作为一种商品,凝结了大量的物力、人力和财力,这是它价值的基础,也是商品的共同性。因而住宅一般比较昂贵,购买住宅的支出一般是家庭收入的 5~10 倍，对于一些低收入家庭来说，可能需要更长的时间。第二，作为一种特殊的商品，住宅具有准公共产品属性，因而在现实中，任何城市在经济发展的不同阶段，住宅行业的发展都体现了政府的行为性。住宅应满足人类最基本的需求，住宅关系到城市居民的基本生计问题，不能完全将其作为私人产品来看待，城市政府作为整个城市利益的协调者，必须实现公平与效率的统一。第三，由于住宅的耐久性和未来升值性，决定了住宅的消费过程同时是一个资产拥有的过程（投资行为），购买住宅可以期待未来的升值从而使购房者获得利益。

（三）住宅的福利属性

住宅是社会程度很高的产品，一是它作为满足居民基本生存和发展需要的重要消费品，已经成为居民提高生活水平的重要目标。如今，我国居民的温饱问题已经得到解决，而住宅问题依然大量存在。二是城市住宅的外部性很强，涉及多方面的社会问题，如涉及医疗、教育等公共配套设施的使用，同时也涉及多方面、多角度的相关利益群。我国目前正处于城市化的浪潮中，如果不能有效地解决居民的基本住房需求，不考虑城市住宅外部性所带来的问题，住宅问题将会成为一个重大的社会问题。安居才能乐业，没有基本的住所，人们便无法正常地工作、学习和生活，社会的稳定将得不到保证。

三、住宅经济的基本特点

（一）需求的不可替代性

衣食住行是人们的基本需要，人们在居住上的需求主要通过住宅来满足，因此，住宅是人们生活的需要，也是人们进行生产活动的需要。

（二）产品的空间性和固定性

由于住宅依赖于空间存在，而这种空间性是固定的，不同于汽车、飞机、轮船的空间移动性，其主要价值就是固定性的空间价值，因此住宅的根本价值在于空间价值。

（三）价值的双重性

住宅具有物质的使用价值，同时在建设过程中凝结了大量的人力、物力和财力，因而也具有劳动交换价值，等同于其他的商品形态。

（四）成本的双源性

住宅是依赖于土地而存在的，因而土地级差地租成本和房屋建筑成本是房地产的主要成本构成，前者是区位成本，后者是空间成本。

（五）房地产的投资大和效用期长

住宅的耐久性说明住宅的拥有不是一个一次性消费过程。住宅在使用的过程中会产生折旧，这就需要不断维修和维护，从而降低住宅物理性折旧的速度。住宅的建设和维护需要耗费大量的人力、物力、财力，需要较长的建设周期和投资回收期。这种投资成本大、周期长的特点，要求城市政府在监管城市住宅建设时，要从战略角度管理城市住宅经济的运行。

（六）住宅经济的产业关联度高

住宅作为最终的产品，与多种产业具有较高的关联度。住宅的开发建设中涉及砖、瓦、水泥、钢材等多种建筑材料，同时，住宅行业的快速发展又会引起对装饰材料、家居、家具的大量需求。因此，随着我国城市化进程的不断加快，对城市住宅的需求也日益增多，住宅业已成为我国国民经济重要的支柱产业和新的经济增长点。

（七）住宅经济强烈依赖并支持金融业的发展

住宅的投资大、开发周期长、投资回收期长的特点，使得无论是开发商还是购房者都依赖金融机构的支持。开发商向银行借贷以筹集开发资金，而购房者向银行申请住房消费贷款（按揭）帮助。考虑到住宅的未来升值性，这些业务是银行丰厚的利润来源。因此，住宅行业的发展离不开金融业的支持，同时住宅行业的发展也推动了金融业的发展。

（八）住宅经济实质上是具有产权关系的经济活动

城市住宅经济紧密地依附于土地的经济利益。由于我国城市土地国有，开发商是在拥有使用权的土地上建设住宅，故住宅交易的内涵是土地使用权和住宅所有权的交易，因而住宅经济实质上是具有产权关系的经济活动。

（九）住宅市场是具有竞争和垄断双重性质的市场

一方面，由于土地资源的稀缺性，城市住宅是有限供给，同时开发房地产项目需要大量的资金和其他开发条件，因此能够在政府供地招标中中标的开发商只是少数，这就使得城市住宅具有垄断的可能。开发商如果能够垄断市场，就会任意抬升市场价格，结果就只会加剧住宅供应的紧张局面。为此，作为利益的协调者，城市政府应采用反垄断措施，平稳住宅市场价格。另一方面，普通住宅市场上的商品开发商较多，需求者也比较多，无论是住宅的供给还是需求都有相当强的竞争性。

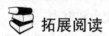
拓展阅读

住宅区位选择与城市经济发展的分析

一、住宅区位是社会生产力发展的必然产物

住宅区位是指住宅在城市区域（空间）中所坐落的位置及其相互关系。生产力的发展带来了城市规模的迅速扩大和人口的剧增，工业的集中使城市人口迅速汇聚，城市中心区域地价昂贵、建筑拥挤、居住条件恶劣，引起城市用地向外扩展，商业、金融机构在城市中心区集中起来,而大工业则主要建立于主要城市干道或主要河道、铁道两旁;海岸、河岸大都被码头、仓库所占据,住宅区则被挤到商业和工厂的外围。经济规模的逐渐扩大,推动城市同心圆式的向外扩展,又把工厂包围在中心,形成工业与居住区混合相间的布局,造成大量的、杂乱的人流和货流。近年来,因为城市的空间布局的不规则和城市大工业的发展,使城市环境恶化,城市不同地区的环境存在着很大的差异。大城市的恶化发展,使得自然环境较好的郊区越来越成为人们向往的住宅区位,而一些环境严重恶化的中心城区却逐渐"空化"为贫民聚集区。这表明社会生产力的发展会使城市的住宅区位差别性增大、选择性增强。

社会生产力不断向前发展,城市经济规模不断扩大,达到一定的"度",就会推动住宅区位的重新调整,以适应城市发展的新要求和人们居住的新观念。中国许多城市(尤其是大城市)经济规模迅速扩大,城市功能和布局重新调整,住宅区位有了较大的变动。

以南京城区为例,长期以来,城市建设在明朝建立的老城区内发展。人们习惯在城内生活工作,制约了南京经济增长。改革开放后,政府因势利导,打破了人们生活工作中心的习惯思想,积极向城外拓展,使河西、江北、江宁区域得到快速发展。一方面,由于城市经济发展的需求与完善城市功能的要求,使中山南路沿线、新街口一带,周围近1.5km范围成为南京的商务区(CBD);另一方面,城南大片民国时期留下的破旧住宅区已经无法满足日渐增长的人口和生活水平提高的需求,加快了旧城改造。而旧城改造的结果是:(1)内城区人口居住密度下降,同时各种办公写字楼、大型商场和高档酒楼旅馆日益集中于CBD的邻近主干道两旁;(2)随着高层建筑的兴起,价格不菲的高层公寓式住宅在CBD周围兴起,以取代原有旧住宅区,形成新的中上阶层居住区,而一般老百姓只有到近郊区购买商品房。

二、城市经济发展对居民住宅区位选择具有制约性

从总体上看,目前许多城市的发展都是以同心圆的形式由中心向城郊初步扩张和延伸,但在某个特定的历史发展时期,为实现一定时期内城市发展目标和各项建设而预先进行的综合部署和具体安排并不断付诸实施的城市发展规划却是具体的,或者说是带有明确方向性的,这就使得住宅小区的选择受到城市发展的制约,并且应该努力符合这种发展的方向性。

1. 消费者收入水平提高对住宅区位选择的影响

城市经济的快速发展和人民收入水平的不断提高,使得消费者有一定的经济能力来改变自己的居住环境和居住条件。因此消费者在选择住宅小区时,更多考虑小区的配套设施和环境,主要是居住区周围的自然环境与人文环境的和谐程度,包括住宅区的绿化程度、空气的清洁和污染程度,以及是否接近有利于人类健康和休闲活动的自然景观,如湖泊和自然河流、社会公益设施等。一个生态环境良好的住宅区是吸引居民购买和居住的重要条件。

2. 土地价格上涨对住宅区位选择的影响

随着城市经济的不断发展，土地资源的稀缺性和重要性越来越成为城市经济发展中的首要问题。在市场经济和土地有偿使用的条件下，城市土地的使用主要依靠级差地租机制来调节。一般来说，城市中心的各种设施最为齐全，使用条件最好，因此，土地区位最优，租金也最高。城市边缘地区设施配套最不齐全，使用条件最不好，因此，土地区位最劣，租金也最低。中间土地区位优劣程度从城市中心向城市边缘地区依次递减，地租也从高到低。级差地租对住宅区位的调节主要是通过房价和房租来实现。

对于购房的居民而言，在购房时，考虑最多的因素是住宅的价格，而房价主要取决于房屋的结构和面积，以及与区位条件有直接关系的地价。当房屋的结构和面积一定时，房屋所处的区位条件就成为决定房价的一个重要因素。位于城市内不同区位的房屋，其价格相差很大，当一个居民决定了自己愿意支付的房价时，实际上，其购买房屋的区位空间也就决定了。

3. 房地产开发商对消费者住宅区位选择的影响

房地产业已成为国民经济支柱产业，城市经济发展离不开房地产开发建设。房地产开发商在选择住宅的建造区位时，要考虑包括所选区位的地租在内的房价或租金，从而来明确开发楼盘的目标客户群。房地产开发商对住宅区位的选择，既反映了作为住宅市场需求方的城市居民对住宅区位的要求，又体现了城市政府对住宅市场的调控行为。而且房地产开发商作为住宅的建造者，其对住宅区位的选择将立竿见影地表现在城市住宅区位格局的形成上。同时，由于住宅的一些特性，如固定性、耐久性、高价值性，住宅一旦建造，从经济的角度看便不可能移动；住宅的高价值性又决定了住宅是不可能随意毁弃的；而住宅的耐久性又为住宅的长期利用提供了可能。也可以说，无论是城市居民的选择，还是城市政府的调控，都是通过房地产开发商的选择反映在住宅区位格局的形成上。

4. 城市的交通条件对居民住宅区位选择的影响

住宅区位，不仅仅是指住宅在城市区域（空间）中所坐落的地理位置，而且包括由该位置出行的便捷程度（即通达性）以及居住在该位置所获得的非经济方面的满足程度。具体来说，是指住宅坐落的地理位置和以此为基点进行工作、学习、购物、就医、娱乐等出行活动所需的交通成本，包括货币成本和时间成本。受城市经济发展水平的制约，对于大多数的消费者而言，住宅的价格和居民的可支配收入之间还是不平衡的，普遍的是房价偏高。居民在选择区位时受自身经济实力的影响，逐渐开始选择离城市中心一定距离的区域购置住宅。这对城市周边的发展和城市的公共基础设施建设提出了新的要求。因此，通达性必将是选择住宅区位时至关重要的考虑因素。交通通达性的优劣与直线距离有一定的关系，但更主要是与时间距离有关。如位于以市中心为原点的同心圆上的不同住宅区，如果到市中心的时间距离越短，或者说相应的交通设施越完善，居民对其综合评价也就越高，区位的经济价值也就越高。实际上,交通条件的便利与否,是决定一个住宅商品能否顺利销售与出租的关键。

三、城市经济与居住区位、交通协调联动发展的措施

1. 推出"车房组合销售"政策,鼓励少数高薪阶层在郊区购房

商品房是最近几年城市居民的第一消费热点,而购买小汽车正在成为城市居民的又一消费热点。据一份调查表明,购买私人小汽车在上海已经成为仅次于住房的第二消费新目标。如果通过货币化分房、银行按揭等政策导向,约有5%的家庭表示将在今后5年左右的时间里购买住房和汽车。

"居住与交通协调发展"主要针对中心城外围区域——居住区或称为新社区的这个特定区域,以小汽车作为主要出行工具,依靠完善的城市外围地区与城市中心区之间的交通网络,吸引中心城区的相当一部分居民外迁,减轻对中心城区的居住和交通压力,并带动外围地区的发展,优化区域城市结构,同时,也有利于促进城乡一体化。

"居住与交通协调发展"的实行将有助于缓解中心城区的居民居住密度,促进城市中心人口迁往新的居住地——居住型城市外围区,可以促进城市周围城乡交通发展,促进与中心城市有一定距离的城市居住区的全面发展,改善城市周围城镇的"软""硬"居住环境。各种客运交通方式运输指标如表6-1所示。

表6-1 各种客运交通方式运输指标表

类别	指标			适用范围
	运量(人/h)	运输速度(km/h)	道路面积占用(人/平方米)	
自行车	2 000	10～15	6～10	短途
小汽车	3 000	20～50	10～20	较广
常规交通方式	6 000～9 000	20～50	1～2	中距离
轨道交通方式	轻轨 10 000～30 000	40～60	高架轨道 0.25,专用道 0.5	长距离
	地铁 30 000 以上	40～60	不占用地面积	长距离

2. 发展轨道交通,满足多数普通百姓在郊区购房的出行需求

随着生产力不断发展,百姓收入不断增加,然而根据现有收入水平购买城中繁华阶段住宅或购买私家车到郊区居住者毕竟还是少数。广大收入水平一般的工薪阶层只有到郊区普通住宅小区购房,这样会带来上下班交通的出行问题,轨道交通是解决这一问题的最佳措施之一。轨道交通以其快速、便捷、能源消耗低、环境污染少等优点而发挥着重要作用。以一条机动车道的宽度为单位,比较城市各种客运交通方式的运输特性。

研究表明,在满足城市人口的出行强度巨大的干线的交通需求、有效缓解道路交通压力等方面,轨道交通具有无可比拟的优势。

但是，目前轨道交通主要分布在市区，近郊的轨道建设尽管已经有些起步，但相对滞后，不能完全满足郊区的需求。由于交通轨道建设投资大，建设周期长，在城市规划和财政资金安排上，通常优先考虑对整个城市经济发展起促进作用的轨道线路建设。因此，在目前的条件下，最重要的是要建设合理必需的公交线路作为主要的交通手段，将所有常规公交线路尽可能与轨道交通线路衔接起来，组织相互换乘，增设以轨道交通车站为起终点的常规公交线路，接送距离轨道交通站点较远的居民乘坐轨道交通，满足大众的出行要求。

住宅小区建设要服从于城市总体的功能结构和综合效益的要求，住宅区位的选择要符合城市发展空间趋势的要求并为发展留有余地，避免过度的扩展造成对城市发展和布局的不合理性。科学合理地发展轨道交通，可以有效地缓解城市交通供给和需求的矛盾，提高城市经济发展的速度，促进房地产业健康发展。

（资料来源：http://www.sinzhu.com/hyzx/shiczs/zhuzjs/200707/62147.html.）

第二节 城市住宅经济理论

在城市中，住宅是城市的一个重要组成部分，在城市建设和发展中占有很大的比重，也是房地产的最大部分，因此城市住宅经济是一个与每个城市居民都有关系的经济问题。对城市住宅的供给与需求进行市场动态平衡分析，是了解城市住宅经济的基础。

一、城市住宅建设及供给理论

（一）住宅建设供给及其相关概念

1. 住宅供给的相关概念

住宅供给是指由市场向住宅投资者和住宅消费者提供其所需的住宅存量与住宅服务流量的过程。其主要包括以下两个内容：第一，存量供给，即令住宅存量在数量上得到增长。它与住宅生产相关，是一种为人熟知的、显性的供给方式，通常反映的是量的多少。第二，流量供给，即令住宅服务流量在质量上或数量上得到提高。它与住宅改进和住宅维护相关，是一种不太容易为人察觉的、隐性的供给方式，通常所反映的是质的好坏。

2. 住宅供给的方式

一方面，从住宅供给的概念上进行划分，住宅供给的方式主要包括住宅生产、住宅改进和住宅维护。

（1）住宅生产是指通过新建、改建或扩建等手段，令住宅存量得以增加的过程。

（2）住宅改进是指通过对住宅进行结构和平面的改造、场地的整治、环境的美化、设备的添置以及室内外装饰装修标准的提高等手段，令住宅服务流量得以增加的过程。

（3）住宅维护是指通过对住宅进行不涉及平面与结构改变的简单修缮、设备更换和环境清理等方法，令住宅服务流量得以持续的过程。

另一方面，从住宅供给市场的角度来看，城市住宅供给的方式取决于不同的土地制度与住房政策。目前世界上城市住宅供给的方式可分为以下四种。

（1）基本由市场调节型。
（2）基本由国家分配型。
（3）政府干预下的市场调节补充型。
（4）市场调节与国家分配并行的混合型。

（二）影响住宅供给的因素

从长期供给趋势来看，影响住宅总供给的主要因素是住宅产业政策，与产业政策相关的货币金融政策和投资体制。具体来说，住宅供给的影响因素包括以下几个方面。

1．住宅价格

它是影响住宅供给的首要因素，因为在成本既定的情况下，市场价格的高低将决定住宅开发企业是否盈利和盈利多少。一般而言，当价格低于某一特定水平，则不会有住宅供给，高于这一水平，才有可能产生住宅供给，而且其价格与供给量之间存在着同方向变动的关系，即在其他条件不变的情况下，供给量随着价格的上升而增加，随着价格的下降而减少。因此，住宅供给曲线是一条向右上方倾斜的曲线。

2．土地使用政策

住宅开发建设首先必须有可供开发的土地。由于房产与地产的不可分性，因此，土地是兴建房产不可缺少的投入要素。然而，由于土地资源的稀缺性，政府通常限制土地的使用，尤其是城市土地的使用。城市住宅的供给能力，在很大程度上取决于政府的土地政策。政府供应土地的多少将直接影响到城市住宅供给量。

3．税收政策和利率政策

税收是调节收益的杠杆，对住宅投资的回报率和经营的安全性有重要影响。税收一方面具有规范住宅市场交易程序、创造平等竞争的市场环境功能，同时，某些税率的调整以及各种税收优惠政策的出台，都会直接影响投资者的收益，从而影响投资者对住宅的投入，限制或者扩大市场供给。

住宅由于开发所需资金量大、投资回报周期长的特点，其开发往往需要巨额资金投入，离不开银行等金融机构的资金支持，因此银行利率的高低直接影响着住宅市场的供应量。如果国家采取宽松的货币政策，银行会扩大放款，市场利率下降，住宅开发成本就会低，就会刺激开发商增加住宅供给。同时，利率一降低，人们的储蓄愿望随之下降，促使人们进行住宅投资。而住房抵押贷款的利率较低，又会刺激人们使用消费信贷的方式购房，增加住宅需求，推动住宅价格的上涨，进而引发住宅供给量的增加。如果利率提高，情况反之。

4. 市场需求

供给的多少取决于需求的多少，这是市场运行的基本准则。在市场调节的体制下，住宅的供给还受需求力度以及需求结构的支配。如果需求量大，必定会促使开发商进行住宅开发，从而增加住宅供给量。相反，如果需求量小，住宅供给量增加的速度必定会比较小。

5. 住宅开发商的投资预期

住宅商品大多由住宅开发商提供，作为市场供应主体的住宅开发商对未来预期的好坏显然会影响住宅市场供给。住宅开发商对未来的预期是多方面的，主要包括经济发展形势、利率水平、通货膨胀状况、住宅价格水平、住宅需求状况、国家有关税收政策等。由于住宅开发的周期比较长，住宅供给在一定程度上有滞后性，因而开发商对市场的投资预期对于能否增加住宅供给量显得至关重要。

另外，经济形势、政府支持、建筑技术等因素也都影响着城市住宅的供给量。

二、城市住宅消费及需求理论

（一）住宅需求及其相关概念

1. 住宅需求的概念

住宅需求是指在各种可能的价格水平下，消费者愿意并且有能力购买的住宅服务的数量。它取决于消费者对住宅的消费欲望与其财政资源共同作用的结果。有些住宅需求可以凭借消费者自身的经济实力去实现，而有些由于经济条件的限制，虽然有购买的欲望但是没有能力支付，则只能依靠公共财政补贴去实现。

2. 住宅需求的类别

住宅需求可以按照不同的角度划分为以下几类。

（1）从需求时效上划分。

① 有效需求，即在当前时期已经表现出来的、以居民购买力为后盾的现实需求。

② 潜在需求，即在当前时期尚未表现出来、缺乏现实购买力基础，但很有可能在今后的某一时段逐渐形成的未来需求。

（2）从需求成因上划分。

① 新增需求，即从无到有地增加的那部分需求，包括新增人口（本地新生或异地迁入人口）和新增家庭（如子女成婚或兄弟分家，使原有一个大家庭裂解成几个小家庭）进入社会所新提出的住宅需求两种情况。

② 扩张需求，即因原有住户从少到多、从劣到优地增大住宅消费所追加的那部分需求。

（3）从住宅需求的阶段来划分。

① 在温饱阶段应先满足基本的住宅需求。温饱阶段强调公平，着重解决"住得下"的问题，即优先为无房户、缺房户和危房户提供最起码的居住空间，通俗地说，就是力争"每人一张床"。

② 在小康阶段是强调文明，在绝大多数人初步实现了"居者有其屋"的目标后转而解决"住得对"的问题，即要求所有的住宅都必须满足基本的安全和卫生（包括生理和心理健康）标准，达到"每户一套房"。

③ 在富裕阶段是强调享受，根据国情、市情的许可在居住环境的改善方面更上一层楼，有条件者率先解决"住得好"的问题，即住得更宽敞、更舒适、更美观和更具私密性，做到"每人一间房"。

（4）从需求性质上划分

① 消费需求，即完全出于自我居住目的而购买或租赁住宅的行为。

② 投资需求，即不以或不完全以自我居住为目的，而是把住宅当作一种固定资产和投资手段，出于保值增值或合理避税的需要才购买住宅的行为。

3．住宅需求的特点

（1）个别性。住宅需求的个别性是指不同的人在不同的阶段对于住宅的需求是不一样的。在温饱阶段，经济购买能力比较差，虽然有购买优质房的意愿，但是由于没有购买能力，因而也只能力争有起码的生存空间。而在富裕阶段，则强调住得更舒适，可能更强调舒适的住宅需求。

（2）渐变性。这个演变规律，可以用"家庭生命周期"（Family Life Cycle）来反映，即指一个以家长为代表的家庭，从开始建立到家长死亡或并入后代小家庭的全过程，它分为单身、新婚、满巢 I、满巢 II、空巢和丧偶独居六个阶段。在不同的阶段，家庭对住宅的需求显然是起伏变化的。

（3）复合性。住宅需求具有复合性的特点，同样是对住宅提出需求，可能包含了两种需求对象、对应着三种实现手段：需求对象既可以是住宅存量，也可以是住宅服务流量。前者可以通过住宅投资与业主自用来实现，后者则通过业主自用和住宅消费来实现。

对于住宅需求，既可以是"新的可负担得起的住宅需求"，也可以是"更适合于自己的住宅需求"。前者会因新建住宅而使存量扩大，后者则除了新建外，还可以通过改造现有住宅或搬迁到另一更好的住宅来解决问题。

（4）效用调节性。这是住宅商品的一个显著特点，其效用大小主要取决于消费者的偏好。因此，在同一开发项目和同一户型面积的不同住宅中，会因具体地段、朝向、楼层等外在因素而导致人们选购上的兴趣差异。

(二) 住宅需求的影响因素

1. 价格的影响

(1) 住宅价格对住宅需求的逆向调节。根据需求法则，在给定的预算约束下，当其他条件不变时，商品的价格与其需求量之间成反向运动。也就是说，在其他条件不变时，住宅的价格越高，对住宅的需求就越少。

(2) 其他商品和服务价格对住宅需求的间接调节。住宅作为生活必需品，其与其他商品和服务之间的替代弹性数值不大，因为没有什么东西可以取代住宅对于人们日常生活所起的不可或缺的独特作用，故其他商品和服务的价格对于住宅需求的调节能力甚微。

(3) 住宅需求的价格弹性。欧美一些国家的研究表明：住宅需求价格弹性的取值分布主要集中在 0.6~0.8 的范围内。显然家庭在决定住宅消费时，尽管会有些顾虑，但却不是太在意住宅的价格水平，即对于价格变动不很敏感。说明住宅这种商品基本上没有替代品，它和食物与医疗一样，是日常生活中不可或缺的必需品。也就是说，无论收入怎样变动，人们都不可能不消费它，而只能在一定的范围内适度调整消费量；人们既不会因为房价猛涨而放弃居住要求（最多缩减房屋面积而已），也不太可能因为房价下跌而盲目抢购和过量消费。

1998 年北京市住宅需求价格弹性为 0.57~0.61，属于缺乏弹性；而缺乏弹性的商品，若价格下降会导致收入降低。这也正是开发商宁愿空置商品房也不愿降价的原因。

这也是影响需求的重要方面。我们同样用住宅需求的价格弹性，也即价格变化（$\Delta R/R$）引起住宅需求变化（$\Delta Q/Q$）的幅度 E_p 来加以说明。

$$E_p = \frac{\Delta Q/Q}{\Delta R/R} \tag{6-1}$$

2. 收入的影响

(1) 收入的构成与选择。住户收入一般都不是平滑有序的，而是起伏波动的，通常可以把他们的当前收入 Y 分成两个部分：较为固定的永久性收入 Y_p 和变化莫测的临时性收入 Y_t。前者是基于个人在过去的长期所得和对未来的预期而做出的判断，如工资薪酬收入；后者是一种短暂的非正常、非持续的经济现象，它既可能是正的现金流（盈利），也可能是负的现金流（亏损），一般无法事先评估，如股市猛涨或大跌。

住宅消费作为一种长期的永续行为，只能与可预测的永久性收入相关，而与难预测的临时性收入无关。也就是说，住宅需求取决于住户当前收入中的永久性收入。

(2) 住宅需求的收入弹性。住宅需求的收入弹性是指收入变化（$\Delta Y/Y$）引起住宅需求变化（$\Delta Q/Q$）的幅度 E_m，根据定义

$$E_m = \frac{\Delta Q/Q}{\Delta Y/Y} \tag{6-2}$$

若 E_m=1，为单一弹性，说明需求与收入等比例变动；E_m>1，为富有弹性，说明一个单位的收入变动，会引起大于一个单位的需求变动；E_m<1，为缺乏弹性，说明一个单位的收入变动，会引起小于一个单位的需求变动。

研究表明：住宅需求收入弹性比较复杂，其取值从最低的 0.24 到最高的 2.05 都有分布，大多数集中在 0.5~1.5 的区间内。显然，住宅需求收入弹性的大小与家庭收入的高低有关：当家庭收入水平较低时，住宅主要是一种生存资料，人们对它没有额外的需求，也不能减少基本的生存空间。这个阶段的住宅需求收入弹性小于 1，属于缺乏弹性。

当家庭收入水平较高时，住宅除了满足正常的生存需要之外，还逐渐成为一种享受资料和发展资料，人们对它会有额外的需求（例如用于保值增值或投资）。这个阶段的住宅需求收入弹性有可能大于 1，属于富有弹性。

对于租房者而言，收入的需求弹性小于买房者。

3．人口的影响

（1）人口规模。人口规模是影响住宅需求的基本因素。作为人类生存的必备条件，一定数量的人口总是对应着一定数量的住宅需求；在其他因素既定时，二者呈明显的正相关关系。

（2）人口构成。在同等人口规模下，一个老龄型社会要比一个年轻型社会或成年型社会的住宅需求更高。

（3）人口流动。一个远离家园、流动就业的人，要比一个定居于此的当地人提出更多的住宅需求，因为他除了在自己家乡原已拥有住宅外，在每一处工作地也都不能不寻求住所。换句话说，一个频繁流动的人会对多个住宅市场施加影响，从而使得住宅需求的总量得以扩大。

（4）城市化的发展。城市化进程对于城市住宅需求的影响是巨大而深远的，它使得各国，尤其是广大发展中国家面临着空前紧迫和严峻的挑战——向城市新接纳的人口提供适宜的住房。

（5）人口结构因素。即使同等数量的人群，也可能引致不同的住宅需求，这是因为人口构成对住宅需求有潜在影响。

4．家庭的影响。当人口规模一定时，家庭类型结构便成为决定家庭总量，进而决定住宅需求总量的关键因素。一般来说，在经济发达地区、沿海地区和大中城市的家庭结构中，单亲家庭和一代或一人家庭等非传统家庭的比例要高于经济欠发达地区、内陆地区和小城镇，以至于户均人口更少，同等人口规模下的家庭数目更多，因此对于住宅的需求也就更高。

此外，城市居民的消费结构与消费偏好、人们的居住传统与行为方式、住宅市场的发育与金融支持等，也都不同程度地影响着城市住宅的需求量。

三、住宅的流通

1. 住宅流通的方式

住宅流通的方式有很多种，主要有以下几种。

（1）购买，即在住宅市场上，按照市场价格（或管制价格）购买商品住宅的所有权。只要价格合理，且收入水平允许，人们依然倾向于购买住房。

（2）租赁，即在住宅市场上，按照市场价格（或管制价格）购买商品住宅的使用权。大多数低收入阶层选择租赁的方式，因为这样他们近些年用于住房的负担会较轻从而易于承受。

（3）配给，即由国家或社团无偿提供非商品住宅的使用权。

（4）自建自用，即自行出资或集资、自行建设并自我使用。

（5）差价互换，即已有住宅的双方自愿交换各自房产，并对差价进行补偿的方式。

2. 住宅的租金与售价

（1）住宅租金的构成。住宅租金就是住宅服务流量的价格，实质上也是住宅所有者零星出卖住宅所有权的价格。住宅租金主要由以下几个方面构成。

① 地租。由于住宅中房产与地产的天然不可分性，住宅租金必须有地租。地租可以分为绝对地租和级差地租两类，具体表现为土地出让金、土地转让费、土地使用费等。这些土地费用虽然在房产所有者身上，但是在租赁行为中，房东必然将地租转化为房租的一部分而转嫁到租户的身上。

② 折旧费。它是逐渐转移的住宅商品原值的货币形态，是在零售过程中按照住宅的使用寿命和磨损程度来逐年分期回收住宅的原始造价。

除了地租和折旧费之外，还包括房产者出租的经营成本，其中主要包括贷款利息（在建房或购房时从银行获取的商业贷款利息）、维修费、管理费、税金、保险费、房东利润等。

（2）住宅售价的构成。住宅售价就是住宅存量的价格。商品住宅的售价，其构成与租金相似，也包括以下八部分：土地征用费、建筑安装工程费、公共配套设施及基础设施费、管理费、利息、税金、利润、效用调节。

我国目前的商品房价格主要包括以下几个方面。

① 土地成本，包括地价款（含土地使用权出让金、基础设施配套建设费、土地开发费等），土地相关税费（如土地增值税等）以及其他费用。

② 拆迁成本，包括安置补偿费、拆迁补助费、管理费、服务费等。

③ 建设成本，包括前期工程费、建安工程费等。

④ 资金成本，如贷款利息、银行手续费、资金管理费等。
⑤ 管理成本，即房地产开发和营销企业在住宅建造和销售过程中发生的各类管理费用。
⑥ 税费。包括营业税、教育费附加等。
⑦ 企业利润，即住宅的销售收入扣除全部成本和税金之后的剩余部分。
⑧ 效用调节，效用调节是住宅商品的一个特点，效用大小取决于消费者的偏好与土地区位。因此，在商品房销售中会因地段、朝向、楼层等外在因素出现价格差异，把这些差异考虑进去对价格进行增减修正，就是效用调节。

（3）住宅的售租比价关系。在住宅的售价 P 与租金 R 之间，客观上存在一定合理的比价关系，即

$$\eta = \frac{P}{R} \tag{6-3}$$

它实际上是住宅使用权的一次性批发价与分期性零售价之比。考虑到住宅的使用寿命很长，一般都在 50 年以上，因此 η 的正常取值范围应在 20～40 之间，也即是 20～40 年的租金收入大体上相当于当前的销售收入。

若 η 过小，说明售价偏低而租金偏高，人们会倾向于买房而不租房。

若 η 过大，说明售价偏高而租金偏低，人们会倾向于租房而不买房。

只有 η 的取值在正常区间内，人们才会根据自己的消费偏好和经济实力做出正确的选择。

四、城市住宅市场的动态供求平衡

（一）住宅市场及其相关概念

1. 住宅市场的概念及其功能

广义地看，住宅市场是指以住宅存量和服务流量以及与住宅相关的生产要素为流通对象，在住宅需求者与供给者之间提供沟通机会和便利条件，以促成住宅商品完成交易的场所或机制；狭义地看，住宅市场是指进行住宅买卖和租赁行为的经济组织。

住宅市场的功能主要表现在以下几个方面。

（1）信息传递功能。住宅的供给和需求的信息，通过市场可以快速全面地反映出来。

（2）价格发现功能。住宅的价格围绕价值波动，其规律变动主要是通过市场实现的，通过公开、公平、公正的竞价，实现住宅的合理价格。

（3）住宅有资源优化配置和生产消费引导功能。通过价格杠杆使消费者选择适用的住房，生产者供应市场需要的土地和房屋，使房地资源得到合理的配置。

（4）交易实现功能。由于土地和房屋都是大宗物品，价值量大、产权关系比较复杂，所以需要通过权威的机构和公开的场所办理交易手续，住宅市场能够满足这一要求。

2. 住宅市场的分类

住宅市场可以根据不同的角度进行划分。

(1) 根据交易对象划分。

① 住宅存量,是指形成住宅结构的物质实体或物质财产,表现为住宅单元的数量,它由建筑材料(包括相应配套的建筑设备)、占有的土地和当初建造时投入的活劳动所组成。

② 住宅服务流量,是指在单位时间里住宅向居住者提供的服务的数量,它由住宅存量、人员劳动(如清洁、保安、管理、维护、修缮等),以及其他使住宅得以正常运行的必备条件(如电力、电信、采暖、供水、排水、绿化等)所组成。

住宅存量与住宅服务流量之间既相互联系,又各自不同,主要表现为以下两个方面。

住宅存量是指某一特定时点上有形的实物资产的数量。由于有形的建筑物在其有效使用期内是相对固定的,故称为存量;而住房建筑的各种属性所构成的一定区位、一定质量给住房消费者带来的效用或满足,称为住房服务。定义每一单元住宅每单位时间产生一单位的住宅服务,称为住宅服务流量。住宅服务流量则是一种非物质效果、一种主观感受,很难进行具体的计量。

住宅存量是产生住宅服务流量的唯一来源,住宅存量的购买者同时也是住宅服务的提供者和消费者。任何住宅服务流量都必须从住宅存量中产生;而任何住宅存量只要没有空置和报废,就一定能持续地产生住宅服务流量。相同的住宅存量,不一定能产生相同的住宅服务流量;住宅存量的变化,也不一定带来住宅服务流量的同等变化。

(2) 根据权益关系划分。

① 住宅业权市场。以住宅业权为标的物进行交易,通过售卖和差价互换的方式进行交易的市场。

② 住宅租赁市场。以住宅使用权为标的物,通过租赁的方式进行交易的市场。

③ 住宅信托市场。以住宅使用权为标的物,通过财产信托进行交易的市场,即住宅业主将住宅的经营、管理、维修等活动委托给专业机构去操作而付给服务费。

(3) 根据市场体系划分。

① 住宅一级市场。以新建住宅业权为标的物进行交易的市场。

② 住宅二级市场。以旧有住宅业权为标的物进行交易。

③ 住宅三级市场。以住宅使用权为交易对象的市场,包括私人住宅的租赁、转租等。

3. 住宅市场的过滤效应

最早提出住宅区位"过滤论"的是伯吉斯。在对芝加哥的住宅区位格局进行观察后,他提出,家庭收入越高,其居住的地方离芝加哥市中心越远;最贫穷的家庭则居住在最陈旧的住房中;最后,城市中心的旧住宅被拆除,由中央商务区所取代。英国经济学家海尔布伦(Heilbronn)将过滤效应定义为:它发生在当较高收入者迁出,使得遗留的原住宅对于较低收入者能够以较低成本入住的过程。

在住宅市场的过滤效应中,不同等级的房子在不同收入的家庭之间逐层传递着,它们环环相扣,构成了一个"住宅链"。但是,这个链条上的每一环节并非都是正好吻合的。例如,加拿大学者费尔斯通(Firestone)曾做过一个调查:在某地建成了 500 个单位的新住宅,当最高收入者将这些新住宅购买一空后,接下来的四个收入阶层虽然都有家庭进行置换到更好条件的住宅的迁移,但也都发生了原有住宅的空置现象,且空置住宅的数量分别是 127、35、9、1。这说明从最高收入阶层到最低收入阶层,住宅情况获得改善(即向上一级迁移)的家庭数目分别是 500、373、338、329、328。

过滤效应的成因主要在于两个方面:第一,因收入提高而致,随着人们经济收入的增长,对生活质量的要求也越来越高,而住宅水平作为提高生活质量的重要手段之一,收入高者必然会追求更舒适的住宅。第二,供给扩大而致。住宅的供给增多,人们也会追求更优质的住宅以提高生活水平,因此供给扩大也会导致住宅过滤效应的产生。

4. 住宅市场的空置现象

(1)商品房空置的辨析。欧美国家将现状未被居用的住宅称为空置住宅。相应的"空置率"则是指空置住宅占全部存量住宅之比。造成空置的原因,或是由于房东的主观因素而闲置不用,或是由于市场的客观因素(无法找到客户)而空屋以待。而我国房地产业界所说的空置商品房总体上包括三类:第一,待售商品房,指建成竣工时间在一年以内的待售商品房;第二,滞销商品房,指建成竣工时间在一年以上、三年以内的滞销商品房;第三,积压商品房,指建成竣工时间在三年以上的积压商品房。显然,真正的空置商品房应该是指第二、第三类情况,不含第一类情况,或者说空置商品房是指建成竣工后达一年及以上而仍未售出或租出的商品房。

(2)商品房空置率的计算。商品房空置率的计算方法是:计算期内空置商品房面积与同期竣工的商品房面积之比(分子和分母均不含一年以内的竣工商品房),即

$$v = \frac{\sum_{t=2}^{n} A_t}{\sum_{t=2}^{n} Q_t} \tag{6-4}$$

式中,v 为商品房空置率;A_t 为商品房空置面积;Q_t 为商品房竣工面积;t 为考察的计算期年数。

(3)商品房空置的原因。在正常情况下,商品房空置率过低,在需求大于供给的市场环境下,为开发商推动价格走高、获取高收益提供了便利,但同时也抑制了居民的消费偏好,导致消费需求不足;空置率过高、空置期限过长意味着供大于求,房屋利用率低,这会促使开发商改变经营策略,降价促销或减少房屋的供给,以寻找市场新的均衡点。国家统计局数据显示,2005 年前 11 个月,商品房空置面积达 1.14 亿平方米,比 2004 年同

期增长14.2%，规模超过2005年上半年房屋竣工面积。表6-2给出了中国一些城市的商品房空置面积及增长幅度。根据表6-2中的数据，可以看到中国房地产市场中商品房空置面积过多、增幅过快的情况确实很严重，其中，上海和苏州尤为突出。截至2005年年底，上海的空置面积达到了1 000万平方米，接近了1996年、1997年空置房的顶峰时期；而苏州的空置面积也达到了325.73万平方米，是2004年同期的2.5倍，之所以出现这么大面积的商品房空置，笔者认为有如下原因。

表6-2　主要城市商品房空置状况表

单位：万平方米

城　市	统计截至时间	空置面积	比　较　时　间	空置面积
北京	2005.12	1 374.20	2005.01	31.60
上海	2005.12	1 000.00	2004.12	153.00
武汉	2005.12	162.14	2004.12	33.20
苏州	2005.12	325.73	2004.12	150.00
银川	2005.12	256.60	2004.12	26.40

① 商品房市场住房供需错位，高档住宅供应过多，引起中低价位住宅以及经济适用房供应数量大幅下降，这种现象也就是业界所谓的住房供给结构性矛盾所致。房地产市场和其他任何市场一样，都存在着对其特定商品的供给与需求，一般而言，对住房的供需一致才能达到市场平衡。

② 商品房价格疯涨，超过消费者的承受能力，引致商品房市场有效需求不足。根据经济学原理，当商品价格较低时，有较多的消费者愿意购买；而在价格较高时，只有较少的消费者愿意购买。同理，在商品房市场中，当房价很高或其增幅比消费者的收入增幅要大得多的时候，就会大大超过消费者的实际购买力，从而减少购房需求，导致商品房空置面积增加。

③ 超额利润当道，部分开发商"捂盘惜售"，造成商品房空置率继续攀升。利润最大化是开发商的终极目标，围绕这个目标，开发商会做出一系列决策，"捂盘惜售"就是其中之一。

④ 宏观调控新政出台，房地产市场的投资、投机性需求受到抑制，致使房屋空置量增加。自住性购房需求和投资、投机性购房需求共同构成了商品房市场的需求市场。供给不变而需求明显减少时，会造成商品房供过于求，从而引起商品房空置面积增加。

⑤ 消费者消费观念改变，转而青睐品牌商品房和品牌开发商，导致一些非品牌房地产产品滞销。随着消费心理的日趋理性，消费者对品牌商品房和品牌开发商的信赖逐渐增强。现在大的趋势就是商品房全部适销阶段已经完全成为过去，而品牌产品和品牌开发商已经开始闪现，如目前住宅市场上已经形成若干知名品牌，如万科、阳光100等。相比之下，竞争力较弱的，企业规模、资本等综合实力较差的房地产企业的商品房的交易量要小

很多,从而也在一定程度上造成大面积商品房的空置。

(二)城市住宅市场的动态平衡

经济学的供需均衡理论同样适用于住宅市场,即住宅市场供应数量和价格与住宅市场需求的数量和价格之间的均衡点,就是房地产市场的均衡价格。住宅市场的供需均衡是房地产市场的理想状态,如图6-1所示。

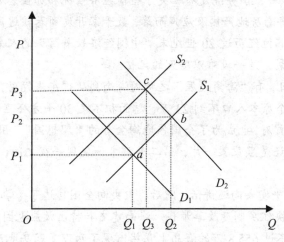

图6-1 城市住宅市场动态平衡图

图6-1中,D_1、D_2分别表示不同时期的住宅需求量,S_1、S_2分别表示不同时期的住宅供给量。住宅需求量与其价格成反比关系,当其他条件不变时,住宅价格越低,需求量越多;相反,住宅供给与其价格成正比关系,当其他条件不变时,住宅价格越高,供给量越大。

在第一时期,住宅供求均衡点位于a点,所决定的均衡价格分别为P_1和Q_1;而当需求逐渐增加到D_2,住宅供给总量仍然保持在S_1时,这时候均衡价格由P_1上升为P_2,均衡数量也由Q_1上升为Q_2。当价格一直上升,就会有越来越多的厂家追求利润而参与供给,因此住宅供给也会发生变化。当住宅需求总量保持在D_2时,住宅供给总量由S_1上升为S_2时,这个时候均衡点就会由b点转移到c点。

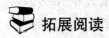 **拓展阅读**

海南重现房地产泡沫

资料一:

【回顾】1992年海南房地产泡沫始自于"击鼓传花"

1992年8月,正在海南"淘金"的潘石屹已经靠炒房炒地挣到了自己的第一个100万元。如果不是一个偶然的发现，他还准备继续"淘"下去。

为了核实一个项目的审批情况，潘石屹以五斤橘子和一条香烟的代价获准查阅有关内部资料，他意外发现海口市在建人均住房面积已达 50 多平方米，而同期北京人均住房面积才为 7 平方米。凭着直觉，潘石屹意识到，"海南的房地产要出事了"，包括冯仑、易小迪、王功权在内的 6 位合伙人马上决定分家，撤回北京发展。

一年后的 6 月 24 日，国务院发布《关于当前经济情况和加强宏观调控意见》，16 条整顿措施招招致命，海南房地产热浪应声而落，数千家开发商卷款逃离，留下烂尾楼遍地。

对于潘石屹以及其他经历过 20 世纪末"中国经济软着落"的人来说，1993 年下半年海南房地产泡沫的破裂，是一段难以磨灭的记忆。

1988 年 8 月 23 日，有"海角天涯"之称的海南岛从广东省脱离，成立中国第 31 个省级行政区。海口，这个原本人口不到 23 万、总面积不足 30 平方公里的海滨小城一跃成为中国最大经济特区的首府，也成为了全国各地淘金者的"理想国"。用潘石屹的话说，1989 年他坐船来到海南时还是黑蒙蒙一片，第二天醒来，发现一夜之间，岛上已经涌进了 15 万人。

1992 年初，邓小平发表南巡讲话，随后，中央向全国传达了《学习邓小平同志重要讲话的通知》，提出加快住房制度改革步伐。海南建省和特区效应也因此得到全面释放。高峰时期，这座总人数不过 655.8 万的海岛上竟然出现了两万多家房地产公司。平均每 80 个人一家房地产公司，这些公司当然不都是为了盖房子。事实上，大部分人和潘石屹一样，都在玩一个"击鼓传花"的古老游戏，他们手里传的是地皮。

时隔 15 年，下面的这组统计数字，依然能让我们感受到当年"游戏"的热火朝天：1992 年，海南全省房地产投资达 87 亿元，占固定资产总投资的一半，仅海口一地的房地产开发面积就达 800 万平方米，地价由 1991 年的十几万元/亩飙升至 600 多万元/亩；同年，海口市经济增长率达到了惊人的 83%，另一个热点城市三亚也达到了 73.6%，海南全省财政收入的 40%来源于房地产业；据《中国房地产市场年鉴（1996）》统计，1988 年，海南商品房平均价格为 1 350 元/平方米，1991 年为 1 400 元/平方米，1992 年猛涨至 5 000 元/平方米，1993 年达到 7 500 元/平方米的顶峰，短短三年，增长超过 4 倍。与海南隔海相望的广西省北海市，房地产开发的火爆程度也毫不逊色。1992 年，这座原本只有 10 万人的小城冒出了 1 000 多家房地产公司，全国各地驻扎在北海的炒家达 50 余万人。经过轮番倒手，政府几万元/亩批出去的地能炒到 100 多万元/亩，当地政府一年批出去的土地就达 80 平方公里，以至于次年前来视察的朱镕基副总理忍不住提醒当地政府："北海不同于我的上海……（北海建设）要量力而行。"

在这场空前豪赌中，政府、银行、开发商结成了紧密的铁三角，其中银行不仅充当了游戏的鼓手和输血机，自己也忍不住客串了一把玩家的角色。泡沫生成期间，以四大商业银行为首，银行资金、国企、乡镇企业和民营企业的资本通过各种渠道源源不断地涌入海南，总数不下千亿，几乎所有的开发商都成了银行的债务人。精明的开发商们纷纷把倒卖地皮或楼盘赚到的钱装进自己的口袋，把还停留在图纸上的房子高价抵押给银行。据潘石屹本人透露，他和几位合伙人在海南炒房的第一笔资金500万元，就是通过一个北京朋友从银行弄到的贷款。由于投机性需求已经占到了市场的70%以上，一些房子甚至还停留在设计图纸阶段，就已经被卖了好几道手。每一个玩家都想在游戏结束前赶快把手中的"花"传给下一个人。只是，不是每个人都有潘石屹这样的好运气。1993年6月23日，当最后一群接到"花"的玩家正在紧张寻找下家时，终场哨声突然毫无征兆地吹响。当天，时任国务院副总理的朱镕基发表讲话，宣布终止房地产公司上市，全面控制银行资金进入房地产业。次日，国务院发布《关于当前经济情况和加强宏观调控意见》，16条强力调控措施，包括严格控制信贷总规模、提高存贷利率和国债利率、限期收回违章拆借资金、削减基建投资、清理所有在建项目等。银根全面紧缩，一路高歌猛进的海南房地产热顿时被釜底抽薪。这场调控的遗产，给占全国0.6%总人口的海南省留下了占全国10%的积压商品房。全省"烂尾楼"高达600多栋、1 600多万平方米，闲置土地18 834公顷，积压资金800亿元，仅四大国有商业银行的坏账就高达300亿元。一海之隔的北海，沉淀资金甚至高达200亿元，烂尾楼面积超过了三亚，被称为中国的"泡沫经济博物馆"。开发商纷纷逃离或倒闭，银行顿时成为最大的发展商，不少银行的不良贷款率一度高达60%以上。当银行开始着手处置不良资产时，才发现很多抵押项目其实才挖了一个大坑，以天价抵押的楼盘不过是"空中楼阁"。更糟糕的是，不少楼盘还欠着大量的工程款，有的甚至先后抵押了多次。即使是已经建成的抵押项目，由于泡沫破裂后，项目大幅贬值，其处置难度也超过想象。据统计，仅建行一家，先后处置的不良房地产项目就达267个，报建面积为760万平方米，其中现房面积近8万平方米，占海南房地产存量的20%，现金回收比例不足20%。一些老牌券商，如华夏证券、南方证券因在海南进行了大量房地产直接投资，同样损失惨重。为此，证监会不得不在2001年4月全面叫停券商直接投资。

1995年8月，海南省政府决定成立海南发展银行，以解决省内众多信托投资公司由于大量投资房地产而出现的资金困难问题。但是这一亡羊补牢之举并未奏效，仅仅两年零10个月，海南发展银行就出现了挤兑风波。1998年6月21日，央行不得不宣布关闭海发行，这也是新中国首家因支付危机关闭的省级商业银行。

据了解，从1999年开始，海南省用了整整七年的时间，处置积压房地产的工作才基本结束。截至2006年10月，全省累计处置闲置建设用地23 353.87公顷，占闲置总量的98.17%；处置积压商品房444.82万平方米，占积压总量的97.6%。

从2006年下半年开始，元气大伤的海南房地产也开始出现了缓慢的恢复性增长，不过，总成交量仍然有限。当年侥幸逃过一劫的潘石屹提醒人们：海南房产泡沫的后遗症仍未彻底结束。眼下正在全国其他城市蔓延的这场"史上最坚硬的泡沫",究竟会不会重蹈15年前海南的覆辙,没有人能说得清。

(资料来源:http://phtv.ifeng.com/program/tfzg/200811/1126_2950_896291.shtml.)

资料二:
17年后海南再现楼市怪现状　多地房价一日一价

这里曾经是中国最吸金的投资热土,这里也曾是中国最扎眼的烂尾焦土。从热土到焦土,海南的身上似乎还残留着20世纪90年代中国房地产市场最危险的泡沫。17年是不是一个轮回?2010年,当海南的"房子"再一次被外来游资装上"弹簧腿",全中国都知道了"一朝被蛇咬,十年怕井绳"的道理。这一次,海南踩中的究竟是蛇还是井绳,谁也不敢断言。不过,防患于未然总好过亡羊补牢。如今的海南,乃至中国的房地产市场,经不起冒险。

发展必言房地产,这似乎已经成为中国区域规划的怪圈。

诚然,对于很多确实有待发展的区域来说,拉动房地产发展从而促进本地经济繁荣无可厚非。但这一"必经之路"套在海南身上,却不得不令人心生忐忑。原因再简单不过,经过多年辛苦煎熬终于踏入复苏轨道的海南房地产业,不能也不必再坐一次巅峰到低谷的过山车。

不过,吃过苦头的海南此次似乎是未雨绸缪,有备而来。

围绕推进海南旅游岛计划和应对近期出现的地产风潮,海南出台"两限令":今年3月前,在海南国际旅游岛建设总规划正式获得国家审批前,暂停土地出让和审批新的土地开发项目,以利海南国际旅游岛长远的建设发展。

但"两限令"的出台却带来新的担忧——"两限令"会不会使开发商坐拥现有土地,囤积居奇,再次推高房价?此番叫停势必让参与海南土地炒作的民间资本饥渴数月,一旦今年3月后海南重启土地出让,会不会让开发商囤地愈加疯狂?

一组数据或许可以说明问题。

早在2009年11月,海南将建设国际旅游岛的消息传开时,海南房地产市场就开始急速升温。统计数据显示,2009年12月,海口房价涨幅居全国第三位。仅在海南建设国际旅游岛获得国务院批准后的5天内,整个海南省商品房销售量就达到了2008年全年销售量的总和。1月11日,三亚凤凰岛一期开盘700套当天便销售一空,均价每平方米高达6.5万元。1月15日,海南省决定全面暂停土地出让和审批新土地开发项目后,海口、三亚及琼海等多个地方房价应声而起,甚至一日一价。2005—2008年,海南房地产开发投资规模逐年快速增长,分别为70.85亿元、89.2亿元、126.96亿元、189.31亿元。另一组非官方数据显示,2009年,海南房地产开发投资完成287.9亿元,同比增长44.3%。

数字的节节攀升，并不等同于海南房地产的前景只有光明。

对于各方对海南房地产泡沫的担忧，海南省住建厅曾表示，早在2005年，海南在旅游业带动下，就形成了以岛外人士购买为主的房地产市场，使海南彻底摆脱房地产"泡沫经济"的影响。海南省委省政府还提出把房地产业与旅游业紧密结合，发展旅游房地产，让旅游房地产成为旅游业发展的重要支柱。

但是，"岛外人士购买为主"究竟能不能成为海南房地产的坚实基础，一切还都是未知数。

（资料来源：http://www.chinanews.com.cn/estate/estate-gdls/news/2010/01-21/2083502.shtml，2010.）

第三节 我国城市住宅制度的改革历程和政策导向

一、我国城市住宅制度的改革历程

回顾我国城市住宅制度的改革历程，笔者认为可以划分为以下五个阶段。

（一）第一阶段：1978—1988年

在这一阶段中，我国住房制度改革进入试点阶段，实行了三大改革，即出售新、旧公房；住房商品化，实行综合开发，有偿转让和出售，租金改革。房地产市场经济与房地产业以此为契机迅速复苏。在1978年12月召开的党的十一届三中全会确定的"解放思想"战略方针的指引下，国家相继出台了"土地有偿使用""房屋商品化""住房制度改革""房地产综合开发"等重大政策，从而形成了房地产业赖以发展的四大政策支柱。1987年12月，深圳市在我国首次以拍卖方式转让土地使用权，揭开了土地供应市场化的序幕。在这一阶段，全国城镇综合开发商品房完成的投资逐年大幅增加，1986年为103亿元，1987年为150亿元，1988年为207亿元，每年增长50亿元。1988年商品房施工面积达到1.03亿平方米，比1987年增长37.8%，其中，新开工的面积占60.3%；房屋竣工面积达4 246.85万平方米，比1987年增长22.7%，其中，住宅占85.2%。但总的来说，当时通过综合开发建成的商品住宅规模还较小，1987年只占全社会新建住宅总面积的22.3%，1988年缓升为27%。房地产业的崛起，极大地促进了我国的住宅建设。到1988年，全社会住宅建设投资从1978年的70.01亿元提高到1 136亿元；占国民生产总值的比重从1978年的2.06%提高到7.61%。

（二）第二阶段：1988—1992年

1988年2月，国务院颁发《在全国城镇分期分批推行住房制度改革实施方案的通知》，决定从1988年起，用3～5年时间，在全国城镇分期分批把住房制度改革推开。同年2月

25日，转发了国务院住房制度改革领导小组《鼓励职工购买公有旧房意见的通知》；1991年11月23日，国务院办公厅转发了国务院住房制度改革领导小组《关于全国推进城镇住房制度改革意见的通知》（国办发[1991]73号）。至此，我国房改从分批分期转向全国推进，房地产业也相应地向前推进。此次改革的目标是把由国家、企业统包的住房投资体制，转换成国家、集体、个人三方面共同负担的住房投资体制，并正确引导和改革房产开发的建设体制，明确了把向居民个人出售新旧公房作为"推动住房商品化的基本措施之一""新建住房以中小户型为主，先卖后租""公有旧住房按标准价出售，职工购买旧房五年后允许进入市场出售""大力发展经济实用的商品住房"等政策原则。同时，提出了"从改革公房低租金制度着手，将实物分配逐步改变为货币分配"和"确立政府对住房价格的有效调控和制约机制"的改革构想。这些改革政策有力地改变着人们的住房消费观念，推动着住房商品化和房地产业发展的进程。1988年8月，国家建设部在广州召开沿海城市房地产工作座谈会，交流了广州等城市房地产开发、经营、管理方面的经验，推动了我国房地产业的发展。当时还提出了一个口号，叫做"树立产业形象、增强产业意识、加强产业管理"。到1988年底，全国的房地产开发公司由1986年的420个迅速增加到3 124个。1991年，建设部房地产业司编写出版了《中国房地产业指南》大型工具书，系统地阐明了房地产业的地位、作用、产业框架、四大政策支柱，以及生产、流通、消费各个环节的理论和实务，进一步奠定了房地产业的框架体系和理论基础。

（三）第三阶段：1992—1998年

1992年，邓小平同志发表南巡讲话，重申了深化改革、加速发展的必要性和重要性，极大地推动了我国社会主义市场经济的前进步伐。1992年11月，国务院发布《关于发展房地产业若干问题的通知》，指出"房地产业在我国是一个新兴产业，是第三产业的重要组成部分，随着城镇国有土地有偿使用和房屋商品化的推进，将成为国民经济发展的支柱产业之一"，并要求建立和培育完善的房地产市场体系。随之而来的是，房地产市场体系的重要环节，即从20世纪80年代中期逐步规范的房地产交易中介服务代理得到了迅速发展，房地产经纪机构开始大量涌现。

（四）第四阶段：1998—2003年

在这一阶段中，房改工作取得了划时代的突破。1998年7月3日，国务院颁发《国务院关于进一步深化城镇住房制度改革加快住房建设的通知》（国发[1998]23号）文件，规定从1998年下半年开始停止住房实物分配，逐步实行住房分配货币化。这对房地产业的发展又是一个极大的促进。从房地产经济与国民经济的协调发展来看，1998—2002年，国民经济增长分别为8.8、9.2、7.1、8、7.3；而同期房地产开发投资则分别增长6.1、11、19.5、25.3、21.9，与经济增长速度之比平均为2倍，基本上是协调的。从房地产业行业发展指标来看，1998—2001年，我国商品房完成投资平均每年增长20.6%、竣工面积平均每年增长 19.35%、销售面积平均每年增长 22.5%,三个指标基本上是同步增长,而且销售面积的增长高于完成投资和竣工面积的增长。从市场表现来看,1998—2003 年,商品房销售额年均增长 24.3%,表明市场供求两旺,是一种需求拉动增长的好势头。从房价走势来看,商品房销售价格的走势与整体经济的状况也基本吻合。1998—2001 年,全国商品房销售价格年增长幅度分别为 3.27%、−0.48%、2.88%和 2.76%,低于 1997 年之前的增幅,也低于同期城镇居民可支配收入和 GDP 增幅。

从住房供应来看,加快了建立和完善以经济适用住房为主的多层次城镇住房供应体系的步伐。对不同收入家庭实行不同的住房供应政策。实行最低收入家庭租赁由政府或单位提供的廉租住房;中低收入家庭购买经济适用住房;其他收入高的家庭购买、租赁市场价商品住房。为此,着手调整住房投资结构,重点发展经济适用住房(安居工程),加快解决城镇住房困难居民的住房问题。

从住房金融来看,有了大的突破。1998 年 4 月,中国人民银行出台《关于加大住房信贷投入,支持住房建设与消费的通知》,接着又发布《个人住房贷款管理办法》,规定所有商业银行在所有城镇均可发放个人住房贷款。从完善市场体系来看,物业管理(物业服务)得到强势推动。2003 年 6 月,国务院发布《物业管理条例》。以建立业主自治与物业管理企业专业管理相结合的社会化、专业化、市场化的物业管理体制为目标,一个新型的物业服务行业迅速壮大。

(五)第五阶段:2003 年至今

针对一些地区住房供求的结构性矛盾较为突出、房地产价格和投资增长过快等突出问题,国务院于 2003 年 8 月 12 日发布了《关于促进房地产市场持续健康发展的通知》(俗称"国六条"),首次在国务院文件中明确"房地产业已成为国民经济的支柱产业",要求保持住房价格,特别是普通商品住房和经济适用住房价格的相对稳定,加快建立和完善适合我国国情的住房保障制度。随后又相继发出"前国八条""后国八条"等一系列重要文件,着手对房地产市场进行调控。总体思路是,一方面加大供应,一方面控制需求,通过缓解供求矛盾来稳定房价。2007 年 8 月 7 日,国务院颁发《关于解决城市低收入家庭住房困难的若干意见》,重点是强化住房保障,要求到"十一五"期末,全国廉租住房制度保障范围都要由城市最低收入住房困难家庭扩大到低收入住房困难家庭。这个文件标志着我国住房供应从"重市场、轻保障"向"市场、保障并重"的良性回归;住房消费模式从"重买房、轻租赁"向着"租赁、购买并举"的良性回归。

二、我国传统的城市住房制度及住房问题成因

住房制度改革作为我国城市改革中的一项重要内容,深刻地影响着城市社会经济的发

展和人民生活水平的提高,长期以来一直受到各方面的高度关注。从新中国建立以后直至 1980 年以前,这段时期我国城镇住房制度可称为"计划经济下城市住房分配制度"。1980 年以后,在逐步的改革中所逐步摸索和确立的城镇住房制度可称为"新住房制度"。

(一)计划经济下城市住房分配制度所存在的问题及成因

从新中国建立之后一直到 1994 年,除了居民原有的住宅之外,国家在城市住宅制度上基本实行的是国家建房、福利分配的制度。这一制度在稳定城市居民生活、促进社会生产发展上发挥了巨大的作用,但是,随着生产力的发展,城市住宅福利住房制度产生了许多的问题。这段时期我国住宅制度可以概括为:国家和单位投资建房、低租金、分配制、福利型、不可流通性。一方面,住宅建设单纯的由国家或生产单位投资,国家或单位面临的财政压力十分大;另一方面,长期的住房问题得不到解决,城市住宅问题越来越严重。

1. 投资一元化,造成欠账过多、总量短缺

"一五"时期,我国城镇住宅建设投资占基本建设投资比例为 9.1%,可是到了"二五""三五"时期,这一比例下降到 4.1%和 4.0%;在 1950—1980 年的 31 年间,总计的城镇住宅建设投资份额只有 7.5%。而在 1953—1979 年,日本的住宅建设投资占固定资产投资的份额为 14%~21%,联邦德国为 21%~25%,英国为 16%~26%,美国则高达 15%~33%。由此可见和发达国家相比,我国的投资份额只有它们的 1/4~1/2,差距十分明显。同时我国欠账太多,基本建设资金又少,这是此阶段我国住房紧张的最主要原因。

2. 无偿分配制造成贪大求多、苦乐不均

实行福利分房的最大弊端莫过于容易滋生以权谋私,某些掌握较多资源的实权单位以及有权者往往贪大求多,一人多房,而无权者则只有小房甚至无房居住。这样就人为地加剧了住宅分配上的社会不公平现象。

社会不公平还反映在住房补贴的受益者方面。有房者可以享受此补贴,但无房者没有此补贴,这就进一步加剧了有房者和无房者之间的差别。

3. 低租金不能保证住房的正常维护,引发畸形消费

在新中国成立后的一段时期内,我国城市公有住宅的租金非常低。20 世纪 80 年代中期之前,全国每平方米使用面积的月租金只有 0.13 元,使住房开支在居民消费结构中一再削减。低租金带来的另外一个后果就是引发畸形消费。改革开放以来,城镇居民收入日益大幅度增长,城镇居民储蓄存款余额越来越多。如此庞大的存款,使人们提前进入高消费时期,某些指标甚至已经接近于发达国家水平。这种畸形的消费结构与这个时期不合理的住房开支有很大的关系。我国房租不仅低于住房维护和管理费用,使得国家财政负担十分沉重,过低的房租又遏制了住宅业的发展,造成了市场和产业结构的扭曲,给市场调节和产业调节带来了困难。

4. 全民福利加重财政和企业负担，挤压正常开支

计划经济下城市住房分配制度实质上是一种福利分房制度。而住宅供给主要是由各企业、各单位自己建房，然后再内部分配的体制，这使得企业担当了一部分社会职能，这样做的结果无疑是加重了企业的负担。

5. 影响了城市化进程，导致城市建设的滞后

住宅供给单位各自圈好地、圈多地，使城市建设长期得不到改善，城市的建筑物参差不齐、毫无章法，严重影响了市容市貌，所以城市看起来都很破旧。而大部分单位企业由于资金的限制，住宅供给量增长速度很慢，因而人们的居住环境也长期得不到改善。同时，城市建设跟不上，城市吸纳劳动力的容量就会很有限，生产也就上不去，财政就不行；而财政匮乏反过来又影响城市市政建设，如此就形成了一个恶性循环。如此，城市化进程的步伐必然很缓慢。

（二）当前我国城市住房制度中所存在的问题

在住房市场取得快速发展的同时，一些影响其健康发展的矛盾也同时在累积，其中，尤其以住房供应结构不合理、住房分配差距过大、住房价格上涨过快等矛盾最为突出。

面对这种情况，政府多次出台针对房地产市场的宏观调控措施，以保持市场的平稳健康发展。从2003年的"18号"文，到2005年的"国八条"、2006年的"国六条"、2007年的"24号"文，再到2008年的"国十三条"以及刚刚出台的"国十一条"，无一不体现了政府对房地产认识的深化和发展思路的调整。

从这几次宏观调控的效果上看，取得了一定的成效，但是一些深层次的矛盾依然存在，面对这种情况，一些专家学者也纷纷建言献策，为住房市场的发展提供思路。

2009年8月，国内14位房地产界专家学者联名上书，建议进行"二次房改"。其核心思想是，在现有的住房供应体系中增加公共住房体系，形成以保障性住房、公共住房和商品住房为主的三类住房体系，满足不同阶层的居民的住房需求。随后，有关政府部门表态："二次房改"的提法并不合适，不会进行"二次房改"，而是应该深化房改，这些都凸显了当前住房市场中的一些困局，进一步深化住房制度改革的要求日益迫切。

（三）城市住房体制改革的总体思路

一种体制的改革是一个系统的工程，而这个工程必然会牵涉很多人的利益。针对我国城市住房体制所存在的问题，笔者认为应从以下几方面来进行改革。

1. 统一思想，明确对住房的定位

住房是一种特殊的商品，它首先满足的是人们的一种最基本的生活需求，不可替代。同时，由于土地资源的有限性，住房的总量是相对有限的，因此，部分群体对住房的过度占有必然会对其余群体的住房消费产生影响，因此住房又具有准公共物品的特点。

对于准公共物品，不应采取完全市场化的方式，而应采取在政府有效的监管条件下的市场化。这就要求政府不仅要从建筑质量和工程标准上管理住房市场，更要从住房规划、土地规划、市场管理等方面加强监管。

2. 理顺住房保障与市场化供应之间的关系，在二者之间设置"防火墙"

在市场经济条件下，各交易主体平等自愿是一个最基本的准则。对于市场机制的缺陷与不足，政府可以通过保障来满足低收入群体的需要，但这种保障不能损害市场机制自身所发挥的作用。住房保障必须与市场化住房之间设置一定的"防火墙"，否则就会出现类似价格"双轨制"时的一系列问题。最后，住房保障在设置进入门槛的同时，还需设置相应的退出机制。

3. 完善住房各相关制度，严防投机，保持市场稳定、健康发展

住房相关制度包括土地制度、金融制度、税收制度等。

在土地制度上，要进一步完善土地"招拍挂"制度，根据用地的性质决定出让方式。同时，加强对已出让土地的监管。

在金融制度上，要保持金融对住房消费的适度支持，建立基于风险定价的住房信贷体系，避免住房市场价格泡沫向银行体系传递。

在税收制度上，要逐步降低住房建设和交易阶段的税负水平，同时建立起基于人均住房面积标准的累进型物业税，增加持有阶段的税负，削弱住房的投机属性，保持住宅市场的平稳、健康、快速发展。

4. 推行物业管理，以专业化服务提高居住水平

通过聘请专业的物业管理公司对住宅物业实行管理和服务，把各个单位从繁琐冗杂的居民生活服务中解脱出来，不仅进一步厘清了投资者、经营管理者和消费者的责、权、利关系，也使服务更有效率、居民更有实惠。

三、我国未来城市住宅制度改革的政策导向与措施

通过以上分析，我们可以对中国未来住房政策的方向以及相应可以采取的措施加以总结。简言之，在继续坚持住房市场化方向的同时，政府应当积极实施防止投机的住房政策以及面向住房困难群体的扶持政策。

（一）继续坚持市场化方向

中国住房市场化改革的成就是突出的，虽然市场化改革中也产生了一些住房困难群体，但并不能因此而否定市场化改革的方向，也不能因此而加大政府对房市的行政性干预。只要住房市场的价格是合理的需求与供给导致的结果，那么对市场价格的直接干预就是低效率的。即使需要政府干预住房市场，也应当以市场化的手段为限，如可以采取向购买中低价住房或中小面积住房者倾斜的包括利率在内的住房信贷政策、税收政策等，并且此类政策应当保持一致性与可信性。

（二）大力发展租房市场

成熟的住房市场应该是租售并重，但目前我国的住房市场仍以购房市场为主。当前的租房市场还很不规范，没有被纳入有效的登记管理和监督体系，住房租赁合同稳定性差，租赁双方的合法利益都易受侵害。给定这种现状，即使不考虑社会文化和心理因素，人们也自然会把租房看作不得已的办法，绝大多数城市居民的住房消费需求就只能积压在房屋买卖，特别是新房销售市场，在新房上市量不稳定的条件下，房价就容易产生大的波动，这种情况甚至可能被开发商利用，进一步助长房价。

事实上，在欧美发达国家中，大量中高收入阶层人士也长期租房。很多国家政府积极推动组建相当规模的私人或非营利性公共房屋租赁公司（Social Rental Sector），提供规范和优质的租房服务，让租户安心长期居住，使房地产市场更有弹性和灵活性。当前，大力发展规范的租房市场，推动租房服务产业化，是实现中国房地产市场健康和可持续发展的一个重要条件。发达的住房租赁市场也更能够进一步促进劳动力要素的流动。围绕租房市场，通过信息中介、物业管理、维修服务等环节，也可以创造相当可观的就业机会，实现丰厚的服务产业附加值，形成一个大的产业。当前制约中国租房产业发展的一个瓶颈问题是户口制度。租房住的人，往往只能落个集体户口，并且将来子女的入学也十分困难。克服了这个户口瓶颈，租房市场在中国将会有跳跃式的发展。

（三）抑制住房市场投机行为

抑制住房市场投机行为始终都是必要的。但相应的政策措施仍应当坚持市场化的手段。因此，诸如禁止别墅用地审批这样的政策是不明智的，这既限制了合理的供给与需求，还形成了别墅价格上涨的预期，反而助长了投机行为。相比之下，目前所实施的限制住房转手的政策显然更为有效，虽然住房产权交易的流动性因此受到影响。此外，建立与土地审批相关联的政府土地储备制度，并且申明储备土地的供应以调节市场供求抑制房价的过大波动为目标，这样的承诺就能够极大抑制住房市场的投机行为，既杜绝了房价的过快上涨，又防止形成房价过快下跌的预期。

（四）针对住房困难群体的住房保障制度

针对住房困难群体的住房保障制度应当体现改变困难群体禀赋而非市场价格、依靠市场机制而非政府行政力量的原则。前者能够保证市场价格机制发挥作用，后者在制度不完善的环境下有助于减少腐败寻租行为。具体而言，这类政策可以从以下几方面入手：第一，强制性要求将土地拍卖所得部分按固定比例分配给住房困难的低收入群体。与此同时，将现有的廉租房或经济适用房政策由定向的供给转变为收入补贴后让居民自己到市场上购买或租住房屋。新建经济适用房应只租不卖。已分配经济适用房不可转卖，只能由国家回购，如果出租只能定向出租给中低收入者。第二，在办理户口等方面给予租房者和买房者同等的待遇，而非有所歧视。第三，在住房税收政策上应当轻交易税而重持有税，积极考虑开征物业税以取代原有税种，从而抑制住房空置、打击炒房、加快二手房流转，便于住房困难群体拥有和改善住房条件。

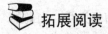 **拓展阅读**

国务院关于坚决遏制部分城市房价过快上涨的通知

国发〔2010〕10号

各省、自治区、直辖市人民政府，国务院各部委、各直属机构：

《国务院办公厅关于促进房地产市场平稳健康发展的通知》（国办发〔2010〕4号）印发后，全国房地产市场整体上出现了一些积极变化。但近期部分城市房价、地价又出现过快上涨势头，投机性购房再度活跃，需要引起高度重视。为进一步落实各地区、各有关部门的责任，坚决遏制部分城市房价过快上涨，切实解决城镇居民住房问题，现就有关问题通知如下。

一、各地区、各有关部门要切实履行稳定房价和住房保障职责

（1）统一思想，提高认识。住房问题关系国计民生，既是经济问题，更是影响社会稳定的重要民生问题。房价过高、上涨过快，加大了居民通过市场解决住房问题的难度，增加了金融风险，不利于经济社会协调发展。各地区、各有关部门必须充分认识房价过快上涨的危害性，认真落实中央确定的房地产市场调控政策，采取坚决的措施，遏制房价过快上涨，促进民生改善和经济发展。

（2）建立考核问责机制。稳定房价和住房保障工作，实行省级人民政府负总责、城市人民政府抓落实的工作责任制。住房城乡建设部、监察部等部门要对省级人民政府的相关工作进行考核，加强监督检查，建立约谈、巡查和问责制度。对稳定房价、推进保障性住房建设工作不力，影响社会发展和稳定的，要追究责任。

二、坚决抑制不合理住房需求

（1）实行更为严格的差别化住房信贷政策。对购买首套自住房且套型建筑面积在90平方米以上的家庭（包括借款人、配偶及未成年子女，下同），贷款首付款比例不得低于30%；对贷款购买第二套住房的家庭，贷款首付款比例不得低于50%，贷款利率不得低于基准利率的1.1倍；对贷款购买第三套及以上住房的，贷款首付款比例和贷款利率应大幅度提高，具体由商业银行根据风险管理原则自主确定。人民银行、银监会要指导和监督商业银行严格住房消费贷款管理。住房城乡建设部要会同人民银行、银监会抓紧制定第二套住房的认定标准。

要严格限制各种名目的炒房和投机性购房。商品住房价格过高、上涨过快、供应紧张的地区，商业银行可根据风险状况，暂停发放购买第三套及以上住房贷款；对不能提供1年以上当地纳税证明或社会保险缴纳证明的非本地居民暂停发放购买住房贷款。地方人民政府可根据实际情况，采取临时性措施，在一定时期内限定购房套数。

对境外机构和个人购房，严格按有关政策执行。

（2）发挥税收政策对住房消费和房地产收益的调节作用。财政部、税务总局要加快研究制定引导个人合理住房消费和调节个人房产收益的税收政策。税务部门要严格按照税法和有关政策规定，认真做好土地增值税的征收管理工作，对定价过高、涨幅过快的房地产开发项目进行重点清算和稽查。

三、增加住房有效供给

（1）增加居住用地有效供应。国土资源部要指导督促各地及时制定并公布以住房为主的房地产供地计划，并切实予以落实。房价上涨过快的城市，要增加居住用地的供应总量。要依法加快处置闲置房地产用地，对收回的闲置土地，要优先安排用于普通住房建设。在坚持和完善土地招拍挂制度的同时，探索"综合评标""一次竞价""双向竞价"等出让方式，抑制居住用地出让价格非理性上涨。

（2）调整住房供应结构。各地要尽快编制和公布住房建设规划，明确保障性住房、中小套型普通商品住房的建设数量和比例。住房城乡建设部门要加快对普通商品住房的规划、开工建设和预销售审批，尽快形成有效供应。保障性住房、棚户区改造和中小套型普通商品住房用地不低于住房建设用地供应总量的70%，并优先保证供应。城乡规划、房地产主管部门要积极配合国土资源部门，将住房销售价位、套数、套型面积、保障性住房配建比例以及开竣工时间、违约处罚条款等纳入土地出让合同，确保中小套型住房供应结构比例严格按照有关规定落实到位。房价过高、上涨过快的地区，要大幅度增加公共租赁住房、经济适用住房和限价商品住房供应。

四、加快保障性安居工程建设

确保完成2010年建设保障性住房300万套、各类棚户区改造住房280万套的工作任务。住房城乡建设部、发展改革委、财政部等有关部门要尽快下达年度计划及中央补助资金。住房城乡建设部要与各省省级人民政府签订住房保障工作目标责任书，落实工作责任。地方人民政府要切实落实土地供应、资金投入和税费优惠等政策，确保完成计划任务。按照政府组织、社会参与的原则，加快发展公共租赁住房，地方各级人民政府要加大投入，中央以适当方式给予资金支持。国有房地产企业应积极参与保障性住房建设和棚户区改造。住房城乡建设部要会同有关部门抓紧制定2010—2012年保障性住房建设规划（包括各类棚户区建设、政策性住房建设），并在2010年7月底前向全社会公布。

五、加强市场监管

（1）加强对房地产开发企业购地和融资的监管。国土资源部门要加大专项整治和清理力度，严格依法查处土地闲置及炒地行为，并限制有违法违规行为的企业新购置土地。房地产开发企业在参与土地竞拍和开发建设过程中，其股东不得违规对其提供借款、转贷、担保或其他相关融资便利。严禁非房地产主业的国有及国有控股企业参与商业性土地开发和房地产经营业务。国有资产和金融监管部门要加大查处力度。商业银行要加强对房地产企业开发贷款的贷前审查和贷后管理。对存在土地闲置及炒地行为的房地产开发企业，商业银行不得发放新开发项目贷款，证监部门暂停批准其上市、再融资和重大资产重组。

（2）加大对交易秩序的监管力度。对取得预售许可或者办理现房销售备案的房地产开发项目，要在规定时间内一次性公开全部销售房源，并严格按照申报价格明码标价对外销售。住房城乡建设部门要对已发放预售许可证的商品住房项目进行清理，对存在捂盘惜售、囤积房源、哄抬房价等行为的房地产开发企业，要加大曝光和处罚力度，问题严重的要取消经营资格，对存在违法违规行为的要追究相关人员的责任。住房城乡建设部门要会同有关部门抓紧制定房屋租赁管理办法，规范发展租赁市场。

各省（区、市）人民政府要对本地区房地产开发企业经营行为进行一次检查，及时纠正和严肃处理违法违规行为，检查处理结果要于2010年6月底之前报国务院。住房城乡建设部要会同有关部门组织抽查，确保检查工作取得实效。

（3）完善房地产市场信息披露制度。各地要及时向社会公布住房建设计划和住房用地年度供应计划。住房城乡建设部要加快个人住房信息系统的建设。统计部门要研究发布能够反映不同区位、不同类型住房价格变动的信息。

国务院各有关部门要根据本通知精神，加快制定、调整和完善相关的政策措施，各司其职、分工协作，加强对各地的指导和监督检查。各地区、各有关部门要积极做好房地产市场调控政策的解读工作。新闻媒体要加强正面引导，大力宣传国家房地产市场调控政策和保障性住房建设成果，引导居民住房理性消费，形成有利于房地产市场平稳健康发展的舆论氛围。

（资料来源：http://www.gov.cn/zwgk/2010-04/17/content_1584927.htm.）

 本章小结

1. 住宅是以向人们提供居住条件为主要目的，并具有满足居住、身心庇护、家庭生活、社会交往和财富储备等基本功能的各类建筑物的统称。住宅经济学主要研究住宅消费、住宅生产、住宅流通和分配等问题，它从住宅生产和分配的模式出发，研究各环节所遇到的问题，特别是在住宅的社会性方面有许多独到的见解，从根本上来说，它是属于福利经济学范畴的部门经济学。

2. 城市住宅经济的理论分析主要包括对住宅供给、住宅需求、住宅流通和住宅市场的动态平衡分析。住宅供给是指由市场向住宅投资者和住宅消费者提供其所需的住宅存量与住宅服务流量的过程，主要包括两个内容：存量供给和流量供给。影响住宅供给的因素有很多，主要包括住宅价格因素、土地使用政策因素、税收政策和利率政策因素、市场需求因素、住宅开发商的投资预期等。

住宅需求是指在各种可能的价格水平下,消费者愿意并且有能力购买的住宅服务的数量。广义地看,住宅市场则是指以住宅存量和服务流量以及与住宅相关的生产要素为流通对象,在住宅需求者与供给者之间提供沟通机会和便利条件,以促成住宅商品完成交易的场所或机制;狭义地看,住宅市场是指进行住宅买卖和租赁行为的经济组织。

经济学的供需均衡理论同样适用于住宅市场,即住宅市场供应数量和价格与住宅市场需求的数量和价格之间的均衡点,就是城市房地产市场的均衡价格。住宅市场的供需均衡是房地产市场的理想状态。

3. 我国城市住宅制度的改革历程大致可以划分为五个阶段,每一阶段的制度都有其特殊之处。当前,住房市场取得快速发展的同时,一些影响其健康发展的矛盾也同时在累积,其中,尤其以住房供应结构不合理、住房分配差距过大、住房价格上涨过快等矛盾最为突出。通过对现阶段政策分析,未来的住房政策可能将继续坚持市场化方向,大力发展租房市场,抑制住房市场投机行为,进一步加强针对住房困难群体的住房保障制度建设。

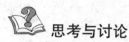
思考与讨论

1. 查阅相关资料,试着分析统计社会不同群体的住宅需求收入弹性和价格弹性,阐述不同特征群体的住宅需求主要由哪些因素决定。

2. 通过对住宅供给与住宅需求的学习,结合我国当前实际,分析我国住宅市场中空置问题和过度需求同时存在的必然性及由此带来的影响,就如何减少这个矛盾,试提出自己的政策与建议。

3. 查找一些数据,分析在一个特定城市中租房和购房哪个更为经济?并试着用社会和文化因素去解释为什么租房和购房给消费者带来不同的心理满足,并说明当前某些群体在租房更为经济的条件下还是喜欢购房的原因。

4. 我国住房问题主要表现在哪些方面?针对这些问题应该采取哪些对策?

第七章　城市基础设施经济

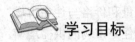 学习目标

通过本章的学习，首先要了解城市基础设施的含义和分类，熟悉城市基础设施的基本特性，了解城市基础设施的发展模式。在此基础上，了解我国城市基础设施的建设水平和所面临的挑战，理解并掌握我国城市基础设施的产业化趋势以及我国城市基础设施经营体制的改革。

第一节　城市基础设施概述

一、城市基础设施的含义及分类

（一）城市基础设施的含义

"基础设施"一词的英语为 Infrastructure，该词源自拉丁文 Infra（意为下部、底层）和 Structure（意为结构、建筑物），在经济学中一般是指那些为社会生产提供一般条件和服务的部门和行业。"城市基础设施"则是限定了空间使用范围的"基础设施"，它既是城市生产、生活的物质基础，也是城市经济体系中的重要产业部门。我国关于城市基础设施的研究始于 20 世纪 80 年代，目前基本认同的定义为"城市基础设施是既为生产又为人民生活提供一般条件的公共设施，是城市赖以生存和发展的基础"。

在西方国家，一般把城市基础设施分为社会性（福利性）基础设施和技术性基础设施两类，前者包括居民住宅、医疗卫生、文化教育、幼儿保健等设施，后者包括市政工程、公用事业、环境卫生、园林绿化和电力、通信等。在中国，按照提供服务范围的宽窄，把城市基础设施分为广义基础设施和狭义基础设施。其中，狭义城市基础设施是指向城市提供给排水、能源、交通运输、邮电通信、环境清洁保护等服务的设施和产业部门。它们构成了城市的主要物质支撑体系，是确保城市经济和社会活动得以正常进行的基本要素。广义的城市基础设施除了上述内容以外，还包括文化、教育、科学、卫生等部门的设施。

从一般意义上来讲，城市基础设施包含设施、产品（服务）和产业三种形态。其中，设施是指城市基础设施自身的物质形态，是城市地区中在地上或地下提供通道等载体和便利服务的实体结构，如道路、给排水管道、电话与电力线路等，有时也泛指物质及社会性的基础结构；产品是指借助于城市基础设施而开展的经济活动所产生和提供的产品或服

务；产业是指把基础设施实体或产品（服务）作为经营对象的产业和行业。通信产业、自来水经营企业、公共交通企业等类企业，一般称为公用事业。

在狭义的城市基础设施概念中，主要由城市地方政府负责组织实施和运营管理的部分又称为市政公用设施，可分为公用事业与市政建设两部分，前者包括市内公交、供水、供气、供暖等部门；后者则包括市政工程（公共照明、道路、排水、防灾、文体等设施）、园林绿化、清洁卫生、环境保护等部门。

（二）城市基础设施的构成

现代的城市，不论何种性质、何等规模，其基础设施的构成大体上是一样的，而只有数量和质量的差别。

从系统的观点，我们可以把城市基础设施分为六个子系统及其下属的二十二个分系统。

（1）城市供水与排水系统。它包括以下四个分系统。

① 水资源的开发、利用和管理系统。

② 自来水生产与供应系统。

③ 污水排放及处理系统。

④ 雨水排放系统。

（2）城市能源系统。它包括以下三个分系统。

① 电力生产与输送系统。

② 煤制气、天然气、石油液化气的生产及供应系统。

③ 热源的生产与热力输送系统。

（3）城市交通系统。它包括以下四个分系统。

① 道路与停车设施系统。

② 公共交通系统（如公共汽车、出租汽车等）。

③ 快速交通系统（如地铁、轻轨等）。

④ 对外交通系统（如铁路、机场、高速公路、港口等）。

（4）城市通信系统。它包括以下四个分系统。

① 邮政设施系统（如信函、电报等）。

② 电信设施系统（如电话、传真等）。

③ 广播设施系统（如无线电和有线广播）。

④ 电视设施系统（包括无线电视和有线电视）。

（5）城市环境系统。它包括以下三个分系统。

① 环境卫生系统（包括垃圾收集、处理、公共厕所、公共场所保洁）。

② 环境保护系统（环境检测与保护）。

③ 园林绿化系统（包括公园、绿地、行道树等）。

（6）城市防灾系统。它包括以下四个分系统。
① 消防系统。
② 防洪系统。
③ 抗震及防地沉系统。
④ 人防备战系统。

二、城市基础设施的特性

（一）服务的公共性与效益的间接性

城市基础设施和城市主体设施的主要区别是，后者可能只为某些方面、某些人提供服务，但前者却必须为全社会、全体市民提供服务，它是一个公共的开放系统，不能拒绝任何使用者的需求。因此，基础设施产业所提供的产品和服务，有的属于福利品（如道路、公厕），有的属于商品（如自来水、电话）。即使属于商品范畴，也与"私有品"（Private Goods）不同，而是大多数为"公共物品"（Public Goods），即一个人的使用不能以排斥其他人的使用为前提，也不能选择特定的服务对象并收费，这是由基础设施的性质所决定的。

由于基础设施服务的公共性，就带来了效益的间接性（这里的效益是指经济效益）。城市基础设施产业大多为公用事业，所提供的产品与服务也大多为具有福利性质的半公共物品或公共品，必须坚持不能以盈利为目的，即不能以经济效益为主的准则，而应以社会效益和环境效益为重。因此，城市基础设施部门有的无经济收入，全靠政府财政补贴（如消防、人防、公共绿地等），要么收不抵支或收支大体平衡（如公交、自来水等），只有少数是有收益和盈余的（如电信、电力等）。

（二）产业的综合性与管理的协调性

城市基础设施部门涉及两大产业（第二、第三产业）的几十个行业，因此是一个综合性极强的大系统。这个系统是否运转顺畅、高效优质，就在于它能否做到管理协调。正因为城市基础设施涵盖了方方面面，处于多头管理的局面，相互协调、统一步骤就尤为重要。例如，建成一片住宅由于通水不通路、通电不通热，依然不能投入使用，这就会造成财力的很大损失。城市基础设施各部门之间是相互依赖、缺一不可的，它们的效益是综合效益而非个别效益的加总，不认识这一点，就会制约城市生产与生活的顺畅发展。

（三）开发的统一性与建设的超前性

任何人、任何单位、任何建设项目，都离不开城市基础设施，而基础设施产业部门的多元化又使得它的开发活动必须统一进行，否则，此消彼长，互不配套，势必造成相互牵制。此外，基础设施点多线长，系统性强，需要有序地组织在一起（如在道路的下部埋设各种管线），如果不能统一规划、统一开发、统一管理，则会造成人力和物力的极大浪费。

城市基础设施建设的内容多、牵涉面广、投资大、周期长，必须全系统建成后才能发挥作用，并且建成后在相当长时期内固定不变。因此，要求它的建设要有超前性。这里的超前性有两个含义：一是时间的超前，即提前建设，在建设项目开工前就应完成建设用地的"三通一平"或"七通一平"；二是容量的超前，即预测未来一段时期中需求的增长而留出一定的富余量，否则刚一建好又不敷使用，使基础设施永远处于瓶颈状态。这方面的教训俯拾即是，切不可重蹈覆辙。

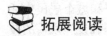 拓展阅读

合肥着手编制未来5年建设规划

通过政府采购形式面向社会征集，"合肥市近期建设规划（2011—2015）"编制工作启动。目前，已通过政府采购形式面向社会征集编制。

据悉，合肥市近期建设规划编制应通过城市发展现状的系统分析评估，总结经验，梳理问题，明确规划要重点解决的问题；明确近期内实施城市总体规划的发展重点和建设时序，确定城市近期发展方向、规模和空间布局，提出城市重要基础设施和公共设施、城市生态环境建设安排的意见；依据城市近期建设重点和发展规模，确定城市近期重点发展区域。对规划年限内的城市建设用地总量、空间分布和实施时序进行具体安排，并制定控制和引导城市发展的规定。根据城市近期建设重点和发展规模，提出对外交通设施、城市交通设施及市政公用设施的选址规模和实施时序的意见；根据规划实施的要求，提出空间管治、土地、交通、人口、产业、住房、环保等方面与空间紧密相关的政策要点，并对实施机制提出建议。

据了解，其形成后应包括合肥市区位分析、建设用地现状、建设用地规划、新增建设用地布局、建设空间管制分区、城市"四线"控制、重点建设地区规划、道路交通规划、绿地规划、工业用地规划、居住用地规划、公共服务设施用地规划、重点建设公共服务设施规划、给水排水设施规划、电力通信设施规划、燃气供热设施规划等图示及相关成果。城市近期建设规划是具有法定性的技术文件，将来作为"十二五"期间合肥城市建设和管理的重要依据，是具有实施性、时效性的城市建设行动纲领，是未来五年城市各类用地和各项重大建设项目的统筹安排。规划编制应充分发挥城市规划统筹城乡发展、高效配置空间资源和保障经济持续发展的作用，充分体现市委、市政府及职能部门发展经济、推进现代化滨湖大城市建设的重大决策和行动计划。

（资料来源：http://ah.anhuinews.com/system/2010/06/05/003065376.shtml.）

第二节 城市基础设施发展模式

一、城市基础设施的供求

（一）城市基础设施的需求

城市基础设施的需求主要来自城市化率的不断提高，是城市物质生产发展和居民生活需要不断提高的结果；城市化发展引起的城市规模扩大所带来的对基础设施的新增需求，在投资上表现为城市新增项目和原有设施的规模不断扩大；城市发展水平和城市居民生活水平的提高引起的对基础设施服务质量的提升需求，表现为对既定城市基础设施规模的技术进步投资，即更新改造。临时性、一次性的城市发展重大事件，如举办大型体育运动会、大型博览会，或遭遇重大灾害性事件等情况，会在较短时间内对城市基础设施产生集中性、专门性和高品质需求，这往往需要通过专项建设来满足。

在城市稳定发展的前提下，对城市基础设施综合系统需求的决定因素主要有以下内容。

1．城市人口规模

城市人口规模是决定城市基础设施需求水平的基础性因素。人口增加对城市基础设施有三方面影响：一是对城市基础设施（如自来水、医疗服务设施等）直接服务的需求增加；二是对由城市基础设施直接、间接提供的服务（如能源、通信邮政服务等）的需求增加；三是由人口增多导致的城市空间扩张引起的对城市新区配套基础设施需求的增长。

2．城市性质

城市性质决定着城市基础设施的需求水平和城市基础设施内部的组成比例。一个商业、旅游性质的城市，必然对更多的直接为人服务的社会性基础设施有更高的需求，而一个工业城市则必然对能源供应、交通运输设施有更高的需求。

3．城市功能水平

城市功能水平是指城市非农产业的发展水平，可以用 GDP 来代表。城市 GDP 水平高，对城市基础设施的数量需求越大，功能需求越全，质量需求越高，如要求有高效率的信息、通信服务，高质量的生活环境和齐全的公用服务等。

4．城市基础设施存量

城市基础设施的更新是建立在一定存量基础上的，现有城市基础设施存量的负荷能力决定了新增设施的数量和结构。城市基础设施发展的阶段式、台阶状和跳跃式发展，使其存量设施对新增需求的影响更为明显。

5．科技进步水平

科技进步能引起城市经济结构、布局、功能、体系及城市间关系等发生变革，引起城市对基础设施服务需求的变化。同时，科技进步也使基础设施本身发生变化和飞跃。一个明显的例子是通信技术的变革，使经济活动对信息交换和传输的需求骤增，从而对城市通信设施的需求骤增。

6. 城市人均收入水平

此因素对城市基础设施的需求影响不同于前几种因素主要影响生产性设施，它主要影响对城市社会性基础设施（环保、文化、教育等设施）的需求。随着人均收入水平的提高，一方面，人们需求的层次上升，需要更高雅舒适的生活，对文化、教育、园林绿化、公园等设施的需求会增长；另一方面，生命的经济价值增大，人们会更加注意身体健康，对医疗卫生、环境保护类设施的需求增大。

综合以上因素，城市基础设施的需求函数可以表述为

$$D=f(P,U,GDP,S,T,I) \quad (7\text{-}1)$$

式中，D 为城市基础设施水平；P 为人口规模；U 为城市性质；GDP 为城市功能水平；S 为基础设施存量；T 为科技水平；I 为人均收入。

具体到构成城市基础设施综合系统内部的各组成部分，由于各类基础设施的性质不同，它们的供给和供求机制有很大差别，不可能用统一的模式来分析。例如，在交通运输子系统中，道路、桥梁由城市政府提供，公共交通由公交企业提供，小公共汽车和出租汽车则可由私人经营者提供。

（二）城市基础设施的供给

长期以来，我国城市基础设施的供给依赖政府，投资资金来自财政，其运营由政府主管的公营部门（公用事业单位）管理，其结果是，给财政造成较大压力，也导致资源配置和经营管理的低效，城市基础设施建设步伐缓慢。

从20世纪70年代末开始，随着供给冲击的出现，城市基础设施供给短缺，促使人们的理论认识深化。世界各国开始在城市基础设施领域进行改革，即城市基础设施供给逐步出现了政府和企业分别独自、合作进行城市基础设施产品供给的多元化体系。我国从20世纪90年代末开始，也逐步进行城市基础设施供给多元化的市场化改革，投资主体日益多元性。

1. 政府投资主体

政府仍是当前城市基础设施最主要的投资主体。中央政府为实现政治、经济、文化的管理职能，其投资更多考虑维护政治和社会秩序，促进经济增长，实现社会公平，体现国家长远发展利益，主要依据国民经济和社会发展计划，由国家财力安排投资，追求较好的社会效益、宏观效益和长期效益。地方政府则更多考虑维护本地区经济和社会利益，促进本地区经济增长和社会发展，根据地方国民经济和社会发展计划依靠地方财力安排投资。政府投资主体可以承担大型非营利基础设施项目建设，但是往往效率偏低，需要加强管理。

2. 公有企业投资主体

此类主体的投资动机兼顾国家目标和企业目标，追求项目的公益性和资金的可回收性。为保障城市基础设施适应城市建设和发展的需要，世界各国都设立了一定数量的公有企业从事城市基础设施的建设和运营。它们以财政资金为资本，在特定领域和行业按照企

业原则从事投资经营活动。我国国有企业,包括国有独资、国有控股或参股企业,虽然已经成为市场主体,但有些仍然缺乏有效的约束和激励机制,忽视投资效益和风险约束;有些地方仍然受地方政府影响,投资不是从实际需要出发,而是表现为与"政绩"相关联的投资冲动,因而难以获得好的投资效益。目前,我国城市基础设施建设领域,国有独资企业占有很大比例,处于主导地位,能够满足城市基础设施大型、关键工程的建设需要。

3．混合所有制投资主体

这是指由国家授权的投资机构或部门与私营部门共同投资成立的企业。在我国,混合所有制企业的实力已经比较壮大,它兼有国有独资企业的资金优势和私人企业经营灵活的优势,在城市中一些重要的基础设施建设上,发挥着项目攻关和系统化建设的作用。这类企业需要与国家处理好城市基础设施建设的利益和责任关系。

4．私营企业投资主体

这是指由私人独资或私人集资而投资设立的企业,一般很少主动进入非经营性城市基础设施领域。但是,随着我国私营企业数量和规模的壮大,私营企业的经济地位日渐提高,积累起来的资本也已相当可观,它们对进入可经营性城市基础设施的愿望不断增强。于是,吸引私营企业进入城市基础设施建设,成为我国城市经济发展的新趋势。这里的关键问题是：要明确规定私营企业进行城市基础设施建设的成本和收益、责任和义务。

5．个人投资主体

个人往往通过间接投资方式参与城市基础设施建设。例如,市政府发行市政债券、城市基础设施公司上市、社会机构建立城市基础设施建设基金等,市民通过购买债券、股票或基金等,成为城市基础设施建设的个人投资主体。个人资金在我国已经逐渐成为庞大的力量,但是如何使其进入城市基础设施建设领域,是一直未能很好解决的问题。个人不可能直接投资城市基础设施建设,只能通过中介机构或投资于与城市基础设施相关的金融产品,如何利用好这种资金进行城市基础设施建设,是当前我国城市政府的一个发展任务。

6．专业投资机构

这是指专门通过投资金融产品或进行产业投资获取收益的机构。专业投资机构将社会各部门的资金集合在一起,并依照一定投资策略由专业人员进行投资。由于城市基础设施建设具有收益的长期性和稳定性,故在国内外都是专业投资机构的重点投资方向。我国专业投资机构目前主要包括商业银行、各类型投资基金和专业投资公司。专业投资机构的资金较为雄厚,如果能够充分利用到城市基础设施的建设,将会对城市基础设施的长期稳定发展提供很大保证。但是,专业投资机构追求的是资本利润最大化,其经营对象是资本而不是资产。因此,专业机构对城市基础设施的投资,所提供的只能是资本,而很少有经营。

二、城市基础设施发展模式的类型

1．"超前型"发展模式

这一模式的典型特点是基础设施的发展超前于工业高速发展阶段到来之时。英国等西欧发达国家大都属于基础设施超前发展的一类国家。一般来说，超前型模式能够有力地促进经济发展。虽然在城市基础设施规模高于城市经济规模的前期阶段，基础设施由于利用效率低而投资效果差，但是由于优良的城市基础设施会引发城市直接生产部门的布局扩大而导致城市经济迅速发展，因而公共资本充足的城市政府可以采用这一模式。发展中国家相对来说资金能力不足，要谨慎采用这一模式。

2. "同步型"发展模式

这一模式的内涵是基础设施的发展大致上与直接生产部门的发展同步。美国是这种发展模式的典型代表。由于同步型发展模式使城市基础设施基本上不存在大量的设施闲置和能力多余问题，因而基础设施投资效果比超前型要好，特别是由于它在结构上也能及时保证城市各部门、各环节的协调运转，因而其综合经济效果较好。

3. "滞后型"发展模式

此模式意味着城市基础设施的发展落后于直接生产部门的需要。这是苏联、东欧及大多数发展中国家，包括中国以往的城市基础设施建设表现的类型。采取这种模式，由于城市基础设施滞后于城市经济发展的需要，故会在一定时期内阻碍经济的发展，不利于整体经济效率的提高。采用这种模式往往是由于资金缺乏，所以经济发展首先着眼于经济效益高的直接生产部门，待到有了一定的资金积累，再发展基础设施。但是，实践证明，基础设施滞后会导致国民经济的比例严重失调，并终将变为阻碍经济发展的"隘路"，因此只可在资金十分缺乏时采用这一模式，一旦资金允许就要立即转换。

城市基础设施发展的三种模式比较，如表7-1所示。

表7-1 城市基础设施发展模式比较

发展类型	代表国家	基本特点	对经济影响	投资效益	经济效益	综合效益
超前型	英国等西欧发达国家	基础设施发展超过直接生产活动一个时期的需要	促进经济发展	较差	较好	一般
同步型	美国	基础设施与直接生产活动同步发展	与经济协调发展	较好	较好	较好
滞后型	苏联、东欧国家、中国	基础设施发展落后于直接生产活动一个时期的需要	阻碍经济发展	较好	较差	较差

三、城市基础设施发展模式的分析

一个城市采取哪种基础设施发展模式，首先受到客观条件的制约。基础设施发展模式能够让基础设施做到与生产部门的同步发展，无疑是最佳选择。但考虑到基础设施建设周期较长的特点，基础设施项目建设最好超前一段时间以便与生产部门的发展同步进行。当然，基础设施的个别系统、个别部门的建设，由于其本身建设周期较短或紧缺程度较低等特殊原因，在不影响整个基础设施与直接生产部门形成"同步"的总体步调之下，可以采取"随后—同步"混合模式。

所谓"随后—同步"型发展模式，即生产部门投资先行，基础设施投资随后紧跟，形成经济高速增长与基础设施迅速发展的亦步亦趋态势。对直接生产部门的投资来说，基础设施发展格局虽迟但不过晚，虽阻而不过滞，既保持"最低限度的必要量（节约型）"，又对经济的发展"不形成阻力"，基本上达到能满足经济发展和国民经济对它的旺盛需求。第二次世界大战后的日本，就取得了这种基础设施发展的经验，较好地解决了经济高速增长与基础设施不足的矛盾。日本的"随后—同步"型发展模式有两个特征：第一，基础设施紧跟直接生产部门的发展而发展，力求同步。第二次世界大战后日本紧随经济高速增长来进行基础设施建设，在国民经济与基础设施发展失调和均衡的矛盾运动中自发形成同步。第二，先生产性设施，后生活性设施策略。为了有效利用仅有的一点资源，避免或尽量减少基础设施能力不足给经济增长形成的阻力，日本采取了优先发展生产性基础设施的战略。政府将集中起来的有限资金和资源，优先发展交通运输、电力能源等生产性基础设施，为经济调整与发展扫清道路；而待经济发展、政府财源扩大滞后，再拿出较多资金和资源发展生活性基础设施。

显然，在经济增长速度以资金资源的供给程度和基础设施的满足程度为函数的情况下，将有限资金投入对经济增长影响较大的领域，采取分阶段集约型投资方式，无疑有助于解决资金和基础设施不足的矛盾。

但是，由于中国是一个发展中的大国，各地情况差异很大。政府一般只是在经济发展受制于基础设施、对基础设施投资所产生的边际效益大大超过用于其他地方的等量投资的边际效益时，才会增加基础设施供给。因此，作为国家基础设施中的一个重要组成部分，城市基础设施的发展模式应因地制宜，根据本地资源条件、地方经济实力和周边基础设施状况选择不同的基础设施发展模式。

对于东部地区的城市来说，大部分城市地区经济实力强，但资源不很充足，因此应该"超前"发展高技术含量的基础设施，以吸引区域外的资金和资源。"超前"发展的标准是与国际接轨，目的是更好地提高本地区的生活质量。例如，上海市基础设施建设的目的是建成一个国际大都市，建成远东金融经济中心，甚至世界的经济中心。为此应加快基础设施一体化建设，追求更大范围内资源的流动和优化配置，这样才能在基础设施推动下加速经济增长。

对于中部地区城市来说，由于其经济实力比东部差，但资源条件较好，因而应实行"同步型"基础设施发展模式，或者借鉴日本的"随后—同步"型发展模式。集中力量先大力发展生产性基础设施，以提高经济实力，随后建设生活性基础设施，改善人们的生活条件。

对于西部地区来说，虽然其资源丰富，但基础设施建设十分薄弱，经济实力也十分弱小。根据广袤的西部是中国未来经济开发重点、城市是其"发展极"的状况，城市政府应充分利用中央政府的优惠政策,借鉴东、中部经验,加大引资力度,努力实施基础设施的"随后—同步"型发展模式。

第三节 我国城市基础设施的建设和问题

一、城市化与基础设施建设

城市基础设施状况是城市发展水平和文明程度的重要支撑,是城市经济和社会协调发展的物质条件。截止到 2009 年,我国的城镇人口按统计口径算,已经达到了 6.22 亿人,城镇化率提高到 46.6%,随着城市人口不断增加,对城市基础设施的需求也不断增加。2007 年城市完成市政公用设施固定资产投资 6 422 亿元,占同期全社会固定资产投资总额的 4.68%, 占同期城镇固定资产投资总额的 5.47%。道路桥梁、公共交通、园林绿化分别占城市市政公用设施总投资的 46.5%、13.3%和 8.2%,城市基础设施建设的发展,为城市化进程提供了物质保障。

2009 中国统计年鉴显示,中国城市全年供水量从 1990 年的 382.3 亿立方米增长到 2008 年的 500.1 亿立方米,增长了 30.8%;人工煤气供气量从 174.7 亿立方米增长到 355.8 亿立方米,增长了 103%;天然气供气量从 64.2 亿立方米增长到 368.0 亿立方米,增幅高达 473.2%;年末实有道路长度从 9.5 万公里增长到 26.0 万公里,增长了 1.73 倍。2008 年底,全国城市集中供热面积为 34.9 亿平方米,城市排水管道长度 31.5 万公里,城市生活垃圾清运量 15 437.7 万吨,城市污水日处理能力 11 172.5 万立方米。

基础设施的增长不仅是城市容量的基础,更是城市生活品质提高和城市文明的保证。城市供水设施保障城市居民饮水达到卫生标准。2008 年,中国城市自来水供水总量达到 500.1 亿立方米,用水人口为 35 086.7 万人,人均日生活用水量为 178.2 升。城市燃气工程建设使居民用上了洁净方便的煤气、天然气或者液化石油气。2008 年全国人工煤气供应总量为 355.8 亿立方米,天然气供应总量为 368.0 亿立方米,液化气供应总量为 1 329.1 万吨,城市用气人口达到 33 168.8 万人,燃气普及率为 89.6%。全国城市拥有公共交通车辆 37.2 万标台,每万人拥有公共交通车辆为 11.13 标台,城市公共交通全年运送乘客 703 亿人次,城市出租车辆为 96.9 万辆,为方便市民工作、购物、娱乐、交流提供了物质条件。

二、城市基础设施建设水平

近年来中国城市基础设施的现代化程度显著提高,新技术、新手段得到大量应用,基础设施功能日益增加,承载能力、系统性和效率都有了显著的进步,推动了城市经济的发展和居民生活条件的改善。

(一) 基础设施领域拓展

随着生活水平的提高，中国城市基础设施除了交通、能源、饮水、通信等的供给外，已经扩展到环境保护、生命支持、信息网络等新的领域。

(1) 城市信息网络设施建设日益受到重视。数字化建设成为城市建设新宠，信息网络构成城市发展的基础性条件。以移动通信和互联网为代表，城市移动通信和网络基础设施建设异军突起。2006 年，全国城镇用于信息传输、计算机服务和软件业的固定资产投资达到 1 786 亿元。在北京市总体规划修编中，通信网络的专项规划覆盖辖区为 1.67 万平方公里，五年拟建设 4 000 公里通信管道，总投资达 20 多亿元。

(2) 防灾减灾、处置突发事件的能力建设受到重视。城市紧急避险平台、消防和人防设施、紧急医疗救护设施等成为城市基础设施建设新的重点。城市基础设施不仅要保持良好的运行状态，还要保证在特殊情况下不中断。提高城市基础设施安全保障系数，建设供电双回路及多回路、备用水源、备用气源、备用热源、备用通道等得到加强。

(3) 基础设施构成明显变化。除增加信息网络、城市应急设施和备用设施外，环境保护设施和电力、天然气等洁净能源建设份额明显加大。原有设施的改造、升级和换代成为重要的建设内容。

(4) 基础设施的技术条件进步显著。新技术、新材料不断得到应用，技术和装备水平普遍提升，例如为了提高饮用水的水质标准，自来水厂进行净水工艺技术改造，除常规处理工艺外，实施预处理工艺，同时对供水管网、供水检测、供水计量、再生水生产等普遍进行技术更新和升级。

(二) 城市基础设施科学合理规划

城市基础设施建设与城市发展的均衡协调是保证城市科学发展、可持续发展的前提。这种均衡协调包括基础设施与城市规模、功能和空间的均衡，与城市发展阶段和城市外部环境的均衡，城市基础设施系统本身以及各个子系统的完整性和有效性，各子系统之间的均衡和协调等。在强调均衡的基础上，城市基础设施的投资建设必须适度超前，避免建设滞后和盲目性，所以科学合理的城市基础设施发展规划是重要前提。以城市供水为例，建设部政策研究中心的资料显示，要基本满足约 3.5 亿人口在饮用水数量和质量上的需要，解决全国近 400 座城市的供水紧张矛盾，估计到 2010 年约需供水投资 2 000 亿元。建设部以 2004 年为现状水平年，以 2010 年为规划近期，以 2020 年为规划远期，编制了城市给水系统布局、净水厂改造和建设、供水管网改造和建设、再生水设施建设等规划。这一规划的制定和实施，不仅将满足全国城市发展对供水的需求，还将大幅度地提升水资源的利用水平。根据《国民经济和社会发展第十一个五年规划纲要》和国务院《关于落实科学发展观加强环境保护的决定》，建设部提出 2007 年底前基本完成对运行超过 50 年及老城区严重漏损的供水管网改造工作，到 2010 年全国城市供水普及率达到 95%。

（三）加强节水设施建设

随着城市容量的扩张和人们生产、生活方式的改变，对水的需求量与日俱增，缺水已经成为制约中国城市经济和社会发展的障碍，节约用水、提高用水效率和加强水资源的再利用成为新形势下城市水务设施建设的重要内容。目前中国城镇万元工业增加值水效率较低，城镇供水管网漏损率达20%左右。提升节水能力、增加水资源再利用设施是节水重要环节，2009年我国全年水资源总量为23 763亿立方米，比2008年减少13.4%；人均水资源为1 784.9立方米，减少13.8%；全年平均降水量为583.1毫米，减少10.9%；年末全国大型水库蓄水总量为1 805亿立方米，比2008年末少蓄水156亿立方米；全年总用水量为5 933亿立方米，比2008年增加0.4%，其中，生活用水增加2.9%，工业用水减少0.6%，农业用水增加0.6%，生态补水减少9.8%；万元国内生产总值用水量为209.3立方米，比2008年下降7.6%；万元工业增加值用水量为116.4立方米，下降8.2%；人均用水量为445.7立方米，下降0.1%。在城市供水管网改造力度不断加大的同时，中国全面推进节水型技术、设备的研究和应用，加强用水设备的日常维护管理，推进中水回用、雨水收集等水资源再利用基础设施建设。

（四）推进节能设施建设

"十一五"规划确定全国单位GDP能耗比"十五"期末降低20%。城市耗能是中国能源消耗的主体，实现"十一五"能耗降低目标首先取决于城市基础设施的升级和改造。城市冬季供暖和夏季制冷是城市节能的主战场。目前建筑能耗占全国能源消费的20%左右，而采暖和空调能耗约占建筑能耗的65%左右，供热采暖年耗能约为1.3亿吨标煤。按"十一五"规划要求，全国节能2.4亿吨标煤，其中建筑节能1.01亿吨，供热采暖须承担至少1/3。鉴于集中供热比分散小锅炉供热效率高50%，因此应根据中国能源条件和居民居住状况，加快城市集中热源和管网等供热基础设施的建设，运用先进适用技术改进和完善集中供热系统，在满足居民采暖需要的同时提高能源利用效率和改善环境质量。据美国1995年对商用楼宇终端能耗消费的统计，CHP的供热只能解决29%的用能及提供电力，而CCHP可以提供47%的用能及电力。近年来中国CHP在大城市中发展较快，北京、武汉、上海等有天然气供应的中心城市，严格限制煤炭使用，天然气热电联供正在逐渐兴起。部分城市在拥有燃煤热电厂的基础上正在建立CCHP系统。与此同时，一些城市在开发和利用地热、太阳能等可再生能源及清洁能源供热等方面也取得了进展。

三、我国城市基础设施现代化建设所面临的挑战

我国的城市基础设施建设将在现代化进程中发挥重要作用，然而在存在上述突出矛盾的情况下，目前正面临着各种挑战，需要各级政府认真面对。

(一) 人口城市化的挑战

我国城市人口将随着城市化进程大量增加，同时居民生活水平和生活质量要求将明显提高，生活日趋现代化，对城市基础设施的要求越来越高。如果每增加一个城市人口，基础设施至少增加1万元投资的话，那么在21世纪最初的20年里，城市人口将增加3.5亿～5亿，基础设施投资就要达到3.5万亿～5万亿，这种巨大的资金和建设压力，摆在了国家政府面前，也摆在了各城市机构和市民的面前。

(二) 经济市场化的挑战

市场经济是企业和个人相互之间紧密联系的经济，因此，它需要大量交通工具、通信设施和其他便民服务与之相适应。一座城市只有为企业和居民的经济活动和日常生活提供了良好的经济、社会、生态环境，才能吸引投资者，才能吸引技术人才和居民进入，城市才能兴旺发达，城市经济才能发展。21世纪，国与国之间、企业与企业之间、城市与城市之间的竞争将更趋激烈，因而良好的、优越的基础设施将是城市吸引技术、资金和人才的最重要手段。从这一意义上说，城市之间的竞争是基础设施的竞争；城市面临的挑战，是如何利用市场机制打造城市基础设施优势的挑战。

(三) 城市现代化和国际化的挑战

城市现代化的重要内容是基础设施现代化，包括交通通信现代化、能源供应和电气现代化、居住和办公设备现代化等。它是其他现代化的基础。走向现代化的城市，其中一部分要走向国际化，成为我国经济与世界经济接轨的桥头堡。这些都需要城市建设先进的基础设施和公用事业，特别是先进的通信事业，从而对城市基础设施建设提出了挑战。随着科学技术的进步，城市基础设施的技术、手段和材料日新月异，将为基础设施的现代化和国际化提供越来越好的发展条件。

(四) 科技进步与知识经济的挑战

科学技术的发展一方面为基础设施建设提供了基础和先进的手段；但另一方面，科学技术本身的发展又需要良好的城市基础设施为其提供最有利的条件。因此，随着日益强烈的科学技术进步要求和居民丰富文化生活设施的需求，不断提高基础设施品质和质量的挑战将越来越大，城市政府要认真面对。

(五) 生态环境的挑战

随着经济社会发展和人民生活质量的提高，对环境的要求也迅速提高，从而提出城市环境保护和生态建设的要求。由于城市基础设施的固定性和人工环境性特点，在建设时必然对环境生态有战略性的思考，而为了适应环境生态的要求，城市基础设施的环境生态投入将迅速增加。同时，由于我国在20世纪的经济建设中，环境遭到破坏，生态建设有很多欠账，因而21世纪的城市环境保护任务非常艰巨，对城市基础设施建设的挑战也十分巨大。

面对上述挑战，城市政府应广开资源渠道，鼓励城市各种主体参与城市基础设施建设，以切实提升我国城市的基础设施水平。

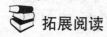 拓展阅读

"5·7"特大暴雨历史罕见，城市基础设施经受考验

大洋网讯（实习记者 文旭龙）2010年5月6日夜晚至7日凌晨，广州市遇历史罕见特大暴雨袭击，致使部分农田受淹、部分城区积涝。灾情发生后，各级三防和有关部门立即开展抢险救灾，最大限度地减少自然灾害带来的损失。今天（5月11日）下午，广州市人民政府新闻办公室在广州市新闻中心举行广州市"5·7"特大暴雨防御及善后处置情况新闻通气会。广州市三防总指挥部指挥、广州市水务局副局长欧阳明通报了此次特大暴雨防御及善后处置的相关情况。

暴雨：创"三个历史罕见"

据气象部门监测，"5·7"特大暴雨使广州市有预警信号以来首次发布全市性暴雨红色预警信号，创下"三个历史罕见"。

一是雨量之多历史罕见。从6日19:15至7日3:45，广州市221个雨量测量站点观测降雨量超过50毫米（暴雨至大暴雨），其中128个测量站点观测降雨量超过100毫米；降雨量超过200毫米测量点达11个。广州市平均降雨量为107.7毫米，市区平均降雨量为128.45毫米，中心城区和北部地区均超过特大暴雨标准；南湖一带达到244毫米，破历史同期纪录。

二是雨势之强历史罕见。五山雨量测量站监测数据显示，1小时最大雨量和3小时连续降雨量分别为99.1毫米和199.5毫米，远远超过广州市历史上1小时最大降雨量的2005年（90.5毫米）和3小时最强降雨的1975年（141.5毫米）。同时，此次降雨从北到南，从上游往下游移动，加剧了中心城区排水压力。

三是范围之广历史罕见。本次特大暴雨横扫广州市中北部地区，对越秀、海珠、荔湾、天河、白云、黄埔、花都、萝岗八个区、县级市带来严重影响。据历史气象资料显示，近三十年来广州市发生类似特大暴雨分别为1975年6月14日、1989年5月17日和2005年8月1日，但上述暴雨影响范围远不及本次影响范围广。据气象部门分析，本次暴雨是从上游一直下的，这样会造成下游河道已有洪水的情况下再下暴雨，排水系统会遭受史无前例的考验。

城市：经受了严重考验

抗御特大暴雨灾害，广州市经受了严重考验。据统计，广州市因洪涝次生灾害死亡6人。其中，白云区同和街沙太路工地路基塌方，造成山坡下简易棚房被埋，造成3人死亡；

天河区沙东街甘园路驻军营区围墙倒塌，致使住在营区内沙河粉厂棚内 3 名工人死亡。受暴雨影响，广州市 102 个镇（街）受浸，109 间房屋倒塌，25.68 万亩农田受淹，受灾人口为 32 166 人，中心城区 118 处地段出现内涝水浸，其中 44 处水浸情况较为严重。造成局部交通堵塞，部分临时商铺受淹。广州市近万个地下停车场中，有 35 个遭受不同程度的水淹，1 409 台车辆受淹或受到影响；其中天河区地下空间受淹情况最为严重，有 24 个停车场 1 139 辆车受淹。初步统计广州市经济损失约 5.438 亿元。

针对此次特大暴雨暴露出来的问题，欧阳明副局长介绍说具体有几个薄弱环节：一是排水系统防洪排涝标准偏低。由于历史原因，广州市中心城区排水系统防洪排涝标准偏低：中心城区现有排水管道达到一年一遇标准排水管网占总量的 83%，达到两年一遇标准的排水管网仅占总数的 9%；广州市雨污分流任务仅完成 9%，一旦发生强降雨就容易出现中心城区大面积水浸。

二是城区内防灾减灾体系没有落实到社区（居委会）。当出现暴雨黄色预警信号或红色预警信号时，不能将信息快速地通知到住户和居民，尤其是一些新楼盘，应急相应机制亟待完善。部分基层单位、市民及物业管理公司抵御自然灾害的意识不强，管理工作不落实。

三是非规范构筑物成为防灾减灾的薄弱环节。这次暴雨出现人员伤亡均为工地和营房内的非规范建筑；而这次暴雨中所有的规范构筑物和工程都经受住了考验，没有出现重大事故。

四是地下空间管理还有不到位的区域。广州市地下空间占全省地下空间总量的一大半，本次特大暴雨中，凡是纳入到规范管理的地下空间，如地铁、地下商场以及市政新建隧道、经过排水验收的地下商城均未遭到水淹；受淹的均是管理不落实的区域，地下人防工程均配置了必要的防灾设施，连防毒气的都有，但是暴雨期间，管理主体缺乏责任心，没有按照规范进行管理维护，从而造成地下空间水浸。

五是未改造区域的排水系统不完善。广州市一些未改造的区域，包括一百多个城中村，其排水标准仍是农村的排水标准，排水标高根本未达到新建城区的规范要求，即使是一般性强降雨，这类区域低洼地段也容易水浸。

政府：全力投入抢险救灾

"5·7"暴雨发生在广州 6 日深夜和 7 日凌晨之前，在这种情况下，广州市各级党委政府和三防指挥系统，紧急应对，及时行动，组织抵抗暴雨灾害、保障人民安全的工作。广州市委书记张广宁及时批示，要求市政府及时启动应急预案，研究解决防治类似事故的再发生。副省长、市长万庆良，常务副市长兼市三防总指挥苏泽群，副市长陈国陆续亲临市三防指挥部，研究部署组织抢险救灾工作。广州市各区、县级市和三防指挥部各成员单位按照三防应急预案要求，立即投入抢险救灾工作。受灾严重的区、县级市党政一把手都亲自到现场，组织抢险救灾工作。

在这场前所未有的特大暴雨面前，广大基层也涌现了大批可歌可泣的事迹。由于雨势过大，白云区夏茅涌海口段堤围漫顶，200多间房屋进水，白云区石井街夏茅村党支部组织200多人投入抢险。从化市良口镇良新村等1小时降雨量达100多毫米，造成河流暴涨，周边村庄受浸，镇政府、村委会立即组织400多名受灾群众转移，并组织了100多人的抢险队进行救灾。荔湾区组织了抢险人员500多人次，出动抢险车辆8辆、抢险设备24班次、机械设备30台进行一线抢险。据统计，广州市各级约10 000多名干部和群众投入到抢险救灾，其中4 000多人连续奋战超过24小时。

在防御本次特大暴雨中，广州市按照三防预案，有序开展防御工作。5月6日中午，广州市三防总指挥部根据气象部门强降雨预报，积极部署防御工作。按照预案，6日晚，市区三防总指挥部负责人坐镇指挥，各级三防、排水管理部门加强值班，密切关注雨情、水情、灾情，防汛应急抢险队伍做好随时抢险救灾准备。特大暴雨灾害发生后，在不到两个小时的时间，市三防总指挥部调度400多人、250台抢险设备连夜赶赴指定区域开展抢险，积极开展抢险救灾工作。7日凌晨1:30，市三防总指挥部启动防暴雨Ⅱ级应急响应，3:10启动Ⅰ级应急响应。根据雨情灾情，各三防成员单位按照《应急预案》分工，立即开展人员抢救、群众转移、重点地段和重点企业防御等工作。同时，广州市交警部门投入大量警力疏导交通，环卫部门投入16 000多人及时清扫垃圾，协助排出路面积水和淤泥；各区（县级市）政府、街道和社区也紧急开展抢险救灾工作，协助民政部门进行灾后救助；共转移群众4 602人。经各方共同努力，中心城区主要干道积水在清晨7:00基本排干，把对早上交通高峰影响降至最低。

建议：加强防灾工作措施

能够经受这次暴雨的考验，欧阳副局长总结了历经多年积累的一些经验，指出了防灾减灾工作存在的一些薄弱环节，也提出了下一步工作措施与建议。

欧阳副局长提到接下来的防灾工作：一是要提高广州市排水系统防洪排涝标准。进一步完善广州市排水管网系统，争取逐渐把现有排水系统防洪排涝标准提高到五年一遇。

二是要规范地下空间的建设管理。按照职责分工，今后规范地下空间的管理，所有地下空间归口到民防办，地下空间开发须经民防办审核，达到人防的要求，做到"平战结合"。

三是要加强非规范构筑物管理和城中村排水体系建设。加大违章建筑排查和拆违力度，着力加强非规范构筑物的管理，避免此类事件的再次发生。加快城中村和旧城改造步伐，规范未改造区域的排水管网系统。

四是要提升防灾减灾能力建设。进一步完善广州市防灾减灾体系建设，将三防应急机制落实到社区（居委会）一级，形成市、区（县级市）、街道（镇）和社区（村社）四级联动机制；着力加强区级抢险力量建设，并通过广播、电视、网络、报纸、手机短信等多条途径通知到市民预警、抢险，保障救助渠道畅通，不留死角。

五是要强化排水管理。加强水务部门排水管理中心力量,确保其能采取强力措施,加快历史排水户整治工作。要强化城区建设排水验收,将排水验收纳入综合验收范围,所有新区的排水系统在投入使用前必须进行排水验收。

六是要继续推进河涌综合整治。继续加强对尚未完成河涌综合整治的河涌整治工作,加快推进征地拆迁工作,确保中心城区河涌建立起更为牢固的防洪体系。

七是要加强宣传引导。引导群众正确认识自然灾害,增强群众提高防范意识和自救能力;要全面反映各级政府抗击自然灾害的举措和效果,团结各方面力量,形成抗灾救灾合力。

(资料来源:http://news.dayoo.com/guangzhou/201005/11/73437_12737428.htm。)

第四节　城市基础设施产业化趋势和营运体制改革

一、城市基础设施的产业化趋势

(一)城市基础设施产业化的理论依据与现实需要

城市基础设施产业化,是在市场经济条件下,把城市基础设施建设作为一项产业引入市场机制,通过竞争发展城市基础设施。这一趋势源于人们对基础设施自然垄断性的重新认识。

20世纪80年代以来,西方经济学家用部分可加性(Subadditivity)重新定义了自然垄断滞后,人们对自然垄断的性质有了重新认识。简单地说,即把自然垄断分成了强自然垄断和弱自然垄断两种情况。当自然垄断性较弱时,基础设施兼有公共消费和个人消费的特性,处于纯公共产品与纯个人产品之间,即具有很强的"混合产品"性质,可理解为"准公共物品"。城市的地域性又决定城市基础设施的"地方公共物品"特性,使其"准公共物品"特色更加突出。故一些发达国家对自然垄断行业,特别是对城市基础设施的管制,已经由传统的单一法制管理转变为因时制宜,根据其平均成本的升降、企业承受力的有无,分别采取不同管制政策。

城市基础设施作为"准公共物品"兼有公益性、垄断性与收费性、竞争性的特点。公益性与垄断性决定了公众对基础设施消费不具有竞争性和排斥性;而收费性与竞争性决定了基础设施的建设可以融入市场性,可以采取收费形式来弥补其成本并取得利润,故我国过去那种由国家统包下来的做法,从理论上说已经行不通了。

在实践上,近二十年来,随着社会经济科技水平和市场规模的迅速提高,自然垄断行业的垄断性开始逐渐降低;替代技术(能源)的出现使行业细分并出现了相互之间的竞争,如电信业等。因此,过去长期被视为公共物品的城市基础设施已成为准公共物品或准私人物品。在调查、总结了许多国家,特别是发展中国家的经验之后,世界银行在1994年的发展报告《为发展提供基础设施》中指出，凡是具有如下三个特点的城市基础设施即可进行有效的商业运营：(1) 对提供服务有明确的、连贯的目的性；(2) 拥有经营自主权，管理者和雇员都对经营效果承担责任；(3) 享有财务上的独立性。这样，城市基础设施中的准公共物品和服务，就可以分别由公有公营、公有私营、私有经营和社区及使用者提供四种不同体制的实体来经营。城市建设本身就已经具备了产业化经营的基础，这已经成为世界一些国家的成功经验。因此，加快我国城市基础设施建设的产业化是促进城市经济功能发挥的重要途径。

市场化措施和国家的一些专项投资，缓解了一些城市基础设施建设资金短缺的燃眉之急。更为重要的是，在这些探索过程中，城市建设产品产业化经营的观点已经被城市建设管理者所接受，城市建设部分已经开始形成产业化趋势，但是由于刚刚起步，城市建设作为一个独立产业的发育还不是很成熟，仍需要进一步加大产业化步伐。

（二）基础设施产业化是城市经济发展的趋势

城市基础设施作为独立的产业或行业，如能源产业、交通产业、运输产业、通信产业、环保产业等，带动了其他一系列产业的发展，如基础材料产业、房地产业、汽车产业、装备工业等。因此，城市基础设施产业是城市经济乃至国民经济的支柱产业，是新的经济增长点，其产业化是城市经济发展的趋势所在。

(1) 产业化适应了基础设施设量和投资量不断扩大的需要。社会生产力的发展，经济社会化程度的提高，使基础设施内容越来越广泛，城市经济对基础设施的需求也日趋扩大，从而对基础设施的依存性也越来越大。城市现代化在很大程度上取决于基础设施现代化。在城市现代化过程中，基础设施建设量迅速增加。只有不断实现产业化，才能适应城市基础设施投资和建设增长的需要；繁殖、投资和建设的增加，又要求基础设施实现产业化。

(2) 产业化有利于提高城市基础设施的使用效率。目前，中国城市中的许多企业效益不高，不能说同城市基础设施落后没有关系。通过市场交换，推行产业化经营，可以使城市基础设施得到快速提高。近几十年来，许多国家把城市基础设施的建设、管理和经营同其他生产经营领域一样交给企业，实行产业化经营，获取了良好的发展效果。事实证明，不少城市基础设施项目由政府投资、建设和管理，往往投资很大、效率低下、分配不公，而交给企业投资、建设和管理后，效率明显提高，因而产业化经营是城市基础设施发展的趋势。

(3) 城市政府职能的转变和有限的财力也需要城市基础设施产业化。随着城市的急剧发展，城市公共管理任务越来越繁重，但是城市政府机构又受到财力限制，不可能无限制扩大职能。把一部分基础设施建设和管理交给企业（例如城市建设投资公司）去办，变成企业的经营活动，一方面会减少政府财力支出，另一方面可以使市政府集中精力办好必须办的事。这样，通过更有力、更灵活的筹集资金方式，动员更多的社会资金投入城市基础设施建设，将会较快地解决城市基础设施建设中的现存问题，推动城市化的发展。

（4）科学技术进步为产业化提供了技术条件。一方面，城市基础设施建设已成为科学技术的重要应用领域。据美国"新型预测委员会"和日本"科技厅"专家预测：未来30年间，全球在能源、环境、农业、视频、信息技术、制造业、生物医学等领域将出现"10大新兴技术"，其中有关"垃圾处理"的新兴技术被排在第二位。垃圾资源化等新兴技术，有力地促进了城市基础设施的发展。另一方面，计量技术的发展，为不易分割的城市基础设施消费提供了计量方法，也为城市基础设施的服务产业化经营创造了技术条件。

二、城市基础设施建设体制改革

在社会主义市场经济体制框架下，中国城市基础设施建设体制发生了巨大变化。从20世纪80年代开始，中央政府颁布了一系列有关城市基础设施建设的法规和政策，包括强调公用设施建设是城市政府的主要职能，从工商业利润中提取城市建设维护税，新建项目必须配套建设市政公用设施，土地使用权出让收入的部分用于城市建设等。以桥梁道路征收通过费为开端，施行"贷款建设、收费还贷"的基础设施建设模式，开辟了城市综合开发的道路。20世纪90年代开始，城市基础设施建设投融资体制市场化改革步伐加快，成立了国家开发银行，放宽了基础设施使用的收费限制，基础设施建设投资必须依据《公司法》成立项目法人，投资收益和风险市场化，对城市基础设施的经营权、使用权、收益权做出了明确的界定，对外资进入城市基础设施领域进行了规定，2001年开始允许和鼓励民间资本进入城市基础设施建设领域。按照中国政府加入世界贸易组织所做出的承诺，电信、燃气、热力、给排水等领域对外资开放，特许经营制度成为城市基础设施经营和管理的主要形式。

城市基础设施的特许经营制度是指在市政公用行业中，由政府授予企业在一定时间和范围对某项基础设施的使用和服务进行经营的权利，即特许经营权。政府通过合同协议或其他方式明确政府与获得特许权的企业之间的权利和义务。中国现实行特许经营的范围已包括城市供水、供气、供热、污水处理、垃圾处理及公共交通等行业，初步形成了与社会主义市场经济体制相适应的城市基础设施建设体制。

（1）鼓励社会资金、外国资本采取独资、合资、合作等形式参与市政公用设施的建设，形成多元化的投资结构。对供水、供气、供热、污水处理、垃圾处理等经营性市政公用设施建设公开向社会招标，选择投资主体。

（2）允许跨地区、跨行业参与市政公用企业经营。采取公开向社会招标的形式选择供水、供气、供热、公共交通、污水处理、垃圾处理等市政公用企业的经营单位，由政府授权特许经营。

（3）通过招标发包方式选择市政设施、园林绿化、环境卫生等日常养护作业单位或承包单位。实施以城市道路为载体的道路养护、绿化养护和环卫保洁综合承包制度。

城市政府负责本行政区域内特许经营权的授予工作，各市政公用行业主管部门负责特许经营的具体管理，承担授权方相关权力和责任。市政公用行业主管部门直接由管理转变为宏观管理，从管行业转变为管市场，从对企业负责转变为对公众负责、对社会负责。其主要职责是，贯彻国家有关法律法规，制定行业发展政策、规划和建设计划；制定市场规则，创造公开、公平的市场竞争环境；加强市场监管，规范市场行为；对进入企业的资格和市场行为、产品和服务质量、履行合同情况进行监督；对市场行为不规范、产品和服务质量不达标和违反特许经营合同规定的企业进行处罚。

三、城市基础设施投、融资模式

为了吸引更多的资金进入城市基础设施建设，近几年中国各城市实施了公有公营、私有私营、公有私营、用户和社区自助模式等基础设施建设与运营模式。

（一）BOT 模式

BOT（Build-Operate-Transfer），即建设—运营—移交。联合国工业发展组织、世界银行、亚洲开发银行、国家发改委对 BOT 的定义略有差别。本书选取比较通行的定义：政府（中央或地方政府/部门）通过特许权协议，授权项目发起人（民营企业、外资企业、法人国企）联合其他公司或股东为某个项目（主要是自然资源开发和基础设施项目）成立专门的项目公司，负责该项目的融资、设计、建造、运营和维护，在规定的特许期内向该项目（产品/服务）的使用者收取适当的费用，由此回收项目的投资（还本付息）、经营和维护等成本，并获得合理的回报；特许期满后，项目公司将项目（一般免费）移交给政府。在国际融资领域，BOT 不仅仅包含了建设、运营和移交的过程，更主要的是项目融资的一种方式，具有有限追索的特性。

BOT 项目融资的优点：一是有利于分散和转移项目风险，降低项目所在地政府的债务风险；二是有利于加快基础设施建设，减少政府财政负担；三是可以借鉴外来先进的技术和项目管理经验；四是有利于提高基础设施项目的建设和使用效率。BOT 项目具有系统外风险和系统风险。系统外风险主要包括不可抗力风险、国有化风险、政府越权干预风险、违约风险、公共政策及法律变化风险、金融风险等。系统风险又称可控风险，主要包括信用风险、市场风险、竞争性风险、建设工程风险（完工风险）、运营维护风险和环境风险。

（二）TOT 模式

TOT（Transfer-Operate-Transfer），即转让—经营—转让，是指通过转让出售现有投产项目在一定期限内的现金流量从而获得资金建设新项目的一种融资方式。具体来说，是指把已经投产运行的项目在一定期限内移交给受让方经营,以项目在该期限内的现金流量为标的,一次性地从受让方融得资金,用于建设新的项目;受让方经营期满后,再把项目移交回来。中国山东的烟台至威海高速公路,上海南浦大桥、杨浦大桥及过江隧道均成功实施了TOT融资方式。

TOT方式的优势:一是融资方式只涉及已建基础设施项目经营权的转让,不存在产权、股权的让渡,避免不必要的争执和纠纷,回避了国有资产流失问题,保证了政府对公共基础设施的控制权,使得问题尽量简单化;二是减少政府财政压力,促进投资体制的转变;三是有利于盘活国有资产存量,实现国有资产保值增值,为新建基础设施筹集资金,提高基础设施运营管理效率,提高项目产品质量;四是风险小,项目引资成功率高;五是项目成本和项目产品价格相对较低;六是受体制因素制约较少,方便外资和国内民营资本参与基础设施和国企投资。

(三) PPP模式

PPP(Public-Private-Partnerships),是公共部门与民营企业合作模式,是指政府、营利性企业和非营利性企业基于公用事业项目而形成的合作关系,其形式与BOT模式极为相似。

在该模式中,政府并不把项目的责任全部转移给私人企业,而是合作各方共同承担责任和融资风险,使得公共部门的成本和风险大为降低。

PPP模式在城市基础设施建设中应用的显著特点在于:通过引入私人企业,将市场中的竞争机制引入城市基础设施建设中,更有效地提供公共服务。它与BOT的主要区别在于:PPP模式中私人投资者从项目论证阶段就开始参与项目,而BOT模式中私人投资者在项目招标阶段才开始参与项目。因此,BOT可以作为PPP模式的一种操作方式。

PPP方案尤其适用于道路建设。由于道路项目在早起计划阶段就确定了技术设计方案,从而使技术创新受限。如果采用PPP方案,可以使有意向参与项目建设的私人企业与项目所在国政府或有关机构在项目论证阶段共同商讨项目建设过程中所采用的技术方案,从而有可能采用较新的研究成果。PPP模式下,城市公共基础设施建设有8种典型方式,根据它们的适用类型和公有化程度从高到低排列,如表7-2所示。

表7-2 不同城市公共基础设施建设的适用化类型和公有化程度

设施类型	已有设施	已有设施扩建	新设施
适用方式	服务协议	租赁—建设—经营(LBO)	建设—经营—移交(BOT)
	运营和维护协议	建设—移交—经营(BTO)	购买—建设—经营(BBO)
		扩建后经营整体工程并转移	建设—拥有—经营(BOO)

城市基础设施投融资体制改革为中国城市基础设施建设提供了广阔的资金平台,投融资主体实现多元化,为加快城市基础设施建设奠定了基础。

四、政府在基础设施建设中的作用

（1）审定和监管市政公用产品和服务价格。在充分考虑资源的合理配置和保证社会公共利益的前提下，遵循市场经济规律，根据行业平均成本并兼顾企业合理利润确定市政公用产品或服务的价格（收费）标准。

（2）保障市政公用企业通过合法经营获得合理回报。若为满足社会公众利益需要，企业的产品和服务定价低于成本，或企业为完成政府公益性目标而承担政府指令性任务，政府应给予相应的补贴。

（3）以法律的形式明确投资者、经营者和管理者的权力、义务和责任，明确政府及其主管部门与投资者、经营者之间的法律关系。

（4）通过规定的程序公开向社会招标选择投资者和经营者。按照《中华人民共和国招标投标法》的规定，首先向社会发布特许经营项目的内容、时限、市场准入条件、招标程序及办法，在规定的时间内接受申请；组织专家根据市场准入条件对申请者进行资格审查和严格评议，择优选择特许经营权授予对象；在新闻媒体上对被选择的特许经营权授予对象进行公示，接受社会监督；公示期满后，由城市市政公用行业主管部门代表城市政府与被授予特许经营权的企业签订特许经营合同。政府直接委托经营权的，由主管部门与受委托企业签订经营合同。

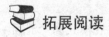 拓展阅读

采用 TOT 模式 城市基础设施开门引资

为进一步盘活湛江市基础设施存量资产，湛江市城市基础设施积极开门引资，霞山污水处理项目引用新的建设和融资机制，采用 TOT（转让—运营—转让）投资模式经营湛江市城市基础设施，并成为湛江市首家采用该模式的重点工程项目。

据了解，近年来，湛江市城市基础设施投入逐渐加大，2004 年，在湛江市安排的 30 个重点建设项目中，城市基础设施有 7 个，总投资额达 15 亿元。

霞山污水处理厂项目是湛江市基础设施重点项目，承担着霞山区 60%城市污水处理重任，其远景规划为日处理污水能力 40 万吨，建设规模按日处理污水能力 20 万吨设计，分两期建设，首期建设日处理污水能力 10 万吨，采用 CAST（循环式活性污泥法）工艺，首期工程（厂内）投资 1.3 亿元，计划在 2005 年底前完工。在霞山污水处理厂筹建过程中，经过反复论证和综合比较，市政决定对霞山污水处理厂采用 TOT 投资模式。市财政局领导说，这种具有鲜明特色的经营形式，不仅有效激活了湛江治污市场，还拓展出了一条"政府得税、企业得利、银行得息、百姓得益"的治污新型发展途径。据悉，目前霞山污

水处理厂已完成前期招投标工作,工程建设进展顺利,项目三通一平工作已完成工程总量的 75%。城市基础设施 TOT 投资模式是指由政府部门融资建设城市基础设施,建成后政府将经营权出售给民间投资者,投资者在约定时间内通过经营收回投资并取得回报后,再将经营权无偿交给原产权所有人的经营方式。对政府来讲,通过 TOT 方式出让特许经营权,可以最大限度地筹集城市建设所需资金,而对于投资者来讲,由于其受让的是已建成且正常运营的项目,完全不用承担建设期的风险。

(资料来源:http://www.southcn.com/news/dishi/zhanjiang/ttxw/200410090379.htm.)

 本章小结

1．城市基础设施是既为生产又为人民生活提供一般条件的公共设施,是城市赖以生存和发展的基础。它包含设施、产品(服务)和产业三种形态。设施是指城市基础设施自身的物质形态;产品是指借助于城市基础设施而开展的经济活动所产生和提供的产品或服务;产业是指把基础设施实体或产品(服务)作为经营对象的产业和行业。通信、自来水经营、公共交通等类型的企业,一般称为公用事业。

2．从系统的观点,我们可以把城市基础设施分为六个子系统,分别是城市供水与排水系统、城市能源系统、城市交通系统、城市通信系统、城市环境系统和城市防灾系统。

3．城市基础设施的特性有:服务的公共性与效益的间接性、产业的综合性与管理的协调性、开发的统一性与建设的超前性。

4．城市基础设施的建设模式有"超前型"发展模式、"同步型"发展模式和"滞后型"发展模式。"随后—同步"型发展模式,即直接生产部门投资先行,基础设施投资随后紧跟,是资金短缺国家城市基础设施的建设模式。我国是一个发展中的大国,各地情况差异很大,作为国家基础设施中的一个重要组成部分,城市基础设施的发展模式应因地制宜,根据本地资源条件、地方经济实力和周边基础设施状况选择不同的基础设施发展模式。

5．近年来,我国城市基础设施的现代化程度显著提高,基础设施领域得到拓展,城市基础设施科学规划更加合理,加强节水设施建设,并推进节能设施建设。

6．我国城市基础设施建设所面临的各种挑战需要各级城市政府认真面对,包括人口城市化的挑战、经济市场化的挑战、城市现代化和国际化的挑战、科技进步与知识经济的挑战、生态环境的挑战。

7．城市基础设施产业化,是市场经济条件下的发展趋势。通过竞争发展城市基础设施,适应了基础设施建设扩大的需要,有利于提高其使用效率和促进城市政府职能转变,并充分利用了科学技术进步,有利于城市现代化。

8．我国现实行特许经营的范围已包括城市供水、供气、供热、污水处理、垃圾处理及公共交通等行业,初步形成了与社会主义市场经济体制相适应的城市基础设施建设体制。鼓励社会资金、外国资本采取独资、合资、合作等形式参与市政公用设施的建设，形成多元化的投资结构。允许跨地区、跨行业参与市政公用企业经营。通过招标发包方式选择市政设施、园林绿化、环境卫生等日常养护作业单位或承包单位。

9. 我国各城市实施了公有公营、私有私营、公有私营、用户和社区自助模式等基础设施建设与运营模式。其中，公有私营又分为两种主要形式，即 BOT 方式和 TOT 方式。

10. 政府在基础设施建设中的作用：审定和监管市政公用产品和服务价格，保障市政公用企业通过合法经营获得合理回报，以法律的形式明确投资者、经营者和管理者的权力、义务和责任，明确政府及其主管部门与投资者、经营者之间的法律关系，通过规定的程序公开向社会招标选择投资者和经营者。

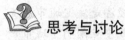
思考与讨论

1. 我国城市基础设施建设主要存在哪些问题？
2. 城市基础设施产业化的好处有哪些？为什么说城市基础设施产业化是城市经济发展的趋势？
3. 试比较中国与西方在现代城市建设过程中，基础设施建设的异同。
4. 在我国东中西部的城市发展中，具有明显的时间特点，请选择代表性城市，分析其融资模式与营运体制的变迁。

第八章　城市产业经济

 学习目标

产业有广义和狭义之分,从广义上看,产业是指国民经济的各行各业。从生产到流通、服务以至于文化、教育,大到部门,小到行业都可以称之为产业。从狭义上看,由于工业在产业发展中占有特殊位置,经济发展和工业化过程密切相关,产业有时指工业部门。本章中研究的产业是广义的产业,泛指国民经济的各行各业。城市产业经济是决定城市经济功能和城市性质的内在因素,也是促进城市经济增长的基本要件,本章重点阐明了城市产业经济的两个方面:一是从时间维度上阐明了城市产业结构问题;二是从空间维度上阐明了城市产业集群问题。通过对本章的学习,可以加强对城市产业分类、产业结构和产业集群的了解,从而在整体上更好地掌握本书的知识。

第一节　城市产业分类

一、按生产部门划分

按传统的经济理念,将国民经济划分为五大产业部门:农业、工业、建筑业、运输邮电业、商业饮食业。由于它只考虑了物质生产和流通领域,没有考虑科学文化等精神文明领域,而后者对于整个经济和社会发展的作用正在日趋增大,因此这种分类方法带有一定的局限性。

二、按产品使用划分

按产品的用途,将全部物质产业部门分成两大类:把生产初级产品和中间产品的产业划作上游产业;而把生产最终产品的产业划作下游产业。二者之间并无严格区分,只是针对不同的经济活动而言。一般来说,上游产业的"前向联系度"较高,而下游产业的"后向联系度"较高。

"联系"是美国经济学家赫尔希曼(Albert Hirschman)所提出的经济概念,他认为在各产业部门之间由于原料的供给和产品的使用而存在着一种天然的协作关系。他把某一部门与吸收其产出的部门之间的联系称为前向联系;把某一部门与向它提供投入的部门的联

系称为后向联系。例如，石油采掘业是前向联系度很高的上游产业，它的建立会推动炼油、化工、医药等下游产业的发展；而汽车制造业是后向联系度很高的下游产业，它的建立则将带动机械、冶金、化工等上游产业的发展。

三、按经济功能划分

按经济功能和市场的不同，把城市产业部门分成两大类：主要满足城市外部市场需要的产业为输出产业（或基础产业）；主要满足城市内部市场需要的产业为地方产业（或非基础产业）。对于城市的经济发展来说，输出产业是起主导作用的，处于支配地位，因为它是城市从其外部获取资源的主要手段；地方产业则是支撑前者存在与发展的条件，处于从属地位。

每个城市发展什么样的输出产业，取决于许多条件和因素，最重要的是该产业是否具备了比较优势，即和其他地区相比、和其他产业相比，该产业是否在资源、技术、地理、市场等相关方面拥有竞争力。各个城市扬长避短，确定自己的主要输出产业，从而形成各具特色的专业化分工。这对于国家和地区的生产力合理布局、资源的有效利用、经济效益的综合提高，都具有十分积极的意义。同样，地方产业一方面为输出产业提供产品和劳务；另一方面为当地市民提供衣、食、住、行等诸种便利，在城市经济发展中绝非无足轻重，而是必不可少的支持系统。

输出产业与地方产业反映了城市经济的两重性，即对外功能与对内功能的统一。在这两者之间存在着数量依存关系，即

$$\Delta EL' = a\Delta EB^0 \tag{8-1}$$

式中，$\Delta EL'$为地方产业的就业增加量；ΔEB^0为输出产业的就业初始增加量；a为地方产业就业限定系数。

四、按生产要素划分

根据各生产要素在不同产业部门中密集的程度和所占的不同比例，把城市产业部门分成三大类：劳动密集型产业、资金密集型产业和技术密集型产业。凡单位劳动力占用资金较少、资本有机构成和技术装备水平较低、需要投入劳动力较多、单位成本中活劳动消耗所占比重较大的产业，称为劳动密集型产业，如服装、皮革、饮食业等；凡投资比较集中、资本有机构成高而所需劳动力较少的产业，称为资金密集型产业，如石油、化工、钢铁、机械制造业等；凡生产过程机械化、自动化程度和技术层级较高且对知识人才素质要求较严的产业，称为技术密集型产业（或知识密集型产业），如电子、航天、生物工程行业等。在实际构成中，有的行业不一定是单纯某一种要素密集度高，而有可能是两种都高。

经济发展的根本特征是产业结构由简单到复杂、由低级到高级的不断转化。考察一下各国经济发展的进程，可以发现产业结构呈现如下演变规律：由以劳动密集型产业为主，转化为以资金密集型产业为主，再发展到以技术密集型产业为主。这一规律的基础是不同社会资源累积的顺序与速度、规模的差异，以及由技术进步带来的各种社会资源的有序替代。

与自然资源形成的过程不同，劳动力、资金、科学技术这些社会资源是随着社会发展而逐步累积起来的。图8-1直观地显示出各种资源的累积过程与产业结构的相应变化。

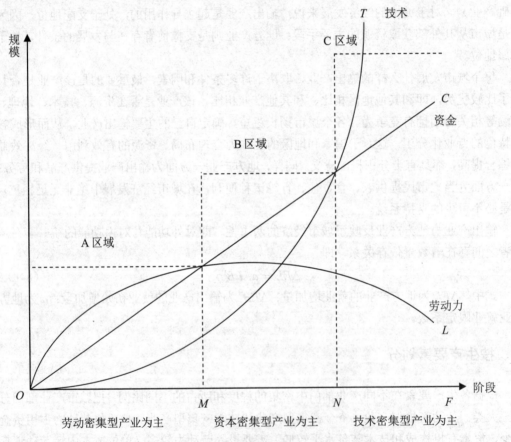

图8-1 各种资源的累积过程与产业结构的相应变化

图8-1中，曲线 OL、OC、OT 分别表明劳动力、资金、技术要素的累积规模，OM、MN、NF 分别表示经济发展的不同阶段。曲线的不同形状反映出不同要素积累过程的差异：劳动力增长在达到一定程度后呈缓慢下降趋势；资金的增长呈直线型上升；技术要素的累积为二次曲线形式，反映出技术进步的加速规律。曲线的位置变化反映出各种资源相对重

要性的变化。在经济发展的早期（OM）阶段，劳动力是最重要的社会生产资源，其规模随人口增长而不断扩大。资金、技术要素虽有一定积累，但速度很慢，规模有限。与各种资源的累积规模差异相适应，这一时期的产业主要是农牧业、采掘业、手工业、轻纺工业等劳动密集型产业。在 MN 阶段，资本积累规模急剧扩张。曲线 OC 超过 OL，表明资本替代劳动成为最重要的社会资源。冶金、机械、化学、电力、交通运输等资金密集型产业逐步成为社会生产的主要行业。与此同时，技术要素的积累规模也在迅速扩张，并且呈现出不断加速的趋势。当曲线 OT 超过 OC 以后，技术就成为最重要的生产要素。电子、电器、航天、合成材料等技术密集型产业也逐步取代传统的资本密集型产业，成为社会生产的主要产业。

五、按三次产业划分

三次产业这一概念最早可以追溯到古典经济学家威廉·配第（William Petty）在其《政治算术》中有关经济发展与产业结构变化的论述。最先明确提出并使用这一概念的人是新西兰的经济学家弗雷希尔（A. Frisher），他在其著作《进步与完全的冲突》（1935）中提出人类经济活动的三大历史阶段：以种植业和畜牧业为主的第一阶段（初级阶段）；以工业生产为主的经济活动的第二阶段；以各种服务性行业构成经济活动主要内容的第三阶段。弗雷希尔将经济产业划分为第一产业、第二产业和第三产业三个层次，分别与三个阶段的主要经济活动内容相对应。英国经济学家克拉克（Colin. G. Clark）在 1940 年出版的《经济进步的各种条件》中将农业和制造业分别归入第一产业和第二产业，其余经济活动则全部归入第三产业，并引证和发展了配第有关经济发展中劳动力由低层次产业向高层次产业转移的产业结构变化论述，被称为"配第—克拉克定律"（Petty-Clark's Law）。

自此，西方国家普遍采用三次产业的分类方法，并逐步被社会主义国家所接受，而成为国际上广泛流行的划分方式。

联合国国际劳工组织根据这一理论，于 1971 年颁布《全部经济活动的国际标准分类索引》（*Index to the International Standard Industrial Classification of All Economic Activities*），简称《标准产业分类》（SIC），它把全部经济活动分成如下十个大类。

（1）农业、狩猎业、林业和渔业。

（2）矿业和采石业。

（3）制造业。

（4）电力、煤气和供水业。

（5）建筑业。

（6）批发与零售业、餐馆与旅店业。

（7）运输业、仓储业和邮电业。

（8）金融业、不动产业、保险业及商业性服务业。

（9）社会团体、社会及个人的服务。

（10）不能分类的其他活动。

以上十类中，（1）～（2）类属于第一产业，（3）～（5）类属于第二产业，（6）～（10）类属于第三产业。

中国国家统计局于1985年对三次产业的划分做了专门的规定，即：

（1）第一产业为农业（包括林业、牧业、渔业等）。

（2）第二产业为工业（包括采掘业、制造业、自来水、电力、蒸汽、热水、煤气业）和建筑业。

（3）第三产业为除上述各业外的其他产业，它又包括以下四个层次。

第一层次为流通部门，包括交通运输业、邮电通信业、商业饮食业、物资供销和仓储业。

第二层次为生产和生活服务的部门，包括金融业、保险业、地质普查业、房地产业、公用事业、居民服务业、旅游业、咨询信息服务业和各类技术服务业等。

第三层次为提高科学文化水平和居民素质服务的部门，包括教育、文化、广播电视事业，科学研究事业，卫生、体育和社会福利事业等。

第四层次为社会公共需要服务的部门，包括国家机关、党政机关、社会团体，以及军队和警察部门等。

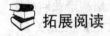
拓展阅读

加快城市产业转型

黄石因矿建厂，因厂设市，是最具代表性的资源型城市，但长期大规模、高强度的开采不仅使其资源日益衰减甚至枯竭，而且与之伴生的产业模式在畸形发展的轨道上愈显窘迫。产业振兴是城市发展的根本，推进黄石资源枯竭型城市转型，必须把产业转型作为重中之重，并以此带动体制机制、城市功能等各个方面的整体转型和创新。

更新产业理念，坚持"弃旧图新"

产业理念是产业发展的先导，实现资源型产业转型，首先必须摒弃传统的思维模式，确立全新的产业发展理念。一是在产业发展导向上，彻底改变过去重经济效益轻生态效益、重短期利益轻长远利益的发展取向，确立集约发展、节约发展、可持续发展的基本导向。加大政府调控和行政执法力度，正确引导全社会投资方向，指导各类产业按照"两型社会"的要求,更加注重资源节约和环境保护,不能以牺牲环境为代价去换取一时的经济增长,不能以眼前发展损害长远利益,不能用局部发展损害全局利益。二是在产业发展方式上,围绕促进产业多元化、集约化和高新化,从根本上转变传统的"靠矿吃矿"的"恋矿情结",积极借鉴东部发达地区"零资源"发展经验,大力推进新型工业化,减轻经济发展对资源的依赖程度,促进产业发展由单一开发资源向资源开发与加工业、制造业相结合转变,努力走出一条科技含量高、经济效益好、资源消耗低、环境污染少、人力资源优势得到充分发挥的发展新路。三是在资源的理解上,要扭转"只有原生矿产资源才是资源"的思维惯性,从发展循环经济的角度,推进工业废弃物再生资源的综合利用。必须最大限度地对工业生产排放的"渣、灰、气、液"进行综合利用,进一步延长资源的服务周期,努力实现矿产资源利用效益最大化。

扩大产业规模,发挥"支柱优势"

产业转型的目的是提高产业竞争力,根本途径是依托自身优势推动产业升级。如果抛弃原有产业基础另起炉灶,必然是邯郸学步,适得其反。我们要顺从经济规律,产业发展既不应过度依赖资源,长期发展能耗高的产业,也绝不能脱离现有产业,一步到位发展非资源型产业。要充分考虑市情,坚持工业主体地位不动摇,坚持做强做大优势产业不动摇,努力使黄石的产业特色通过转型体现得更加鲜明,产业优势通过转型得到进一步扩大。一是壮大产业龙头,强化特色优势。要继续发挥传统骨干企业的支撑作用,大力促进新冶钢、美尔雅等优势企业加快发展、做大做强,并带动行业内相关企业增能力、上水平、扩规模,努力打造千亿元产业、培育百亿元企业、发展千家规模以上企业。二是拉长产业链条,延伸特色优势。要切实遵循城市经济发展规划确定的指向,以特钢延伸加工、铜产品延伸加工、新型建材、新能源等产品板块为重点,大力发展下游产业,开发中间、终端产品,推进传统产品和初级产品向原材料精加工产品转变,实现资源型产品就近的加工和转化增值。三是发展产业集群,扩大特色优势。依托现有产业基础,细化专业分工,加速要素整合,优化资源配置,提高产业配套能力和企业关联度,进一步扩大产业集聚和辐射效应。

完善产业布局,促进"系统优化"

在资源枯竭型城市转型的新的历史条件下,促进经济增长由主要依靠第二产业带动向依靠第一产业、第二产业、第三产业协同带动转变,这是优化经济结构、完善产业布局必须坚持的基本方针,也是加速产业转型的必由之路。在产业转型的过程中,应当开阔视野,把握主攻方向,善于从弱势中挖掘潜力,从困境中寻找出路,围绕促进经济结构的系统优化,大力推进三次产业的协调发展。一是加快发展三产经济。要坚持市场化、产业化、社会化的方向,进一步加大政策扶持和资金投入力度,努力适应新型工业化和居民消费结构升级的新趋势,积极发展面向生产、面向民生的现代服务业,规范化和提升传统服务业,不断提高第三产业对经济增长的贡献率。二是积极发展现代农业。围绕提高农业产业化和集约化水平,加快优质农产品产业带和特色农产品基地建设,扩大优质特色产品生产规模,培植壮大农业产业化龙头企业,推进农业品牌创建,提高农业发展的组织化程度。积极引导农村私营矿主、业主发挥资金优势,支持新农村建设,参与农业开发和农产品经营,走共同富裕之路。三是进一步优化工业布局。统筹规划,合理布局,整合资源,明确定位,力促老城区工业企业向新区搬迁,所有新办工业企业向园区集中,逐步形成中心城区以服务业为主、新城区以金融和高新技术产业为主、工业项目集中进园的产业布局。

(资料来源:吴兴龙. 加快城市产业转型[N]. 湖北日报,2009-08-26.)

第二节 城市产业结构

一、城市经济结构

城市经济结构的基本含义是指构成城市经济系统的各种经济要素之间的关联组合状态及其数量比例关系。城市经济结构决定着城市经济活动的物质交流、能量交流、信息交流特征,不同经济结构的城市,其基础设施、城市空间布局、产业政策和经济发展战略均存在不同的要求。城市产业结构是按照城市各项经济活动的劳动对象、要素需求强度、产品连续关系等行业特征而划分的城市经济结构类型,它不仅反映城市经济系统内各行业部门之间的结合方式和数量比例关系,而且也通过这一比例关系体现城市各产业的主次地位和对城市经济发展的功能作用,因此城市产业结构的分析和优化是城市经济结构研究的重点内容。

二、城市产业结构特征与经济发展阶段的关系

经济发展与产业结构之间存在着十分密切的相互关联和相互制约的关系。不同的经济发展阶段,一、二、三产业的结构比例关系及主次序位呈现出不同的特征(见图 8-2)。发达国家经济发展的历史经验及相关的研究理论表明,经济增长的不同阶段具有不同的产业和人口经济联系方式,城市的经济结构可以通过三次产业的产值比重序位的变化,以及相应的人口就业比重的变化反映出来。美国经济学家库兹涅茨(S. Kuznets)、钱纳里(H. Chenery)等根据三次产业在国民生产总值构成中的比例关系,结合人均国民生产总值的高低,将经济增长阶段划分为农业时期、工业化时期和后工业化时期三个时期,其中工业化时期又具有初期、中期和晚期三个阶段。联合国工业发展组织以工业净产值在国民收入中的比重为指标,将经济发展阶段划分为农业经济阶段、工业初始阶段和工业加速阶段,如表 8-1 所示。

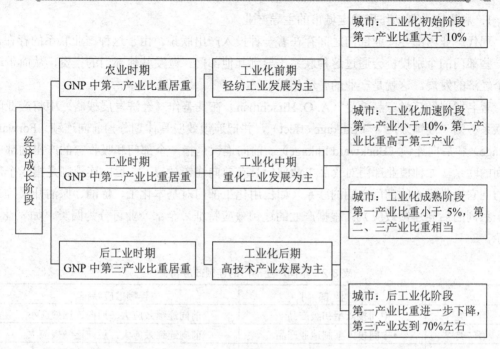

图 8-2 经济发展理论对经济成长阶段的划分

表 8-1 联合国工业发展组织对工业经济发展阶段的划分

工业经济发展阶段	特征值 R：工业净产值占国民收入的比重
农业经济阶段	$R<20\%$
工业初始阶段	$20\%<R<40\%$
工业加速阶段	$R>40\%$

三、城市产业结构演变的动因与城市主导产业的选择和确定

城市产业结构的演变受到很多因素的影响，主要包括需求结构、技术进步、产业政策和资源禀赋等因素。（1）需求结构变化是产业结构演变的直接诱因之一。在经济发展过程中，各产业产品的需求弹性和收入弹性会不断地发生变化，从而通过消费需求结构的变动对产业结构产生影响。另外，需求结构有多种，除了个人消费需求结构外，中间需求和最终需求的比例、消费需求和投资需求的比例、投资需求结构都会推动产业结构的变化。（2）从长期看，城市产业结构是由技术进步和技术结构特征所决定的。

城市主导产业的选择确定，是城市经济发展战略和产业结构优化所研究的重点。选择和确定城市主导产业，主要有两方面因素需要考虑：产业的经济带动作用和产业的区位比较优势。这两个因素常常是相互关联、互为转化的。

1. 利用产业带动作用确定城市的主导产业

现代产业内部各产业部门之间存在着一种投入产出联系。由于这种产业联系的存在，在一些部门的个别投资会通过这种联系传导到其他部门，诱发其他部门的投资，从而带动整个经济的发展，这就是产业的带动作用。

著名发展经济学家赫希曼（A. O. Hirschman）在其著作《经济发展战略》中将产业间的联系称为"连锁效应"（Linkage effect），并把连锁效应具体划分为前向连锁（Forward linkage）和后向连锁（Backward linkage）。前向连锁是指一个部门和吸收它的产出的部门之间的联系（如种植业部门对食品工业部门具有前向连锁效应）；后向连锁则是指一个部门与向它提供投入的部门之间的联系（如日用化工部门对基本化工、炼油、原油开采等具有一系列的后向连锁效应）。根据产业的连锁效应特征，全部产业可分为四类，如表 8-2 所示。

表 8-2 不同产业部门的连锁效应特征

	产业部门	连锁效应特征
第一类	中间投入型初级产品	前向连锁效应大，后向连锁效应小
第二类	中间投入型制造业产品	前向连锁效应大，后向连锁效应大
第三类	最终需求型制造业产品	前向连锁效应小，后向连锁效应大
第四类	最终需求型初级产品	前向连锁效应小，后向连锁效应大

对于发展中国家的城市而言，从产业带动作用入手确定城市的主导产业结构，就是要选择能发生最大连锁效应的产业部门——带头部门，把有限的投资优先集中于该部门，从而最大限度地发挥连锁效应，推动城市经济的整体发展。后向连锁一般比前向连锁的带动作用更强，因此，城市主导产业的选择应主要从后向连锁效应大的部门考虑。许多学者对产业的连锁效应进行过具体的定量测算，表 8-3 列出的是美国经济学家钱纳里等利用投入产出表计算的不同产业部门的连锁效应值。这些计算方法和结论为进行城市主导产业的选择确定提供了具体的定量参考标准。

2. 从产业的比较区位优势确定城市的主导产业

城市是一定区域范围内的经济活动中心。从产业的比较区位优势确定城市的主导产业，就是具体分析城市的每个产业部门在整个区域的同类经济部门中所处的地位和相对重要程度，从中选择出比较区位优势最强或发展潜力最大的产业部门，强化和扩大这一优势或潜力，以促进城市经济的发展。集中系数和区位熵是用来定量计算和衡量产业的比较区位优势的两个主要指标。集中系数（Coefficient of Concentration）是用来反映某项产业经济活动在一个特定区域（一个城市或一个经济区）中的集中程度。对城市而言，集中系数是指城市的某一产业部门，按人口平均的产量、产值（a/m）与全国或全地区同一产业的相应指标（A/M）的比值，即集中系数 C=(a/m)/(A/M)。C 值越大，说明该产业部门的专业化程度越高，比较区位优势越强。对比同一地区内两个不同城市某一产业部门的集中系数，可以判定两个城市在全区该产业部门的区际地位的高低。区位熵（Quotient of Location）又称专业化率，指城市某产业部门在全国或全地区同一产业部门中的比重（a/A）与城市全部产业活动在全国或全地区全部产业活动中的比重（b/B）之比，即区位熵 Q=(a/A)/(b/B)。通过计算区位熵，可以找出该城市在全国或全地区具有一定地位的专业化产业部门，并根据 Q 值大小衡量其专业化率。

表 8-3 产业部门连锁效应的定量计算

	最终需求			中间投入		
	III. 最终需求型制造业产品	前向	后向	II. 中间投入型制造业产品	前向	后向
制造业	服装和日用品	0.12	0.69	钢铁	0.78	0.66
	造船	0.14	0.58	纸及纸制品	0.78	0.57
	皮革及皮革制品	0.37	0.66	石油产品	0.68	0.65
	食品加工	0.15	0.61	有色金属冶炼	0.81	0.61
	粮食加工	0.42	0.89	化学工业	0.69	0.60
	运输设备	0.20	0.60	煤炭加工	0.67	0.63
	机械	0.28	0.51	橡胶制品	0.48	0.51
	木材及木材制品	0.38	0.61	纺织	0.57	0.69
	非金属矿物制品	0.30	0.47	印刷及出版	0.46	0.49
	其他制造品	0.20	0.43			
	IV. 最终需求型初级产品			I. 中间投入型初级产品		
基础产业	A. 物品			农业、林业	0.72	0.31
	渔业	0.36	0.24	煤炭采掘	0.82	0.23
	B. 劳务			金属采矿	0.93	0.21
	运输业	0.26	0.31	石油及天然气	0.97	0.15
	商业	0.17	0.16	非金属采矿	0.52	0.17
	服务业	0.34	0.19	电力	0.59	0.27

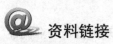
资料链接

偏离—份额模型

偏离—份额模型的基本思路是：经济增长率的差别，可以从产业结构因素和竞争力因素两个方面加以说明。假定某地区各产业部门的增长率与全国同一产业部门的增长率完全相同，由于经济增长率等于各产业部门增长率的加权之和，那么只要该地区的产业构成中以快速增长型产业为主，它的增长率就一定高于全国平均增长率水平，即该地区产业结构有助于经济增长。假如该地区的产业结构与全国完全相同，那么它的增长率与全国平均增长率水平之间的差异，就只能是由竞争力因素所造成的。

其基本公式是

$$\Delta Y_{ij} = R_{00}Y_{ij} + (R_{i0} - R_{00})Y_{ij} + (R_{ij} - R_{i0})Y_{ij} \quad (8-2)$$

式中，Y_{ij}为第j个地区第i个工业部门的基期总产值；ΔY_{ij}为第j个地区第i个工业部门的基期总产值增加额；R_{00}为全国工业总产值在基期和报告期之间的增长百分比；R_{i0}为全国第i个工业部门的增长率；R_{ij}为第j个地区第i个工业部门的增长率。

根据上述模型，第j个地区第i个工业部门的增长额由三个部分构成：第一个部分即$R_{00}Y_{ij}$，是该部分按全国工业总产值的增长速度而应有的增长额，这里称为全国增长效应（National Growth Effect）；第二个部分是$(R_{i0}-R_{00})Y_{ij}$，其代表j地区的i部门的产值增长偏离全国第i个部门平均增长的部分，称为部门混合效应（Sector-mix Effect）；最后一个部分是$(R_{ij}-R_{00})Y_{ij}$，它是该部门增长额分解的剩余成分（Residual Component），即扣除全国经济增长和部门结构变动的因素之后的增长额。因为这一部分数额的正负和大小体现该部门在全国同行业中的相对增长水平，因而称为竞争力成分（Competitive Component）。利用竞争力成分，我们既可以判断第j个地区第i个部门在全国同行业中所占的竞争地位，又可以了解在全国的经济增长中各个产业部门的相对扩张和收缩是在哪些地区进行的。

（资料来源：翁君奕，徐华. 非均衡增长与协调发展[M]. 北京：中国发展出版社，1996.）

四、城市产业结构的优化

城市产业结构优化是指促使城市各产业之间协调发展、技术进步和经济效益提高的过程。它与现有产业结构水平高低无关，但从动态看，产业结构优化应当是一个提高的过程。这个过程是在城市经济效益最优的目标下，根据影响产业结构的因素，通过对产业结构的调整，使得产业结构向着协调发展、技术进步和效益提高的方向演化。产业结构优化是一个相对的概念，即各个时期优化的内容是不同的，但一般而论应主要包括产业结构的合理化与产业结构的高级化两个方面。

1. 产业结构的合理化

产业结构合理化是指在现有资源和技术条件下，生产要素能得到合理配置，产业间能协调发展、产生良好经济效益的过程。产业结构合理化的标志是：（1）产业结构与社会需要相适应；（2）能使现有资源得到合理利用；（3）能使产业间协调发展；（4）有利于科技成果转化；（5）能充分利用国际分工与协作；（6）能保证经济效益不断提高。

因此，评价一个城市产业结构是否合理，首先要看其产业结构满足社会需要情况。满足需要情况可用需求结构和各种需求满足程度等指标进行评价。需求结构和需求满足程度往往通过产销率等指标来反映。其次要看资源利用状况。资源利用状况包括自然资源和生产要素的利用效率,具体可用耕地面积、水力资源利用率、产值耗能率等指标反映。再次要看劳动力结构。劳动力结构包括劳动力的产业构成、劳动力的文化素质构成、劳动力的性别与年龄构成。劳动力结构能反映一个城市的经济发展水平。另外,还要看结构效益指标。产业结构是否合理,可以从结构效益中反映出来。结构效益通常可采取劳动生产率变化情况或年投入产出比率的变化情况来大致反映。

2. 产业结构的高级化

产业结构高级化是指产业结构向着产业的技术结构和产业内部的综合生产率提高的方向演化的过程。产业结构高级化是在产业结构合理化基础上的进一步发展。产业结构合理化的核心是在现有的资源和技术条件下,各产业间的协调发展;产业结构高级化的核心是向符合现代化水平要求的产业结构演化。产业结构高级化具体表现为四个方面:(1)高加工度化,即工业加工程度的不断深化。(2)高附加价值化,即产业结构向附加价值高的部门发展的趋势。(3)技术知识集约化,即各产业将越来越采用高级技术和先进工艺,生产的产品和工作的技术知识含量很大。(4)产业结构的"软化",它包括两方面内容:一是指产业结构发展过程中,第三次产业比重不断增大,出现"经济服务化"趋势;二是指"通过创造性的知识集约化的发展来促进产业结构的进一步高度化",经济发展对高技术人才的依赖性大大增强。

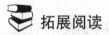 拓展阅读

义乌创意产业之路该怎么走

从义乌市场创意之光的时隐时现,到一年一度的义乌文博会,创意商品的活力四射;从科研院校义乌虚拟研究院、浙江大学义乌创业育成中心的成立,到义乌创意园的挂牌诞生……如今,"创意产业""创意经济"正如一股热潮在商城大地上涌动。

5月5日晚,央视《新闻联播》头条新闻以"从卖产品到卖设计"为主题,热说义乌创意产业,更为义乌创意氛围的营造增添了浓浓的一笔。

"小商品增加5%的创意附加值,等于新添一个义乌市场"。诱人的前景已经描绘,那么义乌该怎样发展壮大创意产业,走出自己的特色之路?

发展创意产业存在若干问题

中国工业设计协会会员、工业设计师、稠城工商所主任科员王建军认为,目前义乌创意产业存在两大问题:一是"创意产业"和"制造业"之间还存在着严重的信息不对称,导致两者之间无法低成本地进行有效对接;二是义乌创意园刚创办不久,知名度和美誉度都还不够,不同程度地存在重硬件、轻服务的问题。

"不少义乌企业尚未认识到产品设计的重要性,不愿将过长的时间、过多的资金消耗

在工业设计当中，相对来说，还喜欢走模仿之路。"义乌创意园管理中心办公室主任季慎峰说。为推广创意经济的概念，创意园曾开展优惠推广活动，涉及多个领域的近百家公司联合推出打折等优惠信息，但响应的企业寥寥无几。

一些接受采访的义乌中小企业主表示，他们也想走"创意"之路，但实际操作起来难度较大。某文具企业陈老板说，为了开发一款创新笔，他曾向设计师咨询，结果设计费、模具费加起来要十多万元，但出售一支这种笔才能赚七八分钱。他们企业规模小，销量上不去，赚不到多少钱，他只能放弃了。

"人才和技术的瓶颈也是制约行业发展的一个根本问题。"中华品牌服饰运营总监鲁南认为，创意产业是"靠脑袋吃饭"，能够形成一种产业需要"大师级"的人才。例如，数码艺术类职业需要漫画师、数字合成师、数字视频策划制作师，产品设计类职业需要工艺美术设计师、旅游纪念品设计制作师等。义乌创意园虽然引进了不少创意人才，但还缺少"大师级"的人才。

打造世界小商品创意设计中心

面对创意产业发展中的瓶颈，义乌创意产业之路究竟该怎么走？记者为此采访了对创意产业颇有研究的有关专家学者。

"借鉴香港每年一度的'香港设计周'，义乌可以通过举办'创新设计周'来扩大创意园的影响力，加强设计师和企业之间的对接。"王建军认为，"义乌创新设计周"可与文博会同期举行，由政府统筹运作，并鼓励金融支持，设计机构、工商学院、行业协会联动，最大限度地发挥创意产业园的作用。

王建军说，借"创新设计周"的载体，可以邀请世界各地、国内各省市的设计精英汇聚义乌，对知识产权与品牌培育等各方面关心的课题进行研讨，还可以举行"义乌小商品创新设计大奖赛"等活动，进行设计成果推广。

义乌工商学院兼职教授、义乌创意园首倡者骆圣武表示，营造"创意义乌"的良好氛围，大力发展包括工业设计、品牌策划等在内的创意产业是推动义乌市场创新和城市创新、促进义乌经济新发展的必由之路。他认为，应通过组织开展"义乌市场创新能力普查"、媒体创意宣传、创意课题培训、创意成果交流等，做好推广创意理念、普及创意知识的基础工作，以帮助市民了解创意产业、支持创意产业的发展，从而达成个人、企业和政府的良性互动，共同打造"创意义乌"。

杭州市社会科学院副院长、浙江大学教授周膺认为，义乌可以借中国国际贸易试验区建设契机，并利用其地缘性创意产业集群，从时尚生活产品创意集群、商业信息服务业集群、数字生活内容产业集群、工业设计创意产业集群、异国生活风情服务业集群等几个方面，构建国际创意生活产品大都市。

"用发展的眼光来看，义乌市场可以成为世界小商品创意设计的中心，像韩国首尔、法国巴黎一样，在市场周边形成创意产业的一个集聚地。"中国工业设计协会有关负责人称，今后，义乌市场的发展还可以与创意产业真正对接起来，像义乌小商品指数一样左右世界小商品市场的变化。因为，义乌市场不但是最具国际影响力的小商品市场，源于深厚底蕴的"义商文化"而逐渐形成的独特的商业文明模式更是发展创意产业难得的资源。

（资料来源：陈金花.义乌创意产业之路该怎么走[N].义乌商报，2010-05-11.）

第三节 城市产业集群

一、产业集群的内涵与特征

（一）产业集群的内涵与特征

1. 产业集群的定义

截至目前，没有大家广泛认同的产业集群的定义，国内外学者对产业集群有代表性的定义主要有以下几种。

马歇尔在其经典著作《经济学原理》中，把专业化产业集聚的特定地区称做"产业区"（Industry District）。迈克尔·波特（1998）指出，产业集群在某特定领域中，是一群在地理上邻近、有交互关联性的企业和相关法人机构，并以彼此的共通性和互补性相联结。产业集群的规模，可以从单一城市、整个州、一个国家，甚至到一些邻国联系成的网络。产业集群具有许多不同的形式，要视其纵深程度和复杂性而定。不过，绝大部分产业集群包含最终产品或服务厂商，专业元件、零部件、机器设备以及服务供应商、金融机构，及其相关产业的厂商。产业集群也包含下游产业的成员（如销售渠道、顾客），互补性产品制造商，专业化基础设施的供应商，政府与其他提供专业化训练、教育、信息、研究和技术支援的机构（如大学、思想库、职业训练机构），以及制定标准的机构。对产业集群有重大影响力的政府机关，也可视为它的一部分。最后，产业集群还包括同业公会和其他支持产业集群的民间团体。

意大利一位社会学家巴卡提尼（Becattini. G）在系统地考察了意大利佛罗伦萨附近的图斯堪的一些产业集群，特别是对普拉托的毛纺织产业集群进行研究之后，发现"第三意大利"的这些专业化区域与马歇尔定义的"新产业区"有相似之处，因此他定义产业集群为：具有共同背景的人们和企业在一定自然地域上形成的社会地域生产综合体。他认为，新产业区的发展得益于在本地劳动分工基础上实现的经济外部性，以及当地社会文化背景支持下企业之间的相互协同作用。

美国学者斯科特（Scott A. J）在研究洛杉矶的妇女服装工业时，开始从理论上把劳动分工、交易费用和集聚联系起来，并将新产业区定义为基于合理劳动分工基础上的生产商在地域上集结成网（生产商和客户、供应商以及竞争对手等的合作），并与本地的劳动力市场密切相连的产业组织在地域空间上的表现形式。

韩国学者朴杉沃（Park S. O）认为，在实际发展过程中，新产业区内的柔性生产系统和大宗生产系统并存，所以不能将柔性生产系统看作是判别新产业区形成发展的唯一标准。他将新产业区定义为：贸易取向性的新生产活动以一定的规模在一定空间范围内集聚，具有明显劳动分散、生产网络和根植性，从而指出了新产业区的另一个特征——网络及其根植性。

中国台湾学者吴思华指出，产业集群是由一群独立自主又彼此依赖的成员组合，成员间常具有专业化分工，资源互补现象，彼此间维持着长期非特定合约关系，并认为凭借此种关系可维持长久的交易，这些交易不一定以契约维持，而通过承诺进行，使集聚内的企业获得集群外企业所没有的竞争优势。

王缉慈认为，集群揭示了一些地区的相关企业集结成群，从而获得竞争优势的现象和机制，之所以认作"产业群"，有其特定的产业内涵；之所以认作"企业群"，有其企业"扎堆"的特征。实际上，无论是企业集群还是产业集群，其实都是指具有专业化特征的企业和有关机构在地理空间集结成群的现象。

我国大陆学者比较推崇迈克尔·波特的定义，基于以上学者的定义，我们认为产业集群（Industry Cluster）是在某特定领域中，一群在地理上邻近、有交互关联性的企业和相关法人机构所组成的区域内的一种创新协作网络。

2. 产业集群的特点

（1）空间特征。产业集群的最重要特点之一，就是它的地理集中性，即大量的相关产业相互集中在特定的地域范围内。由于地理位置接近，产业集群内部的竞争强化机制将在集群内形成"优胜劣汰"的自然选择机制，刺激企业创新和企业衍生。在产业集群内，大量企业相互集中在一起，既展开激烈的市场竞争，又进行多种形式的合作，如联合开发新产品，开拓新市场，建立生产供应链，由此形成一种既有竞争又有合作的合作竞争机制。这种合作机制的根本特征是互动互助、集体行动。在产业集群内部，许多单个的与大企业相比毫无竞争力的小企业一旦用发达的区域网络联系起来，其表现出来的竞争能力就不再是单个企业的竞争力，而是一种比所有单个企业竞争力简单叠加起来更加具有优势的全新的集群竞争力。

（2）产业特征。适合产业集群化发展的产业的首要特征是技术可分性，即产业的产品和服务应在生产技术上具有垂直分离的特征，并能形成较长的价值链，产业内企业间的专业化分工能够高度深化，能形成大量的工序型企业和中间产品的交易市场。其次，产业是垄断竞争型市场结构，产品差异化的潜力大。产品的差异化包括水平方向和垂直方向的差异化。水平方向差异化是指同种产品在品种、规格、款式、造型、色彩、所用原料、等级、品牌等方面的不同；垂直方向的差异化是指同种产品的内在质量不同，Intel 和 AMD 所生产的电脑芯片便属于这种差异。只有这样，集群内企业才不会陷入价格竞争的恶性循环。最后，产业竞争环境的动态多变性和速度经济性。企业所处的产业竞争环境，对时间和空间的控制特征将决定产业组织和生产组织的形式（Schoenberger，1990）。如果竞争环境是相对稳定的，企业可以通过控制开发和生产组织的时间来换取在空间上扩张的灵活性。只有在动态多变、对速度经济性要求很高的产业环境下，出于协调、沟通和信息跟踪反馈的需要，企业才必须在空间上形成集聚以获得竞争优势。

（3）组织特征。首先，产业集群是生产系统。产业集群从整体上来说是一个有地域界限的产业生产系统，这个系统处在由集群企业构成的网络治理之下，企业网络节点间的联结主要发生在有上下游其生产联系的供应商和客户间。其次，产业集群是社会系统。从实质上看，这种基于生产联系的企业网络的特征是生产关系必须适应生产力发展这一规律的必然结果，是在信息量巨大、市场变化迅速、产品生命周期大大缩短的知识经济时代，生产社会化不断扩大的产物。因此，结构完整的产业集群包括"供应商、专业化基础设施的提供者、销售渠道和客户，并从侧面扩展到辅助性产品的制造商提供专业化培训、教育、信息研究和技术支持的政府和其他机构，如大学、标准的制定机构、智囊团、职业培训提供者和贸易联盟等"。最后，集群组织最根本的联系纽带是竞合联系。竞合联系是产业集群得以保持活力的源泉，互补性的合作关系使得相关企业形成一个体系（生产链、价值链、生产体系、生产综合体等），从而强化生产者在空间集聚的倾向。

（4）经济特征。企业及其支撑机构在空间上集聚，从而形成集聚经济。集聚经济源于各种相关的经济活动的集中而带来的效益。集聚经济主要表现为产业集群内的企业所独享的规模经济、范围经济和外部经济。规模经济是指产业集群规模扩大，产量增加，使群内个别企业降低平均生产成本而获得的经济好处；范围经济是指区域内企业的多种产品和多样化的经营，以及若干企业横向、纵向联合生产给企业带来的成本节约，它的重要前提是区域内多元化经营的企业实现资源共享；外部经济表现为三个方面：促进专业化投入和服务的发展、为有专业化技能的工人提供了共享的市场、使公司从技术溢出中获益。

（5）发展特征。累积因果性和路径依赖性是产业集群的发展特征。当某些成功的发展因素（企业家才能、资本供应、劳动力供应、土地供应和当地生产的中间产品等）在区域中不同行为主体间存在较紧密的联系时，一种产业的扩张会增加其他公司的利益，依赖于成功因素所产生的"极化效应"将促进进一步的扩张和累积因果作用。然而，曾经成功的发展因素，随时间推移会作为制约因素限制集群专业化的进一步发展，从而阻碍集群进入新的发展阶段，出现"集群锁定现象"，从而导致集群的衰退。因而，在"分歧点（Scott，1995）"打破历史遗传的禁闭，通过替代或补偿过时的资源、技术、基础设施和思维方式，可以促进产业集群的进一步发展。

（6）环境特征。产业集群环境特征一方面表现为"灵敏的经济基础"，但更为重要的另一方面是集群的创新环境。在产业集群中由于地理接近、企业间的密切合作、经常的面对面交流有利于各种新思想、新观点、新技术和新知识的传播，由此形成的知识溢出效应将增强企业的研究和创新能力。两类知识对集群内的企业至关重要：一是当地供给方面的知识溢出，主要来自于供应商、合作者、委托者、同业竞争者、教育和研究机构；二是需求方面的国家和国际知识转移，主要来自客户、消费者，以及国际分销商等。

（二）产业集聚的竞争优势

（1）产业集聚节约了搜集信息的成本，有助于集聚区内企业获得更多的有价值的技术和市场信息，以保持在生产和经营处于信息优势的状态。在产业集聚区，各种市场信息比较充分，如价格行情、供需变化、产品流行样式等，都是容易获得的信息。相对于集聚区外的企业而言，集聚区内的企业可以以较低的成本获得有用的信息，从而有利于增强竞争优势。

（2）产业集聚的地方一般存在明显的经济外部性，使得企业可以共享行业内的公共用品，而且容易接近客户。对于集聚区内的企业而言，经常有客户找上门来的机会，这就是产业集聚带来的外部性的好处。产业集聚的结果实际上为集聚区内所有的企业增加了一笔无形资产，更加有利于它们接近客户。

（3）创新促进集聚区内的企业更具有生产效率，始终追踪先进的技术。一般情况下，集聚区内企业经过近距离的竞争和兼并，只有那些采取先进生产技术和企业制度的企业才能生存下来。同时，集聚区的企业又极具模仿性，这种趋向于先进和效率的模仿性能够促进好的技术和产品及好的制度得到尽快的传播与扩散。在产业集聚的地方，创新成了产业发展乃至区域内的一个内生变量，致使产业始终能保持一个较强的竞争力。

（4）产业集聚有利于内部的专业化分工，提升区内的产业竞争力。当产业集聚发展到一定规模，企业内的某道生产工序就会逐步分离出去，并逐渐发展成为一个独立的生产行业，参与集聚的网络之中。专业化分工是保证规模收益递增的重要条件，也是创新的前提。产业集聚力的来源更多地体现在内部有比集聚区外企业更加精细的专业化分工。

概括而言，产业集聚本身就具有一种集聚的优势，这种集聚的优势能够转化成区域的产业竞争力。因此，凡是产业高度集聚的地区，一般都要具有较强的竞争力，国际国内皆是如此。

 资料链接

当代西方产业集群理论的研究脉络

产业集群理论其实并不是全新的学说，新古典经济学家曾经对这种现象做出过相当精彩的论述。阿尔弗雷德·马歇尔曾在《经济学原理》（1920，第三版）中从三个要素对产业的地区性聚集做出解释：劳动力市场共享（Labor Force Pooling）、中间产品投入和技术外溢（Technology Spill Over，马歇尔的用词是新思想和新主义的传播，后人总结为技术外溢）。后人在研究产业集群理论的起源时，总是要把马歇尔的三要素学说当作经典的论述。继马歇尔从经济学角度对产业聚集现象做出解释后，阿尔弗雷德·韦伯又从工业区位论角度对产业聚集进行了深入研究,并首次提出了聚集经济(Agglomeration Economies)概念。韦伯在《工业区位论》(1929)一书中用了大量的篇幅对聚集经济的形成、分类及生产优势作了详尽的分析。但是,在新古典经济学之后,产业集群理论却在相当长的时间游离于主流经济学之外,这期间似乎只有经济地理学的文章在研究与产业集群有关的问题,这段时间大约是从20世纪40年代到80年代(波特,1998)。这种情形直到20世纪90年代初才开始发生根本性改变。1990年和1991年两篇重要的文献刊出,改变了产业集群理论在经济学界处于边缘的状态,并渐渐引发了研究产业集群的热潮。第一篇重要文献是迈克尔·波特的《论国家的竞争优势》(哈佛商业评论,1990(2))。该篇论文是波特的一个庞大的研究成果中最核心的部分,同年波特以同样的题目出版了一本很厚的专著。从经济学的研究范式看,也许波特的这篇文献还不能算是纯经济理论文章,但他在文章中提出的一些重要命题和判断是有开创性的,如聚集对规模经济的作用、对要素改变的影响,政府的政策作用与聚集经济的关系等,所以,在其后十多年的相关领域研究中,无论是经济理论研究,还是经济地理方面的比较研究,很多学者(艾力森和格莱赛,1997;马丁,1998等)都把波特的这篇文献以及他后来的文献当作重要的成果引用。

保罗·克鲁格曼发表的《收益递增与经济地理》(政治经济学期刊,1991年第3期)是一篇更有影响和代表性的重要文献。在这篇论文中,克鲁格曼建立了一个简明而有效的(他本人称是简单的)关于中心——外围的模型。通过这个模型,克鲁格曼力图说明区域或地理在要素配置和竞争中的重要作用。在他的模型中,处于中心或核心的是制造业地区,外围是农业地区,这种模型的形成及其效率取决于运输成本、规模经济和制造业的聚集程度。可以说,克鲁格曼是继马歇尔之后第一位主流经济学家开始把区位问题和规模经济、竞争、均衡这些经济学常年研究的问题结合在一起,并对产业聚集给予高度的关注,认为经济活动的聚集与规模经济有紧密联系,能够导致收益递增。由于克鲁格曼是一位颇有名气的经济学家,加之这篇论文完全符合经济学的研究规范,所以,克鲁格曼和他这篇论文大体上成了最近十来年产业集群研究引用最多的人物和成果。同年,克鲁格曼还出版了一本研究聚集经济的著作——《地理与贸易》,这本不厚的小册子也成了产业集群研究引用最多的学术文献之一。

1991年以来,克鲁格曼发表了一系列有关经济聚集和产业集群的论文和著作,为自己树立了新经济地理学、新国际贸易理论和聚集经济学说代表人物的地位。除了这篇论文和精练的专著外,克鲁格曼在20世纪90年代以后还发表了几部重要著作,在产业集群研究领域产生了较大的影响。1995年,克鲁格曼发表了《发展、地理学与经济地理》一书,该书既是他的新经济地理学的一部代表著作,又是对他的产业集群理论的进一步补充,尤其是建立了关于聚集经济(可应用于产业集群)的新的模型。1999年,克鲁格曼和另外两位学者合作,发表了《空间经济:城市、区域与国际贸易》一书,相当系统地论述了产业集群和聚集经济的形成因素,并完全用经济学的方法解释和分析产业的集群和经济的聚集这些现象，这部著作在美国经济学界有较高的地位，在重要学术期刊上能见到该书的书评。

目前，研究产业集群的学术文献主要分为两大类：第一类是理论性的文献，研究内容包括产业集群的概念、产生原因、决定性因素、集群的度量以及产业集群相互之间的竞争与均衡等；第二类是实证性或案例性的文献，主要是对某个国家或某个地区的产业聚集情况进行研究，研究既定对象是否存在集群现象，集群的程度有多高，以及从实证分析的角度确定产业集群的原因。当然，这种分类只是一种大致的分类，有相当多的文献既有理论上的假设和模型，又有实证的详尽分析或比较研究，研究的方法基本上是纯经济学的方法，如用均衡、规模经济、外部经济、不完全竞争等分析的方法，有关产业集群或聚集经济的文章频繁刊登于一些最挑剔的经济学期刊上，如《美国经济评论》《政治经济学期刊》《经济学季刊》《城市经济学期刊》等。作为一个谁都不能忽视的重要领域，产业集群理论又回到了主流经济学的研究范围，并出现了繁荣的局面。

（资料来源：http://cache.baidu.com.）

二、产业集群的生成机理

根据波特的定义，产业集群是指在特定区域中，一群在地理上集中的有相互关联性的企业、供应商，以及相关的机构构成的产业空间组织。一个典型的产业集群，通常包括成品商、供应商、客商、中介服务和规制管理五大相互作用的基本机构。这五大基本机构构成了产业集群的五大行动主体，它们相互之间有着多种多样的密切的联系，不同主体之间分属于不同的产业关联环节，有些机构还存在着明显的投入产出关系，它们共同作用于产业集群，使之成为一个有机的整体。那么，这样的产业集群是怎样产生的？本书从以下三个方面加以分析。

1. 从市场看，市场的容量、分工以及劳动力的供给与信息交流促进了产业集群的形成

技术的进步、劳动分工的深化导致产品种类多样化和消费的多样化，这样就产生了两个效应：一是消费品种类的增加提高了销售和服务的重要性，诱发企业的区位选择；二是进一步细分了市场，使企业产品的差异化程度增加而替代性下降，因而企业之间的竞争程度在一定意义上有所下降，甚至可能出现同类企业之间的协作。这样，同类产品的生产厂商在地理上的集聚就将在一定程度上产生区域范围经济的优势，为同类产品的生产厂商在地理上聚集奠定了利益基础。同时，在产业集群的形成过程中，劳动力的供给也在不断地集聚。一方面，随着集聚的扩大，本地人员通过培训就业，外地技工也被吸引过来，形成劳动力供给充足的区域性市场，企业在长期雇用和管理技术人员的同时，可以根据自身生产的需要，及时调整工人的数量，减少工资成本和工人劳动保障方面的费用；另一方面，劳动力在区域内企业间自由流动，企业内部劳动力变换率也高，劳动力快速流动既促进了劳动力自身素质的提高，也促进了信息、思想的传播和扩散，这样在数量和质量上提高了集群内劳动力供给的效率。信息交流又使集群内的企业能免费获得有关上游供应商、同行

竞争对手、下游客户的相关信息，使得企业更好地了解市场需求、产业发展趋势、新市场开拓状况以及技术演变和革新的信息等，如图8-3所示。

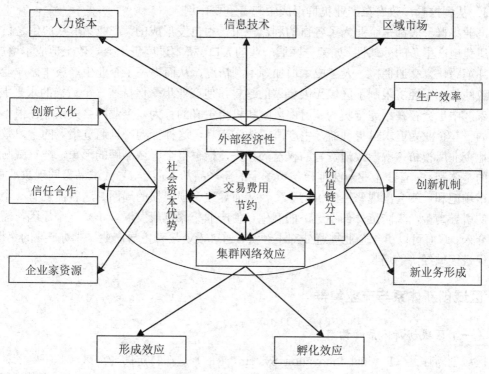

图8-3 产业集群的动力结构图

2. 从成本看，企业成本递减是产业集群形成的重要动力

克鲁格曼认为，如果产业间联系大于产业内联系，则企业聚集不会持续下去，因为企业从其他产业的企业联系中得到更多的区位利益；如果产业内联系大于产业间联系，且交易费用比较低，则出现企业聚集；产业内联系比产业间联系越大，则促使企业聚集的交易费用门槛范围也越广，出现更大范围的企业聚集。产业内的企业在某一地理区域集中，可使区内企业之间的"有形的"运输成本、信息成本、搜寻成本、合约的谈判和执行成本等交易费用降低，直接降低了产业内企业的运行成本。因此，客观上那些内部成本高的企业就具有了形成一个经济活动中心的动力和愿望。企业成本的降低很大程度上取决于产业内企业之间的合作，完善的合作机制是一个产业集群运转的保障。集群体系内部的生产、销售和研发等单位密切合作，每一单位都成为这个合作网络上的节点。由于合作网络的存在，节点单位之间的信任度得到了提高，资金流和信息流的速度大大加快，这大大降低了交易成本。任何一个脱离网络的节点，失去的不仅仅是交易对象，还有周围所有人的信任，从而成为孤立的个体，失去生存的能力。由此我们不难得出结论：合作直接促进了产业集聚

的形成。在合作网络中，企业容易通过目标集聚战略获得细分市场的竞争优势，通过无形串谋形成的市场力量来增强集体议价能力从而降低要素市场价格。

3. 从调控看，政府在产业集群形成中起着重要作用

产业集群一般都是企业为了各自的利益在市场中自发形成的，产业集群从产生之日就不可避免地产生负的外部性。如某一区域产业的人口、资本过度集聚会导致土地成本增加、生态环境恶化、交通拥挤、人工成本增加等不利情况，从而提高了企业生产成本。产业集群导致的外部不经济限制了区域无限集聚的趋势，使产业集聚保持在一个适当的水平上。在集聚区中也会存在不完全契约、道德风险和机会主义的行为，企业网络关系往往很不稳定，如一些企业为追求自身利益，生产假冒伪劣产品，这种行为一旦通过集聚的学习效应被其他企业所模仿，就导致消费者的权益的损失，损害整个区域品牌的形象，严重威胁集聚区的整体利益；有些企业一味地模仿市场上的新产品却不创新，导致产品雷同现象严重，一旦市场饱和，就会出现恶性的价格竞争，从而导致一损俱损的局面。这就需要有一个强有力的引导力量，来防范外部不经济的产生，使产业集聚健康发展。正是这个原因，需要政府介入。政府可以引导企业规避外部不经济，通过投资培育主导产业，带动产业的集聚，从而促进区域经济的增长。

三、区域创新体系与产业集群

（一）区域创新体系的构架

区域创新体系（Reginal Innovation System，RIS）是在特定的经济区域和特定的社会经济文化背景下，各种与创新相关联的主体要素（实施创新的机构和组织）、非主体要素（创新所需要的物质条件）以及协调个要素之间关系的制度和政策所构成的网络。该体系通常是由创新主体、创新环境和行为主体之间的联系与运行机制这三个部分构成，其目的是推动区域内新技术或新知识的产生、流动、更新和转化。区域创新体系包括的基本要素有：(1) 主体要素。这是指创新活动的行为主体，包括企业、大学、科研机构、各类中介组织和地方政府。其中，企业是技术创新的主体，也是创新投入、产出以及收益的主体，是创新体系的核心。(2) 功能要素。这是指行为主体之间的联系与运行机制，包括制度创新、技术创新、管理创新的机制和能力。(3) 环境要素。这是指创新环境，包括体制、基础设施、社会文化心理和保障条件等。市场环境是企业创新活动的基本背景，创新环境是维系和促进创新的保障因素，如图8-4所示。

区域创新体系是开放系统，是国家创新体系中的子系统，其重点是培育技术开发、转移、应用、扩散能力和相应的区域社会支撑体系。区域创新体系的高效运转需要面向市场经济的科技资源、不断衍生和壮大的经营机制、灵活的新型企业、新的经济政策与政府管理办法。区域创新体系作为一个网络系统，其直接目的是提高区域科技创新能力，最终增强区域竞争力，加快区域经济的发展。第一，区域创新体系可以优化、整合区域内的创新

资源，提高区域的创新能力，形成区域的创新合力，从而保证区域内的市场创新，保证区域内经济增长的质量；第二，区域创新体系的建设必然促进区域内高科技企业和高新科技园区的发展，而高科技企业和园区的发展则导致区域内新兴产业和新经济增长点的形成；第三，区域创新体系不仅可以提高企业自身对先进技术的消化、吸收能力，还有利于逐步提高企业自主创新能力，其结果是区域内的新产品和高新技术含量的产品不断增加，还可以为区域内的大量中小企业提供新技术和各种技术服务，进行技术扩散，形成更大规模的经济增长效应。

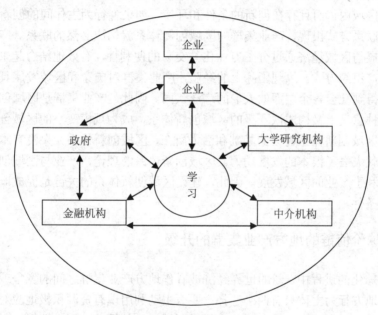

图 8-4 区域创新网络架构

（二）产业集群区域创新体系的关联性

区域创新强调一个区域的制度和文化环境怎么与影响创新过程的公司活动相互作用。它强调创新过程的相互作用、社会性和学习性，强调区域的制度性结构。一般地讲，集群对创新的影响主要集中在三个方面：（1）集群能够为企业提供一种良好的创新氛围。集群是培育企业学习与创新能力的温床。企业彼此接近，会受到竞争的隐形压力，迫使企业不断进行技术创新和组织管理创新。在产业集群中，由于地理接近，企业间密切合作，可以面对面打交道，这样将有利于思想、新观念、新技术和新知识的传播，由此溢出效应，获取"学习经济"（Learning Economies），增强企业的研究和创新能力。（2）集群有利于促进知识和技术的转移扩散。产业集群与知识和技术扩散之间存在着相互促进的增强关系。集群内由于空间接近性和共同的产业文化背景，不仅可以加强显性知识的传播与扩散，而且更重要的是可以加强隐性知识的传播与扩散。（3）集群可以降低企业创新的创新成本。

由于地理位置接近，相互之间进行频繁的交流就成为可能，为企业进行创新提供了较多的学习机会，尤其是隐性知识的交流，更能激发新思维、新方法的产生。由于存在着"学习曲线"（Learning Curve），使集群内专业化小企业学习新技术变得容易。同时，建立在相互信任基础上的竞争合作机制，也有助于加强企业间进行创新的合作，从而降低新产品开发和技术创新的成本。

根据已有的研究成果和实证资料可以看出，产业集群的一个最主要的优势便是其创新的效应，产业集群实际上就是一个特殊的创新系统。由于产业集群内的企业和其他机构聚集在某一特定区域内，而且存在创新的条件和环境，如果各行为主体间的创新活动能够以网络或系统的联系方式出现，产业集群的区域创新体系就构成必然的联系。产业集群实际上是把产业发展与区域经济通过分工专业化与交易的便利性，有效地结合起来，从而形成一种有效的生产组织方式。纵观国际上的经验，产业集群对国家和区域发展具有多方面积极影响，已经得到社会各个层面的人们的广泛认同。因此，产业集群是区域创新体系的重要载体，从某种意义上又构成次一级的区域创新体系，成为规模变小的区域创新体系。产业集群已成为区域创新体系建设的基础和活力所在，区域创新体系如果没有本地化的产业体系为依托，就失去了根本的发展动力。区域创新体系的理论，产业与区域创新环境的整合度越高，越利于产业的区域发展。因此，建设区域创新体系的关键是促成产业集群形成和发展的制度条件。

四、基于全球价值链的地方产业集群的升级

在经济全球化的进程中，新的世界经济被看作地方产业集群之间的竞争或全球价值链之间的竞争。地方行为主体只有两个选择：要么主动利用现有资源积极地应对全球经济提出的新需求，从而建立特有的竞争优势，促进区域经济的繁荣；要么消极地对全球经济做出反应，从而在全球化进程中被边缘化，最终失去利用自身潜力和获取竞争优势的机会。这些问题都需要从全球价值链的视角进行探讨。

全球化背景下形成和发展起来的地方产业集群，是联系区域经济和全球经济的载体，而由集群带动的地方经济也不同程度潜入全球产业网络。集群升级表现为：区域内的产业集群利用各自区域特有的内生优势，发展和完善地方产业网络，并积极回应全球产业网络的变化，嵌入于全球价值链某个或某几个"战略性环节"，利用一种价值活动与另一种价值活动之间的关系以创造、保持和捕捉价值。同时，它们通过改变自身在价值链中的嵌入位置和组织方式，改变价值活动之间的关系，从而提升产品、改变效率，或嵌入新的价值链，进而提升产业集群的等级，增强区域经济的竞争优势。

全球价值链有着不同的动力来源，而处于不同驱动力的价值链中某个价值环节的地方产业集群，只有遵循该驱动模式下的市场竞争规则，才能获得正面竞争效应。这就说明了全球价值链下的产业升级既然是建立在不同的产业链之上的，占据不同价值环节的地方产

业集群的升级也就应该遵循各自所在链条的驱动规则。

1. 购买者驱动型价值链中集群升级轨迹

购买者驱动型全球价值链下地方产业集群的升级轨迹或升级方式演化，一般会依据"工艺流程—产品—功能—链条转换"的升级轨迹。在以上升级序列变化过程中，升级难度会越来越大。一般来说，工艺流程和产品升级过程会相对顺利，耗费的时间也不会太长，升级呈现出不断加速的特征。不过，从产品升级到功能升级的转换就变得十分困难了，大多数地方产业集群的升级之路都会受阻于此，升级呈现出渐次减速的特征。地方产业集群只有完成该类升级转换，才能最终在该产业链条中形成核心竞争能力。换句话说，发展中国家能否发展成为发达国家，从该链条下地方产业集群升级路径来看，就在于能否跨过这一升级鸿沟，即最终能否完成产业的功能升级。

由于链条转换情况比较复杂，而且从目前研究来看，还不好划分其具体是进入了流通领域还是生产领域，所以途中并没有确切地标出其升级后所在领域。

2. 生产者驱动型价值链中集群升级轨迹

生产者驱动型全球价值链下地方产业集群的升级轨迹一般会依据"功能—产品—工艺流程—链条转换"的升级轨迹。在以上升级序列中，升级难度会不断上升。一般来说，功能升级过程会比较顺利，耗费的时间也不会太长，升级过程呈现出不断加速的发展特征。不过，该驱动模式下产品升级和工艺流程的升级难度绝不亚于购买者驱动型中的功能升级，大多数地方产业集群的升级之路也都会再次不断徘徊，该段升级呈现出不断减速的发展特征。同样，发展中国家能否发展成为发达国家，从该链条下地方产业集群升级路径来看，就在于能否跨过这一升级鸿沟，即最终能否完成产业的产品和工艺流程升级。

至于链条升级，与购买者驱动型一样，也不好确切地标出其升级后所在领域。

3. 中间型价值链中集群升级轨迹

中间型价值链下地方产业集群的升级轨迹一般来说，首先要区分出地方产业集群所在链条动力是生产者还是购买者；其次根据其所属的具体的驱动模式来确定升级轨迹；最后由于该模式下升级一般会比较复杂，因此一般会需要根据具体情况对其升级轨迹做具体修正。

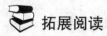 拓展阅读

中国汽车零部件四大趋向——产业集群见雏形

近几年整车企业的产品销售收入每年平均增长 28.75%，而汽车零部件企业的产品销售收入每年平均增长 36.82%，高出行业平均水平。总量指标的攀升，勾勒出我国零部件产业规模的不断扩张。而作为中国汽车工业发展的支撑，我国汽车零部件产业正呈现四大趋向。

产业集群初具雏形

2009 年末，以柳州为龙头，辐射桂林、南宁、玉林的广西汽车零部件产业集群正式启

动。这一产业集群以开发新型、新能源汽车和发动机为突破口，培育自主品牌，共同突破产业发展的技术瓶颈，形成新的竞争优势。随着近年吉林长春、湖北十堰、安徽芜湖、广东花都、京津冀环渤海经济圈等汽车零部件产业基地的迅速崛起，我国现已基本形成东北、京津、华中、西南、长三角、珠三角六大零部件的集中区域。

除了大型汽车集团内部配套以外，国内零部件产业集群发展，主要表现为三种形态：第一种是依托于整车厂周围发展零部件产业；第二种是依托于开发区、汽车城发展零部件产业；第三种是依托于县域发展零部件产业。据不完全统计，目前国内有以汽车零部件为主的各种产业园区一千个左右，其中关键的集群区域或地带约一百个。在产业集群初具雏形，各地建设热度不减的时候，谨防"集而不群"现象出现的呼声渐起。专家呼吁，产业集群的质量将直接影响到我国汽车零部件产业升级的速度。汽车零部件产业集群绝非简单的企业数量堆积，而应该是一个系统集群。

创新能力提升

近几年，国内有一批创新型零部件企业迅速崛起，深耕专业化细分市场，通过持续创新，从而掌握了先进产品的核心竞争力。据统计，目前中国汽车零部件行业已有7家国家级高新技术企业和近百家省级高新技术企业。创新能力的提升，尤其是关键零部件创新能力的提升，使自主品牌汽车零部件拥有新的市场位置。

发动机是汽车的"心脏"，国内汽车厂商奇瑞、华晨、上汽在近两年相继推出具有自主知识产权的发动机。作为专业的发动机生产厂商，广西玉柴更是拥有自主开发与国际先进水平同步产品的能力，占有在国内外市场参与竞争的战略制高点。

海外并购迎来好机遇

全球汽车市场的持续低迷对中国的汽车零部件行业意味着将有更多走出去的好机会。如果将正在进行中的零部件海外收购案计算在内，2009年下半年发生的本土零部件公司海外收购案多达十余起，全球金融危机给了本土零部件商最好的跳跃式发展机会，但总体上对中国零部件企业并非有利。本土零部件商最好做到未雨绸缪，利用最佳时机收购海外优质资产或技术，使自身更快成长，为迎接未来的大整合做好准备。

兼并重组步伐加快

目前国内大多零部件企业销售额较低，与销售额高达百亿美元的跨国巨头相比，我国零部件企业规模明显偏小。目前中国的汽车零部件行业较整车行业更加零散，有超过五千家零部件生产商，自主零部件企业生存状况堪忧。

据统计，国内零部件行业百强企业的市场份额仅占整个行业的50%，远低于其他国家（地区）的集中度。尽管2008年零部件行业整体收入达到8 370亿元，但规模以上企业中有80%销售收入不足1亿元，行业中只有43%的零部件企业拥有专利，不到20%的企业拥有发明专利。在这样的背景下，零部件产业若想快速发展，必须加快兼并重组，形成规模效应。

（资料来源：慧聪汽车配件网，2010-05-12.）

本章小结

1. 本章重点阐明了城市产业经济的两个方面：一是从时间维度上阐明了城市产业结构问题；二是从空间维度上阐明了城市产业集群问题。

2. 本章对城市产业分类采用了五种方法，分别是按生产部门、产品的使用、经济功能、生产要素、三次产业五种方法划分的。

3. 城市经济结构的基本含义是指构成城市经济系统的各种经济要素之间的关联组合状态及其数量比例关系。经济发展与产业结构之间存在着十分密切的相互关联和相互制约关系。

4. 城市产业结构的演变受到很多因素的影响，主要包括需求结构、技术进步、产业政策和资源禀赋等因素。

5. 城市主导产业的选择确定，是城市经济发展战略和产业结构优化所研究的重点。选择和确定城市主导产业，主要有两方面因素需要考虑：产业的经济带动作用和产业的区位比较优势。

6. 城市产业结构优化是指促使城市各产业之间协调发展、技术进步和经济效益提高的过程。它与现有产业结构水平高低无关，但从动态看，产业结构优化应当是一个提高的过程。产业结构优化是一个相对的概念，即各个时期优化的内容是不同的，但一般而论应主要包括产业结构的合理化与产业结构的高级化两个方面。

7. 产业集群（Industry District）是在某特定领域中，一群在地理上邻近、有交互关联性的企业和相关法人机构所组成的区域内的一种创新协作网络。

8. 产业集群具有如下特征：空间特征、产业特征、组织特征、经济特征、发展特征、环境特征等。

9. 产业集群的生成机理分析分别从市场、成本和政府的调控这三个方面入手。

 思考与讨论

1. 城市的产业分类有哪几种形式？城市的主导产业是如何确定的？如何优化城市的产业结构？

2. 比较我国南北方产业集群的形成过程，说明南北方产业集群在形成机理上有什么异同。

3. 你认为中等城市产业集群在形成中有哪些困难？

4. 我国地方产业集群如何融入全球价值链？

第九章　城市劳动经济

 学习目标

人口是城市的主体，而劳动力则是城市经济得以发展的重要动力。在以人为本和可持续发展为理念的现代城市，人口和劳动力及其与城市经济和社会发展的关系，是城市发展的基础和归宿。劳动力供求、劳动力市场建设及劳动力资源配置问题是城市经济发展的基本问题之一。本章着重介绍有关城市劳动人口的特点、劳动力的迁移原因和劳动力供求的基本理论和问题，并运用劳动力市场理论来分析我国城市的劳动就业问题，最后简单介绍我国的劳动保障体制。

第一节　城市劳动人口的特征和构成

一、城市人口的特征

人口，是指居住在一定地域范围内的人群总称。城市人口，则是生活在城市空间范围内的人群总体。人口在城市中既是生产者，又是消费者。因此，研究城市人口的构成及其演变规律，对于城市经济的发展有着极为重要的意义。城市人口相对于农村人口而言，主要有以下几方面的特征。

1. 城市人口高度密集

密集型是城市的首要特征，主要表现之一为人口的高度集中，城市规模越大，人口密集度越高，特别是发展中国家，大量人口在首都或特大城市周围。在 20 世纪 90 年代，墨西哥全国 20%的人口聚集在首都墨西哥城地区，同期，菲律宾的首都马尼拉在其不到 40 平方公里的土地上聚集了 183 万人口，人口密度高达 47 900 人/平方公里，是世界上人口密度最大的地区之一。

2008 年，我国人口的平均密度为 145 人/平方公里。同年，首都北京的人口密度为 1 043 人/平方公里，而市中心的人口密度为 23 720 人/平方公里，前者是全国人口平均密度的 7.2 倍，后者则是全国人口平均密度的 163.6 倍。

2. 城市人口比重逐步上升

从世界范围来看，城市人口占总人口的比重随经济与社会发展的步伐而不断上升，且上升速度愈来愈快。19 世纪初到 20 世纪末的 200 年中，全球城市人口比重大约每半个世纪

翻一番：1800 年为 3%，1850 年为 7%，1900 年为 14%，1950 年为 28.4%，2000 年为 47.8%。

我国也不例外，随着现代化进程的加快，城镇人口占总人口的比重也在迅速上升，建国初期为 11.2%，1980 年为 20.5%，1990 年为 26.4%，2005 年为 43%。

但是，我国目前的城市人口比重仍略低于世界城市人口比重的平均水平（目前世界人口比重约为 50%）。但是 2005 年全世界城市人口比重是 1950 年的 1.78 倍，而我国这一指标却是 1950 年的 3.84 倍。这表明，新中国成立以来，我国城市人口比重上升的速度快于同期世界城市人口增长的速度。

3. 城市人口是生产和消费的主体

现代城市首先是日益发展的经济中心，它具备现代工业、交通、金融、通信和各种服务设施，都有巨大的生产能力、先进的生产技术和雄厚的生产资金，因此是现代社会生产的主体，创造了当今世界物质财富的绝大部分。例如，北京市，由于人才、技术、资金、信息的集聚，成为我国北方的主要经济中心，2008 年每日所创造的地区生产总值为 21.56 亿元，是同年全国每日国内生产总值的 2.61%；而 2008 年北京市的常住人口为 1 659 万，只占全国总人口的 1.19%。这表明，由于各种优越条件的集聚，使北京市每日创造的生产总值占全国生产总值的比重远大于其人口占全国人口的比重，前者是后者的 2.02 倍。

同时，城市也是现代第三产业的中心，集聚了大量的商业贸易、金融保险、信息咨询、房地产开发部门等，拥有广阔的市场和日益富裕的消费群体，因此也是社会财富的主要消费者。以北京市为例，2008 年北京市每天实现社会消费零售总额为 10.6 亿元，占同期全国每天实现社会消费零售总额 227 亿元的 4.7%。这表明，作为国际化大都市的北京，其消费能力很强，人均日消费额是全国平均水平的 3.6 倍，是我国重要的消费地区之一。

二、城市人口的自然构成

城市人口是由于经济的和社会的因素聚集在一起的数量庞大的群体，它的构成是其自然属性和社会属性的直接反映和具体结果。

1. 年龄构成

年龄构成是人口构成中的一个重要方面，涉及城市劳动人口的比例及其未来的变动趋势。合理的年龄构成能够给城市经济发展提供一个稳定的、持续增长的基础；相反，人口跳跃式发展则会造成城市就业中某段时期劳力缺乏、社会设备闲置，而某段时期又过度饱和导致失业，从而制约经济的健康成长，并带来社会的不稳定。人口的发展具有惯性，不合理的年龄构成一旦形成，在相当长的时期内将难以调整，会对城市社会与经济形成周期性的冲击和震荡。

根据国际标准，人口分为儿童少年组（0~14 岁）、劳动力组（15~64 岁）和老年组（65 岁及以上）。依据这三个组别的人口构成比例，可将城市人口年龄构成划分为年轻型、成年型、老年型三种类型,具体划分标准有以下两种。

(1) 按成长阶段分组,即规定出各个组别相对不同类型的比例数值,如联合国规定:65岁及以上的老人占总人口比例为5%以下的,为年轻型;比例为5%~10%的,是成年型;比例超过10%的,则为老年型。

例如,我国北京市65岁及以上的老年人口比例1964年为4.1%,属于年轻型;1982年这一比例变为5.65%,已进入成年型阶段;1990年这一比例变为6.35%,尚未进入老年型。但据2008年人口抽样调查,北京市65岁及以上人口的比例上升为8.3%,已基本进入老年型阶段。根据其他城市相关数据表明,经济发达的城市将会提早进入老年型社会。

(2) 按年龄中位数分组。计算出人口的年龄中位数并规定:年龄中位数在20岁以下,为年轻型;20~30岁,为成年型;在30岁以上,则为老年型。年龄中位数计算公式为

$$m_e = L + \frac{\frac{\sum f}{2} - S_{m-1}}{f_m} \times d \tag{9-1}$$

式中,m_e为年龄中位数;L为m_e所在组的年龄下限;$\sum f$为人口总数;S_{m-1}为m_e所在组以前各组人数总和;f_m为m_e所在组的人数;d为m_e所在组的组距。

人口类型决定了人口出生的强度与增长的趋势,是编制城市人口发展计划和城市规划的基本依据之一。一般来说,年轻型预示着人口未来增长压力大,将以数量扩张形式发展,故又称扩张型;老年型表明人口增长后继乏力,将以数量收缩形式变动,故又称收缩型;而成年型各年龄组人口分布均匀,呈稳定状态,故又称稳定型。

随着经济发展水平的提高,城市人口将逐渐按年轻型—成年型—老年型演化。按年龄中位数分组,发达国家城市人口多为老年型,发展中国家多为年轻型。北京市的人口年龄中位数在1964年为20.8岁,刚超过年轻型的上限;1982年为27.2岁,正处在成年型的阶段;但到1990年,年龄中位数上升到30.46岁,已开始进入老年型阶段。

2. 性别构成

性别构成就是男女的比例。这种比例,尤其是特定年龄段的性别构成,直接影响人们组织家庭、生育子女等社会生活,因此是城市人口构成的另一个重要方面。通常情况下,城市人口的性别构成与全社会的性别构成大体相当,即男女人数基本平衡。但在特殊情况下,如战争过后,会出现明显的男少女多的情况;而在和平时期,新建城市往往男多女少,因为建设者和企业职工中以男性居多。20世纪90年代初普遍的现象是,发达国家的城市大多数是女性略多于男性,如伦敦的男女比例为93.4:100,纽约的男女比例为87.1:100;而发展中国家的城市则更多的是男性人数高过女性人数,如孟加拉国的首都达卡的男女比例为139.2:100,我国重庆的男女比例为108.5:100,广州为105.8:100,郑州为109.8:100。据2008年全国人口性别数据表明,我国城市人口的男性人口占全国总人口的51.47%,女性人口占48.53%。这种情况与下列因素有关:在城市发展的早期,特别是工业化初期,城

市中更需要男性劳动力，农村男青年进城务工者居多；但随着经济水平的提高，妇女的就业率上升，在城市中获得发展和承认的机会也会不断增多，加上妇女平均寿命较高，故发达国家和发达地区的城市女性比重略高。

正常情况下，城市出生的男婴与女婴基本持平，但男劳动力数却高于女劳动力数；到老龄则相反，女寿星的比例优势体现得越来越明显。注意到这个规律，对于研究城市经济问题、合理进行城市规划十分有益。

三、城市人口的社会构成

人口的社会构成是指由社会因素决定的人口构成，这些社会因素包括文化传统、道德观念、宗教信仰、风俗习惯、经济水平、经济制度等。

1. 户籍构成

我国自1958年后一直实行严格的户籍管理制度，以此限制人口在城市与城市之间、城市与农村之间的自由流动，因此，当时所说的城市人口几乎等同于有本市户籍的人口。但是，改革开放以后，随着劳动市场的建立和农村劳动生产率的提高、剩余劳动力的增多，城市人口中外来流动人口比例逐渐上升，尤其是其中相当大的一部分沉淀下来，成为城市的常住人口，其生活方式与生活要求与本市居民大体相近，这就使城市人口构成日益走向多元化。例如上海市，截至2008年底，全市常住人口共1 888.46万，其中有本市户籍的人口为1 371.01万，占72.6%；无本市户口而常住本市半年以上的外来人口为517.45万人，占27.4%；本市户籍人口与常住外来人口之比为2.65:1。

2. 劳动构成

城市人口的劳动构成可以从以下三方面考察。

（1）按是否就业划分。可将城市人口分为就业人口与被抚养人口两大类。就业人口也称劳动人口，它又可分成两种：从事不为本市而为市域以外范围的基础产业经济活动服务的劳动者，称为基本人口；从事为本市服务的非基础产业经济活动的劳动者，称为服务人口。被抚养人口按我国有关法律规定，包括0~14岁的少年儿童；60岁以上的男性老人和55岁以上的女性老人；丧失劳动能力的人（如残疾人、精神病患者等）。

据2009年全国人口抽样调查数据表明，我国城市人口的劳动构成的总体情况是：随着我国经济的发展、生活水平的提高和医疗条件的改善，老年人口不断增加。同时，由于计划生育工作卓有成效的开展和人们生育观念的转变，少年、儿童人口持续减少，进城务工经商的流动人口多为青壮年劳力，导致城市中适龄劳动人口的比重有所加大，如表9-1所示。

（2）按生产性质划分。可将城市人口分为农业人口和非农业人口两大类。农业人口是指从事农业生产活动的人员及其负担的人口；非农业人口则是指从事非农业生产活动的人员及其负担的人口。

表 9-1　2009 年我国就业人口与被抚养人口比重

单位：%

	15~59 岁适龄劳动人口所占比重	0~14 岁少儿被抚养人口所占比重	60 岁及以上老年被抚养人口所占比重
全国	62.92	23.68	13.40
北京市	73.72	12.13	14.15
上海市	73.50	10.00	16.50

随着城市规模的扩大和城市化进程的加速，非农业人口占城市人口的比重逐渐上升。据 2008 年统计，我国各类城市非农业人口的平均比重为 59.45%。城市规模越大，非农业人口所占的比重越大，如表 9-2 所示。

表 9-2　2008 年我国不同规模城市非农业人口比重

单位：%

城市人口规模	200 万以上	100~200 万	50~100 万	20~50 万	20 万以下
非农业人口比重	70.62	70.13	66.77	40.87	30.19

（3）按劳动部门划分。有两种分类：一是按三次产业划分的产业构成；二是按 15 个国民经济部门划分的行业构成。从产业构成可以判断城市经济的发展水平，从行业构成则可以看出城市的主体经济部门和城市的主导功能，计算公式为

$$R_A = \frac{P_A}{P} \bigg/ \frac{G_A}{G} \tag{9-2}$$

式中，R_A 为城市 A 行业的就业指数；P_A 为该市 A 行业的就业人数；P 为该市劳动者人数；G_A 为全国 A 行业的就业人数；G 为全国劳动者人数。

若 $R_A>1$，则说明 A 行业对该市经济有重要意义，是主导经济部门。表 9-3 所示为 20 世纪 80 年代后期国内外城市劳动者在行业构成中的变化，反映出它与城市的经济发展水平密切相关。

表 9-3　20 世纪 80 年代后期国内外不同城市就业人口的行业构成比较

单位：%

城市名称	建筑	制造	水电气热	零售批发	金融保险	不动产业	移动通信	服务	其他
上海	5.65	52.19	0.78	8.68	0.39	0.39	4.70	3.25	23.98
台北	5.72	19.03	0.71	31.81	8.00		7.50	21.98	5.25
东京	6.66	18.30	0.47	33.49	5.39	2.29	7.02	23.43	2.95
巴黎	5.30	20.09	0.84	14.36	8.40	0.99	8.31	39.78	1.93
伦敦	4.45	18.16	1.25	13.50	16.30		10.36	13.45	22.53

如表 9-3 所示，上海的就业构成和国外经济发达城市相比，建筑业、水电气热业基本相当，零售批发业、移动通信业、金融保险业、不动产业、服务业等第三产业远远落后，而制造业却大大超出。这反映出我国城市经济结构的调整任务依然任重而道远。

3. 文化素质构成

人口的素质包括两个基本内容：身体素质与文化素质。前者取决于生活水平、医疗保健水平等因素，后者则取决于教育水平、科学与文化水平等因素。衡量人口的文化素质，可以通过下列指标进行。

（1）教育类指标：成人文盲率、成人平均受教育年限、儿童义务教育普及率、大学生入学率等。

（2）科技类指标：每百万人口拥有科技人员数、每万名职工拥有自然科学人员数、每万名人口专利受理批准数等。

（3）文化类指标：人均藏书量、人均订阅报刊份数、每万名人口拥有影剧院和博物馆数等。

人口的文化素质与城市经济发展呈正相关关系。美国经济学家舒尔茨着重研究了工业和城市经济活动与农业和农村经济活动之间的不平衡发展，于 1960 年提出了"人力资本"的概念。大量实证材料的分析证明，长期以来，在美国经济中，人力资本的收益比物质资本的收益大得多，并且教育投资的效益大于单纯增加劳动力数量的投资。根据他的计算，在美国经济增长中，有 33%是由于对教育的投资得来的。韩国学者的研究表明在 1970—1987 年的韩国经济增长中，36%是就业人数与就业结构变化的因素，64%是劳动生产率提高的结果。

我国城市人口的文化素质差别很大，普遍的情况是：沿海经济发达地区城市人口的文化素质高于内陆地区经济欠发达城市人口的文化素质；大城市的高于中小城市。据 2008 年统计，受过大专以上教育的人口占总人口的比重，北京为 56.2%，大连为 46.6%，成都为 37.2%；每万名职工中拥有科学家和工程师的数量，北京为 204 人，深圳为 152 人，兰州为 61 人；每百户电脑普及率，深圳为 83%，苏州为 52%，重庆为 46%。

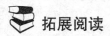 拓展阅读

世界人口的发展特征

21 世纪是老年型世纪，主要特征是总人口老龄化，老年人口高龄化，劳动人口老龄化。

1. 世界人口老龄化

从世界各国和地区人口老龄化进程看，世界 65 岁以上老年人占总人口的比例已经达到 7%，较发达地区老年人口占 14%，不发达地区占 5%。65 岁以上人口占总人口 16%以上的国家有保加利亚、德国、挪威、英国、比利时、法国、希腊、西班牙、日本；占 17%以上的国家有瑞典、意大利；超过 22%的国家是摩洛哥。日本是世界上老龄化最严重的国

家，国民的平均年龄为 41 岁，而且老化速度还在继续加快；德国、意大利、瑞士的国民平均年龄为 40 岁。

2. 发展中国家老龄人口增长速度快

目前世界上 65 岁的老年人每月以 80 万的速度增长，其中 66%发生在发展中国家，2000 年，发展中国家的老年人口数占全球老年人总数的 60%。

3. 高龄老年人增长速度快

高龄老年人是指年龄在 80 岁及以上的老年人。全世界的高龄老人占老年人口的 16%，其中发达国家占 22%，发展中国家占 12%。日本的高龄老年人增长迅速，预计到 2025 年，每 3 个老年人中就有一个高龄老年人。

上海 2007 年 80 岁以上老年人口为 30.56 万，占 60 岁以上人口的 12.64%，100 岁以上人口有 324 人。另据广州日报报道，江门百岁老寿星有 203 人，比全省高出一倍，比全国高出三倍。我国高龄老人今后将以 5%的速度增长。

4. 女性老年人增长速度快

一般而言，老年男性死亡率高于女性，如法国女性老年人的平均预期寿命比男性老年人高 8.4 岁，美国为 6.9 岁，日本为 5.9 岁，中国为 3.4 岁。

据统计，60 岁年龄组，男女之比为 81:100；80 岁年龄组，男女之比为 53:100；100 岁年龄组，男女之比为 25:100。平均而言，在年龄达到 60 岁以后，男性预计可以再活 17 年，女性则为 20 年。

5. 人口平均期望寿命不断延长

人口平均期望寿命即某一年龄人口平均还有可能活多少年。通常所说的平均寿命是指出生婴儿在今后一生中可能活的岁数。随着社会经济和医疗技术的发展，从 1900 年到 2000 年的 100 年时间，发达国家男性平均预期寿命增长 66%，女性增长 71%。目前，全世界平均期望寿命最长的国家是日本，为 80 岁，其中女性为 83 岁，男性为 78 岁（1998）。我国人口平均预期寿命 2007 年为 73.8 岁，其中男性为 70.7 岁，女性为 74.6 岁。预计到 2050 年我国人口平均预期寿命为 85 岁。

（资料来源：http:www.med66.com/html/2008/6.html.）

第二节 城市劳动人口流动

一、劳动力迁移的动机

就劳动力迁移来说，不论在什么意义上只能意味着劳动者的工作变动，因此，劳动经济学把它区分为地区间、产业间、企业间、职业间的劳动力移动。而且，它们之间并不是相互排斥的，有时某劳动者的一次劳动移动，同时也是上述几类劳动力的移动。下面就空间劳动力迁移动机,特别是从农村向城市迁移加以阐述。

对于劳动力迁移动机的经济学研究,大多是基于刘易斯、拉尼斯—费景汉(Ranis-Fei)、托达罗(M. P. Todaro)以及克鲁格曼(Paul Krugman)的模型。其中,又以托达罗的绝对收入差距假说最有影响。按照这种假说,劳动力迁移是对城乡之间存在的预期收入差距做出的反应,绝对收入假说虽然对于劳动力从农村到城市的迁移作出了一般性的解释,但它尚不能完全解释目前我国劳动力在城市间迁移的现象。克鲁格曼(Paul Krugnlan,1991)建立过一个劳动力区域流动模型,其劳动力模型也是建立在劳动力对区域间工资差异或实际收入水平的调整基础上的,所不同的是,它强调了区域流动成本与"经济人"预期的作用。然而,克鲁格曼的劳动力流动模型中的"流动成本"概念主要局限于迁移中所发生的费用支出。因此,按照区域工资水平减去流动成本所得到的净收入还不足以解释我国劳动力迁移的原因。

假定不存在人为的城市间迁移障碍,并暂时不考虑迁移中的信息不完全和不确定性等情况,我们可以把劳动力的空间转移看成是一种投资活动,如图 9-1 所示。

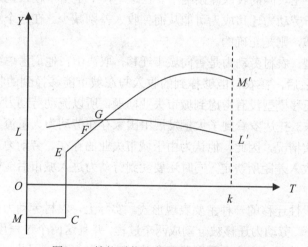

图 9-1 技能型劳动力迁移的成本与收益

图 9-1 中,横轴代表时间,纵轴是取得的收益,成本则是负的收益。MM' 表示在转移时希望得到的收益,即预期收益。LL' 是不转移时的收益,C 部分是转移费用,E 部分是转移的机会成本或失去的收入。如果转移后初期的收益低于未转移时的水平,可用 F 部分表示,而且也应该把这部分看作是费用。G 部分表示未来收益。考虑到转移费用,不难发现,只有转入地区的预期收益超过原区位的初始收益至少能弥补转移费用时,才具有经济可行性。现实中,机会成本也需要考虑在转移成本之中。因此,更为充分的条件应该是

预期收益>转移费用+机会成本

转移费用加上机会成本,我们称之为转换成本,这里,转移费用包括滞留费用、迁徙

费用和职业再培训费用。其中，滞留费用（Sunk Cost）是指获取与原来相同或相近的职业所支出的、尚未得到补偿且转移后也不再会得到补偿的那部分费用。其他各项费用的含义一目了然，无须解释。机会成本是指劳动力转移到新的城市区位以后，不得不放弃原城市区位上的一些好处。预期收益除了预期的资金或工资收入以外，还包括其他方面的利益，如生活环境、文化、就业机会、晋升的希望等。因此，只有满足上述条件，劳动力空间迁移才有可能发生。

二、劳动力迁移的 U 形往返现象

当城市劳动力需求增大时，城市中的工资没有提高或相对的低增长，就能够容易地扩大雇用。也就是说，农村剩余劳动力和从事低收入工作的劳动者，看到城市就业机会的增大会迁移而来。城市中劳动力需求的增大，会使农村中的劳动力供给减少，使农村的工资上升，从而将会促使工农间的收入差别缩小。在这里，不是由于收入差别的增大而引起劳动力迁移，而是由于劳动力迁移成为可能从而使收入差别减少。在这个意义上，用就业机会来解释劳动力迁移，则是正确的。

根据托达罗模型，农村劳动力是否向城市迁移，取决于在他们考虑到在城市找到工作机会的可能性大小之后，在农村能够挣到的收入与在城市能够挣到的收入之间的差别大小。其他的劳动力迁移模型没有考虑到城市失业问题，所以流动劳动力不会担心找不到工作而遭受到任何损失。托达罗看到了大量发展中国家存在劳动力大量流入城市而城市中又存在大量失业的现实情况，因此，他认为由于城市失业的存在，劳动力从农村迁移到城市不仅受城市与农村收入差距所决定，同时还要受到劳动力进入城市后能够获得就业岗位的机会或概率所决定。

U 形往返是阶段性迁移的一种主要表现形式。实际上，农村劳动力往返于城市和农村之间是不得已的选择。劳动力迁移被分割成两个过程，并且这两个过程预期不能同时完成，即潜在的迁移者没有获得城市永久居住权和稳定就业权的预期。因此，农村劳动力的迁移决策不是永久性的，这导致产生了中国劳动力迁移中的一系列特点，包括劳动力迁移的循环往复，呈现出"钟摆式"的流动模式、多次性、季节性和回迁性。

已有不少研究者对 U 字形往返过程进行研究。例如，在总结了发展中国家劳动力迁移的一般规律后，斯塔克认为，导致外出劳动力回迁的因素有以下几个方面：首先，可能是由于外出的迁移者找不到收入足够高的工作，因此无法在迁入地生存下去；其次，迁移者利用在迁入地所积累的物质和人力资本，可能返回迁出地获得更好的回报；另外，迁出地的生活成本可能要低于迁入地。斯塔克所总结的原因都是劳动力市场正常运行的必然结果。对于我国而言，有两个基本的制度安排，也是导致 U 字形往返的重要原因：一是农村土地制度安排。土地的制度安排决定了农民与土地的联系方式。随着我国经济的发展，农民的土地从家庭的主要生产要素演变成提供保障和抵御风险的资产。正是由于土地成为农民社会保障的主要依赖，因而他们不会轻易地放弃土地。另一个基本的制度安排是户籍制度。由于城市偏向的政策，户籍制度对迁移劳动力城市居住的限制、受教育权利和社会保障的排斥使得他们不得不返回自己的故乡。

三、劳动力迁移对城镇发展的重要意义

1. 农民工有力地推进了我国工业化、城镇化的进程

当前我国有流动人口近 1.5 亿，主体是农村的剩余劳动力。他们为求生存、谋发展，大量迁移到城镇中从事工业生产和城镇建设，为城镇发展做出了有目共睹的贡献。例如上海市，户籍人口已开始出现负自然增长，老龄人口占 20%以上，城市中的青年人主要在求学，劳动力严重不足。因而，浦东的开放开发、上万条工业生产流水线、成千个建筑工地上，劳动的主力军是农民工。据统计，2008 年上海有农民工 427 万人，其中制造业有 127 万、建筑业有 83 万、商业服务业有 107 万。又如珠三角的东莞市，全市有本地户籍的人口仅 174 万，却拥有 585 万在第一线生产的农民工。广东、福建、海南等农民工集中的地区，近几年由于农民工回乡创业或到其他城市就业，已深感劳动力不足。

2. 农民工是勤奋而低成本的劳动力，降低了产品成本，增强了市场竞争力，促进了城市经济的发展

"中国制造"的各类产品由于物美价廉而畅销全世界。为什么会价廉？主要是劳动力要素的成本低。我国出口的大多数产品，其工人的工资相当于欧美国家同类产品工人工资的1/8～1/20。这表明，我国的工业发展和城镇建设中农民工做出了巨大贡献。

3. 农民工进城学技术、学管理、增长见识和才干，回乡后促进农村致富

许多进城务工经商的农民工，特别是受教育程度较高者，通过实践学到了先进的生产技术和管理方法，提高了文化素质和创业素质，成为有知识、有技能的新型农民。有许多城市还专门对农民工进行培训，例如杭州市的一些街道开办培训班，组织农民工学电脑、学修理、学缝纫、办读书会等。他们回归故乡后，集资办工厂、经商和搞运输业，不仅起到了传播技术、扩散信息的作用，更重要的是加速了当地第二、第三产业的发展，推动了中小城镇的建设，使更多的农民成了市民。

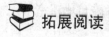 拓展阅读

美国的人口迁移

在美国各地区人口相对地位的变化中，人口迁移起了很大作用。美国不仅是接受国际移民的最重要的国家，而且其内部的迁移也是相当频繁的。从总体上看，对美国而言，国

际人口迁移与国内人口迁移的方向恰好相反。在国际人口迁移方面，目前美国每年净迁入国际移民八十多万，已相当于自然增长人数的一半以上，对人口规模的影响是巨大的。南部与西部地区由于是新兴地区，以前人口不多，因此国际人口迁移量大。而东北部和中西部地区拥有许多老牌大中城市，如纽约、华盛顿，因此迁往这些地区的国际移民虽然不是最多的，但每一阶段都有固定的人口迁入量，有效地缓和了这些地区人口减少的不利局面。虽然国际移民的显著特点就是集中于大中型城市。据1996年统计，当年新移民计划中的居住地以纽约市高居第一位，比重达14.5%；其次为洛杉矶市，占7.0%；居3~9位的是迈阿密、芝加哥、华盛顿、休斯敦、波士顿、圣迭戈和圣弗朗西斯科7市。以上9个城市比重合计为42.4%，而它们占美国总土地面积的比重不过仅为0.057%。笔者认为，首先，收入因素是国际人口迁移的重要诱因，并且很大程度上决定了移民进入后生活的地点；其次，国际人口迁移容易产生"羊群效应"，后来者由于信息上的缺乏容易迁移到前期进入者集中的地域；再次，迁入者对美国的熟悉程度不高，认识往往停留在知名度较高的几个大中城市，因此进入后的首选就主要是这些城市。

在美国国内迁移方面，东北部和中西部是主要的人口迁出地，南部则是主要的净迁入区。不同流向的迁移人口其动机亦有所区别：由南方向北方移动的主要是黑人和白人贫民，他们多数来自农村，希望在大都市中找到改善生活的机会。向南方流动的一部分是退休人员，他们希望到气候温暖的地方度过晚年；一部分则是熟练工人和大学毕业生，他们是被南方新兴的尖端工业吸引来的。总的来说，近几十年美国人口的国内迁移，是从稠密区流向稀疏区，因此各地区之间人口分布的差异已趋于缩小。

正是国际人口迁移与国内人口迁移的反方向运动，协调了美国人口地理分布，也使美国的城市化进入了新的阶段。美国的城市化也是以大中城市的发展起步的，这些城市巨大的拉力使人口源源不断地流入，在创造大量物质财富的同时也给城市造成了沉重的负担。人们在收入达到一定程度后对闲暇、洁净空气、生活舒适度产生大量的需求，这类需求转变为实际行动就是人口从这类财富中心的迁出，美国最大的城市纽约市在1970—1980年短短的10年间人口就减少了73万。但是国内经济的发展仍然需要纽约这类增长型城市发挥作用，国际人口迁移带来的高素质人才弥补了这一空缺，大批外国移民对相当一部分大城市人口的止跌回升起了主要的推动作用。十大高国际移民率都市区在国内人口迁移中都是主要的迁出区，在国际人口迁移的推动下，出现了外国移民涌入大都市区，而大都市区的美国人却向非都市区和中小都市区迁移的新格局，后者仿佛是在为前者腾出地理空间，从而在相当程度上扭转了美国在20世纪70年代曾十分鲜明的逆城市化特征。这样，美国的大中城市仍然发挥着强有力的经济带动作用，而国内人口迁移的新贵具有鲜明的特色，有些城镇被贴上了老年人聚集的标签，有些则是年轻人创业的天堂。笔者认为，美国的城市化在人口迁移的推动下开始进入特色化阶段。

（资料来源：陈奕平.当代美国人口迁移特征及原因分析[J].人口研究，2002（4）.）

第三节　城市劳动力市场

城市拥有十分巨大而多样化的劳动市场，为农村剩余劳动力提供了大量的就业机会。但是，无论何种社会经济体制，又都毫不例外地存在失业问题。因此，研究城市人口的就业，对于城市经济发展和社会稳定具有特别重要的意义，而研究城市人口的就业，则必须从探讨城市劳动力的供求机制着手。

一、城市的劳动力供给

劳动力供给可以定义为在不同的工资水平上，一个既定的人口市场中所提供的工作量。劳动力供给函数的斜率通常为正，它表明在其他条件不变时，工资越高，提供的劳动量越多。然而这种情况不是一直持续下去的，因为对于个人而言，尽管提供更多的劳动可以得到更高的工资收入，但相应地也使闲暇时间变得更少。因此，劳动者不愿意牺牲太多的闲暇时间，很可能自觉减少劳动量，这样就导致了如图 9-2 所示的个人劳动力供给曲线的回转。图 9-2 中纵轴 W/h 表示单位时间的收入，即工资；横轴 h 表示工作时间。它表明，最初，随着每小时工资额的上升，工人的工作时数增加；工资与劳动量增加到一定水平之后，工人将不再把单纯追求收入增长视为第一需要，他将转而享受生活闲暇时间给予他的乐趣，因此自愿减少工作时间。

上述情况只是针对特定岗位上的劳动个体而言的。对于全社会来说，较高的工资总会吸引原先工资较低的其他岗位和其他地区的劳动者补充到工作空缺中，因此一个城市，尤其经济活力充沛的大城市，其总体劳动力供给曲线将是如图 9-3 所示的曲线，斜率一直为正。

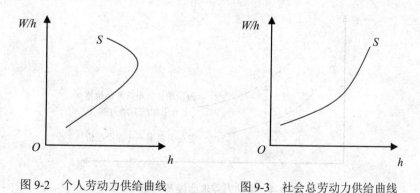

图 9-2　个人劳动力供给曲线　　图 9-3　社会总劳动力供给曲线

影响城市劳动力供给的因素有很多，主要包括以下两方面。

（1）人口特征，包括人口的规模、人口的再生产能力、人口的迁移、人口的年龄与性别构成等。一般来说，人口规模越大、再生产能力越强（高出生率、低死亡率），则劳动资源越丰裕；人口构成中，年轻型的比老年型的将提供更多的后备劳动者；男性相对于女性，就业欲望也更高；人口迁移对于城市长期的劳动力供给也有特殊意义。在美国，每年有大约15%的人口从一个劳动市场迁移至另一个劳动市场。在我国，随着城市综合改革的深入和劳动力市场的建立，"人才大流动""孔雀东南飞"早已是一种司空见惯的社会现象。据一项不完全统计，海南建省以来由于经济发展而新提供的六十多万个劳动岗位，有近七成为外地人所获得，外来移民已成为海南经济活动中的重要力量。

（2）劳动力素质，包括劳动者的身体健康状况、文化教育程度、劳动技能水平以及合作精神等。对于一个城市来说，如果其产业结构要求劳动力素质很高，那么短期内合格劳动力会十分短缺，劳动力供给缺乏弹性。但随着时间的推移和人力资本的投入，不仅由于有人口流动，而且因为有大量的教育与培训，使得劳动力短缺现象趋向缓解，劳动力供给也越来越具弹性。在经济文化尚欠发达的城市，劳动力素质与劳动力供给量通常是成反比的。

二、城市的劳动力需求

劳动力需求是一种派生需求，它是由于对商品与服务的需求而导出的对劳务的需求。假定只存在劳动与资本这两个生产要素，则当资本量固定时，劳动量的增加会以递减的速率引起产品量的增加，直至劳动再增加也不引起产品增加为止，这被称为边际收益递减律（也称边际生产率递减律）。根据西方经济学原理，最终产品的价格乘以边际产量等于新增劳动的边际产值；而各种劳动的边际产值曲线就是劳动力需求曲线，因为这条曲线反映了应付给新增劳动量的最高工资，如图9-4所示。图9-4中纵轴 W 表示相当于边际产品价值的工资；横轴 L 表示劳动力需求量；则劳动力需求曲线为 D_1 和 D_2，其斜率为负。

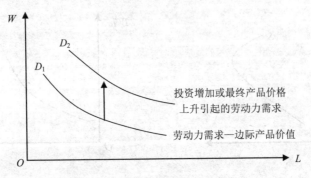

图9-4 劳动力需求曲线及其变动

影响城市劳动力需求的因素主要包括以下几方面。

（1）最终产品价格。当最终产品价格上升时，意味着对它的需求增加；在边际产量一定的情况下，价格上涨会提高劳动力的边际产值，使劳动力需求曲线从 D_1 上移到 D_2，即导致对劳动力需求的增加。

（2）生产投资量。如果提高生产投资量，则表明工人的人均资本量增加，从而提高边际产量，并引起劳动力的边际产值上升，这也将使劳动力需求曲线从 D_1 上移到 D_2，即导致对劳动力需求的增加。

（3）其他要素价格。决定生产规模的生产要素除了劳动外，很重要的还有资本和土地。在一定规模的生产中，如果资本与土地的价格有一个或两个都上涨，则相对来说劳动力价格在下降，这会促使厂商增加劳动投入而减少资本、土地的投入，直到劳动的边际产值函数降低到劳动力的货币产值等于其他两个要素的边际产值为止。

（4）生产技术水平。技术要素对于劳动力需求变化的影响，在长期内显得尤为重要：一方面，技术装备程度的提高，会使劳动生产率提高，从而减少劳动力需求量；但另一方面，技术的创新又不断促使新产业的诞生和新领域的开拓，从而增加新的就业机会、提高劳动力需求量。

综上所述，对于劳动力的需求与城市的经济发展状况息息相关：经济发展快，会使收入提高，导致人们消费的增加，推动最终产品价格的上升；经济发展快也会诱发投资量的扩大，并使资本与土地价格上升；经济发展快还能引进新技术、建立新部门。这一切都使得对劳动力的需求量增加，从而使城市人口增加，城市的发展也由此进入了一个理想的良性循环之中。

三、城市劳动力市场的二元化

1. 技能型与非技能型劳动力市场的并存

城市劳动力市场的二元化，是指技能型劳动力与非技能型劳动力同时存在劳动力市场。两者之间由于知识、受教育程度甚至是制度方面的因素，使得两个劳动力市场处于相对分割甚至是完全分割的状态。当然，处于技能型劳动力市场的劳动力可以选择非技能型劳动力市场就业，也即选择较低收入水平及较差的社会保障等，这与一般意义上的"经济人"假设不符。处于非技能型劳动力市场的劳动力，则由于各方面的因素很难进入技能型劳动力市场寻找职业，从而导致了城市中两个劳动力市场并存的状态。

从我国的情况来看，可以从两个方面观察城市劳动力市场形成的二元化性质。首先是整个经济的部门结构发生了变化。非国有经济部门的迅速扩大是改革开放以来所创造的资源重新配置的结果，这些部门的出现，产生了巨大的劳动力需求，创造出一个新生的就业群体，其主要由进城的非技能型劳动力构成。其次是城市就业结构的深化。与农村的非技能型劳动力相比，城市劳动力有两个相对优越的条件：其一是收入水平较高，从而生活条件比较优越；其二是受教育程度较高，从而具有更高的劳动技能。随着这两个条件越来越显著，城市劳动力越来越倾向于选择相对舒适和对人力资本要求较高的职业与岗位。

2. 二元化劳动力运行的阶段性特征

如果技能型劳动力与非技能型劳动力能够在空间相互流动，二元劳动力市场条件下技能型与非技能型劳动力迁移还会呈现出阶段性特征。

阶段之一：技能型劳动力与非技能型劳动力的同向迁移阶段。在该阶段，由于聚集效应占主要地位，这时，不论是技能型劳动力还是非技能型劳动力，其追求的效用最大化主要是由于聚集外部性所产生的城市工资差异较大所致，城市的工资差异足以弥补劳动力的迁移所产生的效用损失，这时劳动力迁移的需求效应等显现，城乡和城区差距扩大。

阶段之二：技能型劳动力的相对静止与非技能型劳动力的继续迁移阶段。在该阶段，随着聚集效应的逐步降低及人口数量增加的拥挤效应初步显现，这时聚集效应与拥挤效应相对均衡，劳动力在城乡、城区之间效用水平达到相对平衡状态，进而导致技能型劳动力的相对放缓阶段；而非技能型劳动力则由于主要考虑工资差异所带来的收入效用，因此，相对非技能型劳动力来讲，聚集效应仍占主导地位，非技能型劳动力将继续向城市移动。

阶段之三：技能型劳动力与非技能型劳动力的异向迁移阶段。在该阶段，随着非技能型劳动力数量及人口总量的逐步增加，对于技能型劳动力来讲，拥挤效应强于聚集效应，这时技能型劳动力开始从原来的区域向另外一个区域流动，而非技能型劳动力则为较高的工资收益所牵引而继续向原来的区域流动，形成技能型劳动力与非技能型劳动力的异向流动状况。在该阶段，对于技能型劳动力而言，工资差异已不能弥补因人口数量增加，拥挤效应加大而产生的总体效应水平降低，随着技能型劳动力的转移，技能型劳动力的工资区域差异开始逐渐缩小；而对于非技能型劳动力来说，由于两区域之间仍存在工资差异，因此，劳动力聚集仍沿原来方向移动，工资差异相对缩小。

阶段之四：非技能型劳动力的相对静止与技能型劳动力的继续外移阶段。在该阶段，随着非技能型劳动力的大量流入，使得城乡之间或城区之间的非技能型劳动力的边际生产率趋于平衡；而技能型劳动力的向外迁移也使得生产外部性及聚集效应减弱，进而引发对其他产业及相应劳动力需求的降低，使得非技能型劳动力不再向原来的移动方向流动，出现非技能型劳动力相对静止阶段。技能型劳动力为追求整体效应的最大化仍旧向外迁移，相应地，工资水平差异也在相对缩小。

阶段之五：技能型劳动力与非技能型劳动力的相对静止阶段。在该阶段，技能型劳动力与非技能型劳动力的流动达到一个新的均衡状态。非技能型劳动力空间上的工资差异，由于技能型劳动力反向迁移所导致的外部性效应降低，以及非技能型劳动力的正向迁移的劳动边际生产率递减等原因，必将使该工资差异消失直至工资水平相同；而对于技能型劳动力来讲，由于其效用水平不仅包含工资所导致的收入效应，同时也包含生活环境所产生的环境效用，在该阶段，尽管总体效用在两空间上相同，但工资差异将始终存在。

技能型劳动力与非技能型劳动力同时迁移的阶段性，如图9-5所示。

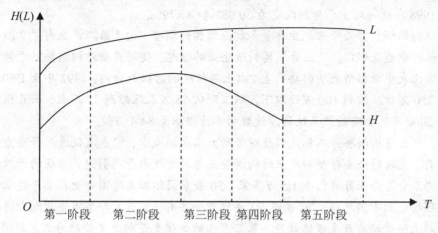

图 9-5 技能型劳动力与非技能型劳动力迁移的阶段性

图 9-5 中，H 表示技能型劳动力数量，L 表示非技能型劳动力数量。如果非技能型劳动力也考虑其生活环境问题，那么，对非技能型劳动力来讲，同样存在因人口数量增加而产生的外部环境负效应及总体效应大小选择问题，与技能型劳动力一样也会面临反向流动问题，这时又会进入一个劳动力流动新的周期过程，工资的区域差异仍旧存在。

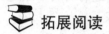 拓展阅读

经济转型中的上海劳动力市场

在作为我国经济中心和第一大城市的上海，经济转型对于劳动力市场产生了强大的撞击，使之愈发成为社会关注的焦点之一。由其社会经济特征所决定，上海的劳动力市场在某种意义上还具有特质方面的浓缩性和趋势方面的指向性。

传统体制下，上海像全国其他城市一样，实行统包统配的企业用人制度。虽然自 20 世纪 80 年代以来企业用人制度的改革在不断深化，但长期以来沉淀在企业内部的冗员还没有完全释放出来。1992 年开发浦东以后，尤其是在 20 世纪 90 年代中期，冗员问题开始显性化，在逐渐成形的劳动力市场上，需求开始发生急剧的裂变。

首先是产业结构的调整。随着社会经济的发展，上海产业结构的老化问题日益突出，这不仅体现在第三产业的严重滞后上，也体现在第二产业内部的行业结构、技术层次有待大力改进。上海要建成国际经济、金融、贸易中心，要改善投资环境，改进过分落后的城市基础设施和城市面貌，就必须大力发展涵盖金融、贸易、房地产等在内的第三产业，因此，上海制定了以同现代经济发达都市相适应的"三、二、一"产业结构取代"二、三、一"产业结构的发展战略。1990 年，第二、三产业占上海市 GDP 的比重分别为 63.81% 和

31.88%，1998年这一比重已分别改变为50.08%和47.79%。

产业结构的调整势必带来就业存量和就业结构的调整。由于第二产业内"夕阳行业"的压缩和新的制造业部门、"三资"类制造企业的崛起，使得产业结构调整对于劳动力市场的冲击远比表中数据所表明的要严重。以上海传统的纺织业为例，1992年至1998年底，纱锭数从250万锭压缩到100万锭以下，职工则从55万人压缩到23万人，而且压锭还将继续，至2000年，上海纺织系统的纱锭数初步计划压至84.4万锭。

当然，产业结构调整并不都是引致对劳动力需求的减少，它也有促进对劳动力需求的增加的一面。上海的经济转型和产业结构调整是与外资及内资的引进、市场的开放结合在一起的。"三资"企业目前已达1.5万多家，50余家国际知名跨国企业在上海建立了具有投资和管理功能的中国总部；20世纪90年代至今共有1.5万家外省市企业到上海投资。这些都会对上海劳动力产生吸纳效应。第三产业的扩张更是刺激了劳动力需求的增长。

其次是企业制度的改革。传统体制下，企业内部累积了较多的冗员。根据20世纪80年代末期的一份研究报告，上海企业中过剩劳动力约占企业劳动力总数的14%，这些过剩劳动力的边际产出为零甚至为负数。如果除去这部分冗员，企业的劳动生产率平均可提高约26%。许多专家和企业界人士甚至认为上述结论还过于保守，国有企业冗员的比例可能还要高得多。伴随着企业制度改革的逐渐深入和迈向现代企业制度，企业必然会不断地加大力度来遏制单位利润耗费的劳动力成本上升趋势和单位劳动力成本创造的利润下降趋势。企业冗员的蒸发和职工隐性下岗的显性化是企业改革的必然逻辑结果。

再次是企业效益的滑坡。上海作为我国的老工业基地，国有经济一直占绝对主导地位，传统计划体制的影响颇深，这使得国有企业或由其改制而来的企业在经济转型过程中的自我发展能力较差。上海第二产业在全国强势地位的逐渐丧失便是一个体现。更为直观的是，传统体制下成就辉煌的上海音响、彩电、洗衣机、冰箱、自行车等产品的市场占有率和品牌含金量先后被外地企业超越和挤占，上菱、双鹿、水仙、永久等企业的效益大幅滑坡，有的甚至严重亏损。企业效益的滑坡必然带来劳动力需求的萎缩。

另一方面，近几年的宏观经济环境和东南亚金融危机也构成了对大多数企业的效益的约束。即使在一些金融部门，由于缺乏效益的支撑，也开始浮现出冗员。

上海仅在"八五"期间就有86.1万人次下岗，同期有66.4万人次得以分流和转岗，期末还余19.7万人。截至1997年年底，全市下岗待工人员存量为20.5万人。至今累计的下岗人员达100多万人次，其中大部分实现了转岗。这既是一个了不起的成就，也表明了劳动力市场形势的严峻和再就业工程的艰辛。

从经济转型的角度看，下岗、转岗的出现带有必然性；从经济发展的角度看，隐性下岗的显性化具有进步意义。当然，冗员的剥离和下岗不应被简单地操作，至少在目前条件下是这样。在一个社会化的福利保障体系建立以前，职工一旦离开了企业，失去了原企业职工的身份，就意味着失去了原先低工资时代长期扣除并积累在企业的福利待遇，而福利待遇并不能随员工的转岗而流动。因此，若将国企冗员直接推出企业，职工和社会都不能接受，且有失公平。这就需要一种平衡企业效益和社会稳定、职工利益的技术，亦即在劳动力非市场化和劳动力市场化之间构建一种过渡性机制。

起先，企业冗员主要是通过企业兴办三产，或产业延伸加以消化、分流的，这一过程大体从1994年至1996年6月。1996年7月1日，上海在下岗压力最大的纺织、仪电行业建立了再就业服务中心，后来，再就业服务中心的覆盖范围又不断扩大。再就业服务中心的基本经费由市财政、下岗职工所在企业及企业所属行业控股公司和外地劳动力管理基金共同承担。中心实行对下岗职工的托管，负担其两年的劳保福利费用，用时发放"下岗津贴"。再就业中心的意义在于：（1）割断了下岗职工与企业之间的脐带，为企业提高效率和企业的破产、购并提供了条件。（2）由于未把下岗职工直接推向社会，在经济上和心理上赋予了必要的缓冲；同时确定了缓冲期限，为下岗职工保持了寻职压力和寻职时间。（3）为完全的劳动力市场机制的构建提供了昭示和铺垫。

但是，再就业服务中心毕竟只是一种过渡性的制度安排，存在诸多不足。如在具体操作中，企业甩包袱的倾向较严重；客观上挤占和耗用了本可用于职工技能培训的费用；增加了政府的财政负担；外地劳动力管理基金出资无合理论据；隐性就业者的制度性收益不合理地存在（后面将予分析）等。因此，应该稳妥地推进再就业服务中心这种机制向完全的劳动力市场机制的转化。

（资料来源：http://www.labournet.com.cn/qingkuang/fileview.asp.）

第四节 城市劳动人口的就业与我国的就业保障体系

一、就业与失业的界定及失业的类型和成因

（一）就业与失业的界定

所谓就业，是指达到法定年龄、具有劳动能力和劳动意愿的人口，运用生产资料依法从事某项社会劳动，并获取赖以生存的报酬或经营性收入的经济活动。按国际劳工组织的定义，就业是指一定年龄阶段的人口所从事的为获取报酬或为赚取利润所进行的活动。可见，要实现就业，就必须满足三个基本条件：一是就业主体是达到法定年龄的具有劳动能力的人；二是就业主体所从事的劳动属于合法的社会劳动；三是就业主体所从事的劳动是有报酬的劳动。

按国际劳工组织的规定，凡在规定年龄之内，符合下述条件者均属就业人员：（1）正在工作的人，指在规定时间内从事有报酬或收入的工作人员；（2）有职业，但临时因疾病、

休假、劳动争议等不工作的人,以及单位因各种原因临时停工的人;(3)雇主和自营人员,或正在协助家庭经营企业或农场而不领取报酬的家属人员,在规定时间内从事正常工作时间 1/3 以上者;(4)已办理离休、退休、退职手续,但又再次从业的人员。衡量就业状况的指标通常为就业率,即

$$就业率 = \frac{就业人数}{就业人数 + 失业人数} \times 100\%$$

充分就业是一个相对的概念,凯恩斯认为,充分就业就是"在某一工资水平下,所有愿意接受这种工资的人都能得到工作"。他把失业划分为"自愿性失业"和"非自愿性失业"。按凯恩斯的思想,只要解决了"非自愿性失业"人员的就业问题,就算达到了充分就业。在理论界,对充分就业的理解大致可分为两种:一种认为,充分就业是指劳动力和生产资料均达到充分利用的状态;另一种认为,充分就业并非指失业率为零,而是总失业率等于自然失业率。从统计上讲,20 世纪 50 年代,人们认为,失业率不超过 4% 即为充分就业;80 年代人们则认为,失业率不超过 6% 即为充分就业。

失业是相对于就业而言的,按国际劳工组织的定义,失业是指有劳动能力并愿意就业的劳动者找不到工作的一种现象,其实质是劳动者与生产资料相分离。目前发达国家一般将失业理解为:凡是统计时被确定为有工作能力,但没有工作,且在此之前 4 周内曾努力寻找工作,但未找到工作的人。此外,还包括暂时被解雇并等待恢复工作的人和正等待到新工作岗位报到的人,等待时间达 30 天以上的人。失业的界定是以劳动者是否面向市场为依据的。衡量失业状况的指标是失业率,即

$$失业率 = \frac{失业人数}{就业人数 + 失业人数} \times 100\%$$

失业人数是指属于上述失业范围并到有关部门登记的失业者人数。

在我国,失业率通常以城镇登记失业率表示,即

$$城镇登记失业率 = \frac{城镇登记失业人数}{城镇就业人数 + 城镇登记失业人数} \times 100\%$$

(二)失业的类型

从不同的角度,我们可以把失业区分为不同的类型。

(1)按表现形式,分为完全失业和半失业。前者指完全找不到工作,为法律所公开承认的失业;后者指希望全日工作、连续工作的人只能从事半日工作、非连续工作,法律不公开承认为失业,也称半就业或半失业。

(2)按产生原因,分为自愿失业和摩擦失业。前者指因劳动者不愿接受现行工资,或不满足现状工作条件而失业;后者指非主观因素或就业信息不充分等造成的失业。

(3)按性质,可分为结构性失业和需求短缺性失业。前者指劳动者的知识技能结构不适应工作需要以及新技术应用而使旧技术废弃所造成的失业;后者指由于社会对某些商

品和服务的总需求减少导致的失业。

（4）按时间，可分为季节性失业和过剩性失业。前者指由于生产、消费的季节性而导致对劳动力需求的周期性变化引起的间断失业；后者则是在相当长的时期内，劳动者人数超过劳动力工作岗位而形成某些人的连续失业。

二、城市劳动力市场的存量和流量模型

就某一城市劳动力市场而言，某一时刻的劳动者就业人数、失业人数和非劳动力人口间的数量关系，如图 9-6 所示。

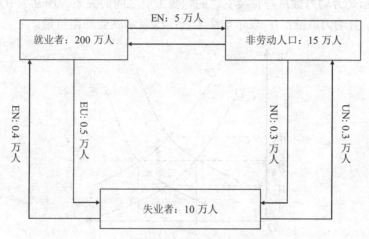

图 9-6 城市劳动力市场的存量与流量图

图 9-6 中，某一时刻由于失业者变成就业者的人数为 0.4 万人，占失业人口存量的 4%，而由失业人口变为非劳动力人口的数量是 0.3 万人，占失业人口存量的 3%，也就是说，该时期内约有 7%的失业人口脱离失业状态。而那些新进入失业队伍的人口则由从就业人口存量中进入失业队伍的人口（流量 EU）和从非劳动力人口存量中进入失业队伍的人口（流量 NU）两部分构成。进入失业状态的流量大于脱离失业状态的流量，意味着这一时期失业人口存量增加。

图 9-6 中的城市失业率（u）可用下列函数表示

$$u = f(\overset{+}{P_{en}},\ \overset{-}{P_{ne}},\ \overset{-}{P_{nu}},\ \overset{+}{P_{un}},\ \overset{+}{P_{eu}},\ \overset{-}{P_{ue}}) \tag{9-3}$$

式中，P_{en} 为就业人员中脱离劳动者队伍的人数所占比重（2.5%）；P_{ne} 为非劳动力人口中进入劳动者队伍并已找到工作的人员所占比重（6.67%）；P_{nu} 为失业者中脱离劳动者队伍的人员比例（3%）；P_{un} 为非劳动力人口中进入劳动者队伍但尚未找到工作的人员的比例（2%）；P_{eu} 为就业人员中成为失业者的人员的比例（2.5%）；P_{ue} 为失业人员

中成为就业人员所占比例（4%）。式（9-3）中，变量顶部的"+"表示该变量增加将提高失业率，"-"表示该变量增加将降低失业率。

图9-6和式（9-3）表明，城市社会对任何既定失业率水平的关注都应集中在失业的影响因素以及失业的持续时间等两方面。

三、市场经济下的城市就业机制

在第三节，我们分别对劳动的供给和需求进行了分析，从而了解了城市的就业是如何产生又如何分配的。下面将综合讨论在市场经济条件下，城市就业的相关约束机制。

图9-7所示是劳动力数量与将要支付的均衡工资之间的关系。图9-7中，D表示劳动力需求；S表示劳动力供给；W_0表示均衡工资；L_0表示就业均衡数量。

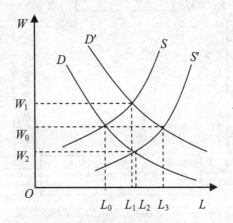

图9-7 劳动就业与工资的关系

从图9-7中可知，当资本成本上涨时，会增加劳动的需求，使D上移至D'，工资由W_0上升至W_1，就业量由L_0增至L_1；劳动力需求的增加又会吸引人口迁移，使就业队伍扩大，劳动力供给增加，即由S右移至S'，这时劳动力的工资水平会从W_1降至W_2，而就业量会从L_1进一步增至L_2，最后结果是D'与S'建立了新的均衡点，工资仍回到W_0，而就业扩大到了L_3。

图9-7描述的是一种完全理想化的状态，实际上就业机制还受多种因素制约，如产业结构、规模、通信与运输条件等。这其中，劳动市场的作用是十分显著的。美国经济学家舒尔茨认为，大都市劳动市场是高度复杂的，由分开的但又相互联系的不同职业的和不同区位的次级市场构成。工资的决定、工作的寻求和工人的流动都被许多种力影响着——经济的、制度的、区位的和个人的。现代城市由于发达的交通与通信技术，使得信息的传播极为迅捷，而成本大为降低。因此，人们在城市劳动市场上获取信息的可能性不断提高，并得以用更快的速度向着更好的工作岗位转移。

无论城市本身的经济运行态势如何，要达到100%的充分就业始终只是一种理想，而无法成为现实，也不利于社会进步。因为导致失业产生的因素有很多：自愿的与非自愿的、微观的与宏观的、显性的与隐性的等。西方经济界普遍认为，保持适度的失业率（如2%～5%）是有益的，因为它能促进劳动市场的建立和人口的流动，并使劳动者处于竞争状态而有利于提高劳动效率。因此，美国政府规定：失业率在5%以下可视为充分就业，不必忧虑。

四、我国城镇的就业保障体系改革

进一步深化中国劳动力市场改革、促进中国城镇就业改革包括以下几项措施。

（1）破除劳动力市场的地域和条块分割，建设城乡一体化的劳动力市场，实现劳动力供求信息的网络化、科学化管理。当今社会的显著特征之一是计算机的广泛应用及由此引发的信息技术革命。信息的网络化、大众化为信息的快速传递提供了条件，而信息内容的复杂多变又为人们确认某些信息的可靠性带来了困难。不过，值得肯定的是，由计算机软、硬件的迅速更替所导致的信息网络化、快捷化，为中国建设城乡一体化的劳动力市场，为劳动力供求信息的快速、准确传播，实现劳动力资源与物质资源的有效配置，提供了必要的物质前提和技术保证。

现行劳动力市场在配置资源时仍存在明显的缺陷和不足：① 劳动力供求信息传播范围小、传播速度慢；② 劳动力供求信息的准确性、可靠性不高，劳动力供方与需方不易或不能直接"见面"和"对话"，进而使得原本就不确定、不对称的信息变得更加不确定和不对称，提高了劳动力的交易成本；③ 现行劳动力市场在配置资源时，人为因素和主观因素过多，使劳动力与物质资源的结合较难达到最优或较优，从而降低了劳动力资源的开发利用效率；④ 社会劳动力资源配置的总体效率偏低。今后，在劳动力市场建设过程中，应在密切关注劳动力市场培育的同时，积极推进劳动力市场的信息化、网络化和现代化，适应知识社会发展的趋向，从信息化、网络化、现代化及全国"一盘棋"的高度，构建全国统一、城乡统一的劳动力资源配置系统。

当然，全国范围内的城乡一体化的劳动力市场建设必须以消除制度壁垒、地方和企业障碍以及其他人为障碍为前提，否则，即使建立起城乡一体化的劳动力资源配置系统，也会因劳动力流动性差而难以达到劳动力资源优化配置的效果。因此，全国范围的城乡一体化的劳动力资源配置系统的良好运行是以优良的制度环境、组织环境和人为环境为前提的。

（2）建立科学、严格的社会测评制度和评价体系，为劳动力资源有效配置提供必要的前提条件。现行劳动力市场是以劳动者的专业、学历或文凭等为劳动力定价依据和交换标准的。这种将劳动力供给方的"学历"或"文凭"作为"个人能力信息"的做法，导致了20世纪70年代以来困扰许多国家的"文凭膨胀"问题。根据筛选假设理论的观点，教育通常被视作一种"筛选装置",教育水平被认为是反映个人能力的有效信号,通过求职者的专业、学历或文凭,劳动力需求者(即企业或雇主)即可识别不同能力的求职者,并按其专业和受教育水平高低来安排工作岗位,确定劳动力价格。筛选假设理论在较好地解释"文凭膨胀"问题的同时,也警示人们:教育若不能发挥提高劳动生产率的效用,那么过分依赖教育作为选聘依据,在教育和经济发展关系难以协调的情况下,将会给国家和个人带来严重的不良后果。当然,把专业及学历或文凭作为传达劳动力供给者能力的信号,在人们较难确认劳动者个人能力时仍不失为一种有效的方法。然而,在以劳动力资源开发及劳动力资源优化配置和利用为宗旨的现代社会,仅仅把求职者所学专业及所具有的学历和文凭作为劳动力"筛选信号"和定价依据的做法,是存在许多弊端的。鉴于此,有必要对体制中的人才培养和选拔制度进行改革,具体做法有以下两个方面:① 建立科学、严格的劳动者能力的社会测评制度和评价体系,对劳动者个人能力(包括个人特长和综合能力等)进行全面、综合的测评,一方面用于指导劳动者的择业和培训;另一方面为劳动力需求者(企业或雇主)提供科学、有价值的劳动者个人能力信息,提高劳动者个人能力信息在劳动力市场上的公信度和透明度,实现劳动力资源的优化配置。② 以市场为导向进一步推进教育体制改革,建立真正意义上的素质教育体系,通过建立学生平时档案制度来加强对学生平时表现和能化监督,以避免营私舞弊和不负责行为的发生;同时结合不同地区和民族特点设定多个等级和要求,以指导地方有关部门和学校对学生进行公开、公正、公平的考核。

(3) 建立严格的职业培训制度,加强对劳动者的职业技能培训,提高劳动力资源的开发水平和利用效率。劳动者的科学文化素质低,所具有的专业技术知识不能适应不断发展的社会生产力的要求,这既是中国失业问题产生的重要原因之一,也是中国劳动力市场及社会经济发展过程中遇到的重要问题。职业培训是劳动力资源开发的主要形式之一,与职业教育相比,职业培训具有明确的目的性、指向性和灵活性,培训的内容通常与劳动者正在或即将从事的职业和工作关系密切,而且对受训者一般无严格的年龄要求。从未来社会、经济走向及国内外劳动力市场发展趋势看,劳动力需求正在由体力型向知识型、技术型转变,而目前中国劳动力供给仍然以体力型为主,难以满足国内外劳动力市场及未来社会生产力发展的要求。目前"中国劳动力资源丰富"更大程度上是就人口或劳动力人口的数量,或就劳动力资源的开发潜力而言。不过,劳动力资源储量的潜在性尽管为劳动力资源的开发利用提供了可能性和前提,但却不等于现实性,如何将储量丰富的潜在劳动力资源转化为现实劳动力资源乃至社会财富,则是人们更为关心的问题。为此,今后我们应在重视正规学校教育的同时,逐渐建立起符合中国国情的职业技能培训制度,加强对在职职工和社会失业人员的职业技能和知识培训。受训者的培训费用可在坚持"谁受益,谁负担"原则的基础上,区别对待;在职职工的培训费,应由受训者全部或部分(受益企业承担其余部分的培训费用)承担;社会失(待)业人员的培训费,则应由受训者和社会共同承担（应以受训者承担为主，社会承担为辅）。因为这样做，既能避免在职职工受训后"跳槽"可能给原工作单位带来的损失，也可从一定程度上削减受训职工受训后的流动障碍；对社会（待）失业人员来说，可鞭策他们尽快就业，避免部分失（待）业者在寻找工作时"挑肥拣瘦"。

（4）建设并完善劳动力市场法律规范，加强劳动力市场管理，增强企业和劳动者的法制观念，规范劳动力市场行为，维护企业和劳动者的正当权益，逐步建立起公开、公平、公正的劳动力市场竞争机制。依法管理是市场经济的基本特征之一，法律规范的作用是任何社会规范都无法替代的。随着我国由计划经济向市场经济转变，"人治"的成分将逐渐减少，"法治"的比重逐渐增加，在这一过程中，借鉴和吸收世界法治国家的经验，逐步建立起一套严格、完善的立法、执法、监督法制体系，尽力将人的社会经济行为纳入法制化轨道，是十分必要和有意义的。

（5）加强行业、企业内部劳动力市场建设，完善同一部门、行业、企业和职业内部不同劳动力市场信息交流，尽量实现劳动力同行业、同企业和同职业间的内部调剂，互调余缺，互通有无，这对我国二元经济条件下供过于求的劳动力市场建设，对节约社会资源，减轻下岗、失业的社会压力，是非常必要的。

（6）健全并完善社会保障制度，尽快实现社会保障基金的国家级统筹，加速建设与劳动力市场相配套的社会服务体系。社会保障制度的建设和完善是社会主义市场经济发育发展的基础，同时也是城镇劳动力市场发展的基石。没有完善的社会保障制度和社会服务体系，不实现社会保障基金的国家级统筹，劳动力就不能实现顺畅流动，资源配置的有效性和效率也就难以保证，我国的劳动力市场就永无完善和成熟之日。因此，逐步完善社会保障制度，实现社会保障制度的城乡统一，推动社会保障基金尽快实现省级乃至国家级统筹，是一项十分重要而迫切的任务。

（7）加速城镇第三产业发展，大力扶持和培育非国有经济，努力推动城镇社区建设，积极鼓励劳动密集型行业的发展。解决我国就业的途径是多方位、多层次的，从城镇发展和社会进步的角度看，不断提高第三产业的产值率和就业比重，通过培育非国有经济，大力发展社区服务，在提高劳动者整体素质和调整劳动者知识技能结构的同时，不断推进国内和国际的劳务合作和劳务输出，开源畅流，乃是缓解城镇就业压力、解决城镇就业问题的可行性措施。

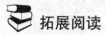 **拓展阅读**

国外大学生就业保障体系

美国于1998年颁布《劳动力投资法案》，开始"一站式就业服务"（One Stop Service）

体系的建设。在这个体系中，以各地的一站式就业中心为核心。《劳动力投资法案》分别赋予州级政府和地方政府权力组成劳动力投资委员会，制订各项中长期劳动力发展计划。该法案强调由商界人士担任劳动力投资委员会主席，决定劳动力投资体系的整体发展方向，并由一站式就业中心作为窗口提供整合的就业服务，再由指定机构提供职业训练和就业咨询服务。

美国政府就业机构的特点有四个：一是去中央化，一站式就业服务体系由各州主导，联邦政府仅制定运作原则及经费辅助；二是弹性化，各州甚至同州各地的实施和运作方式都各不相同；三是强调公私资源整合，由联邦政府提供经费，公私部门协调完成服务供给；四是经济导向，由商界人士担任各级劳动力投资委员会主席，根据经济发展制定劳动力计划。

英国工作和年金部（Dept. for Work and Pension）于2002年4月起设立特别就业服务和失业给付中心，作为统筹各项失业给付和就业协助的机构。根据失业者的失业时间、年纪及其他相关条件，提供不同的就业服务方案。而且，因为机构自身就是各项失业给付的审核中心，因此可以直接针对失业者对中心所提供就业方案的配合程度，核准或拒绝给付。自1997年开始，政府强调就业的重要性，希望有就业能力者可以通过就业达成"自助"的目标，以往的福利依赖者也强制必须进入职场就业，并透过特定的政策来处理长期失业者和弱势群体问题。在这一趋势下，英国的福利体系与就业服务机构开始寻求职能上的结合，二者整合为一体式服务提供机构，即就业服务和失业给付中心，它作为就业服务和失业给付的窗口，以就业为原则，监控失业给付的发放，并配合给长期失业者和弱势群体提供特定的就业方案。

英国公共就业服务机构的特点有三个：一是政府对权力的绝对主导，不论是经费来源、政策目标或机构成员，全部来自英国政府；二是结合福利与就业服务功能，以失业津贴为基础，促进就业服务工作，提高国民就业率；三是侧重对弱势群体的就业协助，政府宣扬"工作是最佳福利形式"的理念，通过提高弱势群体的就业率，达到减少福利支出的效果。

（资料来源：袁兴车. 透析国外大学生就业保障体系[J]. 教育与职业，2010（01）. ）

本章小结

1. 城市人口的特征：高密度、城市人口比重逐渐上升、城市人口是生产与消费的主体。
2. 城市人口的构成：自然构成与社会构成。
3. 劳动力的迁移只有在满足机会成本和预期收益大于迁移成本时才可能发生。
4. 劳动力的流动对我国的社会经济发展产生巨大的推动作用。
5. 失业与就业是相对而言的，按照不同的类型，分为完全失业和半失业、自愿失业和摩擦失业、结构性失业和需求短缺性失业、季节性失业和过剩性失业。

6. 我国就业保障体系的建立有力地保障了我国城市居民的就业率，但我国的人口基数巨大，就业人口众多，要不断提高第三产业的产值率和就业比重，通过培育国有经济，大力发展社区服务，提高劳动者素质，推进国内国际的劳务合作和劳务输出，是缓解我国就业压力的可行措施。

 思考与讨论

1. 试述我国城市劳动人口的基本特点。
2. 如何看待我国劳动力流动的现状？改善我国劳动力流动机制应采取哪些对策？
3. 就业与失业的界定是什么？工资是如何影响就业的？它们之间的关系是什么？
4. 谈谈你对我国就业保障体制的看法，并提出建议。

第十章 城市环境经济

 学习目标

本章通过对城市环境构成和城市生态危机问题的阐述,揭示了城市环境的特征、城市生态环境面临的挑战和城市环境问题的根源,进而对城市环境问题进行了理论性的经济分析,包括城市环境与城市经济的关系、环境质量价值的经济评估、环境污染的外部性分析及治理对策;比较分析"先污染、后治理"与"边污染、边治理"的城市发展模式,提出建设生态城市,以促进城市可持续发展的模式,介绍生态城市的内涵、特征和发展实践进程,并指出了创建生态城市的途径和指标体系。

第一节 城 市 环 境

一、城市与环境

环境是含义广泛的概念,是指作用于人类这一主体的所有外界影响和力量的总和,是自然因素和社会因素的统一体。环境是人类赖以生存的物质基础,也是人类赖以生存和发展的总资源,是人类的共同财产。原始社会,人类是自然的组成部分,环境就是自然,但在城市出现以后,尤其是产业革命以后的工业化和城市化过程中,环境成了人工的产物。发达国家的现代社会是城市社会,人类居住的环境不再是自然本身,已经形成一种自然环境,一种城市社会环境。

城市环境是相对于城市的主体——企业或居民而言的,是指影响城市生活和生产活动的各种自然的和人工的外部条件。城市环境既是城市人类活动的基础,又受到人们活动的影响,因此,城市环境是一种特殊的自然—人工复合的环境,有其特殊的结构、功能和特征。

(一)城市环境的结构和功能

城市环境包括两大部分:自然环境和人工环境。城市的自然环境又称城市的自然条件,包括地质、地貌、土地、土壤、水文、气候、大气、生物等自然生理要素。城市的人工环境则是由人工建造的或因人类活动而形成的物质环境,主要是指人类生产和生活所依赖的各种人工设施,包括生产设施(厂房、生产设备、仓储设备等)、市场设施(商店、广告和营业性娱乐设施等)、生活设施(住房及相关设施、生活服务设施等)和基础设施(公

共场所和建筑物、道路和交通设施、给排水设施、供电设施、垃圾收集和处理设施等)。城市的自然环境是城市社会经济活动的基础,是城市赖以形成、存在和发展的地域条件。人工环境也是以自然环境为基础而形成的,但它在性质上又不同于自然环境,凝结着人类的劳动和文明,是城市区别于其他地区的主要因素。

虽然在结构上把城市环境分为自然环境和人工环境两大部分,但它们在功能上是紧密地交织在一起的,共同为城市的生活和生产活动提供背景、基础和保障。城市环境的功能主要体现在以下几个方面。

(1) 为城市居民活动提供空间资源。

(2) 为城市经济活动提供资源、动力和工具。人类的生产和生活都需要消耗资源、动力,都需要依赖一定的工具,这些基本都来自城市的自然和人工环境。

(3) 承受并消解城市中人们活动的副产品。人们的活动都会产生副产品,主要是排放各种废弃物,城市环境不但要承受,还要消解这种废弃物,这样才能保障人们活动的连续性。

(4) 记录、体现和保存人类活动的成果。

(5) 代表了一个城市的形象。

(二) 城市环境的特征

城市环境与其他外界环境相比,主要有以下特征。

1. 高度人工化

城市环境中,最显著、最基本的特征就是高度人工化的"自然—人工"复合环境。自然环境是城市环境的基础,人工环境是城市环境的主体。城市是人口最集中,社会、经济活动最频繁的地方,也是人类对自然干预最强烈的地方。人工控制对城市系统的存在与发展起着决定性的作用,有些过程甚至是不可逆转的。例如,城市的建筑、道路、设施等,使城市的降水、径流、蒸发、渗漏等都产生了再分配,使城市水量与水质发生了较大变化。

2. 以人为主体

城市生态系统中,人口高度集中,其他生物的种类和数量较少。人是城市生态系统中主要的消费者,在城市生态系统中,生产者、消费者所占的比例与其在自然生态系统中正相反,是以消费者为主的倒三角形营养结构。

3. 高度开放性

城市每时每刻都进行着大量的物质、信息的流动和转化加工,包括各类资源、废弃物等。因此,城市的环境与周围区域的环境密不可分,与周边环境保持着物质、信息交流,呈现出高度的开放性。

4. 脆弱性

城市环境由于是高度人工化的环境,受到人类活动的很大影响,自然调节能力比较差,主要靠人工活动进行调节。而人类活动具有太多的不确定性,且影响城市的因素众多,各个因素之间会产生连锁反应,这就造成了城市环境的脆弱性。

5. 公共品特征

城市环境具有典型的公共品特征,既有非竞争性,又具有非排他性。城市的自然环境、人工环境和社会环境很多不能被单独使用,而是作为公共品被大众共享。城市环境的公共品特征,容易引发"公有地的悲剧",导致城市环境问题的发生。

二、城市生态环境危机

城市是历史发展到一定阶段的产物。城市产生之前的生态主要是自然生态问题。由于社会的发展和城市的产生,人对自然的破坏开始加剧。随着国民经济的高速增长,我国城市化的进程明显加快,冶金、电力、石油化工及汽车制造业发展迅猛,成为多数城市的支柱产业,这些高耗能、耗水、耗原材料且污染量大的产业在高速发展过程中所排放出来的废气、废水和废渣使得城市环境外部性尤为明显和突出,导致了一系列的环境问题,使许多城市不同程度地染上了"城市病",主要表现在以下几个方面。

(一) 大气环境污染

每个人每天大约需要摄入空气 15 千克、食物 1.5 千克、水 2.5 千克。如果 5 分钟不呼吸就会死亡,一旦人们呼吸的空气中的正常成分被改变或正常成分的比例发生变化即为污染,表现为空气中有毒有害物质的积累,例如粉尘、悬浮颗粒物、二氧化硫、一氧化碳、氟化氢、氮氧化物等。

常规的城市环境空气污染主要是由于能源利用(燃煤、燃油、燃气等)导致的二氧化硫、二氧化氮和悬浮颗粒物污染。而以细粒子为特征的灰霾问题,已经成为困扰我国乃至世界上很多城市的空气污染问题,对人体健康有严重危害。

(二) 水环境污染

由于经济发展和人口的增加,带来了生产废水和生活污水的大量排放,所排放的污水未得到很好的处理,造成城市河流水体的严重污染,影响到居民的正常生产和生活,加剧了水资源的短缺,威胁了饮用水源,危害了人们的身心健康。由于饮用水不合格,以及工业、农药生产等大量有毒有害物质排进水体造成严重公害事件的现象时有发生。据世界卫生组织(WHO)调查显示:全世界 80% 的疾病是由饮用被污染的水造成的,此类患病人数高达 12 亿,因水污染引起的霍乱、痢疾或疟疾等传染病的患病人数超过 500 万,全世界死亡儿童的 50% 与污染有关,每年有 2 500 万儿童因此夭折。

(三) 固体废弃物污染

城市化的快速发展,必然产生大量的生产、生活垃圾。如果城市垃圾处理能力很低,必然造成固体废弃物污染严重。在我国,绝大多数城市的垃圾处置的主要方式是传统的填埋法或堆放法，基建废料、工业废渣、生活垃圾等随意丢弃、倾倒、乱堆乱放等对生态环境造成了极大破坏。在固体废弃物中，有很多难以降解的合成物（如橡胶、塑料）的危害时间更长。这些废弃物的堆放既占用大量土地，又损害自然景观，并成为严重的二次污染源，污染土壤、水体和大气。

（四）噪声污染

随着城市交通运输和城市建设事业的不断发展，城市噪声已成为扰乱人民生活和身心健康的重要污染源。它主要包括交通噪声、工业噪声和施工噪声、生活噪声等。交通噪声的来源主要是汽车、火车、飞机，调查表明，机动车辆噪声占城市交通噪声的85%。工业噪声和施工噪声主要来自市政施工和工业生产中机械振动、摩擦、撞击等产生的声音，局部影响比交通噪声更严重。生活噪声来源于生活和社会活动造成的噪声。

噪声的危害主要在于影响人们的休息，降低工作效率，损伤人的听觉和神经系统、诱发疾病，严重的甚至还会破坏建筑物、引发事故。科学实验表明：噪声在65分贝以上就对人正常的工作、学习有不利影响；若长期处于90分贝的环境中，会使人持久性地听力下降；若长期处于100~120分贝的环境中，会导致哮喘、肠胃炎、高血压、心脏病、失眠、精神紧张等各种病症。

三、城市环境问题的成因分析

城市环境的恶化是由多方面原因导致的，如社会生产力的组织形式和无节制的发展；市场调节的弊端和失灵；公共管理的滞后和失灵等，概括起来主要有以下几点。

（1）工业化、城市化进程的空前加速，是城市环境污染的物质原因。科学家的研究表明：在其他因素不变的条件下，环境污染与人口密度和经济开发强度成正比。这就使污染在大城市比中、小城市为甚，工业城市比其他城市为甚，尤其是以重工业和化学工业为主的大城市更为明显。许多发展中国家的工业化与城市化的水平快速提高，于是环境污染也迅速蔓延而成为世界性公害。

（2）片面强调经济数量增长、遵循"先污染后治理"的落后发展模式，是城市环境污染的政策原因。相当长一段历史时期里，人们对于环境污染的恶果缺乏认识，存有侥幸心理，总以为和发展经济比起来，环境问题不过是暂时性的一种牺牲和必不可少的代价。对此，恩格斯早已以睿智的目光审视着在一个又一个经济奇迹背后潜伏的危机，并警告后人："不要过分陶醉于我们对自然界的胜利，对于每一次这样的胜利，自然界都报复了我们。"

（3）环境的外部性和市场机制失灵是城市环境污染的经济原因。例如，造纸厂排放的污水使河流水质变坏，从而使印染厂和啤酒厂的产品质量受损，而火电厂排出的烟尘造成酸雨，使建筑物遭受腐蚀、果木因此枯萎。由于环境的外部性，致使外部费用不能反映在价格信号上。如前例的造纸厂排污水、火电厂排烟尘的数量多少及其造成污染的大小，并不会直接反映在该排放企业的财务状况上，即不直接影响该企业的经济效益，因而无法通过其产品的价格杠杆来控制排污量。市场这只"万能的""看不见的手"在环境的外部性上也无能为力，厂商行为不受市场机制的约束，这使环境污染如沉疴痼疾一般经久难愈。

（4）过分追求豪华舒适的生活模式和铺张奢侈的消费习惯，是城市环境污染的社会原因。统计表明，发达国家在创造了高度物质文明的同时，也对世界遗患无穷——用作制冷剂的氟利昂是破坏臭氧层的元凶；无所不包的家用电器使电力消耗登峰造极；而普及化的家用小汽车更是城市空气污染的罪魁祸首；美国以世界 5%的人口，使用了全球 23%的能源和 28%的纸张，每年人均能源消耗量是全球平均水平的 9 倍，温室气体排放量是后者的 8 倍，人均生产垃圾量是后者的 3 倍。因此，不加节制地追求享受必然导致城市的堕落。

（5）防治和清除环境污染的技术手段还比较落后，是城市环境污染的技术原因。今天，有些技术措施虽然对于污染防治有一定功效，但由于费用高昂而难以获得推广，尤其是在发展中国家和欠发达地区更是如此，而有些领域的技术攻关迄今仍不得要领。因此，科学的进步是人们祈求最终控制和消除污染的厚望所在。

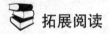拓展阅读

八大公害事件

20 世纪中叶以来，世界上的污染事件层出不穷，其中最引人注目的是所谓的八大公害事件。

（1）马斯河谷事件。1930 年 12 月发生在比利时马斯河谷，由于山谷中工厂多，工业污染物排放量大，遇到逆温和大雾天气，污染物不易消散，造成烟尘和二氧化硫污染事件，污染使得几千人发病，其中 60 人死亡。

（2）多诺拉烟雾事件。1948 年 10 月发生在美国多诺河湾，该地区分布有大量工厂，工业污染物排放量大，遇到逆温和大雾天气，污染物不易消散，造成烟尘和二氧化硫污染事件，污染使该地区 42%的居民发病，其中 17 人死亡。

（3）伦敦烟雾事件。1952 年 12 月发生在英国伦敦，由于居民用烟煤取暖，烟煤中硫含量高，排出的烟尘量大，遇到逆温天气形成烟雾，在 5 天内造成 5 000 人死亡。

（4）洛杉矶化学烟雾事件。1943 年 5—12 月发生在美国洛杉矶地区，由于石油废气和汽车尾气在紫外线作用下生成光化学烟雾，刺激眼、鼻、喉，使大多数居民患病。

（5）水俣事件。1953 年发生在日本九州熊本县水俣镇，由于当地氮肥生产中，采用氯化汞作为催化剂，含甲基汞的废水和废渣排入水体使鱼受到污染，人吃了有毒的鱼而患病，造成 180 多人死亡。

（6）富山事件。1931—1972 年发生在日本富山县，该地炼铅厂未经处理的含镉废水

污染了河水，造成280人患病，34人死亡。

（7）四日事件。1955年发生在日本四日市，由于工厂向大气中排放含有重金属的煤粉尘，引发支气管炎、哮喘和肺气肿，造成500多人患病，36人死亡。

（8）米糠油事件。1968年发生在日本九州，由于米糠油生产中用多氯联苯作载热体，残留在米糠油中的多氯联苯引起中毒，使10 000多人受害，其中16人死亡。

（资料来源：钟水映，简新华. 人口、资源与环境经济学[M]. 北京：科学出版社，2007.）

强沙尘天气明显影响我国部分地区城市空气质量

环境保护部新闻发言人陶德田今日向媒体通报，环境保护部针对近期出现的大范围强沙尘天气，紧急启动了应急预案，加强对沙尘天气监测，结果显示，强沙尘天气对我国部分地区的城市空气质量已造成明显影响。

本次大范围的沙尘天气主要由3月11日—15日、19日—20日、21日—22日三次较为严重的沙尘过程组成，其中3月19日—21日的沙尘天气过程最为严重，影响范围由北方地区扩展到长江流域及其以南地区。受影响的地区主要分布在南疆盆地、内蒙古中西部、京津地区、河北、山西东南部、宁夏、甘肃、陕西、河南、山东、苏皖北部、湖北北部、四川盆地东北部，三日内，影响面积分别约为39、140、46万平方公里。

监测表明，强沙尘天气使受影响地区可吸入颗粒物严重超标。3月19日，宁夏银川轻度污染，内蒙古包头，甘肃金昌，宁夏石嘴山，陕西铜川、咸阳、渭南、延安，山西太原和大同9个城市轻微污染。3月20日，北京，内蒙古呼和浩特、包头，山西大同，青海西宁，甘肃兰州、延安，宁夏银川、石嘴山，陕西渭南、铜川，山东济南、泰安13个城市重污染；山东潍坊、济宁、枣庄，河南郑州和安阳5个城市中度污染和中度重污染；天津，河北唐山、邯郸、保定，山西阳泉、长治，山东淄博，河南洛阳、焦作、三门峡，陕西西安，甘肃金昌，江苏徐州13个城市轻度污染；河北石家庄，山西太原、临汾，山东青岛、烟台，河南平顶山6个城市轻微污染。3月21日，沙尘天气继续南下影响我国长江中下游、江南地区和东南沿海地区，上海、江苏南京、苏州、连云港、扬州、镇江、无锡、徐州、常州，浙江杭州、宁波、湖州、绍兴、嘉兴，安徽合肥、马鞍山，湖北武汉、荆州、宜昌，江西南昌，湖南常德，青海西宁，陕西延安23个城市重污染；山东济南、枣庄、潍坊，宁夏银川，湖南岳阳5个城市中度重污染；浙江温州、台州，安徽芜湖，河南平顶山4个城市中度污染；湖南长沙、湘潭，江苏南通，江西九江，山东青岛，甘肃兰州，宁夏石嘴山，河南洛阳8个城市轻度污染，福建福州、泉州两个城市轻微污染。3月22日，截至午时，南京、杭州、台州、温州、福州、南昌、包头、西宁8个城市重污染，北京、宁波、深圳、延安、合肥、马鞍山、荆州7个城市中度和中度重污染；苏州、九江、郑州、大同、长沙、湘潭、成都、西安、铜川、渭南、银川、唐山12个城市轻度污染。

陶德田说，根据遥感动态监测，2010年3月11日至今的沙尘天气过程的主要源区为蒙古国西南部和中蒙边界以及我国南疆盆地，其中影响我国北方大部分地区的主要是来源于蒙古国和我国内蒙中东部的沙尘。伴随蒙古气旋和强冷空气过境形成的沙尘天气在南下甘肃、内蒙的过程中，得到了加强，一路影响到我国长江中下游、江南地区和东南沿海地区。据环境专家分析，结合环境保护部遥感监测数据，造成此次强沙尘天气的重要原因是，今年我国西部地区各地气温回升较快，各地土壤解冻比历年提前，加之近期冷空气活动频繁，使西部依旧脆弱的生态环境无法抵御短期大风降温等极端气象的影响。环境保护部将继续跟踪监测沙尘天气对环境空气质量的影响，并及时向有关地区通报，采取预警和防范措施。

（资料来源：http:www.zhb.gov.cn/gkml/hbb/qt/201003/t20100323_18T157.htm，2010.）

关于实施《环境空气质量标准》（GB 3095—2012）的通知

环发〔2012〕11 号

各省、自治区、直辖市环境保护厅（局），新疆生产建设兵团环境保护局，解放军环境保护局，辽河保护区管理局，各计划单列市、副省级城市环境保护局，各派出机构、直属单位：

为贯彻落实第七次全国环境保护大会和 2012 年全国环境保护工作会议精神，加快推进我国大气污染治理，切实保障人民群众身体健康，我部批准发布了《环境空气质量标准》（GB 3095—2012）。现就分期实施该标准通知如下：

一、充分认识实施《环境空气质量标准》的重要意义

实施《环境空气质量标准》是新时期加强大气环境治理的客观需求。随着我国经济社会的快速发展，以煤炭为主的能源消耗大幅攀升，机动车保有量急剧增加，经济发达地区氮氧化物（NO_x）和挥发性有机物（VOC_s）排放量显著增长，臭氧（O_3）和细颗粒物（PM2.5）污染加剧，在可吸入颗粒物（PM10）和总悬浮颗粒物（TSP）污染还未全面解决的情况下，京津冀、长江三角洲、珠江三角洲等区域 PM2.5 和 O_3 污染加重，灰霾现象频繁发生，能见度降低，迫切需要实施新的《环境空气质量标准》，增加污染物监测项目，加严部分污染物限值，以客观反映我国环境空气质量状况，推动大气污染防治。

实施《环境空气质量标准》是完善环境质量评价体系的重要内容。健全环境质量评价体系，建立科学合理的环境评价指标，使评价结果与人民群众切身感受相一致，逐步与国际标准接轨，是探索环保新道路的重要任务。实施《环境空气质量标准》是落实《国务院关于加强环境保护重点工作的意见》、《关于推进大气污染联防联控工作改善区域空气质量的指导意见》以及《重金属污染综合防治"十二五"规划》中关于完善空气质量标准及其评价体系，加强大气污染治理，改善环境空气质量的工作要求。

实施《环境空气质量标准》是满足公众需求和提高政府公信力的必然要求。与新标准同步实施的《环境空气质量指数（AQI）技术规定（试行）》增加了环境质量评价的污染物因子，可以更好地表征我国环境空气质量状况，反映当前复合型大气污染形势；调整了指数分级分类表述方式，完善了空气质量指数发布方式，有利于提高环境空气质量评价工

作的科学水平，更好地为公众提供健康指引，努力消除公众主观感观与监测评价结果不完全一致的现象。

二、分期实施新修订的《环境空气质量标准》

我国不同地区的空气污染特征、经济发展水平和环境管理要求差异较大，新增指标监测需要开展仪器设备安装、数据质量控制、专业人员培训等一系列准备工作。为确保各地有仪器、有人员、有资金，做到测得出、测得准、说得清，确保按期实施新修订的《环境空气质量标准》，现提出如下要求。

（一）分期实施新标准的时间要求

2012年，京津冀、长三角、珠三角等重点区域以及直辖市和省会城市。

2013年，113个环境保护重点城市和国家环保模范城市。

2015年，所有地级以上城市。

2016年1月1日，全国实施新标准。

（二）鼓励各省、自治区、直辖市人民政府根据实际情况和当地环境保护的需要，在上述规定的时间要求之前实施新标准。

（三）经济技术基础较好且复合型大气污染比较突出的地区，如京津冀、长三角、珠三角等重点区域，要做到率先实施环境空气质量新标准，率先使监测结果与人民群众感受相一致，率先争取早日和国际接轨。

三、大力推进大气污染防治，不断改善环境空气质量

当前，我国大气污染形势十分严峻，突出表现在大气污染物排放量大、大气环境污染物浓度高、区域性大气复合型污染严重。实施环境空气质量标准、开展监测和公布数据只是解决大气环境问题的第一步，必须大力推进大气污染防治，采取切实措施改善空气质量。近期，环保部门应积极联合有关部门，重点做好以下工作。

（一）开展科学研究，制定达标规划。在抓紧开展监测与信息发布的基础上，组织力量尽快开展达标减排相关科研，摸清规律，明确排放清单和控制对策，针对空气质量改善途径和阶段目标以及相应的控制工程技术进行科学、系统、深入的研究，探索建立辖区大气环境质量预报系统，逐步形成风险信息研判和预警能力，进一步增强大气污染防治科技支撑。未达到环境空气质量标准的大气污染防治重点城市，要制定达标规划报上级部门批准实施。

（二）提高环境准入门槛。严把新建项目准入关，严格控制"两高一资"项目和产能过剩行业的过快增长及产品出口。加强区域产业发展规划环境影响评价，严格控制钢铁、水泥、平板玻璃、传统煤化工、多晶硅、电解铝、造船等产能过剩行业扩大产能项目建设。

（三）深入开展重点区域大气污染联防联控。在京津冀、长三角、珠三角等重点区域实施大气污染防治规划，加大产业调整力度，加快淘汰落后产能。积极推广清洁能源，开展煤炭消费总量控制试点。实施多污染物协同控制，制定并实施更加严格的火电、钢铁、石化等重点行业大气污染物排放限值，大力削减二氧化硫、氮氧化物、颗粒物和挥发性有机物排放总量。

（四）切实加强机动车污染防治。采取激励与约束并举的经济调节手段，加快推进车用燃油品质与机动车排放标准实施进度同步，提升车用燃油清洁化水平。全面落实第四阶段机动车排放标准，鼓励重点地区提前实施第五阶段排放标准。全面推行机动车环保标志管理，加快淘汰"黄标车"，到2015年基本淘汰2005年以前注册运营的"黄标车"。加强机动车环保监管能力建设，强化在用车环保检验机构监管，全面提高机动车排放控制水平。

（五）建立健全极端不利气象条件下大气污染监测报告和预警体系。地级以上城市环保部门要按照《环境空气质量指数（AQI）技术规定（试行）》开展环境空气监测结果日报和实时报工作，为公众提供健康指引，引导当地居民合理安排出行和生活。结合当地实际情况，研究制定大气污染防治预警应急预案、构建区域应急体系，出现重污染天气时及时启动应急机制，实行重点排放源限产限排、建筑工地停止土方作业、机动车限行等应急措施，向公众提出防护措施建议。

各地应尽快做好实施新标准的相关准备工作，按期实施，并将实施情况及时报告我部。

二〇一二年二月二十九日

（资料来源：http://www.zhb.gov.cn/gkml/hbb/bwj/201203/t20120302_224147.htm.）

第二节　城市环境的经济分析

一、城市环境与城市经济的关系

城市经济的发展，既是城市发展的唯一有效途径，也是造成环境污染和破坏的根源，同时也反映了环境保护状况，因此，城市经济发展与城市环境问题是对立统一的辩证关系，是一个系统的两个方面。城市环境问题是伴随着城市经济发展而产生的，最终还要依靠发展经济来解决。那种悲观地认为城市经济增长必然导致环境污染加剧的观点，是没有根据的。

（一）经济增长与环境质量

在发展的早期阶段，环境问题不是那么突出，人们对环境问题造成的危害性也认识不足。当时对环境与发展的关系还存在一种片面的看法，即认为经济增长与环境保护是相互矛盾的，环境质量是一种奢侈品，环境保护需要巨大的投资，在经济发展的较低水平上，发展中国家是负担不起环境保护的成本，享受不起环境这种奢侈品的。发展中国家经济落后，加快经济发展步伐应是优先考虑的目标；而要促进经济快速增长，必然会加大对资源的利用强度，不可避免地导致环境在一定程度上的退化。也就是说，环境恶化是经济发展必须付出的代价。但是，发展的实践表明，环境退化和环境污染不仅对人民的生命和生活造成了越来越明显的危害，而且还直接制约着经济增长。因此，人们开始重新思考环境与发展的关系，认为它们之间不完全是一个权衡取舍的问题，也是一种相互影响、相互促进的关系。我们可以从环境库兹涅茨曲线（Environmental Kuznets Curve，EKC）假说来分析经济增长与环境质量的辩证关系。

EKC 假说认为，经济增长与一些环境质量指标之间的关系不是单纯的负相关或正相关，而是呈现倒 U 形曲线的关系，即环境质量随着经济增长先恶化后改善（见图 10-1）。当经济发展处于低水平时，环境退化的程度处于较低水平；当经济增长加速时，伴随着农业和其他资源开发力度的加大和大机器工业的崛起，资源消耗速率开始超过再生速率，产生的废弃物和有毒物质的数量迅速增长，环境出现不断恶化的趋势；但当经济发展到更高水平时，经济结构向信息密集的产业和服务业转变，加上人们环境意识的增强、环境法规的执行、更先进的技术和更多的环境投资，使环境恶化现象逐渐减缓，并开始出现改善的趋势。潘纳约托（Panayotou）将经济增长与环境质量之间的这种关系称之为"环境库兹涅茨曲线假说"。

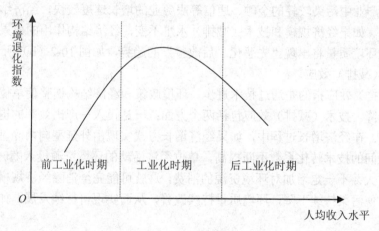

图 10-1　环境库兹涅茨曲线

通常认为，EKC 的形成原因主要有以下几种：一是在高收入经济体中，随着人们收入水平的上升，人们对食物等有关物品的收入需求弹性低且不断下降，而对环境质量、休闲的收入需求弹性高且不断上升，而欠发达国家的情况则相反。也就是说，环境质量是奢侈型商品，只有当人们的收入增长达到一定程度之后，才会对环境质量形成有效需求。

实际上，经济增长既不是环境的天然盟友，也不是环境的天然敌人。快速的增长往往对环境具有负面的影响，因为它常常伴随着工业扩张、城市化和不断开发可再生或不可再生的资源。不过与此同时，增长也为改善环境创造了条件。经济增长与环境质量之间的关系具有很大的不确定性。一般而言，在实际经济活动中，经济增长对环境的影响可分解为三种效应：规模效应、结构效应和技术（减排）效应。经济增长过程中环境质量的变化方向是这三种效应共同作用的结果，即环境质量水平可表示为函数 $F(A,B,C)$，其中 A 为经济规模，B 为经济结构，C 为技术（减排）效应。

1. 规模效应

规模效应指的是随着经济规模的扩大，其对资源环境的压力也随之增加，如果经济结构和技术（减排）水平不变，经济规模作用的结果将使污染增加，环境质量退化，如图10-2（a）所示。这是因为经济规模的扩大增加了对投入品的需求，如果产出的实现或销售过程仍然沿用原有的技术，在缺乏有效的环境政策的情况下，自然资源的使用和污染物的排放将增加，从而使环境质量趋于恶化。

2. 结构效应

结构效应指的是在经济过程中，经济结构的自然演进呈现这样的趋势：在经济增长的早期，第二产业迅速增长，第二产业中污染较重的矿产资源开发、金属冶炼、重加工业等产业增长速度较快，经济结构向污染加重的方向转变；而在经济增长的后期，第三产业迅速增长，第三产业中污染较轻的金融、通信等服务业的增长速度较快，经济结构向污染减轻的方向转变。如果经济规模和技术（减排）水平不变，经济结构作用的效果是使污染先上升后下降，环境质量将出现"先恶化、后改善"的趋势，如图10-2（b）所示。

3. 技术（减排）效应

技术（减排）效应指的是通过技术进步、环境政策和经济结构调整使单位经济产出的污染排放量下降。技术（减排）效应包括两个方面：一是投入—产出效率的提高；二是清洁技术的应用。在经济增长过程中，如果经济增长方式实现由外延型向内涵型转变，经济活动和投入之间的技术转化系数不断提高，单位经济活动的环境资源投入随时间而递减，那么产出的扩大并不一定增加对环境资源的消费，这就可能完全消除经济规模扩大对环境的负面影响，使污染持续下降，环境质量持续改善，从而实现可持续发展，如图10-2（c）所示。

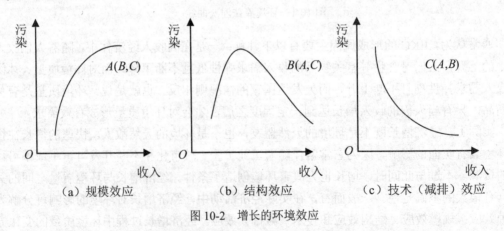

图10-2 增长的环境效应

由此可见，在其他条件相同时，经济增长和工业化过程中的环境质量如何变化决定于经济增长的规模效应、结构效应和技术（减排）效应的力量对比。当前者占主导地位时，环境质量下降，当后两者占主导地位时，环境质量改善。

（二）环境保护与经济手段

环境保护既可以采取法律手段、行政手段等"刚性"手段，也可以采用经济手段、教育手段等"柔性"手段，还可以采取刚柔结合的综合手段。法律手段是通过国家机器的保障来强制执行，违反法律规范的行为，将受到相应的制裁和惩罚；行政手段是行政机构以命令、指示、规定等形式作用于直接管理对象的一种手段；经济手段是指运用价格、税收、补贴、押金、补偿费以及有关的金融手段，引导和激励社会经济活动的主体采取有利于保护环境的措施。

理论和实践证明，环境经济手段与环境法律、行政等强制手段相比，能以更低的费用实现相同的环境目标，它具有独特的优势：（1）通过环境经济手段，不但可以刺激当事人削减污染，还可以筹集到大量资金，缓解环境保护中资金紧张的局面；（2）经济手段能使当事人以他们自身认为更有利的方式来对特定的刺激做出反应，促进了市场资源配置职能的发挥；（3）经济手段能够提供一种动态的效率和革新的刺激，促使企业想方设法减少污染物排放，甚至使排放低于所规定的标准；（4）经济手段具有高度灵活性，对政府机构来说，修改或调整一项收费标准总比调整一项法律或规章制度更加容易和迅速，对污染者来说，他们则能够在一个规定的财政预算范围内自由选择污染控制手段。

此外，在环境问题上，特别是对于环保资金短缺的经济转轨国家和发展中国家来说，资金始终是一个敏感而关键的因素，因此经济手段在环境保护中也就显得至关重要。目前，环境经济手段主要包括收费政策、税收政策、价格政策、排污权交易和金融政策等。

1. 环境收费

环境收费是与污染有关的活动为其所产生的污染所支付的价格，或对它们获取潜在环境物品或"劳务"所支付的费用。环境收费制度是环境经济手段中应用最广泛的一种，具体又可分为排污收费、使用者收费、产品收费和管理收费等形式。

2. 环境税收

环境税或污染税是以环境特征为依据所开征的一个税种，是以保护环境为主要目的而征收的税收的总称，它以排放污染物的种类及其浓度为征税对象。其目的是刺激各项活动都要将环境要素纳入决策过程，达到控制污染、改善环境的目的。环境税或污染税是将环境问题纳入经济活动和决策的一项重要经济手段。

3. 价格政策

价格机制是协调社会经济活动的重要机制，价格政策的合理与否，对资源的合理配置和环境有效利用有很大的影响。因此，理顺价格机制，按照全社会成本定价是实现可持续发展战略的一项重要手段。

4. 排污权交易

排污权交易指在某一地区，根据环境质量控制标准预先确定各污染源的允许排放水平，形成了"污染权"产品稀缺性市场，当某排放者排放水平低于允许排放水平时，该企业就可以把它的富余排放量（允许排放量减去实际量）出售给另一个企业或进入交易，从而使另一个企业获取比原先允许排放量更多的排污权。排污权交易可以在一个公司内部、各公司之间甚至各地区之间进行。排污权交易在促进经济增长的同时能以最低费用削减到规定的污染物排放水平，具有较高的经济效率，因此，它是一项能适应向反强制方向发展的政策趋势的手段。

5. 环境金融政策

环境金融政策是指专门为环境保护目的而实施的投融资政策。保护环境具有很强的社会公益性质，因此需要政府在财政预算、投资渠道和信贷市场方面给予扶持，最终建立一个长期稳定的投资信贷体系，以便有足够的资金用于环境保护。

（三）环境与发展的综合决策

环境问题是在经济增长过程中产生的，不仅环境决策，许多经济决策都会影响到环境质量好坏，因此，应提倡进行环境与经济发展的综合决策。正如《里约环境与发展宣言》中指出的："为了实现可持续发展，环境保护工作应是发展进程的一个整体组成部分，不能脱离这一进程来考虑。"《21世纪进程》进一步指出政府在制定经济、社会、财政、能源、农业、交通、贸易及其他政策时，要将环境与发展作为一个整体来考虑。

进行环境与经济发展的综合决策，需要通过改善或改变决策程序，调整现有政府部门的职能，加强部门间的协商与合作，建立协调的管理运行机制和反馈机制，使各部门采取协调一致的行动。国民经济的环境核算和企业绿色审计是进行综合决策的基础。从微观角度出发，企业的环境影响和环境管理的成本通常没有体现在成本核算框架中，当法律或政策管理增加了企业环境成本时，这些成本不是被融入有关的生产过程，而是作为一般的环境管理支出处理。这就隐藏了产品的真实成本和管理的过程，低估了污染控制计划对企业的效益。政府应鼓励企业进行绿色核算并对企业进行绿色审计，在企业内部形成资源配置决策的正确信号。在此基础上，政府可以更准确地编制绿色国民账户，反映经济活动的环境影响。从宏观角度出发，编制绿色国民账户、进行国民经济的环境核算有利于使人们正确看待经济增长的成本。

二、环境质量价值的经济评估

因为缺乏环境市场，现有市场又不能准确反映甚至完全忽略了环境的价值，导致环境资源在市场上低价甚至是无价。而为了评估环境质量变化对社会经济活动的影响，将环境问题的经济影响纳入综合决策中，必然涉及如何对环境价值加以测度的问题。为了便于同其他物品的价值进行比较，要定量评估环境资产（包括组成环境质量的要素、环境质量）提供的物品或服务的价值，并以货币形式表征。

就目前而言，已有的评估方法主要有三类：直接市场法、替代性市场法与意愿调查法。

（一）直接市场法

直接市场法假设环境质量的变化对社会经济活动产生直接影响。在市场经济模式下，通过观察、测度受影响物品的市场价值，我们有可能对环境质量的变化加以评估。此类方法适用于信息充分且具有明确因果关系的情况下。具体而言，由直接市场法的思路出发，我们能够得到以下四种环境质量评估方法。

1. 市场价值法

市场价值法又被称为生产率法，它把环境质量看作一个生产要素，环境质量的变化导致生产率和生产成本的变化，从而又引起价格和产量的变化，而后者是可以观察和计算的。这种方法是一种最直接的利用市场价格评估环境损害的成本或环境改善的效益。

把由于环境质量的改变所引起的劳务与产品的产量变化，乘以各该产品和劳务的市场价格，然后加总，即为变化的环境质量的市场价值

$$EV = \sum_{i=1}^{n} P \cdot \Delta Q_i \quad (10\text{-}1)$$

式中，EV 为环境质量效益；P_i 为 i 产品（劳务）的市场价格；ΔQ_i 为 i 产品（劳务）因环境而变化的产量。

2. 人力资本法

人力资本法又称收入损失法，是用环境污染对人体健康和劳动能力的损害，来估计环境质量改变造成人体健康状况变化而产生的经济损害。这种经济损益表现为一个人的劳动价值，即他在有生之年的劳务收入，经贴现折算为现值，并考虑到年龄、性别和教育等因素。美国学者莱克（Ridker）提出的收入损失的计算公式为

$$V_x = \sum_{n=x}^{\infty} \frac{P_1^n \cdot P_2^n \cdot P_3^n \cdot Y_n}{(1+r)^{n-x}} \quad (10\text{-}2)$$

式中，V_x 为某个年龄为 X 的人未来收入的折现值；P_1^n 为他活到年龄 n 时的概率；P_2^n 为他在年龄为 n 时还有劳动能力的概率；P_3^n 为他在年龄为 n 时还有工作的概率；Y_n 为他在年龄为 n 时的收入；r 为社会贴现率。

3. 防护费用法

防护费用法是以在预防或治理环境污染方面的花费来评估环境价值的。在此，由谁来付费是不影响防护费用法的评估效果的。也就是说，不论是"谁污染、谁治理""谁污染、谁付费""谁受益、谁付费"的原则，还是由受害者承担，其对环境价值的评估效果是一样的。需要注意的是，在各种可能的备选预防或治理方案中，究竟要选择哪一个，应当依

据各方案的费用而定,即应当选择费用最低的一个。

4．重置成本法

重置成本法又称恢复费用法,该种方法试图通过重置成本反映环境的价值。也就是说,它认为环境的价值相当于使已受损的环境恢复到受损前的环境质量的花费。例如,矿区周边环境因矿产资源开采而受到损害,那么,将矿区环境质量修复至开采前的状态的花费,则相当于损害程度或未受损的环境的价值。

（二）替代性市场法

替代性市场法的基本思路是通过间接反映人们对环境质量的评价的商品和劳务的价格来衡量环境质量的价值。与直接市场法相比,替代性市场法的适用条件相对宽松,能够利用直接市场无法利用的信息。就具体方法而言,属于替代性市场法的环境价值方法包括后果阻止法、资产价值法、工资差额法、旅行费用法等。

1．后果阻止法

在社会经济活动中,人们往往需要采取一些措施,以阻止因环境质量恶化而对经济发展造成损害。这些为阻止环境损害后果的发生而采取的措施大致分为两类:一类是对症下药,通过改善环境质量保证经济发展;另一类措施是,如果环境质量恶化不可逆转,则可通过加大其他方面的投入来减轻或抵消环境质量恶化的后果。

2．资产价值法

资产价值法又称土地价值法或舒适性价格法,是通过固定资产尤其是房地产的价格反映其周边环境质量。该种方法的基本假设是认为,在市场经济条件下,房地产的价格体现人们对其综合评价,其中包括环境质量。这意味着,在其他条件相同的前提下,环境质量的差异将影响到消费者的支出意愿,进而影响到房地产的价格。

3．工资差额法

工资差额法假设在其他条件相同的情况下,工作场所环境条件的差异影响劳动者对职业的选择。于是,为了吸引劳动者到工作环境差的岗位就业,厂商会给劳动者进行补偿。所采取的具体形式可以是更高的工资、更短的工作时间或更多的休假等。总之,那些工作场所条件差的岗位往往待遇优厚。此时,如果把上述各项优厚待遇都折算成工资的话,通过比较工资水平的差异,我们就能够了解工作场所的环境质量的价值。

4．旅行费用法

旅行费用法认为,旅游者之所以前往其他地方旅游是因为旅行者对其工作或居住地环境的不满,从旅行费用我们能够了解旅行者对环境质量的支付意愿。因此,在其他因素相同的情况下,可用旅行费用间接反映环境质量变动的货币价值。在此,旅行费用包括门票、旅费、机会成本等。通过对旅行费用的衡量,我们能够了解旅行者对旅游地和自身工作与生活地环境质量的评估。

（三）意愿调查法

在缺乏市场价格数据时，为了求得效益或需求信息，可以借助于公众调查，通过了解人们的偏好了解人们对环境质量的价值评估。根据询问内容的不同，意愿调查法中常用的有四种方法：叫价博弈法、权衡博弈法、无费用选择法及优先评价法。

1. 叫价博弈法

叫价博弈法通过模仿商品拍卖过程，对被调查者的支付意愿或受偿意愿进行调查。其具体实施过程可分为三个步骤：首先，向被调查者说明环境质量变动的影响及相应的对策；其次，询问被调查者是否愿意为改善环境而支付一定数量的货币（或在接受补偿的前提下，接受环境质量的恶化）；最后，调整金额，直至被调查者做出否定回答为止。

2. 权衡博弈法

权衡博弈法是通过被调查者对两组方案的选择，反映被调查者的支付意愿或受偿意愿。其具体做法是：首先，向被调查者说明环境质量变动的影响并提出相应的对策；接着，提出两组方案，方案1是一定质量的环境；方案2是一定质量的环境加一定数量的货币支出（或补偿）；最后，根据被调查者的选择不断调整方案，直至被调查者感到无论选哪一组，所获得的效用都是一样为止。

3. 无费用选择法

无费用选择法是通过被调查者对其他商品和劳务的选择，反映对环境质量差异的受偿意愿。具体步骤如下：首先，向被调查者展示多个由一定的环境质量与一定数量的其他商品、劳务构成的组合；接着，要求被调查者在无需付款的情况下，就若干组方案进行选择，根据被调查者的选择确定其对环境质量的价值评估。

4. 优先评价法

优先评价法是从被调查者所购买的商品组合中，反映其对环境质量变动的支付意愿。运用该方法进行环境质量评估的具体步骤是首先让被调查者了解不同环境质量的价格，例如，高质量的环境，其价格也高；然后要求被调查者用一定金额购买包括环境质量在内的一组商品。通过观察被调查者对资金的安排，我们能够了解其对环境质量的价值评估。

三、城市环境外部性分析及治理对策

1. 外部性理论

外部性概念是1890年经济学家马歇尔首次在《经济学原理》中提出的，是指私人收益与社会收益、私人成本与社会成本不一样的现象。美国经济学家萨缪尔森将其定义为："当生产与消费的过程中一个人使他人遭受到额外成本或额外收益，而且这些强加在他人身上的成本或收益并没有通过当事人的货币形式得以补偿时，外部性或溢出性就发生了。"更精确地说，外部性就是一个经济当事人的行为影响他人的福利，这种影响并没有通过货币形式或市场机制反映出来。

一般来说，外部性满足两个条件：一是某人或某企业（假定为 A）的效用由另一个人或企业（假定为 B）决定或选择，而 B 在决策时，未考虑 A 的福利；二是市场缺乏激励机制使 B 对 A 的影响进行补偿。当 B 带给 A 积极的、正面的影响时，称之为外部经济性；反之，则称为外部不经济。

如图 10-3 所示，市场判断的均衡点以 Q_1 为依据，而理论上最优点在 Q_2，两者之差 Q_1-Q_2 即表现为外部不经济性。

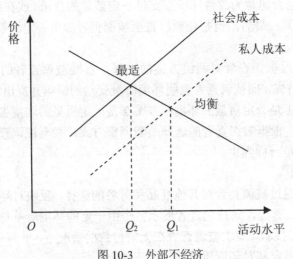

图 10-3 外部不经济

福利经济学认为，如果一种商品的生产或消费会带来一种无法反映在市场价格中的成本，就会产生一种"外部效应"。外部效应是指一些产品的生产与消费会给不直接参与这种活动的企业或个人带来有害或有益的影响，其中有益的影响称为"外部经济"，否则就是"外部不经济"，传送环境问题就是一个外部性问题。外部性理论引导人们在研究经济问题时不仅要注意经济活动本身的运行和效率问题，而且要注意由生产者和消费者活动所引起的不由市场机制体现的对社会环境造成的影响。

英国学者大卫·皮尔斯在《绿色经济蓝图》中倡导一种环境价值理论，即"总经济价值"理论，认为"总经济价值=实际使用价值+选择价值+存在价值"。在这里，总经济价值不仅包括资源环境直接或间接利用的情况，还包括通常与使用无关的资源环境价值，即存在价值，也包括介于使用价值与存在价值之间的"选择价值"，这种选择价值是指我们在使用这些资源时存在可能失去的机会价值。

"总经济价值"理论实质上与"外部性"理论是一致的。长期以来，对城市环境外部性认识的不足，是产生城市环境严重透支的重要原因。传统经济学存在着的重要缺陷有两个：一是不考虑外部不经济性；二是衡量经济增长的经济学标准——国民生产总值不能真实地反映社会福利。环境作为一种公共物品，我们根本无法界定其产权，但是环境污染所产生的"外部不经济"又会对我们或者我们的子孙后代产生影响。要使总经济价值最大，我们就必须既关注城市经济运行中的"内总效应"又重视"外部效应"，这也是城市经济发展的必然趋势。

2．城市环境的外部性分析

城市环境具有典型的公共品特征，这就决定了它具有典型的外部性效应，表现为城市环境的改善促进了当地的投资环境和旅游业等行业的发展，带来经济的增长，并使城市居民的生活质量明显改善。另一方面，城市在对环境资源的开发利用过程中产生环境外部性，特别是环境污染会造成外部不经济。因此，环境外部性是经济系统运行中正常的、无处不在的和不可避免的组成部分，给城市经济运行带来正面或负面影响。

城市环境具有公共物品的属性。公共物品问题只是外部性的一种，是极端形态的外部经济。公共物品和外部性既有一定的内在联系，两者都存在私人收益与社会收益、私人成本与社会成本的不一致问题，又存在着明显的区别，即公共物品强调成本效益的非排他性，外部性强调经济行为的外在影响。公共物品的实质是如何使其供求合理化，外部性的实质在于如何使经济行为的外在影响内在化。

所谓公共物品，就是在消费上同时具有非排他性和非竞争性的物品。从经济学的角度看，环境污染是一种典型的市场失灵表现，环境作为一种公共物品，具有非竞争性和非排他性两个特点。

非竞争性是指不会因为消费人数的增加而引起生产成本的增加，即消费者人数的增加所引起的社会边际成本等于零。城市环境的非竞争性使消费者不愿为使用环境资源而支付费用。免费提供公共物品时，人们就可能过度消费直至边际效益为零，而不去理会边际社会费用的增加。

非排他性则指城市环境一旦提供，就不能排除社会中的任何一个人免费享受它所带来的利益。以空气污染为例，不但污染的肇事者具有公共性，污染的受害者也具有公共性，一个人的呼吸也不会改变另一个人的空气质量，如果采取措施使某个城市的空气没有了污染，某人呼吸了清新的空气，并不能制止他人呼吸。

城市环境问题的"非竞争性"和"非排他性"表明，城市环境这种公共物品无法通过等价交换的机制在供应者和消费者之间建立联系，如果采用市场资源配置的方式进行环境供应，势必导致市场失灵现象的发生，这就是在城市经济运行中产生城市环境污染问题的根本原因。

3．城市环境治理的对策

解决环境外部性问题，就是要将环境外部性问题内部化。政府可以运用价格、成本、利润和税收等经济杠杆以及环境责任制等经济方法，限制破坏环境的活动，并通过奖励和收费等方法将微观经济单位保护环境的行为同其经济利益挂钩，从而节约污染减除成本，获得经济效益，具体来说，可以采用市场性和非市场性两种治理方法。

排污权交易的市场性方法是将市场机制利用得最充分的环境保护政策手段，也就是实行排污许可证制度，政府依照一定的环境质量标准向厂商发放排污许可证，厂商则根据排污许可证向特定地点排放特定数量的污染物，排污许可证及其所代表的排污权是可以买卖的，厂商可以根据自己的需要在市场上买进或卖出排污权。排污权交易将促使排放污染物的厂商在购买排污权和自行治理污染之间进行选择，若污染的边际治理成本低于单位排污权的价格，他们将选择自行治理污染；反之，他们将到市场去购买排污权。在政府没有增加排污权供给的情况下，通过排污权交易，边际治理成本较高的污染者将买进排污权，而边际治理成本较低的污染者将卖出排污权，最终使全社会总的污染治理成本最小化。

排污权交易的非市场性的经济刺激方法是通过政府的各种经济政策，向使用环境资源的企业或个人征收一定的费用，它是非市场经济手段中应用最广泛和最典型的一种。国际经济合作与发展组织（OECD）环境委员会于1972年提出的PPP（Pollution Pay Principle，污染者负担原则），成为征收排污费的重要依据。征收排污费的原则是，当污染物排放量达到最优污染水平时，政府征收的单位排污费正好等于厂商治理污染的边际治理成本。这样，厂商便可以在缴费与治理之间进行权衡，选择最经济有效的办法降低污染。

根据我国城市环境的现状，依照我国的国情，要协调好经济发展与环境保护的关系，防治城市环境污染，第一，应加强城市规划，使城市布局合理。城市的布局涉及自然、经济、技术和环境等各方面因素，必须统筹规划，综合平衡。以多中心、放射状布局代替单核心的城市格局，促进城市生态环境的改善。第二，应加大城市基础设施投资比例，促进城市经济持续发展。新中国成立以来，我国城市基础公用设施投资占国内生产总值的比例只有 36%，仅为联合国推荐指标的 1/14～1/8，基础设施投资比例过低是我国"城市病"产生的主要根源之一。第三，通过制度创新，实行环境资源的有偿使用，有效地约束污染者的排污行为，确保"污染者负担"，实现环境与经济、社会的可持续发展。第四，大力发展环保产业，实施优先发展战略，使环保产业成为城市的支柱产业和新的经济增长点。第五，加强环保的法律建设，提高公众的环保意识，推动城市循环经济的早日实现。

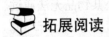 拓展阅读

减污手段的比较分析

削减污染的政策手段有许多种，但较常用的是三种：排污标准、排污费或排污税、排污权交易。政府在选用这些政策手段时需要从减污效果、经济有效性等多方面进行综合

考虑。

一、排污标准

排污标准是典型的命令—控制型手段，它是由管理部门制定并依法强制实施的每一污染源特定污染排放的最高限额。虽然排污标准是目前各国普遍使用的污染控制手段，但它也有不少缺陷。

首先，在现实中，由于政府无法知道企业的边际削减成本，因此难以制定有效的标准，也无法在污染源间进行有效的配额分配。图10-4说明了这一问题，假设排污量与经济活动水平成正比，只有在极特殊的情况下，排污标准碰巧才能达到最优排污量。在图10-4中，排污标准S对应于排污量和经济活动水平Q_s。为了监督排污标准的实施，设立罚款P。企业如果遵守排污标准，其经济活动水平会被限制在Q_s以内。要使Q_s等于最优排污量Q^*，需要有关MNPB和MEC的详细信息。在缺乏这类信息的情况下，设立最优的排污标准只有碰巧了。

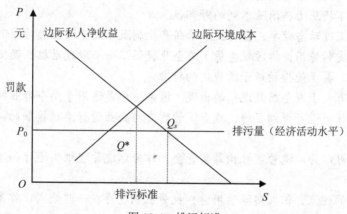

图10-4 排污标准

从理论上说，政府应根据每个污染源的控制成本和收益情况，对其设立相应的排污标准，而在现实中，污染源不会如实反映这些信息，政府只能以不同的污染源设立统一的排污标准。在有多个污染源的情况下，这不会是普遍有效的。

其次，由于削减污染是要花费一定成本的，而且随污染的逐步削减，边际削减成本递增，这使得污染源没有动力在达到标准后进一步减少污染，因此排污标准手段无法为污染源持续减少排污提供动态刺激。

再次，作为一种命令—控制型手段，排污标准的实施需要巨大的监督成本和惩罚成本。Titenberg的研究发现，要实现同样程度的污染控制，管制手段的成本相当于费用手段的2~22倍。他还发现，与控制手段相比，用经济手段执行《清洁空气法》的累计成本节约超过100亿美元。

二、税费

税费是一种经济手段，它是指政府通过法律和法规，规定不同的税费种类、税费科目和税费比率等来调节环境利益和活动的一种手段。税费相当于污染的价格，与排污标准相比，对污染物征收税费有一些明显的优点。

第一，税费所需要的信息量比管制机制少，而且能够在整个经济中更有效地分配污染削减。在排放标准中，环境管理机构要在不同污染者间有效地分配污染削减就需要获得这些污染者的费用和收益的信息，而用价格机制就可节省大量所需的信息。也就是说，那些削减费用最低的污染者为了更有效地进行"自我选择"，会对价格信号做出反应。例如，假设在农业中使用某种会导致污染的杀虫剂，并且假设杀虫剂造成的损失与其使用量成正比，但是，不同的农场主减少使用杀虫剂的费用各不相同。如果杀虫剂的使用收税，这将会使那些使用杀虫剂收获很小的农场主无利可图，这些农场主就会减少杀虫剂的使用；而那些使用杀虫剂收效较高的农场主仍有利可图，他们会继续使用杀虫剂。为了获取经济有效的结果，管理机构并不需要了解每个杀虫剂使用者的详细情况，他们所需做的只是提高杀虫剂的价格，市场压力将消除不利的外部性。

第二，税费促进动态效率，会对技术革新产生刺激。由于污染者对他们所造成的任何单位的污染都需支付费用，排污税（费）给企业提供了一个财政动机，促使企业想方设法减少污染物排放，甚至使排放低于所规定的标准。

第三，税费有利于避免腐败现象的出现。污染税率是适用于整个行业的，管理者不需要对具体企业的情况进行详细了解，减少了管理者与企业进行单独接触的机会，有利于避免腐败。

第四，税费可以为环境管理机构筹集资金，作为环境管理机构运行和治理污染的重要资金来源。

虽然有这样的优点，但在实际运用时，税费机制也存在一些缺点：首先，管理部门难以确定污染的边际外部成本，因此难以施行最优税率；其次，由于难以对受损者进行补偿，因此不能达到资源真正的最优配置。

三、排污权交易

排污权交易是指环境管理机关对一定区域制定总排污量上限，按此上限发放排污许可证，排污许可证可以在市场上买卖。与税收不同，环境管理机构发放排污权是为了保护环境，而不是获得收入。这一制度有利于保持排污权的供给稳定（如果排污权的初始分配不是无偿的，而是通过出售，政府也可以得到一笔资金）。环境管理者向现有的污染者免费发放许可证，在没有明显加重现有污染者平均财政负担的情况下，引入可交易的许可证制度。与税收和收费制相比，这种制度更易为人接受。通过排污权交易，边际治污成本较高的污染者将买进排污权，而边际治污成本较低的污染者将出售排污权，其结果是总的污染治理成本最小化。

排污权交易制度具有许多优点。首先，排污权交易有利于进行宏观调控。环境管理者不直接制定排污标准,但可以通过发放和购买排污权来影响排污价格,从而控制排污标准。例如,管理者认为需要严格排污标准时,就可以买进一定数量的排污权,使排污许可的价格上升;而要放松环境标准时,可以进行反向操作,或发放新的排污许可。其次,排污权交易可以给非排污者表达意见的机会。环境保护组织如果希望降低污染水平,可以购买排污权,然后把排污权控制在自己的手中,不排污也不卖出,这样污染水平就会降低。再次,排污权交易有利于优化配置。通过交易,既能保证环境质量水平,又使新、改、扩建企业有可能通过购买排污权得到发展,有助于形成污染水平较低而生产水平较高的经济体系。最后,采用先进工艺和设备减少污染排放的企业可以将节约下来的排污许可证出售或存放起来以备企业今后发展使用,因此排污权交易制度有助于提高企业投资污染控制设备的积极性。

(资料来源:钟水映,简新华. 人口、资源与环境经济学[M]. 北京:科学出版社,2007.)

第三节 城市可持续发展模式

人类生存繁衍的历史可以说是人类社会同大自然相互作用、共同发展和不断进化的历史。选择怎样的发展模式,一直是困扰人类的重大命题。同样,城市的发展也是一个经济效益和环境效益同时发展却又相互矛盾的过程。我们究竟应该选择怎样的发展模式?是"先污染、再治理",还是"边污染、边治理"?是否还有其他更好的发展模式?对一个城市来说,这是不能回避的问题。

一、"先污染、再治理"发展模式

发达国家城市走过的路子是"先污染、再治理"的城市环境发展模式,选择这种模式有其制度原因和历史的必然性。从制度上分析,在市场经济体制下,企业是经济发展的主体和驱动力,利润最大化是企业的生产目的;在利润最大化动机的驱使下,企业只注重经济效益的提高,而不顾社会效益和生态效益,所以发展经济就以环境破坏为代价。从历史必然性看,人们对环境的认识有一个逐渐深化的过程:一方面,只有人们生活水平达到一定程度时,才会去关注环境问题;另一方面,只有经济发展到一定阶段,才有能力去研制和使用控制污染的技术和设备,从而有效地控制环境污染。

从发达国家发展的经验看,"先污染、再治理"模式对经济和环境的影响主要有以下几个方面。

(一)对生态环境造成严重破坏

"先污染、再治理"模式运行的前期会对生态环境带来巨大破坏,有些甚至是不可再生或不可逆的,如矿产资源被过度开采,居民健康受到环境污染的巨大损害等。有些破坏只有在耗费大量的人力、物力、财力的基础上才能被慢慢改变,如河流污染的消除、空气的净化等。这说明"先污染、再治理"实现经济的快速发展是以生态环境的巨大破坏为代价的。

(二)造成产业结构失调

从一个城市或地区的经济发展来看,经济发展的阶段变化与产业结构的调整有很大的相关性。如在经济发展的初期阶段,农业应该在这个地区国民经济中占有较大的比重,由于采用"先污染、再治理"模式,会造成该时期工业快速发展,污染的加剧导致了农业发展衰退,最后造成工农业比例失调,产业结构不合理。另外,一些从事资源开发与初级加工的行业也会由于资源的破坏而遭受巨大损失。

(三)给城市的发展带来灾难性的破坏

"先污染、再治理"模式,会使一些资源型城市的发展走不可持续性的道路。一些资源型城市由于采取"先污染、再治理"模式,发展前期对资源进行高强度开发,一方面使资源迅速枯竭,同时对环境造成巨大的污染。一旦资源被开采完以后,城市发展就会进入一个严重衰退的阶段。这时资源已经用完,而环境污染产生,产业结构不合理,产业升级举步艰难,城市经济下一步的发展就会非常困难。我国许多资源型城市发展的历程就验证了这一点。

由此可见,"先污染、再治理"发展模式,即使有某种可行性,但无疑是一种代价沉重的发展模式。

二、"边发展、边治理"模式

"边发展、边治理"模式又可以描述为"在经济发展的开始阶段,边发展经济,边治理环境"。这里强调的是"经济发展的开始阶段",因为当经济处于发达阶段,实施这种模式就会变得简单,所以我们在此只讨论经济发展开始阶段时的"边发展、边治理"模式。

在经济发展的开始阶段,城市的发展会受到资金有限和宏观政策目标多元的制约,如何分配有限的资源去实现城市经济的快速发展,便成为"边发展、边治理"模式的一个难题。如果在经济发展的开始阶段把治理环境或预防环境被破坏作为一项迫切任务,就将不可避免地分散资金的使用,使经济发展的速度降低,影响诸如就业、财政收入等问题的解决。

然而,"边污染、边治理"模式也并非没有可行性。

(1)在经济已有一定程度发展的条件下,某些发展较晚的区域或城市、国家或地区可以给予一定的政策支持,采取"边发展、边治理"模式,把这些区域或城市作为整个国家或地区的生态和环境的预留地,如海南岛和西部的青藏地区。

(2)在某些城市有充足的资金流入的条件下,可以采取这种模式,像一些规模较小的历史文化名城或者环境优美的旅游城市。

三、可持续发展模式下的生态城市建设

除了上述两种发展模式之外，随着城市化进程的不断加快，城市环境问题的日益突出，人类对可持续发展观念的深入认识，各种有关如何实现城市可持续发展的城市理念和标准也应运而生，提出了诸如"山水城市"、"园林城市"和"健康城市"等发展模式。其中，最引人注意的是将生态学思想和原理引入城市发展，提出建设"生态城市"的崭新模式。

（一）生态城市的内涵与特征

1. 生态城市的内涵

生态城市的概念是随着人类文明的不断发展，对人与自然关系认识的不断升华而提出来的。20世纪70年代联合国教科文组织（UNESCO）发起的"人与生物圈"（MAB）计划中，指出生态城市是"从自然生态和社会心理两方面去创造一种能充分融合技术和自然的人类活动的最优环境，诱发人的创造性和生产力，提供高水平的物质和生活方式"。这一观点的提出，立即受到了全球广泛关注，并出现了一系列的城市改造运动，如伯克利型城市、健康城市、清洁城市、绿色城市等，这些城市概念及观点主要是以整治城市本身存在的生态问题而采取的直接反映，虽不能代表生态城市的真正内涵，但却使生态城市的概念不断得到发展。

目前世界上关于生态城市的定义主要有：苏联生态学家 L. 扬诺斯基提出，生态城市是一种理想城市模式，其中技术与自然充分融合，人的创造力和生产力得到最大限度的发挥，居民的身心健康和环境质量得到最大限度的保护，物质、能量、信息高效利用，生态良性循环的一种理想栖境。美国生态学家、生态城市的实践者 P. 瑞杰斯特则认为生态城市即生态健康的城市（Ecologically Healthy City），是紧凑、充满活力、节能并与自然和谐共存的聚居地。

国内著名生态学者马世骏和王如松（1984）提出城市是典型的社会—经济—自然复合生态系统。王如松等（1994）认为生态城市的建设要满足以下标准：人类生态学的满意原则、经济生态学的高效原则、自然生态学的和谐原则。我国城市规划专家黄光宇教授（2004）则认为：生态城市是应用生态学原理和现代科学技术手段来协调城市、社会、经济、工程等人工生态系统与自然生态系统之间的关系，以提高人类对城市生态系统自我调节与发展的能力，使社会、经济、自然复合生态结构合理、功能协调，物质、能量、信息高效利用，生态良性循环，是生态健康的城市，也是"天人合一"的城市。

综合中外学者的各种观点，生态城市是文明、健康、和谐、充满活力的复合生态系统，是一种生态良性循环的理想区域形态，是人与自然和谐共存的境界，是生态价值观、生态哲学和生态伦理意识的系统体现。从生态哲学角度，生态城市的实质是实现人与人、人与

自然的和谐。从系统论的角度，生态城市是一个结构合理、稳定、达到动态平衡状态的社会—经济—自然复合生态系统。从生态经济学角度，生态城市要求以生态支持系统生态承载力和环境容量作为社会经济发展的基准。从地域空间角度，生态城市不是一个封闭的系统，而是以一定区域为依托的社会、经济、自然综合体。

2. 生态城市的基本特征

生态城市是城市生态化发展的结果，它的核心目标是建设良好的生态环境和发达的城市经济，建设高度生态文明的社会，通过充分发挥人的主观能动性、创造性，恢复生态再生能力，扩充生态容量，提高生态承载力，来实现社会—经济—自然符合生态的整体和谐，以及社会、生态、经济的可持续发展。与传统城市相比，生态城市主要有如下特征。

（1）和谐性。和谐性是生态城市概念的核心内容，主要是体现人与自然、人与人、人工环境与自然环境、经济社会发展与自然保护之间的和谐，目的是寻求建立一种良性循环的发展新秩序。生态城市是营造满足人类自身进化需求的环境，充满人情味，文化气息浓郁，拥有强有力的互帮互助的群体，富有生机与活力。

（2）高效性。生态城市将改变现代城市"高能耗""非循环"的运行机制，转而提高资源利用效率，物尽其用，地尽其利，人尽其才，物质、能量都能得到多层分级利用，物流畅通有序，废弃物循环再生，各行业各部门之间通过共生关系进行协调。

（3）持续性。生态城市以可持续发展思想为指导，兼顾不同时间、空间，合理配置资源，公平地满足现代与后代在发展和环境方面的需要，不因眼前的利益而用"掠夺"的方式促进城市暂时的"繁荣"，保证城市社会经济健康、持续、协调发展。

（4）均衡性。生态城市是一个复合系统，它由相互依赖的经济、社会、自然生态等子系统组成。生态城市不是只追求环境优美或自身繁荣，而是兼顾社会、经济和环境三者的效益，各子系统在"生态城市"这个大系统的整体协调下均衡发展。

（5）区域性。生态城市本身是一个区域概念，建立在区域平衡基础之上，而且城市之间是相互联系、相互制约的，只有平衡协调的区域，才有平衡协调的生态城市。生态城市同时强调与周边区域保持较强的关联度和融合关系。

（二）国外生态城市的实践与经验

20世纪70年代以来，以城市可持续发展为目标，以现代生态学的观点和方法来研究城市，逐步形成了现代意义上的生态城市理论体系。创建生态城市已经成为21世纪国际上更多城市发展的方向和目标。生态城市思想提出后，有关的示范建设也在世界上广泛展开，目前国内外已有不少城市取得了建设生态城市的经验和效果。国际上有许多城市正在按生态城市目标进行规划与建设，在城市格局、基础设施和社会文化等方面已经具有生态系统或可持续发展的特征。

欧洲的许多城市正在向生态城市的目标迈进。如北欧城市丹麦首都哥本哈根、瑞典首都斯德哥尔摩、德国的埃尔兰根和弗赖堡、西班牙的马德里、英国伦敦、法国巴黎等，其中成果突出的是哥本哈根、斯德哥尔摩、埃尔兰根。欧洲中部城市德国埃尔兰根市则率先执行《21世纪议程》有关决议，采取多种措施节地、节能、节水，修复生态系统，进行综合生态规划，成为德国"生态城市"先锋市。

美国和巴西在世界生态城市建设实践均硕果累累。美国生态城市倡导者雷吉斯特所率领的"城市生态"组织自1975年就开始在美国西海岸的滨海城市伯克利进行了卓有成效的生态城市建设实践。伯克利经过二十多年的努力，建成了一座典型的亦城亦乡的生态城市，其理念和做法在全球产生了广泛的影响。此外，美国建设成果突出、影响较大的生态城市还有加州伯克莱、克利夫兰和波特兰大都市区。巴西的库里蒂巴和桑托斯市同样是成果突出、影响较大的生态城市。位于巴西南部的库里蒂巴被认为是世界上最接近"生态城市"的城市，经过二十多年的实践，其公交导向开发模式被证明具有良好的可持续性，受到国际社会广泛的赞誉，同时它也是发展中国家进行生态城市构建的学习典范。

此外，日本的生态城市建设数量众多，成果突出的有东京、九州市、千叶市以及大阪市等。其中，九州市从20世纪90年代初开始以减少垃圾、实现循环型社会为主要内容的生态城市建设；千叶新城从规划开始就以建立生态型城市为主要目标，采取了生态原生态与网络化兼具的开发模式；大阪强调利用大量最新技术措施来达到生态城市建设的可能。

总结国外影响较大的生态城市建设案例，其成功的经验主要体现在以下几个方面。

1. 具有可操作性目标是实现生态城市的前提

国外的生态城市建设都制定了明确的目标，并且总是有具体可行的项目内容作支撑。这些目标实现的可能性非常强，都有突出的重点建设项目领域。国外生态城市建设，一开始就非常注重对目标的设计。面对纷繁复杂的城市生态问题，这些目标的设计者没有好高骛远地追求那些企图一蹴而就地改变一切的目标，他们往往是从小处入手，非常具体和务实，能够直接用于指导实践活动。

2. 公交导向型交通方式

为了净化空气，控制交通尾气，发展中国家也把优先发展公共交通作为建设生态城市的首要目标，同时，实行土地综合利用，就是在规划和设计时，把工作、居住和其他服务设施结合起来，综合考虑，使人们能够就近入学、工作和享用各种服务设施，缩短人们的出行距离，减少能源消耗。可以说，确保城市公共交通的优先权是其主要原则，在此基础上大力发展快速公共交通和非机动交通以降低私人小汽车的使用率。

3. 发展循环经济是生态城市成功的关键

循环经济是一种以协调环境保护与经济发展关系为目的的经济模式。循环经济以减量化、再利用、资源化为原则，以低消耗、低排放、高效率为特征，以有效利用资源和保护环境为基础，是把清洁生产和废弃物综合利用融为一体的经济。其本质上是一种生态经济，是将以市场驱动为主导的产品工业向以生态规律为准则的绿色工业转变的一次产业革命，也是人类克服环境污染、资源短缺等困难和追求可持续发展的思想产物。国外生态城市建设的成功关键在于科学地制定了生产资源利用、生活消费和垃圾处理的原则,也就是将可循环生产和消费模式引入到生态城市建设过程中。

4. 公众参与是生态城市建设的重要环节

在国外成功的生态城市建设过程中,政府都尽可能鼓励广泛的公众参与,无论是规划方案的制定、建设项目的实施,还是后续的监督监控,都有具体的措施保证群众的广泛参与。倡导并落实一个城市成为生态城市的基础是对其市民进行环境教育,培养其环境责任感。可以说,广泛的公众参与是国外生态城市建设得以成功的一个重要环节。

5. 完善的法律及管理体系是成功的重要保障

国外的生态城市目前均制定了完善的法律、政策和管理上的保障体系,确保生态城市建设得以顺利健康的发展。一些国家从国家层面到地方层面,都对生态城市建设的立法工作极为重视,通过立法,已经为生态城市建立了一套绿色(或生态)法律保障体系。

6. 突出的重点领域是生态建设的支撑点

国外生态城市建设的一个突出特点是其问题指向性,它往往不试图在城市中全面铺开地进行生态城市建设,而是面向问题、抓住重点、逐步推进,针对城市发展中面临的突出问题,如交通拥挤、地面硬化、垃圾污染等问题,集中力量促使一两个问题的解决,并在解决问题的过程中积累经验、培养人才、教育公众、树立形象和凝聚人心,逐渐扩展到对其他问题的解决。

国外生态城市建设的成功经验值得我们借鉴。不过,国外城市在建设生态城市的过程中也有一些值得关注的问题:生态理想主义与现实社会、文化的冲突和矛盾等。鉴于此,在我国的生态城市建设进程中,要借鉴国外生态城市建设的成功经验,切忌盲目照搬,一定要结合自身情况,因地制宜,突出当地特色,找寻出适合我国国情的生态城市建设的有效途径。

(三)生态城市的创建

1. 我国城市生态化发展道路

建设生态城市是一项庞大而复杂的系统工程,它实际上是"生态重建"和"生态重构"的过程,即对现有城乡的物质环境进行有机更新,对社会价值观、道德伦理、经济模式、生活方式及政策体制等社会文明进行重新定位和根本转变,从而对整个城乡系统的经济结构、社会结构、文化结构、空间结构等进行根本性改造、再构和创新,它涉及城乡时空横向与纵向、物质与精神的各系统层次的方方面面,是一场名副其实的破旧立新的社会革命。

我国是发展中国家,综合国力、科技水平、人口素质、意识观念与发达国家相比有都很大差距,这些因素都将影响到城市生态化发展。底子薄、人口多的国情决定了我国必须开辟一条既非传统式又非西方化的"中国特色"的城市生态化发展之路。

(1)以社会舆论作为引导。意识形态对于经济行为的治理作用在现代经济学中已受到重视，政府牵头营造良好的社会意识形态，并使其有效作用于经济主体是有效的途径。发展生态城市，必须宣传、普及生态意识，倡导生态价值观，使公众特别是领导决策层的观念转变过来，树立人与人、人与自然和谐的生态价值观。只有加强宣传教育，普及和提高公众的生态意识，改变原有的价值观，人们的态度和行为才会改变，自觉的生态意识是实现城市生态化发展的关键。

（2）以经济政策作为调节。制订行为计划，实施符合生态城市发展的政策。发展生态城市应作为我国城市今后发展的重要目标和内容，并与《21世纪议程》结合起来，把这种思想贯彻到政策、计划中去。改变以前不符合生态要求的政策、计划，制定城市各领域、各行业生态化发展的战略、步骤、目标等，并确定优先发展领域，制定一系列鼓励政策，加快城市生态化发展步伐，使城市逐步走上生态化发展道路。

（3）以生态立法作为手段。通过立法手段，建立适应城市生态化发展的法规综合体系，使城市生态化发展法律化、制度化，是保证其战略、政策顺利实施的有效途径，这样城市生态化发展得到法律保证，有法可依，对不符合生态化发展的行为采取必要的行政和经济手段，保证计划的顺利实施。

（4）以生态产业作为支撑。重视生态技术的开发与应用。凡是破坏生态平衡，导致环境污染、社会异化、经济非持续发展的技术，都是与生态化发展相违背的，解决的根本出路在于依靠现代科学技术，结合生态学原理创造新的技术形式——生态技术，发展生态产业。发展生态城市必须重视增加科技投入，研制、开发生态技术、生态工艺，积极选择"适宜技术"，推广生态产业，保证发展过程低（无）污、低（无）废、低耗，提高资源循环利用率，逐步走上清洁生产、绿色消费之路。

（5）以城市政府作为媒介。设立适应城市生态化发展的职能机构。在城市各机构中可通过联合设立综合的、跨部门的生态化发展管理决策机构，组织、协调、监督城市生态化发展战略的实施，同时也作为城市生态化发展的宣传、咨询、交流和推广中心。

（6）以区域平衡作为依托。重视城市间、区域间的合作。城市仅仅注重自身繁荣，而掠夺外界资源或将污染转嫁于周边地区都是与生态化发展背道而驰的。城市间、区域间乃至国家间必须加强合作，建立公平的伙伴关系，技术与资源共享，形成互惠共生的网络系统，城市在发展过程中应承担相应的义务和责任，确保在其管辖范围内或在其控制下的活动不致损害其他城市的利益。

2. 我国生态城市建设的步骤

在国内，生态城市建设还是一个比较新的课题，鉴于当前生态城市建设积累的实际经验不多，宜先搞试点工作，等经验成熟后再进行推广，实施以点带面的战略。这里包含两层含义：一是先在全国选一些条件比较优越的城市搞生态城市试点工作，待经验成熟后，再把经验向全国推广；二是在选定的城市中，也不可全面铺开，而应有先有后、有主有次，先作一些区的试点，如可以先建生态工业园区、生态高新技术园区、生态农业示范区等。在这方面，国内已有不少城市做得很好。总结起来，我国生态城市具体建设要分阶段、分步骤进行，可分"三步走"。

（1）第一步：起步期（初级阶段）。大力宣传、倡导生态价值观，唤起人们对生态城市建设的重视，制订行动计划，建立示范工程，加强能力建设，对社会经济组织结构、功能进行初步调整，为建设阶段做好准备，打下基础。

（2）第二步：建设期（过渡阶段）。重在逐步调整、改造社会经济组织结构，提高生活质量，改善环境质量，加强生态重构和生态恢复，增强城市共生能力，进一步增强人的生态意识，使之自觉广泛参与生态化建设。

（3）第三步：成型期（高级阶段）。这一阶段生态城市并不是处于"静止"的理想状态，而是自觉地通过各种技术的、行政的和行为诱导的手段实现其动态平衡、持续发展，自组织、自调节能力强，但若其正负反馈失衡或自我调控失灵也会导致失败。

以上三个阶段，对于不同城市因其发展水平参差不齐，每一阶段的时间跨度也不尽相同。第一步和第二步实际上就是城市生态化发展阶段，生态城市则是城市生态化发展的高级境界。

另外，在具体进行生态城市建设过程中还要切实处理好以下两个关系。

（1）建设与自然的协调关系。在市场经济条件下，城市的环境条件既是城市建设的基础，又是城市建设的约束。保护城市生态结构和功能，保持城市开发建设的合理性和有序性，是为经济建设提供充分空间支持的首要条件。建设生态城市，不应只停留在环境保护的层面上，而是要在生态系统的深层次上处理好建设与自然的关系，要变无序蔓延为合理分布，变恶性掠夺为最大值利用，建立环境、经济、社会同步协调的资源配置机制和合理布局。

（2）发展与自然的理性关系。"发展是硬道理"，在市场经济条件下，人们对发展的理解往往容易出现偏差，尤其是在发展与生态保护上更是如此。一方面，市场机制本身所固有的局限性不可能反映出生态环境所拥有的价值，常常使其为其他产业的发展做嫁衣，姑息纵容了破坏生态的行为；另一方面，人们没有形成生态也是生产力的观念，不把生态当回事，盲目开发致使生态失衡。建立生态城市，就是把环境发展与生产力发展联系起来，作为经济发展的重要指标，这也是协调发展的原则和可持续发展的必然要求。

3. 我国生态城市建设指标

根据国家环保总局《生态县、生态市、生态省建设指标（修订稿）》，生态市（含地级行政区）是社会经济和生态环境协调发展，各个领域基本符合可持续发展要求的城市行政区域。生态市是城市规模生态示范区建设的最终目标。

生态市的主要标志是：生态环境良好并不断趋向更高水平的平衡，环境污染基本消除，自然资源得到有效保护和合理利用；稳定可靠的生态安全保障体系基本形成；环境保护法律、法规、制度得到有效的贯彻执行；以循环经济为特色的社会经济加速发展；人与自然和谐共处，生态文化有长足发展；城市、乡村环境整洁优美，人民生活水平全面提高。

生态城市要满足以下基本条件和建设指标。

（1）制定《生态市建设规划》，并通过市人大审议、颁布实施。

（2）全市 80%以上的县达到生态县建设指标，中心城市通过国家环保模范城市考核验收并获命名。

（3）全市县级（含县级）以上政府（包括各类经济开发区）有独立的环保机构，并为一级行政单位，乡镇有专职的环境保护人员。环境保护工作纳入县（含县级市）党委、政府领导班子实绩考核内容，并建立相应的考核机制。

（4）国家有关环境保护法律、法规、制度及地方颁布的各项环保规定、制度得到有效的贯彻执行。

（5）污染防治和生态保护与建设卓有成效，三年内无重大环境污染和生态破坏事件，外来物种对生态环境无影响。

（6）资源（特别是水资源）利用科学、合理，未对区域（或流域）内其他的社会、经济发展产生重大生态环境影响。

生态市建设指标包括经济发展、生态环境保护和社会进步三类，如表 10-1 所示。

表 10-1 生态市建设指标类型

	序号	名称	单位	指标	说明
经济发展	1	农民年人均纯收入	元/人		约束性指标
		经济发达地区		≥8 000	
		经济欠发达地区		≥6 000	
	2	第三产业占 GDP 比例	%	≥40	参考性指标
	3	单位 GDP 能耗	吨标煤/万元	≤0.9	约束性指标
	4	单位工业增加值新鲜水耗	m^3/万元	≤20	约束性指标
		农业灌溉水有效利用系数		≥0.55	
	5	应当实施强制性清洁生产企业通过验收的比例	%	100	约束性指标
生态环境保护	6	森林覆盖率	%		约束性指标
		山区		≥70	
		丘陵区		≥45	
		平原地区		≥18	
		高寒区或草原区林草覆盖率		≥90	
	7	受保护地区占国土面积比例	%	≥17	约束性指标
	8	空气环境质量	—	达到功能区标准	约束性指标
	9	水环境质量	—	达到功能区标准，且城市无劣 V 类水体	约束性指标
		近岸海域水环境质量			

续表

	序号	名称	单位	指标	说明
生态环境保护	10	主要污染物排放强度 化学需氧量（COD） 二氧化硫（SO$_2$）	千克/万元（GDP）	<3.5 <4.5 且不超过国家总量控制指标	约束性指标
	11	集中式饮用水源水质达标率	%	100	约束性指标
	12	城市污水集中处理率 工业用水重复率	%	≥85 ≥80	约束性指标
	13	噪声环境质量	—	达到功能区标准	约束性指标
	14	城镇生活垃圾无害化处理率 工业固体废物处置利用率	%	≥90 ≥90 且无危险废物排放	约束性指标
	15	城镇人均公共绿地面积	m^2/人	≥12	约束性指标
	16	环境保护投资占GDP的比重	%	≥3.5	约束性指标
社会进步	17	城市化水平	%	≥55	参考性指标
	18	采暖地区集中供热普及率	%	≥65	参考性指标
	19	公众对环境的满意率	%	>90	参考性指标

（资料来源：国家环保总局. 生态县、生态市、生态省建设指标（修订稿）[EB/OL]. 国家环保总局网站，www.zhb.gov.cn，2008-1. ）

拓展阅读

<h3 style="text-align:center">厦门生态城市建设</h3>

厦门是驰名中外的国家级风景名胜区，素有"海上花园"和"海上明珠"的美誉，是我国东南沿海重要的中心城市，4个经济特区城市、首批14个沿海开放城市和5个沿海副省级城市之一。厦门地理位置和生态环境优越，自然景观独特，海洋生物物种和文化资源丰富，适宜旅游和居住，对外贸易和旅游业发展迅速，具有建设生态城市的优势条件。

（1）厦门生态城市规划的总目标。通过二十年左右的努力奋斗，将厦门市基本建设成为我国东南沿海以风景旅游、航运物流、金融商贸、文化教育中心、生产研发和交流合作为核心的，基础设施完善、景观优美、产业发达、布局合理、生态环境质量一流、经济高效繁荣、环境美好和谐、社会文明安定、以海洋绿色产业为特色的、可持续发展综合竞争实力名列全国前茅、小康社会经济发达高效、最适合人们创业和生活的国际化海洋型生态城市。

（2）厦门生态城市发展战略。厦门生态城市发展战略为"一核、两位、三重、四控、五管"。

① "一核"：以可持续发展战略为核心的国际海港生态旅游城。

② "两位"：意识定位和时空定位，包括战略目标定位（海湾型城市战略、"海湾城"开发战略的主体和辅助战略）、生态位势定位（生态景观、生态优势、生态区位置）、生态区性定位（建设区、保护区、控制区）、生态道定位（生态廊道、生态通道、生态绿道）、时间定位（开发建设时序、发展规划阶段与预期目标可达性）。

③ "三重"：以海洋型产业、生态旅游、金融商贸为生态城市发展的三个重点。

④ "四控"：城市规模控制（人口规模、用地规模）、环境质量控制（污染物总量、环境容量、环境承载力）、生态占用量控制（资源耗量）、城市系统控制（社会、经济、环境结构与功能控制）。

⑤ "五管"：规划管理、法制管理、实施管理、监督管理、科技管理。

（3）厦门城市形象设计定位。"海滨风景城"——在厦门的生态化规划建设中，要重视城市设计，保留城市特色。城市建设要充分利用山水相间、陆岛相望的自然条件，突出海滨城市的景观特色；正确认识建筑风貌的内涵，科学确定建筑风貌保护区域与范围，避免"建设性破坏"。同时，大力植树造林，实现山体普通绿化，真正建成"海滨风景城市"。

"海滨先锋城"——厦门城市的生态化建设，要利用其港口的地理优势和其特区的经济优势，实现"海滨先锋城"的可持续发展。

"海洋生态城"——打造厦门"海洋生态城"的形象，是厦门生态市规划中形象设计的核心。

（4）厦门市空间发展战略。厦门生态城市空间发展战略为"一海、二湾、三城、四线、五区"。

"一海"：指太平洋，即把太平洋作为厦门未来城市可持续发展的生命线。"海"是厦门的生命之源，这决定了生态城市发展的海洋经济特征——航运业、水运业、旅游业、高科技产业、工业等海洋经济，海洋经济是厦门生态经济拓展的新增长点。

"二湾"：指厦门的西部湾区和东北湾区这两大湾区的开发建设与生态保护。西部湾区包括以海沧、杏林为核心的厦门新城区组团，并沿厦漳高速公路向漳州延展，带动角美、芗城等卫星城市的发育，将形成工业走廊和城镇密集带；东北湾区（同安湾）主要是乡镇企业分布区，乡镇企业带动了经济规模不断扩大，形成城镇化与工业化相互促进的发展局面，城市发展将与该地区的经济布局相衔接，依托福厦高速公路泉厦段以及沿海中小港口，形成厦门—同安—官桥—水头—安海—金井—围头环海湾城市带。

"三城"："三城"的概念有三层：首先指形成厦门湾区内的城中城、山水城、城外城格局；其次指拓展海湾，沧海、杏林、集美三座新城的开发和建设。广义的"三城"是指发展闽南经济圈的泉—漳—厦三城市体系。

"四线":指厦门湾区岸线、海滨旅游岸线、港口岸线、水产养殖岸线。

"五区":指将厦门分为五大功能区,即工业开发区、农业生态保护区、居住商业区、旅游风景区、生态源保护区。

(5)厦门生态产业体系建设的框架。依据循环经济理论和产业生态原理,通过产业生态理念的构造、产业生态技术的创新、产业生态管理体制的建设,立足厦门市现状产业结构和布局,在生态环境功能区目标、环境容量和资源承载能力的范围内,建立企业、企业群落以及社会之间的物质流、能量流和信息流的循环机制,逐步实现工业、农业和服务业的生态化改造;根据厦门自身的特殊地理环境与特定发展机遇,配合厦门城市总体规划建设模式,进行生态产业体系的基础支持体系的建设,调整、变革线性的"资源—产品—污染排放"的经济模式,逐步建立"资源—产品—再生资源"的循环经济模式,从而建立厦门市的循环经济运行体系和生态城市的自然、人文和社会环境。

(6)厦门生态环境保护与建设规划。从改革环境管理机构和机制,创新环境保护制度;加强领导和组织,完善环境法律建设;完善生态环境监测以及管理信息系统;保护和重建自然生态环境;建立可持续发展的生态环境保护财政支持机制等多个角度开展生态城市生态环境保护与建设规划。

(资料来源:杨荣金,舒俭民. 生态城市建设与规划[M]. 北京:经济日报出版社,2007.)

本章小结

1. 城市环境是相对于城市的主体——企业或居民而言的,是指影响城市生活和生产活动的各种自然的和人工的外部条件。城市环境既是城市人类活动的基础,又受到人们活动的影响,所以,城市环境是一种特殊的自然—人工复合的环境。

2. 城市是历史发展到一定阶段的产物。城市产生之前的生态主要是自然生态问题。由于社会的产生和城市的产生,人对自然的破坏开始加剧,导致了一系列的环境问题,使许多城市不同程度地染上了"城市病",主要体现在大气、水、固体废弃物和噪声污染等。

3. 环境库兹涅茨曲线假说是指环境质量随着经济增长先恶化后改善,当经济发展处于低水平时,环境退化的程度处于较低水平;当经济增长加速时,伴随着农业和其他资源开发力度的加大和大机器工业的崛起,资源消耗速率开始超过再生速率,产生的废弃物的数量和有毒物质迅速增长,环境出现不断恶化的趋势;但当经济发展到更高水平时,经济结构向信息密集的产业和服务业转变,加上人们环境意识的增强、环境法规的执行、更先进的技术和更多的环境投资,使环境恶化现象逐渐减缓,并开始出现改善的趋势。

4. 直接市场法假设环境质量的变化对社会经济活动产生直接影响。在市场经济模式下,通过观察、测度受影响物品的市场价值,我们有可能对环境质量的变化加以评估。替代性市场法的基本思路是通过间接反映人们对环境质量的评价的商品和劳务的价格来衡量环境质量的价值。与直接市场法相比，替代性市场法的适用条件相对宽松，能够利用直接市场无法利用的信息。意愿调查法是指在缺乏市场价格数据时，为了求得效益或需求信息，可以借助于公众调查，通过了解人们的偏好了解人们对环境质量的价值评估。

5. 外部性概念是 1890 年经济学家马歇尔首次在《经济学原理》中提出的，是指私人收益与社会收益、私人成本与社会成本不一样的现象。美国经济学家萨缪尔森将其定义为："当生产与消费的过程中一个人使他人遭受到额外成本或额外收益，而且这些强加在他人身上的成本或收益并没有通过当事人的货币形式得以补偿时，外部性或溢出性就发生了"。更精确地说，外部性就是一个经济当事人的行为影响他人的福利，这种影响并没有通过货币形式或市场机制反映出来。

6. 生态城市是文明、健康、和谐、充满活力的复合生态系统，是一种生态良性循环的理想区域形态，是人与自然和谐共存的境界，是生态价值观、生态哲学和生态伦理意识的系统体现。从生态哲学角度，生态城市的实质是实现人与人、人与自然的和谐。从系统论的角度，生态城市是一个结构合理、稳定、达到动态平衡状态的社会—经济—自然复合生态系统。从生态经济学角度，生态城市要求以生态支持系统生态承载力和环境容量作为社会经济发展的基准。从地域空间角度，生态城市不是一个封闭的系统，而是以一定区域为依托的社会、经济、自然综合体。

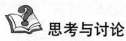 **思考与讨论**

1. 城市环境的主要特征有哪些？
2. 根据实际，谈一下你所了解的城市生态环境危机的主要表现，并结合所学知识分析造成城市生态环境危机的成因。
3. 分析城市经济增长对环境质量的影响。
4. 城市环境质量价值的定价方法有哪几种？
5. 城市环境污染的外部性经济分析及治理措施有哪些？
6. 结合国内外生态城市的实践建设，谈一下建设生态城市的主要内容有哪些。
7. 我国生态城市建设的主要评价指标体系是什么？

第十一章 城市商流经济

 学习目标

通过本章的学习，了解城市市场与流通的关系及其在城市经济发展中的重要作用；了解城市市场经济中商流和物流的定义，理解商流是商品所有权的转移、物流是商品自身的转移，理解商流的广义内涵；掌握物流系统、物流网络和物流平台的城市功能性质；明确城市经济流和城市经济血脉本质和各种资金渠道对城市经济的贡献；熟悉城市劳动力市场的供求关系及其均衡，理解我国农村剩余劳动力向城市流动的意义和对城市经济发展的作用，能够联系实际分析我国城市的失业现象和解决措施；掌握城市信息流和信息经济的内涵，了解城市信息产业在经济发展中的主要作用；理解城市物流、资金流、劳务流和信息流政策的制定和运用方法。

第一节 城市商流经济概述

一、城市商流经济的含义和内容

商流，是商务流的简称。狭义的商流，是指用于商品或要素如何配置的决策交往活动所形成的价值流流动；广义的商流，除了包括狭义的商流外，还包括作为商务决策支撑的商品和要素通过交换而实现价值形态的变换和所有权转移的经济运动过程。它是商品等各种形式的价值量进行流动的运动形式，反映了商品价值运动的本质要求。商流运行的结果是：商品价值补偿和创造的所有权效应。概言之，城市商流就是以城市为经济背景，依托实物、劳务、资金和产权的价值流运动。商流实现产权的转换，须依托于物流、资金流、劳务流、信息流等价值量的流动过程。这些商品和要素在流动的过程中，实现了价值的补偿、转移和增值，从而进一步形成商流。

很多情况下，人们往往将商流等同于物流等商品或要素的流动，这是一个误区。商流是对商品和要素所有权或产权转移的决策活动和所有权或产权转移本身，而物流通过商品的转移、货币的转移、劳务在不同地区的流动以及信息的扩散，可以是所有权或产权的转移，也可以不是所有权或产权的转移，而仅仅是要素在不同生产地点的位置转移，或者是为了完成某一个生产过程而需要的生产资料的空间移动，也可能是为了满足消费目的而需要的消费品的空间转移。因此，二者是不同的。二者的关系为：一方面，商流是物流、资

金流、劳务流和信息流的起点,也可以说是后"四流"的前提,没有商流一般不可能发生物流、资金流、劳务流和信息流;另一方面,没有物流、资金流、劳务流和信息流的匹配和支撑,商流也不可能达到目的。

这种商流的经济活动,在城市中表现得十分突出。很多城市的起源,就是基于作为市场中心、交通枢纽、信息转换地的职能而发展起来的。发展到现在,大城市越来越成为各种商务活动的决策中心,从而成为商流经济的发展中心。

二、城市商流与城市市场

城市商流规模大,城市市场规模必然大,同时,城市市场规模反过来也会影响城市商流的规模。城市商流和城市市场的关系(见图11-1),集中表现为城市社会产品在生产过程中流通阶段的互相影响和制约。在市场经济中,商品的生产和最终使用之间存在着各种间隔,只有解决这些间隔,才能使商品的价值得到实现。这个解决过程只能是在商品流通过程中。商品生产和最终使用之间存在的间隔以及连接这些间隔的解决方法有以下三种情形。

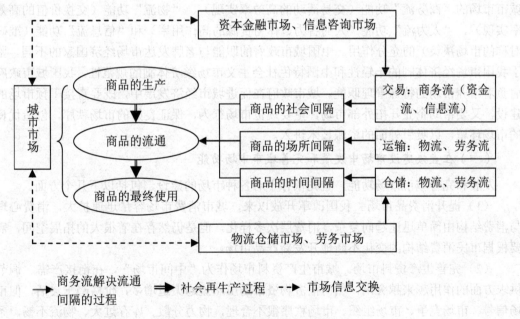

图 11-1 城市商流与城市市场的关系

(1) 社会间隔。商品的生产者和消费者不是同一主体,需要通过商品的交易沟通做出交换的决策。

(2) 场所间隔。商品的生产场所和消费场所不在同一个地方,需要商品的运输实现其在不同场所的转换。

（3）时间间隔。商品的生产时间和商品的消费时间不尽相同，需要通过商品的保管来衔接供给与需求。

图11-1表明了"流通"把商品的生产和消费加以连接的过程，以及在这一过程中城市商流和城市市场之间的关系。

人们通过"商务流"消除了商品的社会间隔，通过"物流"和"劳务流"消除商品的场所和时间间隔，最终完成了商品的所有权（产权）和商品实体的转移。这正是城市市场的运作形式。在这一过程中，城市商流的效率高低，会直接影响到城市经济的发展快慢。而要提高城市商流经济的效率，需要城市政府通过对城市市场的管理规范市场行为、保证良好的市场秩序，以实现城市市场经济功能的不断发展和完善。

三、城市市场功能的发展和完善

加强城市市场功能的建设，是提升城市现代化水平的重要标志。完善的城市市场功能能够反映资源的稀缺性，引导资源高效率流向，从而实现资源的优化配置。它具体表现为城市市场的"商务流"功能（交易活动的高效率实现）、"物流"功能（交换价值的高效率实现）、"人力流"功能（人的智力、体力资源的高作用率）和"信息流"功能（准确对称的市场决策）的充分作用。中国城市政府的职能与老牌发达市场经济国家的不同。鉴于我国市场经济体制的年轻性和中国特色社会主义市场经济体制的规范性，我国城市政府肩负着培养市场的特殊管理职能。城市政府在促进城市经济发展中，既要直接干预市场的建设，又要帮助企业开拓外部市场，更要规范市场行为，保证良好的市场秩序，创造优良的市场环境，以吸引外面的资源技术进入。

（一）在直接建设市场中发展和完善城市市场功能

发展和完善城市市场功能，首先依存于对各种市场的建设，包括以下几个方面。

（1）提升消费品市场。我国改革开放以来，城市消费市场容量迅速扩大，消费心理与消费结构由简单迅速趋向复杂，消费层次多样化，但是仍然存在着很大的拓展空间，需要根据市民消费结构的变化不断地开发新产品市场。

（2）完善生产资料市场。城市生产资料市场作为"中间市场"，在衔接产需、调节供求方面的作用越来越突出，然而很多物资市场虽然流通渠道增多，价格趋于灵活，但市场信号、市场竞争、市场组织、市场秩序很不合理，物力分散、库存过大、物流不畅，条块自成体系、分割封锁、价格多轨等问题仍然存在。为此，必须深入城市物流管理体制的改革和对城市物资交换与流动机制的建设，形成现货、期货和合同市场，做到物尽其易、货畅其流，使城市成为区域的物流中心和物资交易市场。

（3）积极培育金融资本外汇市场。目前，我国金融资本市场的范围和交易量还很小，融资手段和方式也不多,应在国家政策的引导下增加金融交易工具、交易方式和交易金额,不断扩大和完善短期金融市场和发展长期资本市场,发展一级市场和扩大、完善二级市场。通过这些改革,培育城市的金融中心功能,带动区域共同发展。

(4)进一步发展信息、技术、劳务等市场,逐步使这些市场的功能完备,形成全面的城市市场体系,使其成为城市的引力源,增加城市的集聚力。

(二)在开发市场中发展和完善城市市场功能

开发市场、增加城市市场功能,表现为帮助本市企业扩展销售渠道和城市经济容量两个方面。

开发扩展本市企业的销售途径,是通过增强企业活力、提高其产品的竞争力,来提高城市辐射力。城市发展首先依托于城市的支柱产业(城市基础产业)。改革开放以来,我国城市政府逐渐认识到城市支柱产业发展和城市发展息息相关的关系,不断组织企业到城市外部招商引资,扩大了企业和城市的知名度和影响,开辟了城市内外部市场,增强了城市辐射力。开发城市外部市场可以使城市与外部形成优势互补关系。一个城市不可能什么都生产,有自己的优势和劣势。因此,通过发掘其他城市具备而自己缺乏的优势,并通过联合优势互补,共同促进城市发展,是城市现代化的途径之一。例如,两个城市通过商品交流、人才交流等活动,可以促使企业相互了解,在发展中找到理想的合作伙伴,不仅会增添企业活力,还会加深城市间的友谊。

通过市场开发扩展城市经济容量,增强城市吸引力,也会扩展城市市场功能。城市经济实力不仅表现为本市企业的发展,还表现为城市对外部人才、技术、资金等生产要素的强大引力,这种引力可以使城市利用广泛的资源和要素,从而扩大城市经济规模,以利于更大规模的城市输出。我国城市政府出面组织的"引资"活动十分活跃,就是这一规律的具体表现,这一规律迫使城市必须搞好基础设施建设和软环境建设,以便形成良好的市场交易环境。

(三)在规范市场行为中发展和完善城市市场功能

市场功能的正常发挥离不开市场制度和法规的规范。加强法制建设、理顺市场秩序,是发展和完善城市市场功能的重要内容。

首先,要健全各种市场活动法规,做到有法可依,执法必严,违法必究。规范市场活动的法律,如《价格法》《公司法》《银行法》《审计法》《保护消费者利益法》《禁止不正当竞争法》《社会商业管理法》《商品储运法》等都应是健全有效的。

其次,加强城市市场管理,对市场进行有效监督,城市市场管理机构主要有三个层次:(1)城市市场交易管理机构,如工商、税务、物价、审计、统计、财政、银行、经济法庭等部门;(2)市场物流技术管理机构,主要包括计量、测试、质量管理、商品检验、物价检查、环保等部门;(3)群众监督机构,如产品质量监督协会、消费者协会等民间组织。

最后，城市政府要坚决拥护国家关于统一市场规则，打破条块分割、封锁和垄断现象，促进和保护公平竞争的政策。为此，要按商品流通规律的要求，首先从整体利益出发，扬长避短，发挥优势，扫除各种形式的关卡壁垒，为全国统一市场的建设做出贡献。

（四）在改革城市市场信号形成机制中发展和完善城市市场功能

价格、工资、利率等市场信号形成的机制，是市场发育程度的标志。城市发展和完善市场体系重要的一环，就是理顺这些市场参数形成机制。我国过去市场关系扭曲，不反映市场商品或劳务的生产成本和供求状况，造成各种摩擦和资源损失浪费，虽然我国社会市场经济体制的建立，使价格参数已极大地决定于市场基础，成为内生变量，但从广义价格来看，如利率，其水平在相当程度上还主要决定于政府的决策，这是我国当前的市场发育程度所决定的。为此，城市政府必须根据城市发展的实际情况，监督市场参数水平随城市经济发展的影响，及时提出调整城市市场参数水平的建议，并创造市场决定参数水平的机制条件，从而使城市市场功能逐步增强并发挥良好的调节作用。

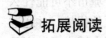 拓展阅读

流通领域的科技支撑

科技支撑报告（流通领域的科技支撑）从公路、铁路、水路、天空到管道等几大方面涵盖了人类出行和物流运输两类基本需求，分别展示出 2030 年、2050 年以及 2100 年的流通工具的主要发展趋势。

1. 2030 年流通领域可持续发展的技术支撑

2030 年的流通领域可持续发展的技术支撑应着重体现高速化、立体化和环保化等方面内容。高速化，是提高流通效率的重要因素，到 2030 年实现人的活动半径为 5 000km/h；立体化，是在有限的地面交通难以承载巨大交通需求时，应充分利用基本无限空间来发展交通，可以很大程度上减少拥挤；环保化，是希望应对当今社会能源短缺，减少环境污染，提供新的电池技术，利用新能源等。

2. 2050 年流通领域可持续发展的 10 大技术支撑

2050 年流通领域可持续发展的技术支撑在保证高速化、立体化和环保化等方面内容的同时，还将朝着更加智能化、个性化的方向发展。高速化方面，到 2050 年将实现人的活动半径为 10 000km/h；智能化是随着社会、经济、科技的发展和人民生活水平提高所带来的要求；个性化也是未来科技普及的一种表现。

3. 2100 年流通领域可持续发展的 10 大技术支撑

2100 年的流通领域可持续发展的技术支撑给目前的人们提供了广阔的想象空间，在实现人活动半径可达到 50 000km/h 的同时，更加强调人类与外太空间的流通所需要的安全

性、舒适性，人们所更为重视的环保的理念；货物之间流通的信息化以及像人类出行一般的便利化、物流工具随物品的可伸缩性等方面。以最为先进的技术，配以设计师们不断注入的新的灵感、更加浪漫的设计思想，带给人们未来生活的无尽想象和非凡乐趣。

（资料来源：中国科学院可持续发展战略研究组．中国科学院科技支持项目报告[R]，2008．）

第二节　城市物流经济

一、物流与城市物流

物流是物品从供应地向接收地的实体流动过程。根据实际需要将运输、储存、装卸、搬运、包装、流通、加工、配送、信息处理等基本功能的有机结合，是解决市场商品供求空间间隔而形成的经济现象。

物流是发生在城市内的物流，又是以城市为依托的一定区域内的物流。由于城市是一个区域的经济、政治、文化与生活的中心，又是社会生产、流通、消费的聚集地，也是商品、人员、信息等的高度密集区域，因而城市也是实现社会关系而需要的生产资料、消费品等有形商品运输和保管的一个区域内的物流中心。实践证明，物流的集中度越高，城市在区域中的经济与社会发展作用越大。城市物流是在市场经济的框架下综合交通环境、能源消耗等因素，由个体企业全面优化城市区域物流和交通行为的过程，是城市功能得以发挥的有力支柱，是城市资源合理配置和有效利用的基础。

现代物流的分类如表 11-1 所示。

表 11-1　现代物流的分类

分类标准	物流种类	其他名称
空间范围	国际物流、国内物流、区域物流、城市物流、企业物流	
物流主体	生产企业物流、流通企业物流、专业化物流、消费者物流	制造商物流、批发商物流、零售商物流、第三方物流、第四方物流
物流业种	铁路物流、公路物流、航运物流、航空物流、邮政物流	行业物流
物流阶段	供应物流、销售物流、生产物流、退货物流、回收物流、废弃物流	采购物流、厂内物流
物流客体	生产资料物流、消费品物流、散装货物流、包装货物流	
其他	宏观物流、中观物流、微观物流	

城市物流的组成要素包括物质要素和运营要素两方面：（1）物质要素主要由道路、物

流设施与网点、物流设备与工具以及各种物流信息系统构成；（2）运营要素首先是指构成城市物流系统的要素，主要由节点物流与路线物流构成。另外，从企业与消费者的角度，城市物流包括企业物流与消费者两个子系统。

与其他产业相比，城市物流的特征主要体现在以下两个方面。

（1）从主体特征来看，城市物流是流通企业整合交通环境、能源消耗和简易加工等资源，全面优化城市区域的物资运输、仓储、包装和简单加工的管理行为过程，是物流主体充分运用城市市场功能合理配置城市物流资源的过程。

（2）从客体特征来看，城市物流介于宏观物流和微观物流之间。宏观物流是在全国形成的物流格局和主要线路的状态；微观物流是某类企业在专业生产活动中进行原材料购进和产品销售必须发生的物质流动。城市物流作为中观层次，可以看作众多企业的微观物流向城市之间的宏观物流的过渡。与平常的物流概念相比，城市物流多了一个边界，需要考虑物流诸多方面上的地域限制和城市属性，它涉及城市的交通运输、仓储、装卸、包装、信息传递及制造业、加工业、流通业、居民生活水平、产业结构等物流的核心和外围的方方面面。

从城市物流的功能来看，城市物流包括生产功能、生活功能与社会功能。

（1）生产功能是城市物流对企业生产经营活动做出的贡献。无论是制造业还是流通企业、服务企业，都离不开城市物流的支撑，城市物流不仅是实现企业价值、降低成本的重要手段，也是企业提高顾客服务水平、创造价值的竞争战略。

（2）生活功能是城市物流对消费者购物、生活效用的贡献，高效率的城市物流可以为消费者低价、及时地购物与消费提供条件，可以为消费者提供各种生活上的便利，如搬家物流、消费者之间的"速递"物流、生活废弃物的回收物流等。

（3）社会功能是指城市物流对全社会的贡献或影响，主要体现在对城市交通、环境、能源消耗等方面的贡献与影响。因此，城市物流系统的组织运行越好，对缓解城市交通拥挤、减少交通事故、减少环境污染、节约能源消耗的贡献就越大；反之，则会加剧交通与环境的恶化，降低整个城市的福利水平。

从城市物流的主体来看，城市物流主要由货主、物流事业者、消费者及城市政府等四大相关主体构成。四者的目标与行为是相互影响、相互制约的。因此，要实现城市物流的整体最优，必须在充分考虑四者的目标与相互关系的基础上，努力促使他们之间的相互合作。

同时城市物流存在特殊性，主要表现在：（1）物流密度高，是指在相对较小的空间内拥有较大的物流量和较多的物流设施、物流设备、物流组织；（2）与企业关系密切，城市中企业的存储（包括原材料存储和产品存储）从物流学的观点看，既可以认为是企业的存储，又可以看作城市的存储；（3）制约因素多，城市既是生产、流通、消费中心，也是政治、经济、文化中心，因此物流网点的布局、物流路线的选择、物流作业的开展都会受到影响和制约；（4）以城市道路系统和短途运输为主，在城市地理区域的限制下，城市物流最大的特点就是以公路物流为主，而且是短距离的公路物流。

二、城市物流对城市经济的影响

随着城市物流系统的广泛建立，城市内的不同行业、再生产的不同环节、不同的销售渠道、不同的小区域的物流供求，都可进行共同信息处理、调度、运输、配送、组织和共同管理，以实现城市物流的整体最优。这对城市的宏观、微观经济都会产生巨大影响。一般来说，现代物流对城市经济发展有以下几个方面的影响。

（1）城市作为工业集中地，需要大量的原燃料（中间产品）的输入和产品（包括中间产品和最终产品）的销售输出，城市基础产业正是依托强大的物流而成为城市经济发展的支撑的。目前，物流的运费已经成为工业产品中的重要组成部分，物流业若形成集聚规模，以较低的成本提供生产运输的服务，就可以大大降低工业生产成本，从而提高城市工业产品的竞争力。

（2）城市作为人口的积聚社区，需要大量的生活用品。除了城市自身生产的以外，还需要各种各样的外地产品进入。城市物流业发达，市民将会以较低的支出享受到多种外地消费品的功能效用；城市的物流业高效率，市民将会以较低的支出享受到多种外地消费品的使用价值。因此，城市物流水平的高低对市民生活具有重大影响。

（3）城市物流环境的优劣是引进内外资、净出口贸易能否正常进行和能否进入全球采购系统的重要条件。随着经济全球化的发展趋势，生产性采购不是简单地根据物资距离的长短进行决策，而是根据经济距离的长短进行决策。经济距离是指物流实际费用。有些物流虽然物资距离较长，但是由于物流渠道畅通，总的运费较低；而有些物流尽管物资距离较短，但由于物流渠道不畅通，总的运输费用较高。可见，一个城市有没有物流优势，不是完全取决于自然地理位置的优势，而是决定于物流技术条件和组织能力。如果城市形成了强大的物流系统，不同行业、在生产的不同环节、不同的销售渠道、不同的小区域的物流的供给，都可通过共同的信息处理、调度、运输、配送、组织、共同管理，使城市物流整体最优，形成对其他城市的物流优势，就会形成现代化的城市物流中心。这不仅会吸引国内的物流，还会吸引国际的物流，从而会对城市的国际化发展产生巨大的推动作用。

（4）城市物流的发展，可以起到对周边城市的辐射作用和对农产品物流的带动作用。物流业作为一个新兴的服务业，将会全面地代替过去的运输产业。它是全面适应市场经济需要，提供批量、种类、容积、包装方式以及集装箱方式的全方位多样化的服务。它不是单纯的物资流动，还要有仓储、包装、简单加工等方面的系统配套。因此，物流业的发展，可以带动城市的产业结构调整，增加就业，吸引农业剩余劳动力的进入，提高城市化率。这些方面在对城市产生经济影响的同时，还会产生重要的社会影响。

三、城市物流系统和物流网络

（一）城市物流系统及其功能

城市物流系统一般包括物流园区、物流中心和两者之间的配送中心。

1. 物流园区

物流园区是由分布相对集中的多个物流组织设施和不同的专业化物流企业构成的具有产业组织、经济运行等物流组织功能的规模化、功能化物流组织区域功能。其除具有一般的仓储、运输、加工（工业加工和流通加工）等功能外，还具有与之匹配的信息、咨询、维修、综合服务等服务项目。它与布置在其中的不同功能的物流企业之间的关系可以是租赁、资产入股、合作开发和经营等关系。

从主要功能上讲，物流园区大致可分为四种类型：（1）国际型物流园区，这主要是指紧靠港口和陆路口岸，与海关监管通道结合的大型转运枢纽；（2）全国枢纽型物流园区，这是指多种运输方式骨干线网交汇的中转枢纽；（3）区域转运型物流园区，这是指跨区长途运输和城市派送体系的转换枢纽；（4）城市配送型物流园区，这是指保障商贸与城市生产的物流园区。

2. 物流中心

我国国家《物流术语》标准给物流中心下的定义是：从事物流活动的场所或组织，其应符合下列要求：（1）主要面向社会服务；（2）物流功能健全；（3）完善的信息网络；（4）辐射范围大；（5）少品种、大批量；（6）存储、吞吐能力强；（7）物流业务统一经营、管理。

凡从事大规模、多功能物流活动的场所即可称为物流中心。物流中心的主要功能是大规模集结、吞吐货物，因此，物流中心必须具备运输、储存、保管、分拣、装卸、搬运、配载、包装、加工、单证处理、信息传递、结算等具体功能，同时还应具有贸易、展示、货运代理、保管检验、物流方案设计等一系列延伸功能。

3. 配送中心

配送中心是从事货物配备（集货、加工、分货、拣选、配货）和组织对用户的送货，以高水平实现销售或供应的现代流通设施。配送中心是社会经济发展和社会化分工的产物，随着社会经济发展需要的变化而变化。

根据配送中心的作用，配送中心的分类可以有许多种，如专业配送中心、柔性配送中心、供应配送中心、销售配售中心、城市配送中心、区域配送中心以及存储型配送中心、流通型配送中心、加工配送中心等。总的来看，国外和我国的配送中心都在向以销售配送中心为主的方向发展。

（二）城市工业物流网络的形成与变迁

城市物流网络是由城市物流系统纵横交织形成的网状社会组织机构，其形成主要源于工业物流和商业物流的需求，并随着城市中工业设施和商业设施的空间变迁而发生变迁。

城市工业物流网络形成于城市发展早期，是城市工业企业在城市聚集所形成的物流网络，相对简单而固定。其基本特点是：地理跨度不大（地理上接近）；运行具有规律性（供货企业及商品、数量、时间相对固定）；公路运输是主要运输手段（短途运输）。但随着企业生产条件的不断变化，城市工业物流网络也在不断地发生变迁。

1. 企业郊区化的影响

在传统单一的中心城市中，大量经济活动都集中在中心商务地区，但从 20 世纪初开始，随着城市中心地带的环境要求和交通系统的发展，工业企业开始向城市郊区扩散，城市物流网络也相应发生了变化：（1）物流网络的规模扩大。随着企业郊区化的趋势，大量仓库建立在城市边缘，且多建在靠近交通网的地区，通常周围有多种运输方式可以利用。这些仓库不仅承担周边地区的货物运输，而且还承担城市其他地区甚至区域的货物运输，促使物流网络复杂化。（2）货物运输方式多样化。在向郊区分散化的过程中，作为城市政府规划的产物，物流园区开始在一些大城市的边缘产生。由于物流园区可以把企业大量散乱分布的物流设施集中起来，从而使物流网络变得易于控制。

2. 企业生产柔性化的影响

随着卖方市场向买方市场的转变，消费个性化、多样化趋势日益明显。以准时制、精益生产等为代表的新型生产方式相继产生，企业开始由大批量生产转向以多品种、小批量为主的柔性化生产。这种柔性化生产方式相应改变了原来专职从事大量运输、大量储存的物流活动，给城市物流网络带来了新的变化：（1）物流网络节点大量增加。货物运输从起点到终点要经过许多在途节点以满足规模运输的需要。（2）物流网络复杂性大大增强，迫使需要加强网络的协调运行。对于多品种、小批量物品的运输，物流网络的规模、节点数目都大大增强，此时，单个企业难以保证经济而又及时地把货物送到客户手中，因此迫切需要将物流服务社会化，把多个企业的物流服务进行集中、整合。

3. 生产制造社会化影响

随着品牌营销时代的到来，企业要将非核心业务外包给专业、高效的供应商，形成所谓"贴牌"生产的社会化体系，货物运输极其复杂，给城市物流网络又带来以下变化：（1）物流网络密度增加；生产趋于社会化后，企业间的联系加强，货物运输的量和频率大大提高，相应地，物流网络的密度也大大增加。（2）专业企业参与物流网络的运行和维护工作。许多企业纷纷将其物流业务交由专业物流企业（即第三方物流企业）运作，新的生产方式让生产企业在高效运行的物流业中逐渐感到力不从心，需要借助专业物流企业为其构筑有效的物流网络。

（三）城市商业物流的形成与变迁

商业是现代城市最重要的功能之一，随着社会经济的进步和人们消费行为、观念的变化，城市商业形态日趋复杂化、高级化。不同业态的商业企业具有不同的市场定位和地理定位，它们互为补充而共存于城市之中，而物流活动贯穿其业务活动的全过程，决定并影响着城市物流网络。

1. 百货商店业态下的物流网络体系

百货商店是传统商业业态的代表，其经营特征表现为经营规模大、商品品种多、商品相对高档等；空间特征表现为集中于城市中心地带。与其配套的物流网络体系一般有如下特征：（1）物流网络节点相对较少，货物运输从起点（物流中心或大型仓库）一般直接到达终点（百货商店的配套仓库），中间经过的物流网络节点很少或几乎没有，实现规模运输相对容易；（2）物流网络结构呈中心发散型，由于百货商店通常位于城市中心地带，所以物流明显向城市中心集中，而且越往中心地带网络密度越高，容易给交通造成压力；（3）百货商店所处的城市中心也是人流集中的地带，为避开人流高峰，百货商店的货物运输往往集中在白天的人流的非高峰时段或夜晚。

2. 连锁超市业态下的物流网络体系

超市采用顾客自我服务方式，即顾客自己挑选商品，挑选后一次性集中结算，经营商品以大众化食品和日用品为主，空间上位于居民区附近；在规模上一般小于百货商店，价格较为便宜。连锁超市成功的核心在于采用中央配送制，而采用中央配送制的优势在于能使零售商增强对供货商的议价能力，同时也容易实现运输规模化；另外，中央储货还可以大大减少零售仓储点。在这种商业业态下，城市物流网络的主要特征是：（1）连锁超市企业一般自建配送中心，货物从供应商处先运至配送中心，再由配送中心向各连锁分店送货。（2）物流网络规模较大。由于连锁超市主要分布在居民聚集区，空间分布比较分散，故物流配送网络覆盖面较大。（3）物流网络运行密度较高。由于连锁超市经营生鲜食品、时令菜蔬的比重越来越大，要求每日送货或每隔几小时送货，从而对货物配送频率的要求大大提高，此外，为保证商品新鲜度，配送要求采用冷藏等特殊手段。

3. 便利店业态下的物流网络体系

便利店在空间上遍布城市的各个角落，以经营速成食品、小百货为主，一年 365 天、一天 24 小时都营业，主要满足顾客的即时消费、应急消费等便利性需要；基本上是通过配送，而不是仓储来补充商品，需要进行高频度、小单位、高效率的商品配送。在这种商业业态下，城市物流网络的主要特征有：（1）网络覆盖面广。空间上遍布城市的各个角落，且网络节点众多。（2）共同配送。支持 24 小时便利店物流网络运行的基础在于实行共同配送。通过集中多家便利店的小量订货来一次性共同配送以实现规模经济，因此，网络运行中的协调性要求较高。（3）网络运转密度高。一方面，便利店采用即时订货制补充货物；另一方面，其经营的生鲜食品对时间要求苛刻，从而造成配送频率高，从目前零售业物流系统的发展看,最具代表性的零售企业是 24 小时便利店,其物流系统的设计、管理已成为零售业物流发展的标志。

4．购物中心业态下的物流网络体系

随着城市化进程的加快,以住宅郊区化为先导,引发了城市市区各职能部门郊区化的连锁反应。再加上更多消费者将购物、娱乐、康体休闲等结合在一起的购物行为,产生了集商业与服务业功能为一体的新型购物中心业态。它占地面积广,提供的商品服务种类多；一般位于城郊,以巨型市场或仓储式卖场为核心,一些专卖店、休闲中心等聚集在周围而形成郊区商业中心。在这种商业业态下,城市物流网络体系呈现如下特征：(1) 郊区购物中心地价便宜,一般都配有面积较大的仓库,特别是仓储式商场集仓储与销售功能为一体,不需要专门配备配送中心配送货物；(2) 郊区购物中心地处郊区,并且多在交通要道口,交通方便,因此,物流网络运行相对简单,网络运行质量较高；(3) 除了一些生鲜食品对货物运送频率要求较高外,郊区购物中心总体对货物运送频率不高,货物可以大批量采购和运输。

5．电子商务业态下的物流网络体系

电子商务是以计算机网络为基础,通过电子网络方式进行商品交换的商业模式。电子商务业态与传统商业经营相比,在购物方式、货币支付方式和货物运输方式上存在着很大差别。在配送对象上,传统商业业态为各商店,而电子商务业态则是分布在城区的零散客户。这种对象差别决定了它们的配送模式明显不同,如表 11-2 所示。

表 11-2 传统店面配送与电子商务配送的区别

	传统店面配送	电子商务中的家庭配送
配送数量	批量大	批量小
配送频率	基本稳定	不稳定
配送批次	较少	多
配送点	较集中、固定、点少	分散、不固定、点多
包装单位	大	小（一般用包裹）
货物聚类	大量同类货物	物货同类型低

电子商务作为一种全新的商业业态,它对城市物流提出了诸多挑战。在这种商业业态下,城市物流网络主要有以下新的特征：(1) 物流网络不稳定,处于不断变化中,物流网络结构、空间范围也处于不断变化之中；(2) 网络运行呈现不规则的频度变化；零散客户的需求千变万化,使货物配送时间无法统一、固定,配送频率无规则；(3) 货物配送直接面对成千上万的零散客户,其形成的物流网络在空间上覆盖城市的所有工作、居住角落,物流广度、节点数目都远非传统商业物流可比,因此,城市物流网络错综复杂,网络运行的难度非常高。

（四）城市物流平台的结构

物流系统所需要的基础条件为物流平台。它是把物流作为一种新兴的业态、一种先进的组织方式和管理技术，使之在城市经济运行中充分发挥其效用的基础环境和基础条件。它涉及铁道、水运、公路、仓库、场站、管理体制、信息水平等相关因素，构成城市物流系统结构的主框架。

城市物流系统的基础结构主要包括：（1）商品从供应商流向消费者的市场流通渠道；（2）城市物流系统运转必需的公路、铁路、车站、机场和港口等基础设施；（3）政府为规范和调控城市物流系统而确立的产业政策和规章制度；（4）城市物流发展战略的制定；（5）与实物流通同步进行的虚拟供应链渠道和多媒体等物流信息系统的运转。

作为城市物流系统结构主框架的城市物流平台，包括以下三个层面。

1. 物流概念平台

它主要包括物流概念体系的设计、确立、发展、完善与普及。这一平台将随着城市经济的发展、企业竞争力的增强、信息技术水平的提高以及市场环境的逐步完善和日益成熟而发展与成熟。

2. 物流硬件平台

它包括物流基础设施平台、物流技术研发平台和物流信息平台，三者构成城市物流系统有效运转的硬件支撑体系，主要作用是为城市物流系统发展创造一个良好的硬件环境。

（1）物流基础设施平台，是由各类物流节点（如物流园区、配送中心等）和线路（如公路、铁路、海运航线等）有机结合配置而形成的物流网络。构建物流基础设施平台的过程，是一个在现有运输、仓储等基础设施的基础上进一步调整完善的过程，既要解决现有资源对物流系统的适应性问题，又要挖掘和发挥现有资源整合后的潜力，增强各种基础设施之间的兼容性和协同性，追求系统最优。

（2）物流技术研发平台，其主要作用在于为各类物流主体的运作、物流各层面的运作提供技术支持，包括各项物流软、硬件的开发、试用和推广工作以及完备的物流技术认证体系的确立和升级工作等。

（3）物流信息平台，是要解决各种物流信息系统之间的信息共享、系统集成以及各类信息通道之间的互通互联问题，包括进一步提高生产企业、流通企业，尤其是各种类型物流企业的信息化水平，建立物流信息输入、加工与输出的公共服务平台等。物流信息平台最终是为实现城市物流系统数字化而服务的。同物流基础设施建设一样，城市物流系统数字化建设也需要大量的投资，尤其是在信息技术、控制技术和智能技术本身还在不断发展的情况下，仅依靠独立的商业个体，是无法承担巨大的开发和升级费用的，使用和维护成本也会相当高。因此，在数字化的初期，有必要通过系统规划，构筑区域物流信息平台，为最终实现城市数字化创造良好的运行条件。

3. 物流发展政策平台

其作用是为城市物流系统发展提供一个理想的软环境,确立城市物流产业持续健康发展的政策保障体系,包括理想的投资环境和产业运营环境以及针对运营主体的市场准入政策、融资政策和具体的市场管理政策。

四、城市物流政策

物流政策对于推动和保护城市物流业健康发展具有很大的作用,特别是城市物流的发展前期,政府的推动与支持作为初始推动力,有利于城市物流在较高的发展起点起步,使之在较短时间保持良好的城市物流运行轨迹。城市物流政策体系包括适当的产业政策、合理的管理体制、协调的政府管理机制、公平有序的市场环境、创新整合的企业发展战略和科学的物流人才战略等内容。

（一）支持城市物流业发展的产业政策

我国城市物流业仍然属于发展初期的阶段,物流产业政策的重心在于物流产业组织和市场结构政策,主要包括开拓城市物流市场、构筑物流产业圈、吸引大型物流企业等方面的政策。

1. 培育和拓展物流市场的产业政策

现阶段我国城市物流的服务内容还比较单一,存在着巨大的市场潜力,城市政府有必要通过制定相关政策措施,提出明确计划,造就新的物流市场空间,引导企业通过技术和管理竞争进入这一新的市场领域。物流市场建设的起步初期,政策制定可以关注如下两个方面。

（1）重点扶持,实现物流资源的优化组合。政府培育物流业的重要策略之一是集中精力重点扶持培育几个现代化龙头物流企业,通过其示范性作用带动大批后续发展企业,推动物流业资源优化。

（2）建立和培育区域时效性的运输服务体系。区域性的时效性运输服务体系,是由城市间的时效运输网络延伸到城市内部的物流配送中心所组成的。建立这一时效运输体系,能够增强城市物流服务对城市及其周边地区的辐射能力。

2. 构筑物流服务圈的产业政策

物流服务圈是以物流服务提供者为中心,物流服务所能覆盖、辐射的区域范围。城市物流可以通过高等级公路和干线铁路向全省以及临近的省和地区辐射。这种辐射能力的定位需要通过制定相关产业政策来支撑。

（1）完善交通运输系统,增强城市物流服务圈的辐射能力。交通运输业实际上是物流业的有机组成部分,运输费用低、运输时间短、运输频率快、运输能力大、运输安全,具有运输时间可靠性、运输可获得性、网络及运输方式的衔接便利性和信息的及时与准确性等特点,是保证物流业快速发展的先决条件。因此,建设城市物流服务体系,必须加强运输枢纽各项设施和综合运输网络服务内容的建设,以提高枢纽的集、疏、运能力。

(2)以物流园区为支撑,大力发展区域物流。城市应建设和形成以区域物流服务为定位的物流园区,这是城市物流业发展的基础。有了城市物流园区,才能进一步形成区域物流。

(3)积极引导和扶持专业运输企业,组建专业化程度较高的运输体系。城市物流业的发展,是以高度专业化的物流服务为支柱的,这需要城市政府对物流企业进行合理规划和引导,使城市物流服务水平不断提高,市场不断得到开拓和扩大。

3. 引进大型物流企业的产业政策

吸引国内外大型物流企业进入,应是城市物流产业政策的重要内容。其主要做法包括以下几个方面。

(1)积极完善本地物流企业经营网络和服务内容,鼓励本地物流企业与国内外企业结盟。例如,可以以货运代理业,特别是国际货代为突破口,通过企业联盟或兼并等形式,实现与其他物流企业的资源整合。

(2)加强对大型国际物流企业的吸引力,为国际物流企业落户本城市创造有利条件。在规划物流园区时,应考虑完善物流园区的国际物流功能,如设立海关监管、保税功能,建立国际物流信息交易系统等,并以此提高整个物流业的国际吸引力。

(3)大力推进物流标准化工作。我国物流行业现在普遍存在物流设施和装备标准化程度低的问题,主要表现为:各种运输方式的装备标准不统一;物流器具标准不配套;物流包装标准与物流设施标准之间缺乏有效的衔接;企业独立开发的物流信息系统因开发方法、组织管理功能、系统结构等存在较大差异,信息的共享和传递客观上存在障碍等。城市物流业要与国际接轨,必须一方面在物流用语、计量标准等方面做好基础工作;另一方面,要加强标准化工作的协调和组织,使各种相关的技术标准协调一致,提高物流产业中货物和相关信息流转的效率。

(二)城市物流市场和行业规范化管理的政策

城市物流的发展需要公平、开放、竞争有序的市场环境,这要求政府通过市场管理机制的建设和政策实施来保证一个完善的市场体系和市场机制的正常运行,以达到促进物流资源的有效配置、维持物流市场的公平竞争环境、防止垄断和恶性竞争、增强企业运营动力的目的,保证物流业健康发展。

1. 物流市场管理政策

城市政府管理市场,从把城市物流作为一个新兴的产业理念出发,首先要坚持:(1)以市场为资源配置基本手段,鼓励物流业充分竞争的原则;(2)管理政策的制定要符合世界贸易组织规则和国际惯例的原则;(3)防止垄断和过度竞争原则;(4)有利于市场稳定原则。其次,政府对物流市场管理的内容,主要是通过制定市场制度来进行。市场制度是市场经济运行的内在机制及其与之相联系的一系列组织形式、运行规则和管理制度的总称。市场制度主要包括充分发挥作用的市场机制、严密完整的市场法规体系和严格的市场管理制度。

2. 行业规范化管理政策

这是对物流技术规范和服务标准的要求。促进物流系统的标准化，提高各个物流环节之间的兼容性，是使物流系统作业合理化、规范化，物流活动高效、顺畅，提高物流企业竞争能力的必要条件。物流服务的标准包括：服务质量标准；物流企业对客户的反应速度和配送速度标准；物流企业为客户提供的货物跟踪与查询服务；对例外运输、紧急运输等非常规运输实施标准化；在运输中交通事故、货损、丢失与发送错误和在保管中变质、丢失、破损等赔偿标准等。物流技术标准包括硬件标准和软件标准。物流硬件标准是指物流运作过程中的相关机具、工具的标准及配套标准；从一个作业程序转向另一个作业程序的衔接标准，如仓库、堆场、货架的规格标准；信息系统的硬件配置标准等。物流软件标准是指物流信息系统的代码、文件格式、接口等标准，以及物流操作程序与规范等。

（三）城市物流管理的协调机制政策

与物流业直接相关或者对物流业有较大影响的政策管理部门有交通、规划、内外经济与贸易（商务）、物价、航务、工商、工业园区、市政等，政府管理只是其中的一小部分，存在着分头管理、各自为政的弊端。然而，随着物流深入到生产、流通、消费等社会生活的各个方面，由一个部门管理是不可能的，因此有必要对政府各部门进行协调，形成对物流业管理的协调一致的机制，包括政府管理机制和行业协会机制。

政府管理机制可分成物流管理的两种类型的部门：（1）由某部门负责牵头的涉及物流行业全部相关部门协调机制的管理机构。如汕头市组织市政府直属的物流办公室，管理协调的相关单位涵盖了公路、水路、铁路、港口、民航、邮电通信和口岸相关部门（如海关、检验检疫部门），形成大交通的综合协调管理运行机制。（2）政府直接指定某一个部门负责全部物流相关的管理工作。如上海市由市发改委负责对全市现代物流业发展中的相关问题进行牵头协调，相关委办和区（县）政府根据规划要求，指定实施细则，组织实施规划。

物流行业协会，是根据发达国家的经验和我国市场经济发展、政府职能转变的实际，特别是物流产业复合性强、关联性大的特点而出现的社会中介机构。物流行业协会机制将会在如下几个方面发挥激励和制约作用：物流的标准化体系建设、现代物流基础研究和技术推广、物流人才的教育培训与知识普及、行业企业的自律和协调等。政府部门应充分调动行业社团组织的积极性去做这些工作。行业协会组织也要积极转变观念，打破门户之见，加强联合与合作；改进工作作风和方法，牢固树立为企业服务、为行业服务、为政府服务的观念;以出色的工作成果增强凝聚力和权威性,起到政府与企业之间的桥梁和纽带作用,成为推动城市物流产业发展的重要力量。

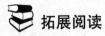 拓展阅读

国外城市配送概况

由于欧美和日本的诸多城市工业企业和商贸流通业相当发达,城市物流配送在其工业、商业发展中占据非常重要的地位。目前,在现代信息技术手段的支持下,适应现代物流业专业化、标准化、多功能化发展的要求,一些发达国家的社会化配送中心近年来发展较快,城市物流配送已经形成了一个相对完整的配送体系和配送流程。

1. 美国城市配送发展现状

从20世纪60年代起,城市配送的合理化在美国普遍得到重视。为了在物流领域产生效益,美国企业采取了以下措施:一是将老式的仓库改为配送中心;二是引进电脑管理网络,对装卸、搬运、保管实行标准化操作,提高作业效率;三是连锁店共同组建配送中心,促进连锁店效益的增长。美国企业的城市配送中心主要有批发型、零售型和仓储型三种类型,如表11-3所示。

表11-3 美国不同类型的城市配送中心情况

配送中心类型	特　点	典型代表
批发型	主要依靠计算机管理,业务部通过计算机获取会员店的订货信息,及时向生产厂家和储运部发出订货指示单	—
零售型	专为本公司的连锁店提供商品,确保各店稳定经营	沃尔玛公司的配送中心
仓储型	主要任务是接受独立杂货商联盟的委托业务,为该联盟在该地区的若干家加盟店负责商品配送	美国福来明公司的食物配送中心

2. 日本城市配送发展现状

在日本,零售业是建立先进城市配送物流系统的行业之一。便利店作为一种新的零售业态成长迅速,现已普及日本,正影响着日本其他的零售商业形式。这种新的零售业态需要利用新的城市配送技术,以保证店内各种商品的供应顺畅,如表11-4所示。

表11-4 日本城市配送的特点

日本城市配送的特点	详　细　解　释
分销渠道发达	为了有效率地供应商品,日本许多城市配送公司不得不对旧有分销渠道进行合理化改造,更好地做到与上游或下游公司的分销一体化
频繁、小批量进货	便利店依靠的是小批量的频繁进货,只有利用先进的配送系统才有可能发展连锁便利店,因为它使小批量的频繁进货得以实现

续表

日本城市配送的特点	详 细 解 释
体现出共同化、混载化的趋势	将不同厂家的产品和不同种类的商品混合起来运送,从而发挥配送的批量效益,大大提高了运货车辆的装载率
合作型城市配送	生产企业、零售企业与综合商社、综合商贸物流公司之间基本上都存在一种长期的配送合作关系
政府作用明显	政府规划在现代配送发展过程中具有重要意义

(资料来源:刘南.现代物流与经济发展——理论、方法与实证分析[M].北京:中国物资出版社,2007.)

第三节 城市资金流经济

一、城市资金流的内涵与网络系统

(一)城市资金流的内涵

资金流是商品货币形态的流通,其运动形式主要为两类:一是现金货币形式;二是非现金货币形式。非现金货币一般有支票、商业汇票、银行承兑汇票、信用卡等。目前,资金流正从现金货币形式向非现金货币形式发展。

城市资金流是指流经城市区域的商品价值所借以表现的法定货币和货币等价物(即各种金融工具)形成的经济流量,表现为城市社会资金的循环与周转过程,是城市财富的再生产和国民收入的运动统一的过程。城市资金的循环是城市资金根据再生产需要经过准备、生产和销售三个阶段而相应地表现为货币资金、生产资金和商品资金三种形态,并依次转化,最后又恢复到原来的形态。在城市资金周而复始的循环过程中,三种资金的循环是同时并存、依次进行的,否则将会引起一系列不良后果。资金的周转是指城市资金循环的周而复始、不断反复的周期性运动过程。城市资金周转的快慢,反映着城市资金的利用效果。

图11-2是一个国家经济中的城市资金流,它通过七个行为主体在四大市场的交易行为而发生、连续和转化。七个行为主体的行为过程符合理论经济学的原理:由四大社会需求形成支出性的资源流量;由四大社会供给形成收入性的资金流量;由银行系统和资金市场形成交易性的资金流量,包括储蓄和利息收入,金融投资和收益,企业上市、股票买卖和股权分红。这些资金流量在运行中,可能会由于供求关系、信息畅通程度和社会决策效率等因素而出现快速流动、缓慢运行、堵塞、断流等状况,这时需要中央政府和城市地方政府运用政策措施进行调整,以保证资金流的匀速畅通。

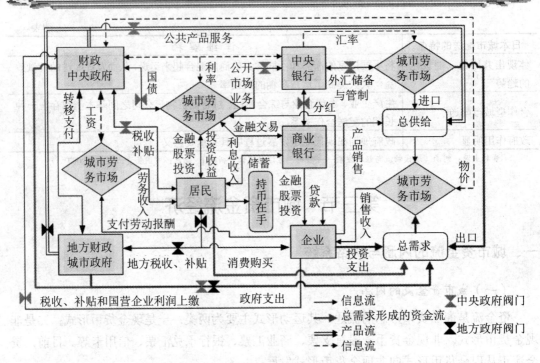

图 11-2 城市资金流

(二) 城市资金流的网络系统

图 11-2 展示了城市的社会资金流,它由七个不同经济主体的收入和支出的行为形成,在纵横交错的交易中,形成城市资金流的网络。了解这个网络,需要分析以下七类资金的具体构成。

1. 中央财政资金

中央财政资金也称为国家预算资金,是国家为了行使经济管理职能对社会产品和国民收入进行集中性分配的重要工具,也是国家有计划地组织、调节、控制社会资金运动的中枢。财政预算资金来源于通过各项税收、国家资产收益、国有企业收入以及债务收入和其他收入,并通过公共财政和消费性支出、公共投资性支出、科教文卫体和社会保障等事业性支出、价格补贴等转移性支出,从而形成了财政性资金的流动。此外,预算外资金作为国家机关、事业单位和社会团体为履行或代行政府职能,依据国家法律、法规和具有法律效力的规章而收取、提取和安排使用的未纳入国家预算管理的各种财政性资金,也构成了财政资金的流动。

2. 地方财政资金

在我国分税制下,城市政府具有相对独立的预算职能。地方政府利用资金因地制宜地举办地方性经济、文教和公共福利事业,开展技术革新和技术革命,从发挥地方、部门和企业积极性的目的出发，积极合理地进行税收和收费活动并用于地方经济发展，形成城市资金流动的重要因素。

3．中央银行资金

中央银行资金由与各商业银行及其他金融机构的资金往来组成。资金来源项目有：（1）各项存款，包括财政存款（国家金库存款）、财政性存款（机关团体经费存款）和邮政储蓄存款；（2）法定存款准备金，是商业银行和其他金融机构按规定将存款的一定比率上交的法定存款，此外还保持一定的备付准备金，作为业务备付金和应付转账清算之用；（3）流通中现金，是历年通过货币发行投入流通中的现金所构成的经常性资金来源，是影响社会资金总量的重要内容；（4）自有资金，是财政历年拨付的信贷基金和银行本身结益的转化。资金运用的项目主要有：（1）再贷款，是商业银行和其他金融机构的贷款，是中央银行最主要的资金运用项目；（2）金银外汇占款，是国家收购黄金、白银和外汇所占用的人民币资金；（3）财政投资和借款，是对财政发生赤字所提供的贷款。

4．商业银行资金

商业银行资金主要有两个组成部分：一是银行信贷资金；二是非银行金融机构资金。银行信贷资金动员和集中了居民和企业的储蓄资金和暂时闲散资金，是一种化零为整的重复性社会资金，在存款约定期间内作为贷款由市场主体使用。它作为国民收入再分配的一种形式，关系到资金收益在不同社会成员中的实现，因而具有政策控制性、物资保证性和偿还性的特点。商业银行的资金运用首先是贷款，其次是自有资金和从中央银行的借款，后者要受再贴现率的影响，最后是同业拆借，用于资金的临时性周转。商业银行的资金运用主要是贷款，包括信用贷款、抵押贷款、贴现等多种形式。非银行金融机构资金是我国进入市场经济体系后新出现的，其性质与商业银行资金一样，其资金运作模式可以与银行信贷资金一样，但运用的金融工具更为复杂。

5．外汇资金

外汇资金是以外国货币表示的用于国际间结算的支付手段和其他经济工具。外汇收支与国内资金周转和货币流通息息相通。从外汇收入来看，最主要来源是出口外汇收入，但需要国内先垫付人民币资金，用于组织出口产品的生产、收购和运输，最后销售到外国才能取得外汇收入，故出口所得外汇实际上是人民币资金的转化形态。此外，目前我国还有较大的非贸易外汇收入和外资流入。我国的国际收支是"双顺差"，外汇储备较大。从外汇支出看，进口是主要用汇方式，也需要配套的人民币资金，因而要考虑外汇资金与国内资金的平衡关系问题。此外，还包括科技交流、团体互访、私人汇款、旅游支票等支出。我国外汇收支活动日益增多，呈现逐渐增长的趋势。

6．企业资金

企业资金包括税后未分配利润和上市溢价收入。随着企业成为完全的市场经济主体，这部分社会资金增长迅速。公司制企业的税后利润成为社会财力的重要组成部分，上市溢价收入成为企业扩大规模的重要财力。对此，国家主要通过各种经济杠杆，引导其遵循国家产业政策和符合社会总供求平衡的目标。

7. 居民货币收支

居民货币收支是国民最终收支的主体。在社会主义市场经济条件下，居民收入以劳动报酬为主体，包括投资收益、利息股息收入、分红等多种收入形式。相应地，居民支出形式主要是生活消费支出，剩余收入则用于储蓄和投资支出。

这些社会资金在各种经济目的的流动中，形成了交易网络。其中，预算资金作为国家集中性财力占主导地位，金融资金起重要的中介作用，居民和企业资金成为最终的归宿。这些资金的流动基本上在城市中进行，它们会直接影响城市经济的效率。

二、城市资金流的经济效果分析

城市资金流的经济效果，可以通过考察资金对经济发展的促进作用和计算资金占有效率、流动效率等指标两种方法来检验和评价。

测算城市资金流的经济效果，可以使用如下的经济指标。

1. 流动资金周转率（次数）

这是反映流动资金使用效率的指标。流动资金周转率（次数）越快，说明资金使用效率越高。其计算公式为

$$流动资金周转率=流动资金周转额/流动资金平均余额$$
$$=流动资金周转额/(期初流动资金余额+期末流动资金余额)$$

2. 流动资金周转期（天数）

这是考察一定的流动资金周转一次所用的时间。一般来说，资金的周转时间越短，说明流动资金使用率越高。其计算公式为

$$流动资金周转天数=360/流动资金周转率$$

3. 银行贷款资金履约率

这是反映信贷资金是否根据约定时间进行流转的效率考核指标。如果人们百分之百地履约，就能保证资金的有计划流动，提高资金市场的运作效率。

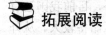 拓展阅读

城市资金流动对经济发展的作用分析

在现代市场经济中，资金流是经济发展的一个重要因素，没有发达的资金渠道就没有发达的经济，资金渠道、金融资源成为现代经济增长与发展的关键性约束条件，这已经是一种普遍现象。因此，对当代经济发展因素的分析就必须运用新的眼光，认定资金渠道也是经济发展和经济增长的重要变量：资金流动带来资本再配置，资本配置促进了经济发展。历史上，有些经济学家把资金渠道等金融变量看作条件，而不作为增长因素。但实际上，

随着市场自愿交易的规模、种类和范围的不断扩大，货币、资金和金融的因素起到了十分重要的作用；货币、资金金融在现代经济中不但已成为一个发展因素，而且已成为一个非常重要的发展因素。熊彼特指出，功能良好的银行，通过识别并向最有机会创新产品和生产过程中成功的企业家提供自建而促进了技术进步，并以此带动了经济发展。因此，如何发挥城市的资金渠道机制在区域经济发展中的调节作用，促进区域经济的协调发展，是发展中国家面临的难题。

从资金流动的效果首先应支持经济发展和经济增长的目标出发，可以设定区域生产函数

$$Y = kB^{\alpha}M^{\beta}LG^{\lambda}CG^{\sigma}FI^{\delta} \tag{11-1}$$

对式（11-1）两边取对数，并全微分，得到

$$\frac{dY}{Y} = \alpha\frac{dB}{B} + \beta\frac{dM}{M} + \lambda\frac{dLG}{LG} + \sigma\frac{dCG}{CG} + \delta\frac{dFI}{FI} \tag{11-2}$$

式（11-1）和式（11-2）中，B、M、LG、CG、FI 分别代表银行资金渠道、市场资金渠道、地方政府资金渠道、中央政府资金渠道、外资资金渠道；α、β、λ、σ、δ 分别为银行资金渠道、市场资金渠道、地方政府资金渠道、中央政府资金渠道、外资资金渠道的弹性系数，表示这几个资金渠道对区域经济增长的贡献力度。综合起来，各种资金渠道对城市经济发展的作用可通过式（11-3）计算得出。

$$LnY = c_0 + c_1 LnB + c_2 LnM + c_3 LnLG + c_4 LnCG + c_5 LnFI + u \tag{11-3}$$

根据式（11-3），我国学者对我国东、中、西部的资金渠道对经济增长和发展的作用进行了分析。把东、中、西部的相关数据代入式（11-3），运用 Eviews 软件进行回归，得到式（11-4）、式（11-5）和式（11-6），反映了三个地区的资金渠道作用的不同力度。由于中央政府资金渠道数据很难获得，同时由于我国金融体制的特征是银行主导的，经济发展的大部分资金来源于银行信贷，所以方程没有考虑中央政府资金渠道。此外，由于民间的市场自建渠道相对于银行信贷规模较低，方程也没有考虑。

东部地区： $LnY_1 = 3.022 + 0.502LnB_1 + 0.183LnLG_1 + 0.128LnFI_1$ （11-4）

中部地区： $LnY_2 = 2.916 + 0.181LnB_2 - 0.216LnLG_2 + 0.028LnFI_2$ （11-5）

西部地区： $LnY_3 = 3.782 + 0.669LnB_3 - 0.08LnLG_3 + 0.065LnFI_3$ （11-6）

分析上面三个模拟式子可以看出，东部地区银行资金渠道的弹性系数低于中部和西部，银行资金渠道的贡献程度有下降的趋势，故其资金渠道发展模式应向市场资金渠道为主转变，并进一步发展外资渠道；中部和西部的外资渠道相对于东部地区的贡献程度较低，说明中部和西部外资渠道发展空间还较为广阔；中部和西部的地方政府资金渠道的弹性系数为负数，而东部政府资金渠道的弹性系数较高，说明中、西部地区的政府资金渠道处于边际递减阶段，利用效能较低，这两个地区应该转变经济发展过度依赖政府资金渠道的模式。

这种分析方法完全可以运用到实际中，通过对城市经济发展的资金渠道和流量的分析，判定不同资金渠道的发展作用。

（资料来源：王雅莉. 城市经济学[M]. 北京：首都经济大学出版社，2008. ）

三、城市资金流经济政策

资金是城市经济的血脉,在城市中流动的资金,可以带来多种生产要素,合理完善的经济政策可以优化资金的流通和配置。因而,为了吸引和促进社会资金在城市的流动,城市政府可以采取如下的经济政策。

(1) 金融产业政策。资金融通是市场经济的润滑剂,而促进资金融通的部门是金融部门。一座城市的金融部门若是很发达,市场也会很发达。城市政府要以我国入世后金融服务业对外开放为契机,鼓励和吸引国外金融组织设立分支机构,开展人民币业务和保险、证券等业务;积极支持国内商业银行和保险、证券机构在本市拓展业务;加大优质规模企业的上市力度,争取有更多的上市企业向海外股市融资,以产业的发展促进金融业的发展,以金融业的发展带动产业发展;采取积极的金融产业政策,在符合国家政策的前提下,允许各种所有制的金融机构进入,允许广大市民广泛参与金融经济活动,以便能够不断地扩展包括资本市场和货币市场(外汇市场)在内的城市金融市场。

(2) 城市投资政策。市场经济中,资本总是向利润最高的区域流动和转移,投资活动是形成资金流的一个主体内容。城市政府只有创造更好的投资获利环境和产业发展环境,使城市始终成为获利的"高地",才能广泛吸引外部投资,促使资金向本市流动。为此,要加强对本市的硬环境(城市基础设施)和软环境(城市公共服务体系)的建设,吸引人们到本市投资,同时实行各种投资优惠政策,从而扩大本市资金流量。

(3) 储蓄政策。随着社会生产力的发展,人们的收入日益增多,每个家庭用于储蓄的剩余资金也日益增多。城市应当在国家储蓄政策的基础上,一方面制定方便又实惠的储蓄政策;另一方面要推进各商业银行间结算的网络化、规范化,实现金融服务现代化,才会使内外的储蓄资金源源不断地流向本市的金融机构,逐渐发展成为一个金融中心。

总之,城市政府通过着力开拓多种渠道的资金流,如各种项目建设带来的大规模资金流,外资外卖活动带来的外商资金流,广泛开辟小商品市场形成的民营经济资金流,以及金融市场发达造成闲余资金多种获利机会而形成的居民储蓄资金流等,终将促进城市资金流经济的发展。

第四节 城市劳务流经济

一、城市劳务流的内涵

劳务,即劳动服务,包括生产实物产品的劳动和提供无形服务的劳动,是重要的经济发展要素之一。在以人为本和可持续发展为理念的现代城市发展中,人口和劳动力及其城市经济和社会发展的关系，是城市发展的基础和归宿。劳动力流动、劳动力供求、劳动力市场建设及劳动力资源配置问题成为城市经济发展的基本问题之一。特别是在我国这样一个人口规模庞大、劳动力资源异常丰富的发展中国家，包括劳动力在城市中的合理流动和劳动力资源的优势发挥，都是促进城市经济良性运作的重要课题。

城市劳务流是指在市场经济体制下，随着资本的高利润趋向的运动，劳动力也会趋向工资报酬最高的地区而形成劳动力流动。由于我们正处于经济快速发展的城市化进程中，城市劳务流就现实地表现为农村剩余劳动力向城市非农产业的流动，形成庞大的劳动力转移大军。

这种劳动力的流动，对我国的发展有着重要意义。

（1）农村剩余劳动力从农村流出，提高了农业劳动的边际收益和农业劳动生产率，将会促进农村社会经济发展。

（2）城市非农业由于得到了大量的低成本劳动力，产生了迅速扩张的经济动力，从而可以得到快速发展。

（3）丰富的劳动力资源进入城市，丰富了城市中多样化的供给，极大地方便了市民生活。

（4）农村剩余劳动力从收入较低的农村转向收入较高的非农产业，极大地提高了劳动的平均收益，使居民生活水平总体提高。

（5）农村剩余劳动力进入城市，受到城市文化的多方面熏陶，基本素质迅速提高，对于提升我国劳动力素质、实现以人为本的发展意义重大。

二、城市劳动力市场及其均衡

分析劳务流对城市经济发展的影响，需要以对城市劳动力市场供求关系的分析为基础。当城市劳动力市场供求不均衡，无论是需求大于供给，还是供给大于需求，都是引起劳动力流动的主要因素。前已述及，我国劳动力流动的趋向是有重大社会发展意义的农村剩余劳动力向城市和非农产业流动。为了使这些流动劳动者能够发挥更好的社会经济效益，必须把握城市劳动力市场的供求状态。

劳动力市场是劳动力供（劳动者个人或组织）求（企业）双方就寻找工作和提供工作机会进行协商的场所，经过讨价还价，最后达成有关劳动力使用权出让数量和时间的合约，双方各得其所。劳动力市场上一般都会有众多的买者和卖者存在，因此，劳动力市场上的竞争力，吸引和留住员工，在其他企业提高报酬的情况下，该企业也会这样做。

城市劳动力市场是进入城市的劳动者和城市的生产单位之间就劳动力使用权进行交易的场所。在我国城市劳动力市场上，除了本市居民外，每天还要接纳大量的外来劳动力，主要是农村剩余劳动力。

劳动力市场上的工资率水平由劳动力需求和供给双方力量的比较决定。如果将劳动力需求曲线和劳动力供给曲线绘在同一图形中，可以得到关于劳动力市场的均衡数量与均衡价格的信息，如图 11-3 所示。

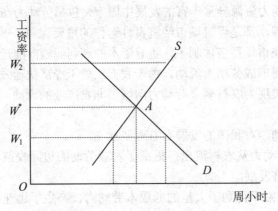

图 11-3　劳动力供求与市场均衡

劳动力需求与供给相等时的工资率，称为市场均衡工资或市场出清工资。图 11-3 中的 W^* 点即为均衡工资点或市场出清工资点，在此点，劳动力供求相等。

市场出清工资是市场中最终通行工资率，低于或高于该点的工资率都不会成为通行工资率，因为劳动力短缺将导致企业或雇主提高工资率，而劳动力过剩则会促进企业或雇主降低工资率，从而市场工资率会向均衡工资或出清工资靠拢。在劳动力市场上，需求曲线或供给曲线的移动将会打破劳动力的均衡状态，引起均衡工资和均衡就业数量的变动。假设社会由于对产品或服务的需求量增加而使企业对劳动力的需求增加，劳动力需求曲线将右移，从而会形成新的高于原来的均衡工资水平；反之，则会形成新的低于原来的均衡工资水平。

影响劳动力市场均衡的因素很多，其中最重要的因素是技术进步。技术进步会推动整个城市的劳动生产率提高，导致劳动力供求曲线向左移动，市场均衡工资提高。因为在产出规模一定的条件下，劳动生产率提高是由技术对一般劳动力的边际产出率，促使市场工资率提高。另一个重要因素是，由于我国农村剩余劳动力很多，他们陆续进入城市劳动力市场，使城市劳动力市场的供给大于需求，形成失业压力。但是，我国"农民工"的流动，不仅影响城市劳动力市场，更影响着国家经济的总体发展。因此，全面分析流动劳动力的经济影响，是正确制定劳动力政策的基本依据。

三、城市流动劳动力的经济影响

我国由农村剩余劳动力为主形成的流动劳动力，有力地推进了城市化进程，对城市经济发展做出了很大的贡献。

（1）填补城市劳动要素的空缺。农村剩余劳动力进城，往往承担着工作环境差，职业声望低，工资收入少，城里人不愿从事的脏、累、差的工作，而这些工作又是城市的经济社会发展和日常生活所必需的，因而他们是在填补着城市劳动力供给的空缺。这种补缺性就业，特别是一些非正规就业，对城市十分有益。

（2）节约城市发展的人工成本。农村剩余劳动力进城就业，往往工资较低且能够吃苦耐劳，城市用人单位很愿意雇用他们，因为可以大大降低劳动成本，有利于经济效益的提高。特别是近年来许多国有企业原有劳动成本较高，使用了农村进城劳动力来代替国企职工，大大降低了企业的人工成本，有助于企业提高经济效益。

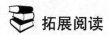 拓展阅读

中国为城市化革命做准备

中国2008年11月9日大张旗鼓地宣布了总额为5 860亿美元的一揽子经济刺激计划，这无疑是为了应对中国经济增长放缓的局面。但这一大规模消费计划的出台还有另外一个重要的理由：满足中国有史以来最大规模的城市化需求。

在未来的17年中，中国将有3.5亿农村居民离开农村，到城市定居。据麦肯锡（上海）咨询有限公司负责人乔纳森·魏泽尔说，这将使中国城市人口从今天的不足6亿上升到将近10亿，使中国成为一个拥有2/3城市人口的国家。30年前，当中国开始经济现代化时，80%的中国人居住在农村。6年前，仍有60%的中国人居住在农村。而今天，已有近50%的中国人居住在城市。

据魏泽尔估计，新迁入城市的人口将主要分布在8个人口超过1 000万的超级城市和15个人口数量处于500万~1 000万的大城市中。另外，到2025年，中国可能至少会出现221个人口数量超过100万的城市。相比之下，整个欧洲今天只有35个这种规模的城市。这一新的城市化进程将成为增长的巨大推动力：到2025年，城市消费在GDP中所占比重将从目前的25%上升到约30%。魏泽尔说："城市化是中国经济发展的动力——正是城市化推动了中国过去20年的经济增长。中国有潜力在未来20年中继续这样做。"

满足城市化所需要的基础设施建设既是挑战，也是机遇。未来中国需要新建多达170个交通枢纽，需要新建总建筑面积超过400亿平方米的500万栋楼房，其中5万栋楼房的楼层超过30层。小松（中国）公司的董事长米山说："这个市场的需求越来越大。"

但北京也担心，城市化将导致社会动荡加剧。据麦肯锡公司估计，到2030年，中国城市人口中一半为移民，而今天这一比例约为20%。劳动力、燃料及其他商品价格的上升已经影响到中国城市的出口经济，而出口领域通常是为中国城市移民提供首个工作岗位的领域。随着全球经济滑入衰退，预计这一情况将进一步恶化。

出口放缓已经伤害到中国城市移民的主要目的地——珠三角地区。据报道，在今年前9个月中，东莞和深圳两个城市中有1 300家企业倒闭或停产，真实情况可能还远远高于

这一数据。工人们在失业后，常常会报以愤怒的抗议。

为了保住衰落中的制造业和保护就业岗位，北京还宣布，在一揽子经济刺激计划之外，明年一年还将减少公司税费176亿美元。北京还说，将筹建基金，以帮助中国城乡中最易受到伤害的人们。与此同时，政府将提高粮食收购价。而且同样重要的是，还将努力创造就业岗位。魏泽尔说：“中国面临的最大挑战是创造同样足够多的就业岗位——其中许多工作岗位还来自服务领域。”

（资料来源：[美]德克斯特·罗伯茨. 中国为城市化革命做准备[J]. 商业周刊，2008（11）. ）

第五节　城市信息流经济

一、城市信息流的含义与通信系统

信息的含义有广义和狭义之分：广义信息是指对事物存在的方式和运动状态的反映，是对一切事物相互联系和运动变化的客观描述；狭义信息是指在对事物的客观描述中，能被人类理解、接受和利用的信息和情报。而信息流是指从信息出发到被接受所组成的运动形态，在商品流通过程中，商品的供给、需求、价格和流通政策等在经营者之间相互传递，组成源源不断的商品流通的信息流。

在流通过程中，信息流分为预测和反馈两种。从商品流通的上游流向下游的最终变为实施计划，通过媒体广告等传播手段，作为促销信息传递到消费者和使用者，交易的结果为库存数据；而信息流从商品流通的下游向上游的流动称为反馈。生产企业和流通企业参照反馈信息，进行结果分析，作出下一个预测，如图11-4所示。

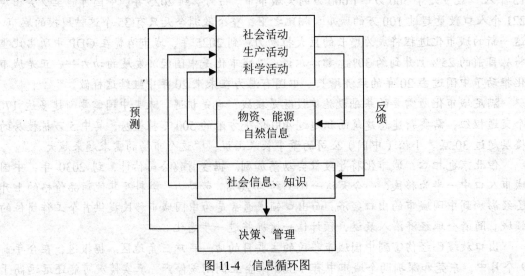

图11-4　信息循环图

图 11-5 所示为我国社会经济信息流的模式,外圈的信息环流主要是预测过程,而内圈的信息环流主要是反馈过程。每个信息流过程都经历图 11-6 中的具体环节,这些环节构成了通信系统。

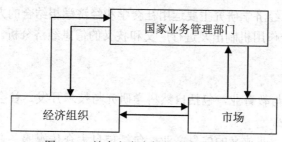

图 11-5　社会主义市场经济中的信息流

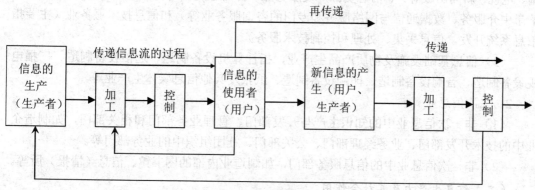

图 11-6　信息流过程

二、城市信息结构

(一) 城市信息经济结构

城市社会经济可以分为两大领域:一是包含物质和能源的转换领域;二是包含从一个模式到另一个模式的信息转换领域。这两个领域相互交融,不可分割。其中,第二个领域就是城市信息经济。组成信息经济的一个基本要素是信息资本。信息资本不仅包括信息经济方面的投资,而且包含信息产业物资设备和其他相关要素。如果将一个国家的经济视为一个整体,它必然包括产业经营部门和事业部门两部分,虽然二者的经济效益是间接的,但是从经济对社会的作用观点看,这两方面可以视为同一范畴。在我国市场经济体制中,从社会全局看,一些信息部门(如图书馆、广播、电视和一些新闻单位)仍按事业型机制运行,有国家保证其经济供给,从事公益性信息服务。在市场经济体制下,我国可以将城市事业型和产业型在内的信息纳入信息经济的范围,全面进行研究分析。

信息经济结构的划分有很多种方法,20 世纪 60 年代以来,影响最大、应用最广的是波拉特对信息结构的"二分法"。波拉特将信息经济部门分为一次、二次两大体系，即一次信息部门和二次信息部门。日本科学技术与经济协会将信息经济部门分为信息技术产业和信息商品产业。

目前，国内外信息经济学研究主要运用社会学和经济学相结合的方法进行经济结构的分析，即从产业的社会作用机制出发进行广义和狭义的信息经济分析。据此，对信息结构作如下区分。

1. 一次信息业

（1）科学、文化与教育业，包括自然科学研究与技术开发、社会科学研究与社会管理、文化及教育等行业。

（2）信息服务业，即狭义的信息产业，包括信息大众传媒服务业（含邮政通信、广播、电视、新闻出版等）、信息资源开发服务业（含信息发布与提供服务、信息检索服务、信息中介服务、数据通信与网络服务和专门的咨询服务业等）和信息技术服务业（主要指信息系统开发，信息采集、处理和控制技术服务）。

（3）信息基础设施及物质产品生产业，指计算机设备制造、通信设备制造、广播电视设备制造、音响设备制造、印刷设备制造、纸张及其他信息媒体生产业等。

2. 二次信息业

（1）非一次信息业中的知识生产与开发部门、管理业务部门和相关部门，如制造企业中的技术开发部门、业务经理部门、公关部门、社团组织中的业务部门等。

（2）非一次信息业中的信息服务部门，如制造业内部的图书馆、信息（情报）所等。

（二）信息生产力及其社会作用

在现代社会发展中，信息经济发展水平是衡量社会发达程度和信息化水平的一个重要依据。在计划经济体制中，我国长期以来把信息业作为"社会事业"来看待，大部分信息产品（包括物质产品、知识产品和信息服务）未能以商品的社会形式进行流通、消费以实现其商品价值，以致限制了其社会作用的发挥，影响了信息生产力的发展。

我国经济体制的改革和社会主义市场经济体制的确立，从根本上解决了信息产品生产、流通、分配、消费的市场化和各部门信息工作的社会化问题，极大地促进了社会信息生产力的发展。

当前，信息生产力的发展不仅推动着信息经济的变革，而且决定着整个社会生产力的发展水平。信息生产力使社会生产力要素的组合发生质的变化，使劳动者、生产对象和劳动工具三者之间的作用方式不断优化；使社会产业结构随着生产力的发展得以协调，使社会不断进步。我国近几年的研究成果表明，我国的信息生产力的成长主要表现为经济信息化发展、科学技术进步、社会信息素质和信息生产结构的改善，由此引起了社会形态的变革。

三、城市信息制度规范政策

目前，我国的信息服务供给和公共信息资源开发利用仍以政府为主。为了"盘活"庞大的政府公共信息资源，必须实现信息资源开发利用市场化，充分发挥其资源价值，满足经济社会发展对公共信息日益增长的需要。

（一）以需求为导向，推进市场化进程

信息作为一种资源，其价值是根据被利用的状况来决定的，其中用户评价是衡量信息价值的主要因素。政府公共信息资源开发利用市场化必须围绕创造信息的使用价值进行。

对于个人用户而言，由于其年龄、职业、文化程度和所从事的工作性质等特征的不同，在获取政府公共信息资源时有不同的选择和要求。而对于企业用户，由于其性质、类型、企业领导的信息意识以及企业的发展状况等要素的差异，同样对信息有着不同需求和选择。因此，推动政府公共信息资源市场化，不仅要看信息资源本身的性质和功能，更要看用户的需求。用户需求是政府公共信息资源市场化的前提和最强劲的推动力。只有当信息资源与用户资源相适应时，才能充分激发用户的信息需求；而没有需求的供给只能是无效供给。

（二）转变政府信息服务机构职能，选择适应市场化要求的行政范式

目前，我国各级政府及其职能部门几乎都设立了自己的信息机构。这些信息机构已成为政府信息资源供给的主体，负责本部门信息化建设和信息资源系统的开发应用。信息技术的先进性、广泛性和复杂性决定了政府部门一般不可能配齐各类专业人员；政府自身网络的狭隘性也使信息机构难以留住一流信息技术人才，造成运行维护人员的专业化程度不足，直接影响政府信息化建设的科学性、系统性和经济性。此外，我国政府信息机构基本上都属于事业单位，对政府部门通常是提供无偿服务。这种模式是过去计划经济体制下的产物，已经不适应今天市场经济条件的要求。政府信息机构没有经济上求生存的压力，也就缺乏走向市场提供有偿服务的动力，不利于信息商品化、信息服务社会化和信息机构企业化。

在电子政务建设中，随着信息技术的飞速发展和信息系统开发应用日益走向标准化、市场化和规模化，政府信息机构面临着重新定位、调整和改组的任务。以往人们只注意用政府来改善市场，却忽略了相反的做法——用市场的力量来改善政府。实际上，市场力量是促进政府转变职能的基本手段之一。通过在政府管理中注入一些市场因素（如用户需求），可以有效地推进机构改革。同时，政府信息机构在改革中应选择适应市场化要求的行政范式。

（三）制定相应的政治法规和管理办法，规范市场化运行

目前，许多人主张公共信息资源管理法制化，即通过立法确立政府信息资源共享的地

位、原则和保障措施，以保证在安全保密范围内之外的政府信息资源的共享利用。但是，目前的法律法规也许只能作出一些框架性规定，对于具体领域和各种细节的限定很难做到。制定尽可能完善的法律法规十分重要，但这是一项长期而艰巨的工作。

因此，实现公共信息资源开发利用市场化，除了依靠法律外，更多地要依靠社会力量，如行业协会、企业等。而政府除了承担公开政府信息资源的重任，还应在这一运行体系中扮演综合管理的角色，规范市场化运行，包括制定相应的政策措施和管理办法，扶持多元化信息服务主体，维护信息服务竞争秩序，监管信息服务效果，尤其是加强对资源开发利用过程中不正当行为的监督，保证信息客观性、准确性，防止信息加工中的污染，以及防止信息资源的网络化共享造成对信息主体权益的侵犯和利益的损害等。

（四）建立社会征信体系，形成健康的社会信息流

社会征信体系是高水平市场经济体制的突出表现。我国城市正在建立和完善社会征信体系。首先要通过普及信用管理基本知识，建立信用征信体系，鼓励信用保险，完善信用担保机制和信息披露机制，从而规范城市经济的金融信用体制；其次要通过广泛的诚信教育逐步建立城市居民个人的信息体系。每个人在市场经济中的行为都要有个记录，以便于鼓励公共道德，抵制不法行为。在这样的建设中，使城市社会信息流健康并有价值。

本章小结

1. 商流是指用于商品或要素如何配置的决策交往活动所形成的价值流流动，和作为商务决策支撑的商品和要素通过交换而实现价值形态的变换和所有权转移的经济运动过程。它反映了商品价值运动的本质要求，依托于物流、资金流、劳务流、信息流等价值量的流动过程。商流运行的结果是：商品价值补偿和创造所有权效应。城市商流，就是以城市为背景和依托的实物的、劳务的、资金的和产权的价值流的运动。

2. 完善的城市市场功能具体表现为市场的"商务流"功能、"物流"功能、"人力流"功能和"信息流"功能的充分作用。加强城市市场功能建设是中国城市政府的特殊职能，其实现途径包括直接建设和开发城市市场、规范市场行为和改革城市市场信号形成机制。

3. 物流是为解决市场商品供求的空间间隔而形成的经济现象。城市物流是市场主体综合交通环境、交通堵塞、能源消耗等因素，优化城市区域物流和交通行为的过程。它由物质和运营两方面要素组成，物质要素主要由道路、物流设施和网点、物流设备与工具、各种物流信息系统构成，运营要素包括城市物流系统和服务主体要素。城市物流系统由节点物流和路线物流构成，服务主体分别为企业物流和消费者物流两个子系统。城市物流在主体、客体和功能上有自身的明显特征。

4. 城市物流体系一般包括物流园区、物流中心和两者之间的配送中心。城市工业物

流网络和商业物流网络分别经历了比较复杂的历史变迁过程。物流政策体系包括物流产业政策、物流市场和行业规范化管理的政策、协调机制政策。

5. 资金流是商品流货币和资本形态，其运动形式分为现金货币和非现金货币（支票、商业汇票、银行承兑汇票、信用卡等）两类。城市资金流是指流经城市区域的商品价值借以表现的货币和资本流量。后者表现为城市社会资金的循环和周转，是城市财富再生产和国民收入运动过程的统一。资金周转的快慢，反映着城市资金利用效果。城市资金流网络由七个经济主体相互交叉的收入和支出行为构成。

6. 城市资金流的经济效果，可以通过考察资金对经济发展的促进作用和计算资金占有效率、流动效率等指标来检验和评价。资金是城市经济血脉，城市政府可以采取产业政策、投资政策、储蓄政策等来吸引和促进资金在城市的流动。

7. 城市劳务流是指城市中劳动力向工资报酬高的地区运动形成的流动。我国的城市劳务流很大部分是农村剩余劳动力向城市非农产业的流动，形成庞大的劳动力转移大军。

8. 流动劳动力填补了城市劳动要素空缺，节约了城市人工成本，推动了城市劳动力市场的竞争与发展，使大量知识和劳动技能扩散到农村，对经济发展起到很大作用。

9. 信息流是指信息从出发到被接收所组成的运动形态。在流通过程中，信息流分为预测和反馈两种。我国城市信息经济包括事业型和产业型的信息业，后者又分为一次信息业和二次信息业。

10. 我国信息服务供给和公共信息资源开发利用仍以政府为主。为了满足城市发展对信息日益增长的需要，城市政府推进信息经济的措施包括：以需求为导向，推进市场化进程；转变政府信息机构职能，选择适应市场化要求的行政范式；制定相应的政治法规和管理办法，规范市场化运行；建立社会征信体系，形成健康的社会信息流。

思考与讨论

1. 解释商流的含义，分析为什么城市是各种价值形成流通的中心。
2. 分析商流与物流的区别，举例说明物流经济对城市经济的影响。
3. 试着分析啤酒厂与葡萄酒厂选址的特点，并说明原因。
4. 城市商业业态的变迁引起了城市物流以及网络运行的许多变化，但同时，物流支持在商业业态的变迁中发挥了重要作用，请选取特定商业业态以分析物流支持在其中的作用。
5. 为了使流动劳动者能够发挥更好的社会经济效益，城市政府应当做哪些事情？
6. 结合实际分析，城市政府应采取怎样的城市物流政策、城市资金流政策、城市劳务流政策和城市信息流政策？如何运用这些政策？

第十二章　城市安全经济

 **学习目标**

通过本章的学习，了解城市安全和城市安全系统的定义及内涵；掌握安全经济的收益成本分析方法；明确城市突发事件的界定和影响，了解城市突发事件管理及其经济分析；理解城市犯罪的类型和对社会经济的影响，掌握城市犯罪最优量的推导方法；理解警察生产函数的内涵和意义。

第一节　城市安全与城市安全经济系统的概述

随着我国社会经济建设的高速发展，城市作为一个庞大的社会经济发展载体正在不断地加速扩张，但同时一系列其他社会与经济问题也应运而生，始终与高速的经济增长交缠在一起，互为矛盾、相互影响，其中一个十分重要的方面就是城市安全问题。与此同时，人们对城市安全的要求也日益强烈。

一、城市安全的定义

城市安全是指城市在生态环境、经济、社会、文化、人体健康、资源供给等方面保持一种动态稳定与协调状态，以及防止自然灾害、社会与经济异常或突发事件干扰的抵御能力。从社会承载角度讲，安全指能根除导致人员伤害、疾病或死亡，引起设备或财产破坏和损失以及危害环境的条件。

城市安全内容十分广泛，包括城市生态环境安全、经济安全、社会安全等。具体来讲，城市安全包括生产安全、设备安全、交通安全、治安安全、居住安全、医疗药品安全、食品安全、家电安全等。安全的作用和目的是多方面的，在城市中，可以从生产和生活两个方面对其予以划分。

从生产来看，安全的作用和目的首先是避免或减少劳动者的事故伤亡及职业病；其次是使设备、工具、材料等免遭毁损，减除伤害以及保障和提高劳动生产率，维护生产发展；最后是消除或减少环境危害和工业污染，使人的生存条件免遭破坏，促进人类整体利益增大。

从生活来看,安全的作用和目的首先要保证城市居民的吃、穿、住、用、行的基本安全,保障民生;其次要保障居民的人身和财产安全,减少犯罪;最后要加强环境保护和公共卫生,实现健康安全。

二、城市安全经济系统

现代城市已经发展成为一个区域的政治、经济和文化中心,形成了一个多功能的、社会化的、复杂的动态系统。随着经济社会发展,城市所聚集的人口、财富迅速增长,城市安全的重要程度日趋突出,人们对城市安全的要求日益强烈。

城市安全在城市经济发展过程中意义重大,随着经济的发展,一些有毒、有害、易燃、易爆等危险源有明显向城市整体区域扩散的趋势,由此产生的火灾、爆炸和毒物泄漏等重大灾害事故也屡屡发生,严重危及城市经济的安全。重大危险源分布范围广、危险源工作状态复杂,有些还以线状和网状分布在人口密集和公共设施集中的区域。重大危险源分布不合理的产生,主要存在两方面原因:首先,伴随着城市核心的扩展和发展,一些原来分布合理的危险源逐步变得分布不合理,一些危险源重新回到高密度人群区域;其次,在城市经济高速增长的初期,由于安全防范措施等基础设施建设的不配套,灾害事故发生的频率也会随着经济发展而同步增长,只有经济发展到一定程度,灾害事故发生的频率才会逐步降低,如图12-1所示。

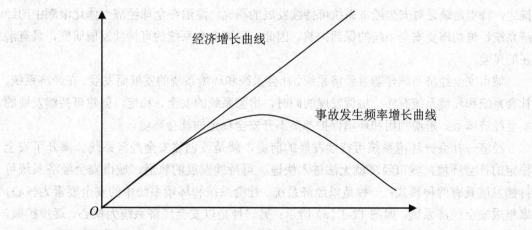

图 12-1 安全系统和经济系统发展的关系

城市安全经济系统主要是由城市安全系统和城市经济系统构成的,从构成结构上来看,安全经济系统具有如图 12-2(a)所示的结构,但是从安全经济系统的内容上来看,安全经济系统应该具有如图 12-2(b)所示的结构。

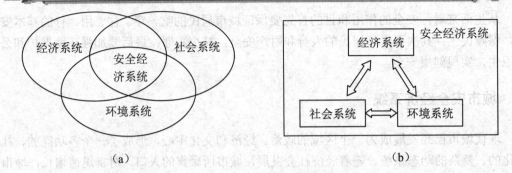

图 12-2 安全经济系统的结构

城市安全经济系统主要包含城市经济系统、城市社会系统和城市环境系统,而城市经济系统则主要包含城市生产力系统和城市生产关系系统。人类共同追求的应该是自然—经济—社会复合系统的持续、稳定、健康发展。只有城市安全经济系统中的这些要素相互依存,才能促进整个城市系统的有序、协调、可持续发展。

三、城市安全经济系统可持续发展的模式

当前可持续发展研究的方法有很多,主要局限在资源的可持续利用和可持续发展状况的衡量上,不仅缺乏对系统演化结构的描述,而且缺乏对经济系统安全体系结构的分析和描述,特别是缺乏对安全经济系统可持续发展的研究。漂泊在全球经济一体化浪潮中的经济系统,迫切需要安全系统的保驾护航。因此,脱离安全系统的可持续发展研究,具有潜在的风险。

城市安全经济系统伴随着经济系统、社会系统和环境系统的发展而发展。在经济系统、社会系统和环境系统有序、协调发展的同时,增强系统的安全、稳定,创建可持续发展的安全经济体系。资源利用和环境保护都离不开安全稳定的社会环境。

经济—社会—环境系统可持续发展的前提,就是要创建安全经济系统。离开了安全稳定的社会环境,城市经济就无法进入快速、可持续发展的轨道。城市安全经济系统可持续发展具有两种模式:一种是以经济系统、社会系统和环境系统中的安全要素为核心,聚集成安全经济系统,如图 12-3(a)所示;另一种是以安全经济系统为核心,逐步扩散,形成一个稳定的,包含经济系统、社会系统和环境系统安全要素的体系,如图 12-3(b)所示。

无论是聚集还是扩散的可持续发展模式,都离不开安全要素,正是这些安全要素推动着城市经济健康、稳定地发展,形成可持续发展的局面。

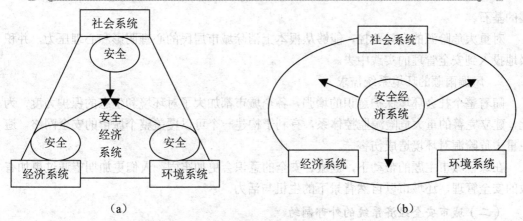

图 12-3 城市安全经济系统可持续发展模式

四、城市安全经济系统可持续发展的机制

可持续发展的最终目的是谋求人类社会的全面进步，它要求经济、社会和环境的协调发展。由经济系统、社会系统和环境系统交叉而成的安全经济系统，具有自然和社会的双重属性，更加关注安全和经济的协调发展，因此，在人类社会经济系统中占有极为重要的地位，是保障经济、社会和环境持续、稳定、健康发展的重要基础。

（一）城市安全经济系统的自发趋势

城市安全经济系统的发展遵循着自身发展的规律，并在安全需求和经济发展动力的驱动下不断发展。城市安全经济系统发展的源动力，主要来自安全经济系统的经济、社会和环境系统三个主体。

1. 经济系统持续、稳定增长的需求

经济持续增长与繁荣始终是一个城市发展的重要推动力，它能够有效地改善城市居民的生活水平，创造显著的经济效益。在城市安全经济系统发展过程中，许多城市已经接受了这样一些观念：安全是最好的经济效益，安全能够节约成本等，这些观念正在为城市的经济发展创造着效益。

稳定增长的经济系统迫切需要消除经济增长过程中的安全隐患，以调节经济增长过程中的不和谐因素，带来经济和安全的协调一致，才能达到如图 12-1 所示的事故发生频率增长曲线的转折点，使灾害事件发生的频率逐步降低。

2. 安居乐业的社会系统需求

为了实现安居乐业的目标，每个城市都在围绕着社会系统，逐步建立健全社会卫生应急防疫体系、信用体系、社会保障体系、法律体系，以构筑一个安全的社会化网络，消除所有不安全隐患。安全需求是人类社会发展过程中的一项基本需求，是社会稳定、健康发展的基石。

对重大危险源的有效监控，能够从根本上消除城市居民的心理阴影和心理压力，并积极地投入到安全管理的实践中去。

3．风调雨顺的环境系统需求

随着整个社会环境保护意识的增强，各个城市都加大了对环境和生态的保护力度，为此，建立完善的重大危险源监控体系，有利于构建一个可以覆盖整个城市的安全网络，避免重大危险源对环境造成伤害。

在绿色城市主题的带动下，健康、安全的意识会更加牢固，人们更加期望通过更加有效的安全管理，还城市以自然背景下的生机与活力。

（二）城市安全经济系统的外部制约

城市安全经济系统的自发机制，反映了城市安全经济系统发展的内在动力，主要来自整个城市经济、社会和环境系统的内在因素，而城市安全经济系统的外部制约也来自经济、社会和环境系统，只不过所包含的因素来自这个城市外部。

1．经济系统联盟的需求

一个区域经济的发展必须建立在一个安全的区域环境基础之上，通过中心城市的辐射力影响周边城市的经济系统结构和发展速度，推动经济带的形成和发展。在一个经济带中的安全隐患会产生非常大的辐射力，从而影响整个区域经济的发展，因此，安全经济系统的可持续发展是整个区域经济系统合作发展的要求。

2．社会系统协调发展的需求

分布在不同区域的城市都是整个社会系统的一个组成部分，形成了代表不同城市、具有不同特性的社会子系统。各个城市的子系统之间只有建立协调发展的模式，整个区域的社会系统才能协调发展，城市安全就成为系统之间协调沟通的重要前提。安全经济系统在整个社会系统协调发展需求的推动下，才逐步构建了可持续发展的基础。

3．环境系统共享资源的需求

在不同城市的环境系统之间存在着物资、能量和信息等资源的传递和共享，环境系统稳定有序存在和发展的关键是共享网络的安全畅通。安全经济系统应该发展成为环境系统资源共享的平台，形成一个开放的、远离平衡态的区域环境系统，从而推动城市安全经济系统的可持续发展。

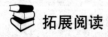 **拓展阅读**

食品安全事关经济发展大局

在多起食品质量事件见诸报道之后，食品安全问题现已成为社会公众最为关注的热点话题之一。食品是人类赖以生存和发展的基本生活资料，如果食品安全无法得到保证，人类的生存与发展就会受到威胁。不仅如此，从更深层次看，食品安全问题还事关国民经济发展的大局，是影响国民经济稳定、协调发展的重要因素之一。

第一，食品安全关系到经济增长方式的转变。目前我国的经济增长方式正在由粗放型向集约型增长方式转变，而粗放型增长模式最大的特点，就是质量标准低、产品质量差、能源消耗高、资源浪费严重。食品安全问题说到底还是食品的质量不过关，而食品质量涉及大众，关系民生，与人民群众的健康安全息息相关。当前人们的生活方式正随着收入水平的迅速提高而发生着深刻的变化，从过去单纯地追求"吃饱"向"吃好""吃健康"转变。这必然对经济增长方式提出更为紧迫的要求，对食品质量和食品安全提出新的更高的要求。

第二，食品安全也与加快转变农村经济增长方式有关。只有提高农民素质，增强他们的食品安全意识，才能从源头上把好食品安全关。据商务部不久前对农村生产者的调查显示，相当一部分农民不知道国家明令禁止使用的农药和兽药目录；近50%的农民在使用农药和兽药时没有农业技术人员指导，只是凭感觉使用，一药多用现象相当普遍；68.9%的蔬菜上市前没有经过产地检验。因此，如果不改变农村生产方式，增强农民的食品安全意识，食品安全问题就无法从源头上得到解决。

第三，食品安全问题关系到企业生产的"规模经济"。目前在我国的食品企业中，中小企业占有总量上的优势。但这其中往往良莠不齐，许多食品小作坊经营分散、设备简陋、工艺水平低，质量管理水平差距较大，质量保证能力参差不齐，甚至不少企业不具备基本生产条件。事实证明，中小食品企业是产生食品安全问题的"重灾区"。因此，进一步加强食品企业的集中度，做大做强一批骨干龙头企业，实现食品生产企业的"规模经济"，有助于从生产环节保障食品安全。

第四，从国际上看，我国的食品生产企业缺乏国际竞争力，产品品牌知名度低，这也是导致国外消费者对中国出口食品的质量缺乏信任的原因之一。如我国稻谷加工达到日生产能力400吨及以上合理规模的企业不足1%；甘蔗糖厂的平均日榨能力仅为2 500吨；合理规模以上软饮料企业的年均产量只有3万吨；罐头加工企业的平均规模仅为1 000吨左右。企业规模小，严重制约了食品行业生产集中度的提高。

第五，食品安全问题还涉及环境保护和可持续发展战略的实施。我国的食品安全问题在很大程度上都是由环境污染造成的。研究表明，食物中的化学元素，归根到底，来自于它的生长环境和养殖环境。一旦环境被破坏、被污染，食品安全又从何谈起？

由此可见，从食品安全到经济增长方式转变，再到环境保护和可持续发展，一张简单的饭桌上，其实包含了经济发展的全部道理！而要改变食品安全形势严峻的现状，就不能采取"头痛医头"的简单做法，而是要从整个国民经济发展的大局出发，尽快转变经济增长方式，按照可持续发展战略的具体要求，从食品生产的源头入手，完善监督管理机制，提高食品企业的质量意识。这样才能使广大消费者真正吃得放心、吃得开心。

（资料来源：中国证券网，http://www.cnstock.com/jrpl/2007-09/10/content_2529818.htm.）

第二节 安全经济及其经济学分析

一、安全经济

安全经济是指在一定的城市人力、财力、物力条件下，能够提供最好的安全服务，或者说，达到一定的城市安全水平所花费的人、财、物力最省。安全经济活动及其功能分析所依据的基本原理包括以下几个方面。

1. 安全的有限性原理

安全的供给需要投入技术和人力、财力、物力，一定的投入水平与其提供的安全水平成正比。由于人类进步、技术进步是逐步的，人力、财力、物力也是有限的，因而，不可能避免所有的不安全事件。经过人们的努力，事故或危害事件带来的损失和事故率可以无限地趋向于零，但无法绝对等于零，所以控制事故或突发事件损失和危害的一个基本原理在于：要使安全达到一个"合理"的或"可以接受"的水平。

2. 安全的相对性原理

安全状态是在一定的环境、条件和情形下的现象，与具体的环境条件和状态密切相关。在一定条件下被认为是安全的状态，在另一条件下就不一定是安全的，甚至可能是危险的状态。这就是安全的相对性原理。这一原理要求人们认识安全问题不能脱离具体的、自然的和社会的背景及各种生产或生活的状态。

3. 安全的极向性原理

安全是对各种伤害的避免和消除，而这些伤害往往是在人们（不包括对自然状况了解的科学家和犯罪者）的意料之外，从而使安全效应往往表现为极大或极小。也就是说，意料之外的伤害发生了，会造成极大的社会经济影响，安全效应极大；反之，没有发生，安全效应极小，人们不会为此投入更多。可见，安全科学的研究对象及特征都具有极大或极小的可能，这一特点包含三层含义：(1) 安全所涉及的事故或危害事件发生的可能性很小，而后果却极为严重；危害事件的事故源范围很小，但其危害和影响涉及的范围却很广。(2) 安全特征可以描述为：安全性=1-危险性，若危险性趋向极小，安全性就趋向极大，反之亦然。(3) 人们从事安全活动，总是希望以最小投入获得最大的安全。

二、安全经济学的研究方法

研究安全经济学的基本方法是辩证唯物论的方法，同时也应吸收现有相关学科的成果，采用多学科综合的系统研究方法，在较短的时期内，准确地认识安全客观经济现象，把握其本质规律，较快地推动安全经济学的发展。研究安全经济学主要有以下几种方法。

1. 分析对比的方法

由于安全系统是涉及面很广、联系要素复杂的多变量、多目标系统，因此，要求研究手段和方法要科学、合理，符合客观的需要。进行分析和对比是掌握系统特性及规律的基本方法之一，为此，要注重微观与宏观相结合、特殊与一般相结合的原则。只有从总体出发，纵观系统全局，通过全面、细致的综合分析对比，才能把握系统的可行性和经济合理性，从而得到科学的结论。安全经济活动所特有的规律，如"负效益"规律、非直接价值性特征等，只有通过分析对比才能获得准确的认识。

2. 预见性

安全经济的产出，往往具有延时性和滞后性，而安全活动的本质具有超前性和预防性特征，因而，安全经济活动应具备适应安全活动的发展规律和趋势，充分掌握必要的和可能得到的信息，避免主观臆断，以最大限度地减少因论证失误而造成的损失，获得最佳的安全效益。

3. 优选性

任何安全活动（措施、对策）都有多种方案可选择，不同的活动往往有不同的约束条件，不同的方案都有其不同的特点和适应对象。因此，安全经济的决策活动应建立在优选的基础上。安全经济学应提供安全经济优化技术和方法。

4. 部门性

安全经济学相对于一般经济学，具有部门的属性。安全经济学是一门部门经济学。这里是指广义的部门。一方面是它没有自己独立的理论基础，是在一般经济学结合的基础上形成自己的理论体系；另一方面，安全经济学具有自己特定的应用领域——安全领域，它以安全经济问题作为研究对象，利用一般经济学的原理和基础理论，研究、分析和解决安全领域中的一切经济现象、经济关系和经济问题。

5. 边缘性

安全经济问题同其他经济问题一样，既受自然规律（安全客观规律）的制约，又受经济规律的支配，即安全经济学既要研究安全的某些自然客观规律，又要研究安全的经济规律。因此，安全经济学是安全的自然科学与安全的社会科学交叉的边缘科学，并与灾害经济学、环境经济学、福利经济学等相关部门经济学交叉而存在，相互渗透而发展。

安全经济学所研究的安全经济问题，都带有很强的技术性和应用性，这是由于安全本身就是人类劳动、生活和生存的实践之需要，安全经济学为这种实践提供技术和手段。换言之，安全经济学的根本任务是"达到人、技术、环境的最佳安全效益"，安全经济学一提出就带有明确的应用性。

三、安全的成本与收益分析

安全作为城市居民的一种社会"需求",需要通过"供给"行为来实现。要"生产"安全,就要研究安全的成本和收益问题。

安全成本是指实现安全所消耗的人力、物力、财力和时间的总和,包括实现某一安全功能所支付的直接和间接费用,是衡量安全活动消耗的重要尺度;安全收益(产出)具有广泛的意义,它等同于安全的产出。安全的实现不但能减少或避免直接的伤亡和损失,而且能通过维护和保护生产力,实现促进经济和生产增值的功能,但是这种功能的展现是事后的、长期的。因此,安全收益具有潜伏性、间接性、延时性、迟效性等特点。安全效益是安全收益与安全投入的比较,反映安全产出与安全投入的关系,是安全经济决策所依据的重要指标之一。分析安全的成本与收益,要从安全的两大经济功能开始。

(一) 安全的两种功能模型

安全具有两大经济功能:(1) 直接避免或减轻事故、突发事件等危机给人、社会和自然造成的损失与危害,保护生命财产;(2) 保障劳动条件和环境安全,直接维护生产力发展和间接实现经济增值过程。

第一种功能是"避危降害"作用,可用损失函数 $L(S)$ 来表达,表明安全的损失效应(L)是随着环境原有的安全隐患基础(L_0)和危险与安全相对的期望值($L_{\exp}(l/S)$)的变化而变化的(见图12-4)。也就是说,发生危害的数量和大小,一方面来自原有基础的安全隐患;另一方面来自危害与安全相对的期望值,即人们对实现安全的努力程度。

$$L(S) = L_{\exp}\left(\frac{l}{S}\right) + L_0 \qquad (12\text{-}1)$$

式中,$L>0$,$l>0$,$L_0<0$。

第二种功能表现为对生产和经济活动的"保值增益"作用,可用增值函数 $I(S)$ 来表达,表明安全的经济效应大小是随着期望的危害事件冲击既定安全度的状态的反方向变化的。也就是说,人们期望发生危害事件冲击安全状态的概率越低,安全的经济效应就越大;反之就越小。安全的增值函数表达式为

$$I(S) = I_{\exp}\left(-\frac{i}{S}\right) \qquad (12\text{-}2)$$

式中,$i>0$,$I>0$。

式(12-1)和式(12-2)中的 L、l、I、i、L_0 均为统计常数。两式的图像汇集于图12-4中。

在图12-4中,横轴表示安全性或安全度,是对安全的度量;纵轴表示安全带来的价格收益或不安全造成的损失费用。从两条曲线的走向可以看出:

第一,增值函数 $I(S)$ 随安全性 S 的增大而增大,然而是有限的,它的最大值(M 点)

取决于技术系统本身的功能。

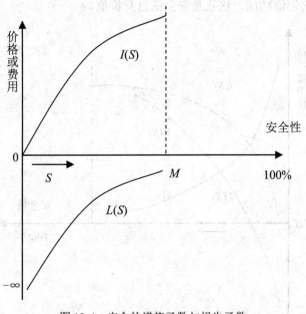

图 12-4　安全的增值函数与损失函数

第二，损失函数 $L(S)$ 随安全性 S 的增大而减小，当系统无任何安全性时（$S=0$），理论损失值趋于无穷大，具体值取决于机会因素；当 S 趋于 100% 时，损失趋于零。

无论是"保值增益"，即安全创造的"正效益"，还是"避危降害"，即安全所减少的"负效益"，都表明安全创造了价值。后一种可谓是"负负得正"，或"减负为正"。

（二）安全综合分析模型与推论

综合安全的两种基本功能，构成了安全的全部经济功能，可以用安全功能函数 $F(S)$ 来表达，它等于增值函数与损失函数之差，反映了安全的产出或收益。

$$F(S)=I(S)+[-L(S)]=I(S)-L(S) \tag{12-3}$$

将损失函数 $L(S)$ 乘以"-1"后，就可将其移至第一象限表示，并与增值函数 $I(S)$ 叠加，得到安全的功能函数曲线 $F(S)$，如图 12-5 所示。

观察图 12-5 中的几条曲线走向，可以推论：

（1）当安全性趋于零，即技术系统毫无安全保障时，系统不但毫无利益可言，还将出现趋于无穷大的负利益（损失）。

（2）当安全性到达 S_L 点，由于正负功能抵消，系统功能为零，此点是安全性的下限。当 S 大于 S_L 后，系统出现正功能，并随 S 增大而增大，即功能递增。

（3）当安全性 S 达到某一接近 100% 的值后，如 S_u 点，功能增加速率逐渐降低，并最终局限于技术系统本身的功能水平。由此说明，安全不能改变系统本身的创值水平，但可以保障和维护系统的创值功能，这正是安全的自身价值。

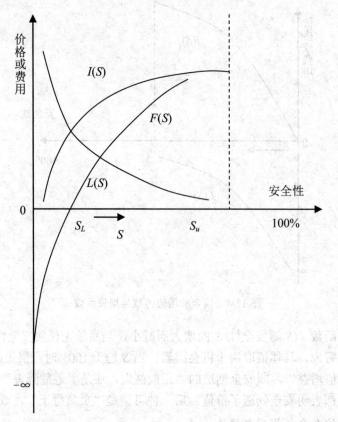

图 12-5　安全功能函数

（三）安全效益分析

安全的功能函数反映了安全系统的输出状况。显然，要提高或改变安全性，需要投入（输入）来保障，即要付出代价或成本。设 $C(S)$ 为安全的成本函数，它依存于原有的安全成本支付（C_0）和期望的安全成本支付率（$\frac{C}{1-S}$）。S 为安全度，$1-S$ 为不安全的风险，$\frac{C}{1-S}$ 就是每单位不安全的风险需要支付的安全成本。可见，安全性要求越高，需要的成本也越高，要达到 100%的安全（绝对安全），所需要投入的理论值就是无穷大。由此，可以推出安全成本函数

$$C(S) = C_{\exp}(\frac{C}{1-S}) + C_0 \tag{12-4}$$

式中，$C>0$，$C_0<0$。

把安全成本函数 $C(S)$ 的曲线绘于图 12-6 中，可以观察到安全成本函数的运行原理。

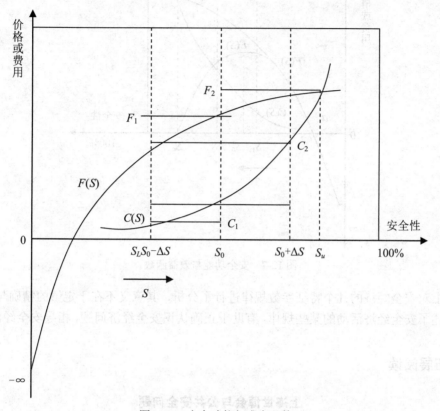

图 12-6　安全功能与成本函数

（1）要实现系统的初步安全（较小的安全度），所需要的成本是较小的；随着对 S 要求的提高，成本将随之增大，并且其递增率越来越大，当 S 趋向于 100% 时，成本趋向 ∞。

（2）当 S 达到接近 100% 的某一点 S_u 时，安全的经济功能与所耗成本相抵消，使系统没有收益；安全性超过 S_u 点时，安全的成本超过了收益，这是社会所不希望的。

（3）可见，S_L 和 S_u 是安全经济的盈亏点，它们决定了 S 理论值的上下限。在 S_0 点附近，能取得最佳的安全效益。由于 S 从 $S_0-\Delta S$ 增至 S_0 时，成本增值 C_1 小于功能增值 F_1，因而当 $S<S_0$ 时，提高 S 是值得的；当 S 从 S_0 增至 $S_0+\Delta S$ 时，成本增值 C_2 数倍于功能增值 F_2，因而 $S>S_0$ 后，增加 S 就不合理了。

可见，安全功能函数 $F(S)$ 与安全成本函数 $C(S)$ 之差就是安全效益函数，可用 $E(S)$ 来表达。

$$E(S)=F(S)-C(S) \tag{12-5}$$

将 $E(S)$ 曲线绘于图 12-7 中，可以看到，在 S_0 处，$E(S)$ 取得最大值。

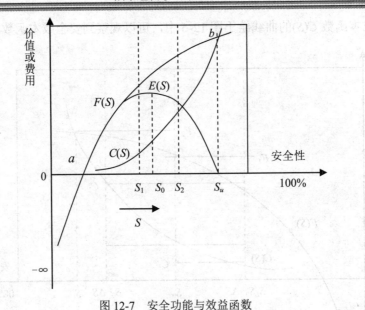

图 12-7 安全功能与效益函数

以上对安全经济的几个特征参数规律进行了分析，其意义不在于定量的精确与否，而在于表述了安全经济活动的某些规律，有助于正确认识安全经济问题，指导安全经济决策。

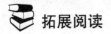 拓展阅读

上海世博会与公共安全问题

对于一座城市而言，安全是城市文明与进步的基础。毋庸置疑，上海是中国最安全的城市之一。然而，作为一座拥有6 300多平方公里地域和1 800多万常住人口的超大规模城市，处于经济快速发展阶段的上海，正面临越来越多的来自非传统安全领域的威胁和挑战。一方面，随着经济与社会的发展，随着市民素质与民主程度的提升，市民的安全意识日益增强；另一方面，由于城市人口的急剧增加、人员的快速流动，以及经济发展所伴生的社会群体利益的分化，社会中各种不安全、不平衡、不和谐的因素或隐患仍存在或潜伏。国际性的大型活动，往往成为这些因素和隐患借机爆发的场合。

世界博览会，本身就是人群高度聚集的活动。与此同时，世博会的筹备和举办，更是一项时间跨度长、全面性、综合性的系统工程。从场地拆迁到园区建设，从建馆到布展再到场馆运营，从人流组织到交通衔接，存在着方方面面、林林总总的风险因素。正因如此，在2006年的世博会与法治化论坛上，爱知世博会首席运营总监牧村真史先生毫不讳言地说，"零事故""零伤亡"是爱知世博会最引以为豪的方面。

对于2010年举行的上海世博会，其所面临的公共安全问题更为复杂，安保工作具有

极其重要的意义。首先,上海世博会的主题是"城市,让生活更美好",寻求安全是人们缔造城市的重要动因之一,是人们对城市生活的基本诉求,而平安城市更是美好城市生活的基础。安全的上海是2010年世博会最好的展馆,和谐的上海将是2010年世博会最重要的展品。其次,上海世博会的选址在城市的中心区域,5.28平方公里的世博园区横跨浦江两岸,地形地势较为复杂。再次,上海世博会将创造世博会历史上最为广泛的参与度。预计将有200个国家和国际组织前来参加上海世博会,各类展馆的总建筑面积将达到80多万平方米。预计将有7 000万人次的游客前来参观,184天的展期中将举行2万场各种类型的文化娱乐活动。这一跨国界、多文化、高密度的文明对话客观上使得世博会的公共安全问题不容忽视。因此,我们将"安全办博"作为办博工作的一项重要目标,并将其确定为上海世博会各项筹办工作的指导思想。

对于世博会这类大型活动而言,非传统安全因素正日益突出。与传统安全相比,非传统安全更具有隐蔽性、不确定性、紧急性和突发性。

影响公共安全的因素是综合的,既有传统安全因素,又有非传统安全因素。对于世博会这类大型活动而言,非传统安全因素正日益突出。非传统安全是指传统安全领域以外的安全因素,包括能源安全、环境安全、生态安全、金融安全、网络安全、信息安全、卫生安全、文化安全等涉及社会生活一切领域的公共安全。与传统安全相比,非传统安全更具有隐蔽性、不确定性、紧急性和突发性。

结合上海世博会的具体情况,我们认为,以下八个方面的公共安全问题对于本届世博会的筹办是至关重要的。

其一,自然灾害。上海地处长江三角洲东缘,太湖流域下游,滨江临海,地势低平,各种自然灾害较为频繁。同时,上海世博会举办期间跨越梅雨潮湿多雨和夏季台风高温季节,雷暴、台风、持续高温等自然灾害多发。因此,防暴雨、防台风、防暑等自然灾害防治工作成为了上海世博会安保工作的重要组成部分。

其二,火灾。火灾是世博会的天敌。世博会期间,主办国、组织者和参展者都会举行各式各样的庆典活动,烟花爆竹频繁使用。人们还清晰地记得,在1992年西班牙塞维利亚世博会期间,万事俱备的主题馆——"500年间人类伟大发现"便是在世博会开幕的两周前由于一场大火而化为灰烬。

其三,人员踩踏。踩踏事故是国内外大型活动中经常发生的突发事件。2006年,沙特阿拉伯曾发生的麦加朝觐活动踩踏事件酿成了362人死亡的惨剧,其中包括4名中国朝觐者。对世博会而言,我们既要通过精彩的展示、活动和论坛吸引人流,同时又要防止人员的过度集中、无序管理而引发踩踏事件。1970年,日本大阪世博会曾因为过度人流而不得不采取闭馆与闭园等措施,而这一问题对于将有7 000万人次造访的上海世博会而言显得更为突出。上海世博会组织者正和上海市政府的相关部门密切配合,将在场馆布局、票务设计、信息预警、运营管理等方面采取组合措施,通过"削峰填谷"的方式分散人流,通过规范引导形成有序人流。

其四,信息安全。作为信息时代下的一届世博会,上海世博会的参展服务、票务销售、特许经营、人流疏导、运营管理、人员培训等一系列重要的工作都是通过网络信息平台展开的。与此同时,上海世博会还在世博会历史上首次尝试"网上世博会"项目。可见,信息系统是上海世博会筹办工作的中枢神经,信息安全对于世博会的成功举办具有至关重要的意义。

其五,贵宾安全。世界博览会是国家举办、以国家为主参展的大型活动,具有明显的外交特征。而正因为世博会的外交性,许多参展国的国家元首、政府首脑、高级官员都会在世博会期间到访举办国,参观世博园区,并出席其国家馆的馆日和其他活动。上海世博会将创造世博会历史上最为广泛的参与度,其贵宾保卫工作面广量多,极为复杂。做好这一工作,更是事关国际关系,责任重大。

其六,食品安全。上海世博园区将有12万~15万平方米的商业设施,其中最主要的就是各式各样的餐饮。与此同时,根据国际展览局的规则,参展者可将其展区内不超过20%的室内展示空间用于开设餐厅和纪念品店等商业活动。由于气候原因,世博会举办期间正值上海最炎热的夏季,食品的运输、储存等环节都面临着严峻的安全卫生考验,因此,无论是公共区域的餐饮设施,还是参展者展区内的餐厅,其食品安全问题事关7 000万海内外游客的生命健康问题,绝不容掉以轻心。目前,上海每年消耗食用农产品1 000万吨,其中,50%来自其他省市、5%来自国外,对外依赖度高;同时,全市的食品企业基础薄弱,5 000多家食品生产企业中80%是中小企业,这些都将给世博会的食品安全工作带来挑战。

其七,设备安全。上海世博会上,组织者及各参展国的精彩展示与文化娱乐活动都离不开各种大型机器和特种设备。这些机器设备从生产、运输到安装、调试、运营,都存在安全问题。2004年"嘉年华"活动在上海举办时,由于设备故障造成人员伤亡的惨剧,至今仍令人们为之哀婉。

其八,人为破坏事件。各种危害人身健康和财产安全的破坏行为同样是世博会公共安全工作所要防范的重点,特别是各式各样的恐怖袭击和恐怖威胁。早在2001年,在"9·11事件"发生40天后所举行的APEC上海峰会上,各国领导人便向恐怖主义发出了明确信号,义正词严地表明,恐怖主义威胁的不是一个国家、一部分人民,而是对全人类文明的共同挑战。

安全工作思路:

上海世博会的公共安全工作是对相关政府部门工作的一次新挑战,将全面考验政府的统筹规划能力、综合协调能力、快速反应能力和应急处理能力。

(资料来源:http://finance.cctv.com/special/C17865/20080225/103017.shtml。)

第三节　城市突发事件管理概述及经济分析

在全球政治经济形势动荡起伏的背景下，经济繁荣的背后暗含着引发各种危机的不确定因素，危机管理已成为世界各国城市发展面临的重要问题。改革开放使我国国民经济得到了迅速发展，加入世界贸易组织、融入经济全球化的大潮为我国带来了新的发展机遇。但是，在快速发展、获得新机遇的同时，遭遇经济风险甚至经济危机的可能性也在不断加大，城市作为全球经济腾飞的主力军和主战场，突发事件也越来越多。

一、突发事件的界定与分类

（一）突发事件的界定

"突发事件"一词在各国立法上名称不一，近似的提法还有"紧急事件""紧急情况""非常状态""特别状态"等，此外，还包括一些狭义上的"戒严状态""战争状态"等。"突发事件"在各国宪法和法律上的描述也不尽一致，但内容是近似的。

"突发事件"一词比较有代表性的相关定义是欧洲人权法院对"公共紧急状态"（Public Emergency）的解释，即"一种特别的、迫在眉睫的危机或危险局势，影响全体公民，并对整个社会的正常生活构成威胁"。

我国《国家突发公共事件预案体系》则认为：突发公共事件是指突然发生，造成或者可能造成重大人员伤亡、财产损失、生态环境破坏和严重社会危害，危及公共安全的紧急事件。

据此，判断紧急状态与否可以根据以下几个特征：（1）必须是现实的或者是肯定要发生的；（2）威胁到人民生命财产的安全；（3）阻止了政权机关正常行使权力；（4）影响了人们的依法活动，必须采取特殊的对抗措施才能恢复秩序等。

（二）突发事件的分类

根据引起紧急状态的原因不同，一般可以把"突发事件"分为两类：一类是自然灾害引起的紧急状态；另一类是由非自然因素引起的紧急状态。

第一类包括诸如地震、洪水、雷暴、台风、暴雷、泥石流、火山爆发等自然灾害，比较典型的影响如2008年5月的汶川大地震、2010年春季的西南地区干旱等对城市人民的生活和城市的健康发展造成巨大的负面影响。

第二类包括诸如公共卫生突发事件（包含传染病害，如SARS等）、经济危机、重大环境突发事件、社会动乱、城市信誉危机、城市公共安全危机等多方面内容。比较典型的如2009年秋、冬季甲型流感的爆发，2004年重庆氯气泄漏事件，2003年北京、天津等城市的非典疫情，2001年美国纽约"9·11"事件等。

由于城市空间范围有限，人口和产业集中，在国民经济中的影响和带动作用强，所以城市中的突发事件较农村地区更加引人注目，能够引发更大范围和更深层次的负面影响，因此在市政管理中万万不能忽视对突发事件的管理。

二、突发事件的管理及其结构

美国著名咨询顾问史蒂文·芬克（Steven Fink）在其《危机管理》一书中，认为危机管理是指组织对所有危机发生因素的预测、分析、化解、防范等而采取的行动，包括对组织面临的政治的、经济的、法律的、技术的、自然的、人为的、管理的、文化的、环境的和不可确定的等所有相关因素的管理。这一定义可以认为是揭示了突发事件管理的基本内涵。

对于突发事件而言，其涉及的内在结构体系并非单纯的线性逻辑抑或平面关联，而是一个包含决策、信息、执行、保障等系统的四位一体的构架体系。正如突发事件应对系统是一个全方位、立体化、多层次和综合性的应急管理网络，从结构体系来看，结构体系的四大系统具有密切的关联性和互补性，如图12-8所示。

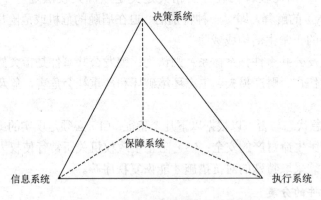

图12-8 突发事件管理的结构体系

（一）决策系统

决策系统是突发事件管理结构体系的核心。决策系统的主要任务是制定突发事件处理预案，构建预案储备库；对突发事件的性质、程度、潜在范围和影响进行预判断，并在此基础上根据预案或紧急处理规则启动危机处理过程；进而导入对事件处理的意见，不断调整细化对事件的判断，从而对事件的处理做出敏捷的、具有针对性和可执行性的决策；根据决策执行调整或重新制定决策以及总结突发事件运作绩效等内容。

出于突发事件发生突然，其现场抢救、控制和转运救治、中长期监控、原因调查和善后处理往往涉及多系统多部门，必须倚仗多重政府部门的综合协调处理。因此，突发事件管理的决策体系不但涉及某一部门内部的治理结构问题，还涉及多部门的整合与协调问题。例如，2010年入春以来，南方出现大范围的强降雨天气，不仅需要如交通部门、天气预报部门这些直接参与部门的通力合作，城市规划部门、城市市政设施管理部门等都需要进行直接的投入。

从国外的一般经验来看，分级管理、各负其责的从属性原则是各国突发事件管理的普遍原则。决策系统的重要作用就是在尽可能短的时间内，在不完备信息的情况下，迅速作出反应，启动相应规模和层次的处理机制，既要屏蔽危害，又要减少对危机事件处理所产生的负面影响。例如，2009年秋、冬季甲型流感的爆发，我国政府就注意到突发事件处理中的综合平衡，在各出入境关口、人流密集区域加大防范和公共宣传力度，既注意到了对病情的防范，又考虑到了过严的防范措施可能造成的恐慌和对经济的负面影响。从对决策体系的研究来看，如何划定区划，界定突发事件的决策主体，界定各行政单元政府的职能、权限和相互联系是各个国家决策系统的关键所在，各个国家也基于其各自的空间特点、经济实力、服务能力进行了不同的探索，都以最优的执行可能作为首要原则。

（二）信息系统

信息系统是突发事件管理结构体系各个系统关联衔接的重要通道。信息系统的任务在于适时、适度地发布警情和公示，让公民获取有益、可信、清晰、及时、有权威和具有安定效力的信息，同时，其任务还突出表现在三个方面：其一，对突发事件的事前宣传，只有通过良好的宣传才能在突发事件产生时降低恐慌和其他的不利影响，掌握基本应急措施的公民在第一时间内的正确反应，是防止和控制突发事件恶性结果爆发、蔓延的核心要旨之一，良好的宣传体系和信息发布制度可以有效地降低人们的恐慌。2009年，中国大部分地区甲流仍处于活跃期的条件下，虽然总体上没有出现大的恐慌和抢购行为，但是局部地区仍出现对食醋、艾草、板蓝根等产品的盲目抢购。其二，信息系统还必须肩负多部门、多层次、多主体之间的信息传递任务，在对管情总结和统计中，实现信息低损耗的、敏捷的传递是制定正确决策的基础，也是执行的首要保障。这其中，应当特别强调各种突发事件直接管理部门内部的信息共享。这一点对我国健全和完善突发事件处理机制也具有十分重要的作用。同样以传染病疫情 SARS 为例，我国科研人员由于医疗部门内部信息共享机制的缺失，虽然具有独立研究发布病毒的能力，但是最终仍被美国科学家首先发布基因图谱，实现了知识产权的垄断。其三，信息系统还必须具有强化监控与即时反应突发事件特征性指标变化的功能，定期公布突发事件的现时状况，预测发生、发展及流行趋势，并向政府提出政策建议。

（三）执行系统

执行系统是突发事件管理结构体系中最直观的表征。执行系统的任务在于对决策进行敏捷的、全面的贯彻。具体来看，执行系统必须保障能够迅速启动预案，对于首次出现的情况应能够迅速转化采取近似处理方案；即时反馈执行结果，并通过信息系统向决策系统进行执行反馈；对执行决策需要的资源进行细化和整合，保障在较小的投入下能够完备地实现对突发事件的处理，对执行中的短缺资源进行评估，并及时反馈至决策系统，采取替代或加大投入的方法来保障执行的绩效。

对执行系统而言，最为重要的方面是执行的敏捷化程度，而这一点又必须与信息系统的完备和信息渠道的顺畅息息相关。在执行过程中，还必须保障明确部门职责，密切部门配合，使国家安全部门、卫生、财政、公安、工商、农业、教育、民政、运输、环保、新闻媒体等有关部门履行各自职责，共同控制公共卫生突发事件。例如，我国在对抗 SARS 过程中提出的"首诊负责制"就是根据我国目前的执行能力而进行的决策调整。

（四）保障系统

保障系统是突发事件管理结构体系的支撑。前面所提到的三个系统建设并非空中楼阁，而是需要诸多方面的支撑，而保障系统就是人、财、物、智、时、空、信息等诸元素的集成者。对于保障系统而言，其主要作用集中于以下三个方面。

（1）为应对突发事件提供物质资源保障。

（2）为应对突发事件提供非物质资源保障等，如信息库、数据库、人才库等。

（3）提供有效的作为绩效评估系统绩效的物质载体。突发事件的特殊属性，要求决策系统提供包括即时绩效评估在内的评估体系。决策系统对执行绩效的评估将集中于过程和事件、管理者、当事人三个方面。对于过程和事件以及当事人两个方面，决策系统内部可以进行奖惩判别，但是决策者很难直接对自身进行必要的惩戒，这就需要保障系统作为一个具有相对独立属性的第三方对绩效评估的结果进行奖惩。汶川地震后公共部门职员和志愿者能够有序、自觉地履行其职责，除了和其良好的决策预案系统与执行系统相关外，以物质和非物质保障为基础的完善的绩效体系也起到了重要作用。

在实际运作中，借鉴计量手段（和其他包括数理统计和经验评判在内的方法）对某一城市或者某一事件的管理绩效进行评估是常用的手法，从而能够更加清晰地把握突发事件处理的薄弱环节。

三、城市安全应急处置能力的评价及其经济分析

一般认为，一个城市的安全应急处置总体能力可以分为对以下四大类城市安全事件的应急处置能力。

（1）自然灾害应急处置能力，主要指针对水旱灾害、气象灾害、地震灾害、地质灾害、海洋灾害、生物灾害和森林草原火灾等的应急处置能力。

(2) 事故灾难应急处置能力，主要指针对工矿商贸等企业的各类安全事故、交通运输事故、公共设施和设备事故、环境污染和生态破坏事件等的应急处置能力。

(3) 公共卫生事件应急处置能力，主要指针对传染病疫情、群体性不明原因疾病、食品安全和职业危害、动物疫情，以及其他严重影响公众健康和生命安全的事件的应急处置能力。

(4) 社会安全事件应急处置能力，主要指针对恐怖袭击事件、经济安全事件和涉外突发事件等的应急处置能力。

因此，城市安全应急处置总体能力可以表述成

$$T_A = \sum_{i=1}^{n} Z_i \quad (i=1,2,3,4) \tag{12-6}$$

式中，T_A 为城市安全应急处置总体能力；Z_i 为各类城市安全事件应急处置能力。

对于每一类应急处置能力 Z_i 又可以细分为若干影响评价因子进行描述，其中至少应包括以下几个方面。

(1) 人员 r_1。一支训练有素的应急处置队伍，对于维护城市安全、处置突发事件有着积极的作用，其中，表示人员训练程度的影响因子 a，为一倍增因子，即 $a \geq 1$。

(2) 财力 r_2。一个城市在发生重特大安全事件时，可供支配的应急财力的多少，对于及时有效地处置突发事件及其善后起着关键的作用，其中，财力支配因子 b，为占上年度城市财政收入的百分比，即 $0 < b < 1$。

(3) 物质储备 r_3。必要的物质储备准备可以及时、快速地为应付救灾、援助及善后提供物质支撑和保证，其中，表示物质储备准备率的影响因子 c，为储备量占一次突发重特大安全事件所需救灾、赈灾物质总量的百分比，即 $0 < c < 1$。

(4) 应急救灾装备 r_4。应急救灾装备的数量和质量的不断提高，可以直接提升处置突发安全事件的能力，影响救灾工作的进度和攻坚克难的核心能力，其中，表示应急救灾装备影响因子 d，为以处置一般突发安全事件为基数的倍增因子，即 $d \geq 1$。

(5) 应急场所 r_5。在城市中合理地建设必需的应急场所，如避难所，对于疏解和安置好受灾人员，或者人员紧急避险，尽量减少人员的伤亡将起到十分积极的作用，其中，表示应急场所的建设影响因子 e，为相对于无应急场所建设城市的一倍增因子，即 $e \geq 0$。

(6) 应急处置协调机制（或机构）r_6。依据《国家突发公共事件总体应急预案》的要求，按照不同的预警级别红色、橙色、黄色、蓝色建立相应的应急反应机制，加强和完善协调机构，其中，表示应急处置协调机制完善程度的影响因子 f，为以最低一级警报相对应的应急处置协调机制为基数的倍增因子，即 $f \geq 1$。

(7) 公民救灾及自救逃生等安全素质 r_7。公民安全素质高低以及救灾及自救逃生技能掌握的多少，将显著地提高人们抗御突发灾害和安全事件的整体能力，其中，表示公民安全素质的影响因子 g，为相对于具有完全救灾及自救逃生等安全知识和技能的个体的百

分比，即 $0 \leq g \leq 1$。

于是式（12-6）可以进一步表示为

$$T_A = \sum_{i=1}^{n} Z_i [\sum_{j=1}^{m} \sigma_j r_j] \tag{12-7}$$

式中，$\sigma_j = a, b, c, \cdots, g$；$r_j = r_1, r_2, \cdots, r_7$。

四、城市突发事件的经济影响

随着我国经济社会的快速发展，在我国的一些重要城市先后都发生过诸如污染气体泄漏、地质灾害、火灾以及其他一些突发性事件。特别是在北京、上海、广州等大型城市，以生产安全、食品安全、突发自然灾害、公共卫生突发事件等为代表的公共安全形势日益严峻，对社会经济发展产生了重大影响，这是由安全的极向性原理所决定的。这种影响大小一般是通过突发事件的不确定性、所引起的人们的危机感程度和面对危机的积极与消极态度而决定的。

（1）突发事件的不确定性影响经济的长期发展。在凯恩斯经济学里，"不确定性"被定义为不能被保险的风险。这些不确定性风险，人们无法根据事件造成的实际损失对突发事件作判断。虽然突发事件是突然发生的，但是其影响往往是长远的。由于对突发事件多长时间才能控制的预期一般充满不确定性，导致对经济后果的预估也充满了不确定性。这些不确定性，使突发事件可能在较长的时间内对经济发展产生持续性的影响。

（2）突发事件引起的人们的危机感，会由于突发事件的危害程度和人们的关注程度不同而不同，进而不同程度地影响经济增长。一些突发事件将影响一些高级商务活动的开展与效率，外商直接投资增长幅度会有所减缓；有些突发事件发生后，人们外出消费将减少，"假日经济"拉动效应将明显降低，对相关行业，如旅游、商业和交通运输业等将产生不同程度的影响；在局部地区，甚至会出现少数行业生产要素供求关系再度紧张，市场消费增长偏慢，进而影响人员、资本和商品的流动等情况。

（3）人们对突发事件造成的危机，存在着积极与消极两种不同的态度。如果突发事件发生后人们的消费信心和商业信心很快得以恢复，那么突发事件对经济的影响就只不过是局限于延迟人们的消费，消费需求和消费力将再趋活跃，经济增长虽然可能低于原来的预期，但仍会保持较高的增长速度；但如果突发事件发生后人们参与经济活动的信心受到很大的打击，居民的消费心理和观念趋向于保守，就会使消费者行为发生变化，进而影响到生产者行为的变化，并最终对经济结构产生影响。一些产业可能面临"明日黄花"的局面，而一些原来并不为人们看好的产业却可能迎来一个春天。为此，对由突发事件引起的经济结构变化，必须采取积极的心态，及时转变观念，抓住商机；政府也要出台刺激和拉动相关产业的政策，使之摆脱突发事件的影响或把握住突发事件引致的新的商业机会。

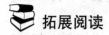 拓展阅读

《国家突发公共事件总体应急预案》四色预警

——重大突发公共事件4小时报国务院

国务院1月8日发布了《国家突发公共事件总体应急预案》（以下简称《总体预案》）。《总体预案》是全国应急预案体系的总纲，是指导预防和处置各类突发公共事件的规范性文件。

突发公共事件分为四级——

"突发公共事件"是指突然发生，造成或者可能造成重大人员伤亡、财产损失、生态环境破坏和严重社会危害，危及公共安全的紧急事件。

突发公共事件主要分自然灾害、事故灾难、公共卫生事件、社会安全事件等四类。按照其性质、严重程度、可控性和影响范围等因素分成四级，特别重大的是Ⅰ级，重大的是Ⅱ级，较大的是Ⅲ级，一般的是Ⅳ级。

具体来看，自然灾害主要包括水旱灾害、气象灾害、地震灾害、地质灾害、海洋灾害、生物灾害和森林草原火灾等；事故灾难主要包括工矿商贸等企业的各类安全事故、交通运输事故、公共设施和设备事故、环境污染和生态破坏事件等；公共卫生事件主要包括传染病疫情、群体性不明原因疾病、食品安全和职业危害、动物疫情以及其他严重影响公众健康和生命安全的事件；社会安全事件主要包括恐怖袭击事件、经济安全事件、涉外突发事件等。

红橙黄蓝四色预警——

《总体预案》要求，各地区、各部门要完善预测预警机制，建立预测预警系统，开展风险分析，做到早发现、早报告、早处置。在这个基础上，根据预测分析结果进行预警。

在总体预案中，依据突发公共事件可能造成的危害程度、紧急程度和发展态势，把预警级别分为4级，特别严重的是Ⅰ级，严重的是Ⅱ级，较重的是Ⅲ级，一般的是Ⅳ级，依次用红色、橙色、黄色和蓝色表示。

预警信息的主要内容应该具体、明确，要向公众讲清楚突发公共事件的类别、预警级别、起始时间、可能影响范围、警示事项、应采取的措施和发布机关等。

为了使更多的人"接收"到预警信息，预警信息的发布、调整和解除要通过广播、电视、报刊、通信、信息网络、警报器、宣传车或组织人员逐户通知等方式进行。

4小时内报告国务院——

基于对突发公共事件危害性的认识，《总体预案》对信息报告的第一要求就是：快。

为了做到"快"，《总体预案》强调，特别重大或者重大突发公共事件发生后，省级

人民政府、国务院有关部门要在 4 小时内向国务院报告，同时通报有关地区和部门。应急处置过程中，要及时续报有关情况。

对于在境外发生的涉及中国公民和机构的突发事件，《总体预案》要求，我驻外使领馆、国务院有关部门和有关地方人民政府要采取措施控制事态发展，组织应急救援。

第一时间向社会发布总体预案要求，突发公共事件的信息发布应当及时、准确、客观、全面。要在事件发生的第一时间向社会发布简要信息，随后发布初步核实情况、政府应对措施和公众防范措施等，并根据事件处置情况做好后续发布工作。

信息发布要积极主动，准确把握，避免猜测性、歪曲性的报道。政策规定可以公布的，要在第一时间向社会公布。

保障受灾群众基本生活——

怎么算是做好"基本生活保障"？《总体预案》明确，就是要确保灾区群众有饭吃、有水喝、有衣穿、有住处、有病能得到及时医治。

要做到这些，相关的保障措施必须跟上，如卫生部门要组建医疗应急专业技术队伍，根据需要及时赴现场开展医疗救治、疾病预防控制，及时为受灾地区提供药品、器械等卫生和医疗设备；应急交通工具要优先安排、优先调度、优先放行，确保运输安全畅通。

国务院是应急管理最高行政领导机构——

总体预案明确，在党中央的领导下，国务院是突发公共事件应急管理工作的最高行政领导机构。在国务院总理领导下，由国务院常务会议和国家相关突发公共事件应急指挥机构负责突发公共事件的应急管理工作；必要时，派出国务院工作组指导有关工作；国务院办公厅设国务院应急管理办公室，履行值守应急、信息汇总和综合协调职责，发挥运转枢纽作用；国务院有关部门依据有关法律、行政法规和各自职责，负责相关类别突发公共事件的应急管理工作；地方各级人民政府是本行政区域突发公共事件应急管理工作的行政领导机构。

迟报、谎报、瞒报、漏报一概追究责任——

对于迟报、谎报、瞒报和漏报突发公共事件重要情况，或者应急管理工作中有其他失职、渎职行为的，《总体预案》明确规定：要依法对有关责任人给予行政处分；构成犯罪的，依法追究刑事责任。

这是一个原则性的规定。根据总体预案，突发公共事件应急处置工作实行责任追究制。有惩就有奖，如果应急管理工作做得好，就会受到褒奖。《总体预案》规定，"对突发公共事件应急管理工作中做出突出贡献的先进集体和个人要给予表彰和奖励"。

应急预案框架体系共分 6 个层次——

《总体预案》按照不同的责任主体，把全国突发公共事件应急预案体系设计为 6 个层次。其中，总体预案是管总的，是全国应急预案体系的总纲，适用于跨省级行政区域，或超出事发地省级人民政府处置能力的，或者需要由国务院负责处置的特别重大突发公共事件的应对工作；专项应急预案主要是国务院及其有关部门为应对某一类型或某几类型突发公共事件而制定的应急预案，由主管部门牵头会同相关部门组织实施；部门应急预案由制定部门负责实施；地方应急预案指的是省市（地）、县及其基层政权组织的应急预案，明确各地政府是处置发生在当地突发公共事件的责任主体；企事业单位应急预案则确立了企事业单位是其内部发生的突发事件的责任主体。

除此之外，举办大型会展和文化体育等重大活动，主办单位也应当制定应急预案并报同级人民政府有关部门备案。

（资料来源：http://www.szdz.gov.cn/new/news.asp?id=3425&page=0.）

第四节 城市犯罪的经济学分析

一、城市犯罪的类型与影响

城市犯罪的类型包括人身罪和财产罪。

人身罪是指受害者受到生理上的威胁，具体包括两种类型：一种是罪犯的目的，伤害受害者的身体（杀人、强奸、恶意伤害）；另一种是罪犯在实现偷盗财产目的时，对受害者采取了暴力手段（抢劫）。

财产罪是指偷窃罪，但没有使用暴力，如盗窃（非法进入建筑物）、偷窃（偷钱包、扒口袋、偷自行车）以及汽车偷盗。

犯罪量的高低用犯罪率衡量。大多数犯罪发生在大城市地区，并且中心城市的犯罪率最高。家庭对犯罪率很敏感，家庭的区位选择受当地犯罪率的影响。换句话说，犯罪率的高低影响城市内人口的空间分布，犯罪率相对较低的地区，其房价会相对较高。

犯罪的经济影响可以用犯罪的成本来衡量。犯罪的社会成本可以分为受害成本和防止成本。财产罪的受害人损失财产，有时还会受到人身伤害。受害总成本为盗窃次数的函数，其成本曲线斜率为正且呈线性分布，这反映了受害成本与盗窃次数有关，如果盗窃的次数增至两倍，那么受害成本也会增至两倍。

社会可以通过降低盗窃的净收益来减少犯罪，但防止犯罪很昂贵。防止犯罪有很多方法，包括：（1）加强防范。受害者可以通过降低被盗窃成功的概率来减少犯罪的预期掠夺物。（2）增加逮捕的概率。警察可以通过增加逮捕的概率来增加犯罪的预期成本。（3）增加监禁的概率。犯罪审判系统可以通过提高定罪的概率来提高犯罪的预期成本。（4）加强惩罚的严厉性。罪犯审判系统可以延长监禁时间。（5）提高合法机会的价值。社会可以通过提高潜在犯罪的工作技能，来提高参与合法活动对他的吸引力，从而提高他们的合法工资，规避犯罪行为。总之,增大犯罪的机会成本和减少盗窃的净收益,都能够抑制犯罪。防止成本曲线的斜率为负,随着盗窃次数减少,防止成本曲线的斜率增大,因为犯罪防止得愈多(犯盗窃罪的次数愈少),防止成本就会愈高。例如,将盗窃次数从 100 减少到 99 相对较容易,而要将盗窃次数从 11 减少到 10 则困难得多。受害成本和防止成本曲线分别绘于图 12-9 中。

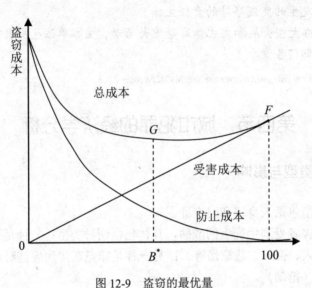

图 12-9　盗窃的最优量

在图 12-9 中,受害成本与防止成本的总和构成呈 U 形的总成本曲线,城市控制犯罪可以根据总成本的最低水平确定受害成本与防止成本的水平,从而寻找控制犯罪的最佳水平。

二、城市警察生产函数

维护城市治安的主要措施是进行警力投入,而政府财力是有限的,投入警力多少为合适,需要先研究犯罪的最优量。

(一)犯罪的最优量

仍然考察图 12-9。假设一个城市的防止成本从 0 开始,如果每天发生盗窃 100 次,其一天的犯罪总成本就等于其受害成本,即 F 点。为了减少这种受害成本,可以通过花费防止成本(如加强防范、延长判刑时间、增加合法机会等)来减少盗窃次数。这样做,会使犯罪的总成本降低。从 F 点开始,陆续地增加防止成本,受害成本就降低,节约下来的受害成本还会超过防止成本的增加,因此城市总成本曲线将会下降,直到 G 点,犯罪总成本达到最小，相对应的 B^* 点就是最优犯罪率水平。

那么，如何才能让盗窃处于最优量（B^*）呢？城市可以利用它的防止资源来减少盗窃的净收益，直到盗窃犯每天只犯 B^* 量的盗窃罪。换句话说，城市从盗窃供给曲线（受害成本）中挑选一点进行资源投资，从而使净收益降低到某一必需的水平。

最优犯罪率也可以从图 12-9 中隐含在总成本曲线里的边际成本曲线中得到（见图 12-10）。在图 12-10 中，较低的水平线表示盗窃的边际受害成本，即每增加一次盗窃导致的受害成本的增加（图 12-9 中总受害成本曲线的斜率），成本曲线呈水平，反映了每次受害的成本都是不变的。斜率为负的曲线表示的是边际防止成本，即犯罪数量每变化一个单位，其防止成本发生的变化（图 12-9 中防止成本的斜率），它的斜率为负是因为防止受害的收益减少：防止犯罪的第一个单位（将犯罪次数从 100 减少到 99）有一个相对较低的边际成本，防止犯罪的最后一个单位（将犯罪次数从 1 减少到 0）有一个相对较高的边际成本。

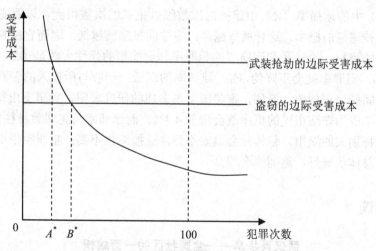

图 12-10　边际受害和防止成本与最优犯罪量

犯罪的最优量用边际受害成本曲线和边际防止成本曲线的交点来表示。从 100 次盗窃罪开始，盗窃的边际受害成本超过了边际防止成本，因此阻止第 100 个犯罪是很明智的。只要边际犯罪成本超过边际防止成本，防止都是有效的，因此最优犯罪率为 B^*。边际成本曲线解释了最优犯罪率为什么会因犯罪类别的不同而不同。假设盗窃罪和武装抢劫都有着相同的防止成本，但受害成本不同，武装抢劫的受害者常常会在犯罪过程中受到人身伤害，因此武装抢劫就有着更高的边际受害成本，反映在图 12-10 中的最优犯罪率（A^*）比盗窃的最优犯罪率（B^*）要小，更多的资源投入到防止抢劫中去，是因为防止抢劫所节约的受害成本更高。最优犯罪率也会因为防止成本的不同而不同，在其他条件相同时的边际防止成本高,最优犯罪率就高。

上述分析可以用于解释中心城市的犯罪率为什么比较高。中心城市有更多的贫困者和失业者,犯罪机会成本相对较低,潜在犯罪量相对较多。由于犯罪充足,如果边际受害成本在整个大城市地区相同,而边际防止成本相对较高,那么最优犯罪率在中心城市就会较高。

(二) 警察生产函数

警察生产函数是描述投入的警力和产出的城市安全之间的数量关系。产出的城市安全可以用对犯罪分子的逮捕率或破获的刑事案件数量来反映;而投入的警力可以用警察人数或投入警事的资金量来反映。如果用 A 表示逮捕率或破获的刑事案件数量,P 表示警察人数,S 表示警事支出,T 表示花费的巡逻、调查和破案的全部时间,C 表示犯罪的数量,那么警察生产函数可以表示为

$$A=f(P,S,T,C) \qquad (12-8)$$

式(12-8)中的逮捕率(A)由逮捕的次数除以犯罪的次数得到,以罪犯的观点,就是犯一项罪而被逮捕的概率,这种概率越高,犯罪的报酬就越低,因而它反映防止犯罪的效果。据美国的资料,抢劫罪和盗窃罪的犯罪率与逮捕率的弹性大约是-0.3,意味着逮捕率每提高 10%,犯罪率就会下降约 3%。逮捕率的高低,一般与所投入的警察人数、警事支出和出警时间量呈正相关。例如,据美国学者泰成的研究表明,警事支出每增加 10%,一个普通青少年成为守法市民的概率就会增加 4.7%。而逮捕率与犯罪数量往往呈负相关,意味着犯罪量特别大的城市,整体社会治安不好,逮捕率也不高;犯罪率很小的城市,反映其社会治安总体状况好,逮捕率会很高。

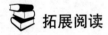
拓展阅读

武汉百步亭——全国社区的一面旗帜

一、武汉市百步亭社区建设所取得的成效

自 1998 年 6 月第一批业主入住以来,百步亭社区实现"十个没有",即:没有一户居民家中被盗,没有一辆自行车被偷,没有一起刑事案件,没有一起交通事故,没有一桩大的邻里纠纷,没有一个越级上访,没有一起黄赌毒,没有一起未成年人犯罪,没有一起火灾,没有一名法轮功活动者,这不能不说是一个奇迹,但这确确实实在百步亭社区里实现了。

武汉市百步亭社区取得这些成效也得到了国家和省市的充分肯定,先后获得全国文明社区示范点、全国先进基层党组织、全国三八红旗集体、全国五四红旗团委标兵、全国文化先进社区、全国著名品牌、全国著名社区、全国无毒社区、全国城市物业管理优秀小区

示范点、全国和谐社区建设自主创新奖以及首届"中国人居环境范例奖"的唯一社区等共六十多个国际和国家级奖项。

中央一百多位部委办领导，全国各省市自治区、港澳台同胞和社会各界以及二十多个国家的友好人士等七十多万人次纷纷到百步亭社区观察参观，对百步亭花园的建设成就给予了高度评价。湖北省文明委、武汉市委、市政府先后作出决定，在全省、全市开展向百步亭花园社区学习的活动。中宣部、中央文明办、建设部、文化部四部委曾联合发出通知，向全国推介这里的经验。百步亭小区建设可持续发展社区的经验在全国产生了巨大的影响，全国二十多家新闻媒体进行了宣传报道。中国影响最大的《人民日报》在头版头条进行了专题报道。沈阳市开展了"打造北方百步亭"的活动，深圳市掀起了"学习武汉百步亭"热潮，上海市主要领导及职能部门二十多次组团来百步亭社区考察学习。党和国家领导人温家宝、李长春、罗干以及中央各部委办领导均莅临社区视察指导。2004年6月10日，温家宝总理来到了百步亭，考察了社区居委会、文娱活动阵地和居民家庭，温总理3次被感动得热泪盈眶。他高度评价道："百步亭有个好班子，关爱老百姓；有个好班长，以身作则；有个好机制，三位一体；有一批基层好干部。居民住得安心，住得舒心。"并提出要求："百步亭要加快发展，让更多的老百姓得到实惠。"

百步亭社区成为全国社区建设的一面旗帜，成为中国和谐社会的一个缩影，成为展示武汉人文风貌的一个窗口。

二、武汉市百步亭社区建设带来的启示与借鉴意义

近几年，我国社区建设出现了各种各样的模式，但基本都属于"政府主导"模式。这种模式难以摆脱行政束缚，居委会成了街道办事处的"腿"，承担着大量政府部门和社会中介的职能，既不能满足社区居民的各种需求，又影响企业和居民参与社区事务的积极性。胡锦涛曾深刻指出："研究社会主义和谐社会要加强城市基层自治组织建设，从建设和谐社区入手，使社区在提高人民生活水平和质量上发挥服务作用，在密切党和政府同人民群众的关系上发挥桥梁作用，在维护社会稳定，为群众创造安居乐业的良好环境上发挥促进作用。"为加强和谐社区建设指明了方向。武汉百步亭社区模式能得到各方一致推介，在于其大胆地摒弃了街道办事处这一政府层级的领导，在两个方面实现了重大突破。

一是实现了社区公共服务企业化供给、市场化运作，探索出房产企业代替政府为社区提供公共服务的营运模式，使社区公共服务模式由"政府办社会"转变为"民营企业服务社区"。

目前，国内大部分社区服务中心的投资主体和开办运营主体的主要提供者是政府，绝大多数中心决策权和管理权归街道办事处。实际上社区公共服务的供给者大多数情况是提供者和生产者一体，政府扮演两种角色，不仅效率难以保证，服务质量更是难以达到社区公众要求。而发达国家和武汉百步亭的实践都表明，在政府的某些行政管理活动中，可以采用一些"企业化"和"市场化"的做法。城市建设、环境卫生、社区事业、文化教育、

体育卫生、社会治安等部门，直接面对公众并为公众提供服务，与企业更相近，因此更适合于仿效企业化。区政府的派出机构——街道办事处其工作内容更直接涉及民众的利益，更直接地为公众提供服务，因此，更适宜于仿效企业化。一般来说，工作对象越面对公众，工作内容更直接涉及群众利益，向公众提供公共服务的政府机构，更适合于适度地仿效企业化。政府和企业虽然是两种不同的组织，但它们彼此之间可以适度地相互借鉴和仿效。

企业化的最大特征就是成本效应理念，奉行顾客至上、质量第一、注重效益、追求效率等企业理念。就是力求以低成本投入获得最大的收益和效益。

政府应该确立以公众及公众利益为本的理念。对于政府来说，确立公众是政府的顾客和以公众利益为本的行政理念，有助于克服那些在传统行政体制中滋长出来的根深蒂固的错位以致颠倒的观念及行为：一是以政府为中心的妄自尊大的官本位；二是以自我意志为主宰的官老爷专横；三是只对上负责而不对下负责的官僚主义。就应该如同企业一样，在了解公众需求的基础上，为其提供适合其需要的优质服务，为民众做实事、排忧解难。当然，政府提供服务的内容和方式与企业不同，因此，衡量政府服务质量的标准是多样化或综合性的，但根本的标准仍与企业一样，就是使公众或顾客感到满意。

政府应该确立行政质量观念，此观念的淡薄成为政府行为中一个普遍问题。政府在实施社会管理和提供公共服务时，同样有一个质量问题，而且是一个重要的问题。这里说的质量有别于通常意义上说的对上级验收考核的质量，这里说的是政治上受托于公民、财政上取之于纳税人的政府，有义务和责任为民众提供优质的服务，为民众多做事、做好事，而不能例行公事般地为服务而服务，否则就会失去民众的信任。

政府应该确立讲究社会效益及经济效益的行政理念。政府作为社会管理者和公共服务提供者，不能以追求经济效益或利润为目的，这一点与企业不同，否则，政府的行为就会严重错位。但政府同样应该讲究效益，同样适用以更少的投入获得更多的效益这一经济学普遍法则。政府的工作也要有一个行政成本理念。政府应该力求把取之于民的财政收入在用之于民的财政支出中得到更好的效益，包括社会效益和经济效益。政府行政管理中确立讲究社会效益、经济效益和行政理念，有助于消除那种只会花钱不讲效益、项目重复建设、文山会海、公费旅游等挥霍浪费现象，有助于抑制权钱交易的腐败现象，有助于建立一个少花钱、多办事、办实事的政府。

二是武汉百步亭整个社区实现了高度自治，形成了一支庞大的志愿者队伍，真正实现了自我管理、自我服务，这既是当代社区的核心理念，也应当是和谐社区建设的核心所在。目前我国的居住区布局主要以封闭式为主，这种对西方设计的极端的模仿已经让中国现代设计陷入了很尴尬的境地，模仿西方建筑的大气，却把居住者封闭在自家的深墙之内；中国传统文明崇尚的"其乐融融"的邻里关系消失了，取而代之的是人际关系的冷漠。城市的和谐，归根到底还是人的和谐。而从人的本质需求出发，社区的未来必将是走向开放与交流的。我们可以从古代传统居住区中学到很多东西，而居住区的发展方向是开放性的，逐渐走向邻里交往，同时更加注重地方特色，重视交通问题的解决，加大了公众参与的程度，更加人性化，真正做到让人们"诗意地栖居"的社区。而在这个过程中，志愿者队伍所起到的联系纽带作用被越来越敏感的专家学者乃至政府的公共决策管理层所重视。

武汉市百步亭社区坚持和谐社区和可持续发展理念，一切着眼于人，着眼于人的全面、可持续发展，着眼于居民的和谐相处，坚持实现让普通市民享受高层次文明、高质量的生活，形成了社会效益与经济发展的良性互动，实现了"十个没有"、物业费十多年100%收取这种真正的和谐，探索出新形势下有中国特色的社区建设的新模式。实践证明，这一模式提高了老百姓的生活质量和城市文明程度，提高了市民文明素质，适应了社会转型期的需要，按照市场经济的手段进行管理，走出了一条具有生命力的新路。作为新时期社区建设的一面旗帜，百步亭社区建设模式值得我们认真研究借鉴，在全国具有全局性与方向性意义。

（资料来源：连玉明.中国城市三十年[M].北京：中国时代经济出版社，2009.）

本章小结

1. 城市安全是指城市在生态环境、经济、社会、文化、人体健康、资源供给等方面保持的动态稳定与协调状态，及对自然灾害、社会经济突发事件的抵御能力。其内容十分广泛，包括城市生态环境安全、社会经济安全、生产设备安全、交通治安安全、居住安全、医疗药品安全、食品安全、家电安全等多方面内容。

2. 城市安全经济系统主要包含城市经济系统、城市社会系统和城市环境系统，而城市经济系统则主要包含城市生产力系统和城市生产关系系统。人类共同追求的应该是自然—经济—社会复合系统的持续、稳定、健康发展。只有城市安全经济系统中的这些要素相互依存，才能促进整个城市系统的有序、协调、可持续发展。

3. 安全经济是指一定的城市人力、财力、物力条件下能够提供的最好的安全服务，或者是达到一定措施安全水平所花费的人力、财力、物力最省。安全经济活动及其功能分析所依据的基本原理包括安全的有限性原理、安全的相对性原理和安全的极向性原理。

4. 安全成本是指实现安全所消耗的人力、物力和财力的总和，包括实现某一安全功能所支付的直接和间接费用，是衡量安全活动消耗的重要尺度；安全收益等同于安全产出，具有潜伏性、间接性、延时性、迟效性等特点；安全效益是安全收益与安全投入的比较，是安全经济决策所依据的重要指标之一。

5. 突发公共事件是指突然发生，造成或者可能造成重大人员伤亡、财产损失、生态环境破坏和严重社会危害，危及公共安全的紧急事件。突发事件从结构体系来看包括决策系统、信息系统、执行系统和保障系统，这四大系统具有密切的关联性和互补性。

6. 危机管理是指组织对所有危机发生因素的预测、分析、化解、防范等而采取的行动，包括对组织面临的政治的、经济的、法律的、技术的、自然的、人为的、管理的、文化的、环境的和不可确定的等所有相关因素的管理。

7. 城市犯罪包括人身罪和财产罪。犯罪的经济影响可以用犯罪成本来衡量。犯罪总成本分为受害成本和防止成本，是犯罪次数的函数；控制犯罪可以根据总成本的最低水平确定受害成本与防止成本的水平，从而寻找犯罪的最佳水平，它是边际受害成本曲线和边际防止成本曲线的交点。

8. 警察生产函数是投入警力和产出的城市安全之间的数量关系，可以用逮捕率或破获刑事案件数量与投入的警察人数或警事经费量来反映。

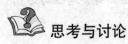 思考与讨论

1. 什么是城市安全和安全经济？列举安全和不安全的现象，并分为不同的种类。
2. 搜集实际数据，建立安全的经济模型，进行安全的成本收益分析。
3. 什么是突发事件？突发事件的管理及结果是什么？试结合实际讨论我国现有应急机制和体系的不足以及改进的方法。
4. 简述城市突发事件的类型和原因。
5. 从经济学角度分析我国某些城市的犯罪情况，并根据这种情况提出关于警事安排的建议。

第十三章 城市财政与金融

 学习目标

　　通过本章的学习，了解作为城市财政管理者的城市政府的类型与层级，明确在城市发展过程中城市政府应具有的经济职能；掌握城市公共品的相关概念与特征及有关理论；了解城市财政的相关概念及其具体职能，明确其与中央财政职能的异同点；掌握城市财政收支的形式与内容，建立有效的财政收入体系的策略以及城市财政支出应遵循的原则；掌握城市金融市场的组成和运作，以及现阶段我国城市融资所具有的模式和出现的一些新的变化，了解城市金融和谐发展的对策。

第一节　城市政府与城市公共品

一、城市政府的类型与层级

　　城市政府随着城市的发展而发展。它是对自己所处环境变化的政治反应的产物。社会结构的变化、人口的变动或财政的危机，都是环境变化的例子，反过来又引起城市政府的变化。以美国为例，从空间和人口分布来看，如果说美国的 19 世纪是一个城市化的世纪，那么 20 世纪则是一个市郊化的世纪。特别是第二次世界大战之后，美国的城市人口大量流出市中心而分散到周围的地区，随之在大都市的周围地带建立了许多新的政府，从而改变了从旧的市中心到新的市郊学校区的各级地方政府的结构。今天，在原来的市中心和后来的市郊，不仅有城市、城镇和乡村，还有无数的各种类型的特区。根据美国统计署的统计，到 2004 年，美国各类地方政府总数达 87 525 个。其中，一般地方政府数量为 38 967 个，包括 3 034 个县政府、19 429 个市政府和 16 504 个镇政府；学区政府 13 560 个，专区政府 35 052 个。

　　从中国的数据来看，2007 年末我国的城市数量达 655 个，比 1978 年增加 462 个，其中，地级及以上城市由 1978 年的 111 个增加到 287 个。中国的城市是行政实体，由政府以行政地位的职能、经济发展水平、开放程度以及城市总人口为条件来设立和划分。城市依据其行政地位被划分为三个等级：县级市、地级市和直辖市。不同行政地位的城市，被赋予不同级别的权利，如投资决策权和对外项目的审批权。

二、城市政府职能

（一）城市政府职能的概述

在市场经济条件下，城市政府职能是指城市政府在市场机制规定的责任范围内，在城市社会经济运行过程中所具有的作用与功能。具体来说，是指城市政府在城市这一特定区域内依照宪法和中央政府赋予的权利，为满足城市社会的共同需要，在实现城市公共品配置的过程中，独立地指导、管理、服务、协调、监督城市经济运行，以保证城市社会、经济和环境持续有效发展的作用和功能。

世界银行的世界发展报告中对政府职能进行了分析，提出政府职能可以分为三种类型：第一，小职能——提供国防、法律和秩序等纯粹的公共品，制订反贫困计划，消除疾病；第二，中型职能——除了提供公共品，还要解决外部性问题，规范垄断企业，提供社会保险；第三，积极职能——在上述职能的基础上，采取促进市场发展的各种措施，协调私人活动，实现资产再分配。

（二）主要内容

城市政府职能主要包括以下几个方面。

1．提供经济发展的制度结构

城市政府要在中央政府为市场经济运行所提供的基本制度、规则以及管理框架的基础上，根据本地区经济特点和经济发展的需要，制定相应的制度和规则，包括各种地方性法规和制度。市场经济的实质是法制经济，因此政府的首要职能就是制定符合市场经济运作规律的法律和制度框架，其中最重要的是提供有效的产权保护，破除地方保护和地方壁垒，维护市场竞争，建立公正、安全、平等的市场制度环境。

2．组织公共品和服务的供给

如前所述，公共品和服务的存在是政府干预经济的前提，当然，提供公共品和服务就成为城市政府的重要职能之一。无论在任何城市，公共品和服务的数量和质量一直以来都是考核该城市政府职能实现程度的主要指标。因此，世界银行曾把"热衷于提供公共品和服务作为好政府的标准之一"。

3．公共资源和自然资源的保护

公共资源和公共品一样没有排他性，但是，由于公共资源的有限性，决定了当一个人使用公共资源时，就会减少其他人对这种资源的使用。因此，公共资源具有使用上的竞争性。这两种特性的共同存在导致了一个不可避免的现象——对公共资源的过度使用，其结果是导致资源的枯竭。如何避免悲剧的产生呢？显然只有借助政府的力量。政府可以通过产权分割将公共资源私有化，以解决过度竞争的问题；也可以通过征税的办法控制每个人对公共资源的使用数量，维护市场竞争。城市作为交易的中心也是市场竞争最为激烈和集中的场所，城市政府身临竞争的中心，能随时感悟到市场的变化。对欺行霸市、假冒侵权、垄断经营现象的出现，城市政府应及时实施管制，以确保城市经济的顺利运行。

4. 配合中央政府的分配职能，调节本地区的收入分配

市场初次分配的结果是不公平的，而政府是解决这一问题的得力高手。尽管社会保障性的转移支付支出是中央政府的主要职责，但是，教育、卫生、累进所得税等实现再分配的手段，城市政府都承担了主要责任。在一些发展中国家，由于社会保障的覆盖面仅限于城市，城市政府义不容辞地担当此任，成为调整收入分配、实现社会发展的重要角色。

5. 协调社会矛盾，实现社会安定

城市社会不仅是一国经济的中心，同时也是社会矛盾和社会问题最为集中的场所，各种社会冲突都会在城市这个大舞台上演。面对这些矛盾和问题，城市政府必须妥善解决。

三、城市公共品——理论和应用

公共品理论是研究公共财政理论的基础，对城市财政的研究同样要以城市公共品的界定和特性为出发点。

（一）城市公共品内涵

城市公共品是指在城市范围内主要以城市为供给主体，被全体市民享用（但非独享）并具有一般公共品特征的、城市生存和发展不可或缺的产品，包括狭义的公共品和广义的公共品、纯公共品与准公共品。狭义的公共品是通常意义上看得见、摸得着的公共品，如城市道路、公安消防、城市公建等；广义的公共品除了泛指上述有形公共品外，还包括政策、法规、制度等。纯公共品是指这样一种产品，每个人消费这种产品不会导致他人对该产品消费的减少，即该公共品具有非排他性和非竞争性，如国防、外交、治安、消防等。除了纯公共品外，大量的公共品不完全具有非排他性和非竞争性，而只具有其中一种特征，我们把这样的公共品称之为准公共品，如公共资源，其具有非排他性，但在消费上具有竞争性；再如广播电视，其具有非竞争性，但通过收费或限制等形式可以使其具有排他性。

城市公共品与全国性公共品一样具有消费上的非排他性和非竞争性，市场机制同样是失灵的，所不同的是城市公共品的作用范围主要限于城市区域内，而全国性公共品是不受空间限制的。对此，大部分城市公共品同区域内人口规模和密度之间具有密切的关系，一旦城市区域内人口过度增加，便会出现公共品使用上的过度拥挤，使每个人在公共品消费中的效用减少。一般情况下，城市公共品供给规模的扩大应同城市人口规模的上升同步进行，如图13-1所示。

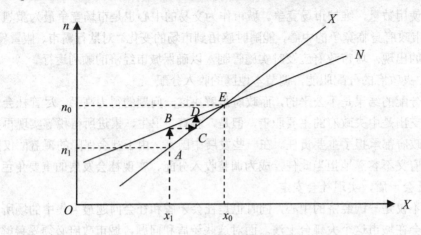

图 13-1　人口规模与公共品供给

图 13-1 中，X 曲线表示与任何一个人口规模相适应的最优物品规模；N 曲线表示与任何一个产品规模相对应的人口规模。因此，X 曲线与 N 曲线的交点 E 代表了城市公共品与城市人口的同时最优，这意味着整个城市的均衡；x_0 与 n_0 分别为最优的公共品量与人口量。如果二者不在 E 点上，就没有实现均衡，城市人口的自由流动与城市政府对公共品的供给会促使 E 点的重新恢复。例如，在 A 点相对于 n 的人口而言 x 是最优的，但反过来，相对于 x 的公共品规模 n 的人口显然太少。城市公共品的充分供给会吸引更多的人口流入并增至 B 点，但此时 x 的公共品又显得过少，新流入人口的赋税会使公共品增加至 C 点。如此循环往复，最终达到 E 点。

城市公共品供给规模同城市人口规模之间的联系决定了城市公共品供给是一个动态的过程，城市政府在提供公共品时，应首先考虑人口因素对城市公共品效应的影响。

同全国性公共品及其他地区公共品相比，城市公共品有如下特征。

(1) 受益范围的有效性。在城市公共品中，无论是纯公共品还是准公共品，其受益范围基本上被限定在城市范围之内，并且这种收益在本区域内散布得相当均匀。

(2) 空间上的高度密集性。人口和经济活动在城市的高度聚集所产生的大量外在需求使公共品在城市的聚集成为一种必然，反之，公共品在城市空间聚集所产生的大量外在效益又为人口和经济活动的集聚创造了物质基础。

(3) 使用上的高效性。人口和经济活动的高度集中，使得城市公共品的使用频率远远高于其他区域公共品。例如，繁忙的城市道路交通、高效运转的城市通信以及供水供电系统。

(4) 收益上的空间溢流性。城市公共品作为一种地方公共品，理应由城市政府供给，并主要以城市域内居民的税收作为补偿。按照市场交换原则，域外经济主体不能无偿使用城市公共品，或从城市公共品中获益。但事实上，公共品的外部性形成了形形色色的"免费搭便车"现象,而城市可开放性又使得他们从域内扩张到域外,"免费搭便车"的行为使城市公共品的效用不再限于域内,而是随着"免费搭便车"的活动半径在空间上产生溢流。

(二)城市公共品规模

城市公共品的范围和构成,一方面反映了城市生活与公共品之间密不可分的关系;另一方面,城市公共品的逐渐多样化也反映了城市微观经济主体对公共品不断上升的需求,这种不断上升的需求导致由城市政府支配的社会资源规模呈不断上升的趋势,其结果是政府活动和规模随着对公共品需求的上升而扩大。

阿道尔·瓦格纳在分析国家活动的范围时曾提出:随着经济发展过程,政府财政支出必定比产出以更快的比率增长。这种关系可以用 PG 曲线来表示,如图 13-2 中,横轴表示 GNP 的增长过程,也即时间的推移过程,纵轴表示财政支出占 GNP 的比重,a、b 是 PG 曲线上任意两点。该曲线的一个显著特征是 $G_b/Y_b \leqslant G_a/Y_a$,它所反映的经济含义是:随着一国工业化经济的发展,人均 GNP 的增加必然导致财政支出比 GNP 更快的增长。

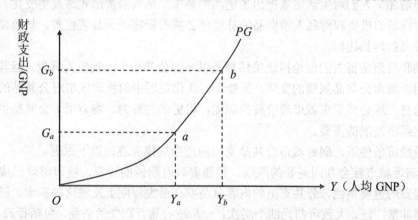

图 13-2 财政支出不断扩大的趋势

为了进一步说明这点,可以把这一不等式变形,得到

$$\frac{(G_b - G_a)/G_a}{Y_b - Y_a} > 1$$

其含义是:随着一国经济的发展和人均 GNP 的增加,社会对财政支出需求的收入弹性大于 1。

瓦格纳将政府规模扩大的原因归结为,随着工业化发展和社会进步,人们对公共品的需求在不断扩大,其内容包括:(1)对政府保护和管理服务等方面的公共品需求的扩大;(2)对政府干预经济以及从事生产经营活动需求的扩大,主要是对那些具有极大外部性效益的行业,由于规模和技术要求等方面的原因,要求政府直接经营;(3)对政府提供文化、教育、卫生与福利服务方面需求的扩大，包括通过转移支付进行收入再分配需求的扩大。

马斯格雷夫在对经济发展不同阶段公共品支出状况进行大量的比较研究之后认为，在经济发展的不同阶段对政府提供的公共品需求规模有所不同。这种变化取决于私人对公共消费品需求的收入弹性，以及随着总资本积累的增加，资本在私人投资和公共投资中的分配比例。

马氏认为，在经济发展的早期阶段，由于交通、通信等基础设施落后，直接影响私人部门生产性投资的效益，从而间接影响整个经济的发展，而对这类基础设施的投资往往投资大、周期长、收益小，私人部门不愿或没有能力投资，同时，这些设施又具有较大的外部性效应，因此，需要政府提供，为经济发展创造一个良好的投资环境，克服可能出现的基础设施"瓶颈"效应。一旦经济进入发展的中期，私人资本存量不断扩展，那些需由政府提供的具有较大外部性的基础设施已基本建成，对其增加的需求开始变缓，公共支出的增长率开始下降。当经济进入成熟期，公共净投资的份额又会上升，这是因为随着人均收入的进一步增加，人们对生活质量提出了更高的要求，私人消费形式将发生变化。这一阶段，对人力资源的投资和对私人消费品的补偿性公共投资将处于显著位置，从而使公共支出又出现较高的增长比例。

瓦格纳和马斯格雷夫的理论描述虽然都是以一国公共品支出规模为背景，但其理论模型同样适用于城市公共品规模的变化。正处于工业化发展中的我国城市对公共品的需求一直呈上升趋势，这必然要求城市政府转换职能，将更多的财力、物力用于公共品供给，以满足市场化经济发展的需要。

在市场经济条件下，确定城市公共品支出的适当规模应遵循以下原则。

（1）满足城市社会共同需要的原则。伴随着政府职能的转变，城市财政已成为满足城市共同需要的重要角色，公共支出的内容就是要在最大程度上反映这种需求。城市公共需求的范围非常广泛，大致可归为四个层次：一是政府履行职能的需要，包括行政、司法、公共管理等；二是构成城市社会资本性公共品的需求，包括城市基础设施、基础科学研究、公共卫生、环境保护等；三是城市文化消费密切相关的公共品需求，包括博物馆、展览馆、图书馆、影剧院、公园、医院、成人教育和高等教育以及各种大型娱乐健身中心等；四是与社会稳定和公平相关的公共品需求，包括基础教育、社会保障、对农产品的价格补贴等。

（2）有利于资源配置的原则。由于外部性的存在所导致的资源配置的失效，我们通常称之为"市场失灵"。解决市场失灵的办法就是利用政府"有形的手"通过有形的和无形的公共品的供给，实现资源在私人产品与劳务之间的有效配置，达到弥补市场缺陷的目的。城市政府对资源配置的影响主要有两方面：一是通过各项政策、法规、制度的确立为微观经济主体制定"游戏规则"，以确保经济的有效运行；二是通过对正的外在效应密集型的公共品的供给和负的外在效应密集型的公共品的约束实现社会资源的有效配置。

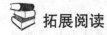 **拓展阅读**

各地方案陆续亮相 中国地方政府机构改革提速

中新网 3 月 31 日电 广东省政府机构改革的"大厅局"方案 31 日经当地媒体披露；北京市机构改革中新组建、设立及更名的市政府部门正在集中挂牌……国务院总理温家宝在 2009 年的政府工作报告中强调，要加快地方政府机构改革。随着各地政府机构改革方案陆续出炉并开始组织实施，于 2008 年 8 月启动的中国新一轮地方政府机构改革进程正在提速。

政府不仅要完成"瘦身"，还要实现"健身"

中央编办主任王东明 2009 年 1 月表示，新一轮地方政府改革有三大环节：加快政府职能转变，推进政企、政资、政事、政社分开；探索大部门体制改革，调整优化组织结构；推进省管县改革。

这意味着，中国政府不仅要完成"瘦身"，还要实现"健身"。截至 2 月 23 日，已有 27 个省（区、市）上报了省级政府机构改革方案，其中上海、陕西等 21 个省（区、市）的方案已获中央批准。上海更是一共撤销了 15 个局（委），重庆也把 8 个部门合并为 4 个。

中央机构编制委员会办公室副主任吴知论日前在接受《瞭望》新闻周刊采访时透露，改革后全国各省（区、市）共减少副厅级以上机构 80 多个。

吴知论说，改革中，多数地方参照国务院机构框架对本地省级政府进行相应调整，组建工业和信息化厅（经济和信息化委员会）、人力资源和社会保障厅、交通运输厅、住房和城乡建设厅、环境保护厅等，将省级食品药品监督管理局由政府直属机构改由省级卫生厅管理。同时，各地还对议事协调机构、部门管理机构、自定行政机构和承担行政职能的事业单位进行了清理规范。

吴知论指出，此次地方政府机构改革中，编制方面的导向和最重要的要求是：不得突破限额。各省、自治区、直辖市行政编制总额不得突破，在同一层级内可根据职能的调整，对人员编制实行动态管理，优化结构。各地在职能调整中，可以"抽人带编"，人员和编制随着任务的调整而调整。同时，严格按规定核定部门领导职数。在机构整合后，人员安排方面客观上需要一个过渡时期，今后将通过部门领导班子的新老交替、干部调配等方式逐步消化。

地方政府机构改革凸显四大亮点

据《人民日报》海外版报道，新一轮地方政府机构改革思路清晰，凸显出以下四大亮点。

亮点一：鼓励地方因地制宜

《关于深化行政管理体制改革的意见》要求"在中央的统一领导下，鼓励地方结合实际改革创新"。依据中央精神，这次改革既坚持原则性，又强调灵活性，为地方因地制宜改革预留了广阔的探索空间。

近日，北京市正式启动新一轮政府机构改革。这次改革有一个特点：以民生和民意作导向，没有完全对接中央的大部制改革，而是根据自身特点裁撤并设立了有关机构。

亮点二：以转变政府职能为核心

按照中央政府的要求，此次政府机构改革的核心是转变政府职能，并要求加快推进政企分开、政资分开、政事分开、政府与市场中介组织分开，把不该由政府管理的事项转移出去，进一步下放管理权限，深化行政审批制度改革，减少行政许可。突出强调地方政府要更好地履行职责，增强地方提供社会管理与公共服务的能力。

湖南省努力构建服务型政府，致力于优化经济发展环境，2008年以来，共取消行政审批项目169项，精简幅度达23%；同时取消和停止征收62项行政事业性收费，减少收费10多亿元，惠及企业和群众。

亮点三："责任"被提到前所未有的高度

以襄汾溃坝事故和三鹿问题奶粉事件为标志，"行政问责风暴"在2008年显现出鲜明的特色，问责范围之广、问责级别之高为近年来所罕见。与此同时，人们已不满足于单一的"风暴"，进而关注行政问责的制度建设。建设责任政府成为中国行政体制改革的目标之一。

"给你配权、配人、配钱，权力与实现目标之间，就必须建立明确的因果关系。"吴知论表示，政府的权力范围和手段，要求政府应当承担起相应的责任，只有突出了责任，才能理清权力的范围。改革将积极探索强化责任的途径及方法，推进政务公开、绩效考核、行政问责。

亮点四：以大部制改革为方向

推进大部制改革是此次地方政府机构改革的一个重要特点。据专家介绍，此次地方政府探索"大部制"改革，将在农业、工业、交通运输、城乡建设、人力资源、文化领域、食品药品七个方面加强统筹协调，这与国务院机构改革并不完全一致。

重庆加大整合力度，将原有的市农办、市农业局、市农机局、市农综办4个部门资源整合，成立新的市农委，减少了16个处室、50多名人员，在2008年全市执政为民考核中，综合排名第六，充分显示了大部门的优势。

各地还对议事协调机构、部门管理机构、自定行政机构和承担行政职能的事业单位进行了清理规范。

背景资料：前4次地方政府机构改革回眸

据《人民日报》报道，改革开放以来，与国务院机构改革相适应，中国已进行了4次地方政府机构改革，目前正在推进第5次。

1983年地方政府机构改革

1982年中央一级党政机构改革基本完成。1983年进行的较大规模地方政府机构改革，目标旨在调整和加强各级领导核心，精简庞大臃肿的机构，选拔大批优秀中青年干部。这次地方政府机构改革是以调整领导班子为重点，同时提出了精简机构、紧缩编制，实行老干部离退休制度，加强干部的轮训工作以及推行市管县领导体制等多项任务。

1994 年地方政府机构改革

继 1993 年中央政府机构改革完成以后,1994 年开始,地方政府机构改革在全国展开。这次改革的主要特点是:(1)以转变政府职能为关键,强调要加强宏观管理职能,弱化微观管理职能;坚持政企分开,切实落实企业的经营自主权,促进企业经营机制的转换。(2)专业经济管理部门精简力度较大。很多专业经济部门成功地转为经济实体或服务实体。对一些行政管理职能较多、管理任务重、一时难以转为经济实体的专业经济部门,也精简了内设机构和人员,减少对企业产、供、销和人、财、物的直接管理。(3)较大幅度地精简了机构和人员。(4)推行了国家公务员制度。

1999 年地方政府机构改革

继 1998 年国务院机构改革完成以后,地方政府机构改革 1999 年在全国陆续展开,于 2002 年基本完成。这次机构改革坚持"既要积极,又要稳妥"的方针,着力于政府职能的转变,减少行政审批事项,精简机构和人员,进一步转变了机关作风,行政效率有所提高。

一是政企、政事、政社分开有了进一步突破。

二是抓住转变职能的新切入点,大力清理了政府行政审批事项。

三是进一步理顺了部门与部门之间以及各层级之间的职责关系。

四是机构编制大幅度精简。

2003 年地方政府机构改革

这次改革的主要特点在于:(1)上下对口设置省级国有资产管理机构。与国务院国有资产监督管理委员会相对应,各地组建省级国有资产监督管理委员会。(2)有关机构调整和职能整合从各地实际出发。(3)严格控制机构和编制。各地的方案比较好地体现了精简、统一、效能的原则,做到机构、编制、领导职数"三个不突破",机构调整均在规定的机构限额内进行,人员编制未突破中央核定的总数,领导人数严格按照规定配备。

(资料来源:中国新闻网,2009-03-31.)

第二节 城 市 财 政

一、城市财政概述

财政一词最早起源于西欧。13 世纪至 15 世纪,拉丁文"Finis"是指结算支付期限的意思,后来演变为"Finare",有支付款项、裁定款项或罚款支付的含义。到 16 世纪末,法国政治家波丹将法语"Finances"作为财政一词使用,认为财政是"国家的神经",随后逐步泛指国家及其他公共团体的理财。中国古代一般采用国用、国计、邦计、度支、理财等词语来表示财政的意思。日本自 1868 年明治维新以后,从西欧各国引用"Finance"一词,吸收中国早已存在并分开使用的"财"和"政"二字的含义,创造了财政一词,并于1903年传入中国，逐步取代以前的各种名称，确立了财政的概念。

财政是指以国家为主体，为了实现国家职能的需要，参与社会产品的分配和再分配以及由此而形成的国家与各有关方面之间的分配关系。财政包括财政收入和财政支出两个部分。

城市财政属于地方财政，是国家财政的重要组成部分，它是在城市范围内利用价值形式对社会产品和国民收入进行分配与再分配的工具。城市财政有两种解释：狭义地看，是指城市政府的财政预算；广义地看，则是指一切利用货币表现的对城市人民所创造的剩余产品进行分配与再分配的过程，包括城市财政预算收支活动、城市中各工商企业的财务活动、城市中各银行的信贷收支活动，以及城市居民的货币收支活动。本书中讨论的是狭义的城市财政，即城市政府为了满足社会公共需要，所进行的公共分配问题。

二、城市财政职能及其范围的界定

城市财政职能是指财政部门为实现城市政府职能，在财政分配过程中所承担的职责和功能，其内涵包括以下几点。

（1）城市财政是为实现城市政府职能服务的，其职能范围随城市政府职能的转变而转变。

（2）城市财政作为国家公共财产的一部分，不仅要满足城市政府的职能需要，同时也要以国家公共财产职能的实现为目标。

（3）城市财政职能是通过财政分配过程实现的，因此，财政分配过程质量直接影响到城市财政职能的实现，进而影响到城市政府职能的实现。

财政职能与政府职能之间的这种内在联系，决定了由于政府间事权的划分，不同级层的政府所执行的特定职能或侧重点不同，因此财政职能的内容也有所不同。从财政职能一般的角度看，由全国性的公共品和公共投资构成的涉及宏观领域的职能一般主要由中央政府担任，如国防、外交、跨省区的大型公共工程的建设；涉及全国的宏观经济政策以及地区间的转移支付等，随之相应的事权与财政收支也应划归中央政府及其财政；由于各级政府都具有在不同的受益范围内提供公共品的责任，因此中央政府和地方政府都具有配置职能。但通常公共品大多具有相对有限的区域性，配置职能因而也具有较强的地域性。为了更好地体现因地、因时制宜，地方政府是域内公共品的主要供给者。监督职能因为存在于前三个职能之间，因此是各级财政应具有的职能。按照这一原则，城市财政职能主要有以下三项。

1. 资源配置职能

城市财政资源配置职能是指城市政府通过筹集资金、提供资金的财力分配方式，引导城市域内资源流向，促进城市域内资源在公共领域和私人领域的合理配置，通过公共品和服务的适度有效供给，使城市社会福利最大化。

在城市系统中，城市财政的配置职能是城市经济顺利运行的基础。

（1）城市的存在是以公共品和服务为前提的，城市和乡村的最主要区别就在于城市具有规模适度、种类繁多的公共品和服务。早在 19 世纪瓦格纳分析财政支出不断增长的规律时，就曾将城市化发展、人口聚集所导致的对公共品需求的大量增长作为财政支出不断增长的重要因素。

（2）城市的发展也有赖于公共品和服务的规模和质量。21 世纪是一个城市化加速发展的世纪，到 2050 年，世界人口的 2/3 将生活在城市。城市经济发展以及城市竞争力的提高将成为国家经济发展的重要标志，而在全球化的浪潮下，要想争得外部投资，创造富有竞争力的城市经济，城市公共品和服务的规模和质量就必须达到一定的国际化标准。

（3）城市人口的增长和财富客观上也要求城市政府提供更加完备的公共品和服务。随着城市人口的增加，原有规律的公共品会出现"拥挤"现象，要维持原有的公共品供给效率水平，只有增加公共品供给的数量。

2．收入分配职能

城市财政的分配职能是城市财政部门通过财产税、收益税、个人所得税、奢侈行为等带有累进性质的税收，调节域内居民的收入水平，通过教育、公共福利等支出手段保障城市低收入阶层的生活水平，最终实现调节城市居民收入分配水平，缩小收入差别的作用和功能。对处于转型期的中国城市政府而言，由于政府中收入分配的差距日渐明显，失业、贫困等城市问题日益突出，财政的收入分配职能已成为一个重要的职能。

3．稳定职能

城市财政的稳定职能是从属于中央财政的，但这并不意味着城市财政收入的无所作为。事实上，广泛的地方财政和城市财政在资源配置和收入分配方面能力的加强，使城市政府在推动经济稳定发展中具有越来越大的作用。

经济的周期发展是经济运行的一个常态。在经济的周期运行中，由于财政收支的内容所致，使其自动的具有反周期的作用。当经济繁荣时投资活跃，产出提高，国民收入水平提高；当经济衰退时，投资匮乏，生产萎缩，失业率上升，国民收入水平下降。在繁荣时期，随着国民收入水平的提高，税收收入自动增加，社会保障性支出自动减少，由此，应抑制社会可支配需求的过度膨胀，以减轻通货膨胀的压力。在经济衰退时期，随着人均国民收入水平的下降，税收收入自动减少，以失业救济、最低生活保障为主的社会保障支出自动增加，抑制社会需求的急速下滑。

显然，反周期性是财政的天然属性，而补偿性则是在自动调节的基础上，通过人为手段增加调节的力度，以补偿总供给与总需求之间的缺口，或增加支出，减少税收，以扩大总需求；或增加税收，减少支出，以抑制总需求。

三、城市财政的收入

城市财政是指城市政府为实现其职能需要而进行的资金筹集与使用所形成的财政分

配关系。它的基本内容包括城市财政收入与财政支出两大方面。

(一)城市财政收入的形式

城市财政收入的形式,主要有税收(预算收入)和收费(预算外收入)两种。1994年分税制改革以前,我国城市政府财政收入类型与中央财政基本一致,只是收入结构受城市地区经济结构影响而与中央财政有所区别;实行分税制后,城市财政收入来源发生了很大变化,其独立性也日益增强。

1. 城市税收的一般分析

税收是凭借政治权利无偿地参与社会产品分配以取得财政收入的一种形式,它具有无偿性、强制性和固定性三个特征。在城市财政收入中,税收收入是最主要的一种形式,因为相对于其他形式的财政收入而言,税收收入更具有普遍性和稳定性——凡是在城市管辖区域内的单位与个人,都必须以法律规定的范围和额度纳税。

(1)税种的划分。世界各国的税种划分各不相同。目前国际上影响最大的税种归类方法主要是经合组织(OECD)(见表13-1)和国际货币基金组织(IMF)的税种分类。

表13-1 OECD的成员国税种分类

税　种	课税对象
所得税	包括对所得、利润和资本利得的课税
社会保险税	包括对雇主、雇员和自营人员的课税
薪金及人员税	
财产税	包括对不动产、财产值、遗产和赠与的课税
商品和劳务税	包括产品税、销售税、增值税、消费税、关税等
其他税	

IMF的税种划分方法与OECD基本一致,不同之处只是它把商品和劳务税一分为二,国内部分列为第五类,进出口关税列为第六类,第七类为其他税收。此外,OECD将社会保险税列为税收收入,而IMF将其认定为非税收收入。

我国现行税收法律体系是在原有税制的基础上,经过1994年工商税制改革逐渐完成的,共有24个税种,按其性质和作用分为七大类,如表13-2所示。

表13-2 我国现行主要税种

税　类	税　种
流转税类	包括增值税、消费税和营业税
资源税类	包括资源税、城镇土地使用税
所得税类	包括企业所得税、外商投资企业和外国企业所得税、个人所得税
特定目的税类	包括筵席税、城市维护建设税、土地增值税、车辆购置税、耕地占用税

续表

税　类	税　种
财产和行为税类	包括房产税、城市房地产税、车船使用税、车船使用牌照税、印花税、屠宰税、契税
农业税类	包括农业税、牧业税
关税	主要对进出我国国境的货物、物品征收

（2）税率的确定。关于税率水平的确定，美国供应学派的经济学家拉弗（Laffer）提出了一个原理。他认为，在一定限度以内，税收收入将随税率的提高而增加，因为税源不会因税收的增加而等比例的减少；当税率超过了这个限度，继续提高税率，则税收收入不但不能增加，反而会下降，如图 13-3 所示。

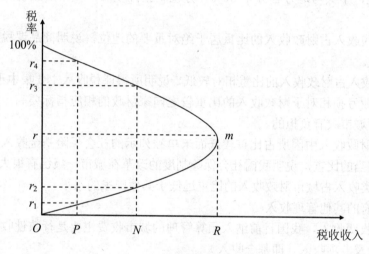

图 13-3 "拉弗曲线"原理

在图 13-3 中，税率由 r_1 提高到 r_2，税收收入将由 OP 增加到 ON，但税率提高超过一定限度，就会影响人们工作、储蓄和投资的积极性，从而导致税率减少的幅度大于税率提高的幅度，税收收入反而减少；当税率由 r_3 提高到 r_4，税收收入会由 ON 减少到 OP。从图 13-3 上看，rm 线就是税率的临界点，在这个税率水平上，税收收入最多，为 OR；超过了这个界限，就是税收的禁区。因此，税率水平应以 r 为限。

确定税率形式时面临的选择主要有两种：比例税率和累进税率。比较而言，比例税率更有利于经济效率的实现，而累进税率更有助于收入的公平分配。所以比例税率和累进税率的选择本质上是效率和公平的选择。一般来说，商品税比较适合采用比例税率，而所得税宜采用累进税率。就税率的总体布局而言，应视客观经济形势的需要来选择侧重点。

（3）我国政府间税收的划分。根据我国 1994 年 1 月 1 日起实行的分税制规定，将维护国家权益、实施宏观调控所必需的税种划为中央税；将同经济发展直接相关的主要税种划为中央与地方共享税；将适合地方征税的税种划为地方税，并充实地方税税种，增加地方税收入。地方固定收入包括营业税（不含铁路部门、各银行总行、各保险总公司集中缴纳的营业税）、地方企业所得税（不含上述地方银行和外资银行及非银行金融企业所得税）、地方企业上缴利润、个人所得税、城镇土地使用税、固定资产投资方向调节税、城市维护建设税（不含铁道部门、各银行总行、各保险总公司集中缴纳的部分）、房产税、车船使用税、印花税、屠宰税、农牧业税、对农业特产收入征收的农业税（简称农业特产税）、耕地占用税、契税、遗产和赠与税、土地增值税、国有土地有偿使用收入等。中央与地方共享收入包括增值税、资源税、证券交易税。增值税中央分享 75%，地方分享 25%。资源税按不同的资源品种划分，大部分资源税作为地方收入，海洋石油资源税作为中央收入。证券交易税，中央与地方各分享 50%。分税制施行以后，城市财政收入结构呈现出以下特点。

① 商品课税收入占财政收入的比重居于绝对重要的地位，说明商品课税收入主要是在城市一级征收。

② 所得税收入占财政收入的比重相对较低，说明所得课税收入主要集中于中央财政。

③ 国有企业亏损相对于财政收入的比重较之国家财政的相应指标要高，说明国有企业亏损主要是由城市政府负担的。

④ 在国家财政收入中因所占比重较低而未单独列示的社会保险基金收入，在城市财政收入中占有相当的比重，说明我国社会保障制度的改革在城市一级已有很大进展。

⑤ 财产税类收入占城市财政收入的比重远低于其他国家的水平。

2．城市政府的其他管理收入

（1）城市收费收入。我国目前纳入预算管理的城市收费主要是行政性收费，海域场地、矿区使用费及专项收入（即基金收入）。

除预算内收费外，城市政府收费还包括来源于预算外的收费以及一些游离于财政管理制度外的收费。从 2007 年 1 月 1 日起，在全国实行新的预算科目分类，逐步将政府的预算外收入纳入预算内，统一编制预算。

从总体上看，当前我国地方政府的收费收入规模庞大，几乎与税收收入平起平坐，在不少地方甚至超过了税收收入。现行地方的收费主体有地方的财政、交通、国土资源、工商、卫生监督、公安、司法、监察、城建、环保、教育、市政设施等管理部门。

（2）城市补助收入。目前我国中央政府对地方政府的补助主要有以下五种类型。

① 税收返还，即中央对地方的两税（指增值税和消费税）的返还。税收返还额以 1993 年为基数，以后逐年递增；递增率按个地方增值税和消费税的平均增长率 1:0.3 的系数确定，即上述两税每增长 1%，中央对地方的税收返还额增长 0.3%。

② 体制补助。这是推行财政承包体制的延续。根据原体制的规定，中央财政向部分省级政府进行定额补助。同时，也有部分省级政府向中央财政进行定额上交。

③ 专项补助，即中央财政向地方财政拨付的用于救灾、扶贫、价格补贴等目的的补助，包括中央有关部委掌握的对教育、卫生、环保、基础设施建设等项目的专项拨款。

④ 年终结算补助，即对过去的财政年度内因政策变化及中央与地方相互交叉收支对地方收支的影响所进行的调节。严格地说，这是中央与地方的双向财力转移，并非是中央对地方的定向补助。

⑤ 一般性转移支付。这是在2002年与所得税分享改革同步推出的，由中央财政向地方财政进行的补助。补助收入来源为中央通过所得税分享改革增加的收入，其投向主要为中西部地区。一般转移支付采用规范的公式化的操作。其计算公式为

某地区转移支付额=(该地区标准财政支出-该地区标准财政收入)×地区转移支付系数

（3）城市财产收入（含土地收入）。财产收入是城市政府财政收入的另一来源，它包括因拥有或处置政府财产而获得的收入。一般来说，在现代政府财政收入结构中，财产收入所占比重并不高。但近年来，我国地方政府的财政收入特别是土地收入增长很快，需要严加管理。

土地是一种重要的国有资产。按照我国对国有资产分级管理的做法，地方土地资产是由地方政府管理的。城镇土地权的有偿转让收入在20世纪90年代中期以前是由中央和地方分成的，但地方政府并没有上缴，现为地方政府所独有，计入预算外收入，已成为地方政府预算外收入的主要来源，甚至被称为地方政府的"第二财政"。

从2007年1月1日起，城镇土地出让金收支全额纳入地方基金管理，实行"收支两条线"。在地方国库中设立专账，专门核算土地出让的收入和支出情况。土地出让收入的使用要重点向新农村建设倾斜，逐步提高用于农业土地开发和农村基础设施建设的比重。同时，从土地出让收入中划出一定比例的资金，建立国有土地收益基金，用于土地收购储备，实行专户管理。

（4）发行城市公债。《中华人民共和国预算法》第三十五条规定："地方各级预算按照量入为出、收支平衡的原则编制，除本法另有规定外，不列赤字。"这就从预算编制上制止了各级财政发生赤字，杜绝了为弥补地方财政赤字而发行地方债券的可能性。

但事实上，随着我国城市化进程的加速，以及资本市场走向成熟，发展和培育城市公债市场的必要性日益增强。发行城市公债，将有利于缓解中央财政压力，为地方财政履行其职能提供财力保障；有利于提高政府投资效率，增加财政透明度；有利于丰富和活跃我国债券市场，满足居民投资需求。

（二）城市财政收入体系的建立

现行分税制存在的种种体制缺陷，决定了必须深化分税制改革，首先要进一步澄清政府职能范围，更科学地划分各级政府的事权，依事权确定财权，其目标取向应是：在有利于巩固中央政府收入分配格局的基础上，逐步扩大城市税收收入，使其拥有相对独立的税收管理权限和获取稳定收入的主体税种，形成税基广泛、结构合理的税收体系，以保障城

市政府经常性开支的需要。

1. 在合理划分税权的基础上赋予城市政府一定的税收自主权

税收自主权的核心是税收立法权，同时还包括征收管理权、政府调整权、税收减免权等，这种自主权的前提是不妨碍中央政府的权益。城市政府税收自主权应表现为：中央政府通过宪法和其他法律授予城市政府一定的税收课征权和税收控制权，包括各种城市税收和中央税的地方附加税。

赋予城市政府税收立法权并不意味着承诺该市政府可以随心所欲地多征税或是提高税率，在市场经济条件下，税收效应和纳税人的"用脚投票"是抑制城市政府行为最有效的机制。

赋予城市政府以一定的税收自主权，可以更加有效地发挥城市财政的配置职能。城市政府最了解城市经济、社会发展的实际情况，最能迎合本城市居民的需求和愿望。城市政府资源配置权力的扩大，可以促进财政资金合理、高效的使用，最大限度地满足城市社会的共同需求。

纵观世界通行做法，可以看出，各国的税权划分区别很大，各具特色，但城市普遍拥有税收管理权限，而且通过法律形式予以明确，值得我们认真研究和借鉴。从我国实际情况来看，当前正处于向市场化目标迈进的关键时期，中央财政的相对集权是必要的，国家税收，包括城市税收的基本政策及其重要法规必须由中央政府制定，不可能像有的联邦制国家那样，将城市税立法权的全部或大部分发到城市政府。但也应该看到，我国是一个大国，各地自然条件和经济发展水平很不均衡，财政能力和税源情况亦有很大差别，在这种情况下，赋予城市政府适度的税权有利于促使城市政府因地制宜地根据本地经济特色和实际情况，积极采取某些税收政策措施，挖掘税收潜力，改善财政状况，促进城市经济发展。具体可考虑：中央税、共享税和全国统一实行的城市税收，其税收立法权都要集中在中央，不得向城市政府分散。但城市政府应有对城市税收的征收管理权，以及部分政策调整权，这主要是指那些虽然在全国统一实行但对宏观经济影响较小的城市税税种。城市政府可以在国家规定的范围内，选择或调整期税率，甚至对某些小税种拥有停征的权限。另外，在国家统一政策指导下，城市政府应有权在全国统一征收城市税以外，结合其实际情况，单独开征区域范围内的某些税种，并报中央备案。开征新税的原则：一是不挤占中央税额，不影响宏观调控；二是有利于促进城市经济发展；三是充分考虑企业和个人的负担能力。

2. 确立城市主体税种，完善城市税收体系

这是进一步深化分税制体制改革的客观要求。在实行分税制的国家，城市政府一般都有自己的主体税种作为其财政税收的主要来源，为履行城市政府职能提供比较稳定的收入来源。当前我国分税制体制及现行城市税收体系的缺陷，恰恰在于划归城市政府的税种虽然不少，却没有当家税种，大多是一些零星小税，收入少，征税成本高，稳定性差，难以保证城市政府经常性支出的需要。我国应当在借鉴国外经验的基础上，加快城市税收的改

革步伐，即通过改革完成和完善已有税种，以及开征某些新税种来填补目前城市主体税种的缺位，把城市税收真正建成一个集流转税、所得税、财产税和行为税于一体，触及各行各业、各种经济成分和各种经济行为，有利于公平竞争、税种完整、税源稳定并相对独立的税收体系。根据我国经济发展水平和当前的税制结构，可考虑把营业税、个人所得税、财产税、土地增值税等作为城市主体税种。

要合理配置税种，优化城市税制结构。现行中央政府和城市政府之间某些税种的划分不尽合理，需加以改进。一是依税种性质重新调整税种的隶属关系。例如固定资产投资方向调节税是一个具有很强宏观调控作用的税种，旨在贯彻中央政府的产业政策，控制各地的重复建设、盲目投资，而现在却把它列为地方税，收入归城市政府，其作用大打折扣。所以，应将这一税种改划为中央政府。二是改变某些税种按隶属关系划分的不规范做法。例如城市维护建设税、营业税不宜把银行、铁道等部门的收入收归中央政府，而应当完全归属于城市政府。又如企业所得税仍保留着按行政隶属关系划分归属的办法，与政企分开、建立统一市场经济体制的要求不相符。如果改其为中央与地方政府的共享税，则既可较好地发挥企业所得税的宏观调控作用，又可消除城市政府与企业利益过分密切所带来的负面影响，逐步将城市财政的职能引导到提供公共服务的方向上来。三是收入功能较强的增值税等仍为共享税，但随着一些税种上划中央政府，可适当调低中央政府享受比例，这样可以提高城市政府的自给能力，促进财力分配的纵向公平。四是开征一些新税种，完善城市税收体系，如可开征社会保障税，并将其列为中央与城市地方政府共享税。社会保障税在收入再分配、平抑经济周期波动等方面有着重要的调节作用，国外一般将其作为中央税。我国地区收入差距较大，同一地区内部也很不平衡，仅靠中央一级调节很难达到公平的要求，因此，此税应成为中央和地方的共享税。

3. 规范城市政府的收费行为，确立将某些收费纳入税收分配的新思路

鉴于目前的现状，下一步对城市政府收费进行规范化管理的基本思路是，首先要清理整顿，对不合理的收费、集资及其摊派坚决予以取缔；对合理的项目，适宜改为税收形式的，实现"费改税"；不适宜改的可以选择放弃。其次，中央政府集中"费"权，适当下放"税"权。与税收相比，收费是一种不规范的收入形式，缺少监督，随意性大，容易被滥用，税收则不然，这样做既可以达到治"乱"的目的，又可以加强城市税收的灵活性。最后，要分清使用者付费与非规范收费的区别。

四、城市财政的支出

（一）城市财政支出的内容

城市财政支出是对城市财政收入有计划地进行分配的过程，可以大致分为以下三类。

1. 城市财政消费性支出

(1) 行政管理和公共安全支出。其中，行政管理支出是指公共部门维持正常运转所必需的支出，主要用于国家各级权力机关、行政管理机关和外事机构行使其职能所需的费用支出；公共安全支出则是指为了维护社会秩序和公共安全而发生的费用，这方面的公共机构主要包括公安、法院、检察院等。

(2) 科研和教育支出。由于城市是高等院校、科研机构的聚集地，城市的聚集经济作用也体现在科研开发、成果转化和技术辐射方面的优势，所以科研支出是城市财政支出的一个重要项目。科学技术是第一生产力，教育则是科学技术发展的基础。通过教育，人们将已有的科学文化知识进行传承，并对新的科技成果进行推广；通过教育，劳动者获得相应的管理及技术技能，进而提高社会劳动生产率；教育对城市的经济社会发展具有重要作用，因此教育的支出也就成为城市政府财政支出的重要内容之一。

(3) 公共保健和文化教育支出。当代社会对劳动力的身体素质和心理素质提出了较高的要求，社会必须提供相应的医疗卫生设施与保健服务，因此公共保健支出是城市财政的必要支出项目。同时，城市向来是文化和体育活动的中心，文体活动对于社会稳定与和谐发展有着深远影响，所以城市财政支出的常规项目也包含了对文化体育方面的必要投入。

2. 城市财政投资性支出

(1) 基础设施建设支出。基础设施是为整个社会生产、消费提供的"共同生产条件"和"共同流通条件"。城市基础设施部门效率的提高，可以降低整个城市的生产成本和消费成本，促进城市经济的健康发展，所以在城市财政的投资性支出中，基础设施建设的支出占了较大比重，但是我国基础设施建设依旧比较薄弱。根据联合国开发计划署研究，发展中国家城市基础设施投资最好占固定资产投资10%~15%的比例，占GDP（国内生产总值）的3%~5%。但是，1994—2006年，中国城市建设基础设施投资占固定资产投资的平均比重为6%，最高为8%，占GDP的比重平均为2.6%，最高为3.8%，均未达到合理水平，逐年累积形成巨额投资欠账。

(2) 公共住宅建设支出。在经济迅速增长的进程中，部分社会成员不能获得充分的住宅和适当的居住环境，表明存在显著的收入分配不公，必须采取措施尽量改善低收入阶层的居住状态。因此，公共住宅计划就成为城市财政投资性支出的一个重要项目。

3. 城市社会保障支出

(1) 社会保险。社会保险是现代社会保障的核心内容，即国家根据立法采取强制手段，一般由保险受保人及其工作单位、国家财政共同出资投保。在受保人遭遇疾病、生育、年老、残疾、死亡、失业、工伤等变故时给予其基本生活保障的一种保险制度。与商业保险相比，社会保险具有强制性、社会补偿性、受保人权利义务非严格对等性的性质。

我国的城市社会保险包括养老保险、失业保险、医疗保险、工伤保险和生育保险，其中以前三项为主：① 养老保险。我国的基本养老保险采取的是社会统筹和个人账户相结合的部分积累养老保险制度，即现收现付制与基金制的结合。基本养老保险费由企业和个人共同缴纳。企业缴纳基本养老保险费的比例，一般不超过企业工资总额的20%，个人缴费比例不超过本人工资的8%。② 失业保险。国务院颁布的《失业保险条例》确定了我国失业保险制度的基本原则和主要政策。我国的失业保险通过国家立法强制实施，由用人单位和职工个人共同缴纳保险费，单位缴纳比例为本单位职工工资总额的2%，职工个人缴费为本人工资收入的1%，失业人员领取失业保险金的期限，根据失业前所在单位和本人累计缴纳时间长短计算，最长期限为两年。③ 医疗保险。在国务院发布的《关于建立城镇职工基本医疗保险制度的决定》中，确定了医疗保险制度改革的目标任务、基本原则和政策框架，奠定了我国多层次医疗保障体系的基础。我国基本医疗保险制度引入医疗费用由单位和个人共同承担的分担机制和个人账户的约束机制，实行社会统筹和个人账户相结合的模式。医疗保险费由单位和个人共同缴纳，社会统筹部分由用人单位缴纳，单位缴纳的比例一般为职工工资总额的6%左右，个人缴费比例一般为本人工资收入的2%左右。用人单位缴费的30%左右划入个人账户，其余部分建立统筹基金。个人账户用于支付门诊等小额费用，统筹基金用于支付住院等大额医疗费用。2010年1月，人力资源和社会保障部公布了《流动就业人员基本医疗保障关系转接接续暂行办法》，这一办法规定，从2010年7月1日开始，流动人员跨省就业时可以转移自己的医保关系，个人账户也跟随转移划转。除医保关系可跨省转移之外，随参保人身份的变化，职工医保、居民医保、新型农村合作医疗三种不同类型的医疗保险关系，也可互相转移。进城的农民工可在就业地参加当地的职工基本医疗保险，回农村后可带回，转为新型农村合作医疗保险，而且不会中断。

（2）社会救济。社会救济是指国家运用财政支出，向生活有困难的社会成员提供自主的社会保险计划。社会救济与社会保险相比，二者的主要区别在于：社会保险具有一定的普遍性，而社会救济具有特殊性；社会救济的资金不可能来自于受援对象，而只能由国家财政提供，故社会救济具有较强的转移支付性质。

（3）社会福利。广义的社会福利是指政府为全体社会成员创建的有助于提高生活质量的物质和文化环境，提供各种社会性津贴、公共基础设施和社会服务，以不断增进国民整体福利水平。狭义的社会福利是指政府和社会向老人、儿童、残疾人等社会中特别需要关怀的人群，提供必要的社会援助，以提高他们的生活水准和自立能力，主要包括老人福利、妇女福利、儿童福利、青少年福利及残疾人福利等。

（4）社会优抚。社会优抚出于保护社会上受尊重的群体的目的，对符合规定的社会成员提供经济保障。接受社会优抚的对象一般有现役军人及其家属、烈属、退伍军人等。社会优抚的资金来源基本上是政府财政支出，它的转移支付作用在于向为社会做出特殊贡献的人提供收入帮助，弘扬社会良好的风气。

（二）城市财政支出原则

城市财政支出在贯彻执行中央财政政策的基础上执行，其性质是城市政府如何向市民提供公共产品和服务的政策选择问题。进行这种选择，一般要坚持如下原则。

1. 统筹兼顾、全面安全原则

这一原则要求做到重点与一般相结合、当前与长远相结合、城市经济与城市社会环境发展相结合，以便合理地使用城市财政资金。

2. 量入为出与量出为入相结合的原则

量入为出是以收定支，根据收入的多少来安排支出；量出为入是以支定收，按支出的多少来安排资金筹集的规模。从财政角度看，量入为出的主动权在于自己，而量出为入则受着事权上的局限（但也并非毫无余地，如通过财政手段筹集某些资金等）。有人认为量入为出是计划经济时代的财政观，这一财政观念正被以支定收的财政观所取代。但是，对于财政支出而言，一般情况下，还是应坚持收支平衡、减少赤字，当然也不能单纯追求和满足静态平衡，要能够适应和有利于城市经济发展，充分反映城市政府提供公共产品的优势。因此，应把两方面的支出思想结合起来。

3. 讲究效益原则

城市财政支出应尽量按预算进行，既要讲究经济效益，也要讲究环境效益和社会效益，力求节约，避免盲目投资和重复建设。对于一些大的建设项目，要进行深入细致的可行性研究、财务分析和方案估计。对支出效益的评价可用"成本—效益"分析法和"最低费用选择法"。前者详列各种方案的全部预期成本和预期收益，通过分析比较，选择最优投资项目；后者是对于不能用货币单位计量社会效益的项目，只计算每项备选项目的有形成本，并以成本最优为标准选择。

4. 取之于民、用之于民的原则

这是指城市财政资金来源于城市，除了上缴国家以外，其余都要用于城市建设与发展。这里要紧紧围绕提高城市人民生活水平和提高市民素质来使用财政资金，以加快城市现代化的步伐。

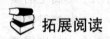 拓展阅读

城市公共开支决策理论

西方学者认为，城市公共品的有效供给建立在个人效用和偏好的基础上。市民通过直接民主制或者代议制民主制度，按照一定的投票程序，将群体对公共产品的偏好反映出来，为政府进行公共产品的决策分析提供依据。例如，确定公共项目的种类，包括公共支出项目和公共投资项目；确定公共项目成本的分摊方式，即确定税种、税率、纳税人等事项；确定预算规模，实现预算效益最大化的目标等。城市公共开支决策过程可以是一个政治决

定过程，选举原则、选举制度对公共选择和公共决策具有不同程度的影响，城市公共开支决策理论实质上偏重于"公共选择理论"，是运用经济学方法解释个人偏好与政府公共选择之间的关系，研究作为投票者的消费者如何对公共产品的决定表达意愿。

1. 帕累托最优

城市公共预算决策理论来源于公共选择理论，其目标是要实现"帕累托改进"，而最终要实现"帕累托最优"。

迄今为止，人们一致认可的判断资源优劣的标准是意大利经济学家帕累托提出的"帕累托最优"。帕累托最优的实现不仅同资源配置紧密联系在一起，也同社会的价值观相关。当群众中一个或更多成员的处境被改善，而没有一个成员的处境被恶化时，社会福利就被增进了，在这一情形下，发生了"帕累托改进"。按照这一标准，在不降低一个或更多人的效用的前提下，如果一旦无法提高一个或更多人的效用水平，那么社会福利就处于最优状态。也就是说，如果不能进一步实现帕累托改进，社会福利就达到了"帕累托最优"。

在一致的公共决策中，该决策没有任何一个投票人反对，即没有任何一个参与者受损，至少对其中一个有利，就达到帕累托最优。在决定某公共产品的决策时，全体当事人必须要一致同意投赞成票之后才能定案，我们称之为"一致规则"。按照全体一致规则决定议案，就可以照顾每一个当事人的利益。由于一致通过的可能性比较小，人们通常遵循多数统一原则，而不是一致同意原则。

2. 中间投票人理论

城市政府有关公共预算进行民主决策时一般采用多数票者胜出的规则。在多数投票规则下，只要50%以上的投票者赞成某一提案，就会获得通过。鲍恩、布莱克的投票模型指出：依据多数通过规则，只要全部投票者的偏好具备单峰性质时，多数投票的均衡结果必然反映中间投票人的偏好，这被称为"中间投票者定理"。所谓中间投票人，是指比他期望更高和更低的公共预算规模的投票人数恰好相等的这样一些投票人，即偏好处于所有选民偏好组合中间的选民。

中间投票人模型把政治过程的均衡与投票人的基本偏好结构联系在一起。在一定规则下，就公共产品的供给以及相应的税收在人们之间分配所达到的协议称之为政治均衡。决定政治均衡的因素主要有公共产品的效益和成本、投票者获得信息难易程度等。投资者最偏好的政治结果是他所承担的税收份额与该公共品的边际效益恰好相等条件下政府所提供的公共产品。由于人们的偏好结构有单峰和多峰形，因而在多数规则下所得到的政治均衡有时不是唯一的。多峰偏好意味着人们最理想的结果不止一个，投票结果可能出现循环现象；单峰偏好指的是每个选民的效用在一维政策空间中都存在唯一的最大值，随着政策变量水平远离该最大值，该选民的效用水平单调递减。如单峰偏好是所有投票者的偏好都呈单峰的条件下出现的，其结果是多数规则仍可保证投票结果的唯一性。在这种情况下，投票者最偏好的政治结果中，符合中间投票者意愿的公共产品数量则往往是多数规则下的政治均衡。

3. 投票悖论

美国经济学家肯尼斯·阿罗在 1951 年出版的《社会选择与个人价值》中论证了在民主制度下,不可能从个人偏好次序基础上形成社会偏好的次序,循环投票会出现投票悖论,这个结论被称为阿罗的不可能定理,它表明没有任何一种投票规则能够在任何情况下达成唯一的政治均衡。阿罗于 1972 年获得诺贝尔奖。

阿罗的论证有几点假设:首先,投票人的选择是理性的,从排序的备选方案中,选出序位最高的方案;其次,投票满足递移性,如果对 A 的偏好大于 B,B 又大于 C,则 A 大于 C,A 胜出;再次,实行民主制度,不存在专制。

假设甲、乙、丙三个投票人从 A、B、C 三个备选方案中投票选择一个城市公共预算方案,三者对三个方案的偏好分别是:

甲:A>B>C

乙:B>C>A

丙:C>A>B

如果选择不同的投票顺序,将会得到不同的投票结果。若 A、B 间投票,则 A 胜出,再和 C 方案投票,则 C 最终当选;若 A、C 间投票,则 C 胜出,再和 B 方案进行表决,最终 B 胜出;若 B、C 间投票,则 B 胜出,而 A、B 间表决的结果,A 反而获胜。从这个例子可以看出,投票次序可以影响投票结果,三个方案都有当选的可能。这种现象就是投票悖论。

阿罗认证了多数投票并不一定遵循递移性。在无数个人福利排序的基础上,推导出整个社会福利的排序,是不可能的。无论采用什么方法来加总个人偏好顺序以产生社会选择,总会存在一些个人偏好顺序,让社会选择不具备递移性。简单地说,就是任何一种多数统一规则,都不可能万无一失地保证结果符合大多数人的意愿。

4. 蒂博特模型

美国经济学家查尔斯·蒂博特于 1956 年提出了一个"用脚投票"模型——蒂博特模型,用来研究地方公共产品最优供给如何实现。其认为当家庭能够自由地选择他们想要居住的行政区时,就意味着形成了某种地方公共物品的市场,能提供适当的达到资源有效配置的制度结构。

模型假设如下。

(1)存在足够多的社区供投票的消费者进行区位选择。

(2)所有投票的消费者都得到有关社区的信息,并能对信息做出反应。

(3)投票消费者充分流动,在社区间迁移无成本。

(4)没有与地方公共产品相关的外部性,所有地方公共产品的利益归本社区所有。

(5)无规模经济,平均生产成本与产品无关。

(6) 地方政府课征人头税来提供公共产品。

在这几个假设条件之下，该模型的结论如下。

(1) 各个社区资源配置达到最优。

(2) 各社区规模达到最优。

(3) 同偏好的人聚居在一起。

地方政府只对所属纳税居民提供公共物品和服务，消费者投票人会在众多提供不同公共产品和服务，以及不同税收负担的社区进行选择，选定一个社区居住，以便消费自己想要的公共物品和服务以及承担适当的税收。具有相同偏好的人会选择居住在同一社区。而众多的城市政府配置资源，是受居民"用脚投票"行为约束的。由于税收支出组合和公共产品供给在地方政府间存在差异，居民可以从一个社区搬到另一个社区，通过"用脚投票"表达自己对公共物品的偏好，为政府提供信号。而政府根据这些信号做出反应，力图以最低税收成本向具有相同偏好的居民提供满足他们需要的公共产品和服务。蒂博特指出：正如我们可以将消费者看作走到一个私人市场地点上购买物品一样……我们将他置于走向一个社区的社会服务的价格（税收）是确定的，这两种途径都将消费者带到市场上，消费者不可能回避显示其在一维空间经济中的偏好。因此，城市居民的定位决策和城市政府对公共产品和服务供给决策之间存在密切的联系，通过这种方式，就能够实现地方公共产品的有效供给。

（资料来源：郑长德，钟海燕. 现代西方城市经济理论[M]. 北京：经济日报出版社，2007.）

地方债务绑架土地财政

东地产 编辑部 报道

审计署此前发布审计结果显示，截至 2010 年年底，全国地方政府性债务余额 10.7 万亿元。

从地区看，有 78 个市级和 99 个县级政府负有偿还责任的债务率高于 100%，资不抵债。

据审计署 2011 年年底公布的《全国地方政府性债务审计结果》，2012 年、2013 年将成为地方债务到期的高峰期，其中 2012 年地方债务到期额度为 1.84 万亿元，2013 年达到 1.22 万亿元。

在地方政府的收入机构中，严重依赖土地财政成为目前无法改变的现实。土地出让金也是地方政府是否能偿还债务的硬指标。但另一方面，宏观调控大势下，土地市场已经冷得不能再冷。

于是，地方债务的偿还逻辑就进入了一个囚徒困境：为了避免出现违约风险，则必须确保地方政府的土地收益，而为了防止房地产泡沫，又不能放松对房地产的调控。

在这样的囚徒困境逻辑里，地方债务已经绑架了土地财政。如何摆脱对土地财政的依赖，成为摆在地方政府面前的一道现实难题。

三、四线城市严重依赖土地财政①

地方偿债风险不一，三、四线城市，尤其是县级城市的地方债偿还风险较大。一线城市则好很多。

面对泰山压顶的巨额地方债务，各大城市的偿债能力和风险显现出极度分化现象。

"一、二线城市，地方税收来源多，对土地财政的依赖度相对低，偿债风险较小，而三、四线城市，税收来源少，严重依赖土地财政，偿债风险较大。"上海美桥投资顾问公司董事总经理张景瑞分析。

《东地产》统计了部分一线城市和三线城市土地出让金和税收的比例发现，在上海等一线城市，土地出让金和地税相比约为 1:6，而在镇江等一些三、四线城市，土地出让金和地税的比例占到了 1:1 甚至更高。

"过去房地产太好赚钱了，地方政府都忽视了实体经济发展，而现在房地产这个赚钱机器成为负债机器的时候，一些三、四线城市连平衡债务的收入都没了。"中国房地产信息集团分析师薛建雄分析。

一线城市偿债能力远超二、三线

《东地产》统计数据发现，在两个典型的三线城市，唐山和镇江，土地出让金和地税收入几乎旗鼓相当。

2011 年，唐山市地税收入 328 亿元，而该城市同期土地出让金约为 274 亿元。2011 年，镇江市地税收入为 194 亿元，而该城市同期土地出让金约为 143 亿元。

而在上海，2011 年上海地税总额为 6 828 亿元，而同期上海土地出让金为 1 260 亿元。土地出让金仅约为地税的 1/6。

"在上海这些一线城市，产业基础雄厚，地方政府偿还债务能力很强。而在三、四线城市，土地出让占据了绝大多数收益，一旦遇到楼市调控，无法卖地赚钱，地方政府的偿债能力不足马上体现出来。"薛建雄表示。

在莫尼塔研究咨询机构提供给《东地产》的另一份"2011 年一、二线城市土地出让金依赖度"研究报告中可以看出，即使二线城市，和一线城市相比，对土地出让金的依赖度也要高很多。

莫尼塔研究机构将 2011 年一、二线城市剔除成本后的土地出让金和当地财政收入相比，在列入统计的 39 个城市中，广州排在第 14 位，比例为 45%，而上海排在第 32 位，比例约为 19%，这体现出一线城市相比二线城市，对土地出让金的依赖度更低。

县级城市偿债风险最大

"由于中国的财政收入规模每年递增，地方政府债务应该不是一个很大的问题。但是，

---

① 东地产周东健报道

需要警惕的是，一些县级政府层面，因土地出让金收入下降，财政收入有较大缺口，因此，要警惕局部风险。"国资委研究中心研究员胡迟表示。

高盛高华一份研究报告认为，根据上市银行披露的数据来看，16家A股上市银行地方融资平台贷款占地方政府性银行贷款35%左右，而非上市的城商行、农商行以及国开行占比可能高达65%，这意味着，城商行、农商行面临的地方融资平台贷款还款风险相对较大，尤其是市、县级的平台债务状况值得关注。

高盛高华报告还指出，地方融资平台贷款占GDP的比重自2009年起走低，且2011年上半年以来，银监会进行的平台贷重组在控制现有贷款水平和新增贷款方面取得了一定的成功。不过，在当前房地产市场调控的环境下，平台贷的主要长期风险在于，很多地方政府仍缺乏财政自律而且进一步融资的冲动较强。

公开资料显示，2008年金融危机发生后，地方投融资平台和地方政府债务规模迅速扩张。

2009年、2010年中国新增银行贷款大量流向地方政府投融资平台，仅2009年一年，地方债务由2008年底的5.56万亿元增至9万亿元，同比增长61.92%，尽管2010年增速下滑至18.86%，但地方债务余额规模仍在不断壮大。

财政部财科所副所长刘尚希指出，随着刚性支出在财政支出中占比的加大，地方政府财政支出也将面临巨大压力。

财政刚性支出，是指政府提供公共服务所需资金，具体包括教育、医疗、卫生、社保、保障房等方面。尤其是保障房，据统计，今年在建保障房建设达到1300万套。除了2009年出台的《关于进一步加强土地出让收支管理的通知》中，要求将土地出让净收益的10%用于保障房建设。今年还新出台政策，要求地方债要优先用于保障房建设。

房地产由赚钱机器到负债机器

在过去房地产发展的黄金十年，因为地方政府卖地太容易赚钱，导致很多城市严重依赖房地产拉动城市经济发展，忽视实体经济。

而地方政府举债经营城市的方式，为以后的地方债务扩张埋下伏笔。

薛建雄分析，在开发前期，政府通过城投公司去做一级土地开发，然后带动市政建设和房地产业发展，来作为城市经济发展的引擎。而一旦房地产发展停下来，城投的前期投入就赚不回来，造成现在所谓的平台公司债台高筑。

"房地产不起来，后面带来的相关的建筑、建材、家俱、家电产业也会停下来，还有商业、办公服务等相关行业也会停止，政府希望新一轮的卖地回收资金也无法实现。也就是说，房地产一停，平台公司就债台高筑。"薛建雄表示。

张景瑞也对《东地产》表示，过去几年一些地方政府借钱拆迁，通过运营土地来获取收益，那时房地产是赚钱机器，现在土地卖不出去，变成积压商品，房地产成为了负债机器。

"像上海这些一线城市，都是做大实体经济来拉动城市发展，房地产只是起到协调作用。但是一些三、四线城市，主要靠房地产推动经济发展，实体经济不但没有增长，反而因为房地产所带动的成本上升,而被挤压驱逐,所以一旦遇到像现在这样的长期调控,地方政府就捉襟见肘。"薛建雄表示。

地方发债为一线城市护航

此外,相比三、四线城市,一线城市因为融资平台更广阔,更能享受到政策优惠,如目前几个一线城市可以发行地方债券,因此地方债务偿债能力也更强。

2011年10月20日,财政部发布通知称,经国务院批准,上海市、浙江省、广东省、深圳市可开展地方政府自行发债试点。

去年11月份,上海发行总额为71亿元人民币地方债,随后,广东发行69亿元的地方债。

地方债发行后,获得机构热捧。申银万国首席宏观分析师李慧勇表示,上海市总体经济实力较强、信用资质水平较高,本期债券受到市场追捧也在意料之内。

张景瑞分析,地方债的发行,为一些城市更深化的转型,如彻底摆脱土地财政的束缚,有很积极的意义。

张景瑞认为,随着上海、广东等地地方债运营的成熟和完善,发行地方债的省份会逐步扩容,这为一些过去依赖房地产拉动经济,在调控后麻烦不断的三、四线城市提供了一线机会。不过他指出,相比以后通过发债来转型,目前大多数三、四线城市不如尽快通过招商引资,做大实体经济来得现实。"虽然痛苦,但这是必由之路。"

楼市低迷拖累政府卖地[①]

——4.6万亿地方债面临偿付压力

2009年启动的信贷狂飙,终于在2012年迎来了首轮偿债高峰。而土地市场的不景气,导致以土地财政为主导的二、三线地方政府捉襟见肘。

2012年迎来了首轮偿债高峰。前中银监主席刘明康表示,未来三年,内地地方债约34.5%到期,涉及4.6万亿元人民币。其中,2012年全年1.8万亿的平台债务。

各项还款期限的接踵临近,地方政府面临偿债压力。

卖地依旧是解决财政危机的重要手段,《东地产》了解到,三四月间各地地方政府纷纷召开土地推介会,县市一把手亲自推介。与此同时,部分二、三线城市暗中松动房地产调控政策,也变得有迹可循。

政府官员亲自卖地

4月25日,湖北省10个县市领导齐刷刷地出现在武汉市五星级酒店,亲自登台推介辖区土地。

同一天,由四川眉山市人民政府主办,眉山市国土资源局、市城乡规划局承办的眉山市2012年土地项目推介会在成都市锦江宾馆举行。

[①] 东地产童丹霞报道

各地政府一线主管土地的领导纷纷出马，意欲为颓势的土地市场招揽人气。

嗅觉灵敏的土地中介机构，也纷纷借此拉拢意向房地产企业，撮合双方交易，"现在是买方市场，地方政府也很清楚这一点，所以才会放低姿态，几乎每个县市都是一把手亲自介绍，这种情况还是非常少见。"武汉市一位资深的土地中介机构工作人员告诉《东地产》记者。

一切的数据都在表示，土地财政在萎缩。

4月17日，国土资源部下属中国土地勘测规划院发布报告显示，2012年第一季度全国地价环比、同比增速持续回落，其中住宅地价负增长，这也是自2009年二季度以来其首次出现整体下降。其中，3月130个城市土地出让金699亿元，环比降29%，同比降48%。1—3月土地出让金2 427亿元，同比降47%。

据预测，二季度市场严厉调控预期仍将蔓延，商服和住宅等房地产用地价格将进入低速增长或负增长时期。

松动土地开发限制

地方政府的财政压力骤增，"现在的操作空间增大，行政规费有打折空间，以前必须全额交付，现在可以打7.5折。"上述土地中介机构向《东地产》记者透露。

不仅是行政规费，在土地款支付期限上也变得可以商议。"按照国家规定，第一笔土地款为成交价50%，这个是很难有操作空间。但后期土地款支付可再行商议，短则3个月，长则一年甚至更长。"其举例称，如果政府交地时间延长，土地支付就相应可拉长。

这也就意味着，只要达成交易，地方政府可给予的空间弹性增大。同时，为减缓开发商资金压力，地方政府可通过延长交地时间来变相缓减开发商资金压力。

不难发现，在房地产市场，特别是土地市场低迷的情况之下，政府推地的姿态有所放低，在政策上作出了相应的调整。

在杭州余杭土地推荐会上，对开发商拿地起重要作用的保障房配建政策也出现微调，据悉，可以选择集中配建的方式，其中具体地块可以选择不单独配建。

暗中松动为地方债开道

回本溯源，地方政府急于出让地块，也是无奈之举。

尽管并不是每个地方政府都必须通过土地出让金，来填补财政收入的空缺，但不难发现，当土地财政减少情况，又遇上地产债还款高峰期，摆在地方政府面前的偿债压力空前。

根据审计署2012年第1号审计报告，2012年将有约1.8万亿地方政府债务集中到期。国务院参事、央行货币政策委员会委员夏斌认为，房价下降的直接影响是，地方土地出让金的大幅下滑，加剧地方融资平台风险和银行系的不稳定，并对股市也形成相应的影响。地方政府压力很大。

而如何解决2012年即将到期1.8万亿地方债务，土地财政无疑是很多二、三线城市的最主要解决出路。

以芜湖为例，2011年芜湖财政收入共计286.81亿元，其中地方财政收入139.97亿元，而土地出让金就达到61.3亿元，接近地方财政收入的一半。

此外，2011年130个城市土地出让金总额同比减少11%，全国房地产营业税和契税同比增速分别回落17.5和3.0个百分点，这直接影响地方政府的财政收入，无疑对以来土地财政的地方经济发展模式带来很大挑战，也成为部分地方政府擅自放松调控政策的主要原因。

房地产调控陷入中央与地方政府措施不一致的困境，出现芜湖、中山等城市的短命救市政策。

下半年土地市场或回暖

4月初，万科突破第一季度"零拿地"纪录，以1.9亿元作价拿下一幅位于唐山路北区东部建华东道地块。4月20日，万科以5.7亿元竞拍获得青岛四方区一地块。这是万科今年以来第二次拿地。

相对于万科而言，保利、招商拿地则显得更为积极。招商地产（23.30,-0.29,-1.23%）几乎每月都出手拿地。据国金证券（12.48,-0.10,-0.79%）（600109）的统计数据，年初至今，招商的拿地数量是去年同期的5.4倍，占2011年全年拿地量的42%。

大公司"抄底"土地市场，也让很多业界人士看好下半年的土地市场。中国房地产信息集团分析师薛建雄认为，大型房企的财政状况还算不错，它们去年的预售账款会得到一个集中释放，使得手头上的资金流较多。拿地是为补充后续的发展。但对于整个行业而言，大部分房企的业绩报告反映着库存高，资金链紧张，开发商拿地意愿低迷的情况。

4.6万亿地方债迎偿付高峰[①]

1 102亿房产税难堪大任，4.6万亿地方债偿付高峰期，被视为增加地方财政收入来源的房产税，在当前试点情况下不过是杯水车薪，而其全面推广存在难题，同时亦面临远水救不了近火的现实。

4月20日，上海嘉定。一家开发商以3 818元每平方米的楼板价购得一住宅用地，该价格创下区域内2009年以来最低楼板价。

4月18日，北京丰台。一幅商业金融用地以3.58亿元的底价成交，折合楼面地价2 168元每平方米，创出区域最低价。

4月16日，云南昆明。唯一一宗当日面市的地块，却"因故中止"交易。当月，该市土地出让现零成交。

……

无论是一线城市还是二、三线城市，无论是住宅还是商业用地，受楼市低迷影响，土地市场已极度冷清。但在地方政府主要财政来源——土地出让金大幅缩水的同时，2012年

[①] 东地产王戈报道

地方债务正在迎来偿付高峰期。

4.6万亿迎偿付高峰

"三年前借钱渡过金融危机,三年后各类举债主体都到了还钱的时候。"中国人民大学财政与金融学院副院长赵锡军说。

赵所说的事实是,全国10.2万亿规模的地方债,其中43%的债务将在未来两至三年内集中到期,金额达4.6万亿元。其中,2012年,政府负有偿还责任的债务、政府负有担保责任的债务与其他相关债务三类共计1.84万亿元,这让2012年成为今后地方政府偿债最为关键的一年。

事实上,正是缘于对地方债务的忧虑,利润大幅增长的中国银行(2.70,0.02,0.75%)业,股市中的表现与其获利能力极不相称。

而近期坊间的传言,更加重了资本市场投资者对地方债的忧虑。

2月中旬,有媒体报道称,银监会正在研究允许国内银行对地方政府贷款进行大规模滚转,将一些地方债到期日延后四年。

时隔不久,银监会公开表示未出台地方债展期政策。有关人士称,展期无助于问题的根本解决,只是将风险延后,治理地方债还需要制度层面的改革。

"债务展期治标不治本,在土地财政收入锐减情况下,投资者不能不考虑债务违约风险,同时,地方财政以何种方式弥补土地财政收入下降,是地方债的关注重点。"一位信托业人士告诉《东地产》。

房产税试点杯水车薪

此前引起各界讨论、被一些经济学家寄予厚望的房产税,会是弥补土地财政收入骤降的灵丹妙药吗?

答案并不乐观。海通国际在稍早前的一份针对全国房产税试点城市上海重庆的调研报告中指出,房产税对两地的政府财政收入和当地房价所产生的影响非常有限。

根据海通国际的测算,2011年上海可征收的房产税总额会低于3亿元人民币。这在当地政府2011年3 430亿元人民币的财政收入中,所占的比例不到0.1%。同时,尽管住房限购令空前严厉、成交总建筑面积也大幅下滑,2011年上海住宅的平均售价仍同比上涨6.8%。

而2011年,上海的土地出让金为1 510亿元人民币,同比减少16%。

重庆的情况也基本相当。据测算,2011年可征收的税款总额约为1亿元~1.2亿元人民币,与当地政府财政收入2 900亿元人民币相比,也仅占极小份额。2011年,重庆的土地财政收入为820亿元人民币,同比上升15%。

2月中旬,国家财政部发布2011年税收收入增长的结构性分析显示,2011年房产税实现收入1 102.36亿元,同比增长23.3%。房产税收入占税收总收入的比重为1.2%。

目前,国内房产税主要征收对象是经营性房产,但税收总额相较于数额庞大的地方债务可谓杯水车薪。

"许多人都对于有朝一日房产税或物业税可取代卖地收入成为地方政府财政收入的主要来源之一抱有较高的预期。但是,从上述数据来看,这一期望似乎仍是遥不可及。"海通国际如上表示。

地方债倒逼房税

一方面,地方债务如泰山压顶;另一方面,地方财政收入因土地出让金减少而大幅锐减。于是,对地方债的偿付来说,以何种方式增收成为关键。

一个不可回避的现实是,地方债的偿付压力已经形成倒逼房产税全面推广态势。2012年年初以来,关于房产税全国推广的传闻更是甚嚣尘上。

4月24日,国家税务总局所得税司副司长孙午珊在一场国际税务峰会上表示,"完善地方税制体系,增加一些地方税收的收入","例如我们现在也在说的房产税的改革。"

在此之前,也有多位国税高官就房产税问题表态。事实上,房产税在全国范围的推进有利于完善税制、增加地方财政收入,这已经成为部分税务和经济专家的共识。

《东地产》从一位接近税务局官员的人士处获悉,在第一批试点的上海、重庆之外,下一批房产税试点名单将涵盖北京、广州以及深圳三个城市。

仅仅是参考上海、重庆的模式,对于地方财政收入的贡献相对有限。不过,如对存量房开始征收,情况就大不相同。

华泰证券分析师郭春燕认为,"从税法公平原则出发,除对居民生存权的房产免税外,对个人存量房也应该征税。如果未来地方政府开始对个人存量房也实行征税,那么这个规模相当庞大。"

但房产税的全面推行压力重重。

复旦大学金融与资本市场中心主任谢百三教授撰文表示,房产税的推行导致假离婚越演越烈。

此外,他认为,是否该全面推广房产税也存在较大争议。"房产税,在居民已交了70年土地租金后,再向人民征收,就是一只羊上剥两层皮,就是不合理的重复征税。"

稍早些时候,房地产商人潘石屹曾通过微博表示,他所接触的人中,99%的人反对征收房产税。

一位不愿具名的地产商向《东地产》表示,出于增加地方财政收入或抑制房价的房产税,其推广存在较多问题。"目前的房产税实际上被业主转嫁,无形中反而推高了房价;此外,如未来房产税覆盖存量物业,应覆盖到何种程度?如何衡量是否属征税范围?有否免征情况? 只要有例外,就一定会被人钻空子,很容易造成腐败和社会不公。"

事实上,由于房产税的推广并非一朝一夕,房产税的全面推广即使在未来顺利成行,地方债也不得不面临远水解不了近火的现实。而对于年内到期,迫在眉睫的1.8万亿地方债,要避免债务偿付危机,如何增加地方财政收入,或是考虑其他途径的资金来源,仍是目前无法回避的现实问题。

后土地财政时代[①]

地方政府经济结构转型成关键,经济调整任重道远,土地财政转型非一朝一夕,只有经历浴火,才能涅槃。

土地财政在经历辉煌期后,在调控大背景下淡出时代视野,这是一个必然趋势。后土地财政时代如何走,各地都在不断探索。

专家建议"时间换空间"。

"除长远的调结构、加速地方财政改模式的转变外,为减轻地方债务偿债压力,估计政策上会有定向放松、包括对楼市政策微调,甚至有可能采取债务展期方式以缓冲未来两年的地方债偿付压力。"一位资深信托项目经理如上表示。

该人士代表了目前一些业内人士的看法。

美桥房地产资讯董事张景瑞对《东地产》表示,在目前地方无法摆脱土地财政的情况下,以时间换空间,适度放宽对房地产的调控,通过土地市场的适当升温解决资金来源问题。

在解决短期财政困难的同时,加速地方政府的经济转型。从这个意义上来说,等于利用升温楼市来为经济转型换取时间。

但对楼市调控进行调整,则与此前的调控方针相悖,业内也不乏反对者。经济学家马光远就表示,试图靠放松对房地产的调控来化解地方债务危机,不仅无法缓解,反而会激励地方政府对土地财政更加依赖,最终会因房地产市场的泡沫破灭而使得资金链完全断裂。

他认为,对于处于高速增长中的地方经济而言,债务规模本身无论是10万亿,还是14万亿,其实并不可怕,只要实体经济具有很强的造血功能,只要中小企业生机勃勃,债务的偿还就会有保证,但如果将债务的偿还一股脑压在土地财政上,这在任何时候都是一种最坏的选择。

非税收入"按下葫芦浮起瓢"。

在土地财政无以为继的情况下,非税收入成为地方政府的"救命稻草"。

财政部日前发布的数据显现,非税收入出现快速增长势头。今年一季度,全国非税收入4 118亿元,同比增加1 432亿元,增长53.3%。其中,地方非税收入3 472亿元,同比增加1 158亿元,增长50.1%。

一位投资界人士向《东地产》表示,这有可能是地方政府为缓解财政压力增加了一些收费。"非税收入的增加总体上是一个不好的苗头,在我国非税收入机制不健全的背景下,难保一些地方政府,特别过度依赖土地财政的市县城市,会出现乱收费现象,这反而加重国民负担,并非楼市调控本意。"

[①] 东地产王戈报道

经济转型任重道远

在采访中,《东地产》发现,地产与金融界调结构、促转型的观点已深入人心。

"中央房地产调控政策的一个间接目标,即迫使地方政府提高意识、大力发展地方经济、寻求多元化财政收入来源。"国土资源部土地勘测规划院副总工程师邹晓云如上表示。

中国房地产信息集团分析师薛建雄表示,在过去房地产发展的黄金十年,一些城市如宁波等,在发展房地产的同时,重新开始招商引资做大实体经济。一方面是招宁帮商业重新回家乡投资实业,一方面是去国际上招商。这些城市在土地财政的黄金年代就开始转型,所以较为顺畅。

而一些三、四线城市,过去一直靠房地产拉动,形成较大的依赖度,这些城市的转型则较为痛苦。"不浴火,无法涅槃。"薛建雄表示。

管理部门加强地方债监管[①]

在地方债务麻烦不断的时候,相关部门也加紧了监控和管理的步伐。

银监会不断对银行业金融机构进行风险提示,通过推动地方政府还贷、优质资产置换、平台公司再融资等措施,有效落实到期债务还款来源,并按月上报贷款到期及偿还情况。

从监管部门统计的最新数据来看,截至2011年9月末,全国共有地方政府融资平台10 468家,平台贷款余额9.1万亿元;且未来三年总体有35%,即3.2万亿的平台贷款集中到期。但是值得一提的是,已退出平台、纳入一般公司类贷款管理的有1 974家,贷款余额2.9万亿元;另外,仍按平台贷款管理的为8 494家,贷款余额6.2万亿元。并且,截至2011年11月末,平台贷款抵质押担保整改率达65%。

在国务院发展研究中心金融所副所长巴曙松看来,地方政府应设立债务管理委员会,并将所有政府债务,包括直接显性债务、直接隐性债务、或有显性债务、或有隐性债务等,一律纳入政府财政部门统一管理,由各级财政部门按照国家规定的统一口径具体负责政府债务的统计、举债的审查控制、债务资金的使用和偿还等全过程的管理和监控,变政府债务的"分权"管理为"集权"管理,把政府债务全面置于各级政府完全能够控制的"笼子"里。

"在面临2012年首个还款高峰期时,要依法管理地方融资平台,使地方政府债务完全可控;地方政府应通过压缩财政支出、盘活国有资产存量、优化还款方式等途径化解到期债务。"全国人大代表辜胜阻分析称。

此外,还有银行业人士建议,可以尝试资产证券化和增加金融产品创新化解地方债务风险。建设银行(3.90,0.01,0.26%)金融市场部总经理谷裕表示"降低平台的负债率,债券市场能发挥重要作用。解决地方融资平台问题首先要实现政企分开,提高平台资产负债的透明度,这样平台就能作为一个独立的发行体进入债券市场,靠自身实力发债。此外,可以

---

① 东地产周东健报道

将相对成熟的政府融资平台项目进行资产证券化，发行资产支持债券，将其从资产负债表上剥离出去，有效降低负债水平。这样一来，就能集中资源开发未成熟的项目，实现良性循环。"

（资料来源：http://www.sina.com.cn，2012-05-02。）

解析土地财政

2009年，全国土地出让金高达1.6万亿元，占当年地方财政收入的48.8%。最近，有学者研究发现，如果计入土地出让金收入，2009年中国全口径政府收入实际已突破10万亿元，约占GDP的32%。

10年来，各地土地出让金收入增长迅速。2001年，全国土地出让收入占地方财政收入的比重只有16.6%。到2009年，该比例已上升为48.8%。期间有几年，该比例甚至一度超过50%。地方政府严重依赖土地出让金等相关收入，是为"土地财政"。

近年来，土地财政愈演愈烈，成因复杂，利弊互见，出路何在？

土地财政实质

土地财政，从收入来源看，主要包含两大类：一是与土地有关的税收，如耕地占用税、房地产和建筑业的营业税、土地增值税等。目前，地方政府重点征收的是房地产税和建筑税，有些地方这两项税收甚至占地方总税收收入的百分之三四十。二是与土地有关的政府非税收入，如土地租金、土地出让金、新增建设用地有偿使用费、耕地开垦费、新菜地建设基金等。目前，地方政府主要看重的是土地出让金，出让金占地方预算内收入的比重已达百分之四五十，少数地方甚至超过预算内收入。

以上两部分收入有内在的联系：政府出让土地，获得非税收收入——出让金，企业特别是房地产企业得到土地搞开发，又可增加政府的税收——房地产税和建筑税。对地方政府来说，这似乎是个良性循环。

在这个循环中，源头是出让国有土地使用权。显然，要维持这个循环，就必须不断出让土地，而要不断出让土地，就要不断征收农民的集体土地。可见，土地财政是一种土地扩张与征占的机制。

与此相关，现实中还有"土地金融"问题：政府用征收和储存的土地，向银行抵押融资，这种做法在各地很普遍。目前，政府土地抵押的融资额，已远远高于土地财政的收入，这也是一种促使城市土地扩张、征占农民集体土地的机制。

根据相关法律规定，出让方式获取的土地使用权，可以抵押。而对未经出让的土地，能否抵押，法律并无明确规定。按照《行政许可法》，凡法律没有明确许可的，政府都不能做。因此，严格说，政府的土地融资活动，大多都属于违法活动。

从理论上看，土地出让金是若干年期的土地使用权价格，实际上是政府向企业一次性收取若干年的地租。而地租是对企业当年利润的扣除，属于社会一次分配范畴。对企业而言，一次集中交纳若干年地租，意味着预支未来利润，属于负债经营。

现实生活中，很多企业是靠银行贷款支付土地出让金，负债的性质一目了然。即使是用自有资金来支付，本质上仍然是负债。企业如果经营得好，有稳定的盈利，可以逐步清偿这笔负债；如果经营不好或者破产了，就不能清偿。如企业再生产因此中断，最终则会转化为银行的坏账，成为整个社会的问题。

按有关制度规定，企业可以把剩余年期的土地使用权转让出去，使负债得以清偿，甚至可以从中获利。但是，这不过是负债在企业之间的转移。土地使用权转移的结果是，负债的规模还可能被放大。

就房地产业而言，情况有些特殊。开发商在出售住房的同时，把对土地使用权的负债也转移出去了，甚至还可能从中大赚一笔，但接手这笔负债的不是企业，而是消费者。一般工薪阶层都要向银行贷款，才能支付房价，负债的性质也是一目了然。消费者要用今后数年乃至数十年的收入，才能偿还这笔负债。个人和家庭的消费能力、生活水平也会因此改变。期间，如果因变故而无力偿债，不仅是个人和家庭的不幸，同样也会增加银行的坏账，成为全社会的问题。

由此可见，从整个社会的角度看，政府出让土地所获得的每一笔收入，都有一笔企业或个人的负债与之相对应。就是说，政府以土地出让金搞建设，是以透支用地企业或个人的未来收益为前提的。

由此不难做出如下判断：所谓土地财政，实质上是一种依靠透支社会的未来收益，谋取眼前的发展方式。形象地说，就是"寅吃卯粮"。

土地财政成因

土地财政的形成，既有内因，也有外因。

就内因而言，主要是现行土地管理制度。反思中国土地管理的制度安排，一个突出的问题，是政府有关部门既负责土地管理，又负责国有土地的经营，所谓集"裁判员"与"运动员"于一身。经营是市场主体的活动，具体到国有土地的经营，就是要保值增值，追求土地收益最大化。把这个作为政府的职责，客观上使各级地方政府成了市场竞争的主体，这是土地财政形成的主要制度基础。近些年发生的许多土地问题，也都是由此派生出来的。

例如，不同层级政府的职能错位问题。中央和省级政府并不直接掌握任何土地，其主要职能是管理。而城市政府，不管是直辖市，还是省会城市，还是计划单列市，以至地、县级市的政府，都是直接掌管土地的，其职能是既有管理，又有经营。有经营就有利益，当经营与管理发生矛盾时，由于经营利益涉及地方发展，必然导致管理服从经营，而不是相反。对经济的宏观调控，中国与西方国家有很大不同。西方国家表现为政府调控企业和个人，而中国则更多是中央政府调控地方政府。其原因之一，即在于此。

又如，征地制度改革和集体建设用地进入市场问题。任何经营活动，都是以追求收益最大化为目的，政府如果从事经营活动，也不可能例外。政府经营土地的收入，来源于农地转化为建设用地的级差收益。为了保证收益最大化,很自然地要压低征地费用,并且限制农村集体土地进入市场。可见,问题的主要根源,在于政府成了市场主体,在于政府以管理手段实现经营目的。这个问题不解决,单纯改革征地制度,一是恐怕很难改得彻底,二是即使是不彻底的改革措施,落实起来也会阻力重重。

总之,现行土地管理体制允许政府经营土地,是生成土地财政的主要内因。此外,虽然科学发展观提出多年了,但干部考核标准和选拔办法仍未根本改变,这也是导致干部片面追求土地财政的重要内因。

就形成土地财政的外因而言,主要是财税体制不合理,地方政府的财力与事权不匹配。20世纪90年代,分税制改革取得伟大成绩,问题是地方财政分配比例过小。后来,中央把城镇化作为重要的战略方针,各级城市的政府首当其冲,承受巨大压力,普遍面临的问题是发展资金不足。

恰在这时,土地使用制度改革取得实质性进展,有偿使用土地制度历经10年,终于基本确立下来。1998年,政府机构改革和换届,这是个分水岭。此次换届后,各级城市政府普遍从土地管理制度上,找到了解决财力不足问题的出路,土地财政逐渐形成。

其实,早在20世纪80年代,在讨论为什么要实行有偿使用土地制度时,就存在着认识上的分歧。不少人从增加政府财政收入的角度,主张土地有偿使用,他们侧重强调国家土地所有权在经济上的实现。但也有人认为,实行土地有偿使用,主要是为了发挥地租的调节作用,理顺经济关系。为此必须防止单纯财政观点,因为片面追求政府地租收入最大化,可能会侵蚀企业的正常利润,反而不利于理顺经济关系。

当时的讨论,并未就这个问题达成共识。但是,从后来的实践看,实际上是财政观点占了主导地位,最终形成了土地财政。这是土地财政的外部制度条件。

土地财政利与弊

土地财政,作为地方政府发展经济的一种工具,可谓利弊互见。

在中国,土地财政和土地金融的形成,大体是近十几年的事情。这十几年,中国城市建设突飞猛进,其奥秘就在城市政府通过经营土地,积聚了大量建设资金。城市经济飞速发展,市民生活质量不断提高,带动了周边农村经济的转型与发展,吸引了大量外地农民进城务工。其正面效应不容否定。

但是,问题也由此而生。

第一,土地财政恶化了国民收入分配,抑制了民间投资。21世纪初,就有财政专家研究提出,当时中国政府的各种收入加起来,已占GDP的30%以上,达到甚至超过发达国家的水平。政府收入占GDP比重过高,一方面导致居民特别是农民收入增长缓慢,另一方面抑制了社会投资。虽然中央采取了许多措施,大力调整国民收入分配格局,但迄今并未根本改变。尤其值得关注的是,土地收入大多集中用于城市,城乡差距和地区差距不仅没有缩小,反而更加扩大了。

第二,政府投资影响了产业结构调整,加剧了产能过剩。政府掌握的大量资金投向哪里,对产业结构的变化有重要的引导作用。多年来,地方政府的土地出让收入主要投向城市建设,刺激了建筑业、房地产业的大繁荣,带动了建材、民用电器、民用五金、民用化工等产业的发展,生产能力严重过剩。这条产业链基本处于低端,过度的发展占用了大量社会资源,与中央加快转变发展方式的方针背道而驰。

第三,更不能忽视的是资源、资金的严重浪费。土地出让收入由本级政府"自收自支",长期缺乏收支规范与监督机制。近些年来,各地搞了不少"楼、堂、馆、所"和"政绩工程",攀比之风愈演愈烈,老百姓深恶痛绝。在此过程中,少数党政干部财大气粗,挥金如土,为所欲为;同时"土地寻租"活动愈演愈烈,公款化为个人"灰色收入"的现象屡见不鲜,公众反应强烈。

第四,土地财政机制不改变,保护耕地、保护农民的合法土地权益,只能流于空谈。同时,土地财政使地方政府的收入过分依赖房地产开发商。而在中国现实中,由于集体土地不能开发房地产,现有的开发商其实处于天然垄断地位,这使其有可能大肆抬高房价,广大中低收入市民的住房问题,很难得到解决。

总的来看,在中国工业化、城市化的进程中,土地财政曾经发挥过重要的、积极的作用。但是,随着改革的深入,其制度弊端也越来越明显、突出,已经成为今后中国可持续发展的障碍。今后,应该切实落实科学发展观,让土地财政逐步退隐历史舞台。

之所以如此,也是由当时复杂的历史条件决定的。20世纪80年代中后期,国家土地管理局成立,负责统管全国城乡地政,逐步推行有偿使用土地制度改革。然而,当时许多地方政府和一些中央政府部门,不愿实行有偿用地制度,改革进展缓慢。

当时的主要矛盾,是如何推进土地有偿使用制度改革。在这种情况下,土地管理部门顺理成章地承担起国有土地的经营职能,可以说是一种历史的必然。但历史不会有终点。旧的矛盾解决了,新的矛盾随之产生。

随着市场经济体制的确立,大约在20世纪末期,土地有偿使用制度全面建立起来,土地财政也逐步形成,政府经营土地的弊端才越来越显现出来。

出路何在

其实,土地批租制,在发达的市场经济中,并不是个案,而是具有普遍性。例如,在土地资源稀缺的荷兰,不仅土地用途管制十分严格,而且规定任何土地交易,政府都可以优先购买。同时,法律又规定,政府不得从土地获取任何收益。政府购买土地的目的,是为了控制房价,解决居民的住房问题。

就是说,荷兰政府的唯一职能,就是公共管理,不从事任何经营活动,政府收入的主要来源是税收。其他西方国家也大体如此。国际经验表明,在成熟市场经济体中,政府管理部门不能同时又是市场经营主体。这应成为中国下一步改革借鉴的方向。

借鉴不等于照搬。中国不同于西方国家的特殊性是土地实行公有制——中国《宪法》

规定，城市土地归国家所有。因此，凡用于经营活动的国有城市土地，国家作为所有者，应当收取地租（地价）。这不仅因为地租是土地所有权在经济上的实现形式，更重要的是，地租作为土地的价格，还是重要的经济杠杆，国家可以运用它来调节经济。

在不同级差的土地上经营，企业的利润会有很大差异，把因土地级差产生的超额利润作为地租收取，有利于平均利润率规律发挥调节作用，有利于企业加强经营管理，开展平等竞争。

因此，国家出租、出让土地使用权的改革必须坚持，而且应当进一步扩大土地有偿使用范围。同时，需考虑在以下几个方面深化改革。

第一，成立"土地国资委"，改革集土地管理与土地经营于一身的行政体制，分离政府经营土地的职能。可参照国有企业改革的经验，成立类似国资委那样的国有土地资产管理委员会，作为政府机构，专门负责组织、领导、经营国有土地方面的工作。同时，成立国有土地公司等经济组织，由其以经营国有土地参与市场运作，或转让，或出租，或联营，或入股，负有保值增值的责任，并向国家财政上缴土地收益。

这些国有土地开发公司，作为市场主体，应按照统一的市场规则，接受政府的调控和监管。作为国有公司，还要接受国有土地资产管理委员会的管理和指导，必要时也要服从国家的要求，承担一定的参与宏观调控的责任。

如此改革后，"土地国资委"应重点考虑如何运用地租杠杆调节经济，抓好相关理论建设和政策研究与制定。而各级政府的土地管理部门只需专注于管理，不会再发生不同层级政府的职能错位问题。政府也不再是"运动员"，避免了与民争利，可以大大提高政府管理的公信力。

第二，以基金式管理为最终目标，严格规范土地收益的使用支出，杜绝"寅吃卯粮"的短期行为。为此，必须进一步深化分税制改革，使地方财政有稳定的税源；还要进一步转变政府职能，加强公共管理职能，弱化直接抓经济建设的职能，最终使地方政府的财力与事权相适应。

显然，这需要一个较长时期的过渡期。在此过程中，土地收益的分配使用，还必须考虑现行的利益格局。就是说，土地财政还不可能一下子取消。但是，土地收益的获取方式变了，分配使用的渠道变了。

在新的方案下，国有土地公司经营土地，其实是代表国家向用地者收取地租。虽然是采取了市场化运作，但本质上是国家行为，因而有很强的政策性。国有土地公司的经营收益，应当全额上交国家财政。

为了防止这些公司重蹈覆辙，片面追求土地收益最大化，不宜以收益多少为主要考核指标。同时，土地经营也应多样化：一般工商企业用地，更适合采用年租制和入股方式；大型企业、外资企业、开发商等，可以采用出让方式。

第三，应该放开"集体建设用地入市"。

城市中存在集体土地，目前在全国已是普遍现象。越是经济发达的城市，把集体建设用地征为国有的阻力越大。未来不妨进一步解放思想，允许城市的经营性项目，使用集体建设用地，即允许集体建设用地进入城市土地市场。

在允许"农地入市"后，相关的地租（地价）收入，可用于保障已变为市民的农民的长远生计，还可发挥对市场经济的调节作用。同时也有助于从源头上抑制土地财政的片面增长，化解社会矛盾。至于由此可能产生的地产泡沫等，可运用税收手段加以控制。

当然，以上改革建议，涉及许多重大理论、法律、政策问题，有待进一步深入研究与讨论。

（资料来源：http://news.ifeng.com/opinion/politics/detail_2010_10/06/2707834_0.shtml，2010-10-06.）

深化农村土地管理制度改革 依法保障农民土地财产权益

国务院发展研究中心副主任 韩俊

我们粮食产量已经是"八连增"，农民收入连续八年保持比较高的增速，农村民生持续改善，农村发展持续向好，可以说农村的面貌发生了历史性的变化。特别是最近几年，我们整个农业农村经济发展中一个很大的亮点是农民收入连续两年赶超城镇居民。改革开放三十多年以来，只有1978—1984年和1994—1996年这两个期间农民收入的增长速度出现过快于城镇居民，但是这个时间很短。2010—2011年农民收入连续两年赶超城镇居民，我想有以下三个原因。

第一个原因，就是农产品的需求旺盛，农产品的价格保持高位运行；第二个原因，就是中国已经从全面的农村劳动力过剩阶段进入到农村劳动力有限剩余，结构性短缺日益明显的发展阶段，农村劳动力的供求形式出现了历史性的变化，农民工的工资出现了显著的上升；第三个原因，就是随着国家财力的增强，国家支持农业、农村发展的力度明显的加大了。这是三个最重要的原因。

根据今年的中央一号文件和中央农村工作会议的总体政策部署，强农、惠农、富农的政策力度会进一步加大，农村改革的力度会进一步加大，所以今天我想利用这个机会主要围绕两个农村改革，统筹城乡发展密切相关的两个改革的难点、重点、焦点问题谈几点看法。

改革方面第一个大的难题，怎么通过深化农村土地管理制度的改革来依法保障农民的土地财产权益。今后我们要深化农村土地管理制度改革，必须以保护农民的土地财产权利为核心，要加快完善相关的法律法规，在这方面主要是要解决好以下四个问题。

第一个问题，就是要明确界定农民的土地财产权利。下一步要加快给农民颁发具有明确法律效力的土地承包经营权证书和宅基地使用权证书，让农民清楚知道自己的合法权益，要防止以农村土地属于集体所有为名强征农民的土地。第二个问题，就是要把握好土地流转的方向。从全世界来看，农业经营体制主要是实行以自然人为基础的家庭农业体制，公司法人农场只占很小的比例。农民的家庭经营,在任何时候都是我国农业经营最基本的形式。现阶段工商企业下乡,大规模直接租种农民的土地,不符合我国的基本国情,不利于农民土地权益的保护。今后我们要把握好一个什么方向呢？第一,要让农民种自己的地。第二,要让更少的农民种更多的地,真正做到农地农用,自愿流转,要确保农业家庭经营的主体地位。第三个问题,要禁止农民以土地权换市民权。我觉得要明确一点,土地绝对不是国家无偿给农民的一种福利,现阶段农民工落户城镇,是不是放弃承包地,是不是放弃宅基地,是不是放弃承包的林地和草地,必须完全尊重农民个人的意愿,不能强行收回。可以说让农民带着土地权利进城,成为新市民,是保护农民利益的需要,也是促进城镇化健康发展和社会和谐的需要。第四个问题,就是要真正按照土地的市场价值对被征地的农民进行补偿。我们国家现在征地发展太快了,对被征地农民的补偿仍然偏低,我们土地收益的分配是明显向城市倾斜,去年我们的土地出让金的收入已经超过3.15万亿,其中房地产出让土地的收益就2.7万亿,到去年10月末土地出让收益三农支出只有1234亿元,在符合国家土地用途管制和土地利用总体规划的基础上,要把更多的非农建设用地留给农民集体开发,要让农民直接分享土地的增值收益。

　　从改革来讲,第二个大的难点就是怎么减少农民,怎么让农民工融入城镇。我觉得要让农民富裕起来,只有减少农民,转移农民,只有让越来越多的农民融入城市,我们才能让那些留下的农民更快富起来。

　　现在的农民工在城镇可以说面临着就业不稳、家庭不全、居住不定、服务不均的问题。我们国家特殊的城镇化路径,在城镇之间形成了一个庞大的农民工群体,现在已经是2.57亿人,不仅城乡二元结构没有有效地整合,在城市内部又形成了新的城市内部的二元结构,怎么打破这双二元结构,是"三化"同步发展需要破解的最大难题。

　　随着劳动力供求关系的改变,农民工的利益诉求也发生了改变,过去它的主要诉求是提高工资,那么现在则希望在居住、社保、医疗、劳动条件、子女教育等方面获得更加公平的待遇。所以在这样的背景下,加快城市社会管理制度的改革,促进农民工融入城市已是大势所趋,已经到了一个关键的时期,必须以基本公共服务均等化为核心,以提高农民工的就业技能和就业质量,保障农民工的合法权益,完善农民工公共服务制度和吸引农民工进城落户定居为重点,要深化户籍制度改革,要农民工个人融入企业,子女融入学校,家庭融入社区,提高人口的城镇化水平,促进农民工共享改革的发展成果。这方面从政策取向来讲,第一点,就是加快推进城市的各项基本公共服务,要由主要是面向本地户籍人口提供转为向包括农民工在内的所有常住人口转变。第二点,就是要推进户籍管理制度的改革,接纳农民工在城市就业地落户定居。第三点,就是要加快调整产业和城镇布局,引导农民工多渠道转移就业。

（资料来源：深化农村土地管理制度改革 依法保障农民土地财产权益[N]. 农民日报,2012-02-08（02）.）

第三节 城市金融

一、城市金融市场的组成和运作

所谓金融市场，是指以金融资产为交易对象而形成的供求关系及运行机制的总和。它是金融资产进行交易的一个有形或无形的市场，反映了金融资产的供应者和需求者之间所形成的供求关系，包含了金融资产交易过程中所产生的运作机制（主要是价格机制）。

金融市场通过适当的金融活动，可以实现各部门之间资金的调剂以及资源的配置；实现市场价格的发现和确定；实现风险的分散和转移；降低交易的搜索成本和信息成本。

金融市场是一个多样化的市场体系，主要包括以下几个市场。

1. 货币市场

货币市场是指专门融通短期资金的市场，故又称为短期金融市场，一般期限在一年以内。其特点是融资期限短和被融通的资金主要是作为在生产过程中所需要的流动资金。货币市场的业务类型包括以下几种。

（1）同业拆借，即金融机构（除中央银行外）同业之间为弥补资金不足、票据清算的差额以及解决临时性的资金不足而进行的短期资金贷借。同业拆借分为头寸拆借和同业借贷。其主要参与者是各商业银行、非银行金融机构以及市场中介人。

（2）商业票据，即出票人以贴现方式发行的承诺在指定日期按票面金额向持票人付现的一种无抵押担保的票据。其主要参与者是发行商业票据的规模巨大和信誉良好的公司、政府及私人商业票据投资者。

（3）承兑汇票，即在商品交易活动中，销货方为了向购货方索取货款而签发汇票，经付款人在票面上承诺到期付款的"承兑"字样并签章的汇票。其主要参与者为创造承兑汇票的承兑银行、市场交易商和投资者。

（4）国库券，即政府部门以债务人身份承担到期偿付本息责任的、期限一般在五年以内的债务凭证。在我国，习惯将政府财政部门发行的政府债券都称为国库券。其主要参与者为国家财政部门以及自由市场投资者。

（5）大额可转让定期存单，即一种银行定期存款凭证，由银行以大面值金额发行，存单在满期前可由持有者在二级市场上自由转让出去，转让价格受利率、期限和本金影响，一般转让时的市场利率与存单原定利率相比较高，转让价格就越低。其主要投资者为大型企业以及金融机构。

（6）回购协议，即证券出售者在货币市场上出售证券以融通资金时，与对方签订协议，约定在未来某一时间按协议的价格购回原证券。其主要参与者是大型银行机构以及政府证券交易商。

2. 资本市场

资本市场是指提供长期（一年以上）运营资本的市场，亦称长期金融市场，其融通的资金主要作为扩大再生产所需投入的资本使用。资本市场的业务类型包括以下两种。

（1）银行中、长期贷款市场，即银行为个人或企事业单位提供的用于固定资产购置、新建、扩建或改建的中、长期资金信贷市场。

（2）证券市场，即有价证券发行与流通的场所，在该市场上流通的长期信用工具是有价证券，包括债券与股票两大类：① 债券，是债务人开给债权人的债务证书，持有人可凭此证书，在债券期满时向发行人收回本金和获得利息。② 股票，是股份公司为筹集资金而发行的一种权益证明书，它是投资人的投资凭据，表明他拥有公司的股份所有权而成为股东，并进而享有股息收入及其他相应的权利与义务。股票可以转让但不能抽回股金。证券市场根据功能又分为初级市场和二级市场。前者是发行新证券的市场，亦称发行市场；后者是各种证券买卖的市场，亦称流通市场。证券交易所是高度组织化的二级市场，目前我国仅有上海、深圳两个城市开办了证券交易所。

3. 外汇市场

外汇市场是指由各国中央银行、外汇银行、外汇经纪人和客户组成的买卖外汇的交易系统。按交易方式的不同，可分为固定的有形市场与开放的无形市场。有形市场是指外汇买卖双方在专门设立的外汇交易所中进行的面对面交易；无形市场是指没有固定的交易场所，外汇买卖双方通过电话、电传等电信工具进行的交易。当今世界上最大的三个外汇交易市场以及不同金融中心之间的外汇交易，都是在电子网络系统中进行的，所以现行的国际外汇市场更接近于无形的市场。外汇市场的中心是汇价。汇价既是各种交易活动的结果，又是外汇交易的指示信号。它表现了各种货币"价格"的变化趋势，决定着交易各方的利害得失，支配着市场交易活动的方向。

外汇市场由外汇交易机构和个人组成，其主体部分包括以下几个方面。

（1）中介者，即从事外汇买卖的商业银行和其他金融机构，为各类客户充当外汇买卖的中介以及为银行自身业务需要而进行买卖。

（2）经纪人，即外汇买卖的中间人，其自身并不经营外汇买卖，而只充当外汇买卖的中介。外汇经纪人必须熟悉外汇交易技术和市场外汇的行情，本身还需拥有相当的资历及良好的信誉，并经金融管理部门的批准。

（3）交易者，即需要买卖外汇的进出口商及各种企业、组织和个人。

（4）中央银行或其他政府指定的经营机构。他们参与外汇市场的交易，主要是出于干预外汇市场以谋求稳定汇率以及经营本国外汇储备这两个方面的需要。

4. 黄金市场

黄金市场是指集中进行黄金买卖和金币兑换的交易场所。国际黄金市场的参与者，可分为国际金商、银行、对冲基金等金融机构、各个法人机构、私人投资者以及在换金期货交易中有很大作用的经纪公司。目前世界主要的黄金市场在伦敦、苏黎世、纽约、芝加哥、中国香港等地。2002年10月30日，坐落于上海外滩的上海黄金交易所正式开业，结束了中国黄金不能自由买卖的历史。目前中国黄金市场主要由如下几大市场构成：上海黄金交易所、上海期货交易所、银行纸黄金、金商投资性金条、各种纪念性金条、不成型的国内做市商、海外黄金市场在中国的场外延伸。其中，不成型的国内做市商与海外黄金市场在中国的场外延伸，目前基本被定义为不受法律监管与保护的灰色市场。总体来看，我国黄金市场类型基本上还算全面，但各大市场却存在一些不太完善的地方，还有待于我们从完善的角度加以思考，而灰色黄金交易领域则有待于规范和发展新的市场予以补充。

5. 金融衍生工具市场

（1）远期。远期合约是交易双方约定在未来某个确定的时间，按照某个事先商定的价格卖出一定数量的某种资产的协议。

（2）期货。期货合约是交易双方约定在将来某一特定时间，按照约定的条件，买入或卖出一定数量的某种资产的标准化协议。

（3）期权。期权是指赋予其持有人在未来某一特定时间、以某一特定价格买卖规定数量的基础资产的权利的合约。

（4）互换。互换合约是交易双方签订的在未来某一时期内交换他们认为具有相等经济价值的现金流的合约。

城市金融市场的良好运作离不开政府的监管。由于现实的市场并不是完全竞争的，会存在市场失灵的现象，所以政府的监管是必不可少的。金融的监管因各国政治、经济、历史、文化等因素而不同，但是管制目标大致相同，主要以信息披露、防止市场失败为目的。金融监管的目标具体包括以下几个方面：防止金融资产的发行者隐藏信息欺骗投资者、促进金融市场的竞争和保证金融资产交易的公平性、维持金融和市场的稳定。为达到上述目标，通常采取的监督形式包括：信息披露的管制、金融交易行为的管制、金融机构的管制、银行货币的管制。

二、城市多元化融资的建立

进入21世纪以来，我国城市投融资模式随着改革的深化，正处于一系列重要的转化过程中，呈现出新旧模式交替、效果和问题并存的复杂局面。

在市场经济条件下，融资模式一般可分为如下几类：（1）直接融资与间接融资；（2）企业融资与项目融资；（3）政府融资与民间融资；（4）公共产品融资与私人产品融资；（5）长期融资与短期融资；（6）吸引内资与利用外资等。

由于市场机制的推动，我国城市投融资模式随着城市化进程的加速，已经在如下几个方面不断地推进改革，形成一种多元化的投融资模式。

（一）正在逐步形成的城市公共财政的投融资模式

我国的财政体制正在向公共财政体制转化，这对整个投融资体制将带来巨大影响，因为公共财政的本质要求是政府投资和管理职能明晰、职责到位，允许多元投资主体和融资方式多元化，要求具有完善的间接宏观调控体系。这就要求：（1）政府职能要彻底改变，从集权组织者、全民生产资料所有者、生产经营指挥者三位一体向市场体制下的社会管理体制转变，政府在公共产品的投融资过程中不必大包大揽，财政资金要发挥带动效应，撬动社会投资；（2）公共财政为社会提供了新机遇，政府从竞争性和盈利性退出，为社会投资主体介入这些领域腾出空间；（3）公共财政体制允许民间投资主体介入准公共物品的投资领域，这样社会投融资主体的投资范围更加扩大，投资活动的选择空间更加广泛。

（二）国有商业银行和城市商业银行交融发展的城市银行投融资模式

改革开放以来，许多城市为了灵活地利用社会资金，成立了城市商业银行，对地方生产建设发挥了重要作用，但是由于这些银行机构没有脱离国家机构的运行模式，在向市场经济转化的过程当中，存在着许多问题：银行资金富裕，却难以对接高技术创新时代的资金需求；银行资金转化为高技术创新的通道存在着机制创新的不足，结果银行被动地跟在其他融资方式的后面，不适应高技术创新已成为核心竞争的国际形势。因此，银行贷款有必要建立新的融资机制体系，如连接、锁定、参与、投资高技术投资组织和风险投资基金，或者成立风险投资基金并委托给开展风险投资比较好的银行或者风险投资公司，或者提供占总贷款额度1%～5%的用于风险投资项目的特别贷款，或者购买该比例的信用保险等。

高技术贷款的中介专业化和相应的政策支持，以微小比例的银行资金设立为高技术创新提供风险贷款的特别基金，都能充分降低风险且有合理补偿，此外还可充分利用信用体系、风险投资网络体系，进行银行业务的创新和机构创新，促进高技术企业融资。

（三）企业上市融资模式

企业上市是直接融资模式，可以减少金融风险。目前，我国的股票市场包括主板市场和二板市场。主板市场是我国为了适应国有企业深化改革，解决企业运行矛盾对社会资金的大量需要而设立的资金市场。2004年6月，我国根据一些高技术企业发展融资的需要和一些风险投资家对资金交易的需要，设立了创业板市场，即二板市场，其市场主体是高新技术企业、民营企业和中小企业。它不是对现有市场的补充，而是与现有市场并行发展的服务于不同领域的新市场。与主板市场比较起来，二板市场具有上市门槛低、监管体系严格、股本全额流通的特点。从金融领域的改革和资金需求的发展趋势看，中国城市还需要发展一些地方性的小交易所，以进一步形成投资市场多元化的格局，人们把这种股票市场称为三板市场。

（四）BOT 类融资方式

BOT 类方式是特许经营的典型模式，它是指以政府和私人机构之间达成协议为前提，政府向私人机构颁布特许证，允许其在一定时期内筹集资金建设某一基础设施并管理和经营该设施及其相应产品与服务的融资模式。政府对该机构提供的公共产品或服务的数量和价格会有所限制，但保证私人资本获取利润的机会；风险由政府和私人机构共同分担；当特许期限结束时，私人机构按约定将该设施移交给政府。这是城市公共产品充分利用社会资金的有效方式。在 BOT 融资方式中，政府是 BOT 项目的控制主体，业主是项目的执行主体，所有关系到 BOT 项目的筹资、分包、建设、验收、经营管理体制以及还债和偿付利息都由业主负责。大型基础设施项目通常专门设立项目公司作为业主，同设计公司、建设公司、制造厂商以及经营公司打交道。BOT 项目实施过程包括立项、招标、投标、谈判和履约五个阶段。一般而言，法规健全、政策透明度高、市场竞争有效，将为 BOT 的发育提供良好的土壤。

（五）证券类融资模式

证券类融资模式是指以发行证券向社会融资。除了企业上市发行股票外，各种金融机构、企业或政府部门获得国家有关部门批准，都可以发行专门的证券融资，用于国家批准的专门建设项目。随着体制改革的深化，在地方政府有可能具有独立融资权时，可以考虑发行地方政府证券用于城市基础设施建设。某些城市特殊企业在国家批准下，也可以发行企业债券用于特殊的建设活动。这里值得一提的是 ABS（Asset Backed Securitization）融资方式，即以资产为支持的证券化。它是指以项目所属的资产为基础，以该项目资产所能带来的预期收益为保证，通过资本市场发行证券来募集资金的一种项目融资方式。其交易结构由原始权益人（政府）、特设信托机构和投资者构成。原始权益人（政府）将自己拥有的财产（如大桥）以"真实出售"方式过户给特设信托机构，特设信托机构获得该资产，发行以资产的预期收入流量为基础的资产支持证券，并凭借对资产的所有权确保未来的现金收入流量首先用于证券投资者的还本付息。

（六）社会基金和基金会类融资方式

社会基金是国家政府、社会团体或企业为了支持某种社会公益类活动而建立的专用基金，由专门的社会基金组织负责其保值增值和资助使用活动。我国自实行市场经济体制以来，原有的社会福利由于公共管理体制取向的改革而发生了极大变化，许多公益事业和准公共物品的生产要靠社会资金。在这一背景下，鼓励富人捐资建立各种社会基金，资助公益性事业或慈善事业是实现社会收入转移支付的有效途径。这种基金一旦建立便成为一种社会所有财产，有专门的基金管理委员会管理，按照基金章程规定的用途运作，可用于资助科学研究、文化、教育、医疗、卫生等事业，或用于扶贫帮困、助学、救难等慈善事业，因而是我国城市发展社会文化等公益事业的良好途径。

而基金会类的社会融资组织,是以盈利为目的专门营运社会资金的金融类组织。这类组织的资金来源于社会存款,其资金使用十分灵活,可以作为城市建设和企业融资的一种形式,但是它的资金成本往往很高。

(七) 信托类融资模式

现代信托已日益演变为一种营业化的特殊金融形式,是由委托人将其合法拥有的财产转移给受托人,受托人以信托财产的名义持有和运营资金,信托财产不受任何信托关系当事人的绝对控制,具有超然独立的法律特征类融资模式。信托机构不仅接受土地、房屋等有形财产的委托而进行财产管理,而且接受现金、有价证券的委托,从事投资和融资活动。信托业已经与银行业、证券业、保险业一起构成了现代金融业的四大支柱。

信托方式可以避免社会集资的高交易成本和非专业股东干预的投资风险。土地使用者将待开发土地的使用权以信托方式交付给信托投资公司,在整个土地上进行开发建设,最后按照信托文件规定,向土地原使用者交付房产或出售房产的资金。信托不但可以满足不同土地使用者的各种合理要求,而且能够吸纳小投资者参与房地产开发,从而获得充分的地产和资金,有效地进行城市改造。

此外,租赁融资方式也可以是城市经济主体融资的必要方式,通过产品租赁、土地租赁以及劳务租赁,满足经济主体供给和需求的各种意愿。

三、城市金融和谐发展的对策

(一) 促进城市金融体系健全发展

构建和谐金融体系是一项艰巨复杂的战略任务和系统工程,它的健全不可能一蹴而就,只能是一个全方位思考、逐步推进的过程,并随着经济社会条件的变化而不断丰富其内容。

1. 加大金融体制改革力度

创新改革思路,重振改革动力。一是积极配合国家金融改革,加快国有股份制改造,建立产权清晰、权责明确、治理结构完善的现代商业银行制度,提升其竞争能力;二是加快金融业对外开放步伐,努力推进工、农、中、建和交通银行向国际市场进军,努力在主要中心城市开设分支机构;三是加快金融业对内提升力度,按照国民待遇一视同仁原则,在鼓励吸引外资的同时,应放松内资、民资进入金融业的限制力量,争取更多的民资、内资,投资设立金融机构和参与金融机构民营化改造,发展和建立更多的中小金融机构。

2. 改造金融宏观调控,提升杠杆作用

积极响应和贯彻金融改革方针政策,加快利率市场化改革步伐,进一步提高利率内生性成分，为宏观调控提供基础性操作工具；加快金融市场建设，打通货币市场、资本市场和保险市场相互之间的连接，提高三大金融市场的市场化程度，鼓励金融风险管理工具创新；扩大差别存款准备金范围，扩宽基础货币投放新渠道，改进窗口指导的方法，探索区域金融调节机制的可行途径，为金融调控提供更有效的操作方式。

3．加快建立多层次资本市场体系

一是重振证券市场。对证券公司进行治理整顿，规范其行为，切实提高上市公司质量，重塑证券市场形象。二是发展区域性产权交易市场。通过多种方式满足企业，尤其是中小企业融资的需要，包括股本融资的要求和股权流动性要求。三是大力发展信托市场。要不断扩大信托辐射能力，正确界定信托定位，还信托"受人之托，代人理财"的定位，梳理金融与实业混业经营情况。四是积极培育证券市场。针对目前城市政府普遍存在的政府性融资规模过大的情况，推进市场化改革，可考虑进行市政债券发行试点工作，由地方政府或授权代理机构提供政府信用，从社会上吸收资金，用于提供公共产品的支出和长期债权性融资。

4．鼓励金融创新，提高服务水平

一是更新服务理念。通过建立统一的金融创新招标市场，借助网络工具为金融创新的需求方与供给方提供金融创新供需信息，将金融创新的需求方与供给方有效地组织起来，围绕客户为中心创新金融组织结构，为客户"量身定做"提供产品。二是拓宽服务范围。金融机构应加大中间业务的供给，增加中间业务收益的占比。三是提升服务能力。一方面，金融管理部门要支持和引导金融机构进行服务创新，促进金融服务的"软件"升级；另一方面，金融机构要加强服务设备和服务的科技含量等"硬件"设施建设，加快电子化和网络化建设的步伐，促进自动服务手段的应用与推广，提高业务能力和运作效率。

5．加快实施金融机构"走出去"战略

在金融全球化的背景下，构建和谐金融必须包含金融机构、金融产品、金融市场和金融体制的国际接轨和国际化内容。一方面，加强城市金融体系对实体经济部门的支持力度，由此形成全方位的"走出去"态势；另一方面，中资金融机构也应积极实施"走出去"战略，认真研讨具体方略和措施，开发那些既具有国际金融市场效应又符合中资金融机构特点的金融产品、运作机制、风险防范技术和金融交易方式，努力降低"走出去"成本，提高"走出去"效率。

6．建立高素质的金融人才队伍，提高金融竞争力

重视人才资源规划工作，根据行业特点，建立符合现代企业经营管理需要的人员级别体系。有针对性地提出防止各种专业管理人才流失的方案，为充分发挥人才的使用效能和优秀人才的脱颖而出创造良好的环境。健全专业人才管理机制，对专业人员开展全方位、

多角度、多科学的知识培训,并通过引入优胜劣汰的机制,强制充电,限期提高,培养各业务领域的专业技术人才或业务专家,实现"智力投入"向生产力的转化。

(二)促进城市金融生态化发展

和谐金融是金融内生机制和社会经济生态系统自生和共生机制的完美结合。良好的金融生态环境是金融运行的基础条件。金融生态好,就会有更多的资金向这个地区流动,形成资金聚集的"洼地效应";反之,则会引发资金外流,削弱一个地区经济的竞争力。

1．尽快塑造服务型城市政府,为金融业的和谐发展提供良好的市场环境和制度环境

(1)维护金融经营自主权,加强市场监督,提供良好的市场环境。首先,城市政府不再制定项目让银行发放贷款,而是向银行提供信贷信息服务,或者是搭建一种良好的舞台。其次,政府要监督管理市场的正常运作,维护市场秩序。要协调有关部门严肃查处金融违法犯罪和违规违纪案件,打击违法行为,保护市场的完整与统一,保护市场规则,保护正常竞争,保护银行的合法经营。最后,政府应作为保护者,尊重银行债权并自觉维护银行债权,遏制并打击一切逃废金融债务的不法行为,使银行免除债权不被尊重,甚至被恶意逃废的后顾之忧,更积极、大胆地筹集资金,发放贷款,支持企业和地方发展。

(2)加快相关的制度建设,推进金融的和谐发展。一是加快利率市场化进程,建立金融产品价格市场的形成机制。二是制定合理的民营银行进入和退出机制。本着"规范标准、放开准入、强化监督、鼓励竞争"的原则,尽快建立和完善民营银行的市场准入和退出标准、风险管理制度、竞争规则以及监督办法。三是建立存款保险制度。按照强制性原则、保护存款人原则以及设立最高限额赔付的原则,科学合理地设定存款保险的额度和范围,严格依据各银行的实际存款额来设定,额度超过实际存款额太高,不利于约束银行从事高风险业务,额度太低又难以防范社会风险。

2．推进立法,改善执法和司法,大力营造和谐金融生态的法制环境

(1)推进立法工作,为营造良好的区域金融生态法制环境提供法律依据。必须推进相关法律法规和制度的建设,以体现金融生态法制的规范性、稳定性和执行中的可操作性。对国家专属立法权以外的事项,在国家没有制定法律、行政法规的情况下,地方立法可以先行先试。实施国家已经制定的有关金融生态方面的法律、行政法规,地方可以制定相关的实施细则、实施办法,使之具有可操作性。(2)改进行政执法和司法工作,维护公平、公正的法制环境。其一,要强化违约责任追究;其二,城市政府要妥善处理好企业改制与保全金融债权的关系,严格执行国家有关规定和法律程序,支持银行依法参与企业改制的全过程,制定和纠正企业改制中的违法违规行为;其三,强化司法公正,加大执行力度,克服地方保护、人情关系干扰案件审理等问题,使法律真正成为维护信用关系的有力武器;其四,要加强工商、税务、海关、质监、法院、金融机构等部门的合作,联合制裁各种不良信用行为。

3. 加快信用体系建设，努力构建和谐金融生态的诚信社会环境

（1）建立社会诚信体系，为金融机构经营提供良好的信用环境。一是要发挥政府在治理诚信缺失中的主导作用，这包括两方面的任务：首先是政府自身的诚信建设，要建立法制政府、廉政政府、高效政府和诚信政府；其次是通过政府的主要作用治理企业和个人失信行为，提高社会信用度，使诚实守信成为社会风气和行为规范。二是建立多种形式的信用征信和评价体系，重点是加强企业和个人的征信系统建设。三是加强对各类信息资源的横向联网，建立起一个能够对企业完税状况、守法状况、财务管理状况、产品质量状况和盈亏状况等各方面进行完整记录并提供查询服务的企业信用数据库，逐步形成一个包括企业信用记录、信用征集、信用评价在内的社会信用评价体系。

（2）培育信用中介服务机构，为建立信用社会提供良好的配套服务。一是要对信用中介服务机构实行特许经营，严格监管建立市场准入、退出机制；二是制定有关工作引导和管理规则，规范信用中介机构从业行为，建立信用中介机构执业标准；三是积极推动信用中介机构完善法人治理结构，拓宽信息来源，丰富服务产品，提高服务质量；四是牵头成立地方行业协会，加强行业自律。

（三）促进城市金融可持续发展

城市金融可持续发展就是各种金融资源，包括货币资源、资本资源、金融制度资源和金融商品资源等大的开发利用和协调发展。

1. 认清所处的社会经济环境

要加快各地金融资源的融合实现金融资源的优化配置，必须根据本地实情，构建符合本地特色的体制，只有这样，才能从根本上提高区域金融资源的效率。

2. 正确区分区域金融资源的效应功能

所谓区域金融的效应功能，是指以金融要素协调运行的手段，以推动社会、经济协调发展为目的的区域金融资源开发、配置所产生的效应功能。任何金融资源的配置，必须首先进行正负效应功能的划定，其判断的主要依据是宏观效率环境和微观效率环境的动态变化。效率环境相对稳定则金融效率配置状态处于正效应功能；效率环境发生波动则金融资源配置状态处于负效应功能。

3. 遴选效应功能，区分主次，把握关键

针对本地区的具体情况，对区域金融可持续发展不同功能效应进行排序，选出适合区域环境的主导功能，将效应功能相对较大的资源配置于有利位置。注重整体效果，当不同功能效应有冲突时，可以适当牺牲其中个别资源的最大功能，以获得其他资源配置功能的提升和各个要素综合协调功能最优。

（四）促进城市金融循环发展

循环金融的实施是一个庞大的系统工程，我们必须通过多条途径实现对既有金融增长

方式的再造。

1. 金融企业推行 ERP、EPR 等现代管理方法和手段

首先，金融企业应推行 ERP 制度。ERP 的核心管理思想就是实现对整个供应链的有效管理，主要体现在对整个供应链资源（即经营过程中的有关各方，如供应商、制造工厂、分销网络、客户等纳入一个紧密的供应链中）进行管理；对产品的精益生产、同步工程和敏捷制造；对全过程的实现计划与事中控制以及每个流程业务处理过程中最大限度地发挥每个人的工作潜能、责任心和合作精神，以便在有机组织中充分发挥每个人的主观能动性与潜能。其次，金融企业应推行 EPR 制度，即生产者责任延伸制度，又称为"生产者责任扩大"。它旨在降低对环境的影响，通过使产品制造者对产品的整个生命周期，特别是对产品的回收循环和最终处置负责来实现。

2. 制定循环金融战略

如果一个国家（地区）缺乏金融战略，将导致金融不当。一方面，金融压抑扭曲金融资源价格，导致金融市场发育不全，形成金融分割，增加金融寻租；另一方面，金融过度发展形成证券泡沫、房地产泡沫和金融衍生品泡沫，金融资源不能有效配置，甚至引发金融危机。因此，城市政府应对本城市金融所处的外部环境与内部情况的变化保持清醒的认识和敏锐的反应，适时制定循环金融战略，对它的使命、目标、战略维度、操作框架、法律基础、组织架构等进行全方位的设计。

3. 要做好循环金融实施的一些基础工作

一是大力加强循环金融的宣传教育，普及循环金融知识，使循环金融理念在群众中深深植根，使生态文明成为经济社会发展的重要内容，提高公众的参与意识与参与能力；二是加快建立完善促进循环金融的法规政策体系；三是建立绿色国民经济核算制度，将其纳入统计体系，作为考核党政领导干部政绩的重要内容。

4. "金融废物"再利用

运用市场化方式对已经产生的金融废物，如不良贷款、问题证券、查封金融资产等，分级分类处置，该冲销的冲销，该拍卖的拍卖，该承包转让的承包转让，该剥离独立经营的剥离，让金融废物各尽所用，变废为宝，重新造福社会。

（五）促进城市金融安全运行、防范区域金融风险

1. 尽快建立城市金融的风险防范体系

有效防范和化解风险，是构建和谐金融的必要条件，也是和谐金融的内在机制。完善的城市金融防范体系包括三个方面：（1）建立科学的信息决策体系，城市金融机构应从自身做起，加强内控机制，积极防范和减少信息是发挥金融监管职能的纽带，科学的信息决策体系是金融监管的有力保障。（2）建立金融风险预警和转移体系，建立危机预警系统，可设立由金融专家组成的危机评估机构，与监管责任部门配合监测区域内外各种风险，进

行追踪分析、预测、建立报警发布机制。金融风险转移体制的作用就是及时转移和化解个别金融机构出现的风险,防止危机的蔓延。(3)建立有效的危机处理系统,其最直接的作用就是在金融体系的某一部分出现严重问题时,对其实施"外科手术",避免危机的蔓延。

2. 城市金融机构应从自身做起,加强内控机制,积极防范和减少金融风险

首先,大力促进金融体制改革,建立现代企业制度。加强国有金融机构股份制改造进程,以完善金融产权制度为中心,通过建立以股东为核心的有效的法人治理结构,努力构建金融机构内部的制衡与协调机制,改进服务方式,加快创新步伐,推动业务发展。其次,各金融机构必须加强同业自律,坚持依法合规经营、有序竞争,强化相互监督和自我约束机制,共同维护金融秩序,着眼长远发展,克服短期行为,结合自身优势,合理进行市场定位,不搞盲目追风,重视风险防范。

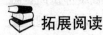 拓展阅读

盐城基础设施项目建设融资案例分析

一、项目实施背景

"十五"期间,盐城积极推进城市化进程,城乡面貌发生了显著变化。近几年,盐城陆续修编了城市总体规划和有关专项规划,开展了城市建设综合整治,实施绿化会战、市区道路改造等建设工程,城市功能不断完善。2007年,盐城市政府工作报告提出了突出做大做强市区,按照"一年见成效、三年展新貌、五年大变样"的要求,提高城市规划和建设水平,进一步深化和完善城市总体规划、市区近期建设规划和重点区域控制性详规,抓紧实施以世纪大道为轴线的都市走廊、串场河两侧等地域的城市建设,加快城市建设步伐,加大水环境治理力度,积极推进串场河景观带、新洋港特色水景、通榆河绿带和大洋湾风景区建设;通过彰显城市水绿特色,努力把市区建成人居环境舒适优美、人与自然和谐相处的生态园林城市。

二、项目概况

串场河贯穿盐城市区,该河道水环境的优劣直接影响城市人居环境。由于串场河两岸企业众多,排水管道设置零乱,污水不经处理即排入河道,对串场河水体造成了相当严重的污染。随着社会经济的快速发展,污染物质的排放相应增加,市区水环境逐年恶化,难以满足城市发展和人们生活质量提高对城市河道及周边水环境质量的要求,急需整治。盐城市委、市政府将串场河整治工程列入盐城市经济社会发展8大类重点工程,提出大力度整治串场河,改善两岸居民的生活环境,恢复串场河的自然生态,着力打造"水绿盐城"。串场河是贯穿盐城市的一条主要河道,对它的全面整治是推动盐城市城市发展、提高人民

生活质量的需要，同时也是盐城市配合实现国家提出的节能减排目标、严格河湖管理和保护、全面开展城乡河道疏浚整治的需要。项目工程主要包括河道疏浚、两岸绿化、道路工程、桥梁工程、生活生产污水有组织排放、雨水排涝、供电、集约化管道、征地拆迁等内容。整个项目总投资21亿元，项目建设期为5年。

三、运作模式和主要做法

（一）指导思想

以党的十七大精神和"三个代表"重要思想为指导，深入贯彻落实科学发展观，积极探索城市建设投中小企业融资新思路、新模式，按照"政府主导、市场运作、规范操作、总体平衡"的方针，科学合理地盘活城市土地资源，利用土地收益平衡项目投资，形成新的现金流来源，增强城投公司的投中小企业融资能力、资产收益能力和抵御风险能力，实现城市建设和土地开发又好又快发展。

（二）运作模式

由城投公司根据项目情况，拟定用土地平衡投资的资金平衡方案，报经市政府审批同意后，市政府划定特定区域土地，将基础设施项目与相应土地结合，在推进基础设施建设的同时，开展土地整理储备工作。生地变成熟地后，进入土地市场，实行"招、拍、挂"，土地供应收入全额上缴市财政，市财政在核拨土地成本、计提各项政策性资金和支出后，将剩余的土地净收益拨付给城投公司，用于重大基础设施建设项目投资，推进项目滚动开发，实现项目总体资金平衡。

（三）资金运作方式

城投公司以启动资金为基础，申请项目贷款和土地储备贷款，启动项目建设和土地储备。土地出让后，实现的土地供应收入直接缴入市财政设立的专户，公司核算土地成本，市财政部门直接将成本核拨给公司的项目专户，用于土地储备还款和再投资。实现的土地收益，在扣除各项政策性资金和支出后，核拨给城投资金管理中心，再分别拨付给对应的项目，用于基础设施建设项目还款和再投资。

四、中小企业融资情况

项目资金来源由银行借款和建设单位资本金两部分组成。本项目资本金为117 808.3万元，这部分资金主要来源于盐城市财政。根据实际情况，我市迅速进行认真调查研究，组织项目包装，制订项目可行性报告，积极向国家开发银行江苏分行推介，利用串场河周边通过拆迁整理后的可出让土地收益捆绑中小企业融资——申请银行贷款，成功向开行中小企业融资10亿元。本项目拟申请银行借款10亿元。根据中国人民银行2007年8月最新存贷款利率，长期借款年利率为7.56%，每年计息4次，有效利率为7.78%。本项目建设期为5年，各年资金使用情况详见表13-3。

表 13-3　项目使用情况与资本金配比表

单位：万元

序号	项目	合计	第1年	第2年	第3年	第4年	第5年
1.2	资本金	117 808.3	20 353	20 183	20 999	35 507.6	20 765.7
1.2.1	用于建设投资	88 047.8	19 183	17 850	15 164	26 755.1	9 095.7
1.2.2	用于建设期利息	29 760.5	1 167	2 333	5 835	8 752.5	11 670
2	银行借款	100 000.0	15 000	15 000	20 000	25 000.0	25 000.0
2.1	用于建设投资	100 000.0	15 000	15 000	20 000	25 000.0	25 000.0
3	资金筹措	217 808.3	35 353	35 183	40 999	60 507.6	45 765.7
4	资本金比例	54.0%	57.5%	57.3%	51.2%	58.7%	45.4%

五、建设投资贷款偿还

以该项目周边土地作为本项目贷款抵押，用于抵押的地块有串场河东侧地块和开发大道北侧地块。其中，串场河东侧地块东至开发大道，南至世纪大道，西至串场河，北至青年路，面积约 300 亩，通过拆迁整理变为净地，通过挂牌最后以 300 万元/亩出让，出让收益为 9 亿元；开发大道北侧地块东至串场河，西至戴庄路，南至开发大道，北至世纪大道，用地面积 344.66 亩，通过拆迁整理变为净地，通过挂牌最后以 250 万元/亩估算，预计开发净收益 8.6 亿元。上述两宗土地总收益为 17.6 亿元，本项目借款额为 10 亿元，借款占预计还款资金的 56.8%，项目建成后还有相当部分的收益，既完成了政府城市建设的投资任务，也壮大了自己的平台，增强了自身的中小企业融资能力，提高了偿债能力。

六、结论

国家开发银行江苏分行长期以来致力于支持国家"两基一支"（基础设施、基础产业、支柱产业）领域和社会发展"瓶颈"领域建设，城市公共设施项目是开行支持的重点领域。开行人以科学发展观统领经济社会发展全局，从我国经济社会发展的阶段性特征出发，厘清发展思路，创新发展模式，提高发展质量，夯实发展基础，增强发展后劲，把科学发展观贯穿于经济社会发展的全过程，落实到我市城市建设的各个环节，促进我市城市建设又好又快地发展。

盐城市城市建设投资集团成立以来，我市与开发银行江苏省分行积极探索，创新资金运作方式，逐步建立了"项目贷款与偿债来源一一对应关系"的偿债资金归集机制。国家开发银行按照"政府热点、雪中送炭、信用建设、规划先行、中小企业融资推动"的原则，运用开发性金融产品全面支持我市市区城市基础设施项目建设，促进我市市区城市经济和社会的快速、协调发展。截至目前为止，我市城投集团共获得开行贷款资金 10 亿元，为我市串场河水环境治理项目提供了强有力的资金支持。通过我市向国家开发银行融得的 10 亿元贷款资金，带动了七亿多元的投入，极大地缓解了城市建设资金的筹措制约城市发展的压力，保证了市区一大批重点工程的建设，对盐城的旧城改造、基础设施建设、城市功能完善、提升城市品位、产业结构调整和人居环境与投资环境的改善，起到了积极的作用。

（一）通过中小企业融资服务快速改善了盐城地区投资硬环境

开行贷款主要用于盐城市城市基础设施建设，道路、桥梁等城建大型项目的建成能大大改善区域投资环境，增强招商引资能力，有利于人气、商气的快速集聚，从而推动经济发展。此外，开行支持的社会公用事业项目、环境治理项目极大地改善了地区的生态环境和居住环境，从而实现经济的绿色发展和可持续发展。以盐城串场河整治为例，开行一期贷款中3亿元用于市区路网改造工程，2亿元用于市区串场河整治一期工程，串场河二期贷款中的5亿元主要是用于在一期整治工程的基础上，对串场河青年路至世纪大道段及两侧相连小河道进行清淤、护岸，工程内容包括沿河环境整治工程、雨水工程、污水收集及征地拆迁工程等。通过开行的中小企业融资支持，极大地推动了盐城串场河地区的招商引资与经济发展。

（二）通过推进信用建设大大改善了盐城区域金融生态软环境

开行从开发性金融的视角认识到，城市基础设施建设在中小企业融资领域存在诸多制约因素，资金短缺和投中小企业融资体制不健全是其中最重要的制约因素。长期以来，由于城市基础设施项目及其项目公司缺乏自身现金流，投中小企业融资环境欠佳，信用制度建设相对滞后，金融机构在该领域的业务风险较大，导致整个金融生态环境不佳。开行从大局出发，将推动城市基础设施建设作为义不容辞的责任，给予中小企业融资支持。开行的中小企业融资推动不是单纯的、盲目的资金支持，而是寻求实现"以中小企业融资推动带动信用建设，以信用建设改善金融生态环境"的良性循环。在现实运作中，开行强调将自身的中小企业融资优势与地方政府的组织协调优势结合起来，用政府信用来弥补制度缺损和市场失灵，着力改善金融生态环境。通过协助政府理顺财政中小企业融资和信贷中小企业融资的关系，完善中小企业融资平台的法人结构，推动政府采用制度安排、财政补偿等路径，将自身的政府信用有效地转化为中小企业融资平台的现金流，从而大大改善政府城建项目中小企业融资困难的局面。在提高地方政府中小企业融资效率的同时，采取各种措施增强政府、企业、个人的信用观念和信用意识，将信用建设向更高层面上推进。

（三）通过实施资源整合增强了政府中小企业融资主体投中小企业融资能力

过去，中小企业融资平台作为政府实施城市建设项目的主体，往往要完全依赖于财政的拨款，只能实现收支流量平衡。针对于此，开行提出对中小企业融资平台进行法人治理结构建设和现金流建设。一方面，推动政府将大量优质资产注入到中小企业融资平台，增强其投中小企业融资能力，夯实统筹运作的平台基础。主要采取国有土地作价注资、拨付市政公用基础实施配套费收入、城建资产授权管理以及授权进行土地一级市场滚动开发等多种措施积极扩大中小企业融资主体的资本金规模，增加现金流入，提高其资信等级。另一方面，推动投中小企业融资平台采用 TOT 转让、国有产权转让等形式，盘活存量国有资产，利用政府组织增信手段强化政府性中小企业投融资平台的中小企业融资运作能力，形成良性循环的资金投入产出运作机制。从而培育借款人的"外部现金流"，使政府信用能够有效地转化为借款人的还款现金流，提高了投资效益。

（资料来源：现代经济（现代物业下半月刊）．2009（6）．）

 **本章小结**

1. 中国的城市是行政实体，由政府以行政地位的职能、经济发展水平、开放程度以及城市总人口为条件来设立和划分。城市依据其行政地位被划分为三个等级：县级市、地级市和直辖市。不同行政地位的城市被赋予不同级别的权利，例如投资决策权和对外项目的审批权。

2. 城市政府职能是指城市政府在城市这一特定区域内依照宪法和中央政府赋予的权利，为满足城市社会的共同需要，在实现城市公共品配置的过程中，独立地指导、管理、服务、协调、监督城市经济运行，以保证城市社会、经济和环境持续有效发展的作用和功能。城市政府职能主要包括以下几个方面：提供经济发展的制度结构；组织公共品和服务的供给；公共资源和自然资源的保护；配合中央政府的分配职能，调节本地区的收入分配；协调社会矛盾，实现社会安定。

3. 城市公共品是指在城市范围内主要以城市为供给主体，被全体市民享用（但非独享）并具有一般公共品特征的、城市生存和发展不可或缺的产品，包括狭义的公共品和广义的公共品、纯公共品与准公共品。阿道尔·瓦格纳和马斯格雷夫提出了确定城市规模的相关理论。

4. 城市财政属于地方财政，是国家财政的重要组成部分，它是在城市范围内利用价值形式对社会产品和国民收入进行分配与再分配的工具。城市财政有两种解释：狭义地看，是指城市政府的财政预算；广义地看，则是指一切利用货币表现的对城市人民所创造的剩余产品进行分配与再分配的过程，包括城市财政预算收支活动、城市中各工商企业的财务活动、城市中各银行的信贷收支活动，以及城市居民的货币收支活动。城市财政职能主要有资源配置职能、收入分配职能、稳定职能。

5. 城市财政收入的形式，主要有税收（预算收入）和收费（预算外收入）两种。相对于其他形式的财政收入而言，税收收入更具有普遍性和稳定性——凡是在城市管辖区域内的单位与个人，都必须以法律规定了的范围和额度纳税。美国供应学派的经济学家拉弗（Laffer）认为，在一定限度以内，税收收入将随税率的提高而增加，因为税源不会因税收的增加而等比例的减少;当税率超过了这个限度,继续提高税率,则税收收入不但不能增加,反而会下降。城市政府的其他管理收入主要有:城市收费收入、城市补助收入、城市财产收入(含土地收入)、城市公债。

6. 对于城市财政收入体系的建立,要在合理划分税权的基础上赋予城市政府一定的税收自主权;确立城市主体税种,完善城市税收体系;规范城市政府的收费行为,确立将某些收费纳入税收分配的新思路。

7. 城市财政支出是对城市财政收入有计划地进行分配的过程,大致可以分为以下三类:一是城市财政消费性支出;二是城市财政投资性支出;三是城市社会保障支出。

8. 城市财政支出在贯彻执行中央财政政策的基础上,其性质是城市政府如何向市民提供公共产品和服务的政策选择问题。进行这种选择,一般要坚持如下原则:统筹兼顾、全面安全原则,量入为出与量出为入相结合的原则,讲究效益原则,取之于民、用之于民的原则。

9. 金融市场,是指以金融资产为交易对象而形成的供求关系及运行机制的总和。它是一个多样化的市场体系,主要包括以下几个市场:货币市场、资本市场、外汇市场、黄金市场、金融衍生工具市场。城市金融市场的良好运作离不开政府的监管。由于现实的市场并不是完全竞争的,会存在市场失灵的现象,所以政府的监管是必不可少的。金融的监管具体包括以下几个方面:防止金融资产的发行者隐藏信息欺骗投资者、促进金融市场的竞争和保证金融资产交易的公平性、维持金融和市场的稳定。为达到上述目标,通常采取的监督形式包括:信息披露的管制、金融交易行为的管制、金融机构的管制、银行货币的管制。

10. 由于市场机制的推动,我国城市投融资模式随着城市化进程的加速,已经在如下几个方面不断地推进改革,形成一种多元化的投融资模式:正在逐步形成的城市公共财政的投融资模式、国有商业银行和城市商业银行交融发展的城市银行投融资模式、企业上市融资模式、BOT类融资方式、证券类融资模式、社会基金和基金会类融资方式、信托类融资模式。此外,租赁融资方式也可以是城市经济主体融资的必要方式,通过产品租赁、土地租赁以及劳务租赁,满足经济主体供给和需求的各种意愿。

11. 构建城市和谐金融体系是一项艰巨复杂的战略任务和系统工程,它的健全不可能一蹴而就,只能是一个全方位思考、逐步推进的过程,并随着经济社会条件的变化而不断丰富其内容。我们应从以下几方面去加强其建设:促进城市金融体系健全发展;促进城市金融生态化发展;促进城市金融可持续发展;促进城市金融循环发展;促进城市金融安全运行、防范区域金融风险。

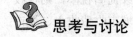 **思考与讨论**

1. 城市政府的经济职能主要有哪些？试根据实例分析这些职能。
2. 按照马斯格雷夫的理论，中央和地方政府在城市建设中各有什么责任？你认为随着社会的进步，该种职责分工是否会相应地有所变化，即城市政府是否也适合履行稳定当地经济和收入分配的政策？应当在怎样的规则下履行？
3. "拉弗曲线"告诉我们，税收—税率曲线是一条回折的曲线，并不是税率越高税收就越多，还存在一个税基大小的问题。中国现行的税率普遍高于国外，你是如何看待这一现象的？
4. 什么是 BOT 方式？请找寻本地城市政府 BOT 项目的资料，并对其进行评价。
5. 联系实际，谈谈"土地财政"出现的原因以及解决之道。

第十四章 城市现代化与国际化

学习目标

通过本章的学习,掌握城市发展战略的内涵与特征;理解城市现代化战略,城市国际化战略,城市竞争与合作战略的内涵及相应特征、指标体系、战略要点;了解城市现代化的内涵与特征、主要标志与指标;明确城市国际化的内涵与特征、主要标志与指标;掌握国际性城市的含义与功能;熟知城市竞争力的含义,掌握城市竞争与合作战略;全面、深入地理解并掌握反映城市化战略的各项政策。

第一节 城市现代化的内涵与特征

一、城市现代化的内涵

(一)现代化的基本词义和理论含义

基本词义:现代化一词的英文是 Modernization,产生于 18 世纪,是从英语 Modern 和 Modernize 衍生而来的。Modern 是形容词,产生于 16 世纪,有两层含义:表示性质,即现代的、时髦的;表示时间,即新近的,指从大约公元 1500 年到当前这段历史时间。Modernize 是动词,产生于 18 世纪,其含义是使之现代化、适合现代需要。概括起来,现代化的基本词义是:实现现代化的过程以及实现现代化后的状态;发达的、先进的、适合现代需要的,就是现代化。

理论含义:多数学者对现代化的含义有以下认识:现代化是指 18 世纪工业革命以来人类社会所发生的深刻变化,是传统经济向现代经济、传统社会向现代社会、传统政治向现代政治、传统文明向现代文明转变的历史过程及其变化;现代化并非是指个别国家和地区所特有的现象,而是具有世界普遍性的发展趋势;一个国家和地区的现代化不仅要实现科学技术的现代化,而且要实现社会制度和人们观念的现代化;现代化是内容丰富、多层次、多方面、连续不断的社会文化变革过程;现代化的基本因素是人的现代化,是人的素质的提高。

城市现代化是现代化的组成部分。城市是经济、科技现代化的载体,是经济社会现代化的物质表现,主要包括基础设施现代化、城市管理科学化、城市功能多样化、居民生活高度社会化、生态环境园林化、城市经济高效化、产业结构高级化、城市居民现代化等。

(二）城市现代化的内涵理解

城市现代化一般是指摆脱传统落后的社会经济因素，以现代科学技术发展生产力，使劳动生产率不断提高，人民生活水平达到较高质量的发展过程。国际知名现代化理论家、美国哈佛大学教授塞缪尔·亨廷顿认为，现代化指社会有能力发展起一种制度结构，它能适应不断变化的挑战和需求。他将现代化过程概括为九个基本方面，即现代化是革命的、复杂的、系统的、全球的、长期的、有阶段的、同质化的、不可逆转的和进步的过程。

不同时代的现代化有不同的发展模式和特征：19世纪现代化的实质是工业化，是以物质投入密集替代劳动投入密集和以物质资本替代劳动力资本的粗放式的、追求利润最大化的非均衡发展模式；20世纪现代化的精髓是广义服务化，即以广义服务投入密集替代一般物质投入密集和以金融资本替代物质资本的集约式的追求长期稳定发展的均衡发展模式；而21世纪现代化的核心则是知识化，是以知识投入密集替代一般服务投入密集和以人力资本替代金融物质资本的、追求协同效应最大化的网络式协调发展模式。美国密歇根大学教授殷格哈特（Inglehart）把1970年以来先进工业国家发生的变化称为后现代化。他认为，后现代化的核心是社会目标，不是加快经济增长，而是增加人类幸福，提高生活质量。

对于我国这样的发展中国家，一般认为实现现代化就是要达到世界中等发达国家的发展水平，如人均GDP达到8 000~10 000美元，农业劳动力占比低于10%，农业产值低于5%，城市化率超过60%，预期寿命在75岁上，大学生占同龄人口的比重达25%以上，医生人均负担人口在800人以下等。目前，我国城市发展的基本特点有3个：（1）已经进入工业化后期，技术密集型产品比重呈上升趋势；（2）已经进入城市化加速发展时期，城市化相关产业比重呈上升趋势；（3）知识经济初见端倪，知识型经济活动比重呈上升趋势。这些特点要求我国城市尽可能采用21世纪现代化发展模式，实现可持续的协调发展。在继续采用服务性密集投入的集约式、追求长期稳定发展的均衡发展模式的同时，在一定程度上采用追求协同效应最大化的网络式协调发展模式，以大量节约物质性投入，提高资源节约效应、城市生态效应和社会协同效应，在可持续发展中实现现代化。

二、世界现代化的进程

现代化运动是波浪式向前发展的。18世纪工业革命以来的三百多年的历史进程中，世界现代化运动经历了4次大的浪潮。

世界现代化的第一次浪潮：现代化的第一次浪潮出现在18世纪后期到19世纪前半叶，它的动力是第一次科技革命和第一次工业革命。1763年，瓦特发明了蒸汽机，使现代工业迅速发展，这是人类发展史上的一个里程碑。到19世纪30年代，英国率先完成了第一次工业革命，随后美、法、德、俄、日等主要资本主义国家，在19世纪内相继完成了第一次工业革命。伴随着工业化的发展出现了城市化的浪潮，城市化的进程日渐加快。

世界现代化的第二次浪潮：从19世纪的后期到20世纪的初期，随着科学技术的重大进步，引发了第二次工业革命，其主要标志是新式炼钢法和电力的广泛应用。第二次工业革命使先进国家的产业结构发生了重大变化，原来占优势的轻工业部门让位给冶金和制造业等重工业部门，铁路建设成为新兴工业化的重点，社会化的大生产规模不断扩大，银行的作用越来越重要。西欧和北美地区已完成了初步的工业化。随着工业化的实现，城市化进程的加速趋势更为明显。20世纪初英国的城市化水平已达到78%，美国和法国的城市化水平也分别达到46%和44%，伦敦的人口已超过400万。

世界现代化的第三次浪潮：第二次世界大战后，人类社会又发生了以核能、电子计算机和自动化技术发明及其应用为主要标志的第三次科学技术革命和工业革命。这次革命在20世纪40年代末首先从美国开始，逐步扩展到欧洲和日本，并在60年代达到高潮。第三次科技革命使高分子合成工业、核工业、电子工业、半导体工业、航天工业和激光工业等许多新兴工业部门迅速崛起。航天工业的发展是科技革命和工业革命的综合性产物，揭开了人类向宇宙空间迈进的序幕。世界工业的生产能力继续以几何级数增长，1945—1970年的25年时间里，世界工业的总产量相当于前两次工业革命所经历的近两个世纪的工业总产量之和。

第三次现代化浪潮进一步引起了世界经济和社会格局的结构性变化：巨型跨国公司和全球产销网开始出现，先进的工业国从初级工业化向高级工业化升级，大批欠发达国家也进入现代工业经济增长过程，世界现代化出现了多样性、广泛性的格局。城市化的进程迅猛发展，先进的工业国家城市化水平已达到70%以上。发展中国家随着工业化的进展城市化水平也在明显提高。世界出现了一批人口达800万~1 000万的超大规模都市。

世界现代化的第四次浪潮：第四次现代化浪潮以信息化技术应用和知识经济为标志，以高科技产业群为特点。信息技术的广泛应用加速了经济社会发展知识化、智能化的步伐。新材料技术产业、光机电一体化技术产业、新能源技术产业、生物技术产业、环保技术产业、航天航空技术产业、海洋技术产业等高科技产业群，为现代化的发展进程注入了新的强劲动力。

第四次产业革命与前三次产业革命有着显著的不同，工业化在经济发展中的核心地位受到挑战，工业经济在发达国家国民经济中的比重持续下降，第三产业的比重不断上升。世界各国的城市化出现了两种趋势：发达国家城市人口的比重呈现出在高位平台上缓慢增长的趋势，大城市的人口向郊区或小城镇迁移，形成了"逆城市化"现象；而欠发达国家随着工业化的加速发展，城市化的进程也显著加快。

三、城市现代化的特征

城市现代化通过以下三大基本特征表现其时代内涵。

1. 现代化的动力特征

表现为用什么样的手段、方法、技术路线和产业层次来获得发展。我国目前大多数城市的现代化，表现在工业化水平指数是否实现了在倒 U 形增长曲线上从左侧向右侧的转移。这也是衡量处于知识经济社会现代化进程动力转换的明显特征。

2. 现代化的公平特征

表现为城市"共同富裕"的水平及其对贫富差距和城乡差异的克服程度。目前，我国城市现代化表现为社会公平程度指数是否实现了在倒 U 形增长曲线上从左侧向右侧的转移，社会公平包括人均财富占有的人际公平、代际公平和区际公平。此特征是现代化进程衡量其社会公平能力的明显特征。

3. 现代化的质量特征

表现为城市"文明程度"和"生活质量"及其对于理性需求（包括物质的和精神的需求）的相对差距，其中包括物质支配水平、环境支持水平、精神愉悦水平和文明创造水平的综合度量。我国目前的城市现代化表现为生态环境质量指数是否实现了在倒 U 形增长曲线上从左侧逐渐上升经过其顶部的临界区后再落入右侧不断下降，这个转移过程是衡量现代化进程质量状态的明显特征。

此外，城市现代化还表现在五大辅助特征上：（1）人口总量（规模）趋于稳定，即人口自然增长率接近"零增长"和人口素质有很大提高（例如，全国平均受教育年限达到中等发达国家的 14 年以上，人口年龄结构和知识结构趋于合理）；（2）能源消耗、资源消耗的弹性系数接近于零，即随着经济的增长和社会财富的积累，能源和资源的消耗速率呈现"零增长"或"负增长"；（3）在促进科技进步的 R&D 投入中，实现了政府投入份额由高到低和企业投入份额由低到高的转换；（4）国家信息化水平提高了信息技术对传统工业改造和升级的力度和速度；（5）社会腐败指数稳定下降，社会物质文明和精神文明均有显著提高。

依照上述城市现代化的动力、公平和质量三个最基本的特征和五个辅助特征，就能够对城市现代化做出基本的判定标准，据此做出正确决策，进行统一的检测和正确引导。

四、城市现代化的主要标志

城市现代化的主要标志包括以下几个方面。

（1）先进的生产力水平和高度的物质文明，是城市现代化的首要标志。城市经济要达到具备先进生产水平的发达的现代经济，人均 GDP 及居民收入达到世界中等以上的发达水平。先进生产力和高度物质文明，不仅反映在产品数量与质量的提高上，还表现在高度发达的社会分工与协作，产业结构合理化、高级化以及对周围地区的辐射力与吸引力上。

（2）完善配套和高效的城市基础设施，是城市现代化的基础标志。基础设施是城市的骨架，骨架必须强壮，这样才能保证经济和精神文明的良好发展。城市基础设施是城市现代化不可缺少的重要条件。城市基础设施包括便捷的交通、通信，水、电、气的充足供应，完善的住宅、医疗、文体设施以及污水、垃圾处理等。

（3）优美的、适于人类居住的城市环境，是城市现代化的形象标志。城市环境包括自然环境与人工环境。前者的现代化要求有周全的环卫设施和优美的园林绿化，无污染、无公害，保持生态平衡和良性循环；后者的现代化主要是指城市建筑设计要做到既民族化，又具有时代特征。

（4）丰富的城市文化，是城市现代化的深度标志。随着城市社会生产力的逐步提高，文化功能日益发展，城市居民对精神文化的需求越来越高。城市文化是城市发展的根基，是城市气质的表现，文化使城市成为信息传播中心，适应知识经济发展的要求。

（5）高水平的城市科学管理，是城市现代化的政府标志。城市现代化不可缺少高水平的科学管理，要求城市政府拥有高效率的行政机构、高水平的管理手段、高层次的公众参与以及科学的决策系统和民主监督方式。

（6）精神文明和高素质的城市人口，是城市现代化的市民标志。市民素质是城市现代化发展的灵魂。新世纪城市现代化发展和竞争，是指人的素质的提高和竞争。没有高水平、廉洁奉公的管理者，没有高质量的城市人口和文明的城市风尚，就不可能有良好的现代化城市。

对于城市现代化的指标，美国现代化研究专家英格尔斯（Alex lnkeles）在20世纪70年代初曾提出十项现代化社会指标，后来在国际上较为通用。这十大指标是：（1）人均国民生产总值在3 000美元以上；（2）农业产值的国民生产总值比重不超过12%～15%；（3）服务业产值在国民生产总值的比重超过45%；（4）非农业就业人口在总就业人口中所占的比例超过70%；（5）文化人口在总人口中占比要超过80%；（6）青年适龄年龄组中上大学的人数比例要超过10%～15%；（7）城市人口占总人口的比例要超过50%；（8）平均每名医生负担的人口为1 000人以下；（9）平均预期寿命在70岁以上；（10）人口自然增长率在1%以下。

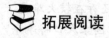 拓展阅读

世界现代化：没有最佳模式 只有理性选择

1月30日，中国科学院中国现代化研究中心召开专家座谈会，发布了被誉为全球第一部的"世界现代化概览"——《中国现代化报告2010：世界现代化概览》（以下简称《报告》）。

《报告》是《中国现代化报告》年度系列报告的第10本，以世界现代化为研究对象，

时间跨度为400年，覆盖世界现代化全过程，包括五大洲的131个国家，覆盖世界97%的人口，涉及经济、社会、政治、文化、环境和个人行为等六大领域，分析了世界现代化300年的历史和未来100年的前景。

不平衡性是现代化的重要特征

《报告》认为，1700—2005年的三百多年里，发达国家的数量在20个之间波动，90个国家处于第一次现代化，12个国家处于传统农业社会，还有几百个少数民族部落生活在原始社会。现代化的分布中，欧洲水平比较高，非洲水平比较低，世界上发展中国家的现代化起步大约比发达国家起步晚了60~200年，发达国家完成第一次现代化的平均时间大约是160年。

而到2006年，现代化的不平衡性依旧十分明显。截至2006年，完成第一次现代化的国家大约有35个，处于第一次现代化的国家大约有90个，处于传统农业社会的国家有12个，进入第二次现代化的国家有29个，完成第一次现代化的人口大约是11.3亿，进入第二次现代化的人口大约是9.7亿。

不同国家需要研究和寻求适合自己的模式

《报告》以自然科学的方法梳理了三百多年来一百多个国家现代化进程的20个基本事实。《报告》认为，始于18世纪60年代英国工业革命的世界现代化，可以分为第一次现代化和第二次现代化两个阶段，涉及18世纪的机械化、19世纪的电气化、20世纪50年代的自动化和20世纪80年代的信息化四次浪潮。

中国科学院中国现代化研究中心主任、中国现代化战略研究课题组组长何传启表示，世界现代化没有最佳模式，只有理性选择，简单模仿其他国家的做法存在风险。现代化在过去的300年里，有些国家保持了发达国家的地位，有些国家成功晋级，也有些国家地位下降。地位上升的国家在第一次现代化过程中，既有工业化优先、民主化优先和城市化优先的模式，也有经济优先、教育优先和协调发展模式；在第二次现代化过程中，既有知识化优先，也有信息化优先和生态化优先模式，不同国家需要研究和寻求适合自己的模式。

在谈及21世纪世界现代化的前景时，《报告》认为，21世纪世界现代化的结构大约是：发达国家有20个，中等发达国家有25个，初等发达国家有37个，欠发达国家有49个。在21世纪，发展中国家还会进步和发展，但是要想成为发达国家，还存在较大难度，大概一百多个发展中国家将争夺5张晋级发达国家的门票，庞大的发展中国家人口将争夺很少的享受现代化生活的门票。

中国现代化处于世界第70位

《报告》认为，中国现代化的起点是在19世纪中期，其终点是动态的，目前尚不能确定。中国的现代化是全世界人口规模最大的现代化。它目前是以第一次现代化为主，是一个后发型、追赶型的现代化，现代化的速度超过了世界平均值。

《报告》认为，2006年中国处于第一次现代化的成熟期，处于世界第70位，属于初等发达国家水平。第一次现代化已经完成 4/5,第二次现代化仅为发达国家的 2/5。中国最大的差距是人均收入差距,大约是 30 倍。

中国现代化的前景:机遇与挑战并重

《报告》预测,如果按照 1990—2005 年的年平均增长率估算,中国将在 2020 年左右完成第一次现代化,21 世纪末完成第二次现代化,达到世界先进水平,人均年收入超过两万美元,养老和医疗覆盖率达到 100%,消灭绝对贫困。

何传启预测,在 21 世纪末,中国有可能进入世界前 20 名,这是中华民族伟大复兴的 U 形曲线。

(资料来源:周悦. 世界现代化:没有最佳模式,只有理性选择[J]. 中国社会科学报,2010(2).)

第二节 城市现代化的指标体系

一、指标体系

衡量一个城市的现代化发展水平,必须要有一个明确的量化指标体系。制定城市现代化指标体系首先应当遵循的原则包括:综合性与系统性原则、以人为本原则、可持续发展原则、简明实用与可计量原则、世界性与时代性原则。

目前,学界关于城市现代化指标的研究正逐步深化,这里列举三种具有代表性的评价体系。

(1)"社会进步指数"法。美国学者埃思蒂思用 36 个社会指标组成"社会进步指数",对 124 个国家进行了综合定量评价。联合国开发署的《人文发展报告》只用 3 个指标,即平均预期寿命、成人识字率、实际人均 GNP。很显然,这些指标所反映的是一种社会进步,是一种现代化程度。由于指标的确定不是依据想象,而是根据社会实际能力与需求,因此,这些指标只是对现代化的"移植性"的表述,即人们认识的现代化,是当代世界范围内的最先进的国家已经能够达到的。根据 10 个社会指标综合评价,综合得分在前面的城市是:蒙特利尔 92 分;东京 90 分;巴黎 89 分;大阪 88 分;费城 88 分;汉堡 87 分;芝加哥 86 分;柏林 86 分;伦敦 85 分;马德里 85 分;旧金山 85 分。美国社会学家英格尔斯提出了一个社会现代化的指标,也是人们常用的指标体系,它包括十多项指标,不计权重,操作简单,评价结构近似评估。

(2)中国社会科学院与香港大学合作的研究成果。中国社会科学院与香港大学合作对当代世界范围的城市现代化水平指标,进行城市现代化数据指标体系再构建或寻找一般特点,也就是说,目前世界最现代化的城市指标体系如下:① 第三产业就业人员占就业人员总数的比例,70%~80%;② 食品支出占消费支出的比例,12%~20%;③ 平均预期寿命,76 岁以上;④ 每千人口医生数,10 人左右;⑤ 婴儿死亡率,4‰;⑥ 中学入学率，92%以上；⑦ 每户居民拥有住房间数，4~5 间；⑧ 每百人拥有电话机数量，90 部以上；⑨ 人均用电量，2 000 千瓦/小时以上；⑩ 人口自然增长率，1‰以下。

（3）中国城市经济学会提出的现代化指标体系。具体指标有 4 个：一是经济发展，包括人均 GDP、人均地方财政收入、工业企业总资产贡献率、人均固定资产投资额、人均实际利用外资；二是社会发展，包括非农业人口占总人口比重、第三产业从业人员比重、人口自然增长率（逆指标）、每万人口拥有专业技术人员、人均教育经费、每万人口在校大学生数；三是生活质量，包括城镇居民人均可支配收入、恩格尔系数（逆指标）、人均住房使用面积、人均生活用电量、每百人拥有电话和手机数、每百户拥有电脑数、每万人口医生数、平均预期寿命；四是基础设施及环保，包括用气普及率、人均道路面积、绿化覆盖率、空气综合污染指数（逆指标）、工业废水排放达标率等。

二、城市现代化指标体系的确定

（一）指标体系设计——将评价城市现代化的指标分为五大类

（1）经济发展——反映城市发展过程中的经济质量的指标系列。
（2）社会进步——反映城市社会进步（包括文化、教育等）的指标系列。
（3）生活品质——反映市民生活满意程度和舒适程度的指标系列。
（4）环境质量——反映城市可持续发展能力的指标系列。
（5）知识创新——反映信息时代知识的生产、传播和应用的指标系列。

城市现代化指标影响因素公式

设
$$M=f(C,S,I,L,M) \tag{14-1}$$

式中，M 为现代化指标体系；$f(C)$ 代表经济发展指数；$f(S)$ 代表社会进步指数；$f(I)$ 代表知识创新指数；$f(L)$ 代表生活品质指数；$f(M)$ 代表环境质量指数。

由于
$$M=f(C,S,I,L)$$

令

$$N_1=f(a,b,c\cdots)=f(C) \quad （经济发展指数） \tag{14-2}$$

$$N_2=f(d,e,f,g,h,I,j\cdots)=f(S) \quad （社会进步指数） \tag{14-3}$$

$$N_3=f(k,l,m,\cdots)=f(L) \quad （生活品质指数） \tag{14-4}$$

$$N_4=f(n,o,p,q,r,\cdots)=f(M) \quad （环境质量指数） \tag{14-5}$$

$$N_5=f(s,t,u\cdots)=f(I) \quad （知识创新指数） \tag{14-6}$$

则有

$$N=f(N_1,N_2,N_3,N_4,N_5) \tag{14-7}$$

式（14-7）表明，指标体系是存在于上述自变量的因变量，它的具体指标的选取是由自变量在城市现代化过程中不同阶段和不同情况下的各种耦合情况和综合作用程度所决定的。

$N_1=f(a,b,c)=$（人均 GDP、第三产业占 GDP 的比重、高新技术产品产值占工业总产值的比重）

$N_2=f(d,e,f,g,h,I,j)=$（城市化率、基尼系数、教育投入占 GDP 比重、社会保险综合参保率、适龄人口大学生比重、平均预期寿命、每万人拥有医生数）

$N_3=f(k,l,m)=$（恩格尔系数、人均年收入、人均居住面积）

$N_4=f(n,o,p\ q,r)=$（绿化覆盖率、污水处理率、固体废弃物无害化处理率、空气质量）

$N_5=f(s,t,u)=$（R&D 占 GDP 的比重、信息化综合指数、科技进步贡献率）

（二）指标体系的量化标准

1. 经济发展指标

（1）人均 GDP：8 000 美元以上。

（2）第三产业占 GDP 的比重：60%以上。

（3）高新技术产业增加值占 GDP 的比重：15%以上。

2. 社会进步指标

（1）城市化率：75%以上。

（2）基尼系数：0.25。

（3）教育投入占 GDP 的比重：5%以上。

（4）社会保险综合参保率：95%以上。

（5）适龄人口大学生比重：30%以上。

（6）平均预期寿命：75 岁。

（7）每万人拥有医生数：13 人以上。

3. 生活品质指标

（1）恩格尔系数：35%以下。

（2）人均年收入：40 000 元人民币。

（3）人均居住面积：20 平方米以上。

4. 环境质量指标

（1）绿化覆盖率：35%以上。

（2）污水处理率：70%以上。

（3）固体废弃物无害化处理率：80%以上。

（4）空气质量：二级以上。

5. 知识创新指标

（1）R&D 占 GDP 的比重：1.8%以上。

（2）信息化综合指数：60%。

（3）科技进步贡献率：55%。

其中，信息化综合指数包括四项指标：广播电视人口覆盖率、计算机普及率、电话普及率、报纸拥有率。

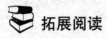 拓展阅读

北京城区现代化进程评价

按照城区、郊区县和县城分别设置指标体系，分别进行评价。这种方法是北京现代化进程评价课题组编写的《北京现代化报告2003》中所提出的。现将其中城区现代化评价指标体系列在表14-1中。

表14-1 城区现代化评价指标体系

	指　　标	指标权重（%）	基本现代化标准值	现代化标准值
经济发展水平（36%）	1. 人均GDP（当年美元价）	6	4 640以上	9 266以上
	2. 人均购买力（当年美元价）	6	9 210以上	15 960以上
	3. 第三产业增加值占GDP的比重（%）	4	60以上	65以上
	4. 第一产业增加值占GDP的比重（%）	3	6以下	3以下
	5. 第三产业劳动力比重（%）	3	65以上	70以上
	6. 第一产业劳动力比重（%）	3	6以下	3以下
	7. 研究与发展（R&D）支出占GDP比重（%）	4	1.3以上	1.8以上
	8. 居民专利申请量（项/万人）	3	147以上	357以上
	9. 每万人拥有科学家和工程师数（名）	4	20以上	25以上
社会发展水平（26%）	10. 城市化水平（%）	5	75以上	80以上
	11. 平均预期寿命（岁）	5	70以上	75以上
	12. 千人拥有医生数（名）	4	3以上	3.5以上
	13. 婴儿死亡率（‰）	4	10以下	7以下
	14. 大专以上人口占总人口比重（%）	4	16以上	25以上
	15. 恩格尔系数（%）	4	30以下	20以下
人居环境水平（26%）	16. 人均住房使用面积（平方米）	5	20以上	30以上
	17. 人均生活用电（千瓦小时/年）	4	780以上	920以上
	18. 人均拥有铺装道路面积（平方米）	4	8以上	10以上
	19. 人均拥有公共绿地面积（平方米）	2	10以上	12以上

续表

	指 标	指标权重（%）	基本现代化标准值	现代化标准值
人居环境水平（26%）	20．绿化覆盖率（%）	2	35 以上	45 以上
	21．平均空气质量综合指数	3	2.93 以下	1.83 以下
	22．污水处理率（%）	3	85 以上	95 以上
	23．生活垃圾、粪便无害化处理率（%）	3	100	100
信息化水平（12%）	24．国际互联网普及率（户/万人）	3	1 500 以上	2 000 以上
	25．居民电脑普及率（台/百人）	3	10 以上	25 以上
	26．居民电视普及率（台/千人）	3	300 以上	450 以上
	27．电话普及率（部/百人）	3	50 以上	80 以上
合计	27 个指标	100	—	—

评价结果：

课题组认为：北京是拥有 1 600 多万人口的大都市，行政辖区包括城区（14 个区）、郊县（有 4 个县），其现代化水平差别很大。因此，应当分层次进行评价：（1）地区现代化水平（即行政辖区）；（2）每个城区的现代化水平；（3）各县的现代化水平；（4）各县县城的现代化水平。它们都分别拟定了现代化的评价指标体系。

用表 14-1 所列的指标体系，对北京市 2001 年城区的各分区现代化水平进行评价，所得的结果是：14 个城区中，基本实现现代化达标程度为 100% 的有东城区、海淀区等 10 个区，达到 70% 以上的有昌平区等 4 个区。这表明，北京 14 个城区已全部率先基本实现了现代化。

（资料来源：北京现代化进程评价研究课题组．北京现代化报告 2003[M]．北京：学苑出版社，2003．）

第三节 城市国际化的内涵与特征

一、城市国际化战略的内涵

城市国际化是指城市的辐射力和吸引力及其新产生的聚散影响所波及的范围。城市国际化战略包括如下基本内涵。

1．金融国际化

金融国际化是指在金融行业无差别、非歧视性原则引导下，按金融国际惯例和基本程序实施公平竞争，达到金融机构和业务中心聚集并向外发展、开拓和延伸，同时，使保险、证券等金融行业同步发展，并使银行资本流动与汇兑业务自由化，形成金融大体系的良性循环。

2. 贸易国际化

贸易国际化是指在与国际市场密切相连的基础上，形成完整的统一大市场，其中，中介贸易在贸易总量中具有举足轻重的作用，多边复式贸易日益增加，无形贸易（如信息、专利、技术、商标）不断开拓，比重日趋提高。同时，定期召开具有国际影响的商交会、博览会、招商会和洽谈会。

3. 生产国际化

生产国际化是指在参与国际产业分工和合作的基础上实施社会化大生产，并使其产品市场向多元化、全天候、国际化方向发展，同时，使生产流程与质量、技术标准走向国际化，或至少采用能被国际社会认可的标准，从而使产业的至少某一方面具有一定的国际竞争力，并在世界经济大系统中产生一定影响。

4. 信息国际化

信息国际化是指在以经济为核心的综合信息资源独立成网并与国际计算机网络并网运作的前提下，使地域网和空间网相融合，有线网与无线网互补，实现信息资源的存储、转换、加工、反馈的现代化和迅捷化，并使信息资源商品化，作为生产要素融入世界经济大循环。

5. 科技国际化

首先，是科技成果完全商品化，使科技生命力在商业化过程中体现其社会性和实用性价值；其次，是科学技术有专利而无国界，使知识产权得到法律的保障和社会尊重；最后，实现科学技术的国际水平分工和合作开发，实现共同科技进步。

6. 产业国际化

第三产业的高度化使国际性城市的金融、保险、商贸、会计、广告、法律、信息等行业比较发达，交通、运输、通信、网络咨询等设施齐全，各种服务行业都能提供高效、准确、便捷、舒适的服务。同时，具有与国际交往相匹配的行政构架及管理体制，从而保障物资流、资金流、技术流和信息流的顺畅。

7. 开放国际化

通常，国际性城市，其社会经济对众多的国家和地区开放，对外贸易和资本国际往来在城市 GDP 中占较大比重，国际交往人员往来频繁，出入境手续简便，经济体制和运行机制与国际经济体系兼容，是国际政治、经济、文化、旅游等活动的优选场所。

二、城市国际化战略的特征

城市国际化战略着眼于跨国社会经济联系的建立，寻求在国际合作中获得发展。它具有以下特征。

1. 全局联结性

国际性城市经济高度发达，拥有雄厚的经济实力，一般是制造业中心、商贸中心、金融中心、通信中心、信息中心和管理中心等，对世界各城市的进化起着强烈的示范效应。国际化战略就要着眼于其诸多城市中心功能的综合，从而表现出全局联结性的特征。

2．国际指向性

国际性城市地理位置优越，区位优势明显，国内市场与世界大市场高度关联，是世界市场链条体系的中心环节。它们接受国际市场供求关系的调节，根据国际市场的需求变化来安排生产、经营，从而成为连接国内外经济的桥梁和枢纽。城市国际化战略就要表现出国际指向性特征，注重城市在国内外经济中的结合点，凸显其集散牵头功能。

3．实施策略性

国际性城市是全方位开放的城市，面临着各种复杂的问题。为此，城市国际化战略在实施中要体现其策略性，针对不同的问题采取不同的措施。

三、国际性城市的衡量指标

1．城市经济发展的程度：本国人均国内生产总值
（1）本市人均 GDP 与本国人均 GDP 之比。
（2）第三产业所占比重。
（3）信息业占第三产业的比重。
（4）金融业占第三产业的比重。
（5）资金融通量在全国资金融通总量中的比重。
（6）外汇市场交易量占全国外汇交易量的比重。
（7）就业率。

2．经济开放度与对国际经济一体化的参与程度：商品贸易依存度
（1）吸收外资额及占全部投资的比重。
（2）跨国公司总部与分支机构数。
（3）国际金融机构数与年国际金融业务交易量。
（4）进行贸易往来地区数。
（5）出入境旅游者人数。

3．对国际政治和文化活动的参与程度：外国使馆、领馆数
（1）国际事务组织机构数。
（2）高级外交访问数。
（3）国际会议、展览会次数。
（4）国际会议参与人次数。
（5）国际文化交流数。
（6）国际体育交流、比赛活动数。
（7）国际语言普及率。

(8) 国际标识普及率。
(9) 外籍居民及外国留学生数及所占比重。
(10) 列入联合国"世界历史文化遗产"的历史遗址数。

4. 城市现代化程度：机场数、国际航班数与国际交通客流量
(1) 城市人均道路长度。
(2) 百人拥有电话数。
(3) 国际信息网上网户数。
(4) 国际交流活动场所数。
(5) 城市管理网络覆盖率。

5. 城市生态环境：人口密度
(1) 建筑密度。
(2) 水资源人均拥有量。
(3) 城市污水处理率。
(4) 城市烟尘控制区覆盖率。
(5) 城市噪声处理能力及占噪声发生量的比重。
(6) 垃圾无害化综合处理率。
(7) 人均园林绿地面积。
(8) 可再生资源使用量与一次资源使用量。

6. 城市社会环境：年万人刑事案件立案数及结案率
(1) 年万人交通事故数及死亡数。
(2) 每万人医生数。
(3) 每万人就业人口科技人员数。

四、国际性城市的表现类型

国际性城市的表现按不同的标准可分为不同的类型。
从国际性城市的主导功能来看，可以把它们分为以下六种类型：
(1) 政治型的国际性城市——如布鲁塞尔。
(2) 经济型的国际性城市——如苏黎世。
(3) 交通型的国际性城市——如法兰克福。
(4) 文化型的国际性城市——如威尼斯。
(5) 旅游型的国际性城市——如火奴鲁鲁。
(6) 宗教型的国际性城市——如耶路撒冷。

从城市功能的能量级划分，即从参与国际经济活动涉及的地域大小和发挥的作用强弱

来划分,还可以把国际性城市分成以下三个等级。

(1) 世界级国际性城市——纽约、伦敦、东京。
(2) 区域级国际性城市——巴黎、中国香港。
(3) 国家级国际性城市——首尔。

五、国际性城市的功能

国际性城市是一个城市由国内城市走向国际城市的过渡阶段,它的国际影响比国内城市要高,比国际城市要低。国际性城市是在逐渐具有了一定的并不断增加的国际因素的基础上,形成了国际性的城市功能后发展为国际城市的。这些国际性城市的功能包括如下几个方面。

(1) 生产要素的国际配置中心。这是一个广义概念,属于生产性服务的范畴,包括资金的配置中心、商品的配置中心和人力资源的配置中心三大内容,其运行的方式是通过各类有形或无形的市场对生产要素进行合理配置,可以按照它的配置能力来区分其是全球性的还是区域性的。资金的配置中心表现为国际货币、资本、外汇和金银的交易中心,如纽约、伦敦、东京、新加坡、中国香港的离岸证券市场、同业拆借市场、外汇市场;商品的配置中心表现为各类商品期货和期权市场;人力资源的配置中心表现为各类人才,特别是高知识含量人才和其他专门人才的集散地,具体表现为来自国外的就业人员的数量和质量,例如,纽约是全世界雇用外籍人员最多的城市,洛杉矶、好莱坞是世界电影业从业人员的中心。

(2) 经营决策管理的国际中心。国际性城市是各类全球性或区域性的政府性或非政府性国际组织总部的驻地。例如,纽约是联合国总部的所在地,对世界政治、经济具有重大影响;华盛顿是世界银行和国际货币基金组织的所在地,影响着世界金融的发展。

(3) 知识和技术创新型的国际中心。在国际性城市内,既集中了著名的高等院校、科研机构和医院等知识技术创新的基础设施,又因众多的国外优秀人才聚集在此就业,使这里成为新知识、新技术和新思想的发源地和集散地,对世界的发展起着指导作用。例如,纽约就是美国生活方式的集散地,巴黎是现代思潮的发源地和集散地。

(4) 信息国际枢纽。国际性城市是信息业的聚集地,拥有强大的、覆盖全球的各类通信网络、传播媒介。例如,伦敦是全球的通信枢纽之一,纽约是美国传媒最集中的城市。

(5) 娱乐休闲国际中心。国际性城市拥有古典或现代化的剧场、戏院、音乐厅、博物馆等基本设施以及豪华的宾馆、饭店和各类餐饮场所。

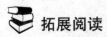 拓展阅读

义乌:小商品之城迈向国际化

义乌,26年前还是一个名不见经传的贫瘠小县,可如今,就是这个不沿边、不靠海,

只有七十多万人口的内陆县级市在中国改革开放的大潮中奇迹般崛起，成为全球最大的小商品批发市场，成为中国乃至世界的知名城市。

义乌的巨变，得益于中国改革开放以来义乌坚持和深化"兴商建市"的发展战略。改革开放以来，义乌以培育、发展、提升市场为核心，大力推进工业化、国际化和城乡一体化，走出了一条富有自身特色的城市发展之路。2007 年，义乌市实现地区生产总值 420 亿元，增长 15.7%；完成财政一般预算收入 58.88 亿元，其中地方财政收入 32.28 亿元，分别增长 31.2%和 33.2%；实现城镇居民人均可支配收入 25 007 元，农村居民人均纯收入 10 255 元，分别增长 15.9%和 16.4%；经济增长质量也明显提升，万元 GDP 能耗下降 4%，化学需氧量和二氧化硫排放量分别下降 4%和 3.8%。

建成世界最大商品批发市场

"小商品、义乌造"，这就是义乌的城市口号。义乌在资源匮乏、国有工业基础十分薄弱的情况下，坚持市场取向，紧紧依托市场发展小商品加工业，不以物小而不为，做大、做足、做好小商品制造业文章，大力实施"以商促工、贸工联动"战略，"小商品、大产业、小企业、大集群"的制造业发展格局已经形成。目前全市有各类工业企业 1.6 万余家，形成了针织袜业、饰品、工艺品、毛纺、化妆品等 20 多个优势行业，其中饰品产量占国内市场份额的 65%以上、袜业占 35%以上、拉链占 30%以上，涌现了新光、梦娜、伟海等一批行业内的全国乃至世界"单打冠军"。义乌还先后被授予制笔、化妆品、无缝针织服装、工艺礼品等 8 个国家级产业基地称号，目前义乌市场商品的本地产品占有率达 30%以上；全市拥有中国驰名商标 37 个、中国名牌产品 7 个、国家免检产品 19 个；市场经营面积达 260 万平方米，经营商位 5.8 万个，有 43 个行业、1 900 个大类、40 多万种商品；市场成交额连续 17 年位居全国各大专业市场榜首。2005 年，联合国、世界银行、摩根士丹利联合发布的《震惊全球的中国数字》报告指出，义乌市场是世界上最大的商品批发市场。2005 年，义乌专利申请量和授权量均列浙江第一；2006 年，义乌国际商贸城又成为全国首家 4A 级购物旅游景区。依托全球最大的小商品市场这一平台，义乌从 1995 年开始，连续 13 年成功举办"义博会"。如今，"义博会"已经成为目前国内最具规模、最有影响、最有成效的日用消费品类博览会，是继"广交会""华交会"后的国内第三大出口商品展。

义乌用了 26 年的时间，完成了从一个贫瘠小县到全球最大小商品市场的蝶变，历史就是这样给了这个小县城一个机遇，并让它成长为"世界大超市"；具有"不怕买不到、只怕想不到"的市场美誉度，也使义乌成为全球关注的热点城市。

"兴商建市"，加快城市化步伐

1982 年，义乌率先在全国开放了小商品市场，进而提出了"兴商建县"的发展战略。26 年来，义乌小商品市场五易其址、九次扩建，实现了从最初的"马路市场""棚架市场"

向大型现代化室内交易商场的跨越。创新是义乌市发展的永恒主题，26年来，义乌市也从简陋的集贸市场转变提升为现代化、国际化的商贸城；由单一的商品交易向商品展示、信息汇集、价格形成、产品创新等方向拓展；由传统的"三现"（现金、现货、现场）交易，向洽谈订单、电子商务、物流配送等现代交易方式转变。从2006年10月开始，由国家商务部和义乌市政府主持编制的"义乌·中国小商品指数"定期向全球发布，成为全球小商品生产贸易价格变动的"风向标"和"晴雨表"。义乌中国小商品城先后被国家质检总局、工商总局授予全国唯一的"重质量、守信用"市场、"守合同、重信用"市场称号。

20世纪80年代初，义乌城区人口仅2万多，面积只有2.8平方公里。对于当时的小镇居民来说，城市，还不过是一个虚幻的梦想。然而，永不满足的义乌人却一步一步地在追梦。10年前，义乌建成区面积也仅有3.5平方公里，而今天，城市建成区面积已超过45平方公里。

高标准规划实现城乡一体化

义乌市实现的大跨越发展源于高标准的城市规划。按照市域一体化规划理念，义乌专门对全市1 105平方公里进行一次性的整体规划和产业带规划，吸取中国香港、美国、澳大利亚等设计单位的"各家之长"，精心制定城市中心区的高品位规划，同时完成了社区布局规划工作，一些重点工程建成后，将形成100平方公里的中心城区和300平方公里的城市道路框架。

长期以来，规划是城市的"专利"。把农村发展与城市建设统一规划，并且高起点、高标准修订各项规划，是义乌的一个大胆探索。而义乌市委出台的《义乌市新农村建设二十条》是为加快新农村建设步伐、促进城乡统筹发展而推出的又一项新的战略部署。它围绕建设国际性商贸城市目标，坚持市域一体、规划引领、农民主体的原则，对新农村建设的各项举措进行具体细化，包括繁荣农村经济、建设农村新社区、推进农民充分就业、培育新型农民、完善农村公共服务等内容。

目前，义乌全市城乡已基本实现道路、公交一体化，中心城区至城镇（街道）已建成高等级道路，形成"十分钟经济圈"，通村公路全面实现等级化、硬面化。城乡垃圾日产日清，做到网络化收集、无害化处理。全市80%以上的农村劳动力已转移到城镇和第二、第三产业，8.6万名被征地农民全部有养老保障，46万名农民参加大病医疗保险，农村"五保"人员集中供养率达100%。乡村百姓开始享受现代城市文明，城市居民也可随时去体味农家之乐。

2003年7月17日，"全国第一个城乡一体化行动纲要"——《义乌市城乡一体化行动纲要》问世，它集中了义乌全市上下的智慧，明确了城乡一体化行动的总体思路和工作重点，即"四个区，三步走，二十年，一体化"——"四个区"即把义乌市域划分为主城区、副城区、城郊区和远郊区；"三步走"即到2005年提前基本实现现代化，到2010年城乡壁垒消除、城乡差别明显缩小，到2020年实现城乡一体化，基本建成国际性商贸城市;"二十年"即通过近20年努力,完成城乡一体化任务;"一体化"即推进农村向社区转变、农民向市民转变、农业向企业转变,市域共享现代文明。

近年来,义乌每年投资数十亿元,加强城乡基础设施建设,城市功能日趋完善;新农村建设扎实推进,现已完成四百多个村的旧村改造和环境整治,"异地奔小康"安居小区建设成效显著。全面实行城乡一体垃圾集中处理、城乡一体污水集中处理、城乡一体饮用水工程,城乡一体化工程受益面达90%以上;建立了较为完善的"打防控"体系,人民群众安全感满意率达98%;在全国首开外来人员当选市、镇人大代表的先河,职工维权工作经验得到胡锦涛的充分肯定并在全国推广。

按照规划,义乌2010年将建成现代化商贸城市,预计投资150亿元以上进行城市基础设施建设,逐步形成大城市框架,强化现代化商贸城市的功能,做到市场繁荣、环境优美、生活富裕、市民文明,使义乌成为名副其实的全国小商品集散中心、国内外知名的商贸名城。

义乌以商品市场为龙头,带动产业集聚,也迅速由小城市发展为大中型城市。义乌城市化发展的历程,是一个聚合、裂变和催化的连锁反应过程,义乌在城市化方面取得的成功经验,为浙江乃至全国的小城市向大中城市发展提供了宝贵的经验。

"二次腾飞"面临挑战

在全球化的背景下,商业城市要求具有全方位的开放性,使各种新思想、新技术、新理念在其中相互碰撞、交流和融洽。但是在"世界是平的"的今天,国际化趋势给义乌带来了更大的挑战。那么,义乌要实现向国际性商贸城市转型,该怎样创新现代城市功能、建立市场与城市发展的新机制?该怎样走一条国际化的城市与商贸发展之路?在全国各地大大小小的专业市场已遍地开花、同质竞争日趋激烈的情况下,义乌又该如何实现"二次腾飞"?

跳出义乌看义乌,依然可以清晰地看到义乌发展中不时显露出一些"缺憾"和"破绽"。"放眼全国看义乌",同样是县级市,2007年,GDP超1 200亿元的顺德与GDP为1 100亿元的昆山比肩而立,南海的GDP也高达1 231亿元,江阴仍坐拥1 160亿元的GDP。与这些"带头大哥大"相比,义乌的GDP还只是它们的1/3。这差距,或许有着"区位不同,环境不同,政策不同"的成因所致,但这里面还有思想观念的差距、工作水平的差距、发展环境的差距和新时期创业激情和城市竞争力的差距等。

正可谓"不比不知道,一比吓一跳"。义乌的不足在哪里?数字是最好的说明:各种要素资源制约义乌在新一轮经济社会和城市快速发展中的瓶颈现象日益明显。

首先,缺水隐患仍存。据统计,义乌市人均水资源量仅为482方,为全国人均的1/5。预计今后若干年城区原水供应量年均增幅在15%以上。水源性、时空性、水质性缺水三者并存。

其次,发展方式仍然粗放,结构不够优化和自主创新能力不强,高投入、高消耗、高污染、低效益的发展模式尚未根本转变。

再次，一个"产出率"最能凸显企业的增长质量。据统计，义乌市工业开发区每亩平均年产出产值仅为20万元左右，与国家级高新技术园区每亩年产出100亿元～300亿元悬距相差甚远。全市目前年产值超10亿元的企业还处于萌芽状态。

最后，科技创新不足。义乌市的研发投入占GDP的比重仅为0.4%。36%的专利集中在18家专利示范企业手中，全市仍有超过91.2%以上的企业未申请专利，约38%的高新技术和科技型企业、约46%的品牌企业甚至没有专利；作为一个市场外向度很高，对外贸易活跃的国际性商贸城市，国外专利授权数量没有实现零的突破。此外，国民幸福指数、制度创新、知识竞争力、环境质量、协调发展等深层次问题，依然比较突出。

义乌城市发展的实践证明，城市化是商业的主要动力，每一次商业变革的出现，都是以一定城市形态变化为前提。同时，商业变革与发展，又促进城市面貌与内涵发生巨大变化。因为商业业态的发展与人均GDP的关系显示，商贸发展与城市化进程互相作用、相辅相成。义乌城市的发展过程，基本上就符合这样的规律。在新一轮大发展中，义乌既面临着空前的历史机遇，同时它又是交织在前所未有的困境与危机之中。但是，我们有理由相信，经过30年艰苦探索创造出的"义乌经验"和独特的"义乌模式"，将使义乌在城市化迈向国际化的进程中走得更高、更远。

（资料来源：田红星．义乌：小商品之城迈向国际化[J]．城市化杂志，2010（3）．有删减）

第四节　21世纪现代城市的发展趋势

一、数字城市

数字城市，又称网络城市或智能城市，更确切地说，应该是信息城市。它是对城市发展方向的一种描述，是城市信息化发展的趋势。它是城市各要素的数字化、网络化、智能化、可视化的全过程。

数字城市的总体框架——承载各类信息化应用的高速、宽带城市信息网络（物理网络和公用信息平台），保障数字城市建设和运行管理的政策法规以及支持集成化应用的技术标准，涉及城市规划、建设、管理和生活服务等方面的一系列信息化应用工程。

二、生态城市

（一）生态城市的概念

生态城市是指在生态系统承载范围内运用生态经济学原理和系统工程方法去改变生产和消费方式、决策和管理方法、挖掘市域内外一切可以利用的资源潜力，从而建立的空间布局合理，基础设施完善，环境整洁优美，生活安全舒适，物质、能量、信息高效利用，经济发达、社会进步、生态保护三者保持高度和谐，人与自然互惠共生的复合生态系统。

生态城市的五个阶段：生态卫生；生态安全；生态产业；生态景观；生态文化。

生态城市应满足以下八项标准。

（1）广泛应用生态学原理规划建设城市，城市结构合理、功能协调。

（2）保护并高效利用一切自然资源与能源，产业结构合理，实现清洁生产。

（3）采用可持续的消费发展模式，物质、能量循环利用率高。

（4）有完善的社会设施和基础设施，生活质量高。

（5）人工环境与自然环境有机结合，环境质量高。

（6）保护和继承文化遗产，尊重居民的各种文化和生活特征。

（7）居民的身心健康，有自觉的生态意识和环境道德观念。

（8）建立完善的、动态的生态调控管理与决策系统。

（二）生态城市的特点

生态城市具有和谐性、高效性、持续性、整体性、区域性、结构合理、关系协调七个特点。

1. 和谐性

生态城市的和谐性，不仅仅反映在人与自然的关系上——人与自然共生共荣，人回归自然、贴近自然，自然融于城市，更重要的反映在人与人的关系上。现代人类活动促进了经济增长，却没能实现人类自身的同步发展。生态城市是营造满足人类自身进化需求的环境，充满人情味，文化气息浓郁，拥有强有力的互帮互助的群体，富有生机与活力。生态城市不是一个用自然绿色点缀而僵死的人居环境，而是关心人、陶冶人的"爱的器官"。文化是生态城市重要的功能，文化个性和文化魅力是生态城市的灵魂。这种和谐乃是生态城市的核心内容。

2. 高效性

生态城市一改现代工业城市"高能耗""非循环"的运行机制，提高一切资源的利用率，物尽其用、地尽其利、人尽其才、各施其能、各得其所、优化配置，物质、能量得到多层次分级利用，物流畅通有序、住处宽敞舒适，废弃物循环再生，各行业各部门之间通过共生关系进行协调。

3. 持续性

生态城市是以可持续发展思想为指导，兼顾不同时期、空间，合理配置资源，公平地满足现代人及后代人在发展和环境方面的需要，不因眼前的利益而"掠夺"的方式促进城市暂时"繁荣"，保证城市社会经济健康、持续、协调发展。

4. 整体性

生态城市不是单单追求环境优美或自身繁荣，而是兼顾社会、经济和环境三者的效益；

不仅仅重视经济发展与生态环境协调，更重视对人类质量的提高，是在整体协调的新秩序下寻求发展。

5. 区域性

生态城市作为城乡的统一体，其本身即为一个区域概念，是建立在区域平衡上的，而且城市之间是互相联系、相互制约的，只有平衡协调的区域，才有平衡协调的生态城市。生态城市是人与自然和谐为价值取向的。就广义而言，要实现这目标，全球必须加强合作，共享技术与资源，形成互惠的网络系统，建立全球生态平衡。广义的要领就是全球概念。

6. 结构合理

一个符合生态规律的生态城市应该是结构合理：合理的土地利用、良好的生态环境、充足的绿地系统、完整的基础设施、有效的自然保护。

7. 关系协调

关系协调是指人和自然协调、城乡协调、资源利用和资源更新协调、环境胁迫和环境承载能力协调。

（三）生态城市的发展目标

生态城市的发展目标是要实现人与自然的和谐，包括人与人的和谐、人与自然的和谐、自然系统的和谐三方面的内容。其中，追求自然系统和谐、人与自然和谐是基础和条件，实现人与人和谐是生态城市的目的和根本所在，即生态城市不仅能"供养"自然，而且能满足人类自身进化和发展的需求，达到"人和"。

（四）建设生态城市的意义

随着社会经济的发展和人口的迅速增长，世界城市化的进程，特别是发展中国家的城市化进程不断加快，全世界目前已有一半人口生活在城市中，预计2025年将会有2/3的人口居住在城市，因此城市生态环境将成为人类生态环境的重要组成部分。城市是社会生产力和商品经济发展的产物。在城市中集中了大量社会物质财富、人类智慧和古今文明；同时也集中了当代人类的各种矛盾，产生了所谓的"城市病"。诸如城市的大气污染、水污染、垃圾污染、地面沉降、噪声污染；城市的基础设施落后、水资源短缺、能源紧张；城市的人口膨胀、交通拥挤、住宅短缺、土地紧张，以及城市的风景旅游资源被污染、名城特色被破坏等，这些都严重阻碍了城市所具有的社会、经济和环境功能的正常发挥，甚至给人们的身心健康带来很大的危害。今后10年是我国城市化高速发展的阶段，中国作为世界上人口最多的国家，环境问题是否处理得好是涉及全球环境问题改善的重要方面。因此，如何实现城市经济社会发展与生态环境建设的协调统一，就成为国内外城市建设共同面临的一个重大理论和实际问题。

随着可持续发展思想在世界范围的传播，可持续发展理论也开始由概念走向行动，人们的环境意识正不断得到提高。当今世界，伴随着现代生产力的发展和国民生活水平的提高,人们对生活质量提出了更高的要求,其中最重要的是对生态环境质量的要求越来越高,使现代人对生态需求与消费需求比以往任何时期都显得重要。有关专家认为,21世纪是生态世纪,即人类社会将从工业化社会逐步迈向生态化社会。从某种意义上讲,下一轮的国际竞争实际上是生态环境的竞争。从一个城市来说,哪个城市生态环境好,就能更好地吸引人才、资金和物资,处于竞争的有利地位。因此,建设生态城市已成为下一轮城市竞争的焦点。许多城市把建设"生态城市""花园城市""山水城市""绿色城市"作为奋斗目标和发展模式,这是明智之举,更是现实选择。

大力提倡建设生态型城市,这既是顺应城市演变规律的必然要求,也是推进城市持续、快速、健康发展的需要。一是抢占科技制高点和发展绿色生产力的需要。发展建设生态型城市,有利于高起点涉入世界绿色科技先进领域,提升城市的整体素质、国内外的市场竞争力和形象。二是推进可持续发展的需要。党中央把"可持续发展"与"科教兴国"并列为两大战略,在城市建设和发展过程中,当然要贯彻实施好这一重大战略。三是解决城市发展难题的需要。城市作为区域经济活动的中心,同时也是各种矛盾的焦点。城市的发展往往引发人口拥挤、住房紧张、交通阻塞、环境污染、生态破坏等一系列问题,这些问题都是城市经济发展与城市生态环境之间矛盾的反映,建立一个人与自然关系协调与和谐的生态型城市,可以有效解决这些矛盾。四是提高人民生活质量的需要。随着经济的日益增长,城市居民生活水平也逐步提高,城市居民对生活的追求将从数量型转为质量型、从物质型转为精神型、从户内型转为户外型,生态休闲正在成为市民日益增长的生活需求。

三、健康城市

(一)健康城市的定义

建设健康城市,是世界卫生组织(WHO)在20世纪80年代面对城市化问题给人类健康带来挑战而倡导的一项全球性行动战略。WHO在1994年给健康城市的定义是:"健康城市应该是一个不断开发、发展自然和社会环境,并不断扩大社会资源,使人们在享受生命和充分发挥潜能方面能够互相支持的城市。"上海复旦大学公共卫生学院傅华教授等提出了更易被人理解的定义:"所谓健康城市,是指从城市规划、建设到管理各个方面都以人的健康为中心,保障广大市民健康生活和工作,成为人类社会发展所必需的健康人群、健康环境和健康社会有机结合的发展整体。"

(二)健康城市的标准

(1)为市民提供清洁安全的环境。

(2)为市民提供可靠和持久的食品、饮水、能源供应,具有有效的清除垃圾系统。

(3)通过富有活力和创造性的各种经济手段,保证市民在营养、饮水、住房、收入、安全和工作方面的基本要求。

（4）拥有一个强有力的相互帮助的市民群体，其中，各种不同的组织能够为了改善城市健康而协调工作。

（5）能使其市民一道参与制定涉及他们日常生活，特别是健康和福利的各种政策。

（6）提供各种娱乐和休闲活动场所，以方便市民之间的沟通和联系。

（7）保护文化遗产并尊重所有居民（不分其种族或宗教信仰）的各种文化和生活特征。

（8）把保护健康视为公众决策的组成部分，赋予市民选择有利于健康行为的权力。

（9）作出不懈努力争取改善健康服务质量，并能使更多市民享受健康服务。

（10）能使人们更健康长久地生活和少患疾病。

（三）健康城市实施领域

（1）政治领域（领导参与、政策制定）。

（2）经济领域（就业、收入、住房）。

（3）社会领域（文化、教育、福利、保障）。

（4）生态环境（生态平衡、污染控制和资源保护）。

（5）生物、化学和物理因素（医疗卫生技术及其服务和营养供给及其安全卫生等）。

（6）社区生活（健康的社区邻里关系、文明的风尚等）。

（7）个人行为（心理卫生、行为矫正和健康生活方式的鼓励等）。

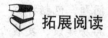 拓展阅读

深入推进城市生态文明建设

加快推进生态文明建设，是加快经济发展方式转变的重要内容。党的十七大以来，贵州省贵阳市深入贯彻落实科学发展观，结合实际，发挥优势，提出了建设生态文明城市的重大目标任务。经过几年努力，生态文明城市建设取得了积极成效。2009年6月，贵阳市被国家环保部列为全国生态文明建设试点城市。在新形势下，特别是后国际金融危机时期，加快经济发展方式转变，实现经济社会科学发展，要求贵阳市进一步增强紧迫感、提升执行力，深入推进生态文明城市建设。

从"抓点"向"抓面"推进

开展工作，"抓点"是手段，在面上推开才是目的。近年来，贵阳市的很多工作从"点"上讲都不错，但从"面"上看还不够。如发展循环经济，2002年贵阳市就被国家环保总局确定为全国首个循环经济试点城市，但8年过去了，循环经济发展尚未形成气候。虽然部分企业、园区、产业根据循环经济的理念，开发了相关技术和产品，但离建成循环经济城市还有较大差距。因此，下一步必须加大工作力度，把循环经济从部分企业推进到

全部企业，努力实现从原料进厂到产品出厂各个环节资源能源利用的最大化；从企业推广到园区、产业，通过建设循环经济工业园区，把那些能够共享资源、互换产品的上中下游产业集聚在一起，解决单个企业废物利用"循环但不经济"的矛盾；从企业、园区、产业推广到整个城市，通过建立再生资源回收利用系统、中水回用系统、绿色消费系统等，实现全市范围的资源利用最大化、能源消耗最小化，最终实现企业小循环、园区中循环和社会大循环的统一。又如新农村建设，花溪区摆贡寨等村寨通过实施农村危房改造，基础设施、产业发展、村容村貌等发生了根本性改变。类似这样的"点"，各区（市、县）都有，却又都没有连成"片"、形成"面"。因此，下一步应着力在"面"上推开，努力实现整区推进、整县推进和全市推进。

从"见物"向"见人"推进

一段时间以来，有的地方片面追求 GDP 增长，在一定程度上忽视了老百姓的幸福感和满意度，忽视了人的全面发展。以人为本是科学发展观的核心。建设生态文明城市必须始终坚持以人为本这个核心，努力做到"见物"又"见人"，切实实现好、维护好、发展好最广大人民的根本利益。

"见人"，就要注重改善民生。民生不改善，消费需求就上不去，扩大内需就难以落实，经济平稳较快发展就会受影响；民生不改善，老百姓的生活质量和水平就不能提高，他们的积极性、主动性、创造性就调动不起来，社会和谐稳定就缺乏基础。改善民生，一方面要高度关注困难群众，关心他们的基本生活，完善相关救助制度，切实帮助他们解决实际问题；另一方面要着力解决人民群众最关心、最直接、最现实的利益问题，包括抓住就业这个民生之本，尽可能地创造更多"饭碗"；加强保障性住房以及商品房建设，发展租赁型住房，努力满足各类群体不同层次的住房需求；扩大养老保障面，让更多的人享受到养老保障服务并逐步提高保障水平等。为此，就要进一步加大对民生事业的投入。2009年，贵阳市本级财政用于民生方面的资金为 28.1 亿元，同比增长 16.1%。今明两年，还要加大力度，确保财政对民生方面的投入增幅继续高于财政收入增幅。

"见人"，就要切实维护民权。民权包括人民群众的政治民主权利和社会经济权益等。维护人民群众的政治民主权利，就要保障他们的知情权、参与权、表达权、监督权。近年来，贵阳市委、市政府在做出重大决策之前，坚持通过各种形式广泛听取广大人民群众的意见；对各项工作进行考核评价，坚持通过各种途径让广大人民群众参与，收到了良好效果。下一步，要在总结经验的基础上，全面推行党务公开、政务公开，切实提高各项工作的透明度，让广大人民群众了解党委、政府的所思所想、所作所为，并进行监督。维护人民群众的社会经济权益，就要保障他们的劳动权、财产权等，特别是在人民群众的劳动权、财产权等受到侵害的时候，政府和司法部门要履行维护社会公平正义的责任。

"见人"，还要悉心体察民情。不了解民情，不仅难以有效推进工作，而且可能引发矛盾。各级领导干部应自觉深入基层、深入群众，问政于民、问需于民、问计于民，多办顺民意、解民忧、惠民生的实事；真心相信群众、紧紧依靠群众，与群众坦诚相见，把制定的政策解释透，把面临的困难讲清楚，把要采取的措施说明白，争取群众的信任和支持。

从"上层"向"基层"推进

近两年，贵阳市举办了一系列讲座、论坛、研讨班、研讨会，帮助各级领导干部了解掌握有关生态文明的知识、提高推进生态文明建设的能力。应当说，目前绝大多数领导干部对建设生态文明城市有了较深入的理解，并能够自觉地去实践。但是，城市社区、村寨、企业、学校等基层单位对生态文明的知识和理念了解还不多，对市委、市政府建设生态文明城市的决策部署理解还不深，对建设生态文明城市的各项工作参与还不够，如果不改变这种状况，生态文明城市建设就无法深入。因此，应采取措施把生态文明建设向基层推进，使之真正落地生根、开花结果。具体来说，应以环境优良、邻里互助、家庭和美为主要内容，创建生态文明社区（村）；以校园整洁、校风良好、文明向上为主要内容，创建生态文明学校；以医德高尚、医技过硬、医患和谐为主要内容，创建生态文明医院；以诚信守法、文明生产、节能高效为主要内容，创建生态文明企业；以公开透明、执行有力、便民利民为主要内容，创建生态文明机关；以经济发达、生态良好、社会和谐为主要内容，创建生态文明区（市、县）、乡（镇、街道）。

从被动向主动推进

一般来说，人们对新生事物会有一个从不认识到有所认识、再到充分认识的过程。建设生态文明城市是一项崭新的事业，干部群众对它的认识也有一个逐步深化的过程。因此，刚开始的时候，需要通过发指示、提要求等方式对干部群众进行引导；但从长远来看，则必须把它变成干部群众的自觉行动，否则，即使能够取得一时、一事、一地的成功，也难以持续深入开展、取得全面成功。

如何把建设生态文明城市变成广大市民的自觉行动？一方面，应加强宣传教育。运用丰富多样的手段，采取生动活泼的形式，加强对有关知识理念、政策措施的宣传普及，使广大市民充分认识到建设生态文明城市能够让天更蓝、水更清、空气更好，关系到全市每个人的生活质量；充分认识到自己是城市的主人，是建设生态文明城市的参与者而不是旁观者。2009年以来，贵阳市把抗击特大凝冻灾害期间形成的"绿丝带"互帮互助精神常态化，广泛开展"绿丝带"社会志愿服务活动，尽己所能、不计报酬，帮助他人、服务社会，每人每年志愿服务时间不少于48小时，取得了很好效果。目前，全市注册志愿者达到36万，占总人口的9.09%。这样做的目的，就是要带动全体市民自觉自愿、积极主动地参与生态文明城市建设。另一方面，应强化约束监督。运用法律、经济、行政等手段，让积极参与生态文明城市建设的人们得到实惠，对违背生态文明道德的行为进行处罚。

从突击向常态推进

建设生态文明城市是一项长期的任务，不可能一蹴而就。对于一些重点、难点工作，集中力量进行突击是必要的，这有利于在较短时间内改变局面。但如果不能做到坚持不懈，成果就难以巩固，目标就难以实现。目前，贵阳市生态文明城市建设已经取得积极成效，必须由突击向常态推进，其中应着力抓好两项老百姓关注的工作。

使严管交通秩序成为常态。顺畅交通、绿色出行，是生态文明城市建设的重要内容。现在，老百姓对贵阳市老城区堵车现象严重很不满意。堵车现象严重，与道路面积和路网密度不够有关，与交通组织管理不够科学有关，也与少数司机、行人不遵守交通规则有关。有的人一边抱怨路上太堵，一边自己又在"添堵"，因此，应该严格整治。对国家公职人员违反交通法规造成严重拥堵的，不仅要依法处罚，而且要给予党纪、政纪处分；对社会人员违反交通法规造成拥堵的，要通过罚款、责令协勤等办法，进行教育、约束和惩戒。

使"整脏治乱"成为常态。近几年，贵阳市"整脏治乱"取得了很大成绩，主干道卫生水平有所提高，但有些背街小巷特别是城乡结合部、集贸市场、饮食摊点、车站码头的卫生状况较差。对此，广大市民同样很有意见。因此，对各种陋习绝不能迁就，必须采取有效手段把"整脏治乱"进行到底。

（资料来源：年巍. 中国日报，2010-05-06. ）

北京历史建筑拆建之殇

编者按：每一处历史文物建筑，都见证和记录着历史、文化和精神。对它们的野蛮拆迁，是割裂历史与现在，是抽离人们对它们的记忆与思绪，是对文化的亵渎，是将文化脉络生生切断。

拆除后的重修复建，即使建筑外形轮廓仍在，但其中蕴含的文化之魂却已消逝散尽。

拆掉一座城楼，就像割掉我的一块肉；扒掉一段城墙，就像剥掉我的一层皮！

——梁思成

你们真把古董给拆了，将来要后悔的。即使再把它恢复起来，充其量也只是假古董！

——林徽因

事件链接

事件一：2011年12月，位于北京东城区北总布胡同24号院的梁思成、林徽因夫妇故居在未经有关文物保护部门报批的情况下被基本拆除。开发单位自称是为防止发生火灾、倒塌、治安等各类安全事故的发生，对房屋进行了抢险维修性拆除。经东城区文化委员会调查，去年12月中旬开发单位是在未经报批的情况下，违法拆除旧居建筑的。日前，北京市文物局和东城区政府公布了"梁林旧居"拆迁的罚单：开发单位拆除梁林旧居是破坏古都文物的恶劣事件，对古都名城保护和文化之都建设带来极大的负面影响。依据文物法规定，拟对其处以50万元罚款，并责令其恢复所拆除旧居建筑原状。

事件二：继梁林故居被"维修性拆除"之后，重庆蒋介石行营也被"保护性拆除"。

蒋介石重庆行营建于1935年，旧址2009年被列为市级文物保护单位。蒋介石"重庆行营"目前已被拆除屋顶，仅剩砖木残体。据悉，蒋介石"重庆行营"所在地已规划为教育用地，2012年8月将在原址进行文物复建，预计2013年10月竣工，修好后的行营将作为抗战历史陈列馆，对公众免费开放。

事件三：2012年2月，北京市启动新中国成立以来最大规模的"名城标志性历史建筑恢复工程"和"百项文物保护修缮工程"，每年投入10亿元用于文化遗产保护。北京将恢复6大标志性历史建筑，包括北京外城西南角楼、永定门箭楼及瓮城、地安门雁翅楼等工程，进一步恢复北京"凸"字形城市轮廓整体格局。

观点

砖瓦承载着文化记忆

作家王小波曾说，中国有五千年的文明史，这部历史有一半写在故纸上，还有一半埋在地下，只是缺少了一部立在地上的历史，可以供人在其中漫步。一座城市的历史不可能是别的，只能是它的建筑。

中国上下五千年，并非没有建筑——这部立在地上的"历史"。天南海北、历朝历代、各个民族的古建筑何其多，只是这部"历史"，在岁月无情的风吹雨打下损耗掉一角，而现代城市化进程中的拆旧建新正步步紧逼其另一角。据2011年底国家文物局第三次全国文物普查统计结果显示，全国登记的不可移动文物总量当中，新发现登记不可移动文物总量为536 001处，约4.4万处不可移动文物已消失。

在经济利益的背后，在推土机的轰鸣声中，镌刻着一个民族文化记忆和精神灵魂的历史文物建筑保护举步维艰。两院院士、著名建筑学与城市规划专家吴良镛先生，对于北京旧城改造中的乱象痛心疾首："为了尽可能最大地取得土地效益，旧城开发项目几乎破坏了地面以上绝大部分的文物建筑、古树名木，抹去了无数的文化史迹。如此无视北京历史文化名城的文化价值，仅仅将其当作'地皮'来处理，已无异于将传世字画当作'纸浆'，将商周铜器当作'废铜'来使用。"

梁林故居已成废墟瓦砾，文物保护部门监管不力，开发商未经报批擅自将其拆除，在舆论的压力下抛出"维修性拆除"这个既不合法又不合理的幌子。虽然日前北京市文物局已将这起事件定性为"破坏古都文物保护的一起恶劣事件"，处以华润置地50万元罚款，可是区区50万元如何能弥补拆除故居导致的历史和文化精神内涵的消逝？曾经汇聚文学大家的"太太的客厅"，曾经见证梁思成和林徽因完成了许多古建调研报告的清新院落，它们的价值并不仅仅是一个老房子能代表的。

梁思成和林徽因夫妇一生致力于古建筑文物的保护与调查研究工作，在第二次世界大战炮火中，凭着梁思成开出的一纸古迹遗址名单，日本的奈良和京都两座古城得以被完整地保存下来。可如今他的故居却被推倒拆除，这真是莫大的讽刺。

梁林故居余波未息，蒋介石的"重庆行营"又被拆除，当地文物保护部门称这是"落架大修",对其进行"保护性拆除"。无论是因为商业利益还是政治诉求,拆除决议者们似乎仅将历史建筑、不可移动文物当作几堵墙、几片瓦。拆掉怕什么,重新修葺就行。这就好比文物市场的古董商们,破坏掉真品,却又仿造个赝品,拿出来贩卖却还理直气壮。这难道不是无事生非、匪夷所思吗?

一边是拆除,一边却是复建。"名城标志性历史建筑恢复工程"和"百项文物保护修缮工程"即日起启动,这将是新中国成立以来北京最大规模的文物修缮工程。有专家力挺这两项工程,认为这是对老北京历史文化的再现,甚至算了一笔只赚不赔的经济账。可是重修复建后的标志还是文物吗?还能代表那个时代的文化精神和内涵吗?著名文物专家谢辰生说,按照《文物法》的要求,不可移动文物已经全部毁坏的,应当实施遗址保护,不得在原址重建。"名称标志性历史建筑恢复工程"不应是恢复古建筑,只能说恢复了一个标志,但必须明确其不是文物。

梁思成曾说过:"无论哪一个巍峨的古城楼,或一角倾颓的奠基的灵魂里,无形中都在诉说乃至歌唱时间漫不可信的变迁。"然而这些新建的城门和城楼能向我们诉说些什么呢?即使有修复如初的本事,有巧夺天工的工艺,可谁都知道,那些新建的城门和角楼终究是新建的,那些包含其中的历史和记忆已经永远逝去了。多年前北京城墙的强拆与今天的重建,这种因果轮回实在令人唏嘘。如今恢复重建的巨大投资也是旧时拆迁逞一时之快所酿下的苦酒。我们可以迅速地建设起一个个地标,可这些地标的历史文化内涵却大打折扣。令人遗憾的是,类似的悲剧依旧在许多地方上演。

历史古迹建筑物承载的不仅是自身外在的表现形式,还有很多历史记忆。它们是地域文化的标志和象征,既包含着中国文化共性的要素,又附有地域性、差异性的表达。因此,对古迹和历史建筑的保护,不仅仅是尊重过往的人、事、物,也是保留和延续能够在历史长河中梳理民族共性和地域差异性的文化脉络。而对历史建筑的野蛮拆迁,是对文化的亵渎,是将文化脉络生生切断,甚至是一种"文化自杀"。

我们要树立一种观念,保护历史建筑就是对历史的尊重,也是对后辈子孙最好的交代。砖瓦有魂,保护它们也就是保护我们自己的历史文化记忆。希望更多的古迹建筑,在历经风雨的千百年后,还能犹如安详的老者,看庭前花开花落,望天际云卷云舒。

相关概念

历史建筑:是指经市、县人民政府确定公布的具有一定保护价值,能够反映历史风貌和地方特色,未公布为文物保护单位,也未登记为不可移动文物的建筑物、构筑物。

不可移动文物:是指先民在历史、文化、建筑、艺术上的具体遗产或遗址。一旦一个建筑物或遗址被列为不可移动文物或暂定为不可移动文物时,就受到主管机关保护,未经许可,包括所有者在内的任何人,都不得任意变动、修改。如果是因为建筑工程开挖而发现的不可移动文物或考古遗址,为了保护历史文物,工程通常要立即暂停。

文物建筑 VS 历史建筑

目前国家对历史建筑和文物建筑在合理使用上有严格区别：对历史建筑，只需保持外立面历史风貌，内部布局可进行调整，以适应新的使用功能；而对文物建筑，无论内外原貌和布局，都严格不能改变。

《文物法》规定，文物建筑的维修要严格按照修旧如故原则，不能改变原状，对其保护是整体性保护。而对历史建筑的修缮，则可调整内部结构。如果历史建筑要改变内部结构和使用功能，当地政府就可批准；如果是文物保护单位则要经上一级批准。而要改变全国文物保护单位，则要上报国务院审批。

法律法规

《中华人民共和国文物保护法》

第 21 条　对文物保护单位进行修缮，应当根据文物保护单位的级别报相应的文物行政部门批准；对未核定为文物保护单位的不可移动文物进行修缮，应当报登记的县级人民政府文物行政部门批准。

对不可移动文物进行修缮、保养、迁移，必须遵守不改变文物原状的原则。

第 22 条　不可移动文物已经全部毁坏的，应当实施遗址保护，不得在原址重建。但是，因特殊情况需要在原址重建的，由省、自治区、直辖市人民政府文物行政部门报省、自治区、直辖市人民政府批准；全国重点文物保护单位需要在原址重建的，由省、自治区、直辖市人民政府报国务院批准。

第 65 条　违反本法规定，造成文物灭失、损毁的，依法承担民事责任。

（资料来源：中国环境报，http://www.sina.com.cn，2012-03-01. ）

本章小结

1. 城市现代化一般是指摆脱传统落后的社会经济因素，以现代科学技术发展生产力，使劳动生产率不断提高、人民生活达到较高质量的发展过程。它具有动力、公平和质量三大表现特征，由人口规模、能源消耗、科技进步、信息化和社会化腐败方面的水平决定。城市现代化的主要标志是：先进生产力和物质文明；精神文明和高素质城市人口。美国现代化研究专家英格尔斯在 20 世纪 70 年代初提出了 10 项现代化社会指标。

2. 城市国际化指城市辐射力和吸引力的影响范围跨出国界，其战略包括金融、贸易、生产、信息、科技、产业和开放等国际化战略。城市国际化战略的特征包括全局联结性、国际指向性和实施策略性。确定国际性城市等级体系可以参照多种方法。国际性城市的国际功能有：生产要素的国际配置中心；经营决策管理的国际中心；知识和技术创新型的国际中心；信息国际枢纽和娱乐休闲国际中心。

3．21世纪现代城市发展的趋势是生态城市，生态城市具有和谐性、高效性、持续性、整体性、区域性、结构合理、关系协调7个特点。生态城市的发展目标：生态城市的发展目标是要实现人与自然的和谐，包括人与人的和谐、人与自然的和谐、自然系统的和谐三方面的内容。其中，追求自然系统和谐、人与自然和谐是基础和条件，实现人与人和谐是生态城市的目的和根本所在，即生态城市不仅能"供养"自然，而且能满足人类自身进化、发展的需求，达到"人和"。

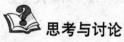 **思考与讨论**

1．城市现代化的主要标志和指标有哪些？你对你所在的城市现代化战略有什么意见或建议？

2．请任选一个案例，对在城市区域合作中，小城市与周边大城市的发展方法与发展定位提出自己的思路。

3．国际性城市有哪些功能？对目前我国几十个城市争建"国际化城市"的现象，你有什么看法？

4．什么是生态城市？生态城市的特点及发展生态城市的意义是什么？

参 考 文 献

[1] 谢文蕙，邓卫．城市经济学[M]．北京：清华大学出版社，1996．
[2] 谢文蕙，邓卫．城市经济学[M]．第2版．北京：清华大学出版社，2008．
[3] 姚士谋．区域与城市发展论[M]．第2版．北京：中国科学技术大学出版社，2004．
[4] 中国社会科学院研究生院．城市经济学[M]．北京：经济科学出版社，1999．
[5] 蔡孝箴．城市经济学[M]．天津：南开大学出版社，1998．
[6] 朱铁臻．城市现代化研究[M]．北京：红旗出版社，2002．
[7] 陈强，尤建新．现代城市管理学概论[M]．上海：上海交通大学出版社，2008．
[8] 朱铁臻．城市发展研究[M]．北京：中国统计出版社，1996．
[9] 中国城市发展报告[M]．北京：社会科学文献出版社，2009．
[10] 中共中央马克思恩格斯列宁斯大林著作编译局．马克思恩格斯全集[M]．第3卷．北京：人民出版社，2002：24-25．
[11] [德]马克思，恩格斯．马克思恩格斯全集[M]．第3卷．北京：人民出版社，1960．
[12] [苏]列宁．列宁全集[M]．第19卷．北京：人民出版社，1959．
[13] 成德宁．城市化与经济发展——理论、模式与政策[M]．北京：科学出版社，2004．
[14] 冯云廷．城市经济学[M]．大连：东北财经大学出版社，2005．
[15] 丁成日．城市经济与城市政策[M]．北京：商务印书馆，2008．
[16] 周伟林，严冀，等．城市经济学[M]．上海：复旦大学出版社，2004．
[17] 丁健．现代城市经济[M]．上海：同济大学出版社，2001．
[18] 王雅莉．城市经济学[M]．北京：首都经济贸易大学出版社，2008．
[19] 冯云廷．城市经济学[M]．大连：东北财经大学出版社，2008．
[20] 饶会林．城市经济学[M]．大连：东北财经大学出版社，1999．
[21] 郭培章．中国城市可持续发展研究[M]．北京：经济科学出版社，2004．
[22] 毕宝德．土地经济学[M]．北京：中国人民大学出版社，2006．
[23] 徐光远，陈松群．城市经济学[M]．北京：中国经济出版社，2009．
[24] 黄桐城，黄碧云．城市土地经济学[M]．上海：上海交通大学出版社，1998．
[25] 王霞，尤建新．城市土地经济学[M]．上海：上海复旦大学出版社，2004．
[26] 边学芳，吴群，刘玮娜．城市化与中国城市土地利用结构的相关分析[J]．资源科学，2005（3）．
[27] 陈江龙，曲福田，陈雯．耕地非农化效率的空间差异及其对土地利用政策调整的启示[J]．管理世界，2004（8）．

[28] 陈荣. 城市土地利用效率论[J]. 城市规划汇刊, 1995（4）.
[29] 陈书荣. 论城市土地集约利用[J]. 城乡建设, 2001（8）.
[30] 陈爽, 姚士谋. 中小城市土地利用不合理原因剖析[J]. 城市研究, 1998（4）.
[31] 董珂. 国家干预下的市场经济——中国城市土地利用的可持续发展之路[J]. 城市规划, 2000（2）.
[32] 方先知. 土地利用效率测度的指标体系与方法研究[J]. 系统工程, 2004（12）.
[33] 敬东. 城市经济增长与土地利用控制的相关性研究[J]. 城市规划, 2004（11）.
[34] 刘卫东. 中国城市土地开发及其供给问题研究[J]. 城市规划, 2002（11）.
[35] 钱海滨, 薛永森, 田彦军. 土地资源合理利用评价研究综述[J]. 中国土地科学, 2001（2）.
[36] 石晓平, 曲福田. 土地资源配置方式改革与公共政策转变[J]. 中国土地科学, 2003（6）.
[37] 宋春华, 毕宝德, 张跃庆, 等. 房地产大辞典[M]. 北京: 红旗出版社, 1993.
[38] 王凯. 城市规划与城市土地利用问题: 综述与思考[J]. 城市规划, 1998（1）.
[39] 许树辉. 城镇土地集约利用研究[J]. 地域研究与开发, 2001（3）.
[40] 张丽琴. 城市土地利用评价指标体系构建[J]. 资源开发与市场, 2003（5）.
[41] 赵鹏军. 城市土地高效集约化利用及其评价指标体系[J]. 资源科学, 2001（5）.
[42] 赵民, 陶小马. 城市发展和城市规划的经济学原理[M]. 北京: 高等教育出版社, 2003.
[43] [美]阿瑟·奥沙利文. 城市经济学[M]. 苏晓燕, 等, 译. 北京: 中信出版社, 2003.
[44] 郑长德, 钟海燕. 现代西方城市经济理论[M]. 北京: 经济日报出版社, 2007.
[45] 牛凤瑞, 潘家华. 中国城市发展报告No.1[R]. 北京: 社会科学文献出版社, 2008.
[46] 中华人民共和国国家统计局. 中华人民共和国2009年国民经济和社会发展统计公报[J]. 中国统计, 2010（03）.
[47] 中华人民共和国国家统计局. 中国统计年鉴[M]. 北京: 中国统计出版社, 2009.
[48] 史忠良. 产业经济学[M]. 北京: 北京经济管理出版社, 2007.
[49] 曾湘泉. 劳动经济学[M]. 上海: 复旦大学出版社, 2003.
[50] 杨河清. 劳动经济学[M]. 武汉: 武汉大学出版社, 2009.
[51] 王德文, 张建武, 都阳. 中国劳动经济学[M]. 第2卷. 北京: 中国劳动社会保障出版社, 2005.
[52] 巴尔, 邹明汹. 福利国家经济学[M]. 北京: 中国劳动社会保障出版社, 2003.
[53] 陆铭. 劳动和人力资源经济学[M]. 上海: 上海人民出版社, 2007.
[54] [英]亚当·斯密. 国富论[M]. 西安: 陕西师范大学出版社, 2006.
[55] 姚萍. 我国劳动经济事业相关问题研究[J]. 时代经贸（学术版）, 2008（11）.

[56] 薛秀珍. 对社会主义经济中劳动价值的认识[J]. 中国科技博览, 2009 (25).

[57] 钟水映, 简新华. 人口、资源与环境经济学[M]. 北京: 科学出版社, 2007.

[58] 刘文辉. 环境经济与可持续发展概论[M]. 北京: 中国大地出版社, 2007.

[59] 杨荣金, 舒俭民. 生态城市建设与规划[M]. 北京: 经济日报出版社, 2007.

[60] 李建龙. 现代城市生态与环境学[M]. 北京: 高等教育出版社, 2006.

[61] 王克强, 赵凯, 等. 资源与环境经济学[M]. 上海: 上海财经大学出版社, 2007.

[62] 侯伟丽. 中国经济增长与环境质量[M]. 北京: 科学出版社, 2005.

[63] 张真, 戴星翼. 环境经济学教程[M]. 上海: 复旦大学出版社, 2007.

[64] 楼瑾. 环境污染的经济学分析[J]. 财经科学, 1997 (05).

[65] 张琳. 环境污染问题的经济学分析——基于市场失灵与政府失灵的考察[J]. 山东财政学院学报, 2008 (5).

[66] 王青. 我国生态城市建设的发展对策[D]. 青岛: 青岛大学, 2009 (6).

[67] 牛文元. 中国新型城市化报告2009[M]. 北京: 科学出版社, 2009.

[68] 刘南, 赵成峰, 陈远高. 现代物流与经济发展——理论、方法与实证分析[M]. 北京: 中国物贸出版社, 2007.

[69] 罗云等. 安全经济学导论[M]. 北京: 经济科学出版社, 1993.

[70] 夏保成. 西方公共安全管理[M]. 北京: 化学工业出版社, 2006.

[71] 连玉明. 中国城市三十年[M]. 北京: 中国时代经济出版社, 2009.

[72] 赵林度. 城市安全经济系统的可持续发展研究[J]. 东南大学学报（哲学社会科学版）, 2003 (7): 43-44.

[73] 宋英华. 基于经济性边际效应的城市安全风险评估体系[J]. 武汉理工大学学报, 2007 (4): 145.

[74] 廖新波. 从甲流看公共事件应急管理[J]. 决策, 2009 (10): 71.

[75] 王晶. 城市财政管理[M]. 北京: 经济科学出版社, 2002.

[76] 王晶, 李炜光. 城市财政与社会保障制度建设[M]. 北京: 首都经济贸易大学出版社, 2006.

[77] 高连和. 区域金融和谐发展研究[M]. 北京: 中国经济出版社, 2008.

[78] 黄燕. 地方公共财政发展研究[M]. 北京: 中国社会科学出版社, 2007.

[79] 王建武. 城市现代化理论的特征及指标体系[J]. 中国社会科学院院报, 2009 (10).

[80] 百度百科. 生态城市. http://baike.baidu.com/view/194698.htm.

[81] ARTHUR O'SULLIVAN. Urban economic[M]. 4th ed. New York: The McGraw-Hill Companies, Inc.

[82] SOLOW, ROBERT. Technical change and the aggregate production function[J]. Review of Economics and Statictics, 1957(39).

[83] HALI MOHAB, M AKIYAMA, J FUJIWARA. Facor mobility and regional growth[J]. Review of Economics and Statistics, 1978(60).

[84] BRADFORD DAVID, H KELEJIAN. An econometriac model of flight to the suburbs[J]. Journal of Political Economy, 1973(81).

[85] BLACK P A. Injection leakages, trade repercussions, and the regional income multiplier[J]. Scottish Journal of Political Economy, 1981.

[86] MA LAURENCE J C. Urban administrative restructuring, changing scale relations and local economic development in china[J]. Political Geography, 2005.

[87] J V HENDERSON, WANG HG. Urbanization and city growth: the role of institutions[J]. Regional Science and Urban Economics, 2007.